고난과 선교,
어떻게 설교할 것인가?

# 고난과 선교, 어떻게 설교할 것인가?

**초판 1쇄 인쇄** 2021년 1월 20일
**초판 1쇄 발행** 2021년 1월 25일

**지은이** 한국동남성경연구원
**펴낸이** 유동휘
**펴낸곳** SFC출판부
**등록** 제104-95-65000
**주소** (06593) 서울특별시 서초구 고무래로 10-5 2층 SFC출판부
**Tel** (02)596-8493
**Fax** 0505-300-5437
**홈페이지** www.sfcbooks.com
**이메일** sfcbooks@sfcbooks.com
**기획·편집** 편집부
**디자인편집** 최건호
**ISBN** 979-11-87942-50-4 (03230)
**값** 25,000원

# 고난과 선교,

# 어떻게 설교할 것인가?

**본문과 설교 No. 12**

한국동남성경연구원

SFC

# 목차

## 2부 선교(적 교회), 어떻게 설교할 것인가?

『고난과 선교, 어떻게 설교할 것인가?』라는 주제 선정이 우선 이 시대를 위한 뛰어난 선택으로 보입니다. 왜냐하면 지금은 신자이든 비신자이든 많은 사람이 '고난'을 겪고 있으며, 그런 가운데서도 교회에게는 어떤 상황에서도 포기해서는 안 될 '선교'라는 책임을 다해야 하는 사명이 있기 때문입니다. 이 책은 단순한 주제 하나를 한 번의 설교에서 다루는 분량의 글이 아닙니다. '고난'과 '선교'라는 작은 주제를 성경의 큰 문맥에서 찾아서 충분히 설교할 수 있도록 해주는 역할을 합니다.

설교자의 첫 번째 고민은 "무엇을 설교할 것인가?", 그 다음은 "어떻게 설교할 것인가?"입니다. 이 책은 설교의 방법론을 다룬다기보다 설교의 주제가 되는 '고난'과 '선교'를 적게는 한 책에서, 크게는 모세오경, 역사서, 선지서, 사복음서, 서신서에서 어떻게 말하고 있는가를 다루고 있습니다. 설교자의 고민을 절반은 해결해 주는 셈입니다. 만일 어떤 설교자든 이 정도의 자료를 제대로 소화만 한다면, 그는 틀림없이 개체교회의 성도에게 설교하고 싶은 욕심을 넘어 자신감을 느끼게 될 것입니다.

일반 목회자가 이렇게 큰 범위의 '주제'를 선택해서 다루기는 쉽지 않습니다. 그런 점에서 이 책은 기본적인 연구결과물로서 주제를 다룰 수 있게 하는 좋은 길잡이가 됩니다. 성경신학을 전공한 분들이 해야 할 봉사 가운데 하나는 이런 주제에 관한 깊은 연구결과물을 목회자들에게 나눠 주는 것입니다. 그것이 목회자의 연구시간을 단축해 주는 큰 봉사입니다. 물론 목회자도 성경을 바탕으로 더 연구해서 일반 성도에게 바른 설교로 봉사해야 할 책임이 있습니다.

예를 들면, 송영목교수가 '요한문헌에 나타난 고난', '요한문헌에 나타난 선교'라는 제목으로 '고난'과 '선교'를 다루는 방식은 평범한 설교자들에게 엄두가 나지 않는 일입니다. 그런 주제를 다룬 결과를 한 책에서 보는 것은 우선 설교자와 나아가 그런 주제가 성경 전체에서 무엇이라고 말하는지 알고 싶어 하는 성도에게 성경을 보려는 건강한 눈을 갖게 할 것입니다.

'고난과 선교'라는 주제를 담은 내용의 분량이 충분해서 무엇보다 좋습니다. '고난'과 '선교'라는 주제를 한 번 설교한다고 해서 성경이 말하고자 하는 '고난'과 '선교'의 문제를 다 담을 수는 없습니다. 변화된 삶을 위해서는 그 주제와 관련하여 충분한 양을 공급해 주어야 합니다. 그런 면에서 이 책은 아주 좋은 책입니다. 특히 마음에 흡족하게 하려면 큰 강물처럼 한 번 흐르게 한 뒤, 연속해서 다루어야 합니다. 누구든 이 책을 잘 활용한다면 개체교회에서 매주 연속해서 설교하거나 또는 집회에서 한 번에 집중해서 다룰 수 있는 데 많은 도움을 얻을 것입니다.

설교자는 두 가지 큰 과제를 안고 늘 씨름해야 합니다. 하나는 본문의 깊은 연구입니다. 그는 성도보다 더 높은 단계의 성경 읽기로 설교를 준비해야 합니다. 또한 설교자는 성도들에게 양질의 양식을 공급해야 한다는 책임감을 느끼고 깊이 연구하기 위해 항상 노력해야 합니다. 이와 함께 깊은 연구의 결과를 성도에게 쉽게 전달하려고 노력해야 합니다. 이 책이 그런 고민을 품은 설교자에게 좋은 길잡이가 되리라고 확신하며 기쁜 마음으로 추천합니다.

**박영호**(고신총회장, 창원새순교회 담임목사)

"주 여호와께서 학자들의 혀를 내게 주사 나로 곤고한 자를 말로 어떻게 도와줄 줄을 알게 하시고 아침마다 깨우치시되 나의 귀를 깨우치사 학자들같이 알아듣게 하시도다"사50:4

교회의 머리가 되시며 선교의 총사령관이 되시는 주님을 찬양합니다. 이번에 한국동남성경연구원에서 출판한 『고난과 선교, 어떻게 설교할 것인가?』를 읽고 가장 먼저 주님께 영광을 돌렸습니다. 그리고 귀한 글을 써 주신 모든 교수님들과 목사님들에게 감사하고 싶었습니다. 동시에 저의 마음에 제가 목회자와 선교사로 사역하기 전에 이러한 고난의 종류와 원인, 의미, 해결책 그리고 선교(적 교회)의 의미와 사명을 바로 알았더라면 얼마나 좋았을까, 아마 그랬더라면 더 좋은 목회와 선교를 하지 않았을까 하고 생각했습니다. 하지만 지금이라도 이 글을 통해서 알게 되었으니 남은 생애 동안 주님께서 기뻐하시는 목회와 선교 사역에 집중하고 싶은 갈망이 새롭게 일어났습니다.

또한 한국동남성경연구원에 우리 고신총회세계선교회KPM 선교사들이 이 귀한 책의 글들을 공유할 수 있도록 부탁드리고 싶었습니다. 왜냐하면 우리 선교사들이 대략적으로만 알고 있었을 뿐 그 동안 고난과 선교(적 교회)에 관해 성경이 말하는 바르고 체계적인 의미와 이론에 대해서는 접할 기회가 없었는데, 이 책을 통해 그것에 관한 명확한 이해와 지식을 가지고 선교지에서 사역하게 될 때 매일 당하고 있는 고난의 문제를 해결하고 선교지 교회의 자립과 미래를 구체화하는 데 크게 도움이 될 것이기 때문입니다.

더 나아가 이 책을 통해서 성경신학의 중요성을 다시 한 번 깊이 깨닫게 되었습니다. 왜냐하면 고난과 선교의 문제를 한 구절, 한 문맥, 한 권의 성경만이 아니라 성경 전체를 통해 볼 수 있었기 때문입니다. 또한 고난과 선교의 동기와 의미, 그리고 그 과정과 결과, 완성을 바라보면서 사역할 수 있도록 영적인 눈을 열어 주었기 때문입니다.

성경 말씀은 성도들이 이 세상에서 하나님 중심, 성경 중심, 교회 중심으로 살아갈 때에 반드시 고난이 있다고 가르쳐 주고 있습니다. 동시에 교회와 성도들은 그러한 고난과 핍박이 있어도, 땅 끝까지 만민에게, 모든 민족에게 때를 얻든지 못 얻든지 항상 말씀을 전파하라고 명령하고 있습니다. 주님께서 지상에 주님의 교회를 세우신 목적대로 교회가 주님의 삶을 살며, 말씀대로 믿고 순종하며, 말씀대로 선교하며, 교회의 본질로 돌아가면, 교회와 교회의 사역을 위해서 보내심을 받은 보혜사 성령님께서 교회와 성도들을 고난 속에서도 반드시 선교할 수 있도록 인도해 주실 것이라 확신합니다.

이 글들이 『본문과 설교』 12호로 출간됨을 진심으로 기뻐하며 축하드립니다. 이 글들이 모든 한국교회의 목회자들과 선교사들, 그리고 지도자들의 영성 및 지성, 야성, 실천성을 높여 주며, 서로를 위로하고 격려하며, 조국 교회를 새롭게 하는 일에 귀하게 쓰임 받게 될 것을 기대합니다. 목회자들과 선교사들의 바른 사역의 기초와 방향성을 제공하고 있는 한국동남성경연구원의 문장환 원장님과 모든 연구원들의 사랑의 수고에 진심으로 감사드립니다.

"존귀한 자는 존귀한 일을 계획하나니 그는 항상 존귀한 일에 서리라"

사32:8

**박영기** (고신총회세계선교회 KPM 본부장)

'고난'과 '선교'는 성경신학의 주요한 주제이면서도 매우 실제적인 문제입니다. 고난은 성도의 생애에서 일상적인 문제이고, 선교는 교회의 존립 목적과 관련되어 있습니다. 그러나 이 주제의 중요성에도 불구하고, 이에 대해 성경신학적으로 제대로 연구한 국내 신학자료는 그렇게 흔치 않습니다.

이런 현실에서 한국동남성경연구원이 이 주제를 정면으로 다룬 책을 발간한 것은 매우 의미 있고 고마운 일입니다. 이 책은 성경 전체를 관통하여 흐르는 고난과 선교 주제를 모세오경, 역사서, 시가서, 선지서 그리고 공관복음, 사도행전과 일반서신, 바울서신, 요한문헌의 각 분야 전문 성경학자들이 주의 깊게 살펴서 수준 높은 분석과 이해를 제공합니다.

이 책은 신학적 분석에서 한 걸음 더 나아가 강단에서 이 주제를 어떻게 설교할 것인지에 대해서도 자상하게 안내합니다. 이 주제에 대해 제대로 이해하고 설교를 통해 성도들에게 도움을 주기를 원하는 목회자들은 이 책을 통해 매우 실제적인 도움을 받게 될 것입니다. 아울러 이 주제에 대해 좀 더 깊이 있게 알기를 원하는 의식 있는 성도들에게도 이 책은 매우 유익한 참고서가 될 것입니다. 이 책의 출간을 환영하며 흔쾌히 추천합니다.

**신원하**(고려신학대학원 원장)

# 서문

한국동남성경연구원은 계시 역사에 근거한 성경본문연구를 통해 바른 신학과 설교의 방향을 제시하려고 세워진 기관인데, 14년의 세월 동안 부족하지만 항상 그 목적에 충실하려고 노력해왔습니다. 그 일환으로 『본문과 설교』를 매년 발행해서 이번에 12호를 출간하게 된 것을 하나님과 저자들에게 감사드립니다. 창간호에서 황창기 초대원장은 이렇게 썼습니다.

> 『본문과 설교』는 주어진 각 성경 본문의 해석에서 그 설교(적용)From Text to Sermon까지 다루려 하였다. "이 성경이 곧 내게 대하여 증거하는 것이니라"요5:39는 말씀을 늘 염두에 두었다. 이와 비슷한 다른 여러 말씀을 따라 구속사적 성경해석과 그리스도 중심적 설교에 강조점을 둔다. 예수 그리스도가 선포되지 않아 유대인 회당에도 통하는 설교라면, 그것은 설교가 아니라 연설에 지나지 않기 때문이다. 말하자면 예수님의 십자가의 죽으심과 부활의 변혁을 무시한 '윤리 도덕적 설교'는 생명력이 약하기 때문이다. 한국교회는 윤리 도덕적 설교의 홍수를 이루고 있다. 설교의 '초점 혼동 현상'이 아닐 수 없다. 그 결과는 가장 비윤리적이요 비도덕적인 한국교회로 전락하여 사회적 비난을 직면하게 된 것이다.

길게 인용을 한 것은 13년 전에 쓴 글이지만 마치 지금의 강단을 묘사한 것과 같고, 작금의 교회가 직면한 상황을 경고한 것과 같아서입니다. 지금까지 한국동남성경연구원이 나름대로 노력해오긴 했지만 여전히 부족한 점이 있음을 성찰하면서, 주어진 소명에 더욱 정진하고자 합니다.

그동안 연구원의 역할과 임무도 사회적 환경에 따라 조금씩 변화되고 발전했습니다. 그중에서도 2012년부터 매년 겨울세미나를 개최하면서 하나의 주제를 정해놓고 구약과 신약을 8개 분야로 나누어서 연구하고 발표하는 식으로 진행해온 것은 큰 성과라 할 수 있습니다. 그 동안 구원2012년, 종말2013년, 교회2014년, 성령2015년, 하나님나라2016년, 윤리2017년, 칭의와 성화2018년, 영성2019년, 고난2020년이란 주제를 다루었고, 올해2021는 선교(적 교회)를 다루려고 합니다. 매년 세미나의 제목을 "성경에 나타난 OO를 어떻게 설교할 것인가?"로 정해서 성경연구에서 설교(적용)까지 다룸으로써 목회자들에게 실제적으로 도움을 주려고 애를 썼습니다.

하지만 주제 연구의 내용이 방대하기 때문에 설교나 성경공부에 직접적으로 도움을 주는 데에는 한계가 있었습니다. 또한 발표하기까지 저자들의 엄청난 지식과 노력이 들었음에도 불구하고 그 소논문들이 사장되는 안타까움도 있었습니다. 그래서 발표된 내용을 교회에서 사용할 수 있도록 교재와 슬라이드 프리젠테이션 등을 개발하여 제공하는 것과 저자별로 재발간하는 것을 논의하고 있습니다. 이번에 나오는 책은 기존의 책과 다른 점이 두 가지입니다. 첫째는 volume 12, 13을 합본한 형태입니다. 작년 초에 발표된 고난2020년과 올해 세미나에 발표될 선교(적 교회)를 다룬 논문들이 함께 수록되어서 부피가 배나 더 커졌습니다. 둘째는 출판사를 SFC출판사로 바꾸어서 단행본 형식으로 책을 출간하게 되었습니다.

2020년에 고난이라는 주제는 많은 이들에게서 뜨거운 반응을 얻었던 것으로 기억합니다. 고난이란 그 누구도 피해갈 수 없는 실존이기에 교인이나 설교자 모두에게 늘 지대한 관심사이기 때문입니다. 고난과 관련해 기조연설은 문장환 원장이 고린도후서에 나타난 하나님의 능력으로서 고난을 살펴봅니다. 김하연 목사는 모세오경에서, 특히 창세기와 출애굽기에서 고난의 기원과 고난 중에 함께 고난 받으시고 섭리하시는 하나님을 보여줍니다. 신득일 교수는 역사서에 나오는 고난의 표현, (개인적, 집단적) 고난의 원인, 고난의 목적, 고난의 본질을 연구합니다. 시가서의 김성진 목사는 시편을 중심으로 죄와 관련한 고난 및 욥기를 중심으로 죄와 무관한 고난을 다룹니다. 최윤갑 교수는 선지서에 나타난 고난의 유형들을 다루는데, 국가적 고난, 의인의 고난, 메시아의 고난을 연구합니다. 공관복음서의 권기현 목사는 마태복음에 나타난 고난을 제시합니다. 주기철 교수는 사도행전, 야고보서, 베드로전서에 나타난 고난 문제를 보여줍니다. 송재영 교수는 바울서신에서 고난의 문제가 중심이 되는 본문들을 주해하면서 고난을 연구합니다. 마지막으로 요한문헌 담당인 송영목 교수는 요한복음에 나타난 예수님과 제자들의 고난을 다루고, 요한서신과 요한계시록의 고난을 다룹니다. 성경의 각 장르에서 고난을 다루는 방식들이 다양하여서 통일성을 찾기는 어렵지만, 고난과 관련된 다양한 주제들, 문제들, 환경들과 그 적용을 볼 수 있을 것입니다. 그러면서도 성경이 말하는 고난을 파악하고 정의하기보다는 적응하고 적용하고 감당하게 할 것입니다.

올해 발표될 주제인 '선교(적 교회)'는 본원의 세미나에 참여하는 선교사님들과 고신총회세계선교회KPM에서 여러 번 요청한 주제이고, 또한 최근 교회론에서 앞으로 교회가 가야할 모습으로서 많이 언급되고 있는 주제입니다. 박영기 KPM 본부장의 개회 설교에 이어 발표할 기조강연은 손승호 선교사가 선교적 교회라는 주제로 선교적 교회의 의미, 정의, 오해와 위험성을 다루고, 전통적 교회에서 선교적 교회로 전환한 예를 제시합니다. 모세오경을 다루는 강화구 목사는 창세기 초반부와 족장들에게 나타난 선교적 부르심을 연구합니다. 신득일 교수는 선교와 관련된 역사서의 본문들을 연구한 뒤에 이스라엘이 이방인과 접촉하는 사람이나 사건을 통해서 선교적 교회를 조망합니다. 김성진 교수는 구약 지혜서에 나온 창조신학을 다루면서 창조질서와 목적을 회복하도록 부르신 하나님의 초청을 통해 선교라는 주제를 제시합니다. 최윤갑 교수는 선지서에 나타난 선교적 교회를 다룹니다. 공관복음서의 김창훈 목사는 제자 만들기를 마태복음의 선교의 개념으로, 해방을 향한 열정과 능력을 마가복음의 선교의 개념으로, 소외된 자들에게 선포되는 죄 용서를 누가복음의 선교의 개념으로 제시합니다. 주기철 교수는 사도행전의 선교에 나타난 교훈들을 제시하고 일반서신을 선교적 관점으로 해석하는 시도를 합니다. 바울서신의 김명일 목사는 바울의 선교사역을 보면서 선교의 부르심, 선교의 대상, 선교의 방식, 선교의 목적 등을 제시합니다. 마지막으로 요한문헌의 송영목 교수는 요한복음과 요한서신과 요한계시록에 나타난 선교(적 교회)를 차례로 다룹니다. 모든 연구들은 설교와 관련된 제안 혹은 모본을 끝에 담고 있습니다.

이 책의 저자들은 모두 자기 분야에서 박사학위를 받은 자들로, 바쁜 사역들 가운데서도 부담과 희생을 감수해주셨습니다. 이에 다시 한 번 진심으로 감사드립니다. 그분들 모두 이러한 작업이 얼마나 소중한지 잘 알기 때문에 외적인 보상이 거의 없음에도 불구하고 참여해주었습니다. 교회의 사역과 교인들의 삶이 맛을 잃은 소금처럼 되어버린 것은 근본적으로 강단 설교의 초점 혼돈 현상 때문이고, 그런 강단 설교의 혼돈과 약화는 본문에 대한 이해의 부족과 현상들에 대한 신학적 사고의 부족 때문이라는 것을 잘 알기 때문에 기꺼이 희생해주었습니다. 또한 이런 작업을 귀하게 여겨 물심양면으로 후원하는 교회들과 성도들에게도 진심으로 감사드립니다. 비록 작은 책이지만 성경에서 말하는 고난을 이해하는 데 많은 도움이 될 것으로 확신하며, 또한 선교(적 교회)에 대한 이해로 성경적 교회 사역의 지평이 환하게 열리기를 기대합니다.

2021년 1월

**문장환**(한국동남성경연구원장, 진주삼일교회 담임목사)

1부
# 고난, 어떻게 설교할 것인가?

# 1장-기조강연
# 하나님의 능력, 고난

문장환

## 1. 고난의 책, 고린도후서

여기서는 고난에 관한 전반적인 논의보다는 고린도후서에 나타난 고난에 관해 다루고자 한다. 특히 바울이 스스로 체험하고 해석한 고난을 1장 3~11절, 4장 7~18절, 6장 3~10절, 10장 3~5절, 11장 21절~12장 10절을 중심으로 살펴보려고 한다.

고린도후서는 신약의 욥기와 같은 책이다. 욥기에 있는 욥의 고난 목록이 고린도후서에서 바울의 고난 목록으로 다시 써진 것을 볼 수 있다. 욥은 재산과 가족을 모두 잃어버리고, 병까지 얻게 되고, 나중에는 아내의 조롱과 친구들의 비난까지 받게 되는데, 고린도후서에서 바울이 세 번에 걸쳐서 기록한 고난의 목록들을 비롯해 자신에 관해 기록한 내용들에도 경제적인 궁핍함, 육체적인 고난, 질병 그리고 함께 하던 사람들의 조롱과 비난이 포함되어 있다. 또한 욥기에서 기나긴 논쟁 끝에 하나님께서 욥에게 직접 나타나시어 고난에 대한 답을 주셨듯이, 고린도후서에서도 마지막 부분에서 부활하신 그리스도께서 바울에게 직접 나타나시어 고난에 대한 답을 주신다. 이렇듯 고난이라는 주제만 놓고 본다면 고린도후서는 욥기의 신약 버전과 같다고 하겠다.

고린도에 보낸 두 개의 편지 모두에서 고린도교회의 불화가 두드러지게 나타난다. 그러나 고린도전서에서는 그 불화의 당사자들이 교회 내의 파벌들이라면, 고린도후서에서는 교인들과 바울 자신이다. 더 정확하게 말하자면, 외부에서 들어와 바울을 공격하는 교사들과 거기에 동조하는 소수의 교인들, 그리고 그들을 어느 정도 방치하고 있는 다수의 교인들과 바울 간의 갈등이다. 그런 가운데서 바울은 자신을 변명해야만 했는데, 거기서 그는 자연스럽게 자신이 당하는 고난을 말하지 않을 수 없었다. 사도행전이 바울의 풍경화와 같은 것이라면, 고린도후서는 바울의 자화상과 같은 것이다. 바울이 자화상을 그릴 때 그의 모습에 점철된 것은 고난이었다. 그래서 고린도후서에는 고난, 환난, 그리고 거기에 따른 실제적인 현상의 단어들이 수도 없이 쏟아져 나온다.

## 2. 자신이 겪은 환란에 대한 바울의 표현: 고린도후서 1장 3~11절

고린도후서를 쓸 때 바울의 처지는 사면초가 상태였다. 그가 가장 오랫동안 사역했고 또 그의 사역의 중심지가 되었던 두 교회에서 큰 어려움이 발생했기 때문이다. 먼저 에베소에서는 교회 자체가 아니라, 에베소 지역주민들에게서 오는 반대로 말미암아 거의 죽을 뻔했고, 그래서 급하게 그곳을 떠나야만 했다. 그리고 고린도에서는 교회 안에 바울을 적대하는 사람들이 있어서 지금은 방문하기가 힘든 상황이었다. 이렇듯 외부적인 환난으로 아시아선교의 중심지였던 에베소에서 떠나야만 했고, 내부적인 적대감으로 그리스 선교의 중심지였던 고린도에는 가지도 못하게 된 상황에서 고린도후서를 쓰게 되었기 때문에, 바울은 먼저 그가 당하고 있는 고난과 환난에 대한 언급으로 이 편지를 시작하는 것이다. 그래서 1장 3~11절에서만 '환난'이라는 단어가 4회, '고난'이 4회, '죽음'이 2회 나온다. 여기서 명사 '환란θλῖψις'은 외적으로 당하는 고통만이 아니라, 내적으로 당하는 커다란 압력과 괴로움까지 의미하는 단어로서, 바울이 얼마나 심한 고난을 당하고 있는가를 잘 보여준다.

그러면 바울 자신이 겪은 환란에 대한 표현들을 살펴보자.

① "힘에 겹도록 심한 고난을 당하여"8절: '힘에 겹도록ὑπὲρ δύναμιν'이란 말은 자신의 능력을 벗어난 것을 말하고, '심한καθ' ὑπερβολὴν'이란 말은 자기가 감당할 수 있는 것을 초과해버린 것을 말한다. 이 표현은 배가 자신에게 실린 짐의 무게를 못 이겨 가라앉는 모습을 연상케 하는 것으로, 바울이 당하는 현실적이고 정신적인 고통을 고스란히 드러낸다.

② "살 소망까지 끊어지고 우리는 우리 자신이 사형 선고를 받은 줄 알았으니"8b~9절: '받은 줄 알았으니받았으니'는 완료 시제로서, 사형선고가 이미 내려졌지만 단지 집행되지 않고 있을 뿐임을 표현하는 말이다. 그러면 '사형선고'는 무엇을 말하는가? 질병, 혹은 투옥과 구타 등일 가능성도 있지만, 에베소에서 일어난 폭동과 바울 일행을 살해사형집행하려는 시도였을 것이다.

본문에서 고난을 받은 바울은 동시에 위로에 관해서도 말하는데, '위로'라는 단어가 10회나 등장한다. 바울은 많은 시련 가운데 있었지만, 하나님의 위로로 이 모든 환난과 고난을 극복할 수 있었다. 그 위로의 내용에는 그가 의뢰하는 하나님께서 어떤 분이신지, 하나님께서 고난당하는 그에게 어떤 일을 해주시는지, 그리고 그 고난을 통해서 무엇을 이루시려고 하시는지에 대한 논지들이 포함되어 있다.

① 하나님께서 우리 주 예수 그리스도의 아버지가 되시고, 자비의 아버지가 되시고, 모든 위로의 아버지가 되시기 때문에, 바울은 그분께로부터 환난과 고난을 극복하는 위로를 얻게 되었다3절.

② 하나님께서 고난을 통하여 바울에게 자신을 의뢰하지 않고 하나님만 의

뢰하게 하시고, 또 고난에서 그를 건져 주셨고, 건져 주시고, 건져 주실 것이 분명하기 때문에, 바울은 그분께로부터 위로를 받았다9~10절. 바울에게 있어서 자기 자신을 의지하는 것은 어리석은 것이요, 심지어 악한 것이다. 반면에 하나님을 의지하는 것은 그의 사역을 제대로 이룰 수 있는 능력을 얻는 것이다. "우리가 무슨 일이든지 우리에게서 난 것 같이 스스로 만족할 것이 아니니 우리의 만족은 오직 하나님께로부터 나느니라"고후3:5는 말씀에서 '만족ἱκανότης'이란 말의 의미는 충분하다는 것인데, 어떤 감정적인 영역보다는 어떤 것을 해낼 수 있는 능력capability이 충분하다sufficient는 것을 말한다. 바울은 고난으로 말미암아 자신이 아니라 하나님만을 의지하게 되었다.

③ 바울은 자신의 고난을 통해 하나님께서 하시는 일로 말미암아 큰 위로를 받았다. 그것은 첫째, 바울이 받은 고난과 위로를 통하여 고난 받는 다른 사람들, 특히 고린도교회의 교인들을 위로하게 하심으로 그들과 깊은 연대감을 형성하게 된 것이다4b~7절. 둘째, 뿐만 아니라 고난 가운데서 그리스도와 깊은 연대감을 형성하게 된 것이다. 5절에서 바울은 자신이 받는 고난을 "그리스도의 고난이 우리에게 넘친다"라고 표현한다. 그리스도께서는 바울을 회심시키실 때, 교회를 박해하는 바울을 향하여 "네가 나를 박해한다"라고 하시면서 고난 받은 교회와 그분 자신을 동일시하셨다. 셋째, 바울의 고난으로 다른 사람들이 기도하게 되었고 그로 말미암아 하나님의 은혜를 체험하게 된 것이다. 11절에 나오는 '도우라συνυπουργέω'는 말은 세 단어의 합성어인데, '함께συν,' '아래서ὑπὲρ,' '일하다ἐργάζομαι'라는 말이 어울려져 된 것이다. 이는 어떤 일에 짐을 같이 지고 같이 고생하는 모습을 보여주는 말이다. 그러기에 고난은 서로를 연결시켜 하나가 되게 한다. 바울은 하나님께서 그의 고난을 그렇게 사용하신 것에 감사한다.

바울에게 사방팔방으로 고난이 들이닥쳤다. 그러나 하나님께서는 그 고난 속에서 그분의 위로를 얻게 하셨을 뿐만 아니라, 그분을 의지하게 하심으로써 그분의 능력을 덧입고, 나아가 그리스도는 물론 동료 그리스도인들과 깊은 관계를 맺게 하셨다. 이런 은혜들은 다른 곳에서 얻을 수 없는 것들이었다.

## 3. 새언약의 일꾼의 정체성과 고난: 고린도후서 4장 7~18절

바울은 자신과 동역자들을 새언약의 직분자로 소개하면서 자신들을 보배를 담고 있는 질그릇으로 표현한다. 여기에 나오는 '보배'는 6절에 나오는 "하나님께서 예수 그리스도의 얼굴을 통하여 주신 하나님의 영광을 아는 빛"으로, 새언약의 직분, 새언약의 복음, 새언약의 핵심인 그리스도를 다차원적으로 의미한다. 그리고 '질그릇'은 본래 깨지기 쉽고 연약한 것으로서, 보배인 하나님의 영광을 아는 빛에 비교할 때, 그것을 담고 있는 사람이 얼마나 연약한가를 잘 보여주는 비유이다. 따라서 바울은 지금 자신들이 복음을 전하고 있는 사역을 두고, 이를 보배가 질그릇에 담겨 있는 것으로 표현하고 있는 것이다. 그런데 이러한 경륜은 대단히 의도적인 것으로, 곧 능력의 심히 큰 것이 하나님께 있고, 바울 일행에게 있지 아니함을 알게 하려 함이다. 왜냐하면 하나님의 능력은 인간의 힘 아래서가 아니라, 인간의 연약함 속에서 역사하기 때문이다. 여기서 인간의 연약함이란 도덕적인 흠, 성격의 결함, 행동의 실수, 육체적 약함, 무능력 등으로 생각할 수도 있지만, 고린도후서에서 바울이 말하고자 하는 연약함이란 능욕, 궁핍, 박해, 곤고와 고난이다고후12:10 참조.

① 8~12절에서 바울은 고난과 그 속에서 경험하는 연약함을 여러 가지로 표현한다. 곧, '사방으로 욱여쌈을 당하다', '답답한 일을 당하다', '박해를 받다', '거꾸러뜨림을 당하다', '예수의 죽음을 몸에 짊어지다', '죽음에 넘겨지다', '사

망이 우리 안에서 역사하다' 등이다. 이러한 고난 리스트에 나오는 단어들은 결코 상징적인 단어들이 아니라, 실제적으로 경험한 단어들이다. 그것들은 그동안 선교현장에서 당해온 일들이었고, 지금도 에베소에서 쫓겨나고 고린도에서 배척받는 상황들을 적나라하게 표현한 것들이다.

② 그런 고난 속에서 하나님의 능력이 놀랍게 구현된다. 곧 '싸이지 않는다', '낙심하지 않는다', '버린바 되지 않는다', '망하지 않는다', '예수의 생명이 나타난다', '생명이 너희 안에서 역사한다' 등이다. 바울의 고난 가운데 하나님의 능력이 나타나서 바울을 보호하였고, 나아가 예수님의 생명이 역사하는 것을 사람들로 하여금 목격하도록 하였다. 여기서 우리가 주의 깊게 보아야 할 것은 바울이 당하는 고난을 예수님의 죽음과 동일시하고, 바울을 통해서 일어나는 일특히 교회 건설들을 예수님의 부활과 동일시하고 있다는 것이다. 이를 분명하게 하려고 12절은 이렇게 말한다. "그런즉 사망은 우리 안에 역사하고 생명은 너희고린도교회 안에 역사한다." 말하자면, 바울의 고난으로 고린도교회가 세워지고 작동된다는 것이다. 이것이 새언약의 일꾼의 모습이고 일하는 모습이다.

새언약의 일꾼은 수많은 종류의 고난들에 둘러싸이고 그래서 인간적인 연약함들을 날마다 겪게 되지만, 놀랍게도 그 고난들이 하나님의 능력이 나타나고 그리스도의 생명이 역사하는 현장이 된다. 이는 그들이 질그릇 같은 존재이지만 그 안에 보배가 있기 때문이다.


## 4. 세상이 감당치 못할 일꾼의 고난: 고린도후서 6장 3~10절

바울은 고린도인들이 자신의 권면을 받아들여야 하는 이유를 고린도후서 6장 3~10절에서 하나의 소송처럼 말한다. 자신을 하나님의 일꾼으로 자천한다고 선언한 뒤에, 아홉 가지의 고난들, 여덟 가지의 영적·도덕적 자질들, 세 가지의 역설적인 쌍으로 이루어진 사역적 자질들, 그리고 마지막으로 일곱 가지의 명제와 반명제의 쌍으로 이루어진 사역 수행의 모습들을 그 선언을 지지하기 위한 증거들로 제시한다.

① 새언약의 일꾼이라는 직책을 위해 바울이 감내한 시련들은 한 마디로 말하자면 "많이 견디는 것"인데, 곧 환난, 궁핍, 곤란, 매 맞음, 갇힘, 소요사태, 수고, 수면부족, 배고픔에서 많이 견디는 것이었다. 고린도인들이 이런 고난의 모습은 강력한 영적 지도자로서 부적격한 것이라고 말할 때, 바울은 오히려 그런 고난 가운데 견디어내는 것이 사도됨의 증거라고 한다.

② 바울이 직책 수행에서 보여준 영적·도덕적 자질들은 깨끗함, 지식, 오래 참음, 자비함, 성령의 감화, 거짓 없는 사랑, 진리의 말씀, 하나님의 능력이다.

③ 바울의 사역적 자질들은 특이하게도 역설적인 쌍으로 이루어진 것인데, 의의 병기를 좌우에 지님, 영광과 욕됨, 악한 이름과 아름다운 이름이다.

④ 명제와 반명제의 쌍으로 이루어진 사역 수행의 모습들로는 속이는 자 같으나 참된 자, 무명한 자 같으나 유명한 자, 죽은 자 같으나 산 자, 징계 받은 자 같으나 죽임 당하지 아니하는 자, 근심하는 자 같으나 기뻐하는 자, 가난한 자 같으나 많은 사람을 부요케 하는 자이다.

새언약의 일꾼으로 직책을 감당하는 데 시련과 수치와 모욕과 오해는 당연한 것들이라고 한다. 한 마디로 고난이라는 상황에서 사역해야 한다. 그런데 새언약의 일꾼들이 받는 고난의 명제들이 한결같이 역설적인 반명제를 대동하기 때문에 고난의 결과도 대단히 역설적이다.

# 5. 바울의 영적 전쟁과 영적 무기: 고린도후서 10장 3~5절

바울이 고린도인들의 여러 오해와 비난 속에서 자신을 변호하는 일은 참으로 괴로운 일이었다. 그러나 그는 자신을 변호하는 데 그치지 않고, 고린도교회를 참된 교회로 세우기를 원하였다. 자신을 위한 변호로 보이는 고린도후서 10~13장의 긴 논증은 사실 그리스도를 본받은 삶과 사역을 제시하고, 고린도인들이 이를 본받기를 바란 것이다. 그를 향한 비난 가운데 하나는 바울이 육체대로 행한다는 것이다. 또한 바울은 영적지도자에게서 볼 수 있는 신비한 외모나 행동, 체험, 능력 등을 지니지 못했다는 것이다. 바울은 자신이 육체에 속한 것은 맞지만 육체대로 행하는 것은 아니라고 하면서, 고린도인들이 생각하는 영적 능력에 대한 기준이 잘못되었음을 말하고자 한다. 그는 새언약의 직분을 수행하는 것을 영적전쟁으로 인식하고는 그의 무기를 이렇게 소개한다.

> "우리의 싸우는 무기는 육신에 속한 것이 아니요 오직 어떤 견고한 진도 무너뜨리는 하나님의 능력이라 모든 이론을 무너뜨리며 하나님 아는 것을 높아진 것을 다 무너뜨리고 모든 생각을 사로잡아 그리스도에게 복종하게 하니"고후10:4~5

신령한 무기는 육체, 외모, 체험, 인간적인 능력, 심지어 신비한 능력 같은 것이 아니고, 대신에 어떠한 견고한 진도 무너뜨리는 하나님의 능력이라고 한다. 즉, 하나님께서는 아무리 견고한 진이라도 무너뜨리시는 활동을 강력하게 하실 수 있다는 뜻이다. 그리고 견고한 진이라는 것은 하나님을 제대로 알지 못하게 만드는 교만한 이론들이며, 또한 사탄과 그 일꾼들이 참된 복음을 방해하고 대적하기 위해 만들어놓은 이론들이다.

그러면 이 진들을 무너뜨릴 무기, 바울이 말하는 영적 무기는 구체적으로 무엇인가? 우선 10장 4~5절을 중심으로 좁게 본다면, 그것은 '복음'이라고 할 수 있다. 바울에게 신령한 무기는 복음이다. 바울은 이 복음을 무기 삼아 영적인 전쟁을 하였고, 이 복음을 도구 삼아 영적인 일을 하였다. 그러나 거짓 선생들은 이 복음은 제쳐두고 인간적인 방법과 자랑, 무기로 일하려고 하였다. 그들은 육체로 일을 하려는 사람들이었다. 그러나 10~13장의 전체 논의를 살펴볼 때, 바울 일행이 싸우는 무기, 곧 하나님께서 강력하게 일하시게 만드는 무기하나님의 능력는 인간의 연약함이다. 좀 더 구체적으로 표현하자면, 그분의 일꾼들이 겪는 고난과 환난이고, 그 속에서 경험하는 인간의 연약함이다.

바울은 이어서 자신을 공격하는 거짓교사들이 누구인지를 밝히는데, 먼저 그들은 인간적으로 스스로를 자랑하는 자들로서, 남의 것을 자기 것인양 자랑하고, 근거도 없이 자랑하고, 분수 이상으로 자랑하고, 자기 한계를 벗어나서 자랑한다. 이는 주 안에서 자랑하는 것, 곧 주님께 칭찬을 받는 것과는 거리가 먼 것이다. 또한 그들은 지극히 높은 사도로, 광명의 천사로 가장하여서 교회를 착복하는 자들이다. 이어서 바울은 그들과 비교되는 자기 자신에 대하여 드디어 입을 연다. 엄청난 체험을 하고 역사를 이루었음에도 불구하고 별로 말하지 않았던 그 일들을 이제 입을 열어 말하는 것이다. 이는 자기를 변명하는 것을 넘어서서 사람이 주안에서 자랑해야 하는 것, 주님께서 칭찬하시는 것이 무엇인지를 밝히기 위함이다. 또한 하나님께서 강력하게 활동하실 수 있게 하는 것이 무엇인지를 밝히기 위함이다. 그것이 고린도후서 11장 21절 이후에 고난 리스트를 기록한 바울의 의도이다.

# 6. 하나님의 강력한 능력, 고난: 고린도후서 11장 21절~12장 10절

바울의 사역의 결과로 고린도교회를 비롯한 많은 교회들이 세워졌다. 이는 고린도교회 교인들은 물론이고 심지어 바울의 대적들조차 인정하는 바였다. 무엇으로 이런 성취를 이루었는가에 대한 바울의 대답은 하나님의 은혜요, 능력이었다. 그리고 그 은혜와 능력이 역사하는 통로가 무엇인가에 대한 바울의 대답은 그 자신의 연약함이었다. 그래서 바울은 자신의 연약함을 자랑하는데, 이는 그의 가장 긴 고난 리스트와 두 가지혹은 세 가지의 에피소드로 소개된다.

## (1) 바울의 탁월한 고난들

그는 일반인들처럼 혈통에 관한 자랑부터 시작하는데, 그 목적은 자기 자랑의 도사들인 거짓교사들과 차별화하기 위함이다. 이어서 그는 그리스도의 일꾼으로 감내해야 하는 네 가지 고난들, 특히 그를 죽음으로까지 내몰았던 네 종류의 위기들, 선교여행에서의 여덟 가지 위험들, 선교여행에서의 네 가지 일상적 곤욕들, 그리고 날마다 겪는 가장 큰 고난에 관해 말한다.

① 혈통과 직책에 관한 자랑으로, 바울은 자신이 히브리인이고, 이스라엘인이고, 아브라함의 후손이고, 그리스도의 일꾼이라고 말한다. 그러면서 참된 그리스도의 일꾼이라면 어떤 모습으로 살아야 하는가를 이후에 말하고자 한다.

② 그리스도의 일꾼으로 감내해야 했던 고난은 수고로 넘치는 것, 여러 번 투옥을 당한 것, 수 없이 매를 맞은 것, 여러 번 죽음의 위기를 맞은 것 등이었다. 바울은 한두 번이 아니라 여러 번 그런 고난을 넘치도록 당했다고 말한다.

③ 특히 죽음의 문턱까지 가게 했던 고난들로는 다섯 차례 39대의 매유대인의 태형를 맞은 것, 세 차례의 태장로마인의 태형, 돌로 맞은 것, 세 차례의 파선그중 한 번은 바다에서 24시간 표류함 등이었다. 이런 위기들이 얼마나 극심했는지 숫자를 헤

아려서 언급할 만큼 바울에게 생생하게 남아있었다.

④ 선교여행에서 자주 맞닥뜨려야만 했던 위험들로는 강의 위험, 강도의 위험, 동족의 위험, 이방인의 위험, 도시의 위험, 광야의 위험, 바다의 위험, 그리고 거짓형제들의 위험이었다. 그야말로 모든 장소, 모든 상황, 모든 사람들에게서 받아온 고난과 위험이었다.

⑤ 선교여행 중에 감내해야 했던 결핍과 곤욕으로는 수고와 고역, 수 없이 겪는 수면부족, 배고픔, 목마름, 먹지 못함, 추위, 그리고 헐벗음 등이었다. 이는 단지 육체적인 곤욕을 말하기보다 그 이상으로 보다 처참한 상태로 살아가야 했음을 보여 준다.

⑥ 그런데 바울이 겪는 가장 큰 고난은 따로 있었다. 그것은 모든 교회를 위한 염려였다. 교회가 고난을 받으면 바울도 같이 고통을 당하였고, 그들이 실족하면 바울의 마음도 아파서 불이 났다.

## (2) 바울의 탁월한 수치

바울은 11장 30절에서 지금까지 언급한 고난의 목록을 '약함'이라는 한 단어로 정리하고 난 뒤에, 그의 삶에서 일어난 가장 수치스런 사건 중에 하나를 언급한다. 그것은 바울이 다메섹 아레다 왕의 방백의 손에서 탈출한 사건으로, 사도행전 9장 24~25절에 기록되어 있는 것이다. 자서전 형식의 기록이기 때문에 얼마든지 그 사건의 자세한 개요를 기대해 볼 수 있지만, 정작 만나게 되는 것은 간략한 언급뿐이다. 더군다나 그 이야기의 초점 또한 고난 속에서 바울이 보여주는 용기가 아니라 반대로 그의 약함과 굴욕이다. 이는 당시의 로마군에게 있었던 제도인 'corona muralis코로나 무랄리스'와 비교되는 것이었다.

폴리비우스가 기록한 『역사Historiae』를 보면, 전쟁 중에서 장군은 공격하는 성에 처음으로 오르는 사람에게 금으로 된 관을 씌어주었다. 그런데 바울은 지금 이렇게 말하고 있는 셈이다. "영웅적인 로마 군인들은 서로 먼저 성벽에 오르려고 죽음을 무릅썼지만, 나는 바구니를 타고 성벽을 내려와 도망쳤다." 바울은 사도행전 10장 4~6절에서 자신을 그리스도의 군사*militia Christi*, 곧 견고한 진을 파하고, 대적들을 사로잡아 복종하게 만들고, 끝까지 반항하는 자들을 벌하는 자로 제시하였는데, 여기서는 그런 군사로서의 이미지가 놀랍게 역전된다. 즉, 세상이 '연약'과 '실패'라고 하는 것에서 하나님의 구원의 역사가 이루어진다고 하면서, 새언약의 일꾼인 사도에 대한 일반적인 기준들에 도전한다. 바울은 일반적인 '영웅'이라는 기준에서는 실패한 것 같지만, 그럼에도 그는 그리스도의 사도이다. 바울의 연약은 하나님의 능력이 나타나는 기회가 되었고, 바울의 굴욕은 그로 하여금 십자가에 못 박히신 그리스도를 닮는 기회가 되게 하였다.

## (3) 바울의 천상의 계시와 지상의 가시

바울은 이제 그에게 충분히 최고의 자랑거리가 될 수 있는 문제를 언급한다. 곧, 주님께서 그를 셋째 하늘에 이끌어 보이고 들려주신 환상과 계시를 경험한 사건이다. 아마 누구도 필적할 수 없는 묵시적 경험이었을 것이다. 하지만 그의 기록은 비非묵시적 내지 반反묵시적이다. 자신의 경험이었음에도 불구하고 익명의 사람으로 말하고, 또한 보고 들은 것도 말하지 않고 다만 "말할 수 없는 말"을 들었다고만 한다. 그러니 그 환상과 계시를 해석할 것도, 그 환상과 계시에 따라 예언할 것도 없다. 환상과 계시의 결과로 남는 것은 아무것도 없지만, 한 가지 그의 몸에 남은 것이 있었다. 그것은 곧 그의 몸에 있는 가시였다. 하나님께서는 그 계시와 환상으로 인해 자고하지 않도록 가시를 그의 몸에 두신 것이다. 그 가시가 무엇이었는지 우리로서는 정확하게 알 수 없지만, 당시의 사람들은 누구든 직접 보고 알 수 있었을 것이다. 그것은 분명 가시라고 불릴 정도로 그의 육체에 힘든 것이었고, 또한 복음사역에도 방해가 되는 것이었을 것이다. 바울은 당연히 그 가시를 제거해 달라고 주님께 기도하였다. 세 번이나 기도했다는 것은 그 문제를 두고 작정하고 간절하게 구하였다는 뜻이다. 그러나 주님께서는 그의 기도를 들어주지 않으셨다. 바울은 이에 관해 기록할 때, 마치 이것을 주님께서 겟세마네 동산에서 십자가를 지지 않기를 세 번이나 기도하셨음에도 거절당하시고 결국 십자가에서 죽으시고 부활하신 복음서의 기록처럼 모방하였다고 할 수 있다.

주님께서는 바울의 기도를 거절하신 이유를 다음과 같이 말씀하셨는데, 이는 바울 서신에 나오는 유일한 주님의 말씀으로 세 번 기도해서 응답받은 내용이다. "내 은혜가 네게 족하도다. 이는 내 능력이 약한 데서 온전하여짐이라"9a절. 아마 바울은 세 번째 기도에서 최종적으로 이렇게 응답을 받았을 것이다. 이 응답은 바울이 기대하지 않았던, 아니 못했던 것이지만, 그에게 꼭 필요한 응답이었다. 주님의 응답은 두 가지의 진술로 이루어졌는데, 첫째 진술은 주님의 은혜가 그에게 족하다는 것이다. 여기서 은혜는 구원의 은혜를 말하기보다 우리로 하여금 제대로 살아가게 하고 맡은 사명을 제대로 수행하게 하는 은혜를 말한다. 즉, 몸에 가시를 지니고 살아가는 것을 포함하여 지금까지 주신 은혜가 충분하다는 것이다. 둘째 진술은 주님의 능력은 약한 데서 온전하여진다는 것이다. 즉, 주님의 능력은 천상의 계시 같은 경험에서 역사하기보다 지상의 가시와 같은 고난 속에서 역사한다는 것이다. 그래서 바울의 간구를 거절하시는 이유를 분명하게 밝히는데, 먼저는 가시를 주신 원래 동기로 자만하지 않도록 하는 것이고, 둘째는 바울로 하여금 그리스도께 계속 붙어있게 하는 것이고, 셋째는 그 가시가 하나님의 은혜와 능력이 역사하는 통로가 되게 하는 것이다. 이어서 바울은 자신의 진정한 자랑거리를 소개하는데, 곧 자신의 여러 가지 약한 것들이라고 한다. 왜냐하면 그것들 때문에 그리스도의 능력이 그에게 머물기 때문이다9b절. 특히 그의 육체의 가시는 하나님의 은혜가 그에게 머물게 하는 최고의 수단이었다.

## (4) 그리스도 일꾼의 영적 무기, 고난

12장 10절에서는 '그러므로διὸ'라는 접속사를 사용해서 12장부터 시작된 계시와 가시 에피소드만이 아니라, 11장 21절에서 시작된 바울의 약함의 목록, 다시 말해 바울의 고난 목록을 정리하고 있다. 10ab절은 이렇게 번역하면 좋을 것이다. "그러므로 내가 그리스도를 위하여 약한 것들, 곧 능욕들과 궁핍들과 핍박들과 곤란들을 기뻐한다." 바울이 당한 고난, 어려움, 수치, 굴욕, 핍박, 곤란이 모두 주를 위하여 받은 것이라는 언급은 그것들이 모두 그리스도를 따라가고 그분의 삶과 사역을 본받는 고난이었음을 강조하는 것이다. 그러면서 바울은 오늘날 모든 그리스도인들이 사랑하는 금언maxim을 선포한다. "이는 내가 약할 그 때에 곧 강함이니라"10c절. 여기서 '강함'이라는 표현은 앞서 10장 4~5절에 나오는 '하나님의 능력'을 반향反響하는 말로서, 결국 새언약의 일꾼들이 수행하는 전쟁에서 사용하는 영적 무기를 말하는 것이다. 영적 무기는 복음이지만, 그 복음이 제대로 활동하는 통로와 환경은 고난이다. 그래서 그리스도를 위하여 고난을 감당하는 것이 바로 그리스도의 일꾼의 영적 무기인 셈이다.

우리는 그것을 12장 12절에서 다시 한 번 확인한다. 바울은 11절에서 자신이 소위 지극히 큰 사도들거짓교사들이 스스로를 일컫는 호칭보다 조금도 부족하지 않다고 하면서 진정한 사도된 표를 이렇게 설명한다. "사도의 표가 된 것은 내가 너희 가운데서 모든 참음과 표적과 기사와 능력을 행한 것이라." 사도의 표된 것을 단지 표적과 기사와 능력이라고 생각한다면, 어떤 사람이 여러 가지 기적을 일으켜야만 사도된 표를 냈다고 말할 수 있을 것이다. 하지만 여기서 중요한 것은 바울의 사도된 표는 단지 그가 여러 가지 기적을 행했다는 것이 아니라, 그가 그것들을 오래 참음으로 행했다는 것에 있다는 것이다. 더 정확하게 말하면, 이 문장은 수동태로 되어 있기 때문에, "사도의 표된 것, 곧 표적, 기사, 능력 행함이 오래 참음 가운데 너희 가운데 행하여졌다κατειργάσθη, were performed"라고 해야 한다. 곧, 기적의 주체는 다름 아닌 주님이시다. 사도 바울이 적극적으로 애쓴 것은 표적, 기사, 능력 행함이 아니라, 오래 참음이었다. 바울은 고난 가운데서 오래 참았고, 주님께서는 그의 오래 참음 가운데서 표적과 기사, 능력이 나타나게 하신 것이다. 바울은 이것이 진정한 사도됨의 표라고 말한다. 그런데 사도된 표로 내세우는 것이 한 가지 더 있었는데, 그것은 바로 교회 자체였다참조. 고후5:11~13; 3:1~3. 그러니까 사도라는 표는 바울이 고난 가운데 오래 참을 때 하나님께서 기적적인 일들을 행하시고 그 결과로 교회가 세워지는 것이다.

그러므로 고난은 새언약의 일꾼의 영적 무기인 셈이다. 최소한 영적 무기를 작동케 하는 환경인 셈이다. 12장 19절에서 바울은 이 편지를 쓰는 이유, 혹은 10장에서 13장까지 논증을 하는 이유를 명확히 밝히는데, 그것은 자신을 변명하기 위한 것이 아니라, 교회를 세우기 위함이라고 한다. 즉, 교회를 세우는 것이 바울의 영적 싸움의 목적이었으며, 그 가운데서 하나님께서 사용하신 것이 바울의 연약함이요 고난이었다는 것이다. 그리고 13장 4a절에서 바울은 이 모든 논증을 기독론적 금언으로 뒷받침한다. "그리스도께서 약하심으로 십자가에 못 박히셨으나 하나님의 능력으로 살아 계시니." 그리스도께서는 약하셨다. 얼마나 약하셨는가 하면 유대 지도자들과 군중들에게 걸려들어서 로마병정에게 죽임을 당할 정도로 약하셨다. 왜일까? 힘이 없어서일까? 그렇지는 않다. 주님께서는 12영의 천군천사를 동원하실 수 있으시다. 그럼에도 불구하고 주님께서는 약함을 택하셨다. 그래야 하나님의 능력이 나타나기 때문이다. 곧, 온 세상을 구원하는 능력, 죽은 자 가운데서 그분을 부활시켜 주시는 능력이 나타나기 때문이다. 세상에서 가장 큰 힘인 죽음을 정복할 능력이 나타나기 때문이다.

그러므로 우리의 약함, 곧 우리의 고난은 하나님의 능력이 나타나고 교회가 세워지는 방편인 셈이다.

## 7. 에필로그: 신정론神正論, Theodicy

신정론은 신이 선하시다면 왜 세상에 악이 존재하는가를 설명하는 이론인데, 여기에는 두 가지 기본 전제가 있다. 하나는 신이 존재하신다는 것이고, 다른 하나는 그 신에게도 인간의 선이라는 개념과 같은 것이 있다는 것이다. 이런 신정론에 대한 해법들로 여러 가지가 제시되었다. 첫째, 이원론적 해법으로 선한 신과 악한 신이 대립하고 대결한다는 것이다. 즉, 악신이 승리할 때 악이 존재하게 되는 것이다. 둘째, 일원론적 해법으로 오직 선만 존재하고 악은 존재하지 않는다는 것이다. 현실에서 경험하는 악은 단지 선의 결핍일 뿐이다. 셋째, 이신론적 해법으로 신은 선하고 전능하지만, 현실에는 아무런 영향을 미치지 않는다는 것이다. 현실은 신이 이미 마련해놓은 법칙자연법칙에 따라 운행될 뿐이다. 넷째, 도구적 신정론으로 악이란 선하고 전능한 신이 자기의 의지를 실현하는 도구로 보는 것이다. 다섯째, 교훈적 신정론으로 신이 악한 세력을 부려서 악과 고통을 행사하시든, 직접 고난을 주시든, 그 목적은 고난과 악을 통해서 교훈을 주시기 위함이라는 것이다. 여섯째, 보상적 신정론으로 선하고 전능한 신이 악과 고난의 현실을 인간에게 주어 그 고난을 견딘 사람에게 후한 보상을 주기 위함이라는 것이다. 일곱째, 도덕적 신정론—자유의지의 신정론으로 부를 수도 있다—으로 신이 인간에게 자유의지를 부여하였기에 인간은 자신의 의지에 따라 선을 선택할 수도 악을 선택할 수도 있다는 것이다. 여덟째, 참여의 신정론으로 신이 인간의 고난에 동참한다는 것이다. 그 외에도 다른 여러 가지 이론들이 있지만, 논의를 위해서는 이정도만 열거해도 충분할 것이다.

그런데 악이라는 넓은 개념 대신에 보다 구체적인 고난이라는 좁은 개념으로 축소해서 신정론의 제반 이론들을 검토해본다면, 성경이 말하는 고난의 문제를 보다 잘 파악할 수도 있을 것이다. 첫째, 이원론적 해법으로 하나님과 사탄이 대립하고 대결하는 것으로 이해하는 것이다. 따라서 사탄이 역사할 때 고난이 존재하는 것이다? 둘째, 일원론적 해법으로 오직 하나님께서는 하늘에서 각종 선물로 좋은 것들만 내리시기 때문에 고난은 존재하지 않는다. 현실에서 경험하는 고난이란 단지 좋은 것들의 부재일 뿐이다? 셋째, 이신론적 해법으로 하나님께서는 전능하셔서 좋은 것들을 창조하셨지만 현실에는 아무런 영향을 미치지 않는다. 현실에서 당하는 고난은 이미 마련해놓으신 법칙자연법칙에 따라 운행된 결과일 뿐이다? 넷째, 도구적 신정론으로 고난이란 선하고 전능하신 하나님께서 그분의 의지를 실현하시는 도구이다? 다섯째, 교훈적 신정론으로 하나님께서 악한 세력을 부려서 고난을 행사하시든, 직접 고난을 주시든, 그 목적은 고난을 통해서 신자에게 교훈을 주시기 위함이다? 여섯째, 보상적 신정론으로 선하고 전능하신 하나님께서 사탄의 역사와 고난의 현실을 인간에게 주시어 그 고난을 견딘 사람에게는 나중에 하늘에서 보상을 주시기 위함이다? 일곱째, 도덕적 신정론으로 하나님께서는 인간에게 자유의지를 부여하셨기에 인간은 자신의 의지에 따라 선을 선택할 수도 악을 선택할 수 있다. 따라서 인간이 악을 선택한 결과 고난을 당하는 것이다? 여덟째, 참여의 신정론으로 하나님께서는 인간의 고난에 동참하신다?

성경의 수많은 고난의 문제들은 본문에 따라 혹은 해석자에 따라 다양한 신정론의 이론들에 의해 해석될 소지가 있다. 한 가지 이론만을 고집하면서 고난의 문제를 다 설명하기는 불가능하다. 물론 보다 성경적이라고 할 수 있는 이론이 있을 수 있고, 고난의 의미를 보다 깊이 있게 해석하는 이론이 있을 수도 있다. 또한 구체적인 문제들에서 보다 높은 해석의 우위를 갖는 이론이 있을 수도 있다. 하지만 고난 자체가 다양한 이론적 분석을 요구하는 측면들을 가지고 있을 뿐 아니라, 해석자마다 관점의 차이가 있어 해석에 영향을 미치지 않을 수가 없다. 그래서 성경에 나타난 고난을 설교할 때는, 고난에 대한 이해의 다양성이나 복수성에 항상 귀를 열어놓으면서, 문맥에서 드러나는 저자의 의도에 보다 집중하는 것이 필요하다. 예를 들어, 고린도후서에서 나타난 고난을 설교할 경우에는 위의 여러 가지 이론들 가운데서 고난을 하나님의 은혜와 능력의 통로로 사용하는 도구적 신정론이 제일 가깝다고 할 수 있다. 그러나 여기에도 차이가 있다. 도구적 신정론에서는 하나님께서 그분의 의지를 실현하시기 위해 단지 특정한 고난들을 단편적으로 사용하실 뿐이다. 그러나 고린도후서에서 고난은 하나님의 방편이고 하나님의 무기이다. 고난은 새언약의 실체인 예수 그리스도의 방편이고, 새언약의 일꾼인 그리스도의 일꾼의 방편이다.

# 2장
# 모세오경의 고난

김하연

하나님은 쾌락속에서 우리에게 속삭이시고,

양심속에서 말씀하시며, 고통속에서 소리치십니다.

고통은 귀먹은 세상을 불러 깨우는 하나님의 메가폰입니다.

_C. S. Lewis[1]

　고난/고통에 관한 주제는 고금을 막론하고 끊임없이 인생에 관한 중요한 주제였다. 성경에서도 고난/고통에 관한 주제는 처음부터 끝까지 출현한다. 몇 가지만 예를 들어보자. 아담과 하와의 범죄로 하나님께서는 하와에게 잉태하는 고통을 주셨으며창3:16, 요셉은 형들로 인해서 고통을 받았다창37~40장. 이스라엘 백성은 애굽의 압제에 고통을 당하여 하나님께 부르짖었고출3:7~10, 시편의 기자들은 포로의 회복을 기다리며 고난에 대해서 노래를 불렀다시44편. 선지자가 권력자에게 잡혀 구덩이에 던짐을 당했고렘38:6~9, 욥은 의인이 겪는 고통을 온몸으로 받아냈다욥기. 예수 그리스도께서는 친히 십자가에 달려 저주와 고통을 받으셨고마27장, 성도들 또한 시련가운데서 서로 소망을 격려한다고

---

1. C. S. Lewis, 『고통의 문제』 (*The Problem of Pain*, 이종태 역, 서울: 홍성사, 2002), 141.

후4:17. 이렇듯 성경은 온통 고난에 관한 메시지로 가득 차 있다고 해도 과언이 아닐 것이다.[2]

오늘날 비기독교인들은 이런 고난의 문제를 빌미로 하나님의 존재를 부인하려고 애를 쓴다. "카트리나 허리케인이 뉴올리언즈 시를 파괴할 때 하나님은 무엇을 하였는가? 하나님은 왜 어린아이들이 강간과 고문을 당하며 살해되는 일을 막지 않으시는가?"[3] "만일 하나님이 존재한다면 그는 가장 많은 아이를 낙태시킨 시술자일 것이다."[4] 등의 끊임없는 공격을 가하고 있다. 이에 대해 기독교 변증가들도 나름대로 정당한 대답을 주려고 노력하고 있다. 재커라이어스R. Zacharias는 말하기를 "정말로 해리스는 하나님이 우리에게 사랑할 능력을 주시면서도 사랑을 거부할 선택권은 주지 않으시고, 신뢰하고 신뢰받기를 원하는 갈망은 주시면서도 의심할 자유는 주지 않으시며, 선택할 특권은 주시면서도 그 선택의 결과를 받아들일 책임은 부여하지 않으셨기를 요구하는 것인가?"[5]

물론 이 짧은 글에서 이런 모든 질문과 공격에 관련된 의문들에 대답하려는 것은 아니다.[6] 제한된 지면과 주제를 감안해서 필자는 모세오경을 통해 고난과 고통에 관련된 몇 가지 주제를 살펴보려고 한다. 즉, 고난과 고통의 기원이 무엇인지, 그것의 성격은 어떤 것인지, 그것에 대한 하나님의 입장은 무엇인지 등에 관해서 제한된 답변들을 살펴보고자 한다.

---

2. 성경에 언급된 고난에 관한 문제들은 전쟁의 패배, 국가의 멸망, 종교적 경배의 파괴, 질병, 어린아이의 죽음, 육체적 고통, 거절됨과 고독, 죄 등으로 인한 영적 고통 등 더 많은 부분에서 열거될 수 있다. D. J. Simundson, "Suffering," *ABD*, vol. 6. 219~225.

3. S. Harris, 『기독교 국가에 보내는 편지』(*Letter to a Christian Nation*, 박상준 역, 서울: 동녘사이언스, 2008), 67~68.

4. Harris, 『기독교 국가에 보내는 편지』, 53.

5. R. Zacharias, 『이성의 끝에서 믿음을 찾다』(*The End of Reason: A Response to the New Atheists*, 송동민 역, 서울: 에센티아, 2008), 78.

6. 추가된 질문들을 보라. "어디서부터 잘못되었는가? 어디서 고통이 오게 되었는가? 누가 고통을 가져왔는가? 고통이 하나님(의 존재)과 어울리는가? 하나님은 이런 고통이 그의 택한 백성에게 임하게 되는 것을 허용하시는가?" D. J. Simundson, "Suffering," 219.

# 1. 고난의 뜻

고난은 모세오경에서 히브리어 단어 עִצָּבוֹן이짜본; pain, toil, 창3:16, עֳנִי오니; affliction, poverty, 창31:42, 출3:17, 출4:31, עָמָל아말; trouble, labour, toil, 창41:51, רָעָה라아; evil, misery, distress, injury, 민11:15와 תְּלָאָה틀라아; weariness, hardship, 민20:14 등으로 다양하게 표현된다. 이러한 단어들은 그 동사형으로도 종종 쓰인다. 예를 들면, עָצַב아짜브; to hurt, pain, grieve, 창6:6 등은 고통을 당하는 행위를 보여준다. 칠십인역the Septuagint, 이하 LXX에서도 고난은 λύπη루페; physically pain, suffering, distress, mentally or spiritually sorrow, grief, sadness, anxiety, 창3:16, πόνος포노스; hard work, toil, 창41:51, θλῖψις뜰립시스; pressure, crushing, castration, metaph., oppression, affliction, 출4:31, ταπείνωσις타페이노우시스; lowering, lessening, humiliation, 출3:17, κάκωσις카코시스; ill-treatment, oppression, 민11:15와 μόχθος모크또스; weary, distressed, 민20:4 등으로 다양하게 번역되었다.

모세오경에서 고난은 전반적으로 인간의 육체적·정신적 고통, 중노동, 압제, 가난과 부당한 처우 등을 보여주고,[7] 나아가서 사람들의 관계로 인한 고통의 문제도 포함한다창34:7, 45:5. 한편, 이 고통은 하나님께서 겪으시는 고통을 나타내기도 한다창6:6 등. 전능하신 하나님께서 고통을 당하신다는 것이 이해하기에는 힘든 것이지만, 하나님께서 인간을 사랑하사 특별한 하나님의 형상으로 지었음에도 불구하고 그 사랑하는 자들이 온통 죄에 가득하게 빠져 있을 때에는 하나님께서도 그 마음에 거룩한 고통을 겪으시는 것이다.[8]

---

7. C. Meyers, "עָצַב," *TDOT*, vol. 11. 279~280.
8. T. E. Fretheim, *NIDOTTE*, vol. 3. 483.

## 2. 고난의 기원

인간의 노동 자체가 고통이거나 형벌은 아니다. 일찍이 천지를 창조하시고 나서 하나님께서는 아담에게 에덴동산을 경작하라고 말씀하셨다창2:15.

וַיִּקַּח יְהוָה אֱלֹהִים אֶת־הָאָדָם וַיַּנִּחֵהוּ בְגַן־עֵדֶן לְעָבְדָהּ וּלְשָׁמְרָהּ

"주 하나님께서 그 사람을 취하사 에덴 동산에 두시고 그것을 경작일하며 그것을 지키게 하셨다."창2:15; 개인번역

하나님께서는 아담을 그냥 놀고 무위도식하게 하신 것이 아니라 에덴동산을 지키고 일하게 하셨다. 에덴동산에서 주어진 것은 모든 것이 축복이었으므로, 이 일하게 하신 것 자체도 축복이 아닐 수 없다. 여기서 사용된 '일'이란 히브리어로 'עָבַד아바드; work, till, cultivate, serve, worship'인데, 이는 아론의 후손들이 회막에서 섬기는 일에도 사용되기 때문에민3:7 한편으로 거룩한 일이기도 한 것이다. 하나님께서 맡기신 일을 감당하는 것은 밭을 경작하든지 성막에서 섬기든지 그 자체로 거룩한 일이자 축복으로서, 고통의 개념과는 아무 상관이 없는 것이다. 따라서 일 자체는 하나님 앞에서 의무라 할 수 있다. 오히려 일하지 않으면 그것이 죄가 된다. 탈무드에서는 일하지 않고 토라를 공부하는 것이 결국 죄의 원인이 된다고 했다.[9]

그러므로 에덴동산에서, 곧 처음의 시작에서는 고통이 없었다. 다만 고통이 시작된 것은 아담과 하와가 범죄함으로 말미암은 것이다. 처음의 고통은 하와에게 주어졌다. 하와가 먼저 범죄했을 뿐 아니라 아담에게도 금단의 열매를 주

---

9. A. Cohen, *Everyman's Talmud-The Major Teachings of the Rabbinic Sages* (New York: Schocken Books, 1995), 191.

어 함께 먹도록 한 죄를 지었기 때문에, 하와는 '잉태와 해산의 고통'을 더하는 심판을 받게 된다.[10]

אֶל־הָאִשָּׁה אָמַר הַרְבָּה אַרְבֶּה עִצְּבוֹנֵךְ וְהֵרֹנֵךְ בְּעֶצֶב תֵּלְדִי בָנִים

"그녀에게 말씀하시기를 내가 정녕 너의 잉태의 고통을 많게 할 것이요, 고통가운데 자녀를 낳을 것이다." 창 3:16; 개인번역

상술한 바와 같이 'עִצָּבוֹן이짜본'과 'עֶצֶב에쩨브'는 고통과 슬픔을 뜻한다. 축복의 임신과 출산이 고통가운데 진행될 것이란 말이다. 근대 의학이 발전하기까지 출산은 곧 죽음을 돌아보는 위험을 항상 감수하게 되어 있었다. 그리고 이어서 하나님께서는 아담에게 이렇게 말씀하시며 심판하셨다.

"땅은 너로 말미암아 저주를 받고 너는 네 평생에 수고하여야 그 소산을 먹으리라 땅이 네게 가시덤불과 엉겅퀴를 낼 것이라" 창3:17-18

이 말은 우리말 번역으로 보면 느낌이 좀 약하다. 오늘날과 같이 잘 개발된 제초제와 기계로 농사를 짓는 시대에서 가시덤불과 엉겅퀴는 그렇게 큰 문제가 될 것 같지 않기 때문이다. 게다가 아담이 범죄한 후에 "수고하여야 그 소산을 먹으리라"고 한 것이 왜 저주가 되는지 의문이 들기도 한다. 그러나 사실 창세기 3장에서 '수고하여야'란 말은 매우 유화적인 번역이라 할 수 있다. 해당 부분의 원문을 보면 아래와 같다.

---

10. 시먼슨(Simundson)은 이 부분을 명백하게 정리한다. "If the woman and man had heeded the one restriction about the tree of the knowledge of good and evil (Gen2:17), suffering as we know it might never have entered the world." Simundson, "Suffering," 220.

¹⁷ אֲרוּרָה הָאֲדָמָה בַּעֲבוּרֶךָ בְּעִצָּבוֹן תֹּאכֲלֶנָּה כֹּל יְמֵי חַיֶּיךָ:

¹⁸ וְקוֹץ וְדַרְדַּר תַּצְמִיחַ לָךְ וְאָכַלְתָּ אֶת־עֵשֶׂב הַשָּׂדֶה:

"¹⁷ 땅은 너로 인하여 저주를 받고 너의 평생에 너는 **고통**가운데 먹을 것
이다 ¹⁸ 그리고 **가시와 찔레**가 너로 인해서 날 것이요 너는 들의 식물을 먹
을 것이다."창3:17~18; 개인번역

개역개정과 바른성경에서 '수고'라고 번역된 것은 '고통'으로 번역되어야 한
다. 여기에 사용된 '고통가운데'란 말은 하와가 하나님께 심판받을 때 '고통히,
이짜본가운데 임신하고 해산하는' 것과 같은 단어를 사용하고 있다. 따라서 그것
은 그냥 단순한 '노동의 수고' 정도가 아닌 것이다. 목숨을 걸고 고통가운데 해
산하듯이, 고통가운데 인생을 살아갈 것이란 뜻이다. 한 단계 더 나아가서 하나
님께서는 땅은 아담에게 '가시와 찔레'를 낼 것이라고 명령하셨다. 히브리어 본
문에서 '코츠 베 다르다르קוֹץ וְדַרְדַּר'는 그냥 단순한 가시덤불과 엉겅퀴를 말하
는 것이 아니다. 호세아 10장 8절에서 이 표현은 '가시와 찔레'로 번역되었다.

사실 이 '가시와 찔레'는 단순한 '가시' 이상의 의미를 지닌다. 창세 이후에
죄의 결과로 말미암아 추가로 만들어진 이 식물은 성경에 수십 번 이상 빈번
하게 언급된다. 일차적으로 그 가시로 인해서 농사의 일이 힘들어지기도 하지
만, 성경 본문에서는 이런 것들이 훨씬 더 광의적인 의미로, 즉 '인생의 고통과
멸망'에 대한 상징으로 사용되었다. 앞에서 언급한 호세아 10장 7~8절은 다음
과 같다.

"⁷ 사마리아 왕은 물 위에 있는 거품 같이 멸망할 것이며 ⁸ 이스라엘의 죄
곧 아웬의 산당은 파괴되어 **가시와 찔레**가 그 제단 위에 날 것이니 그 때
에 그들이 산더러 우리를 가리라 할 것이요 작은 산더러 우리 위에 무너

지라 하리라"호10:7~8

여기서 '가시와 찔레'는 피할 수 없는 절망스러운 멸망의 고통을 의미한다. 이사야 또한 상징적으로 "(포도원은) 찔레와 가시를 낼 것이며"사5:6라고 말하는데, 이것은 인생의 수고가 완전히 헛되게 될 것을 비유로 표현한 것이다. 따라서 사실 '가시와 찔레'라는 표현은 아담과 하와의 범죄 이후에 일어나는 모든 인간 사회의 문제와 고통까지도 다 포함한다고 할 수 있다.

사사기 9장 14~15절에는 요담이 가시나무의 비유를 들어 "불이 가시나무에서 나와서 레바논의 백향목을 사를 것이니라"고 말한다. 이는 장차 기드온의 아들 아비멜렉의 악한 통치로 온 이스라엘이 고통 중에 빠지게 될 것을 빗대어서 말한 것이다. 성경에 나오는 가시나무의 종류만 해도 수십 종류가 넘는다. 그러나 그 의미는 거의 대동소이한데, 바로 죄의 결과는 항상 '멸망하여 흙으로 돌아갈 뿐 아니라 인생가운데서 말할 수 없는 고통을 겪는다'라는 것이다. 고난은 인간의 죄로 말미암아 시작되었다. 그리고 우리 주 예수님께서는 그런 인간의 죄악을 사하시기 위해서 친히 고난을 당하셨다. 그분께서 가시와 찔레로 된 면류관을 쓰신 것은 결코 우연이 아니다마27:29. 물론 이런 일로 인해서 '인생의 모든 고통은 죄의 결과'라고 몰고 갈 필요까지는 없다. 의인의 고난, 연단을 위한 고난, 하나님의 신정을theodicy 나타내고자 하는 고난도 얼마든지 있기 때문이다. 다만 여기서 분명히 밝히고자 하는 것은 '고통의 기원'이 죄에서 시작되었다는 것을 말하고자 함이다.

## 3. 하나님께서도 고통을 받으시고
## 고난 받는 그분의 백성과 함께하신다.

하나님께서는 그저 한 자녀로부터 반역을 당하신 것이 아니라 그분의 모든 자녀, 곧 모든 인류로부터 반역을 당하셨다. 악으로 둘러싸인 세상에서 스스로 영향을 받으시고 그 때문에 아파하시는 것이 바로 하나님의 마음이다. 하나님께서는 고통을 받으실 수 없다는 이들의 신념은 틀렸다고 기독교 철학자인 앨빈 플랜팅가Alvin Plantinga는 말한다. "하나님의 고통은 하나님의 위대하심과 비례한다. 하나님의 지적인 능력이 우리의 지성을 능가하는 만큼 하나님이 겪으실 수 있는 고통의 용적은 우리의 그것을 능가한다."[11]

하나님께서도 고통을 받으신다. 일단 신약적인 관점에서 그리스도 예수의 성육신과 그분의 인성 안에서의 삶이나 십자가의 고난, 그리고 사랑하는 아들을 인간의 죄악을 사하시기 위해서 희생하신 하나님의 모습가운데서, 우리는 분명히 하나님의 큰 고통을 볼 수 있다. 그러나 구약에서도 하나님께서는 고통을 당하신다. 하나님께서 사랑하시는 인간이 범죄하게 되었을 때에 하나님과 인간의 관계가 손상받을 수밖에 없기 때문에, 하나님께서는 고통을 받으신다. 나아가 하나님의 형상으로 지음을 받은 인간이 죄에 빠졌을 때에 사람들은 그들을 통해서 하나님을 볼 수밖에 없기 때문에, 하나님께서는 고통을 받으신다.[12] 하나님을 공경하지 않는 사람들에 의해서 고통을 받으시고, 하나님의 자녀들이 하나님을 제대로 드러내지 못하기 때문에 고통을 받으신다. 창세기 6장 6절

---

11. J. P. Moreland & T. Muehlhoff, 『이렇게 답하라-예화로 풀어보는 변증』 (*The God Conversation*, 박세혁 역, 서울: 새물결플러스, 2009), 55.
12. "permission to reverse the process and, by looking at the human, learn what God is like", T. Fretheim, *The Suffering of God: An Old Testament Perspective* (Philadelphia: Fortress Press, 1984), 11.

에 보면, 하나님께서 고통당하시는 모습이 단적으로 드러난다.

וַיִּנָּחֶם יְהוָה כִּי־עָשָׂה אֶת־הָאָדָם בָּאָרֶץ וַיִּתְעַצֵּב אֶל־לִבּוֹ

"여호와께서 땅에 사람을 지으신 것을 슬퍼하셨으며 그 마음에 고통을 당하셨다"창6:6; 개인번역

노아의 시대에 인간의 죄악이 온 세상에 가득하고, 하나님의 형상으로 지음받은 인간은 오로지 어려서부터 생각하는 것이 죄악밖에 없는 것을 보시고, 하나님께서는 그 마음에 후회와 큰 고통을 받으셨다.[13] 그런데 여기에 사용된 히브리어 구절은 וַיִּתְעַצֵּב봐이트아쩨브; 히트파엘형, 재귀태인데, 이는 하와가 잉태의 큰 고통을 받게 될 때 사용된 עִצָּבוֹן이짜본; pain, toil, 창3:16과 같은 어근의 단어이다. 즉, 하나님께서는 구약에서부터 스스로 고통을 받으신 것이다.

물론 하나님의 고통 받으심의 극치는 그분의 독자이신 예수 그리스도의 십자가 사건이다. 하나님께서는 인간을 사랑하시고 그들을 구원하시기 위해서 결국은 그분의 아들이신 예수 그리스도를 대신 형벌하시고 죄인인 인간을 속량하셨다. 십자가는 심판의 장소요 하나님께 저주를 받는 장소이다신21:23. 그곳에 아들을 매다시고, 아들은 그곳에서 "엘리 엘리 라마 사박타니"시22:1, 마27:46, 막15:34라고 하시면서 아버지와의 단절을 고통스러워하신다.[14] 아버지와의 영원한 교제와 하나됨을 누리던 예수님께서 십자가에서는 아버지의 저주를 받고 그분과 단절되신 것이다. 그런데 그것을 계획하고 허락하시는 아버지의 고통은 또한 얼마나 클 것인가?

---

13. 개역개정에 '근심하시고'란 번역은 의역이고, 그 의미가 너무 약하다.
14. 이 부분에 대하여 좀 더 풍성한 어휘로 기술된 것을 보라. T. Keller, 『팀 켈러, 하나님을 말하다』 (The Reason for God, 최종훈 역, 서울: 두란노, 2017), 68~75; Moreland & Muehlhoff, 『이렇게 답하라』, 39~42.

하나님의 고통스러운 마음은 창세기 22장에서 아브라함에게 그의 독자인 이삭을 번제로 드리라고 요구하는 장면에서 고스란히 드러난다. 이삭을 죽여야 될 아무런 이유가 없었다. 그런데도 하나님께서 요구하신다. 결국 아브라함은 고통가운데 이삭을 드리러 올라간다. 하나님을 사랑하여 그분께 순종했기 때문이다. 또한 하나님의 약속을 믿었기 때문이다. 하나님께서는 일찍이 이삭의 출생을 예언하시고 또한 이삭과 언약을 맺으리라 약속하지 않으셨는가창17:19? 그럼에도 아브라함은 아버지로서 아들을 죽여야 하는 고통을 맛보아야 했다. 그것이 바로 아버지 하나님의 말로 할 수 없는 고통의 마음이었다. 번제하러 올라갈 때 이삭이 묻는다. "내 아버지여…… 불과 나무는 있거니와 번제 할 어린 양은 어디 있나이까"창22:7. 아버지는 괴롭게 대답한다. "내 아들아 번제 할 어린 양은 하나님이 자기를 위하여 친히 준비하시리라"창22:8. 이는 하나님께서 친히 준비하실 어린양 예수를 말하는 것이다. 하나님께서 친히 그분의 아들을 희생시키시려고 제물로 준비하셔야만 하는 아버지의 고통스런 마음을 표현한 것이다.

하나님께서는 그분의 형상으로 창조하신 사람들로 인해서 고통 받으실 뿐 아니라 그분의 고통 받는 백성들과 친히 함께하신다. 하나님이신 예수님께서는 그분의 십자가를 통해서 벌써 우리의 연약함을 체휼하신 분이시며, 그렇기 때문에 기꺼이 성도가 고난 받는 현장 한가운데 함께 계신다히4:15~16. 하나님께서는 이미 창세기에서부터 그분의 백성들로 인해서 충분히 고통을 받으셨고창6:6, 그렇기 때문에 그분께서는 이스라엘 백성이 애굽에서 고통가운데 부르짖을 때에 그 고통을 아신다출3:7고 하셨다. 그리고 그들과 함께하사 그들을 애굽에서 이끌어 내셨고, 그들이 광야를 지나는 고통을 겪을 때에도 광야의 이동 성전에서 함께하시면서 불기둥과 구름기둥으로 그들을 인도하셨던 것이다. 이렇듯 고난당하시는 하나님께서 고난 중에 있는 성도와 함께하신다는 사실은 구약의 도처에 깔려 있는 사상이다. 욥기에서 하나님께서는 처음의 시작과 욥의 친구들의 대화를 주목해 관람하셨을 뿐 아니라 직접 그 대화에 참여하시면서 나중의 회복을 주관하셨으며,[15] 다니엘의 세 친구가 풀무불의 고통가운데 있을 때에도 하나님의 아들께서 그곳에서 그들과 함께하시지 않았는가단3:25.

하나님께서는 인간을 창조하시고 에덴에서부터 그들과 함께하시기를 원하셨다. 그러나 인간의 범죄 이후에 하나님께서는 인간을 에덴에서 쫓아내셨다. 이에 아담과 그의 가족은 에덴의 동쪽으로 나아갔다. 그리고 그의 후손인 가인도 에덴의 동쪽으로 나아가 살았다창3:24, 4:16. 하나님과 거룩한 교제를 나누기에 자격이 없는 자들이었기 때문이다. 그리고 하나님께서 에덴의 문을 닫으셨다. 그림상으로는 하나님께서 에덴에 머무시고 그분과 단절된 아담과 그의 후손은 에덴의 동쪽으로 나아가게 된 것처럼 보인다. 그런데 창세기 6장을 보면, 막상 하나님께서는 에덴을 비워 두시고 에덴의 동쪽에 있는 인간들과 함께하신다. 그리고 그들로 인해서 여전히 고통 받고 계시는 것을 보게 된다.

하나님께서는 고통 받는 그분의 백성과 함께하신다. 하나님께서는 이스라엘 백성이 애굽에 있을 때에 그들과 함께 고통을 당하신다. 이스라엘 백성이 고통으로 인해서 하나님께 부르짖을 때에 하나님께서는 그들의 고통을 보고, 듣고, 아시고 있음을 천명하신다.

וַיֹּאמֶר יְהוָה רָאֹה רָאִיתִי אֶת־עֳנִי עַמִּי אֲשֶׁר בְּמִצְרָיִם וְאֶת־צַעֲקָתָם
שָׁמַעְתִּי מִפְּנֵי נֹגְשָׂיו כִּי יָדַעְתִּי אֶת־מַכְאֹבָיו:

"그리고 주께서 말씀하시기를 내가 정녕 이집트에서 내 백성의 고난을 보

---

15. 이런 면에서 워렌 위어스비가 언급한 "욥기서의 근본 주제는 (욥의) 고통이 아니라 하나님이며"라고 한 표현은 적절하다고 본다. W. W. Wiersbe, 『왜 하필이면 우리에게』 (*Why Us? When Bad Things Happen to God's People*, 이희윤 역, 서울: 도서출판 나침반사, 1985), 37. 즉 욥기서를 통해서 의인이 왜 고난을 받는가에 집중하고 거기서 몇 가지 질문과 대답을 통해서 지혜를 얻기보다 오히려 고난 받는 욥과 함께하시고 그에게 깊은 관심을 가지시는 하나님을 알 수 있다는 것이다.

았고 그 압제로 인해서 외치는 소리를 들었으며, 내가 정녕 그들의 고통을 알았나니"출3:7

하나님께서는 듣고, 보고, 아시는 것이다. 멀리 계셔서 아시는 것이 아니라, 마치 현장에 같이 계신 것처럼 아시는 것이다. 그리고 하나님께서는 그 고통을 안타까워하신다. 아니 이사야 선지자가 말한 대로 그 백성의 고난에 동참하신다사63:9.[16] 하나님의 백성의 고난은 바로 그분의 고난이 아닌가? 사울이 예수님의 교회인 성도들을 핍박하러 다메섹으로 갈 때에 예수님께서는 그 길에서 사울에게 나타나 말씀하셨다. "사울아 사울아 네가 어찌하여 나를 박해하느냐 하시거늘 대답하되 주여 누구시니이까 이르시되 나는 네가 박해하는 예수라"행9:4~5. 사울은 주님의 백성인 교회를 핍박하러 가는 길이었지만, 주님께서는 자신을 핍박하는 것이라고 말씀하신다. 이스라엘 백성의 고통은 곧 하나님의 고통이다. 하나님께서는 그분의 백성의 죄악으로 인해 슬퍼하고 고통을 받으실 뿐 아니라, 그 백성이 받는 고통을 인해서도 고통을 당하신다.

노벨 문학상의 수상자인 에리 위젤Elie Wiesel은 자신의 수필에서 아우슈비츠에서의 경험을 이야기한다. 한 유대인 수감자가 사형당하는 장면을 다른 죄수들이 지켜보았는데, 그가 교수대 위에서 죽음의 고통 가운데 죽지 않으려고 몸부림치고 있을 때, 그 광경을 지켜보던 동료 한 사람이 깊은 절망감에 속삭이듯이 내뱉었다. 하나님은 어디계시지? 도대체 어디에 계시냐고? 그때 갑자기 그의 내면에서 한 소리가 들렸다. "바로 저 교수대 위에 계신다. 다른 어디에 계시겠는가?" 신학자 위르겐 몰트만Jurgen

---

16. 이사야 63장 9절 "그들의 모든 환난에 동참하사 자기 앞의 사자로 하여금 그들을 구원하시며 그의 사랑과 그의 자비로 그들을 구원하시고 옛적 모든 날에 그들을 드시며 안으셨으나"

Moltmann은 위젤의 이야기를 언급하면서 중요한 통찰을 얻었다. "위젤의 대답에 다른 대답이 있다면, 그것은 신성모독이다."[17]

## 4. 하나님께서는 그분의 고난 받는 백성 가운데서 섭리하신다 신정론: Theodicy.

이 세상에 존재하는 고난의 실재는 하나님의 선한 의도와 조화가 될까? 즉 이 세상에 고난의 힘든 일들을 하나님께서 원하셨을까 하는 질문이다. D. J. 시먼슨Simundson은 인간의 타락이 발생한 처음순간부터 하나님의 신정theodicy이 있었다고 주장한다.[18] 그러면 의로운 백성이 고난을 받는 것은 어떻게 생각해야 할까? 대표적으로 요셉의 이야기와 이집트에서 고난을 받은 이스라엘 백성의 이야기를 통해서 하나님의 다스리심에 관해 살펴보자.

요셉의 고난은 때때로 오해를 받는다. 그가 형들에 의해서 애굽에 팔려간 것은 그가 아버지의 편애와 자신의 행동으로 인해 자초한 것이라는 오해이다. 야곱은 그의 사랑하는 아내 라헬의 몸에서 첫 번째로 난 아들 요셉에게 채색옷을 입혔다.

"요셉은 노년에 얻은 아들벤 즈쿠님이므로 이스라엘이 여러 아들들보다 그를 더 사랑하므로 그를 위하여 채색 옷을 지었더니"창37:3

---

17. R. Zacharias, 『오직 예수』 (*Jesus Among Other Gods*, 이상준 역, 서울: 두란노서원, 2016), 243.
18. "The story of the Fall is the basic etiology for the presence of suffering in the world. It provides and explanation for the incongruity between the intention of God and the reality of a suffering world. There is already a theodicy in this initial story." Simundson, "Suffering", 220.

채색옷은 그것을 입은 사람에게 분명한 차이와 특권을 제공한다. 이에 대하여 김하연은 "성경에 이러한 채색 옷이 언급되는 곳은 사무엘하 13장 18절과 이사야 22장 21절 등인데, 여기서도 채색 옷을 입은 자는 귀한 자이거나 왕으로부터 특별한 권력을 받은 사람"[19]이라고 설명한다. 요셉은 노년에 얻은 아들이기 때문 כִּי־בֶן־זְקֻנִים הוּא 키 벤 즈쿠님 후에 남달리 채색옷을 입혔다는 것이다. 그런데 이 '벤즈쿠님'은 단순한 편애의 상징이 아니다. 이것은 '노년에 얻은 아들'이 아니라 '노년을 위한 아들'의 개념으로 이해해야 한다. 고대의 유대에서는 어떤 사람이 나이 들었을 때에 자녀 한 명을 지명하여 이 직분을 감당하게 하였다. 그런 의미에서 요셉이 지목된 것이다. 그는 늙고 앞을 잘 못보는 아버지를 위해서 눈과 귀가 되어야 했고 의지할 지팡이가 되어야 했다.

요셉이 열 일곱 살일 때에 그의 아우 베냐민은 너무 어렸고 다른 형들은 아마도 목축에 동원되는 것이 효과적이었을 것이다. 요셉은 자기의 직무를 감당하기 위해서 형들의 동선을 아버지에게 일일이 보고해야 했고, 또 그런 차원에서 아버지의 심부름으로 형들에게 가서 "양떼가 다 잘 있는지 보고 돌아와서 내게 말하라"창37:14는 명령을 수행해야 했다. 여기서 형들은 요셉을 오해하고 미워하였고, 그래서 그를 이스마엘 사람의 손에 판 것이었다. 그런데 요셉은 애굽에 팔려 가서도 억울한 일을 또 당한다. 그는 애굽의 바로의 친위대장 보디발의 집에 팔려갔는데창39:1, 하나님께서 요셉과 함께하셨고 요셉으로 인해 그 집을 형통하게 하셨다. 이에 보디발은 요셉을 가정 총무로 삼을 정도였다. 그런데 잘 알려진 대로 보디발의 아내가 노골적으로 요셉을 유혹한다. 보디발은 친위대장이라고 번역되었지만, 실상은 왕궁의 뜰을 지키는 내시סָרִיס(사리스), eunuch였다. 그러므로 보디발의 아내가 보인 욕망의 이유가 설명될 수 있다.

---

19. 김하연, 『유대배경을 알면 성경이 보인다』 (서울: SFC출판부, 2016), 37.

요셉은 "하나님께 죄를 지으리이까"창39:9 하고, 또 주인에 대한 신뢰를 저버릴 수 없음을 명백히 밝히며 밖으로 도망갔다. 요셉이 이 일에 죄가 없음은 보디발의 처신을 보아서도 이해가 된다. 보디발은 요셉을 이방에서 온 한 젊은 히브리 노예의 범죄로 취급해 그를 죽이지 않고, 오히려 그를 왕궁 뜰의 죄수를 가두는 옥에 가두었던 것이다. 그러나 그 후 보디발은 요셉이 간수장의 은혜를 받고 옥중 죄수를 다 관장하도록 맡기는 일에 적어도 모르는 척했던지 아니면 그가 적극 도와서 요셉이 그 일을 맡도록 했을 수 있다.[20] 요셉은 감옥에서도 술 맡은 관원의 꿈을 해석해 주고 나서 자신의 억울함을 풀어 달라고 부탁하지만, 다시 한 번 잊혀지고 배신당해서 2년을 더 감옥에 머물게 된다창40:23. 그는 이 때 하나님을 의지하기보다 사람을 의지했던 것으로 보인다. 그러나 훗날 그가 바로의 꿈을 해석했을 때에 그는 더 이상 자신을 누구에게 부탁하지 않는다창 41:36 이하. 이런 면에서 요셉에게 고난은 성화를 훈련시키는 장이기도 했다. 비록 완전한 삶일 수는 없지만 요셉의 생애에서 특별한 흠이 보이지는 않는다. 그럼에도 우리는 그의 인생에서 고난을 본다. 그리고 동시에 그의 인생가운데서 하나님의 신적인 다스림을 보게 된다. 요셉도 이것을 깨닫고 하나님의 인도하심과 미리 준비하심을 형들에게 이야기한다. 그는 형들에게 이 모든 것은 하나님의 섭리와 다스리심이었다고 고백한다!

"7 하나님이 큰 구원으로 당신들의 생명을 보존하고 당신들의 후손을 세

---

20. 보디발의 아내의 비난 내용에는 보디발이 포함되었던 것 같다. 그녀는 "당신이 우리에게 데려온 히브리 종이"라고 하면서 보디발의 책임을 물었다. 그런데 보디발이 그의 아내의 이야기를 듣고 분노했을 때, 그가 정확히 누구에 대해 분노한 것인지가 분명치 않다. 제임스 B. 조르단은 "그녀의 비난은 남편에 관한 비난이고 보디발의 분노는 그의 아내에 대한 분노이다."라고 한다. 그리고 "요셉을 투옥시킨 감옥을 지키는 것은 보디발이며, 그는 여전히 요셉을 신뢰하였다."라고 한다. J. B. Jordan, 『창세기의 족장이야기』 (Primeval Saints, 안정진 역, 서울: CLC, 2009), 147, 주 2).

상에 두시려고 나를 당신들보다 먼저 보내셨나니 8 그런즉 나를 이리로 보낸 이는 당신들이 아니요 하나님이시라 하나님이 나를 바로에게 아버지로 삼으시고 그 온 집의 주로 삼으시며 애굽 온 땅의 통치자로 삼으셨나이다"창45:7~8

고난가운데 다스리시는 하나님의 모습은 이스라엘 민족의 출애굽에서도 다시 한 번 분명하게 살펴볼 수 있다. 요셉이 애굽의 총리대신이 되었을 때에 애굽은 힉소스 왕조가 다스리고 있었다. 힉소스 왕조는 인종그룹들의 집합이었고, 셈족이 주권을 장악했다. 그들은 주전 1720년경, 나일 동쪽 델타지역을 완전히 장악하고는 수도를 아바리스Avaris에 세웠다. 그리고 1674년경, 셈족어의 이름인 살리티스Salitis란 힉소스의 왕이 애굽의 고대 수도인 멤피스를 점령함으로써 본격적인 왕조가 시작되었고, 이후 15~17왕조를 이루게 되었다. 요셉은 이 시기에 애굽의 총리대신으로 역할을 했는데, 당시 힉소스 왕조가 전통 애굽인들이 아닌 것을 고려하면 히브리 사람인 요셉을 총리로 세우는 것이 가능했음을 시사해 준다.

그러나 요셉은 죽고 애굽에서 힉소스 왕조도 무너지게 되었다. 이후 새 왕조가 들어섰는데, 이는 애굽에서 가장 강력했던 제18왕조BC 1584~1314였다. 그들은 전통 애굽인들로서 요셉을 모르는 새 왕조였다출1:8. 설령 그들이 요셉을 알았더라도 존경하는 마음을 가지지 않았을 것이다. 그보다 애굽 내의 막강한 소수민족인 이스라엘을 잠재적 적대민족으로 생각할 수밖에 없었을 것이다. 그들의 생각에 이스라엘은 얼마든지 제2의 힉소스 왕조가 될 수 있었기 때문이다출1:8~9. 실제로 이스라엘 민족은 힉소스 왕조시대에 특혜를 입은 민족이기도 했다. 그래서 그들은 세번째 왕인 투트모스 1세BC 1539~1514 때부터 이스라엘을 핍박하기 시작했다. 이스라엘의 고통이 가장 극심하던 때는 애굽의 가장 강력한

황제였던 투트모스 3세 시대BC 1504~1450였다. 그는 이스라엘 백성에게 고역을 시키고 산파를 통해 남자 아이를 죽였다. 심지어 남자 아이가 태어나면 나일 강물에 버리게 했다출1:13~22. 그야말로 죽음의 고통이었다.

그러나 그때 하나님의 본격적인 개입이 시작되었다. 하나님께서는 이스라엘이 고통을 받을수록 더욱 번성케 하셨고출1:12, 하나님을 경외하는 산파들을 준비시키셔서출1:17[21] 이스라엘을 계속해서 번성하고 강하게 하셨다출1:20. 그리고 본격적인 대학살이 이루어지게 될 때에 하나님께서는 모세를 준비시키셔서 애굽에 치명타를 입히셨고출2~14장, 이스라엘을 당당하게 출애굽 시키셔서 바다의 노래출15:1~18를 부르게 하셨다. 모세가 이스라엘을 이끌고 애굽에서 나온 것은 기원전 15세기BC. 1446년에 일어났다.[22] 그들은 애굽에서 수많은 수치를 당했지만 완전한 승리를 얻게 하셨고, 오히려 애굽 사람들로부터 당당하게 삯을 받아 나오는 개가를 올리게 하셨다.

---

21. 이스라엘을 구하는데 특별히 여인들이 사용되었다. 모세의 어머니, 누이, 산파 두명, 그리고 바로의 공주이다. 이 산파들의 신분이나 부족은 정확히 알 수 없다. (LXX는 히브리 산파라고 하지 않고 히브리인들의 산파라고 함?; ταῖς μαίαις τῶν Εβραίων) 중요한 것은 그들이 하나님을 두려워했다는 것이다. 이들의 이름이 히브리식 이름이라고는 하지만(십브라, 아름답게 되다), 그것이 큰 의미가 있는 것은 아니다. 그들은 산파조합의 장들일 수도 있다. 그들 두 사람이 어떻게 그 많은 히브리족의 출산을 다 감당할 수 있었겠는가? 그들은 살인죄를 짓지 않으려고 노력했고, 하나님께서 그들을 도와주신 것이다. 이에 대해서는 다음을 참조하라. N. M. Sarna, 『출애굽기 탐험』(Exploring Exodus, 박영호 역, 서울: 솔로몬, 2004), 67.

22. 출애굽 시기에 관해서는 많은 논쟁이 있으나 여러 가지 증거를 종합해 볼 때, 이른 시기설이 훨씬 신빙성이 있다. 열왕기상 6장 1절의 근거, 솔로몬이 성전을 건축한 해(기원전 967년)로부터 480년 전으로 기록됨. 이것은 출애굽이 기원전 1447년이란 말이 되고, 가나안 정복은 기원전 1407년이 된다는 것이다. 더러는 국고성 비돔과 라암셋은 세티 1세(기원전 1308~1290년) 혹은 람세스 2세(기원전 1290~1224년) 시대에 건축되었다고 주장하여 이스라엘이 구운 벽돌로 건축한 성들이 늦으므로 출애굽의 연대도 늦을 것이라고 생각한다. 그러나 Leiden Text 348에 의하면, 람세스 2세가 아삐루('apiru) 노예를 시켜서 새로운 도시를 건축하거나 기존의 도시를 다시 재건하였다는 사실에는 의심의 여지가 없다. Moshe Greenberg, The Hab/piru (New Haven: Americal Oriental Society, 1955), 56, n. 162. 또한 메르넵타(기원전 1224~1216년) 5년에 애굽의 가나안 원정을 기념하는 비문에는 '이스라엘' 민족에 관한 내용이 언급된다(ANET 376~378). 즉 이스라엘이 기원전 13세기보다 훨씬 이전에 출애굽하여서 기원전 13세기에는 이미 이스라엘이 가나안에 정착했음을 인정하는 자료가 될 수 있다.

"여호와께서 애굽 사람들에게 이스라엘 백성에게 은혜를 입히게 하사 그
들이 구하는 대로 주게 하시므로 그들이 애굽 사람의 물품을 취하였더
라" 출12:36

애굽 사람들은 이스라엘을 노예처럼 부리려고 했지만, 하나님의 백성들은
노예가 아니었기에 마땅히 수고한 대가, 곧 고통과 수치를 당한 대가를 받아서
나오는 것이 마땅한 것이었다. 이것은 하나님께서 함께하실 뿐 아니라 그들을
향한 하나님의 계획이 진행되고 있음을 알리는 거대한 성취였다. 겉으로는 극
심한 고통을 겪다가 비로소 그것으로부터 벗어나는 그림이었지만, 사실 그 이
면에는 하나님의 섭리와 다스림이 있었던 것이다. 일찍이 출애굽보다 수백 년
앞서 하나님께서는 아브라함을 통해서 이러한 섭리를 미리 보여주셨다.

"13 여호와께서 아브람에게 이르시되 너는 반드시 알라 네 자손이 이방에
서 객이 되어 그들을 섬기겠고 그들은 사백 년 동안 네 자손을 괴롭히리
니 14 그들이 섬기는 나라를 내가 징벌 할지며 그 후에 네 자손이 큰 재물
을 이끌고 나오리라" 창15:13-14

여기서 우리는 계획된 하나님의 섭리와 통치Theodicy, 신정론를 보게 된다. 하
나님의 이러한 통치는 성경의 기록 스타일을 통해서 더욱 분명하게 나타난다.
성경에서 여러 번 반복되는 것처럼 보이는 부분들은 실제로는 하나님께서 반
복적으로 그분의 섭리를 명백하게 보여주시는 방법이다. 예를 들어, 하나님께
서는 바로에게 꿈을 두 번 반복해서 꾸게 하신다.

"바로께서 꿈을 두 번 겹쳐 꾸신 것은 하나님이 이 일을 정하셨음이라 하

나님이 속히 행하시리니"창41:32

유대 랍비들은 아브라함이 이집트로 내려간 사건을 특별하게 해석한다. 그들의 관점은 '마아세 아보트 시만 레바님아비의 행위는 아들들의 세대의 사인' 원칙에 기초한다. 즉 아브라함 가족이 애굽으로 내려간 것과 그곳에서 올라오는 사건은, 후세에 야곱과 그 가족이 애굽에 내려가는 것과 이후 출애굽시 이스라엘 민족이 애굽에서 나올 때의 사건을 암시하는 것이라고 한다. 또한 사라가 애굽에서 고난을 당한 것과 그곳에서 나올 때에 많은 금은을 받은 사건은, 장차 애굽에서 이스라엘 백성의 여성들어머니들이 겪을 어려움과 출애굽시 애굽에서 많은 금은을 받아 나오는 사건을 미리 보여주는 사인이라고 한다. 바로는 이스라엘의 남자 아이들을 매우 많이 나일강에 빠뜨려 죽였다. 그러나 이스라엘이 나올 때 모든 히브리 여인들은 이웃의 애굽 집으로부터 많은 금은 패물을 요구하여 가지고 나온다. 이러한 맥락에서 하나님께서 사라의 연고로 바로의 집을 치신 것은창12:17 훗날 이스라엘이 출애굽할 때에 하나님께서 애굽에 내린 역병을 의미한다.[23] 사실 반복의 메시지와 그 관점은 신약성경에까지 연결된다. 호세아 선지자는 "이스라엘이 어렸을 때에 내가 사랑하여 내 아들을 애굽에서 불러냈거늘"호11:1이라고 외치는데, 마태복음에서는 요셉과 마리아가 성육신 하신 주 예수님을 데리고 애굽으로 피신 갔다가 다시 가나안 땅으로 돌아오는 일을 두고 이를 호세아서의 예언이 성취된 것이라고 분명하게 연결시킨다마2:15. 호세아서의 외침은 이미 과거 이스라엘 민족의 출애굽을 말하는 것으로 보이지만, 여전히 성경 전체의 문맥에서 그 사건은 결국 예수 그리스도의 출애굽으로 연결된다. 예수 그리스도께서 애굽으로 피신간 것은 수욕같이 보이는 사건이었

---

23. "Parshat Lech Lecha" http://www.alexisrael.org/lech-lecha---maaseh-avot (2019년 12월 1일 접속)

다. 만왕의 왕께서 피신을 가신 것이기 때문이다. 그러나 이것은 옛 역사가 그리스도 안에서 반복될 뿐만 아니라, 사실 옛 역사라는 것은 궁극적으로 그리스도에게서 일어날 일들을 미리 예표로 보여주는 것이라고 할 수 있다. 사도행전 9장에서 볼 수 있듯이, 그리스도 예수께서는 자신과 교회를 동일시하셨다. 그러므로 이런 차원에서 아브라함의 출애굽과 이스라엘의 출애굽은 그분의 백성과 함께하시는 그리스도 예수의 출애굽이라고 할 수 있다. 그리고 이러한 것은 "구속사에 있어서 모든 일들이 하나님의 영원하신 계획에 따라 실행되어 가고 있다는 사실을 보여준다."[24] 즉 하나님의 철저한 섭리와 다스림이 명백하게 명시되고 있는 것이다. 다시 말하지만, 고난 가운데 하나님의 신정Theodicy이 있다. 고난의 실존은 하나님의 존재를 부인하는 것이 아니라 그 가운데 함께하시고 인도하시는 하나님의 섭리를 분명히 보여주는 도구이다.

## 5. 그 외 고난의 의미

비극적인 일 자체를 고마워하는 이는 아무도 없었지만, 이런 이들은 거기서 얻은 통찰과 성품, 용기를 그 무엇과도 바꾸지 않을 것이다. …… 하나님의 시점에서 보자면, 온갖 고통과 고난에 그만한 이유가 있으리라는 가정도 얼마든지 가능하지 않겠는가? …… 그와 동시에 우리는 알 수 없지만 선한 뜻을 가지고 악과 고통이 계속되도록 허락하는 위대하고 초월적인 하나님이 있다.[25]

24. W. Hendriksen, 『마태복음 (상)』 (Matthew, 헨드릭슨 성경주석 시리즈, 김만풍 역, 서울: 아가페출판사, 1983), 294.
25. T. Keller, 『팀켈러, 하나님을 말하다』, 63.

## (1) 죄에 대한 심판

이것은 다른 말로 '원인과 결과의 관계cause and effective relationship'라고 할 수 있다. 즉 공의로우신 하나님께서는 그분의 계명을 어기고 범죄하는 자들에게 반드시 심판하신다는 것이다출20:5~7, 34:6~7, 신5:9~10, 민14:18. 창조의 질서 가운데 는 원인과 결과의 관계가 있다. 하나님께서는 창조의 질서가운데 이 원리를 심어 두셨으며, 그것은 우주를 통치하시는 하나님의 뜻이기도 하다.

> "여호와는 노하기를 더디 하시고 인자가 많아 죄악과 허물을 사하시나 형
> 벌 받을 자는 결단코 사하지 아니하시고 아버지의 죄악을 자식에게 갚아
> 삼사대까지 이르게 하리라 하셨나이다"민14:18

인간은 자신의 행위에 대해서 책임을 질 수 있어야 한다. 인간의 비행으로 인하여 이 세상에 고통이 온 것이라면 그것에 대해서 인간은 책임을 느낄 수 있어야 하고, 나아가 죄의 결과가 얼마나 무서운지를 알고 회개하고 하나님의 말씀으로 돌아가야 한다. 신명기 27~28장의 축복과 저주는 이런 면을 더욱 예리하게 비추어 준다. 하나님의 말씀을 잘 순종하고 오직 하나님만을 경외하면 그는 약속의 땅을 받을 것이지만, 불순종하면 저주를 받되 온 몸에 질병과 고통신 28:21~22,27; 염병, 폐병, 열병, 염증, 학질, 썩는 재앙, 애굽의 종기, 치질, 괴혈병, 피부병, 미치는 것, 정신병, 눈머는 것이 일어나고, 환경적 재앙을 받아 소출이 없게 되고신28:24,39, 전쟁에 패하며신28:25, 가정의 파괴신28:30, 자녀들의 고통신28:32,41, 민족적 멸망과 포로신28:36, 불명예와 수치신28:37 등을 당하게 될 것이다. 이 모든 것은 하나님을 잊고 악을 행하는 것에 그 원인이 있다. 그러므로 하나님의 말씀을 기준으로 살아가야 하되, 종교적·윤리적 영역을 포함한 모든 영역에서 그러해야 한다.

## (2) 훈련과 연단을 위한 고난도 있다.

하나님께서는 일찍이 야곱을 그의 태에서부터 축복하시고 구별하셨다창 25:26. 그러나 하나님의 언약은 야곱이 충분히 연단되고 성화되기까지는 주어질 수 없는 축복이었다. 야곱이 형과 아버지를 속일 때, 그의 인생에는 계속된 고난이 주어질 수밖에 없었다. 형에게 쫓기고창28:10 외삼촌에게 속임을 당하고창29:3, 31:7, 심지어 자식들에게도 속임을 당해서 요셉이 죽은 줄 알고 오랜 세월 비통함 가운데 살아야 했다창37:32. 그러나 그런 많은 고난가운데서 연단되고 성화되어 갈 때, 하나님께서는 비로소 그를 열두 지파의 조상으로 삼으셨고 민족의 아버지로 세우셨다.

## (3) 하나님을 더욱 신뢰하고 오직 그분만을 섬기게 하려는 의도도 있다.

하나님께서 아브라함에게 아들을 제물로 바치라고 하신 시험과 고통은 아브라함이 하나님을 진정으로 경외하는지 아시려고 하신 시험이었다. 그 시험을 통과한 아브라함을 향해 하나님께서는 "내가 이제야 네가 하나님을 경외하는 줄을 아노라"창22:12고 말씀하셨다. 또한 신명기 8장 1~6절은 하나님께서 이스라엘을 광야로 인도하신 이유에 대해서 설명하신다. 그것은 이스라엘의 마음을 낮추시고 오직 하나님만 섬기며 그분의 말씀을 보다 귀중히 여겨 말씀대로 살아가는 것을 깨닫게 하시기 위함이었으며, 또한 그 가운데서 하나님께서 그들의 의복과 발이 헤어지지 않도록 지켜 주심을 깨닫게 하시기 위함이었다.

## (4) 때로는 그 이유를 알 수 없는 고난도 있다.

하나님께서는 때로 어떤 고난에 대해서는 침묵하신다. 모세는 "입이 뻣뻣하고 혀가 둔한 자"출4:10라는 불편을 겪은 사람이었다. 모세가 이것을 핑계로 애굽에 가서 바로를 설득할 수 없다고 변명하자, 하나님께서는 그에게 "누가 입을 만들었느냐"출4:11라고만 반응하셨다. 신체적인 결함은 대체로 설명하기가 어렵다. 신약에서는 비록 우리가 신체적 결함의 원인을 다 캘 수 없다 하더라도, 예수님께서는 그것이 궁극적으로 하나님의 영광을 위한 것이라고 천명하신다. 즉 요한복음 9장에서 사람들이 날 때부터 소경된 자를 예수님께 데려와서 이 사람의 소경됨이 누구의 죄 때문이냐고 논쟁할 때, 예수님께서는 그 사람이 소경된 것은 하나님의 영광을 위한 것이라고 말씀하셨다. "그에게서 하나님이 하시는 일을 나타내고자 하심이라"요9:3. 난치병이나 발육부진의 아이를 둔 부모의 마음은 고통 그 자체이다. 그러나 비록 지금은 그 이유를 다 깨닫지 못한다 하더라도, 선하신 하나님을 바라보는 가운데 인내하고 감당할 때에 하나님께 영광을 돌리게 될 것이다.

"이는 하늘이 땅보다 높음 같이 내 길은 너희의 길보다 높으며 내 생각은 너희의 생각보다 높음이니라"사55:9

## 〈설교 개요〉
### 하나님과 동행하는 사람: 창세기 50장 15~21절

동행이란 말은 듣기만 해도 뭔가 훈훈한 생각이 든다. 친구, 부모, 공동체와의 동행은 참 좋다. 그런데 동행가운데 가장 좋은 동행은 물론 하나님과의 동행이다. 그분과 함께해서 영광이고, 그분께로부터 배우고, 그분께로부터 인도를 받게 되니 또한 든든하다. 그분께서는 우리를 영원토록 인도해 주실 분이시니 누구든지 그분과 동행하는 사람은 복된 사람이라고 할 것이다.

오늘 본문에는 하나님과 동행한 또 한 사람이 있다. 바로 요셉이다. 요셉만큼이나 인생을 파란만장하게 살았던 사람도 없을 것이다. 그러나 그는 결국 승리하는 사람이 되었다. 당시 세계적인 강대국인 이집트의 총리대신이 된 것이다. 그런데 이 모든 것 이면에는 그가 하나님과 동행한 역사가 있었다.

당신은 지금 누구와 동행하는가? 사랑하는 아내, 남편, 자녀와의 동행은 참좋다. 귀한 이웃과 성도와의 동행도 좋다. 그런데 무엇보다 하나님과의 동행을 잊지 말기 바란다. 그분께서는 잠시 동행해 주시는 분이 아니라 영원토록 동행해 주실 자비하신 하나님이시기 때문이다. 그러면 요셉은 어떻게 하나님과 동행하였는가?

## 1. 충성스런 사람이 되자: 하나님께서 그와 함께하실 것이다.

요셉은 무엇보다 충성스런 사람이었다. 그는 사람에게도 신실하였고, 하나님께도 신실한 사람이었다. 그가 만일 이집트에 종으로 팔려간 것 때문에 낙심하고 자신의 신세타령만 했다면, 그래서 보디발의 집에서 충성하지 않았다면, 보디발은 그에게 가정의 총무라는 직책을 맡기지 않았을 것이다. 또한 그가 보디발의 집에서 억울하게 누명을 쓰고 왕궁의 감옥에 갇혀서 영원히 나오지 못할 지경이 된 것으로 인해 낙심하고 신세타령만 했다면, 역시 그는 이번에도 감옥의 모든 일을 맡아서 하는 전옥 총무라는 직무를 맡을 수 없었을 것이다. 그러나 그는, 비록 억울하기 짝이 없더라도, 주어진 환경을 인정하고 최선을 다해 수고함으로써 보디발의 눈에 인정을 받았고, 또한 감옥의 간수들에게도 인정을 받아서 귀한 직책들을 맡게 되었다.

이것은 그냥 세상에서 여러 성현들이 말하는 대로 "신실하라" 또는 "맡은 일에 충성하라" 등의 윤리적인 설교나 교훈이라고 생각하지 말기 바란다. 요셉이 이와 같은 자세를 몸에 지니고 인생을 살아갈 때 반드시 그와 함께하는 요소가 있는데, 그것은 그런 삶의 자세에 **하나님께서 함께하셨다**는 것이다. 뿐만 아니라 보디발도 하나님께서 그와 함께하시는 것을 알게 되었고, 요셉으로 인해서 그의 집이 더욱 형통하게 되어 그의 모든 소유에까지 복을 받았다는 것을 알게 되었다. 이렇듯 하나님께서는 충성스러운 사람과 함께하신다. 그리고 그가 복의 통로가 되게 하신다.

적용) 성도는 세상 사람들에게도 그 신실함을 인정받아야 한다. 신실한 사람에게 하나님께서 함께하신다.

## 2. 하나님을 높이며 두려워하자: 하나님께서 그를 높이실 것이다.

요셉의 성공담에 또 한 가지 꼭 생각해봐야 하는 것은 그가 하나님을 두려워하고 살았다는 것이다. 이것은 공포로서의 두려움이 아니다. 그것은 하나님을 사랑하여서 그분을 높이고자 하나님을 경외하는 것을 말한다. 하나님을 경외한다는 말의 히브리어 단어는 '야라יָרֵא'인데, 이는 곧 '두려워하다'는 뜻이다. 요셉은 그런 사람이었다. 보디발의 아내가 그에게 날마다 동침하자고 유혹할 때, 그의 대답은 무엇이었는가?창39:9. 요셉은 하나님을 두려워했다. 바로의 꿈을 해석할 때도 하나님을 두려워했고창41:16, 형제들을 용서할 때도 그는 하나님을 두려워할 것을 요청했다창50:19. 그는 오직 하나님만을 경외하고 높이는 자였다. 그렇기 때문에 하나님께서 그를 높이시는 결과가 따라온 것 아닌가?

적용) 우리의 삶에 진정 두려움을 가지고 하나님을 높이도록 하자. 하나님께서는 누구든지 하나님을 뒷전으로 여기는 사람들을 결코 귀하게 쓰지 않으신다. 하나님을 귀히 여기는 자를 하나님께서도 귀하게 여기신다.

### 3. 하나님의 주권을 인정하는 사람이 되자.

요셉에게 승리를 가져온 가장 중요한 일 중의 하나는 하나님의 섭리를 인정하는 것이었다. 요셉의 인생에서 도저히 받아들이거나 인정하기 힘든 일이 있었는데, 그것은 자기 형제들이 자기를 팔아먹은 일이었다. 아무리 미워도 어떻게 그럴 수가 있는가? 그런데 놀랍게도 본문에서 요셉은 그의 형들을 용서한다. 그리고 이것이 창세기의 마지막을 장식하는 멋진 장면이다. 요셉의 이러한 용서는 그의 인생에서 넘어야 할 마지막 승리의 산을 넘은 것으로 볼 수 있다. 즉 자기와의 싸움에서 승리한 것이다. 요셉은 형들이 용서를 빌때에 자신을 종으로 팔아먹은 형들을 용서했다. 어떻게 이것이 가능했을까? 그의 고백처럼 이는 하나님의 섭리를 인정한 것으로 가능했다창45:5,8,20. 요셉은 자신의 절박한 삶의 순간들에서 남이 보지 못하는 것을 한 가지 보게 되었는데, 그것은 바로 하나님께서 그 모든 상황을 보고 계신다는 것, 그리고 우리 눈에 보이는 대로가 전부가 아니라 은밀한 하나님의 계획이 있다는 것이었다. 눈에 보이는 것은 질투에 눈이 먼 형들이 그를 다시는 돌아오지 못할 곳으로 팔아 넘겨 회복의 가능성이 전혀 없게 했다는 것이었다. 만일 이것만 보았다면, 요셉은 성공하지 못했을 것이다. 그러나 그는 그 모든 상황에서 조용히 보고 계시는 하나님의 섭리를 보고 깨달았던 것이다.

적용) 당신은 눈으로 보이는 것으로 모든 것을 판단하고 믿는가, 아니면 그 이면에 지금도 역사하시는 하나님을 인정하고 그분의 섭리를 기대하는 것, 곧 믿음으로 보는가?

결론) 하나님과 동행하는 사람은 복된 사람이다. 어떻게 유대출신의 작은 소년이 이러한 승리의 인생이 될 수 있었는가? 이 모든 것에는 하나님께서 그와 함께 동행하셨기 때문이다. 충성스런 사람이 되자, 하나님께서는 신실한 사람과 함께하신다. 하나님을 두려워하며 높이는 사람이 되자, 그런 자를 하나님께서 높이실 것이다. 그리고 주권을 인정하는 사람이 되자, 그에게 하나님의 거룩하신 인도하심이 있을 것이다. 이것은 결코 윤리적인 도리를 말하는 것이 아니다. 그보다 이것은 우리의 실제 생활에서, 아주 리얼한 생생한 삶의 현장에서 성공하느냐 실패하느냐 하는 인생의 문제이다. 이것으로 말미암아 하나님께서 우리 인생에 개입하시느냐 아니냐가 결정되기 때문에 이 일은 매우 중요한 것이다.

# 3장
# 역사서의 고난

신득일

역사서에서 집중적으로 고난을 다룬 책은 따로 없다. 다만 이스라엘의 건국과 정착 그리고 패망과 재건의 과정에서 다양한 형태의 고난이 두드러지게 나타날 뿐이다. 그것은 개인적이기도 하고 국가적이기도 하다. 여기서 약 천년에 이르는 열두 권의 방대한 역사서에서 고난과 관련된 사건을 모두 다룰 수는 없고, 다만 고난이란 주제를 몇 개의 범주로 나누어서 그것이 이 시대에 주는 메시지가 무엇인지 살펴보고자 한다.

## 1. 고난의 표현

개역개정판에는 '고난'이란 말이 네 번 나온다왕하14:26; 대하15:6; 18:26; 느9:9. 그러나 같은 단어인 것처럼 보이는 이 단어는 세 가지 히브리어 단어를 번역한 것이다. 그 세 단어는 '오니'왕하14:26; 느9:9, '차라'대하15:6, '라하츠'대하18:26이다. '오니'는 '고통, 고난, 퇴락, 압제' 등과 같이 다양한 형태의 고난을 표현하는 일반적인 낱말이다.[1] 그런데 개역개정은 같은 단어'오니'를 역사서의 다른 곳에서는 '고통'삼상1:11이나 '환난'대상22:14으로 번역했다. 또 '차라'의 경우에도 역사서의 다른 곳에서는 '고통'삼상10:10, '환난'대하20:9으로 번역했고,[2] '라하츠' 역시 '억압'의 의미로 '학대'왕하13:4, '고생'왕상22:27으로 번역되었다.[3] 이외에도 고난으로 번역되지는 않았지만 '괴로움'으로 번역된 '마라'라는 낱말룻1:20과 '괴롭히다고통당하다'로 번역된 '아카르' 같은 단어도 있다수6:18;7:25a. 또 '재앙'으로 번역된 '막게파'도 있고삼상4:17; 6:4; 삼하17:9; 18:7; 삼하24:21, 25, '곤고'로 번역된 '아말'도 있다삿10:16.

이와 같이 역사서의 고난을 표현하는 데는 한 가지 단어만 사용되는 것이 아니라 다양한 히브리어나 한글이 사용된다. 그러나 비록 그 표현들의 기본적인 의미가 각각 다르긴 하지만, 거기에 해당하는 개인이나 집단은 신랄한 경험을 하기 때문에 그것을 포괄적으로 고난을 의미하는 것으로 볼 수 있다. 그래서 고난을 다루는 이 글에서는 '고난'이라는 단어에만 국한시키지 않고 '고통'과 '환난', '재난', '압제' 등과 관련된 역사를 함께 다룰 것이다.

## 2. 고난의 원인

역사서의 고난은 주로 개인이나 국가가 당하는 하나님의 심판으로서 재난이

---

1. R. Martin-Achard, "עָנָה," in *Theological Lexicon of the Old Testament*, ed. by Ernst Jenni and Claus Westermann (Peabody, MA: Hendrickson Publishers, 1997), 934.
2. 이 단어는 아카드어 ṣarāru ('싸다', '묶다')에서 파생된 것으로 본다. J. Black, A. George, N. Postgate (eds), *A Concise Dictionary of Akkadian* (Wiesbaden: Harrassowitz Verlag, 2000), 334.
3. 이 단어는 아랍어와 서북 셈어에만 나타나는데, 모두 '누르다'를 의미한다. J. Reindl, "לָחַץ," in *TDOT*, ed. by G. Johannes Botterweck, Helmer Ringgren, and Heinz-Josef Fabry (Grand Rapids: Eerdmans, 1995), 529.

나 호된 경험으로 나타나지만, 그와 달리 한 개인이 무고하게 당하는 고난으로 나타나는 경우도 있다. 고난의 원인은 주로 개인적으로나 국가적으로 하나님의 언약을 저버리는 것과 관련된다삿2:20; 왕상11:11; 왕하18:12; 느13:29. 특별히 역사서는 주로 하나님께서 신명기 언약에 기초하여 자기 백성에게 복과 저주를 내리시는 상황으로 전개된다. 신명기 28장에 명시된 하나님의 저주는 백성에게는 고난으로 다가온다. 비록 인간이 당하는 재앙이 자연적 재난이나 군사적 재난이라 할지라도 그것은 하나님의 언약적 심판으로 나타난다.

언약은 하나님과 맺은 은혜의 관계를 의미한다. 이스라엘 백성은 하나님의 은혜를 받은 백성이다. 이스라엘 백성이 개인으로든지, 민족으로든지 하나님의 말씀에 불순종하는 것은 하나님의 언약을 파기하는 것이다. 그것은 곧 하나님의 은혜를 저버리는 배은망덕에 해당한다. 그런 불순종의 중심에는 우상숭배가 있다. 하나님의 언약을 떠난 이스라엘은 적극적이든 소극적으로든 우상숭배와 연루된다. 그래서 이스라엘의 죄는 근본적으로 우상숭배로 나타나고, 그들이 짓는 도덕적인 죄도 종교적인 것과 무관하지 않다. 물론 언약의 규정을 지키지 않는 모든 경우가 반드시 하나님의 언약적 심판을 초래하는 것은 아니다수9:15; 왕하14:25~27. 이는 하나님의 언약적 저주가 자동적으로, 기계적으로 적용되는 것이 아니라 하나님의 자유로운 주권에 의한 것임을 보여 준다.

## (1) 개인적인 고난

### 1) 나오미의 고난

나오미는 전능자가 자신을 괴롭게마라 하셨다고 했다룻1:22. 그가 당한 괴로움은 풍족한 삶으로 나갔다가 빈손으로 돌아온 것이다. 물론 그 빈손의 핵심은 남편과 아들의 죽음을 의미한다. 이 경우는 하나님께서 이유없이 나오미에게 고통을 주신 것은 아니다. 그것은 언약의 심판과 관련이 있다. "여호와께서 나를 징벌하셨고 전능자가 나를 괴롭게 하셨거늘"룻1:21. 여기서 '징벌'에 해당하는 히브리어 단어 '아나עָנָה'는 단순히 '응답하다'라는 의미가 아니라 하나님께서 인간에게 보이시는 법적인 반응의 의미로 사용되었다.[4] 이것은 고통이 지닌 언약적 의미와 연결된다.

엘리멜렉의 가정은 베들레헴에 기근이 들어서 모압 땅으로 거처를 옮겼다. 우리는 이 이주를 두고 족장들의 예를 들면서 약속의 땅에 기근이 있을 때는 양식을 찾아서 이방인의 나라로 가서 살 수도 있다고 말해서는 안 된다. 족장들이 가나안 땅에 기근이 들었을 때 애굽으로 이주한 것은 아직 약속의 땅을 기업으로 받지 않았기 때문에 생존을 위한 이주가 별로 문제될 것이 없었다. 그러나 이스라엘의 각 지파가 약속의 땅을 기업으로 받은 다음에는 그 땅을 떠나서는 안 된다. 하나님께서는 언약관계 속에서 그 땅에 풍요를 약속하셨는데도신28:12 불구하고 기근이 있었다는 것은 백성이 죄를 지어서 언약적 심판을 받은 것이다.

엘리멜렉 가정의 이주도 이런 관점에서 보아야 한다. 약속의 땅에 기근이 있었다면 그들은 자신의 죄를 회개하고 하나님께로 돌이켜야 했다. 그들이 회개할 때 하나님께서는 그분의 언약에서 회복에 대한 약속도 주셨다신30:10. 그러나 엘리멜렉의 가정은 하나님의 언약을 저버리고 모압 땅이라는 잘 차려진 식탁을 선택했던 것이다. 또한 나오미는 아들들이 모압의 여인들과 결혼하는데 아무런 저항도 하지 않았고, 아들들이 죽자 자부들에게 그들의 민족과 신들에게로 돌아가라고 강권한 것도 언약에 반하는 행동이었다. 그것은 종교 다원주의적 입장이다.[5] 나오미는 자신의 이런 불신앙적인 태도에 대해서 전능자가 자신을 괴롭게 하셨다고 고백하고 있다.

---

4. Stendebach, "224," עָנָה
5 신득일, 『구속사와 구약주석』 (서울: CLC, 2017), 91.

## 2) 다윗의 고난

압살롬은 그의 여동생이 다윗의 장남이자 그들의 이복형제인 암논에 의해 강간을 당한 사건을 다윗이 적절하게 조치를 취하지 않자 에에 불만을 품고 암논을 살해했다삼하13:28~29. 그 후 압살롬은 다윗을 피해서 어머니의 나라인 그술로 가서 거기서 삼 년을 보내며 망명생활을 하던 중 요압의 지혜로운 중재로 다윗의 용서를 받았다삼하14:21. 하지만 예루살렘으로 와서 이틀 만에 다윗과 대면하기는 했으나 불편한 관계가 지속되었고, 결국 이 년 만에 반란을 일으켜 왕위를 차지할 음모를 꾸몄다. 그는 백성의 환심을 사서 동지를 모으고 거사준비가 끝난 후에 다윗이 왕이 된 헤브론으로 가서 스스로 왕이 되었다. 그가 상당한 병력을 동원해서 예루살렘으로 진격했을 때 이스라엘의 민심이 다 압살롬에게로 돌아갔다는 소식을 들은 다윗은 예루살렘 성을 버리고 도피할 수밖에 없었다삼하15:14.[6]

예루살렘을 점령한 압살롬은 당장에 다윗을 추격하자는 아히도벨의 계책을 거부하고 모든 이스라엘을 집결시켜 다윗과 그 일당을 덮치자는 후새의 모략을 따름으로써, 사실상 다윗을 잡을 기회를 놓쳤다.[7] 아히도벨은 자신의 모략이 성사되지 못하자 고향으로 돌아가서 목매어 자살했다삼하17:23. 뒤 늦게 다윗을 찾아 나선 압살롬의 군대는 재정비된 요압의 군대에 의해 격파되었다. 결국 압살롬도 요압에 의해서 죽임을 당했다삼하18:14. 요압은 압살롬을 선처하라는 왕의 명령을 무시하고 그를 죽였다. 다윗은 압살롬의 죽음을 크게 슬퍼했다삼하18:33.

---

6. 다윗은 요단 동편으로 피신했는데, 아마도 거기에는 몇몇 주둔 부대가 있었고 자신이 신뢰할 수 있는 친구와 봉신들이 있었기 때문일 것이다(삼하17:27~29).

7. 압살롬을 지지하는 사람들은 베냐민 지파의 지지도 있었겠지만 다윗의 측근들도 꽤 있었다. 다윗의 모사 아히도벨이 다윗을 배반했고, 다윗의 친척 아마사도 압살롬의 장군이 되었다. 거기에다 많은 유다 사람들도 압살롬을 지지했다. 그것은 반란이 무위로 끝났을 때 유다 사람들이 다윗에게 접근하는 것을 꺼리는 것을 보면 알 수 있다(삼하19:11~15).

그의 죽음으로 반란은 와해되었고, 이스라엘 전 지역에서 백성이 돌아와서 다윗과 서둘러 화해하고 그를 왕위에 복귀시켰다삼하19:9~10.

압살롬이 반란을 일으킬 당시에 다윗의 절박했던 상황과 그의 기도와 확신이 시편 3편에 잘 묘사되어 있다. 그러나 그에게 가장 큰 고통은 압살롬의 죽음이었을 것이다. 압살롬의 반란으로 말미암아 다윗이 당한 고난은 그가 우리아를 죽이고 밧세바를 아내로 빼앗은 죄에 대한 심판의 일부로 주어진 것이었다삼하12:10~11.

## (2) 집단적 고난

### 1) 아간의 죄로 인한 이스라엘의 고통

아간의 죄는 개인적이었지만, 그 결과는 이스라엘 온 공동체에 미쳤다수22:20. 개인의 죄가 집단에게 미쳤던 이 사건은 이미 하나님께서 경고로 주신 것이었다. "너희는 온전히 바치고 그 바친 것 중에서 어떤 것이든지 취하여 너희가 이스라엘 진영으로 바치는 것이 되게 하여 고통을 당하게 되지 아니하도록 오직 너희는 그 바친 물건에 손대지 말라"수6:18.

신명기 법에 따르면, 이방인인 가나안 사람들은 진멸되어 여호와께 바쳐져야 했다신13:18. 이는 죄의 근본적인 유혹으로부터 이스라엘을 지키기 위해서 계획된 것이었다신7:1-5. 따라서 아간이 하나님의 것을 정당하게 헌납하지 않고 공동체의 사역에서 개인적인 이득을 취하고자 했을 때, 그와 그의 모든 소유는 파멸당할 수밖에 없었다수6:17; 7:1. 뿐만 아니라 그의 범죄는 온 이스라엘에게까지 고통을 가져다주는 행위였다수7:25a. 그것은 하나님의 언약적 심판으로 주어진 고난이었다.

## 2) 이스라엘의 배교로 인한 국가적 고난

### ① 사사시대의 고난

사사기에 나타난 이스라엘의 배교는 "이스라엘 백성이 (다시) 여호와의 목전에 악을 행하여……"라고 표현되었다2:11; 3:7,12; 4:1; 6:1; 10:6; 13:1. 이스라엘의 배교는 땅을 완전히 차지하지 못한 데서 비롯되었고, 가나안 사람들을 쫓아내지 않고 함께 섞여 사는 데서 구체화되었다. 이스라엘은 가나안 사람과 결혼해 살면서 이미 언약의 공동체인 가정을 깨뜨렸다. 뿐만 아니라 그들은 더 이상 자녀들에게 여호와 하나님의 존재와 사역을 가르치지 않았기 때문에, 후세대 자녀들은 여호와 하나님을 알 수 없었다삿2:10. 결국 그들의 영적인 무지로 인해서 이스라엘은 바알을 여호와처럼 생각했고, 그들의 영적 충성을 인본주의의 근원이 되는 무가치한 우상에게 돌렸다.

이러한 이스라엘의 배교는 가나안 정복을 무의미하게 만들고 언약공동체를 세속화시키는 결과를 초래했다. 이것이 사사기 전체를 지배하는 중요한 주제가 된다삿2:3,11~13,17, 9; 3:6,7,12; 4:1; 6:1,10; 8:24~27,33; 10:6; 13:1; 17:6; 21:25. 그리고 이런 배교 행위가 하나님의 언약적 심판과 함께 끊임없는 고통의 원인이 된다. 그래서 사사기는 하나님의 심판으로 가득 차 있다. 그래서 그런지 필로는 사사기를 "심판으로 알려져 기록된 책 이름"이라고 했다.[8] 백성은 풍요를 구하기 위해서 풍산의 신들을 찾았지만, 정작 그들이 얻은 것은 실제적인 굶주림과 압제와 영적인 고통이었다삿6:1~6. 이는 하나님의 언약적 심판으로 말미암은 것이었다삿2:1~3,20~22.

---

8. Philo, *De confusione linguarum* § 128. τοὔνομα ἐν τῇ τῶν κριμάτων ἀναγραφομένῃ βίβλῳ δεδήλωται.

## ② 왕국시대의 고난

이스라엘은 통일 왕국 말기부터 줄곧 배교의 역사를 걸었다. 물론 유다의 몇몇 왕들은 여기서 제외될 것이다. 나라가 남북으로 나누어지는 고통을 당한 것도 하나님의 언약적 심판에 의한 것이었다왕상11:33. 즉 솔로몬의 실책에 따른 하나님의 심판으로 나라가 남북으로 나누어진 것이었다. 그렇다고 해서 여로보암이 통치하게 된 북 이스라엘이 처음부터 불행한 미래를 안고 출발한 것은 아니었다. 언약을 신실하게 지킨다는 조건에서 하나님께서는 여로보암에게도 다윗과 같은 영원한 왕위를 약속하셨다왕상11:38. 그러나 메시아의 길은 유다의 예루살렘에서 유지될 것이었다. 이는 아히야 선지자가 여호보암에게 "예루살렘에서, 내 앞에 내 종 다윗의 빛니르 러다비드이 항상 있도록" 하리라고 말한 약속에서 나타난다.[9]

밝은 미래에 대한 하나님의 약속에도 불구하고 여로보암은 백성이 예루살렘으로 예배하러 가면 그들의 충성심을 잃게 될까봐 새로운 종교를 설립했다. 곧 북쪽의 단과 남쪽에서 금송아지를 숭배하도록 한 것이었다. 이후 여로보암을 뒤이은 북 이스라엘의 모든 왕들은 그의 길을 따라서 우상을 섬겼다. 결국 이스라엘의 수도 사마리아는 주전 722년에 앗수르에 의해서 함락되었고 백성들은 유배되었다. 이렇듯 나라가 멸망함에 따른 그들의 고통 또한 하나님의 언약적 심판이었다왕하18:11~12.

이와 달리 유다의 역사에서는 모든 왕이 다윗 왕조에 속해 있었고 상대적으로 정치적인 안정을 누렸다. 유다에는 성전이 있었고, 또 레위인과 제사장들도 많아서 영적으로도 안정되었다. 게다가 몇몇 선한 왕들과 개혁을 단행한 왕들도 있었다. 그로 말미암아 유다는 북 이스라엘보다 백 년 이상 존속할 수 있었

---

9. D. I. Shin, "The Translation of the Hebrew Term *Nir* : 'David's Yoke'?" *Tyndale Bulletin* 67/1 (2016), 7~21.

다. 하지만 그들 역시 결국 우상숭배의 죄로 말미암아 주전 586년에 바벨론에 의해서 예루살렘이 멸망했고 왕과 백성들은 포로로 잡혀갔다. 나라가 멸망하고 포로로 잡혀가야 했던 그들의 고통은 언약에 불충한 백성에게 주어졌던 경고가 성취된 것이었다신28:26.

### ③ 다윗의 죄로 인한 이스라엘의 고난

다윗은 요압의 만류에도 불구하고 이스라엘의 인구조사를 재촉했다삼하24:4. 사무엘서에는 이 계획이 마치 하나님의 주도로 이루어진 것처럼 기록되었지만, 역대기에는 다윗이 사탄의 충동유혹을 받아서 이스라엘을 계수한 것이라고 기록되었다대상21:1. 두 기사가 이렇게 다르게 나타난 것은 상호모순된 것으로 보이지만, 이 둘을 조회시키는 것은 어렵지 않다. 사실 하나님께서는 사람이 죄를 짓도록 유혹하지 않으신다. 하나님께서는 죄의 원인자가 아니시기 때문이다. 그러나 하나님께서는 죄인들이 그 마음에 지닌 욕망과 악한 의도를 드러내실 수 있고, 또 그렇게 하신다.[10] 따라서 이 계획은 다윗이 스스로 이룩한 거대한 나라를 보여주고자 하는 자만심이 발동한 결과라고 봐야 할 것이다. 이것은 인구조사를 마친 후 다윗이 자책하는 것을 보면 쉽게 알 수 있다. "내가 이 일을 행함으로 큰 죄를 범하였나이다 여호와여 이제 간구하옵나니 종의 죄를 사하여 주옵소서 내가 심히 미련하게 행하였나이다"삼하24:10.

결국 다윗은 갓 선지자의 책망을 듣고 세 가지 징벌 가운데 하나를 선택해야 했다삼하24:13. 그는 삼 일 동안의 온역을 선택했다. 백성은 왕의 자만심 때문에 고통을 겪어야 했다. 그렇지만 하나님께서는 죽음의 천사가 예루살렘을 치는 것만큼은 금지시키셨다삼하24:16. 한편 다윗은 고통당하는 백성을 보고 더 큰 고

---

10. 신득일, 『101가지 구약 Q&A』 (서울: CLC, 2017), 121.

통을 느꼈을 것이다. "나는 범죄하였고 악을 행하였삽거니와 이 양무리는 무엇을 행하였나이까 청컨대 주의 손으로 나와 내 아비의 집을 치소서"삼하24:17. 그는 목자의 심정으로 백성을 생각했던 것이다. 그리고는 갓 선지자가 여부스의 아라우나의 타작마당에서 여호와께 단을 쌓으라고 지시한 것에 따라 단을 쌓았다. 다윗의 희생제사를 통해서 하나님께서는 이스라엘에 내린 재앙막게파을 멈추셨다삼하24:25. 이것은 지도자의 죄로 말미암아 공동체가 당한 고난이었다.

## 3. 고난의 목적

고난은 우연히 주어지는 것이 아니다. 그리스도인은 그 고난이 어떤 형태이든지 하나님의 주권 하에 있음을 인정해야 한다.[11] 하나님께서는 만물을 통치하시되 자연적인 것과 초자연적인 것까지도 주관하신다. 이는 사탄의 공격으로 하나님의 백성이 고난을 당하는 것까지도 하나님의 섭리와 무관하게 이루어지지 않는다는 뜻이다단4:35. 사실 악이 따로 존재하고, 그래서 사탄이 하나님도 관여할 수 없는 독자적인 권리를 가진다고 주장하는 것은 마니교의 이원론 사상이다.[12] 다윗으로 하여금 자신의 공적을 높이도록 사탄이 유혹한 것도 하나님의 주권을 벗어나서 일어난 일이 아니다. 심지어 솔로몬의 학정에 대해 르호보암이 잘못된 정책을 결정함으로써 이스라엘이 분리되는 과정까지도 하나님에

---

11. John Currid, *Why Do I Suffer?: Suffering & the Sovereignty of God* (Ross-shire: Christian Focus, 2004), 33.
12. Albert H. Newman, "Introductory Essay on the Manichæan Heresy," in *St. Augustin: The Writings against the Manichaeans and against the Donatists*, ed. by Philip Schaff, vol. 4, A Select Library of the Nicene and Post-Nicene Fathers of the Christian Church, First Series (Buffalo, NY: Christian Literature Company, 1887), 12.

게서 비롯된 것이라고 한다왕상12:15. 그러나 동시에 인간이 사탄의 유혹에 넘어가서 죄를 짓는 것은 엄연히 자신의 책임이다. 그러면 하나님께서 그분의 백성에게 고난을 주시는 목적이 무엇인지가 궁금해진다.

## (1) 하나님의 공의

인간에 죄에 대한 하나님의 반응은 일차적으로 그분의 공의로운 속성에 따른 행위라고 말할 수 있다. 하나님의 공의는 먼저 그분께서 세상을 통치하시는 역사 속에서 나타난다. 공의라는 말은 법적인 용어로서 재판에서 옳다고 확정되는 것을 의미한다. 이것이 하나님께 적용될 때는 하나님의 섭리와 판단이 공정하다는 것을 뜻한다출9:27; 신32:4.[13] 그 공의는 어떤 죄도 용서할 수 없는 하나님의 속성이다. 이것은 하나님께서 거룩한 분이시기 때문에 나타나는 자연스런 현상이다.

하나님께서는 죄를 용납하지 않으시고 공의로 심판하심으로써 만족하실 수 있다. 궁극적으로 하나님의 공의를 만족시키는 것은 그리스도의 대속 사역이다. 하지만 구약에서는 하나님께서 죄를 심판하심으로써 그분의 공의가 어떻게 나타나는가를 보여준다. 하나님께서는 인간의 죄와 허물을 공의에 따라서 갚으신다삼상26:23. 하나님의 공의는 죄는 반드시 심판에 이르게 된다는 것을 가르치고, 그럼으로써 죄에 대한 경각심을 준다. 또한 하나님께서 죄를 싫어하시고, 미워하시는 분임을 드러낸다. 나아가 인간이 원래 의롭게 창조된 것과 같이 회개함으로 말미암아 원래의 상태로 회복하도록 한다. 결국 역사서에서 고난을 가져다주는 심판은, 죄인이 멸망의 심판에서 벗어나 하나님 앞에 설 수 있는 길은 궁극적으로 그리스도의 의를 자신의 의로 받아들이는 믿음밖에 없다

---

13. Herman Bavinck, John Bolt, and John Vriend, *Reformed Dogmatics: God and Creation*, V ol. 2 (Grand Rapids, MI: Baker Academic, 2004), 222.

는 사실을 알려준다. 역사 속에서 인간의 고난으로 나타난 하나님의 공의로운 심판은 최후 심판에서의 고통을 예시한다.

## (2) 백성에 대한 징계

이스라엘 백성에게 고난으로 나타난 하나님의 심판은 그분의 백성을 멸망시키기 위한 조치가 아니었다. 그보다 그분의 심판은 징계의 성격을 지닌 것이었다. 하나님의 심판은 백성이 깨닫고 하나님께로 돌이켜 그분과 온전한 교제를 누리도록 하기 위함이다. 이 경우에는 "고난당하는 것이 내게 유익이라 이로 말미암아 내가 주의 율례들을 배우게 되었나이다"시119:71라는 고백이 적용된다. 사사시대에 끊임없이 반복되는 이스라엘의 배교에 대해서[14] 하나님께서는 그때마다 침략자를 보내시어 그분의 백성을 심판하시는 한편, 그들이 회개하고 간구할 때는 그분의 뜻을 돌이키시고 사사를 보내시어 그들을 구원하셨다.

분열왕국시대 중에서 이스라엘의 아합과 유다의 므낫세 시대에는 바알과 아세라가 거의 공식적인 숭배의 대상이 되었다왕상16:29~33; 왕하21:3~5. 특히 므낫세 때에는 그가 극심한 우상숭배와 더불어 무죄한 자의 피로 예루살렘을 가득 채우는 죄를 범했을 때왕상21:10~16, 하나님께서는 앗수르의 군대로 하여금 그를 결박하여 바벨론으로 끌고 가도록 하셨다. 그러나 그가 환란을 당하여 하나님께 간구하고 겸손하게 회개하자, 하나님께서는 그를 다시 왕위로 복귀시키셨다대하33:12~13. 유다의 역사에서 이것은 엄청난 사건이었는데, 이는 하나님의 심판은 멸망이 아니라 징계에 그 목적이 있음을 알게 해준다. 므낫세 왕이 당한 고난은 하나의 예에 불과하다. 그러나 심판, 회개, 회복에 대한 언약의 원리는 신

---

14. "이스라엘 자손이 또 여호와의 목전에 악을 행하니라"는 표현만 나타나고 그 내용이 적혀 있지 않은 경우도 있다(삿3:12; 4:1; 6:1; 13:1). 이런 경우에도 다른 본문과 같이(삿2:11; 3:7) 일반적으로 이스라엘이 행한 '악'의 내용은 우상숭배로 볼 수 있다(삿10:6).

명기에 분명하게 제시된 것으로, 솔로몬도 여기에 근거를 두고 기도했던 것이 다신30:2~3; 왕상8:33~34.

하나님의 심판이 백성에 대한 징계로 나타나는 것은, 비록 언약이 복과 저주라는 두 가지 양면성을 지니고 있지만 그럼에도 하나님의 기쁘신 뜻에 따라서 은혜가 저주보다 더 크게 나타나는 데서 볼 수 있다. 전형적인 것은 여호야긴이 바벨론에서 왕의 대접을 받는 데서 나타난다. 유다는 우상숭배로 말미암아 세 차례주전 605,597,589년나 바벨론의 침략을 받아 성전이 파괴되고 백성이 바벨론으로 유배되는 굴욕적인 경험을 해야만 했다. 이렇게 비참한 상황 속에서도 열왕기서는 유다의 합법적인 마지막 왕인 여호야긴이 삼십 칠년 만에 석방되어 높아지는 것으로 끝맺는다왕하25:27~30.[15] 이것은 하나님께서 그분의 백성을 버리지 않으신다는 약속의 성취로서, 스룹바벨의 인도 아래 유대인이 다시 돌아올 것에 대해 밝은 빛을 주는 한 가닥의 희망을 제공하는 것이다. 스룹바벨은 남은 자로서 그리스도의 계보를 이어간다마1:12. 이렇듯 백성은 자신의 죄값으로 포로생활을 하면서 고난을 당하지만, 하나님께서는 새로운 신앙공동체를 세우시고 구속을 위한 메시아의 길을 열어가셨다.

## (3) 무고한 백성의 고난

### 1) 다윗의 고난

골리앗을 처단한 후, 다윗은 사울 집안의 큰 환대를 받았지만 이내 사울의 질

---

15. 놀랍게도 바벨론의 행정문서에는 유다와 여호야긴과 그의 아들들을 위한 배식량이 언급되어 있다. 이 기록은 "유다 왕 여호야긴에게 기름 10실라(약 10리터)"라고 한다. 이것은 일반인보다 10~20배에 해당하는 분량이다. James Bennett Pritchard (ed.), *The Ancient Near Eastern Texts Relating to the Old Testament* (Princeton: Princeton University Press, 1969), 308.

투심으로 말미암아 쫓기는 신세가 되었다. 그는 가는 곳마다 크고 작은 사건에 연루되었다. 먼저 놉에 있는 제사장들에게 갔을 때는 그가 진설병과 골리앗의 칼을 받은 일로 제사장 팔십 오명이 생명을 잃었다. 또 사울을 피해 가드 왕 아기스에게로 갔을 때는 자신의 신분이 탄로나 침을 흘리면서 미친 척하고 쫓겨나는 수치를 당하기도 했다. 아둘람에 이르렀을 때도 그의 가족과 기존 체제에 불평을 품은 사람들로 구성된 사백 명의 무리를 이끄는 일종의 산적 두목 같은 비합법적 통치자의 역할을 하면서 불안정한 삶을 영위해야 했다삼상22:2. 심지어 유다 땅은 안전하지 못하다고 판단해서 부모를 모압 왕에게 맡기기까지 했다.

다윗은 이렇게 도피하는 절박한 상황에서도 하나님의 지시에 따라 블레셋을 치고 그일라 거민을 구해주었다삼상23:5. 하지만 그 거민들은 오히려 그런 다윗을 사울에게 넘겨줄 참이었다삼상23:12. 이런 배신을 겪으면서도 다윗이 이끄는 무리는 육백 명으로 늘었고, 다윗은 그들과 함께 십 광야 수풀에 있었는데, 그때 요나단의 격려를 받았다. "내 부친 사울의 손이 네게 미치지 못할 것이요 너는 이스라엘 왕이 되고 나는 네 다음이 될 것을 내 부친 사울도 안다"삼상23:17.

다윗은 도피하던 중에 사울을 죽일 수 있는 기회가 두 번이나 있었다. 한 번은 엔게디 동굴에 있을 때였고삼상24:6, 또 한 번은 다윗이 하길라 산에 숨고 사울이 십 광야에 진을 쳤을 때였다삼상26:15~16. 다윗이 자신을 죽일 수 있었는데도 죽이지 않았다는 것을 알게 된 사울은 다윗에게 "네가 큰 일을 행하겠고 반드시 승리를 얻으리라"고 말했다삼상26:25.

도피 생활 중에 다윗은 부유한 사람들의 후원을 독려하며 생계를 유지한 것으로 보인다. 그중에 대표적인 것이 나발과 관련된 사건이었다. 다윗은 여기서 다음과 같은 아비가일의 예언적인 고백을 듣는다. "사람이 일어나서 내 주를 쫓아 내 주의 생명을 찾을지라도 내 주의 생명은 내 주의 하나님 여호와와 함께 생명싸개 속에 싸였을 것이요 내 주의 원수들의 생명은 물매로 던지듯 여호와께서 그것을 던지시리이다"삼상25:29.

하지만 결국 다윗은 백성들조차 자기를 귀찮아하고 밀고하는 상황에 이르게 되자 더 이상 피할 곳이 없다고 판단하고 절망 가운데 가드 왕 아기스에게 항복하게 된다삼상27:1~2. 당시 기름부음을 받은 메시아로서 다윗의 심경은 참담했을 것이다. "나의 유리함을 주께서 계수하셨으니 나의 눈물을 주의 병에 담으소서 이것이 주의 책에 기록되지 아니하였나이까"시56:8. 그러나 다윗은 시글락을 영지로 받은 후에 아기스의 기대와는 반대로 유다를 괴롭히는 인근 아말렉족과 사막의 다른 부족을 공격했다삼상27:8~12. 또한 그들에게서 빼앗은 전리품을 공정하게 나누어줌으로써 그가 변함없는 이스라엘의 보호자이며 동료라는 것을 확인시켰다.

이와 같이 약 십년에 걸친 다윗의 방랑생활은 젊은 다윗에게는 너무나 가혹한 시련의 기간이었음에 틀림없다. 그러나 그는 압박과 숱한 어려움 속에서 오히려 하나님을 의지하는 법을 배웠을 것이다. 그래서 그는 그것을 '의의 길'이라고 고백했다시23:3. 그 길은 하나님의 인도 속에서 그가 마땅히 가야 할 길이었다. 하나님께서는 이러한 도피 생활로 다윗이 왕으로 가는 길을 여셨던 것이다. 무고한 다윗의 고난은 왕위를 계승하는 데서 정통성 없는 자가 왕이 되기 위한 필수적인 과정으로 보인다. 이렇듯 그의 고난은 예비적인 의미가 있다.

## 2) 미가야의 고난

아합은 미가야를 감금하고는 그에게 고난의 떡과 물을 먹이라고 했다왕상22:27; 대하18:26. 미가야는 왕을 대면하기 전에 그 역시 거짓 선지자들과 보조를 맞추어 왕의 마음에 드는 말을 하도록 왕의 사자에게 요청받았지만왕상22:13; 대하18:12, 단호하게 거절하고 하나님의 계시대로 아합에게 재앙이 있을 것이라고 예언했다. 결국 그는 거짓 선지자 스가랴에게 뺨을 맞고서 왕의 명령에 따라

옥에 갇히는 신세가 되었다. 미가야는 자신의 정치적인 영달을 위해서 여호와의 선지자의 신분을 포기하지 않겠다는 의지를 나타내었다신18:18b. 그러나 아합은 아사가 하나니를 옥에 가둔 것과 같이 미가야를 옥에 가두라고 명령했다대하16:10. 아합은 아마도 거짓 선지자에 관한 율법조항을 나름대로 적용하여 미가야를 옥에 가두었을 것이다신13:5. "고난의 떡과 고난의 물"에서 '고난'에 해당하는 히브리어 '라하츠'는 '압제'를 의미하지만, 그것이 음식과 관련될 때는 생존을 위한 최소한의 양을 의미한다.[16] 미가야는 아합이 평안히 돌아올 때까지 옥에서 연명해야 했다. 만일 그가 돌아온다면 석방될 수 있을지도 모른다. 그러나 미가야는 거기에 개의치 않고 하나님의 말씀이 성취되는 데만 관심이 있었다. "왕이 참으로 평안히 돌아오시게 된다면 여호와께서 내게 말씀하지 아니하셨으리이다"왕상22:28a; 대하18:27a. "너희 백성들아 다 들을지어다"라는 미가야의 외침은 모든 백성이 하나님의 말씀을 바로 깨닫고 하나님께 순종할 것을 요구한 것이었다. 이렇듯 미가야는 참 선지자로서 역할을 다했다. 하지만 그가 당한 고난의 이유를 설명하기는 어렵다. 그러나 의를 위해서 핍박받으면서도 그가 충성한 말씀 사역을 통해 하나님의 공의로운 심판이 성취되었고, 또한 이스라엘은 죄에서 돌이키라는 큰 경고를 받았을 것이다.


## 4. 고난의 본질

역사서에 나타난 고난의 형태는 다양하다. 일단 개역개정판에서 '고난'으로 표현된 네 가지의 경우를 보면 다음과 같다.

---

16. *HALOT*, 527.

① 여로보암 2세 때 요나가 이스라엘의 영토 확장에 대해 예언했는데, 그 이유는 하나님께서 이스라엘의 고난이 극심한*mōreh me'ōḏ* 것을 보시고 주권적인 은혜를 베푸셨기 때문이다왕상14:25~26. 그때 이스라엘의 고난이란 아람왕상10:32; 13:3~7과 모압왕상13:20, 그리고 암몬암1:13에 의한 정치적인 억압을 의미한다.

② 아사랴가 "하나님이 여러 가지 고난으로 요란하게 하심으로써 나라와 나라, 성읍과 성읍이 서로 치고 피차 상했다."라고 한 것은 사사시대의 전쟁을 가리키는 것이다대하14:6.[17]

③ 미가야가 당하는 고난의 떡과 물은 감금과 궁핍을 의미한다대하18:26.

④ "주께서 우리 조상들이 애굽에서 고난 받는 것을 감찰하시며"느9:9에서 고난은 애굽에서 당한 학대를 의미한다.

이 외에도 한나가 당한 고통은 심적인 고통으로서삼상1:11, 그 고통에는 복선이 깔려 있다고 봐야 한다. 즉 그것은 자녀가 없어서 당하는 고통과 함께 이스라엘의 타락으로 말미암은 고통일 것이다삼상2:1~10. 그리고 나오미가 당한 괴로움은 재산을 잃은 것이라기보다는 남편과 두 아들을 잃은 것이라 할 수 있다룻1:21. 하나님의 은혜를 누리지 못하는 상태에서 더 이상 즐겁지'나오미' 않았기 때문에 그녀는 자신을 '마라'라고 부르라고 했다. 다윗의 경우에 고통은 백성의 질병과 관련된다. 이스라엘의 가장 큰 고난은 나라를 잃고 유배생활을 하는 것이다.

이와 같이 고난의 형태는 다양하지만 그 본질은 하나로 설명된다. 고난과 고통은 기본적으로 죄로부터 온다. 그리고 이유를 모르는 경우도 있지만 그것은

---

17. "이 나라와 저 나라가 서로 치고"라는 상황은 사사시대에 여러 나라로부터 당한 침략과 그들을 격퇴하는 전쟁을 가리킨다(삿3:8,10,13~29; 4:2,13~24; 6:2; 7:19~23 등). "이 성읍이 저 성읍과 또한 그러하여 피차 상한 바 되었나니"라는 말은 그 시대에 성읍간의 싸움이나 지파간의 싸움을 염두에 둔 표현이다(숙곳과 브누엘: 삿8:15~17; 에브라임과 길르앗: 삿8:1~6; 베냐민과 전쟁: 삿20:1~48). 이 시대에 백성이 당한 고난은 하나님께로부터 온 것이다. "이는 하나님이 여러 가지 고난으로 요란하게 하셨음이라"(6b).

결국 하나님의 주권적인 역사이다. 백성에게서 고난은 단순히 결핍이나 전쟁의 참상, 억압, 포로된 상태에서 그치는 것이 아니다. 그들에게 고통의 본질은 하나님의 은혜를 더 이상 경험하지 못하는 것이다. 즉 하나님과 은혜로운 교제를 누리지 못하는 것이다. 그것은 다윗이 하나님의 법궤를 가지고 피신한 것을 보면 알 수 있다. 그는 환난 가운데서도 하나님과 동행하는 복을 놓치고 싶지 않았던 것이다삼하15:24.[18] 역사서에는 하나님과 떨어져 있는 것이 고통이라는 표현이 제대로 나타나지 않지만, 시편 기자들의 노래에서는 그 심정이 잘 표현되어 있다시42,137편. 반대로 복된 상태는 은혜 가운데 하나님과 생명의 교제를 나누는 것이다. 고난의 본질은 죄로 인해서 하나님과 멀어지는 것이다. 하나님께서는 고난을 통해서 이런 본질적인 문제를 해결하도록 하신다. 이 백성이 당하는 고난은 쓰라린 면이 있지만, 그것이 최후 심판에 경고가 되고, 나아가 그들로 하여금 궁극적으로 예수 그리스도의 고난을 통한 구속을 바라보게 한다.

## 5. 결론

역사서에서 백성의 고난은 주로 인간의 죄에 대한 하나님의 언약적 심판으로 나타난다. 그것은 개인이 당하는 경험이든, 공동체가 당하는 경험이든 모두 쓰라린 것이지만, 하나님께서 기뻐하시는 주권 하에서 이루어지는 것이고, 그 결과 개인이나 공동체가 정화되고 회복되는 역사를 경험하게 하는 것이다. 하나님께서는 고난이 따르는 심판을 통해서 그분께서 공의로운 분이심을 알리시

---

18. 다윗이 제사장 사독에게 법궤를 도로 갖다 두도록 한 것은 그가 다시 예루살렘으로 돌아갈 것을 어느 정도 믿고 있었다는 말이다. "만일 내가 여호와 앞에서 은혜를 얻으면 도로 나를 인도하사 내게 그 궤와 그 계신 데를 보이시리라"(삼하15:25).

고, 나아가 그분의 백성들로 하여금 죄에 대한 경각심을 갖도록 하신다. 고난은 하나님께서 그분의 백성을 다루시는 하나의 방법으로서, 그것을 통해서 백성들로 하여금 그분의 뜻을 깨닫고 언약의 자녀로 자라도록 기능한다. 그래서 고난도 유익하다는 고백을 할 수 있는 것이다. 역사서에서 실패한 백성이 고난에서 벗어나는 길은 하나님의 약속으로 주어진 메시아의 길을 따르는 것이다. 역사서의 고난은 최후의 심판에서 벗어나는 그리스도의 구속을 대망하도록 한다.

# 4장
# 시가서의 고난

김성진

주로 구속사를 다루는 모세오경, 역사서, 선지서와 달리 구약 시가서욥기, 시편, 잠언, 전도서, 아가서는 보편적인 인간의 삶과 경험에 더 초점을 두며 독자들을 교훈한다.[1] 구약 시가서가 말하는 신자의 삶과 경험에 관한 주요 주제 중 하나가 바로 '고난'의 문제인데, 본 글에서는 특히 욥기와 시편이 묘사하는 '고난'의 원인과 의미, 그리고 이에 대한 하나님의 해결책과 신자의 마땅한 반응과 자세를 고찰하고자 한다.[2]

글은 세 부분으로 구성된다. 고난은 크게 '죄로 인한 고난'과 '죄와 무관한 고난'으로 나뉘는데, 먼저 죄로 인한 고난에 대한 시가서의 가르침을 살펴본 뒤, 죄와 무관한 고난의 문제를 두 번째로 다룬다. 마지막으로 시가서가 말하는 고난의 유익과 더불어, 시가서의 고난에 관한 내용을 어떻게 적용하고 설교할지를 논하며 글을 마무리한다.

---

1. Hassell Bullock, *An Introduction to the Old Testament Poetic Books* (Chicago, IL: Moody Publishers, 2007), 19~20; 이성훈, "시편을 어떻게 읽을 것인가" in 『시편 1: 어떻게 설교할 것인가』, ed. by 목회와신학 편집부 (서울: 두란노, 2015), 21~25. 박우택, 『시가서』 (Refo 500 성경해설, 서울: 세움북스, 2019), 27~28.
2. 예를 들어, 시편의 1/3 이상이 탄식시이고, 욥기는 고난의 문제를 집중적으로 다룬다. R. P. Belcher, "Suffering," in *Dictionary of the Old Testament: Wisdom, Poetry & Writings*, ed. by T. Longman and P. Enns (Downers Grove, IL; Inter-Varsity, 2008), 775~781; Natalie Kertes Weaver, *The Theology of Suffering and Death* (London: Routledge, 2012), 26 이하.

# 1. 죄로 인한 고난

시편은 우선 신자의 고난을 죄와 연결시킨다. 긍휼과 인자함이 풍성하신 하나님께서는 노하기를 더디하시지만시86:15; 103:8; 145:8, 동시에 공의로 세상을 다스리신다시89:14.[3] 신구약 성경은 곳곳에서 하나님을 죄를 간과치 않고 응징하시는 분으로 묘사하는데,[4] 시편 역시 하나님께서 죄를 미워하시고, 특히 하나님의 백성이 죄 가운데 머물러 있을 때는 책망하고 징계하시는 분으로 묘사한다.

## (1) 언약 관계의 핵심인 율법 준수

시편은 이스라엘 백성이 하나님과 언약 관계에 있음을 상정한다.[5] 언약 관계의 핵심은 하나님 백성의 율법 준수인데, 시편 전체의 서론이자 핵심 메시지를 담고 있는 시편 1, 2편이 이를 잘 보여준다. 시편 1편은 '율법 묵상/준수', 그리고 시편 2편은 '하나님 및 그분의 메시아를 의지하는 것'의 중요성을 강조하는데,[6] 결국 하나님과의 바른 관계 속에서 율법/말씀대로 살아가는 것이 언약 백

---

3. 이 두 가지 속성이 함께 드러나는 대표적인 예가 바로 십자가 사건이다. 공의로우신 하나님께서는 우리의 죄의 문제를 간과치 않으시고 십자가 형벌로 엄중히 다루셨다. 그런데 정작 예수님께서 심판받게 하심으로 우리를 향한 무한한 긍휼과 은혜를 나타내신다. H. Buis, "Retribution," in *The Zondervan Encyclopedia of the Bible, Q-Z*, ed. by M. Silva and M. C. Tenney (Grand Rapids, MI: The Zondervan, 2009), 95.

4. 예를 들어, 신27:14~26; 수8:34; 사34:8; 렘31:30, 51:56; 호10:13; 고후5:10; 5:21; 갈6:7~8; 딤후4:14; 계22:12.

5. Tremper Longman and Raymond B. Dillard, *An Introduction to the Old Testament*, 2nd ed. (Grand Rapids, MI: Zondervan, 2006), 256~259. 언약 백성인 이스라엘은 시편 가운데 때로는 하나님께 찬양과 감사를 올려드리고, 때로는 탄식하거나 '언약적 자비(헤세드)'에 근거해 용서를 간구하기도 한다. 송제근, "말씀의 책 시편" in 『시편 1: 어떻게 설교할 것인가』, ed. by 목회와 신학 편집부 (서울: 두란노, 2015), 14~15.

6. 김성수, "시편의 복음과 상황: 시편 1, 2편을 중심으로," 『성경과 신학』 59 (2011), 1~36. 시편의 서론으로서의 시편 1, 2편에 대한 논의는 또 다음을 참고하라. S. Gillingham, *A Journey of Two Psalms: The Reception of Psalms 1 & 2 in Jewish & Christian Tradition* (Oxford: Oxford University Press, 2013); M. J. Whiting, "Psalms 1 and 2 as a Hermeneutical Lens for Reading the Psalter," *EvQ* 85/3 (2013), 246~262; R. L. Cole, "An Integrated Reading of Psalms 1 and 2," *JSOT* 26/4 (2002), 75~88; 방정열, 『새로운 시편 연구』 (서울: 새물결플러스, 2018), 133~158.

성의 본분임을 밝힌다.

특히 율법시로 분류되는 시편 1편과 더불어, 다른 율법시인 시편 19편, 119편은 시편 전체의 뼈대를 형성하며 율법 묵상/실천의 중요성을 역설한다.[7] 시편 19편은 제1권시1~41편의 센터를,[8] 그리고 시편 119편은 제4~5권시90~150편[9] 또는 제5권시107~150편의[10] 센터 역할을 각각 하면서 각 권 내에서 율법의 묵상/실천의 중요성을 재차 조명한다. 먼저 제1권시1~41편은 다윗 왕을 주 배경으로 하

---

7. J. L. Mays, "The Place of the Torah-Psalms in the Psalter," *JBL* 106/1 (1987), 3~12; Jeung Yeoul Bang, "The Canonical Function of Psalms 19 and 119 as a Macro-Torah Frame," 『구약논단』 23/4 (2017), 251~285; Claus Westermann, *Praise and Lament in the Psalms* (Westminster John Knox, 1981), 253; Gordon J. Wenham, *Psalms as Torah: Reading Biblical Song Ethically* (Grand Rapids, MI: Baker, 2012). 이 외에도 율법의 중요성이 다음 시편에서도 강조된다. 시편 15; 18; 24; 25; 33; 78; 89; 93; 94; 99; 103; 105; 111; 112; 147; 148편. J. L. Mays, *The Lord Reigns: A Theological Handbook to the Psalms* (Westminster John Knox, 1994), 130~131.

8. 예를 들어, 방정열은 시편 제1권(1~41편)을 다음의 구조로 파악한다. 방정열, 『새로운 시편 연구』, 174.

  A 시편 1~2편 (율법[1편])

    B 시편 3~14편

      **C 시편 15~24편 (정중앙의 율법시[19편]]**

    B' 시편 25~34편

  A' 시편 35~41편 (율법[40, 41편])

9. 예를 들어, 김진규는 시편 119편을 중심으로 제4~5권(107~150편)을 다음과 같이 도식화한다. Jinkyu Kim, "The Strategic Arrangement of Royal Psalms in Books IV-V," *WTJ* 70/1 (2008), 152.

  A 시편 90~110편 (다윗 시편들: 101, 103, 108~110편)

    B 시편 111~118편 (할렐루야 시)

      **C 시편 119편 (율법시)**

    B' 시편 120~134편 (성전에 올라가는 노래)

  A' 시편 135~145편 (다윗 시편: 138~145편)

  A' 시편 146~150편 (시편의 결론)

10. 예를 들어, 방정열은 제5권(107~150편)의 구조를 다음과 같이 제시한다. 방정열, 『새로운 시편 연구』, 407.

  A 시편 107편

    B 시편 108~100편 (다윗 모임집)

      C 시편 111~118편 (111~117편: 출애굽 / 118편: 시온)

        **D. 시편 119 (율법시)**

      C' 시편 120~136편 (135~136편: 출애굽 / 120~134편: 시온)

    B' 시편 137~144편 (138~144편 다윗 모임집)

  A' 시편 145편

는데, 시편 19편은 새롭게 시작하는 다윗 왕권의 성패 여부가 율법 준수에 달려있음을 보여준다.[11] 다음으로 제4권시90~106편은 바벨론 포로기, 그리고 제5권시107~150편은 포로기 이후를 배경으로 하는데, 이러한 암울한 역사 가운데 시편 119편은 배교하여 징계 받은 이스라엘 백성의 회복이 율법 묵상/실천에 있음을 가르친다.[12]

## (2) 율법에 대한 불순종으로 인한 징계적 고난

이런 맥락에서 언약 백성의 고난을 죄와 연결시키는 시편 본문이 있다. 시편의 탄식시 가운데 상당수는 죄와 무관한 고난을 묘사하지만, 일부 탄식시는 율법에 대한 불순종으로 인한 징계적 고난을 그 배경으로 하고 있다예를 들어, 회개시로 분류되는 시6,32,38,51,102,130,143편.[13] 심지어 경건한 다윗조차도 죄의 문제로 고뇌했음을 여러 시편이 증언한다시19:13; 25:7,18; 31:30; 32:3~5; 38:3~4,18; 39:1,8; 40:12; 41:4; 51:1~2.[14] 특히 시편 1편은 "하나님이 없다"며 율법을 거부하는 자들을 악인/죄인으로 묘사하는데, 하나님의 자녀 역시 율법을 저버리면 결국 시편 1편이 말하는 '악인과 죄인의 범주'에 들어가 하나님의 징계를 경험하게 된다. 주님께서 "그 사랑하시는 자를 징계하신다"라는 히브리서 12장의 말씀처럼 말이다. 그런 예들을 시편 곳곳에서 찾아볼 수 있다.

---

11. 방정열, 『새로운 시편 연구』, 229~233. 참조. 김성수, "여호와의 산에 오를자 누구인가?: 문맥으로 시편 15~24편 읽기" 『개혁신학과 교회』 24 (2010), 53~85.

12. 김창대, 『한 권으로 꿰뚫는 시편』 (서울: IVP, 2015), 13~14, 360~361. 참조. Kirsten Nielsen, "Why Not Plough with an Ox and an Ass Together? Or: Why Not Read Ps 119 Together with Pss 120~134?," *SJOT* 14 (2010), 56~66.

13. 김창대, 『한 권으로 꿰뚫는 시편』, 375~376.

14. W. A. VanGemeren, "Psalms," in *EBC*, vol. 5 (Grand Rapids, MI: Zondervan, 1991), 311 이하; 김성수, "시편의 복음과 상황: 시편 1, 2편을 중심으로," 12.

"1 여호와여 주의 분노로 나를 책망하지 마시오며 주의 진노로 나를 징계하지 마옵소서 2 여호와여 내가 수척하였사오니 내게 은혜를 베푸소서 여호와여 나의 뼈가 떨리오니 나를 고치소서 3 …… 여호와여 어느 때까지니이까 4 여호와여 돌아와 나의 영혼을 건지시며 주의 사랑으로 나를 구원하소서 …… 6 내가 탄식함으로 피곤하여 밤마다 눈물로 내 침상을 띄우며 내 요를 적시나이다 …… 9 여호와께서 내 간구를 들으셨음이여 여호와께서 내 기도를 받으시리로다 10 내 모든 원수들이 부끄러움을 당하고 심히 떪이여 갑자기 부끄러워 물러가리로다"

위의 시편 6편에서 다윗은 죄로 인해 하나님의 징계를 받고 있다고 말한다. 그 죄가 무엇인지 구체적으로 밝히지는 않지만, 하나님의 진노로 몸이 수척해지는 등 극심한 고통과 두려움을 경험하고 있다. 눈물이 침상을 덮을 정도라고 그는 기술한다. 이 가운데 다윗은 4절에서 하나님께서 자신과 맺으신 언약적 사랑헤세드에 호소하며 용서와 구원을 간구한다.[15] 하나님께서 마침내 자신을 용서하고 회복시키실 것을 확신하며 말이다6:8~10.

유사한 내용이 다른 다윗의 시인 32편에서도 등장한다.

"3 내가 입을 열지 아니할 때에 종일 신음하므로 내 뼈가 쇠하였도다 4 주의 손이 주야로 나를 누르시오니 내 진액이 빠져서 여름 가뭄에 마름 같이 되었나이다 (셀라) 5 내가 이르기를 내 허물을 여호와께 자복하리라 하고 주께 내 죄를 아뢰고 내 죄악을 숨기지 아니하였더니 곧 주께서 내 죄악을 사하셨나이다 (셀라)"

---

15. Robert L. Hubbard and Robert K. Johnston, *Psalms*, UBC (Grand Rapids, MI: Baker Books, 2012), 63.

다윗은 자신이 계속해서 죄를 자복하지 않았을 때 하나님의 엄중한 훈계를 경험했다고 말한다3절. 계속되는 징계로 그는 아무 소망 없는 상태까지 이르렀다3~4절.[16] 그가 결국 이 고통에서 벗어날 수 있었던 것은 그가 회개했을 때이다5절. 다시 말해, 율법의 가르침시1,19편으로 돌아왔을 때라는 것이다.

## (3) 율법에 대한 불순종으로 인한 공동체적 고난

한편, 시편은 개인적인 범죄뿐만 아니라 이스라엘의 왕과 백성의 집단적 배교와 불순종이 하나님의 징계를 초래함을 보인다. 특히 제라드 윌슨Gerald H. Wilson의 기념비적 연구 이후로 많은 성경학자들이 시편의 정경적 맥락을 중시하며 시편을 읽게 됐는데,[17] 왕과 백성의 율법에 대한 태도가 그들의 역사에 끼친 결과를 다음과 같이 요약할 수 있다.

새롭게 출범한 다윗 왕권은 하나님과의 언약에 신실하기 위해 율법을 묵상/실천해야 했지만시편 제1~2권, 후대 왕들과 백성들은 결국 율법을 버려 나라 및 성전의 파괴시편 제3권, 그리고 바벨론 포로 생활시편 제4권을 경험해야 했다. 이제 바벨론의 징계를 경험하고 돌아온 포로기 이후 백성들은 흔들림 없이 율법을 묵상/실천해야 하고시편 119편, 하나님께서 이루실 새 날을 바라보며 하나님만 의지하며 나아가야 한다시편 제5권.[18]

---

16. VanGemeren, "Psalms," 272~273.

17. Gerald H. Wilson, *The Editing of the Hebrew Psalter* (Society of Biblical Literature, 1985). 시편에 대한 정경적 접근은 다음을 참고하라. Peter C. W. Ho, *The Design of the Psalter: A Macrostructural Analysis* (Wipf and Stock, 2019); Nancy L. DeClaissé-Walford, *The Shape and Shaping of the Book of Psalms: The Current State of Scholarship* (Society of Biblical Literature, 2014); 방경열, 『새로운 시편 연구』, 63~88; Palmer Robertson, 『시편의 흐름』(*The Flow of the Psalms: Discovering Their Structure and Theology*, 김헌수·양태진 역, 서울: 성약, 2019); 김창대, 『한 권으로 꿰뚫는 시편』. 시편의 흐름 및 핵심 메시지에 대한 다양한 견해는 다음을 참고하라. S. E. Gillingham, "The Interpretation of the Psalter," in *The Poems and Psalms of the Hebrew Bible* (Oxford: Oxford University Press, 1994), 256~275.

18. John H. Walton, "Psalms : A Cantata About the Davidic Covenant," *JETS* 34/1 (1991), 21~31. 또 각주 17번을 참조하라. 한편, 제4~5권(90~150편)의 의미에 대해서는 학자들 간에 이견이 있다. 다음의 개관을 참고하라. 방

특히 시편 제3권시73~89편은 다윗 왕조의 붕괴 및 예루살렘 성전의 파괴라는 국가적 환란을 기술하는데, 그 이유가 이스라엘이 언약과 율법을 저버렸기 때문이라고 말한다.[19] 시편 제3권의 마지막 시편인 89편이 이를 잘 보여준다. 시편 89편은 공동체 탄식시로, 이스라엘의 배교와 불순종이 하나님께서 그들의 선조 다윗과 맺으신 언약의 파기를 야기했으며, 그 결과 이스라엘에 하나님의 징계가 임했다고 기술한다시89:38~51.

"**38** 그러나 주께서 주의 기름 부음 받은 자에게 노하사 물리치셔서 버리셨으며 **39** 주의 종의 언약을 미워하사 그의 관을 땅에 던져 욕되게 하셨으며 **40** 그의 모든 울타리를 파괴하시며 그 요새를 무너뜨리셨으므로 **41** 길로 지나가는 자들에게 다 탈취를 당하며 그의 이웃에게 욕을 당하나이다 **42** 주께서 그의 대적들의 오른손을 높이시고 그들의 모든 원수들은 기쁘게 하셨으나 **43** 그의 칼날은 둔하게 하사 그가 전장에서 더 이상 버티지 못하게 하셨으며 **44** 그의 영광을 그치게 하시고 그의 왕위를 땅에 엎으셨으며" 시89:38~44

시편 89편 30~32절은 이 환란의 원인이 이스라엘의 율법에 대한 불성실함이라고 못 박아 말한다.

"**31** 내 율례를 깨뜨리며 내 계명을 지키지 아니하면 **32** 내가 회초리로 그들

---

정열, 『새로운 시편 연구』, 64~87. 예를 들어, 다음의 학자들은 제4~5권을 메시아를 통한 하나님 나라의 종말적 완성의 맥락에서 해석한다. Robertson, 『시편의 흐름』. Kim, "The Strategic Arrangement of Royal Psalms in Books IV-V." David C. Mitchell, *The Message of the Psalter: An Eschatological Programme in the Book of Psalms*, JSOTSup 252 (Sheffield: Sheffield Academic Press, 1997).

19. 김창대, 『한 권으로 꿰뚫는 시편』, 247.

**4장** 시가서의 고난　**91**

의 죄를 다스리며 채찍으로 그들의 죄악을 벌하리로다."[20]

시편 제3권의 중앙에 있는 시편 78, 79편도 유사한 내용을 담고 있다. 시편 78편은 이스라엘이 율법을 버리고 배교의 길로 갔음을, 79편은 그 결과 적국들이 쳐들어와 성전을 파괴했음을 기술한다. 특히 시편 79편 8절은 이스라엘이 적국의 공격을 받게 된 결정적인 계기가 바로 그들이 율법에서 떠났기 때문이라고 명시한다.[21]

"1 하나님이여 이방 나라들이 주의 기업의 땅에 들어와서 주의 성전을 더럽히고 예루살렘이 돌무더기가 되게 하였나이다 2 그들이 주의 종들의 시체를 공중의 새에게 밥으로, 주의 성도들의 육체를 땅의 짐승에게 주며 3 그들의 피를 예루살렘 사방에 물 같이 흘렸으나 그들을 매장하는 자가 없었나이다 4 우리는 우리 이웃에게 비방 거리가 되며 우리를 에워싼 자에게 조소와 조롱 거리가 되었나이다 5 여호와여 어느 때까지니이까 영원히 노하시리이까 주의 질투가 불붙듯 하시리이까 …… 8 우리 조상들의 죄악을 기억하지 마시고 ……"시79:1~8

## (4) 징계적 고난에서 벗어나는 길: 회개

나라를 잃고 바벨론 포로 생활을 경험했던 이스라엘은 '징계적 고난' 가운데 어떻게 반응했을까? 시편 제4권시90~106편을 감싸는 시편 90편과 106편을 통해 살펴보면, 우선 시편 90편에서 시인은 하나님의 긍휼을 구한다. 마치 모세가 금송아지 사건 때 백성들을 위해 중보했던 것처럼출32장, 우상 숭배와 불순종으

---

20. 방정열, 『새로운 시편 연구』, 338.
21. 방정열, 『새로운 시편 연구』, 339~345, 391.

로 인해 포로로 잡혀간 이스라엘을 다시 불쌍히 여겨주실 것을 간구한다.[22] 제4권의 마지막 시편인 106편 또한 하나님의 언약과 자비하심에 호소한다. 이스라엘의 완악했던 역사를 출애굽 때부터 사사 시대까지 낱낱이 열거한 시인은, 그럼에도 불구하고 이스라엘에게 늘 자비하셨던 하나님의 언약적 사랑을 회상하며, 포로 이스라엘을 다시 용서하고 구원해 주시기를 간구한다.[23]

한편, 시편 106편의 기도에 대한 응답으로 시편 제5권시107~150편의 첫 시인 시편 107편은 하나님께서 이스라엘을 환란에서 건지셨음을 선포한다.[24] 시편 107편은 우선 하나님께서 이스라엘을 "동서남북 각 지방에서부터 모으셨다"고 기술하는데3절, 이는 이스라엘이 바벨론 포로에서 해방되어 고토로 돌아왔음을 의미한다. 이와 더불어 시편 107편은 고난 가운데 구속받은 사람들을 네 부류로 분류하여 다음과 같이 묘사한다시107:4~32.[25]

| 구분 | 광야 사막길에서 구원 | 감옥에서 구원 | 질병에서 구원 | 풍랑에서 구원 |
|---|---|---|---|---|
| 고난 묘사 | 4~5절 | 10~12절 (죄의 결과) | 17~18절 (죄의 결과) | 23~27절 |
| 간청 | 6절 | 13절 | 19절 | 28절 |
| 구원 묘사 | 7절 | 14절 | 19~20절 | 29절 |
| 감사 찬양 | 8~9절 | 15~16절 | 21~22절 | 30~32절 |

22. 방정열, 『새로운 시편 연구』, 358~366.
23. 김성수, "시 106편: 이스라엘의 반역의 역사" in 『시편 3: 어떻게 설교할 것인가』, ed. by 목회와신학 편집부 (서울: 두란노, 2015), 201~210.
24. 김성수, "시 107편: 하나님의 선하심을 체험하라" in 『시편 3: 어떻게 설교할 것인가』, ed. by 목회와신학 편집부 (서울: 두란노, 2015), 211.
25. 아래 도표는 방정열, 『새로운 시편 연구』, 412에서 인용하였다.

위의 표에서 네 부류의 역경 상황이 모두 '간청 → 구원 → 감사 찬양'의 패턴으로 해소되고 있음을 볼 수 있는데, 이는 고난 받는 자가 하나님께 부르짖으면 하나님께서 구원하신다는 의미로 해석할 수 있다.

특히 눈여겨볼 것은 '감옥'10~16절과 '질병'17~22절에서 구원하신 경우인데, 모두 죄의 결과에서 고난이 파생된 경우이다. 먼저 감옥에 갇힌 이유는 그들이 하나님의 말씀을 거역하고 멸시한 죄 때문이다시107:10~12.

"10 사람이 흑암과 사망의 그늘에 앉으며 곤고와 쇠사슬에 매임은 11 하나님의 말씀을 거역하며 지존자의 뜻을 멸시함이라 12 그러므로 그가 고통을 주어 그들의 마음을 겸손하게 하셨으니 그들이 엎드러져도 돕는 자가 없었도다"

이들이 하나님께 회개하며 부르짖을 때 구원 역사가 일어났다고 본문은 기술한다시107:13~14.

"13 이에 그들이 그 환난 중에 여호와께 부르짖으매 그들의 고통에서 구원하시되 14 흑암과 사망의 그늘에서 인도하여 내시고 그들의 얽어 맨 줄을 끊으셨도다"

다음으로 질병에 처한 경우의 원인을 시편 107편 17~18절은 다음과 같이 묘사한다.

"17 미련한 자들은 그들의 죄악의 길을 따르고 그들의 악을 범하기 때문에 고난을 받아 18 그들은 그들의 모든 음식물을 싫어하게 되어 사망의 문에 이르렀도다"

마찬가지로 이들이 하나님께 회개했을 때 하나님께서 그들에게 구원을 베푸셨다고 기술한다시107:19~20.

> "19 이에 그들이 그들의 고통 때문에 여호와께 부르짖으매 그가 그들의 고통에서 그들을 구원하시되 20 그가 그의 말씀을 보내어 그들을 고치시고 위험한 지경에서 건지시는도다"

이처럼 시편 제5권107~150편은 포로로 끌려갔던 이스라엘이 하나님께 회개하고 나올 때에 하나님의 구원과 인자하심을 경험했다고 말한다. 이런 경험 바탕 위에 포로 후기의 이스라엘 백성들은 하나님께서 열어가실 새 시대를 바라보며 계속해서 율법 묵상/실천의 삶을 살아가야 했다시119편.

## (5) 요약

시가서의 시편은 성도의 고난을 우선 죄와 연결 짓는다. 하나님과 언약 관계 가운데 있는 성도들은 날마다 율법을 묵상하고시1편 하나님 및 그분의 메시아를 의지하는 삶을 살아야 하는데시2편, 개인 또는 공동체가 이러한 삶에서 벗어날 때 하나님께서 이를 바로 잡으시기 위해 때로는 훈계하고 심지어 징계하신다는 것이다히12:5~11. 시편은 성도가 징계적 고난에서 회복되는 길은 회개하고, 다시 언약 백성의 본질인 율법 묵상/준수시1편 및 하나님을 의지하고 경외하는 삶시2편으로 돌아오는 데 있다고 말한다.

## 2. 죄와 무관한 고난

한편, 성도들이 경험하는 고난이 모두 죄로부터 기인하는 것은 아니다. 시가서 가운데 시편과 욥기는 죄와 무관한 고난을 소개하면서, 이런 상황을 성도들이 어떻게 이해하고 대처할지를 교훈한다.

### (1) 시편

시편의 전체 서론인 시편 1편과 2편은 율법을 묵상/실천하며 하나님과 그분의 메시아를 의지하는 것이 복된 삶임을 강조한다고 했다.[26] 하지만 시편이 그리는 현실은 그 약속과 사뭇 동떨어져 보이는데, 시편의 약 1/3 이상을 차지하는 탄식시 가운데 상당수는 죄와 무관한 고난을 기술하고 있기 때문이다.[27] 예를 들어, 다윗의 시가 주를 이루는 시편 제1권시1~41편 및 제2권시42~72편의 경우 절반 이상이 탄식시인데제1권 56.4%, 제2권 61.2%, 이는 신실한 다윗마저 종종 죄와 무관한 역경을 경험했음을 뜻한다.[28]

### 1) '원수', '대적', '악인'의 공격

시편 탄식시는 시인에게 억울하게 고난을 가하는 자를 '원수', '대적', '악인' 등으로 묘사하는데, 이들이 결국 성도의 고난에 결정적 원인 제공자 역할을 한다.[29] 시편의 용례를 살펴볼 때, '악인'으로 묘사되는 자들은 '하나님을 두려워

---

26. 각주 6을 참조하라.

27. 김창대, 『한 권으로 꿰뚫는 시편』, 375~376. 예를 들어, DeClaisse-Walford, Jacobson, and Tanner, *The Book of Psalms*, 27은 시편의 장르를 다음과 같이 분류한다. 제1권: 탄식시 59%, 찬양시 20% / 제2권: 탄식시 65%, 찬양시 19% / 제3권: 탄식시 47%, 찬양시 35% / 제4권: 탄식시 24%, 찬양시 29% / 제5권: 탄식시 23%, 찬양시 52%.

28. 방정열, 『새로운 시편 연구』, 165, 234.

29. 이태훈, "시편에 나오는 원수에 대하여," in 『시편 1: 어떻게 설교할 것인가』, ed. by 목회와신학 편집부 (서울:

하지 않으며 그의 심판에 대해서도 믿지 않는 자들'시10:3~4; 14:1; 64:4~6, '부와 권력을 누리는 교만한 자들'시10:5~6; 37:35, '자기의 이익을 위해서 거짓, 모함, 폭언 등 언어의 폭력을 행사하는 자들'시7:14; 10:7; 50:16~20; 58:3~4; 64:3; 109:2~5, '폭력과 살인까지 행사하며 이익을 취하는 자들'시10:8~11; 11:2; 58:4~5 등으로 기술된다.[30]

한편, '원수'와 '대적'의 경우 '시인과의 경쟁 관계에서 괴롭히는 자들'시6:10; 13:2~4; 35:19; 38:16; 42:9; 43:2; 143:3 등, '거짓말과 악담과 조롱으로 괴롭히는 자들' 시27:12; 35:11; 41:5~6; 42:10; 56:5; 71:10~11, '시인을 공격하여 무너뜨리려는 자들'시 17:9~10,11~12; 27:2; 31:11; 59:14~15 등으로 묘사된다. 때로는 이러한 '원수'와 '대적'이 '시인과 가까운 사람'으로 소개되기도 한다시35:11~16; 41:9; 55:12~14.[31]

## 2) 고난 대처법 1: 왕이신 하나님을 의지

그렇다면 시편은 신자가 '원수', '대적', '악인'의 공격에 직면할 때 어떻게 대처해야 한다고 말할까? 첫째, 온 세상의 왕이신 창조주 하나님을 의지해야 한다고 말한다. 예를 들어, 시편의 서론시1~2편 중 하나인 시편 2편은 하늘에 좌정해 계신 하나님께서 온 세상을 다스리시는 가운데, 특히 악인들과 원수들을 심판하시는 분이라고 기술한다.[32] 이는 '왕이신 하나님의 통치'가 시편의 주요 주제임을 보여준다.[33] 존 스택 역시 '위대한 왕이신 하나님'께서 시편 신학의 중심이라 말하면서 시편 1~2편의 의미를 다음과 같이 설명한다.[34]

---

두란노, 2008), 70~80. 이들은 '국가적인 대적' 또는 '개인의 대적'일 수 있다.

30. 이태훈, "시편에 나오는 원수에 대하여," 75~77. 손세훈, "시편 개인 탄원시 이해: 시인과 원수의 관계에 대한 연구," 『구약논단』 15 (2003), 65~94; 류행렬, "시편 원수 이미지의 당혹성," 『신학이해』 26 (2003), 9~29.

31. 이태훈, "시편에 나오는 원수에 대하여," 77~80.

32. 김성수, "시편의 복음과 상황: 시편 1, 2편을 중심으로," 16~19.

33. 시편 1편의 율법 묵상/준수의 상조도 결국 시편 2편이 말하는 '하나님의 통치'라는 주제에 포함된 것으로 볼 수 있다. J. Clinton McCann, A Theological Introduction to the Book of Psalms: The Psalms as Torah (Nashville, TN: Abingdon, 1993), 41; 김성수, "시편의 복음과 상황: 시편 1, 2편을 중심으로," 16~17.

34. 존 스택, 류호준 역, 『구약신학』 (서울: 솔로몬, 2000), 585~586.

하나님의 지고의 왕권이야말로 시편에 있어서 가장 근본적인 은유이자 그곳에 나타나는 신학적 개념들 중에서 가장 널리 퍼져있는 개념이다. …… 하나님의 이스라엘 선택과 이에 이어진 다윗과 시온의 선택 그리고 이와 함께 하나님의 말씀이 주어진 일은 하나님의 의로운 왕국이 반역과 악에 가득 찬 이 세상 속으로 다시 침투해 들어왔음을 의미한다. 이것은 의로운 나라와 사악한 나라들 사이, 더 깊은 차원에서는 의로운 자와 사악한 자 사이의 거대한 구분이 시작되었음을 뜻한다. 후자의 구분은 심지어 이스라엘 내부에서도 발생하는 중요한 구분이다. 결국 하나님의 이 거룩한 사업이 승리를 거둘 것이다. 인간의 교만은 낮아질 것이고, 불의한 것들은 바로잡아질 것이다. 겸손한 자에게는 온 땅이 그들의 소유로 주어질 것이고, 의롭고 평화로운 하나님의 나라는 완전한 성취를 보게 될 것이다.

결국 시편은 하나님의 나라가 승리할 것을 보여주며시2:1~12; 46:6; 76:12; 79:6; 93:1; 96:10; 110:5~6, 신자들이 원수의 어떤 공격 속에서도 왕이신 하나님을 온전히 의지할 것을 촉구한다.[35]

이런 주제는 탄식시가 주를 이루는 시편 제1권시1~41편에서도 명확히 드러난다. 시편 제1권은 몇 개의 묶음시편으로 구성되어 있는데시3~14편, 15~24편, 25~33[34]편 등, 먼저 시편 3~14편은 원수들로 인한 고난 가운데 시인이 의지할 분은 온 세상의 왕이신 '창조주 하나님'이심을 강조한다시8,14편.[36] 시편 15~24편 역시 역경 가운데 있는 신자가 율법을 묵상/실천하며시19편, 왕 되신 하나님을 의지할 때 구원을 경험할 것이라고 말한다.[37] 마지막으로 시편 25~33편 또

---

35. 김성수, "시편의 복음과 상황: 시편 1, 2편을 중심으로," 19.
36. 김성수, "시편 3~14편의 문맥 속에서 시편 8편과 14편 읽기," 『ACTS 神學과 宣敎』 9 (2005), 61~83.
37. 김성수, "여호와의 산에 오를 자 누구인가?: 문맥으로 시편 15~24편 읽기," 53~85. 또 다음을 참고하라. Philip

한 고난 속에 있는 성도가 창조세계를 다스리시는 하나님을 의지하며시29편, 특히 성전에서 하나님의 얼굴을 구할 때 도움과 구원을 경험할 것이라고 말한다.[38]

## 3) 고난 대처법 2: 변함없는 말씀 묵상/실천

이유 없는 고난 속에 있는 성도들에게 주는 시편의 두 번째 권면은, 성도가 그런 상황 가운데서도 끝까지 율법 묵상/실천에 힘써야 한다는 것이다시1,19,119편. 비록 당장은 악인들이 승승장구하고 의인이 억울한 것처럼 보여도, 결국 시편 1편의 말씀처럼 악인들은 하나님의 심판을 받게 될 것이기 때문이다.[39] 시편 73편이 이를 잘 보여준다.

> "3 이는 내가 악인의 형통함을 보고 오만한 자를 질투하였음이로다 4 그들은 죽을 때에도 고통이 없고 그 힘이 강건하며 5 사람들이 당하는 고난이 그들에게는 없고 사람들이 당하는 재앙도 그들에게는 없나니 …… 13 내가 내 마음을 깨끗하게 하며 내 손을 씻어 무죄하다 한 것이 실로 헛되도다 …… 17 하나님의 성소에 들어갈 때에야 그들의 종말을 내가 깨달았나이다 18 주께서 참으로 그들을 미끄러운 곳에 두시며 파멸에 던지시니 19 그들이 어찌하여 그리 갑자기 황폐되었는가 놀랄 정도로 그들은 전멸

---

Sumpter, "The Coherence of Psalms 15~24," *Biblica* 94/2 (2013), 186~209; William P. Brown, "'Here Comes the Sun!' The Metaphorical Theology of Psalms 15~24," in *The Composition of the Book of Psalms*, BETL 238 (Leuven, Belgium: Uitgeverij Peeters, 2010, 259~277.

38. 김성수, "문맥으로 시편 25~33편 읽기," 『구약논단』 19/2 (2013), 68~98.

39. 악인과 죄인에 대한 하나님의 보응/심판이 현세에 당장 임하기도 하고(예, 잠11:31 "보라 의인이라도 이 세상에서 보응을 받겠거든 하물며 악인과 죄인이리요"), 때로는 더디게 임하기도 한다(예, 시73:3~5 "이는 내가 악인의 형통함을 보고 오만한 자를 질투하였음이로다. 그들은 죽을 때에도 고통이 없고 그 힘이 강건하며 사람들이 당하는 고난이 그들에게는 없고 사람들이 당하는 재앙도 그들에게는 없나니"). 분명한 것은 마지막 심판 날에 악인과 죄인에 대한 완전한 보응/심판이 임한다는 점이다(단12:2~3; 요5:29; 고후5:10; 벧후2:9; 3:7). Buis, "Retribution," 105.

하였나이다"

시인은 처음에 악인이 형통해 보이는 현 상황을 이해할 수 없다고 말한다3-5
절. 율법/말씀대로 신실하게 살아가는 자신의 노력에 무슨 유익이 있나 의심하
기도 한다13절. 그러나 그가 하나님의 성소에 들어갔을 때 비로소 악인의 끝이
어떠한지를 깨닫게 된다17절. 본문은 성소에서 어떤 일이 벌어졌는지 명확히 말
해주고 있지는 않지만, 시인은 비로소 악인의 최후를 알게 되었다. 하나님의 때
에 심판이 그들에게 임한다는 사실이다18~19절.[40]

따라서 시편 73편은 당장 현실이 어렵다 할지라도 성도들은 변함없이 율법
묵상/실천에 힘써야 함을 보여준다. 성도는 결국 승리하고 악인은 심판에 이르
게 될 것이기 때문이다. 하나님을 거부하고시2편, 율법을 저버리며시1편, 성도를
괴롭히는 악인들은 결국 불행한 최후를 맞게 된다. 같은 맥락에서 이태훈은 시
편이 묘사하는 악인들의 최후를 다음과 같이 정리한다.[41]

악인은 자기가 행한 일로 인해 하나님으로부터 인과응보의 징계를 받게
될 것이다시7:15~16; 9:16~17; 34:21; 145:20. 그리고 사람들은 하나님이 의인에
게는 보상하시고 악인은 징계하셔서, 하나님이 확실히 계심을 체험하게
될 것이다시58:11; 91:8. 결국에는 악인이 행한 악이 스스로를 죽이게 된다시
34:21. 악인은 하나님의 심판 때 겨와 같이 흩어져 망하고시1:4,6, 풀과 푸른
채소처럼 말라버려 결국 끊어지게 될 것이다시37:2,20,38. 그리하여 악인들
은 부끄러움시31:17과 함께 수많은 고통을 당하게 될 것이다시32:10. 하나님

---

40. 정중호, "시편을 통해 본 인간 이해" in 『시편 1: 어떻게 설교할 것인가』, ed. by 목회와신학 편집부 (서울: 두
    란노, 2008), 86.
41. 이태훈, "시편에 나오는 원수에 대하여," 77.

이 악인의 재물을 빼앗아 가난한 자들에게 나눠 주니 악인이 이것을 보고 이를 갈게 된다시112:9~10.

### 4) 고난 대처법 3: 종말의 하나님 나라를 바라봄

까닭 없는 고난 속의 성도들에게 주는 시편의 마지막 권면은, 종말에 이루어 질 하나님 나라를 바라보며 인내하라는 것이다. 시편의 흐름을 보면 제1권에서 제5권으로 내용이 진행되는 가운데 탄식시는 줄어들고제1권: 59% → 제2권: 65% → 제3권: 47% → 제4권: 24% → 제5권: 23%, 찬양시는 급격히 증가하는 것을 볼 수 있다 제1권: 20% → 제2권: 19% → 제3권: 35% → 제4권: 29% → 제5권: 52%.[42] 특히 포로 후기를 배경으로 하는 제5권시107~150편에 찬양시의 비중이 가장 높은데, 이것은 종말에 이루어질 하나님 나라와 통치의 이상을 바라보기 때문이다.[43]

이런 시편의 거시적 흐름은, 과거 다윗 및 이스라엘 백성의 삶이 고난으로 점철되어 있었지만제1~3권, 미래는 영광스러울 것을 의미하는데제5권, 메시아를 통해 하나님 나라가 완성될 것이기 때문이다시110,118,132,144편.[44] 그 나라는 시편 1편이 말하는 율법에 '전적으로 부합한 의의 나라'요, 시편 2편이 그리는 하나 님과 그분의 메시아의 다스림에 백성들이 자발적으로 순종하는 나라이다.[45] 그 나라에는 더 이상 악인이 존재하지 않는다. 그때에 하나님께서 모든 성도의 억 울함을 신원해 주시고 그들의 눈에서 눈물을 닦아 주실 것이다. 특히 예수님 의 초림에 의해 성취되기 시작한 하나님 나라의 이상이 주님의 재림 때 온전히

---

42. 각주 27를 참고하라.

43. 김창대, 『한 권으로 꿰뚫는 시편』, 3. 14.

44. Mark D. Futato, *Interpreting the Psalms: An Exegetical Handbook* (Grand Rapids, MI: Kregel, 2007), 79~95; David M. Howard, "Recent Trends in Psalms Study," in *The Face of Old Testament Study: A Survey of Contemporary Approaches* (Grand Rapids: Baker, 1999), 332~344; 김진규, "제왕시의 전략적 위 치에서 본 시 89편: 다윗 언약은 실패한 언약인가?" 『구약논단』 15 (2009), 83~110.

45. Robertson, 『시편의 흐름』, 347.

이루어질 것을 바라보며 성도들은 현재의 고난을 기쁨으로 이겨나가야 한다.

## (2) 욥기

욥기야말로 신자가 경험하는 까닭 없는 고난의 문제를 가장 심도있게 다루며, 그 원인과 해결책을 동시에 제시하는 책이다. 욥기는 신실했던 욥에게 납득할 수 없는 극도의 고난이 임했다고 말한다. 그는 이유 없이 자신의 재산, 자녀, 건강을 한꺼번에 모두 잃었다욥1~2장. 엎친 데 덮친 격으로 욥을 찾아왔던 세 친구들은 욥을 위로하기는커녕 욥의 고난이 그의 숨겨진 죄 때문이라고 주장한다욥4~25장. 이후에 등장하는 엘리후 역시 세 친구들의 주장을 반복하며 욥을 동일하게 책망하며 정죄한다욥32~37장.[46] 이미 모든 것을 잃은 욥은욥1~2장, 친구들과 엘리후에게 교만하고 불경스러운 사람으로 낙인찍히는 이중고를 경험하게 된다.

### 1) 욥기가 말하는 고난의 배후: 사탄

욥기는 욥이 경험한 이 모든 고난의 배후에 사탄이 있음을 보여준다. 사탄은 우선 욥을 굳건히 신뢰하셨던 하나님께 도전하며 욥에게 재앙을 야기한다욥1~2장.[47] 나아가 사탄은 이어지는 세 친구 및 엘리후의 연설에도 지대한 영향을 미

---

46. 엘리후 발언의 의미와 기능에 대해서는 다음을 참고하라. 김성진, "욥기에서 엘리후 연설(욥 32~37장)의 위치와 기능," 『신학정론』 16 (2020), 34~65; Sungjin Kim, "The Identity of the Spirit in Eliphaz's Vision (Job 4:12~21) and Its Significance in Understanding the Book of Job" (Ph.D. Thesis, SBTS, 2017), 111~130. 한편, 필자와 다르게 엘리후의 주장을 세 친구들의 주장과 다르게 보는 견해는 다음을 참고하라. Seow, "Elihu's Revelation," 262~264, 268; Robert V. McCabe, "Elihu's Contribution to the Thought of the Book of Job," *DBSJ* 2 (1997), 73; Larry J. Waters, "Elihu's Theology and His View of Suffering," *BSac* 156 (1999), 158~159.

47. 욥에 대한 하나님의 신뢰에 도전했던 사탄과 그의 행위에 대해 로우리(Rowley)는 다음과 같이 진술한다. "그 [욥]는 자기 자신 그 이상의 것을 변호하기 위해 고난 받고 있었다. 그는 자신에 대한 하나님의 신뢰를 변호하고 있었다. 그는 하나님께 버림받았다기보다는 오히려 하나님으로부터 최상의 영예를 받았다." H. H. Rowley, "The Book of Job and Its Meaning," in *From Moses to Qumran* (Lutterworth, 1963), 176~177; Derek

친다욥4~25장, 32~37장. 흔히들 사탄이 욥기 서론부욥1~2장에만 잠시 등장하고 이후 이야기 전개에서는 완전히 사라진다고 생각하지만, 최근 연구들은 사탄이 사라진 것이 아니라 엘리바스의 비전욥4:12~21을 통해 세 친구 및 엘리후에게 지대한 영향을 미쳤음을 보여준다.[48]

욥이 자신의 생일을 저주한 직후욥3장, 세 친구 중 엘리바스가 가장 먼저 욥에게 대응하는데, 이때 엘리바스는 한 영spirit에게 받은 계시의 내용을 소개하며욥4:12~21, 그 비전에 근거해 욥을 죄인으로 몰아간다욥4~5장. 대부분의 주석가들은 이 영적 정체에 대해 별 언급 없이 지나가거나, 단순히 하나님 또는 천사 정도로 생각하는데, 필자는 이 영이 자신의 정체를 철저히 숨긴 욥기 1~2장의 사탄임을 여덟 가지 증거를 통해 밝힌 바 있다.[49]

사탄은 엘리바스의 비전욥4:12~21을 통해 "하나님 앞에서 인간은 불결하며 전혀 믿지 못할 존재"라는 메시지를 전한다. 놀랍게도 이 내용은 욥을 굳게 신뢰하셨던 하나님의 선포욥1:1,8; 2:3와는 정면으로 배치되고, 욥을 불신했던 사탄의 목소리를욥1:9~11; 2:4~5 그대로 반영한다. 한편, 욥에게 임한 고난의 원인을 애타게 찾고 있었던 친구들에게욥2:13 이 메시지는 욥의 고난이 그의 숨겨진 죄 때문이라 오해하게 만드는 결정적 단서가 된다.

## 2) 엘리바스의 비전욥4:12~21의 영향

문제는 엘리바스 뿐만 아니라 빌닷, 소발, 그리고 이후 엘리후마저도 엘리바

---

Kidner, 『지혜서를 어떻게 읽을 것인가?』 (The Wisdom of Proverbs, Job & Ecclesiastes, 유윤종 역, 서울: IVP, 2000), 80에서 재인용.

48. 예를 들어, 다음을 참고하라. Kim, "The Identity of the Spirit in Eliphaz's Vision (Job 4:12~21) and Its Significance in Understanding the Book of Job," 21~54. 또는 그 내용이 요약되어 있는 김성진, "욥기 해석에 있어 엘리바스 비전(욥기 4:12~21)의 중요성," 『구약논집』 13 (2018), 40~67을 참고하라.

49. 김성진, "욥기 해석에 있어 엘리바스 비전(욥기 4:12~21)의 중요성," 56~62.

스의 비전이 욥의 영적 상태에 대한 하나님의 계시요, 진단이라고 굳게 믿게 되었다는 점이다. 그들은 비전 배후에 있는 사탄을 알아채지 못했다. 따라서 그들은 대화 내내 엘리바스의 비전에 근거해 욥을 책망하고 회개하라고 타이른다.

세 친구 및 엘리후 발언에서 엘리바스의 비전의 중요성은 아래의 구조도에서 더욱 선명히 드러나는데, 그들의 연설 또는 대화의 주기가 엘리바스의 비전의 소개로 시작해 비전의 재인용으로 막을 내린다. 한 마디로 엘리바스의 비전이 전 대화 주기의 골격을 형성하고 있다.

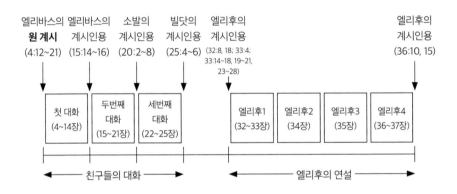

이런 욥기의 흐름 및 구조는 친구들과 엘리후가 욥을 정죄할 수 있었던 근거가 엘리바스의 비전에 있었음을 보여준다. 그들은 엘리바스의 비전을 먼저 언급한 뒤, 거기에 기초해 욥을 죄인으로 몰아갔던 것이다. 이 말은 엘리바스의 비전이 애초에 없었다면 친구들과 엘리후가 욥을 정죄할 어떤 명분도 얻지 못했을 것을 뜻한다.

## 3) 보응원리로 설명되지 않는 욥의 고난

특히 엘리바스의 비전은 친구들과 엘리후가 보응원리retribution principle의 잣대로 욥을 정죄할 수 있는 길을 마련해 주었다. 보응원리에 따르면 하나님께서는 신실한 자에게 복을, 그렇지 않고 죄와 불순종 가운데 있는 자에게는 벌을 가하신다. 엘리바스의 비전이 내린 욥에 대한 어두운 진단은 결국 친구들과 엘리후가 욥의 무고한 고난을 철저히 보응원리의 틀로 해석하도록 이끌었다. 욥은 억울하게 고난을 당했는데, 세 친구와 엘리후는 오히려 보응원리를 따라 욥에게 숨겨진 죄가 있기 때문에 하나님께서 그를 징벌하셨다고 주장했다. 세 친구 및 엘리후의 연설 패턴을 보면, 먼저 엘리바스의 비전을 소개하고 곧바로 보응원리를 욥에게 적용한다.[50]

| 대화/연설 | 엘리바스의 비전 | 보응원리 |
|---|---|---|
| 엘리바스의 첫 대화(4~5장) | 4:12~21 | 4:7~11; 5:1~16 |
| 엘리바스의 두 번째 대화 (15장) | 15:14~16 | 15:17~35 |
| 소발의 두 번째 대화 (20장) | 20:2~8 | 20:4~29 |
| 빌닷의 세 번째 대화 (25장) | 25:4~6 | 25:2~3 |
| 엘리후의 두 번째 연설 (34장) | 34:7~9 | 34:10~30(33) |

문제는 욥의 고난이 보응원리로 전혀 설명되지 않는다는 점이다. 욥은 하나님께서 인정하시는 의인이었다. 그리고 그에게 고난이 임한 이유는 오히려 그의 신실함 때문이었다. 하지만 세 친구와 엘리후는 사탄의 은밀한 계략에 넘어가 욥의 고난을 보응원리로 잘못 진단했다. 그의 고난을 엉뚱하게도 죄와 연결시켰다.

욥기는 이러한 플롯 설정을 통해 보응원리로 설명되지 않는, 다시 말해 죄

---

50. Kim, "The Identity of the Spirit in Eliphaz's Vision (Job 4:12~21) and Its Significance in Understanding the Book of Job," 214.

와 무관한 고난을 다루는 것을 주 목적으로 한다. 이런 의미에서 욥기를 잠언과 비교할 필요가 있다. 잠언은 하나님의 통치 원리로서 보응원리를 강조하는 대표적인 책이다에, "악인의 집에는 여호와의 저주가 있거니와 의인의 집에는 복이 있느니라"(잠 3:33). 한편, 욥기는 잠언의 보응원리를 보충/보완하는 것을 목표로 한다. 잠언의 보응원리는 진리이지만, 현실 세계에서 보응원리가 즉각 구현되지 않는 상황에 대해서는 추가적인 설명이 필요하다. 예를 들어, 신실한 욥이 억울하게 고난당한 문제나, 악인들이 득세하는 듯한 상황의 문제욥21:7~13는 욥기가 다루어 주어야 할 영역이다.

결국 욥기는 보응원리와 관련하여 하나님의 개입 시점을 알 수 없다고 가르친다. 특히 욥기 구조의 중심부에 위치하면서 신학적 센터 역할을 하는 욥기 28장이 이를 잘 보여준다.[51] 욥기 28장은 하나님께서 악인을 심판하시고 의인을 신원/위로하여 주시는 시점은 인간 이해의 영역 밖이라고 말한다. 하나님께서는 인간이 결코 헤아릴 수 없는 지혜로 악과 고난의 문제를 다스리시기에롬11:33, 성도의 바람직한 자세란 비록 현 상황이 다 이해되지 않더라도 하나님의 완전한 통치를 신뢰하고, 하나님의 심판/신원의 때를 기다리는 것이라고 말한다욥 28장.[52] 결국 하나님의 때에, 잠언의 가르침대로 하나님께서는 신실한 자들과 악한 자들을 선악 간에 심판하실 것이다.

---

51. 게렛(Garrett)은 욥기의 구조를 다음과 같이 제시한다. Garrett, "Job," 2.
　　A. 욥의 고난 (1~2장)
　　　B. 욥이 자신의 생일을 저주함 (3장)
　　　　C. 세 번의 대화 (4~27장)
　　　　　D. 지혜는 어디서 찾을 수 있나? (28장)
　　　　C'. 세 번의 발언 (29~41장)
　　　B'. 욥이 세 친구들을 위해 중보함 (42:7~9)
　　A'. 욥의 회복/번영 (42:10~17)
52. 예를 들어, 성도들은 주님께서 다시 속히 오셔서 악인들을 심판해 주시길 간구하나, 베드로후서 3장 9절은 하나님께서 모든 사람이 멸망하지 않고 다 회개에 이르기를 원하시기에 참고 기다리신다고 기술한다.

## 4) 고난의 문제에 대한 하나님의 해결책

특히 욥기는 까닭 없는 고난의 배후에 사탄이 있음을 지목한다. 그럼 하나님께서는 이 모든 혼돈을 초래한 악한 사탄을 언제 어떻게 심판하실까? 욥기 38~41장은 하나님께서 신현 가운데 욥에게 하신 말씀을 담고 있는데, 특히 욥기 40~41장에서 하나님께서는 '베헤모스'욥40:6~24와 '리워야단'욥41:1~34을 언급하시면서, 이들이야말로 하나님의 창조세계를 혼돈에 빠뜨리는 악의 세력이라고 규명하신다.

베헤모스와 리워야단의 정체에 대해 다양한 논의가 있었는데,[53] 최근 연구들은 리워야단이 사탄임을,[54] 그리고 베헤모스는 악한 세상 권력을 상징하는 '짐승'임을 보여준다.[55] 특히 게렛D. A. Garrett은 욥기가 지혜서면서 다니엘서와 요한계시록과 같은 묵시문학임을 열한 가지 공유되는 특성을 통해 입증한 바 있다.[56] 그의 연구에 따라, 욥기 40장, 다니엘 7장, 요한계시록 11장의 '짐승베헤모

---

53. René A. López, "The Meaning of 'Behemoth' and 'Leviathan' in Job," *Bibliotheca Sacra* 173 (2016), 401~424.

54. 예를 들어, Duane A. Garrett, "Job," in *The Problem of the Old Testament* (Downers Grove, IL: InterVarsity, forthcoming), 57~63; López, "The Meaning of 'Behemoth' and 'Leviathan' in Job," 401~424; Elmer B. Smick, "Another Look at the Mythological Elements in the Book of Job," *WTJ* 40/2 (1978), 227; John C. L. Gibson, "On Evil in the Book of Job," in *Ascribe to the Lord: Biblical & Other Studies in Memory of Peter C. Craigie*, JSOTSup 67 (Sheffield: Sheffield Academic, 1988), 402~409, 417~418; Robert S. Fyall, *Now My Eyes Have Seen You: Images of Creation and Evil in the Book of Job*, NSBT 17 (Downers Grove, IL: InterVarsity Press, 2002), 157~172; Eric Ortlund, "The Identity of Leviathan and the Meaning of the Book of Job," *TJ* 34/1 (2013), 17~30.

55. Garrett, "Job," 57, 62.

56. 그 내용을 요약하면 다음과 같다. 첫째, "다니엘서와 요한계시록은 두 관점, 즉 '땅의 관점'(악의 명백한 승리)과 '하늘의 관점'(하나님께서 뜻하신 목적을 위해 인간사를 다스리심)으로 사건들을 보여준다. 마찬가지로, 욥기 1~2, 38~41장은 '악과 고통'에 대한 '하늘의 관점'을 설명하는 반면, 대화 부분은 욥의 고통에 대한 땅의 관점을 보여준다." 둘째, "하늘의 메신저들이 등장인물 또는 핵심 인물에게 깊은 비밀을 드러낸다"(다니엘서: 천사들이 '다니엘을 위한 환상'을 해석, 요한계시록: 사도가 "하늘로 들려올라가 환상을 보고" 천사로부터 해석을 들음). 욥기 38~41장에서, 욥은 "직접 하나님께로부터 긴 메시지를 받는다." 셋째, 묵시문학은 "이 땅의 갈등 이면에는 하늘의 영적 세력 간의 갈등이 있다고 주장한다."(단10:13, 계12장, 욥1~2장) 넷째, 다니엘 12장 1~3절과 요한계시록 20장 11절~21장 1절처럼, 세상의 종말에는 종종 세상의 대재앙적 역창조와 새로운 세계 창조가 포함

스'은 성도를 괴롭히고 핍박하는 악한 세상 권력으로, 욥기 41장, 다니엘 7장 6절, 요한계시록 12장의 '리워야단/붉은 용'은 짐승베헤모스 위에 군림하는 사탄으로 각각 해석할 수 있다.[57] 이런 측면에서 욥기-다니엘-요한계시록은 같은 묵시문학으로서, 악한 짐승/사탄의 공격, 성도의 고난과 인내, 그리고 하나님의 심판 등의 주제를 함께 공유하고 있다.[58]

특히 욥기 41장 1, 8~12절에서 하나님께서는 사탄리워야단의 정체와 계교를

---

된다. 욥은 "자신의 생일을 저주함으로써 자신이 출생하지 않았어야 한다고 말한다(욥3장)"(역참조). 하지만 그가 하나님과 만났을 때에는 재창조를 경험하였다. 다섯째, 다니엘서와 요한계시록은 "특별한 숫자들, 특히 3과 7"을 다룬다. 예) 다니엘서: '세 의인'(3장), '다니엘이 하루에 세 번 기도함'(6:10), '곰의 입에 세 갈비뼈'(7:5), '작은 뿔 앞에서 뽑힌 세 뿔'(7:8), '다니엘이 3주간 슬퍼하고 금식함'(10:2~3), '느부갓네살의 일곱 때'(4:16,23), '일곱 때의 종말론적 연대표'(9:24) 등 / 요한계시록: '일곱 교회', '일곱 촛대', '일곱 별', '일곱 인', '일곱 뿔과 일곱 눈을 가진 어린 양', '인류 3분의 1을 죽이는 세 전염병과 세 천사'(8:13, 9:18) 등 / 이와 유사하게, 욥기도 숫자 3과 7을 다룬다. 욥기는 "일곱 아들과 세 딸로 시작하고 마침(1:2, 42:13), 세 친구들이 찾아와 고통 받는 영웅을 위로함(2:11), 대화가 시작되기 전, 7일 동안 침묵 속에 앉아있음, 대화가 세 주기로 이루어짐(욥3~27장), 욥은 마지막 변론에서, 자신이 짓지 않은 14가지(7의 2배) 죄를 나열함, 하나님께서 세 친구를 꾸짖으신 후 욥이 그들을 중보하며 일곱 소와 일곱 양의 제사를 드림(42:8)." 여섯째, "종말론적 문학은 하늘 계시의 의미를 해독하기가 얼마나 어려운지 인정하며, 독자들이 이를 보다 깊이 이해하도록 이끈다"(예, 계13:18 "지혜가 여기 있으니 총명한 자는 그 짐승의 수를 세어 보라", 단12:10 "오직 지혜 있는 자는 깨달으리라"). "욥기에서는 엘리후가 잘못된 의견을 쏟아내기보다 입을 닫고 계시를 기다려야 하는 자로 나오며(욥28장), 따라서 욥의 독자들은 자신의 무지함을 인정하고 침묵해야 함을 보여준다." 일곱째, "묵시문학은 환상적 또는 가공된 동물들이 상징으로 등장한다"(예, "단7장의 네 짐승, 단8장의 숫양과 염소, 요한계시록의 이상한 짐승들"). 욥기에서는 하나님께서 '들짐승들'(38:39~39:30), '두 개의 환상적인 짐승들, 베헤모스와 리워야단'(40:15~41:34)에 대해 말씀하신다. 여덟째, "묵시문학은 송영적인 휴지부를 넣어, 갈등의 긴장을 깨고 신의 개입이 곧 시작될 것을 알리는 신호로 사용한다"(예, 단6:26~27과 계19:1~10의 '조서'). 욥기에서는 "28장이 두 대화 묶음 사이의 휴지부 역할을 한다." 아홉째, "다니엘서와 요한계시록에서, 하나님이 개입하실 때 '왕들의 권력'이나 '짐승들'의 지배가 끝난다"(단2:44~45, 7:9~14, 계19:11~21). "욥기에서 신적 개입은 '거대한 신학적 논쟁'을 종식시키고, 베헤모스와 리워야단의 최후 죽음을 선포한다." 열째, "묵시문학은 신자들이 궁극적으로 사탄이 주는 극심한 고난 가운데 인내하도록 격려한다." "욥기 1~2장도 욥이 고난에 쓰러지고 하나님을 거부할 경우 사탄이 승리하게 된다는 욥기의 기본 주제를 보여준다." 열한째, "묵시문학은 신실한 신자가 더없는 복을 받게 된다고 결론짓는다"(단12장, 계21~22장). 유사하게, 욥기는 "명예와 부와 많은 자녀를 다시 회복한 영웅으로 마친다." Garrett, "Job," 9~11. *Job*, Shepherd's Notes (TN, Nashville: Holman, 1998), 8~10.

57. Garrett, "Job," 57, 62.

58. 특히 욥기는 이들 묵시문헌들 가운데 '초기 형태(a nascent form of apocalypse)'의 묵시문헌이라 볼 수 있다. T. J. Johnson, *Now My Eye Sees You: Unveiling an Apocalyptic Job*, HBM 24 (Sheffield: Sheffield Phoenix Press, 2009), 105.

폭로하시며 그에 대한 심판을 선포하신다.[59] 구체적으로 욥의 고난 및 엘리바스 비전의 배후에는 사탄이 있었음을, 그리고 사탄이 하나님 앞에 나와 욥이 범죄할 것이라 도전했지만욥1-2장, 그 주장이 모두 거짓으로 판명됐음을 말씀하신다. 하나님께서는 이 교만한 사탄을 가만히 내버려두지 않고 심판하실 것이라 단언하신다.[60]

하나님의 말씀은 욥의 억울함과 그동안의 오해를 풀기에 충분했다. 욥은 하나님께서 자신에게 이유 없이 고난을 가하셨고, 그것도 모자라 엘리바스의 비전을 통해 자신을 정죄하신다고 생각했다욥7:13-14. 하지만 자신의 모든 역경의 배후에는 하나님이 아닌 사탄이 있었고, 하나님께서 자신 편에 서 계신다는 사실을 알게 되면서 큰 위로를 경험한다. 비록 언제 어떻게 사탄을 심판하실지 하나님께서 명확히 말씀해 주지 않으셨지만, 욥은 하나님의 통치를 온전히 신뢰

59. 욥기 41장 1절, 8-12절의 번역이 매우 어려운데, 필자와 게렛(D. A. Garrett)은 하나님의 말씀이 앞선 문맥의 특정 발언 또는 사건을 지칭하고 계실 것이라는 점에 착안하여 욥기 앞뒤 문맥에 충실한 번역을 최초로 시도하였다. "41:1 네가 낚시로 리워야단(לִוְיָתָן)을 끌어낼 수 있겠느냐?(참고. לִוְיָתָן은 욥기 내에서 3장 8절과 본 절에서만 사용됨.) 41:8 네 손을 그것에게 얹어 보라. 다시는 전쟁(מִלְחָמָה)을 생각지 못하리라(참조. מִלְחָמָה은 하나님 말씀[38~41장] 밖에서는 5장 20절에서만 사용됨. 5장 20절에서 엘리바스는 욥의 곤경을 [우회적으로] '전쟁'이라 표현했는데, 하나님께서는 41장 8절에서 욥의 역경의 배후에는 사탄의 공격이 있음을 드러내심.) 41:9 보라! 그(=리워야단)의 소망이 거짓됨이 드러났도다. 또한, 그(=리워야단)의 형상(מַרְאֶה)으로 인해 (네가) 압도되지 않았느냐?(참조. מַרְאֶה는 욥기 내에서 4장 16절과 41장 9절에만 등장. 4장 16절은 엘리바스의 비전의 내용 일부로서 '형상'은 곧 '영적 존재'를 지칭함.) 41:10 죽어가는 사람(אַכְזָר)은 그(=리워야단)를 일깨워서는 아니되느니라(אַכְזָר는 욥기 내에서 30장 19절과 41장 9절에만 등장하는데, 30장 21절에서 אַכְזָר은 욥을 지칭함). 그가 무엇이길래 감히 내 앞에 서느냐?(יצב)(참조. יצב[서다]는 1장 6절, 2장 1절에 사용된 단어로 사탄이 하나님에 앞에 나와 섰던 사건을 가리킴.) 41:11 그가 무엇이길래 나에게 도전하고, 내가 응답해야 하느냐? 하늘 아래 있는 모든 것은 다 내 것이니라. 41:12 나는 그의 교만한 말들과 권력에 대한 주장과 스스로를 높이는 이 모든 것들에 대해 침묵하지 않으리라." 자세한 주해적 논의는 다음을 참고하라. Kim, "The Identity of the Spirit in Eliphaz's Vision (Job 4:12~21) and Its Significance in Understanding the Book of Job," 205~208. 또 다음을 참고하라. D. J. A. Clines, Job 38~42, WBC, vol. 18B (Nashville: Thomas Nelson, 2011), 1160~1163; Garrett, "Job," 58~61; Fyall, Now My Eyes Have Seen You, 158~162; Henry Rowold, "Mī hū' - Lī hū': Leviathan and Job in Job 41:2~3," JBL 105/ 1 (1986), 104~109.

60. Kim, "The Identity of the Spirit in Eliphaz's Vision (Job 4:12~21) and Its Significance in Understanding the Book of Job," 205~208.

하며 인내 가운데 나아갈 수 있게 되었다.

## 5) 욥의 위로

이런 맥락에서 욥기 42장 6절"그러므로 내가 스스로 거두어들이고 티끌과 재 가운데에
서 회개하나이다"[개역개정]을 욥의 회개 본문으로 보기는 어려울 것 같다. 한글 및
영어 성경이 '회개'로 번역한 נחם니함은 '생각을 바꾸다' 또는 '위로 받다'의 의
미로 모두 번역할 수 있다. 특히 '생각을 바꾸다'는 의미는 일반적으로 관용구
על + נחם로 표기하는데, 욥기 42장 6절 히브리어 본문의 마소라 엑센트는 아
트낙athnach을 통해 נחם과 על을 분리시켜 관용구'생각을 바꾸다'로 읽지 말고 '위
로 받다'로 번역하라고 안내한다. 탈굼과 페시타 역본도 마소라 엑센트를 따라
'위로 받다'로 읽고 있다.

뿐만 아니라, 욥기 내에 נחם이 7회욥2:11, 7:13, 16:2, 21:34, 29:25, 42:6, 42:11 그리고
נחם의 파생명사가 3회욥6:10, 15:11; 21:2 등장하는데, 42장 6절을 제외한 나머지
9회의 용례는 모두 '위로 받다'이다. 더욱이 위의 용례에서 욥이 '위로' 받기를
갈구하고 있는 상황인데, 하나님을 만난 직후 그가 '위로' 받았다고 보는 것이
문맥상 더 적합하다.[61] 따라서 욥기 42장 6절의 더 정확한 번역 및 의미는 "제가
전에 했던 말들을 취소합니다. 비록 제가 '티끌과 재'와 같은 처참한 상황에 처
했지만, (하나님의 말씀을 듣고) 큰 위로를 얻었습니다."이다.[62]

---

61. Thomas Krüger, "Did Job Repent?," in *Das Buch Hiob und seine Interpretationen: Beiträge zum Hiob-Symposium auf dem Monte Verità vom 14.19. August 2005*, ATANT 88 (Zürich: Theologische Verlag Zürich, 2007), 223~224; I. Willi-Plein, "Hiobs Widerruf?-Eine Untersuchung der Wurzel נחם und ihrer Erzähltechnischen Funktion im Hiobbuch," in *Sprache als Schlüssel: Gesammelte Aufsätze zum Alten Testament* (Neukirchen-Vluyn, Germany: Neukirchener, 2002), 135ff; Daniel J. O'Connor, "Job's Final Word - I Am Consoled ⋯ (42:6b)," *ITQ* 50/2-4 (1983), 181~197.

62. Kim, "The Identity of the Spirit in Eliphaz's Vision (Job 4:12~21) and Its Significance in Understanding the Book of Job," 182~187. 욥기 42장 6절과 관련된 다양한 해석적 논의는 다음을 참고하라. Kenneth A. Cherney, "Did Job 'Repent'? (42:6)," *WLQ* 109/2 (2012), 132~137; Krüer, "Did Job Repent?," 217~229; Dale Patrick,

이런 의미에서 욥기는 '위로의 책'이라 할 수 있다. 욥기는 우리 역시 욥처럼 죄와 무관한, 까닭 없는 고난에 봉착할 수 있음을 보여준다. 믿음을 지키며 말씀대로 살아가지만, 고난과 핍박, 심지어 순교를 경험할 수 있다는 것이다. 특히 다니엘서와 요한계시록과의 연관성 속에서, 욥기는 성도의 고난 이면에 역사하는 '사탄리워야단'과 그의 추종세력인 '짐승베헤모스'이 있음을 보여준다. 그럼에도 불구하고 우리는 욥기를 통해 '위로' 받게 되는데, 하나님께서 우리의 수고를 다 아시고, 하나님의 완벽한 때에 악한 사탄을 심판하시고, 우리를 신원/위로해 주실 것이기 때문이다.

## 6) 고난의 문제에 대한 최종 승리: 십자가 사건

놀라운 사실은 예수님의 십자가 사건이 고난의 차원을 뛰어넘는, 사탄의 권세를 깨뜨리시는 결정적 사건이 되었다는 점이다골2:15, 히2:14, 계12:7-12. 욥기에서 하나님은 언제 어떻게 사탄리워야단을 심판하실지 명시하지 않으셨다. 욥은 아무것도 모른 채, 그저 인내하며 하나님의 때를 기다려야만 했다. 한편, 후대의 우리는 십자가 사건이야말로 하나님께서 욥기에서 약속하신 사탄에 대한 심판 사건임을 보게 된다. 하나님께서는 욥과 성도들의 고난의 문제를 해결하시기 위해 친히 십자가 죽음의 길을 걸어가셨다.

비록 사탄은 지금도 그 남은 힘으로 계속 활동하며 성도와 교회를 미혹하고 핍박하고 있지만, 욥기-다니엘-요한계시록은 우리가 낙심하지 말 것을 촉구한다. 하나님의 때에, 즉 주님의 재림 때에, 사탄의 영원한 심판과 성도의 온전한

---

"Translation of Job 42:6," *VT* 26/3 (1976), 369~371. Garrett, "Job," 63~66; Peter F. Lockwood, "God's Speech from the Whirlwind: The Transformation of Job Through the Renewal of His Mind (Job 38~42)," *LTJ* 45/3 (2011), 179~180; Andrew Prideaux, "The Repentance of Job in 42:1~6: Another Look at a Perplexing Text," *RTR* 70/1 (2011), 26~36.

회복과 위로가 임할 것이기 때문이다.[63] 우리는 욥처럼, 비록 그때가 언제가 될지는 잘 모르지만, 계속 인내하며 신실하게 믿음의 경주를 이어가야 할 것이다.

## 7) 요약

시가서의 시편과 욥기는 죄와 무관한 성도의 고난을 소개한다. 신실한 성도들도 때로는 사탄과 그의 추종 세력들악한 세상 권력, 악인들에 의해 까닭 없는 고난을 경험할 수 있다. 시편과 욥기는 이런 상황 속에서도 결코 낙심하지 말라고 권면한다. 왜냐하면 하나님의 심판의 날이 반드시 올 것이기 때문이다. 따라서 우리는 하나님의 완전한 통치를 신뢰하며 계속해서 하나님 앞에서 신실하게 살아가야 한다시1~2편. 하나님께서 사탄과 악한 자들을 심판하시고, 우리를 신원/위로하여 주시는 영광스러운 날이 곧 도래할 것이다.

# 3. 설교를 위한 제언

시편과 욥기를 통해 성도의 고난이 죄로부터 파생했거나 죄와 무관할 수 있음을 살펴보았다. 이런 의미에서 고난을 설교할 때는 두 가지 상황을 따로 분리해서 설교할 필요가 있다.

먼저 죄로 인한 고난의 문제를 다룰 때는, 성도는 하나님의 언약 백성으로서 날마다 율법/말씀을 묵상하고시1편, 하나님을 의지하는 삶을 살아야 할 의무가 있음을 강조해야 한다시2편. 성도가 이런 삶에서 벗어날 때는 하나님께서 개입

---

63. 베드로후서 3장 9절은 주님의 재림이 지체되는 이유를 다음과 같이 설명한다. "주의 약속은 어떤 이들이 더디다고 생각하는 것 같이 더딘 것이 아니라 오직 주께서는 너희를 대하여 오래 참으사 아무도 멸망하지 아니하고 다 회개하기에 이르기를 원하시느니라."

하셔서 교훈하시거나 심지어 징계를 가하실 수 있다히12:5-11. 이미 징계적 고난 가운데 있는 성도는 회개 가운데 율법/말씀 묵상 및 실천의 삶시1편, 그리고 하나님을 의지하고 경외하는 삶시2편으로 돌아와야 한다.

다음으로 죄와 무관한 성도의 고난을 다루는 경우인데, 이런 유의 고난의 배후에는 사탄과 그의 추종 세력들악한 세상 권력, 악인들이 있음을 주지시켜야 한다. 예수님의 초림시 그분의 죽음과 부활로 사탄은 이미 패배했지만, 사탄은 그 남은 힘으로 계속 활동하며 성도와 교회를 미혹하고 핍박하고 있다. 그럼에도 불구하고 성도들은 낙심하지 말고 인내해야 하는데, 하나님의 심판의 날이 반드시 올 것이기 때문이다. 그때 하나님께서는 우리 눈에서 모든 눈물을 닦아 주실 것이다. 따라서 어떤 고난에 처하게 될지라도 (심지어 순교의 상황에 직면하게 될지라도), 성도들은 하나님의 온전한 통치를 신뢰하며 계속해서 신실한 믿음으로 전진해야 한다.

한 가지 분명한 것은 어떤 유의 고난이든, 고난이 우리에게 주는 유익은 분명하다는 점이다. 고난은 우리를 더욱 성숙하게 한다. 자신이 아닌 하나님만을 의지하게 한다. 또 기도의 자리로 나아가 하나님을 깊이 만나고 교제하게 한다. 마지막으로 주님의 재림을 고대하며, 천국의 위로와 상급을 바라보게 만든다. 이런 의미에서 고난은 오히려 우리에게 복이 될 수 있다. 따라서 어떤 고난 속에서도 항상 기뻐하고 범사에 감사하고 쉬지 말고 기도하는 삶을 영위해야 할 것이다.

## 〈설교 개요〉

### 욥의 순전한 믿음: 욥기 1장

서론: 욥이 고난 가운데 어떻게 반응했는지를 살피며, 하나님께서 칭찬하신 욥의 '순전한 믿음'에 대해 고찰하자.

요지: "욥은 모든 것을 잃은 상황 속에서도 하나님을 온전히 신뢰하며 감사/찬양을 올려드렸는데, 이것이 바로 하나님께서 인정하시는 '순전한 믿음'의 모습이다."

첫째, 욥은 하나님께서 인정하시는 신실한 믿음을 가진 자였다.

둘째, 욥은 사탄의 공격 가운데 모든 재산과 자녀를 한꺼번에 잃는 극심한 고난을 경험한다.

셋째, 그럼에도 불구하고 욥은 하나님의 기대처럼, 하나님을 온전히 신뢰하며 감사/찬양의 자리로 나아갔다.

결론: 우리 역시 기쁠 때나 슬플 때나 하나님의 인도하심을 신뢰하며 감사할 줄 아는 '순전한 믿음'을 가져야 한다.

최윤갑

이 글은 선지서에 나타난 고난의 유형과 신학적 의미를 살핀 후, 그것을 어떻게 설교할지 조망하는 데 목적이 있다. 고난은 땅에서 숨을 쉬며 생존하는 모든 인생에게 피할 수 없는 실존의 한 부분이다. 고난은 다양한 형태, 범위, 원인, 그리고 영향력을 가지고 찾아온다. 예를 들어, 질병, 사고, 꿈과 희망의 좌절, 실패, 외로움, 관계의 단절, 죽음, 그리고 국가의 재난과 파멸 등으로 말미암아 크고 다양한 종류의 고난이 찾아온다. 물론 고난은 하나님을 믿는 성도에게도 예외는 아니다. 오히려 고난이란 주제는 그리스도인에게 더욱 크고 어려운 삶의 문제로 다가온다. 현실 속에서 부딪히는 고난과 함께, 그 배후에 있는 고난의 원인, 책임, 인간의 죄성, 그리고 하나님의 성품 등과 같은 이슈가 그를 더욱 혼란스럽게 만들기 때문이다. 그래서 고난은 기독교 역사에서 설교자와 성도에게 가장 중요한 주제 중 하나였다.[1] 옥한흠 목사는 『고통을 다루시는 하나님의 손길』이라는 책의 서문에서 "고통을 이해하지 못하는 사람은 강단에서 설교를 하지 말아야 할 것이다."라고 설파하였다.[2] 즉 설교자는 성도의 여정에 필연적으로 따르는 고난의 의미와 중요성을 깊이 있게 이해한 후 설교해야

---

1. 이승진, "고난과 하나님의 섭리에 관한 설교," 『복음과 실천신학』 35 (2015), 252.
2. 옥한흠, 『고통을 다루시는 하나님의 손길』 (서울: 두란노, 1987), 3.

한다는 것이다.

그런데 고난의 주제로 설교하기란 생각만큼 쉽지 않다. 왜냐하면 "고난이 발생하는 배경이나 원인도 천차만별 다양하고, 그토록 다양한 원인과 배경을 지닌 고난에 관한 신학적인 처방이나 신자들의 대처 방안도 천차만별 다양하기 때문이다."[3] 그럼에도 불구하고 만약 설교자가 성경의 올바른 가르침에 기초하여 고난의 신학적 의미와 가르침을 제공한다면, 고난 가운데 있는 성도는 신앙의 성숙과 함께 마음의 위로와 그것을 이겨낼 지혜와 용기를 발견하게 될 것이다. 필자는 이 글을 통해 선지서에 나타난 고난의 종류와 범위, 원인, 결과, 그리고 배후에 있는 하나님의 섭리를 살피고, 그 고난을 어떻게 설교해야 할지 살피도록 하겠다.

## 1. 선지서에 나타난 고난의 용어 & 정의

이 단락에서는 구약성경, 특히 선지서에서 고난을 묘사하는 용어들이 무엇이고, 그것들의 뉘앙스가 어떤지 살피겠다. 그리고 이 과정을 통해 선지서에 나타난 고난의 언어와 종류, 원인 등을 간략하게 알아보도록 하겠다.

선지서에서는 대략 네 개의 단어들이 개인과 민족의 고난을 표현하는데, צוק 차밥과 לחץ 라하츠, דכא 다카, 그리고 כאב 카압이다. 먼저, 히필 사역형 동사로서 '고통을 주다, 곤고하게 하다, 괴롭게 하다, 학대하다'라는 뜻을 지닌 צוק은 선지서에서 고난을 표현하는 대표적인 단어이다사8:22~23; 26:16; 29:2,7; 3:6; 49:20; 51:13; 렘 19:9; 단9:25; 습1:15.[4] 이사야 29장 2절과 7절에서 צוק은 열강의 군사적 침략에 의

---

3. 이승진, "고난과 하나님의 섭리에 관한 설교," 253.

4. Lamberty-Zielinski, "צוק," *TDOT*, Vol 12, 301~306.

해 예루살렘이 겪게 될 국가적인 고난과 침탈을 함의한다. 예레미야 19장 9절에서는 하나님께서 바벨론의 침략을 통해 배교와 우상숭배로 범죄한 유다에게 내리실 국가적인 재앙과 징벌을 묘사한다. 그것은 성안의 사람들이 그들의 자녀들과 친구들의 살을 먹게 될 정도로 처참한 고난과 재앙이다. 스바냐 1장 15절에서 이 단어는 '여호와의 날'에 범죄한 유다를 향해 분노하신 하나님께서 예루살렘을 파멸케 하시는 국가적인 재앙과 환란의 고난을 나타낸다.[5] 반면, 이사야 9장 1절에서 צוק은 수동 분사형으로 사용되어 '고통당하는 자'를 묘사한다참고, 욥36:16; 37:10.

둘째, לחץ는 아모스 6장 14절에서 범죄한 이스라엘이 앗시리아에 의해 침략당하고 학대받는 모습을 표현하는 데 사용된다.[6] 예레미야 30장 20절에서 이단어는 바벨론의 포로생활에서 이스라엘 백성들이 겪은 국가적인 수난과 억압, 학대를 묘사하는 데 사용되었다. 따라서 לחץ는 열강의 침략으로 이스라엘 백성들이 외적으로 경험한 국가적인 학대와 고난을 내포한다.

셋째, 구약성경의 시적인 표현에만 주로 사용된 דכא는 어떤 사물을 '으깨다, 짓이기다, 갈다, 부스다'를 의미한다.[7] 대표적으로, 이사야 53장 5절과 10절에서 דכא는 장래의 메시아가 백성의 죄악을 사하기 위해 영적, 육체적으로 상하고 고난당하는 것을 보여준다. 이사야 3장 15절에서는 백성의 고관들이 가난한 자를 마치 맷돌로 얼굴을 갈아 뭉개듯이 짓밟는 모습을 표현하는 데 사용된다참고, 애3:34; 시72:4; 94:5. 한 걸음 더 나아가, 예레미야 44장 10절에서 이 단어는 고난으로 인해 백성들이 갖게 된 마음의 낮아짐과 겸손을 표현하는 데도 사용되었다. 그러므로 דכא는 외적인 고난보다는 개인의 내적이고 심적인 고난을

---

5. Zielinski, "צוק," 305.
6. Reindl, "לחץ," *TDOT*, Vol 7, 529~533.
7. W.R. Domeris, "דכא," *NIDOTTE*, Vol 1, 943~946.

묘사하는 용어라 하겠다.

끝으로, כאב은 어떤 사건이나 행동을 통해 백성들과 개인이 겪는 고통과 아픔을 묘사한다.[8] 이사야 53장 3절에서 כאב은 메시아가 백성의 허물과 죄를 대속하기 위해 겪는 대속적인 아픔과 고난을 의미한다. 반면, 예레미야 45장 3절에서는 의인 바룩이 당하는 영적 고통과 슬픔을 표현한다. 한편, 예레미야 30장 15절과 예레미야 애가 1장 12절과 18절에서 כאב은 범죄와 우상숭배로 인해 하나님께서 이스라엘과 유다에 내리시는 고난과 재앙을 함의하기도 한다.

이상의 분석과 관찰에서, 우리는 선지서에 나타난 고난을 크게 두 가지 관점에서 설명할 수 있다. 먼저, 고난의 '정의'와 관련해서, 선지서에서 고난은 어떤 사건과 행위를 통해 당사자나 공동체국가가 겪는 심리적, 사회적, 그리고 영적인 아픔과 낮아짐, 고통을 내포한다. 군사적 침략이나 전쟁과 같은 재난은 공동체로 하여금 자녀의 살을 먹게 하는 등 흉악한 행동을 야기했다. 아울러 어떤 이는 고난을 통해 영혼의 낮아짐과 겸손을 이루기도 했다. 둘째, 고난의 '범주'와 관련해서, 선지서에서 고난은 다시 두 가지 범주로 나뉘는데, 하나는 국가적인 재난이고, 다른 하나는 개인적인 고난이다. 선지서는 많은 분량을 할애하여 이스라엘과 유다가 겪을 국가적인 고난을 예언이나 예언의 성취라는 형태로 다룬다. 이런 국가적인 고난은 하나님의 심판의 일환으로서 언약 공동체가 열강의 침략에 의해 겪었던 재난을 의미한다. 선지서는 또한 백성의 죄를 사하기 위해 메시아가 겪었던 고난과 악한 백성들에 의해 선지자나 무명의 의인들이 겪었던 고난을 상세히 다루기도 한다. 그러므로 선지서에서 고난이란 한 개인이나 국가가 겪었던 삶의 억압과 학대, 탄압, 고통을 의미하고, 그것은 영혼의 낮아짐과 겸손뿐 아니라 정서적 슬픔을 동반하는 것이다.

---

8. Mosis, "כאב," *TDOT*, Vol 7, 7~12.

## 2. 선지서에 나타난 고난의 유형들

선지서는 어떤 유형의 고난을 다루고 있는가? 그 고난의 원인은 무엇이고, 또한 그 결과는 무엇인가? 우리는 선지서에 나타난 고난을 세 가지 유형으로 정리할 수 있다. 첫째, 국가적 고난, 둘째, 의인의 고난, 그리고 셋째, 메시아의 고난이다. 아래에서는 각각의 고난의 유형을 살핀 후, 그 고난의 원인과 결과를 살피도록 하겠다.

### (1) 국가적 고난

마빈 A. 스위니Marvin A. Sweeney는 선지서의 메시지가 크게 다음과 같은 삼중 구도에 맞추어 전개된다고 주장하였다. 첫째, 이스라엘/유다에 대한 심판, 둘째, 열방에 대한 심판, 그리고 셋째, 이스라엘/유다와 열방에 대한 약속이다.[9] 비슷한 맥락에서 반게메렌Willem A VanGemeren은 "선지자들은 심판과 회복에 있어 여호와의 위대한 행위를 말하면서, 여호와와 그의 약속들을 모세의 해석에만 국한시켰던 전통적인 신학의 경계를 넓혀 나갔다."라고 설명하였다.[10] 즉 선지자들은 하나님과의 언약 관계를 저버린 언약 백성들이 겪을 임박한 하나님의 심판을 주된 메시지로 선포하였다는 것이다. 그 심판은 분명히 그들에게 유례없는 고난과 아픔을 초래하였다. 그럼 선지자들은 이스라엘과 유다를 향해 어떤 심판을 선포하였는가? 그 고난을 통해 하나님께서는 그들에게 어떤 변화와 섭리를 성취하였는가?

---

9. Marvin A. Sweeney, 『예언서』 (*The Prophetic Literature*, 홍국평 역, 서울: 대한기독교서회, 2018), 45.
10. William A VanGemeren, 『예언서 연구』 (*Interpreting the Prophetic Word*, 김의원·이명철 역, 서울: 도서출판 엠마오, 1996), 90.

## 1) 국가적인 고난의 유형

여기서는 선지서에 나타난 국가적인 고난을 크게 두 가지로 나누어 고찰한다. 첫째, '국가적인 고난에 관한 예언들: 주전 8세기의 선지자들', 둘째, '국가적인 고난의 성취와 해석: 주전 7세기 말과 6세기 초의 선지자들'이다.

### ① 국가적인 고난에 관한 예언들: 주전 8세기의 선지자들

주전 8세기는 앗시리아가 고대 근동의 약소국들을 다스리던 시대이다. 따라서 그 당시 선지자들아모스, 호세아, 미가, 이사야은 앗시리아와의 국가적인 관계 속에서 하나님의 심판과 백성의 고난을 선포하였다. 그들은 언약 공동체 속에 만연했던 불의와 부정, 타락, 퇴폐, 우상숭배, 억압, 폭력 등을 까발렸다. 그리고 하나님과의 언약 관계를 깨트리는 이와 같은 삶의 양식과 행동들이 그들을 돌이킬 수 없는 국가적인 재난과 고난으로 몰고 간다고 선포하였다.

선지자들의 심판 예언을 조금 더 상세히 살펴보자. 최초의 문서 선지자인 아모스는 대적에 의한 침략이 곧 도래할 것이고암3:11; 6:14, 그것을 통해 이스라엘이 죽음을 맞이할 것이라고 예언하였다. 아모스 5장 1~2절에서 그는 장송곡a funeral song 형식을 빌려 이스라엘의 죽음을 애도한다.[11]

> "이스라엘 족속아 내가 너희에게 대하여 애가로 지은 이 말을 들으라
> 처녀 이스라엘이 엎드러졌음이여 다시 일어나지 못하리로다
> 자기 땅에 던지움이여 일으킬 자 없으리로다"

처녀와 젊은이가 다음 세대를 이을 자녀가 없이 요절하는 것은 고대 사회에

---

11. Donald E Gowen, 『구약 예언서 신학』(*Theology of the Prophetic Books*, 차준희 역, 서울: 대한기독교서회, 2017), 72~73.

서 가장 큰 슬픔의 감정을 조성하였고, 심리적, 물리적 고통을 자아냈다.[12] 과거 애굽의 장자를 치셨던 하나님께서 이제 이스라엘을 심판하시기 위해 언약 백성의 자녀를 치실 것이다암5:16~17; 8:9~10. 이것은 이스라엘에 임할 국가적인 죽음을 의미한다.

호세아 또한 9장에서 이스라엘의 죽음을 선언한다. "보라 저희가 멸망을 피하여 갈지라도 애굽은 저희를 모으고 놉은 저희를 장사하리라"6절. 그는 장차 이스라엘이 경험할 하나님의 심판을 더욱 구체적이고 잔인한 언어로 묘사한다. "사마리아가 그들의 하나님을 배반하였으므로 형벌을 당하여 칼에 엎드러질 것이요 그 어린 아이는 부서뜨려지며 아이 밴 여인은 배가 갈라지리라"호13:16. 결국 이러한 심판으로 인해 그들은 열국에서 유리하는 포로의 신세에 놓일 것이다. "저희가 듣지 아니하므로 내 하나님이 저희를 버리시리니 저희가 열국 가운데 유리하는 자가 되리라"호9:17. 언약 공동체에 무엇이 잘못되었는지를 깊이 성찰했던 호세아는 아모스보다 더욱 강한 어조로 심판은 필연적이며, 피할 수 없는 국가적인 운명임을 피력하였다.[13]

미가와 이사야는 남왕국 유다의 종말을 예언하였다. 미가는 유다 역시 앗시리아의 군사적 위협아래 놓여 있음을 직시하였고, 북왕국의 내부적 범죄와 실상이 남왕국 유다에서도 그대로 자행되고 있음을 간파하였다. 그래서 미가 또한 아모스와 호세아에 의해 적용되었던 국가적인 죽음을 유다에게도 예언하였다. "이러므로 너희로 인하여 시온은 밭같이 갊을 당하고 예루살렘은 무더기가 되고 성전의 산은 수풀의 놉은 곳과 같게 되리라"미3:12. 그는 국가적인 고난으로 성읍들이 파괴되는 것을 피할 수 없다고 외쳤다미5:14.

앞선 선지자들과의 연속선상에서 이사야는 임박한 유다의 심판과 종말을 선

---

12. Gowen, 『구약 예언서 신학』, 73.
13. Gowen, 『구약 예언서 신학』, 112.

포하였다. 아모스처럼 그도 장송곡을 불렀다.

> "슬프다 범죄한 나라요 허물 진 백성이요 행악의 종자요
> 행위가 부패한 자식이로다
> 그들이 여호와를 버리며 이스라엘의 거룩하신 이를
> 만홀히 여겨 멀리하고 물러갔도다
> 너희가 어찌하여 매를 더 맞으려고 패역을 거듭하느냐
> 온 머리는 병들었고 온 마음은 피곤하였으며
> 발바닥에서 머리까지 성한 곳이 없이
> 상한 것과 터진 것과 새로 맞은 흔적뿐이거늘
> 그것을 짜며 싸매며 기름으로 부드럽게 함을 받지 못하였도다
> 너희의 땅은 황폐하였고 너희의 성읍들은 불에 탔고
> 너희의 토지는 너희 목전에서 이방인에게 삼켜졌으며
> 이방인에게 파괴됨 같이 황폐하였고"사1:4~7; 참조. 사1:21~23

이사야는 죽음과 관련된 직접적인 단어와 상징을 사용하지는 않았다. 하지만 그는 고대 근동의 대표적인 문학 양식인 장송곡을 빌어 범죄한 유다의 임박한 죽음을 전달하였다. 이사야 6장에 기술된 이사야의 소명 기사는 유다 공동체가 받을 임박한 국가적인 파멸과 고난을 더욱 구체적으로 예견한다. "주께서 대답하시되 성읍들은 황폐하여 주민이 없으며 가옥들에는 사람이 없고 이 토지는 황폐하게 되며 여호와께서 사람들을 멀리 옮기셔서 이 땅 가운데에 황폐한 곳이 많을 때까지니라"사6:11~12. 불법을 행하고, 가난한 자를 불공평하게 판결하며, 과부를 토색하는 자들은 포로된 자 아래에 구푸리며, 죽임을 당한 자 아래에 엎드러질 것이다사10:1~4; 참조, 사28~33장.

주전 8세기의 선지자들은 이스라엘과 유다가 겪게 될 국가적인 고난을 그들의 죽음으로 묘사하였다. 죽음보다 더 큰 고난과 고통이 있을까? 장차 언약 공동체가 겪게 될 고난은 죽음과 같이 엄중하고 무서운 것이었다!

### ② 국가적인 고난의 성취와 해석: 주전 7세기 말과 6세기 초의 선지자들

주전 701년 앗시리아 왕 산헤립의 침공 이후, 반세기 이상 유다는 평화의 시대를 누렸다. 하지만 스바냐와 그 이후 예레미야와 에스겔의 예언 활동을 통해 백성들은 유다와 예루살렘에 들이닥칠 국가적인 고난과 아픔을 다시 듣게 되었다.

이 시대의 선지자들이 외쳤던 국가적인 재난과 고난을 상세히 살펴보자. 스바냐는 그 동안 중단되었던 심판 메시지를 시작한 첫 번째 예언자이다. 그는 유다에 곧 들이닥칠 '여호와의 날,' 즉 유례없는 심판의 날을 선포하였다습1:17~18. 초기의 예언자들처럼 하나님의 심판으로 인한 국가적인 죽음은 스바냐에게서도 중심된 주제이다.[14] 그 죽음의 날에 잔치는 애곡으로, 빛은 어둠으로 변할 것이다습1:7~18.

예레미야는 예루살렘의 멸망을 실제로 경험하였기 때문에 이전의 그 어떤 선지자보다 전쟁으로 인한 백성의 고난과 아픔을 생생하게 묘사하였다.

"슬프고 아프다 내 마음속이 아프고

내 마음이 답답하여 잠잠할 수 없으니

이는 나의 심령이 나팔소리와 전쟁의 경보를 들음이로다

패망에 패망이 연속하여 온 땅이 탈취를 당하니

---

14. Gowen, 『구약 예언서 신학』, 199.

나의 천막은 홀연히 파멸되며 나의 휘장은

갑자기 열파되도다"렘4:19~20.


그는 전체 예레미야서에 전쟁으로 인한 백성의 아픔, 비참함, 그리고 탄식을 생생하게 전달하였다렘2:14~15; 4:16~18; 8:18~19; 9:17~19,21; 12:7; 19:8~9. 한 걸음 더 나아가, 그는 "유다 왕국의 종말을 예견하는 데 강조점을 두기보다는 왕국의 수치 당함과 황폐됨에 대한 애도에 더 많은 강조점"을 두었다.[15] 이런 맥락에서 탄원 또는 탄식은 예레미야서의 주된 문학양식이다. 그는 백성의 운명을 내다보며 탄식할 뿐만 아니라, 백성을 향한 하나님의 아픔을 공감하면서도 탄식하였다렘8:18~9:1. 하나님께서는 국가적인 파멸과 고난가운데 그분의 백성과 함께 아파하시고, 슬퍼하셨다.[16] 예레미야는 언약 백성을 향한 하나님의 신적인 고통을 묘사한 선지자이다.

에스겔은 그의 생애에 다양한 국제 상황의 변화를 경험하였다. 곧 앗시리아의 쇠퇴와 패망, 바벨론의 급부상, 열강에 의한 유다의 파멸과 지배, 그리고 유다의 바벨론 유수 등이다.[17] 이전의 선지자들과 달리, 에스겔은 바벨론의 침략에 의한 유다의 처참한 파멸을 직접 경험하였다. 이전의 선지자들이 이스라엘과 유다에 임할 국가적인 고난을 예언하는 데 집중하였다면, 에스겔은 유다에 임한 국가적인 재난의 신학적 이유와 바벨론의 포로생활 이면에 있는 하나님의 섭리를 변증적으로 설명하는 데 집중하였다. 그는 백성들의 질문에 이전의 선지자들이 할 수 없었던 탁월한 방식으로 대답하였다. 그는 세 가지 신학적 주

---

15. Gowen, 『구약 예언서 신학』, 244.

16. Abraham Joshua Heschel, 『예언자들』 (*The Prophets*, 이현주 역, 서울: 삼인, 2017), 189; Gowen, 『구약 예언서 신학』, 251.

17. VanGemeren, 『예언서 연구』, 562.

제를 사용해 그들의 질문에 대답하였다성전, 하나님의 영광과 임재, 거룩. 에스겔서는 하나님의 영광스러운 임재가 성전을 떠남으로 시작되어겔1~24장 그분의 백성 가운데 하나님의 영광스러운 임재의 재개로 끝난다겔33~48장. 가증한 행위와 우상숭배를 일삼았던 유다는 부정한 백성이었다. 거룩하신 하나님께서는 부정한 백성과 함께 머물 수 없으셨기 때문에 그들을 떠나셔야만 했다. 이것이 예루살렘을 향한 하나님의 보호가 사라지고, 그들이 바벨론의 침략으로 국가적인 재난을 당한 근본적인 이유였다겔10:1~22; 11:21~25. 하나님의 부재不在로 그들은 포로 생활이라는 죽음에 놓이게 되었다. 그는 또한 하나님의 영광스러운 임재와 함께 언약 백성들이 경험할 공동체의 부활과 새 창조를 묘사한다겔36~37장.[18] 바벨론의 포로생활이라는 국가적인 고난 가운데 에스겔은 독창적인 방식으로 이전의 심판 예언들을 재해석할 뿐 아니라, 포로기 이후의 세대가 추구할 그들의 새 창조를 제시하였다겔48:35.

이 시대의 선지자들은 선대의 선지자들과 달리 국가적인 파멸과 바벨론의 포로생활을 실제로 겪어야만 했다. 이것은 분명 언약 백성에게 임한 국가적인 고난이었다. 따라서 이 시대의 선지자들은 국가적인 고난과 그 이면에 있는 하나님의 계획백성의 새 창조을 제시하는 데 집중한다.

## 2) 국가적인 고난의 원인과 결과

그렇다면 이스라엘과 유다에 임한 국가적인 고난의 원인은 무엇인가? 선지자들은 언약 공동체의 범죄 때문에 국가적인 재앙과 고난이 그들에게 임했다고 지적한다. 각각 다른 시대와 역사적 상황 속에 살았지만, 그들은 공통적으로 하나님의 백성들이 언약의 주권자이신 하나님을 대항해 가증스러운 범죄를

---

18 Gowen, 『구약 예언서 신학』, 236.

행했으며, 따라서 그것에서 돌이키지 않으면 하나님의 심판을 피하지 못할 것이라고 선언하였다. 즉, 국가적인 고난은 언약관계의 협약을 배신한 언약 파기자들에게 임한 하나님의 심판과 형벌이라는 것이었다신4:25~28; 8:19~20; 11:26~28; 28:47~48, 64~68. 다시 말해, 이 모든 고난과 슬픔의 원인은 하나님과의 언약관계를 깨트린 그들의 가증스러운 범죄와 우상숭배에 기인한다는 것이었다암2:2~8; 3:1~11; 6:4~7; 8:4~6; 호1:4; 4:2; 6:8~9; 미2:2~9; 6:10~12; 사1:21~28; 5:1~7; 습2:13~15; 렘7:1~7, 16~26; 겔5:1~11; 6:1~10; 9:9~11. 과거에 그들은 하나님께 땅을 선물로 받았지만, 이제 그들은 강제로 그 땅에서 쫓겨나게 되었다. 그들은 국가적인 죽음을 맞이하게 된 것이다.

이상의 설명에서 우리는 선지서에 묘사된 국가적인 고난과 백성의 행함에 뚜렷한 인과율이 있음을 발견할 수 있다. 언약 백성의 고통은 그들이 행한 죄악의 직접적인 결과이다. 고통은 그들의 범죄에 대한 하나님의 엄중한 심판이다. 켄트 리치몬드Kent Richmond는 이와 같은 고난을 죄에 대한 하나님의 징벌로 해석하였다.[19] 이승진은 당사자나 국가의 범죄에 대한 하나님의 심판에 기인한 고난을 '징벌적 고난'이라고 칭하였다.[20] 이런 고난의 모델에 따르면, "하나

---

19. Kent Richmond, *Preaching to Sufferers: God and the Problem of Pain* (Navshville: Abingdon Press, 1988), 37~56. Kent Richmond는 교회가 전통적으로 고난을 신학적으로 해명해 온 여섯 가지 대표적인 입장으로서 죄에 대한 하나님의 징벌로부터 시작해, 악의 이원론적인 구조로 이루어진 이 세상에서 사탄과 악마의 개입에 의한 결과물, 인간에게 허락된 자유의지의 남용의 결과, 진리를 깨닫는 도구, 영적인 성품이나 믿음의 연단과 훈련의 도구, 그리고 쉽게 이해할 수 없는 하나님의 신비를 제시하였다. Eric Vossen & Johannes van der Ven은 고난을 ① 징벌의 모델(the retaliation model), ② 계획 모델(the plan model), ③ 치료 모델(the therapy model), ④ 동정 모델(the compassion model), ⑤ 대속적인 고난 모델(the vicarious model), ⑥ 신비 모델(the mystical model)로 분류하였다. 이와 관련해 다음의 글을 참조하라. Eric Vossen & Johannes van der Ven, *Suffering: Why for God's Sake?: Pastoral Research in Theodicy* (Kampen: J.H. Kok Publishing House, 1995), 17~19.

20. 이승진은 설교자들을 위한 분류로서 고난을 다음과 같이 여섯 가지로 분류하였다. ① 징벌적인 고난의 모델, ② 계획 모델, ③ 교육적인 고난의 모델, ④ 대속적인 고난 모델, ⑤ 신비적인 합일 모델, ⑥ 종말론적인 전망 모델. 이에 관해서는 다음의 글을 참조하라. 이승진, "고난과 하나님의 섭리에 관한 설교," 265~276.

님의 속성은 주로 인간의 죄악을 절대적으로 배격하는 초월적인 측면이 강조되며, 하나님의 선하심이나 사랑도 죄악에 대한 징벌을 통해서 죄인을 정화하는 목적 아래"에서 이해된다.[21]

끝으로 이스라엘과 유다가 경험한 국가적인 고난은 어떤 결과를 초래하였는가? 국가적인 파멸과 그 이후 포로생활로 말미암아 언약 백성들은 정화와 연단, 새 창조의 과정을 겪었다. 선지자들은 그런 고난 가운데 있는 백성들에게 국가적인 파멸과 몰락의 이유뿐만 아니라, 그 고난에 담긴 하나님의 섭리와 의도, 그리고 그 이후 하나님께서 행하실 회복과 새 창조를 제시하였다. 그들의 신학적 해석을 통해 포로생활 가운데서 백성들은 삶을 돌이키고 정화의 과정을 겪을 수 있었다. 그들은 예전에 깨닫지 못했던 하나님과 그분의 말씀을 깨닫고 새롭게 순종하게 되었다. 고웬은 포로생활의 고난 이후 언약 공동체에 일어난 변화를 아래와 같이 설명한다.

하나님은 근동에서의 새로운 제국 건설자들앗시리아, 이어서 바빌로니아, 페르시아의 성장과 더불어, 종말을 통해 새로운 일을 행하기로 작정하셨다. …… 유다의 멸망을 통해 하나님은 새로운 백성을 일으키셨다. 그들은 포로기 이전 그들의 선조들이 거의 이해하지 못했던 하나님에 대해 이해하게 되었고, 그들의 선조들이 결코 이르지 못했던 범위까지 하나님의 뜻에 순종하고자 스스로 결단하였다.[22]

언약 백성들은 고난을 통해 우상숭배를 버리고 하나님의 말씀에 새롭게 순종하는 새로운 공동체로 탄생되었다. 물론 설교자는 성도들이 겪는 모든 고난

21. 이승진, "고난과 하나님의 섭리에 관한 설교," 267.
22. Gowen, 『구약 예언서 신학』, 41~42.

을 죄악의 결과로 치부하는 실수를 범해서는 안 된다. 하지만 선지서를 통해서 볼 때, 설교자는 죄악의 결과로 인한 고난과 그 이면에 놓인 하나님의 계획과 섭리를 잘 다룰 수 있어야 한다.

### (2) 의인의 고난

선지서에서는 의인들이 당하는 고난도 발견되는데, 그들 중 한 그룹은 언약 공동체에 하나님의 신탁을 전달하였던 선지자들이고, 다른 한 그룹은 무명의 의인들이다. 그럼 그들은 어떤 유형의 고난을 당하였는가? 그들이 당한 고난은 어떤 결과를 가져왔는가?

### 1) 의인의 고난의 유형

선지서에 등장하는 의인들의 고난은 크게 두 가지 형태로 나뉘는데, 첫째는 선지자들의 고난이고, 둘째는 무명 의인의 고난이다.

#### ① 선지자들의 고난

선지자들은 어떤 상황에서 고난을 당하였는가? 먼저, 선지자들은 맡겨진 사역말씀 선포을 감당하면서 고난을 당하였다. 곧 하나님의 계획과 뜻을 언약 공동체에 전달하고 가르치면서 고난을 당하였다. 당시 소위 하나님의 백성들은 의롭고 거룩하였는가? 그렇지 않다. 이사야서는 언약 백성들이 하나님을 만홀히 여기고 행위가 부패하다고 고발하였다사1:4. 예레미야는 그들이 악한 마음의 꾀와 완악한 대로 행하였다고 꼬집어 말하였고렘7:24, 에스겔은 얼굴이 뻔뻔하고 마음이 굳은 백성들에게 말씀을 전하였다겔2:4. 잠언은 거만한 자를 징계하는 자는 능욕을 받고, 악인을 책망하는 자는 도리어 흠을 잡힐 수 있기 때문에, 그런 자들을 가르치고 책망하는 것을 금한다잠9:7~8. 하지만 선지자들은 이런 완악하고 거만한 자들에게 심판과 회개의 말씀을 전해야만 했다. 그러면 그들의 반응은 어떠했을까? 그들은 하나님의 선지자를 거짓 선지자라고 비난하고암 10:10~17, 따돌리고, 활동을 금하였다렘33:1; 38:1~6. 심지어 아나돗 사람들은 예레미야를 죽이려고까지 했다렘11:18~23. 아마샤는 아모스가 왕을 모반한다며 공적으로 그를 매장시켰다암8:10~17. 이와 같이 선지자들은 언약 백성을 향한 하나님의 계획과 뜻을 전하는 가운데서 그들로부터 고난과 멸시를 받았다.

다음으로, 선지자들은 상징적인 행동을 하면서 고난을 당하였다. 예를 들어, 이사야는 삼년 동안 벗은 몸과 벗은 발로 시내를 돌아다니며, 애굽과 그 나라를 의지한 유다가 겪게 될 포로의 재난을 보여 주었다사20장. 고대 사회에서 이것은 더 없이 큰 수치와 고난이었다. 예레미야 또한 결혼을 금지 당하였고, 자녀를 가질 수 없었다렘16:2. 그는 잔치에도 참여할 수 없었다렘16:8. 누군가 결혼을 하지 못하고 자녀를 갖지 못하는 것은 자신의 미래를 부정하는 것과 같은 것이기에, 그것은 예레미야에게 가혹한 고난과 저주가 아닐 수 없었다. 에스겔은 아내가 죽어도 슬퍼할 수 없었고겔24:16~18, 호세아는 부정한 여인과 결혼해야만 했다호1:1~11. 선지자들은 이런 상징적인 행동들을 통해 언약 백성에게 하나님의 계획과 뜻을 전달하였다. 비록 선지자들이 하나님의 말씀의 확실성과 강력함에 근거해 그런 수치와 모욕을 인내했을지라도, 어쨌든 그들은 상징적인 행동을 하면서 수치와 모욕을 견뎌야만 했다.

## ② 무명 의인의 고난

선지서는 또한 악인들에 의해 고난당하는 무명의 의인들을 다룬다. 사실 시편은 악인들로 인해 고난당한 의인들을 자세히 소개한다. 시편에서 의인은 '율법을 묵상하는 자'1:2, '여호와께서 인정하시는 자'1:6, '야훼를 경외하는 자'34:7,9, '성도들'34:9; 37:28, '(야훼의) 종들'34:22, '온유한 자'곤고한 자, 34:2,6; 37:11,

그리고 '마음이 상한 자' 혹은 '낙심한 사람들'34:18이다. 반면에 악인은 '오만하고 악을 꾀하는 자'1:1~3, '의인을 미워하고 핍박하는 자'35:21; 37:12,14, '악을 행하는 자'37:9,14, '여호와의 심판을 견디지 못하는 자'1:5, 그리고 '멸망 받을 자'1:6; 37:9~10,17,20로 표현된다. 시편 1편은 "악인들의 가치관과 삶의 방식을 거부하고 그것들과 철저히 분리된 삶"을 살아가는 자들을 의인이라 묘사한다.[23] 악인들은 그들의 악한 꾀와 오만함에 동참하지 않는 그러한 의인들을 핍박한다. 그런데 의인들은 고난의 와중에도 율법의 가르침을 따라 '선'과 '평화'를 행하며, 하나님을 찾고, 하나님께 도움을 얻는다34:8,10,14,22; 37:3,9,40.[24]

이사야 56장 9절부터 57장 2절은 신앙 공동체에서 고난 받는 의인들의 모습을 생생하게 묘사한다. 이사야 56장 9~12절에 따르면, 악인들은 공동체의 파수꾼이었지만, 결국 탐욕과 방탕에 사로잡혀 의인들을 착취하였다. 그들은 자신의 이익과 탐욕을 채우기 위해 의인들을 괴롭히고, 심지어 그들을 죽음으로까지 내몰았다사56:10~57:2; 시37:14. 의인들이 죽음을 당하는데도, 그들을 마음에 두는 자들이 없었다사57:1. 국가적인 고난의 경우와는 달리, 의인들은 죄가 없었음에도 불구하고 악인들에 의해 고난과 아픔을 겪어야 했다.

고난 가운데 의인들이 보여준 반응이 눈에 띈다. 그들은 악인들과 맞서 싸우지 않고, 오히려 불의와 악함으로 고통당하는 공동체를 위해 기도한다사59:9~15; 63:15~19. 의인들은 하나님의 공동체 안에서 자행되는 불법과 불의를 보며 탄식하였다. "우리가 곰 같이 부르짖으며 비둘기 같이 슬피 울며 정의를 바라나 없고 구원을 바라나 우리에게서 멀도다 …… 우리의 죄가 우리를 쳐서 증언하오니 이는 우리의 허물이 우리와 함께 있음이니라"사59:11~12. 한 걸음 더 나아가 하나님께서 공동체 가운데 다시 임하셔서, 그분의 열정과 행함으로 그들을 불의

---

23. 김상기, "시편 1편의 구조적 이해: 의인의 복과 악인의 멸망," 『성경 원문 연구』 32 (2013), 65.
24. 김성수, "시편 34~37편 문맥 속에서 시편 37편 읽기," 『장신논단』 50 (2018), 30.

함에서 건지시고, 새로운 공동체로 회복시키실 것을 간구하였다. "여호와여 어찌하여 우리로 주의 길에서 떠나게 하시며 우리의 마음을 완고하게 하사 주를 경외하지 않게 하시나이까 원하건대 주의 종들 곧 주의 기업인 지파들을 위하사 돌아오시옵소서"사63:17. 언약 공동체 안에서 버젓이 자행되었던 죄악과 불의는 의인들에게 외적인 아픔보다 더욱 큰 고통과 괴로움이었다. 그래서 그들은 탄식에만 머물러 있을 수 없었다. 하나님의 신적인 개입과 공동체의 새로운 창조를 위해 중보 기도해야만 했던 것이다.

## 2) 의인의 고난의 원인과 결과

의인들이 고난을 당하는 원인은 무엇인가? 앞서 보았듯이, 의인들은 자신들의 죄 때문에 고난당한 것이 아니라, 오히려 하나님의 원대한 계획과 뜻을 이루는 과정에서 고난을 겪었다. 먼저 선지자들은 하나님의 신탁과 회개를 백성들에게 전하면서 고난을 당하였다. 선지자들은 임박한 하나님의 심판과 회개를 선포할 때, 오히려 감금을 당하고 고난을 당하였다. 다음으로, 무명의 의인들은 악을 꾀하였던 악인들과 분리된 삶을 살았기 때문에, 악인들의 공격과 미움의 대상이 되었다. 악인들의 불의함과 광포 때문에 의인들이 무고히 고난을 당한 것이었다.

고난 모델의 분석에 따르면, 의인들이 당한 고난은 무죄한 자들이 겪은 '계획적 고난의 모델plan model'에 속한다. 즉, "현재 당하는 고난을 당사자의 죄악과 직접 결부시킬 수도 없고 또 당장 이해할 수조차 없지만, 선하신 하나님의 섭리 안에서 나중에 궁극적으로 나타날 선한 계획이 그 고난의 저변에 깔려 있어서 그 궁극적인 의미와 목적은 마지막 날에 반드시 드러날 것이다."[25] 다시

---

25. 이승진, "고난과 하나님의 섭리에 관한 설교," 269.

말해, 선지자들과 의인들은 고난을 통해 연단되고 더욱 성숙하게 되는 것이다.

　결과적으로, 의인들은 고난 가운데서도 언약 백성들을 향한 하나님의 계획과 목적을 성취하였다. 의인들은 그들을 괴롭히는 악인들과 맞서 싸우지 않았다. 오히려 선지자들은 하나님의 영의 충만한 가운데서 백성이 듣든지 아니 듣든지 말씀을 전하며 사명을 감당하는 데 집중하였다사48:16 이하. 무명의 의인들은 하나님께서 그 불의한 공동체를 고치시고 그들을 신원하시길 기도할 때, 하나님께서 그들을 불의에서 건지시고 영광스럽게 회복하시는 것을 목격하였다사59:16~21 이하; 겔40~48장. 의인의 간구는 역사하는 힘이 크다약5:16. 의인들이 탄식 가운데 기도할 때, 하나님께서는 친히 공동체에 임하셔서 그들을 신원하실 뿐만 아니라 그들에게 구원과 공의, 영광을 허락하신다사59:16~21; 참조 사61~62장. 우리는 이러한 선지자들과 무명의 의인들에게서 모세가 보여주었던 중보자의 모습과 사역을 발견하게 된다. 모세는 하나님께 반역한 백성들을 향한 진노를 돌이키시고 그들의 죄를 사하여 주실 것을 간구하였다출32:11~12,30~35. 모세는 그의 중보자적인 사역을 통해 백성들을 변호했을 뿐만 아니라 구속사의 흐름 속에서 그들을 향한 하나님의 계획을 성취하였다. 마찬가지로 선지자들과 의인들 역시 고난 가운데서 악인들을 위해 기도하고 고독한 사역을 감당함으로써, 공동체를 향한 하나님의 신탁을 전달하고, 구속사에서 그들을 향한 하나님의 목적을 성취했던 것이다.

## (3) 메시아의 고난

　마지막으로 우리는 선지서를 통해 메시아의 고난을 엿볼 수 있다.[26] 구약성

---

26. 구약성경에서 '메시아(meꞋṣîaḥ)'는 일반적으로 '기름부음 받은 자'를 의미하고, 하나님께서 맡기신 특별한 임무와 사역을 감당하는 기름부음 받은 자를 일컫는 용어이다. 구약성경에서 메시아라는 단어는 총 39번 등장하고, 성경의 역사에서 메시아는 중요한 신학적 의미와 사상을 함의한 용어로 발전하였다. 로즈(W. H. Rose)에

경에서 메시아는 종종 언약 백성들을 통치하는 미래의 왕의 모습으로 등장한다 사7:14; 9:1~5; 단7:9~10; 미5:2. 그러나 이사야 52장 13절에서 53장 12절까지는 백성의 죄를 사하기 위해 고난당하는 종으로서의 메시아를 소개한다. 과연 종으로서의 메시아는 어떤 고난을 겪었고, 그것의 원인과 결과는 무엇인가?

## 1) 메시아의 대속적인 고난

이사야 49~55장은 고난 받는 종과 그의 사역을 상세하게 묘사한다. 이사야 49장 4절에서 그 종은 "내가 헛되이 수고하였으며 무익하게 공연히 내 힘을 다하였다"라고 말하며, 자신의 사역에 열매가 없음을 탄식한다. 이사야 50장 4~9절에서 이 종의 고난은 한층 더 극심한 지경에 이른다. "나를 때리는 자들에게 내 등을 맡기며 나의 수염을 뽑는 자들에게 나의 뺨을 맞기며 모욕과 침 뱉음을 당하여도 내 얼굴을 가리지 아니하였느니라." 이사야 53장에서 종의 사역과 고난은 그 절정에 도달한다. 3절에서 "그는 멸시를 받아 사람들에게 버림을 받았으며, 간고를 많이 겪었으며, 질고를 아는 자"이다. 간고는 히브리어로 מכאבות마카보트인데, 주로 극심한 아픔, 고난, 그리고 통증을 의미한다. 반면, 질

---

따르면, 고유명사로서 '메시아'는 "하나님께 보냄 받은 미래의 왕적 인물로서, 그는 하나님의 백성과 세상에 구원을 가져다주고, 나아가 평화와 정의로 특징지어지는 왕국을 세운다." 구약에서 메시아는 반드시 미래의 왕적 인물에게만 국한된 것이 아니고, 다양한 인물이나 이미지와도 연결되어 등장한다. 싹(사4:2), 줄기 또는 가지(사11:1), 다윗의 후손(사11:1~5), 하나님의 종(사42:1~4, 49:1~5). 특별히 메시아는 절망, 고난, 그리고 포로생활 가운데 있었던 하나님의 백성들에게 미래의 구원과 위로, 종말론적 새 창조에 대한 소망을 불러일으켰다. 구약성경에 나타난 메시아와 그것에 관한 신학사상에 대해서는 아래의 자료를 참조하라. W. H. Rose, "Messiah," in *Dictionary of the Old Testament: Pentateuch*, ed. by, T. D. Alexander and D. W. Baker (Downers Grove: IVP Academic, 2002), 566; Sigmund Mowinckel, *He that cometh: The Messiah Concept in the Old Testament & Later Judaism*. tr by G. W. Anderson (Grand Rapids: William B. Eerdmans Publishing Company, 2005); R. E. Clements, "The Messianic Hope in the Old Testament," *JSOT* 43 (1989), 3~19; George Dahl, "The Messianic Expectation in the Psalter," *JBL* 57 (1938), 1~12; Michael Rydelnik, *The Messianic Hope: Is the Hebrew Bible Really Messianic?* (Nashville: B&H Publishing House, 2010); W. C. Kaiser, Jr, *The Messiah in the Old Testament* (Grand Rapids: Zondervan Academic, 1995).

고는 חלי홀리인데, 일반적으로 심각한 고통, 질병, 그리고 그것으로 인한 깊은 슬픔을 의미한다. 5절에 의하면, 그는 죄가 없음에도 불구하고, 백성의 죄와 허물을 대신 사하고자 상함과 찔림을 받는다. 이희성에 따르면, 이 종의 고난과 사역은 아래와 같이 독특하다.

> 종의 사역은 대리적 고난을 통한 대속의 사역이다53:4~6. 자신의 고난을 통해 다른 사람들의 죄를 용서하고 대속하는 사역은 지금까지 소개된 종들에게서는 전혀 찾아 볼 수 없었던 사역이다. 이는 52장 13절부터 53장 12절에서 소개하는 고난의 종의 독특한 사역이다. 역사적으로 이사야나 그 어떤 선지자들도 이와 같은 역할을 하지는 못했다.[27]

이사야 53장에 나타난 종은 백성의 죄 사함과 회복을 위해 자발적으로 대속의 고난과 죽음을 당하였다. 다시 말해 그는 메시아로서 백성의 죄와 허물을 사하기 위해 고난과 희생을 담당한 것이었다.

한 걸음 더 나아가 이사야 53장 10절은 이 메시아의 고난과 사역을 자신을 하나님께 '속건제물'로 바치는 것으로 설명한다. 속건제는 히브리어로 אשם아샴인데, 레위기에서 이 제사는 죄의 사죄, 보상, 또는 속함Atonement을 가져오는 제사이다. 즉, 메시아는 백성의 죄와 허물을 사하기 위해 한 마리 흠 없는 어린 양으로서 백성의 고난과 상함, 아픔, 슬픔을 사하기 위해 고난을 당한 것이었다 사53:6~7. 하나님께 자신을 속건제로 바침으로써, 그는 백성이 의도적으로 지은 죄뿐만 아니라 부지중에 지은 죄도 사하는 대속의 사역을 담당하였다. 자신의 생명과 피 흘림으로써 하나님을 향한 그들의 죄의 값도 온전히 지불한 것이다.

---

27. 이희성, "이사야 40~66장에 나타난 종의 교회론적 해석," 『신학지남』 84 (2017), 26.

결국 메시아 종이 대속의 고난과 징계를 받음으로써 백성들은 평화와 죄 사함을 누리게 되었다사53:5.

## 2) 메시아의 고난의 원인 그리고 결과

메시아는 왜 고난을 겪었는가? 그리고 그가 감당한 대속적인 고난과 사역의 결과는 무엇인가? 먼저, 이사야 53장 4절은 이 메시아가 그런 극심한 간고와 질고를 겪어야 했던 이유를 설명한다. "그는 실로 우리의 질고를 지고 우리의 슬픔을 당하였거늘……" 비슷한 맥락에서 5절은 그가 백성의 허물 때문에 찔림을 받고, 백성의 죄악 때문에 상함을 받는다고 강조한다. 즉, 메시아는 죄가 없음에도 불구하고 백성을 죄에서 구원하고, 그들의 공의를 회복하기 위해 대속의 고난과 희생을 담당하였다. 고난 모델의 분류에 따르면, 메시아가 겪은 고난과 아픔은 '대속적 고난 모델vicarious suffering model'에 속한다.[28] 메시아 종이 보여 준 대속의 고난은 "고난당하는 당사자 자신은 죄가 없음에도 다른 사람들의 범죄나 잘못을 대신 속량하기 위해 감당하는 고난"을 의미한다.[29]

메시아의 희생과 죽음을 통해 시온의 언약 백성들은 두 가지 근본적인 변화를 겪었다. 첫째, 메시아의 고난과 희생을 통해 시온 백성들은 비로소 '의로운 백성'이 되었다. 이스라엘 백성은 죄악으로 머리부터 발끝까지 성한 곳이 없는 만신창이었다사1:5~6. 그들은 불의한 백성이었다. 결국 의로움의 부재 때문에 그들은 바벨론에 포로로 잡혀가게 되었고, 더 이상 스스로를 의롭게 할 수 없는 지경에 이르게 되었다. 하지만 메시아가 그의 고난과 희생을 통해 백성들의 죄의 값을 지불했을 때, 그 공동체는 새로운 생명과 회복의 은혜를 경험하게 되었다. 궁극적으로 그들은 하나님 앞에서 의로운 백성이 되었다. "그가 자기 영

---

28. 이승진, "고난과 하나님의 섭리에 관한 설교," 271.
29. 이승진, "고난과 하나님의 섭리에 관한 설교," 272.

혼의 수고한 것을 보고 만족하게 여길 것이라 나의 의로운 종이……많은 사람을 의롭게 하며……"11절

둘째, 메시아의 고난과 희생을 통해 하나님의 백성들은 새로운 영적 공동체로 거듭났다. 이사야 53장 10절을 보면, 메시아가 자신을 하나님께 속건제로 드릴 때, 드디어 많은 '씨'를 보게 된다. 구약성경에서 씨는 히브리어로 זרע제라인데, 이 단어는 종종 '자손' 또는 '후손'을 의미한다창13:15~16; 15:5. 또한 많은 자손은 하나님께서 허락하시는 축복과 번영의 대표적인 상징이다! 놀랍게도 이사야 53장에서 메시아가 자신을 하나님께 속건 제물로 드릴 때, 그는 씨를 보게 되고, 그의 날은 길게 되었다. 즉, 메시아 종의 희생과 고난을 통해 하나님의 백성들은 놀라운 축복과 회복을 누리게 되었다!

구속사의 흐름에서 메시아 종의 대속적인 희생과 언약 백성의 죄 사함은 예수 그리스도의 고난과 죽음을 통해 온전히 성취되었다마8:17; 눅22:37; 요12:38; 행8:32~33; 롬10:16, 15:21. 또한 "고난의 종의 본문을 감싸고 있는 52장 1~12절과 54장 1~17절의 시온의 회복에 관한 메시지는 결국 교회의 회복에 관한 것으로 해석이 가능하다."[30] 그러므로 구속사를 통해 예수 그리스도는 대속적인 고난과 죽음을 통해 새로운 공동체인 교회의 죄 사함과 구원을 성취하였다.


## 3. 선지서에 나타난 고난을 어떻게 설교할 것인가?

루시엔 리차드Lucien Richard는 고난을 향한 종교의 의미와 목적은 고난을 피하게 하기보다, 오히려 고난 자체를 어떻게 이해하고, 그것에 현명하게 대처하

---

30. 이희성, "이사야 40~66장에 나타난 종의 교회론적 해석," 27.

는 방법이 무엇인가를 가르치는 것이라고 설명하였다.[31] 즉, 설교가의 역할은 고난 가운데 있는 성도가 그것에 지혜롭게 대처하고 잘 견딜 뿐만 아니라 그 이면에 있는 하나님의 섭리를 발견하도록 돕는 것이다. 그러므로 교회 내에서 고난 가운데 있는 성도를 향한 설교의 영적, 심리적, 그리고 공동체적인 역할은 막중한 것임이 틀림없다. 그러나 서두에서 밝혔듯이, 고난의 다양한 원인과 배경, 유형을 감안할 때, 그것을 설득력 있게 설교하는 것은 결코 쉬운 사역이 아니다.

그럼에도 불구하고 선지서에 나타난 고난은 구체적인 원인과 유형, 결과를 보여준다. 설교자는 선지서를 통해 고난 가운데 있는 성도에게 비교적 구체적인 적용점과 교훈을 전할 수 있을 것이다. 각각의 고난의 유형들을 중심으로 그 고난을 어떻게 설교할 것인지 간략하게 살펴보자.

① 국가적인 고난을 배경으로 할 경우, 설교자는 하나님의 성품, 성도의 회개, 그리고 성도의 삶의 변화와 회복을 전할 수 있을 것이다. 국가적인 고난은 언약 백성의 행동과 하나님의 심판으로 인한 고난 사이에 뚜렷한 인과율을 보인다. 물론 설교자가 성도의 모든 고난을 죄악으로 인한 징벌적 고난으로 단정짓고 설교한다면, 그것은 오히려 더 큰 부작용을 불러일으킬 것이다. 그러나 예방적인 차원에서, 또는 징벌적 고난에 대한 구체적인 확신 아래에서, 설교자는 성도의 고난을 범죄에 대한 하나님의 심판 때문이라고 설교할 수 있다. 이와 같은 경우, 설교자는 먼저 하나님의 거룩하고 공의로운 성품을 다루어야 한다. 하나님께서는 거룩하시고 공의로우신 분시기 때문에 성도와 공동체의 죄악과 악함을 간과하지 않으신다. 오히려 성도와 공동체의 정결함과 변화를 위해 심판과 고난을 허락하신다. 둘째, 설교자는 회개와 삶의 변화의 신학적 중요성을 다루어야 한다. 그럼으로써 성도와 공동체가 고난을 통해 하나님과 말씀을 새롭

---

31. Lucien Richard, *What are They Saying about Suffering?* (New York: Paulist Press, 1982), 2.

게 깨닫고 회개에 이를 수 있도록 해야 한다. 그것은 영혼과 삶의 변화와 정결함을 가져올 것이다. 끝으로, 설교자는 회개와 삶의 변화를 통한 성도와 공동체의 새로운 창조를 다루어야 한다. 성령의 능력 가운데 삶의 변화를 이룬 성도와 공동체는 하나님께서 허락하시는 새로운 창조와 영광을 누리게 될 것이다.

② 의인의 고난을 배경으로 할 경우, 설교자는 사역자의 정체성, 하나님의 뜻을 성취하는 의를 위한 고난, 성령의 열매인 인내, 그리고 중보기도의 중요성을 설교할 수 있을 것이다. 선지자나 무명의 의인들은 사역을 감당하는 과정에서 이웃한 악인 때문에 고난을 당하였다. 여기서 먼저 설교자는 교회의 사역자들목사, 장로, 권사, 집사, 구역장, 교사, 식사 담당자 등이 지닌 신학적이고 영적인 정체성을 말할 수 있다. 사역자들이란 사역의 현장에 필연적으로 따르는 고난 가운데, 그리고 고난을 통해서, 하나님의 뜻을 성취하는 자들이다사49;50,53. 둘째, 설교자는 사역자들이 고난을 대하는 자세 중 하나인 인내를 설교할 수 있다. 성령의 열매인 '오래 참음,' 즉 인내는 사역자들이 하나님의 거룩한 뜻과 섭리를 성취하는 영적인 수단이며 밑거름이다갈5:22. 셋째, 설교자는 공동체와 악인들을 향한 중보기도를 다룰 수 있다. 사역자는 불의한 공동체와 악인을 대항해 싸우지 않는다. 오히려 그들은 중보기도를 통해, 공동체 가운데 하나님의 임재와 일하심을 경험하게 된다. 중보기도를 통한 하나님의 일하심은 고난 가운데 있는 의인과 사역자들에게 큰 위로와 소망이 될 것이다. 끝으로, 설교자는 고난 가운데 있는 사역자의 섬김과 수고를 통해 하나님의 계획과 섭리공동체의 회복, 영광, 그리고 변화와 축복가 공동체 가운데 성취됨을 설교할 수 있다. 이웃한 악인의 모함과 핍박을 인내하며 사역하는 의인과 사역자는 공동체를 향한 하나님의 뜻과 섭리를 이루는 하나님의 동역자이다.

③ 메시아의 고난을 배경으로 할 경우, 설교자는 구·신약성경의 기독론의 핵심을 설교할 수 있을 것이다. 고난 받는 메시아의 희생과 사역을 통해, 먼저 설

교자는 성도의 죄를 홀로 짊어지고 대속의 고난과 죽임을 당하신 구약의 메시아를 설교할 수 있다. 그분의 희생과 고난을 통해 하나님의 백성들은 죄 사함과 공의를 회복하게 된다. 둘째, 선지서에 나타난 메시아의 대속의 고난과 죽음은 신약의 예수 그리스도의 사역과 죽음, 부활을 통해 성취된다. 예수 그리스도는 십자가에서 성도의 죄, 연약함, 그리고 질병의 문제를 해결하셨다. 그 후 부활하시고 승귀하셔서 교회의 머리가 되셨다. 그러므로 교회의 머리가 되신 예수 그리스도는 성도의 고난과 아픔을 온전히 체휼하신 주님이시다히4:15. 끝으로, 설교자는 참된 제자도를 설교할 수 있다. 참된 성도란 자신을 부인할 뿐 아니라 자기의 십자가를 지고 예수 그리스도를 따라 고난 가운데 하나님의 뜻을 성취하는 믿음의 여정을 걷는 자이다. 고난과 설교에 관한 이상의 내용을 표로 만들면 아래와 같다.

|  | 국가적인 고난 | 의인의 고난 | 메시아의 고난 |
|---|---|---|---|
| 고난의 유형 | 심판으로 임한 징벌적 고난 | 계획적 (연단의) 고난 | 대속적인 고난 |
| 고난의 원인 | 백성의 범죄 | 사명을 감당함(말씀 전파), 하나님의 뜻을 성취하기 위함, 이웃한 악인의 악행 | 하나님의 백성의 죄를 대속하기 위함 |
| 고난의 결과 | 회개, 하나님과 말씀에 대한 새로운 이해, 새로운 공동체 또는 성도의 탄생 | 공동체를 위한 하나님의 섭리의 성취, 중보기도의 능력 체험, 하나님의 일하심 경험 | 죄를 사함 받음, 공동체 또는 개인의 공의의 회복, 새로운 공동체 탄생 |
| 설교적 적용 | 하나님의 거룩하고 공의로운 성품, 성도와 공동체의 회개, 성도와 공동체의 삶의 변화와 회복 | 사역자의 정체성, 의로운 고난, 성령의 열매인 인내, 중보기도, 하나님의 뜻과 섭리를 성취함 | 고난 받는 구약의 메시아, 대속의 희생과 고난, 예수 그리스도를 통해 성취되는 고난 받는 종의 예언, 참된 제자도 |

# 4. 결론

지금까지 우리는 이 글을 통해 선지서에 나타난 고난의 유형과 원인, 결과를 살폈다. 그리고 그것의 설교학적인 함의와 적용점을 살폈다. 고난은 "인간의 삶 속에서 결코 피할 수 없는 하나의 실재이다."[32] 그렇기 때문에 성경의 가르침에 기초하여 성도와 교회에 고난을 잘 설교하는 것은 신학적·목회적 관점에서 큰 중요성을 가진다. 그러나 성도의 삶의 실재인 고난은 이해하기가 쉽지 않다. 다시 말해 "고난 속의 하나님의 섭리는 …… 신학적인 해명보다 더 광대하고 더 위대하고 신비롭다."[33] 그런 의미에서 설교자는 성도와 공동체가 당하는 고난을 단순하고 획일적인 방식으로 다루어서는 결코 안 될 것이다.

다행히 선지서는 공동체와 개인이 겪는 고난을 상당히 구체적으로 묘사한다. 선지서는 크게 국가가 하나님의 심판으로 겪게 되는 고난과 개인이 하나님의 목적을 성취하기 위해 당하는 고난을 소개한다. 이와 같은 고난들은 현대를 살아가는 성도들에게도 구체적인 신학적 함의와 설교적 적용점들을 제공한다. 설교자는 교회 공동체의 상황을 지혜롭게 살펴서 성도와 공동체에 고난과 그것을 통해 성취될 하나님의 섭리를 설교해야 한다. 설교자는 고난을 다루면서 하나님의 거룩하고 공의로운 성품만이 아니라 하나님의 인내와 슬픔을 동시에 다룰 수 있다. 아울러 그는 성도의 인내와 연단, 회개, 중보기도, 그리고 개인과 공동체의 회복을 설교할 수 있다. 설교자는 먼저 성령 안에서 하나님과 그분의 섭리를 바라보며 고난의 깊은 신비를 이해할 수 있어야 한다. 그리고 설교를 통해 고난 가운데 있는 성도와 교회에게 영적 위로와 성숙을 꾀하는 영적 도구가 되어야 한다.

---

32. 최민수, "하나님의 이중적 이미지: 무력한 하나님, 힘 있는 하나님, 인간의 고난에 관한 목회 신학적 성찰," 『한국기독교상담학회지』 19 (2010), 309.
33. 이승진, "고난과 하나님의 섭리에 관한 설교," 『복음과 실천신학』 35 (2015), 282.

# 6장
# 공관복음서<sup>마태복음 중심</sup>의 고난

권기현

마태복음을 포함한 공관복음은 예수님의 공생애—물론 탄생과 어린 시절이 포함되어 있지만—를 그 핵심내용으로 한다. 따라서 그 속에 나타나는 '고난苦難' 모티브 역시 예수님께서 그리스도로서 당하신 고난에 그 초점이 맞추어져 있다. 마태복음에는 크게 세 종류의 고난 또는 고통이 등장한다.

첫째는 **예수 그리스도의 고난**이다. 그분의 고난은 옛 언약 공동체인 이스라엘, 그리고 그분의 제자인 사도들을 중심으로 건설될 새 언약 공동체인 신약 교회와 궤를 함께한다. 이 고난은 십자가 죽음이라는 과녁을 향해 진전하는 성격을 지닌다. 이는 보다 근본적인 문제, 즉 그 백성들의 죄의 문제로 인한 고난이다. 그래서 예수님만이 감당하실 수 있고, 또 감당하셔야 할 고난이다. 이는 특히 옛 언약 백성들의 반역으로 인해 노골적으로 주어지며, 새 언약 백성들의 속죄[1]를 위해 당하는 고난이다.

둘째는 **예수님을 믿고 따르는 사도들이 겪어야 할 고난**이다. 예수님께서 당하시는 고난이 근원적이라면, 사도와 (이후로 전망되는) 새 언약 공동체인 교회/성도가 당할 고난은 종속적이다. 전자는 현재적이며, 후자는 (현재적이기도

---

1. 물론 예수 그리스도의 속죄는 구약시대와 신약시대의 모든 택하신 백성들을 위한 것이다. 여기서의 '새 언약 백성들의 속죄'라는 표현은 마태복음의 진행과 내용에서의 강조점이다.

하지만) 상대적으로 예고적이다. 따라서 이 고난은 사도행전과 서신서, 그리고 계시록에서 전개되는 역사의 근저를 제공한다.

**셋째**는 **이스라엘이 겪고 있는 고난 또는 고통**이다. 이는 과거의 옛 언약 시대로부터 예수님 당대까지 이어지는 고난/고통이다. 죄의 문제가 이 고난/고통의 근본적인 원인이다. 이를 해결할 유일한 이는 다윗의 자손, 이스라엘유대인의 왕이신 예수 그리스도이시다. 그러나 이스라엘 백성 대다수는 이를 거절하거나 온전한 믿음을 갖지 못한다.

마태복음에 나타나는 이 세 가지 고난 모티브는 공관복음 전체와 궤를 같이한다. 설교자가 복음서를 본문으로 설교할 때, 이 세 가지를 분별하지 않고 무차별적으로 섞지 않도록 주의해야 한다. 이 글의 목표는 마태복음에 나타난 고난을 살펴본 후, 설교로의 연결점을 제공하는 것이다.

# 1. 마태복음에 나타난 고난

### (1) 핵심 주제와 고난의 연관성

마태복음은 예수님을 무엇보다도 '왕βασιλεύς'으로 묘사한다. 그분은 특히 이스라엘의 약속된 왕으로 오셨으므로 '다윗의 자손ὁ υἱὸς Δαυίδ'[2]이시다. 그러나 놀랍게도 그분은 정작 이 약속된 왕을 기다리는 언약 백성들에 의해 거절당하신다. 마태복음은 다음의 세 가지 하위 주제로 왕이신 예수님을 설명한다.

**첫째**, 예수님은 **이스라엘**유대인**의 왕**[3]이시다.

---

2. 마1:1; 9:27; 12:23; 15:22; 20:30~31; 21:9, 15; 22:42를 보라.
3. 이 때문에 마태복음은 예수님과 사도들이 (이방인이나 사마리아인이 아니라) 오직 "이스라엘 집의 잃어버린 양

둘째, 예수님은 **약속된 왕**[4]이시다.

셋째, 예수님은 (이스라엘에 의해) **거절당하는 왕**[5]이시다.

마태복음의 '고난' 주제는 이상의 세 가지 모두와 관련되어 나타난다. 옛 언약 공동체인 이스라엘은 '목자 없는 양'마9:36처럼 고난 가운데 놓여 있다. 그들을 이 고난 가운데서 구원해주실 분은 단 한 분, 하나님께서 구약성경에 약속하신 왕다윗의 자손 예수 그리스도이시다. 그분은 목자 없는 양처럼 유리방황하는 이스라엘을 불쌍히 여기시며, 자신이 친히 그들의 고난을 짊어지신다. 그러나

---

에게로" 보내심을 받았음을 강조한다(10:5~6; 15:24). 사도단의 숫자 열두 명(10:1~4)은 이스라엘 전체의 축소 모형이다. 예수님께서는 목자 없는 양과 같은 이스라엘(9:36~38)을 위해 열두 명의 사도들을 임명하여(10:1~4) 이스라엘에게만 보내신다(10:5~6). 이는 그분께서 이스라엘의 목자인 새 다윗이심을 보여주는 종말론적인 표징이다(참고. 사53:6; 렘50:6; 겔34:5~6,23~24). E. Baker, "Going Only to the Lost Sheep of the House of Israel: Matthew's Gospel Tradition," *Proceedings* 23 (2003), 79~89; J. Willitts, *Matthew's Messianic Shepherd-King: In Search of 'The Lost Sheep of the House of Israel'* (Berlin: New York: de Gruyter, 2007); A. Runesson, "Saving the Lost Sheep of the House of Israel: Purity, Forgiveness, and Synagogues in the Gospel of Matthew," *Meliah* 11 (2014), 8~24; D. H. Johnson, "Shepherd, Sheep," in *DJG* (Downers Grove, IL: Inter Varsity, 1992), 751~754; G. Lohfink, *Jesus and Community: Did Jesus Found a Church?* (*Wie Hat Jesus Gemeinde Gewollt: Zur Gesellschaftlichen Dimension des Christlichen Glaubens*, trans. by J. P. Galvin, London: SPCK, 1985), 10~11; N. T. Wright, *Jesus and the Victory of God*, Christian Origins and the Question of God Vol. 2 (Minneapolis: Fortress, 1996), 299~301; D. C. Allison, *The New Moses: A Matthean Typology* (Minneapolis: Fortress, 1993), 217.

4. 이 때문에 마태복음은 "……라고 함이 이루어졌느니라(이루려 하심이니라)"는 정형화된 어구를 가진 '공식 인용구(formula-quotations)'를 사용한다(1:22~23; 2:4~6,15,17~18,23; 4:14~16; 8:17; 12:17~21; 13:14~15,35; 21:4~5; 27:9~10). G. R. Osborne, *Matthew*, ZECNT (Grand Rapids, MI: Zondervan, 2010), 38~40; R. T. France, *The Gospel of Matthew*, NICNT (Grand Rapids, MI: Eerdmans, 2007), 10~14; idem, "The Formula-Quotations of Matthew 2 and the Problem of Communication," in *The Right Doctrine from the Wrong Texts: Essays on the Use of the Old Testament in the New*, ed. by G. K. Beale (Grand Rapids, MI: Baker Book House, 1994), 114~134; T. J. Keegan, "Introductory Formulae for Matthean Discourses," *CBQ* 44 (1982): 415~430. 마태복음은 인용뿐 아니라 암시, 모형론 등도 자주 사용한다. C. L. Blomberg, "Matthew," in *Commentary on the New Testament Use of the Old Testament*, ed. by G. K. Beale and D. A. Carson (Grand Rapids, MI: Baker Academic, 2007), 1~109; S. Moyise, *The Old Testament in the New: An Introduction* (London: T&T Clark, 2001), 34~44; 강대훈, 『마태복음 주석: 하늘에서처럼 땅에서도』 (상) (서울: 부흥과개혁사, 2019), 54~61.

5. 좀 더 길게 표현하면, "이스라엘에 의해 거절당하신 후, 죽음과 부활로 승리하여 세상의 모든 족속(이방인, ἔθνος)을 부르시는 분"이다. 예수님에 대한 이스라엘의 거절과 이방인들의 환대(참고. 8:5~13; 15:21~28)가 대조된다.

이스라엘 백성들과 그들의 지도자들은 오히려 예수님을 거절하며 대적한다. 언약의 외인ㅆ人이 아니라 오히려 옛 언약 백성들의 반역과 거절이 십자가에서 절정에 이르는 예수님의 고난을 가져온다. 사도들은 예수님께서 당하신 이 고난의 길을 따라가도록 부르심을 받는다.

## (2) 전체 구조 및 내용 전개와 고난

마태복음의 구조와 전개를 알면 고난 모티브를 문맥 속에서 더 잘 이해할 수 있다. 지면의 한계로 여기서는 많은 학자들에 의해 이미 연구된 두 가지만 제시하겠다(각각의 구조가 가지는 문제점들은 이 글에서는 다루지 않겠다).

먼저 그 한 가지는 "이때부터 예수께서 비로소 …… 하시기 시작하셨다Ἀπὸ τότε ἤρξατο ὁ Ἰησοῦς"라는 어구를 중심으로 한 간단한 구조이다. 이는 베드로의 신앙고백 이후부터 고난 모티브가 급격하게 진전된다는 사실을 보여준다. 또한 이 고난 모티브가 예수님의 십자가라는 과녁을 향해 가고 있음을 보여준다. 그리고 부활이라는 승리로 끝난다.

A. 메시아이신 예수님의 인격(1:1~4:16)
B. 메시아이신 예수님의 선포(4:17~16:20)
C. 메시아이신 예수님의 고난, 죽음, 부활(16:21~28:20)[6]

다른 하나는 거대한 좌우대칭Symmetry으로 설계된 교차대구Chiasmus

---

6. J. D. Kingsbury, *Matthew: Structure, Christology. Kingdom* (London: SPCK, 1976); idem, "The Structure of Matthew's Gospel and his concept of Salvation History," *CBQ* 35 (1973), 451~474. Kingsbury의 제자인 Bauer는 이를 훨씬 더 정교하게 발전시켰다. D. R. Bauer, *The Structure of Matthew's Gospel: A Study in Literary Design,* JSNTSup 31 (Sheffield: Almond, 1988).

Structure 또는 수미상관 구조Inclusio이다.[7] 다섯 개의 긴 강화/설교discourses; 5~7,10,13,18,23~25장[8]가 뼈대를 이루면서 기사narratives가 교차적으로 나타나는 것이 특징이다.

　　A. 새 다윗왕이시며, 참 이스라엘이신 예수님의 오심(1~4장)

　　　B. 산상설교: 새 이스라엘 호출(5~7장)

　　　　C. 왕의 권세와 능력: 이적들과 교훈들(8~9장)

　　　　　D. 왕의 대사들열 두 사도에게 주시는 교훈: 옛 이스라엘을 새 이스라엘로 복속시키기 위한 권세와 메시지(10장)

　　　　　　E. 적대: 왕에 대한 옛 이스라엘의 거절과 도전, 그리고 소수의 참 백성들(11~12장)

　　　　　　　F. 하나님 나라왕국의 비유들(13장)

　　　　　　E′. 적대: 왕에 대한 옛 이스라엘의 거절과 도전, 그리고 소수의 참 백성들(14~17장)

　　　　　D′. 왕의 대사들에게 주시는 교훈: 새 이스라엘, 즉 교회에게 주시는 권세와 메시지(18장)

　　　　C′. 왕의 권세와 능력: 이적들과 교훈들(19~23장 또는 19~22장)

　　　B′. 감람산 설교: 옛 이스라엘 심판(24~25장 또는 23~25장)

　　A′. 새 다윗왕이시며, 참 이스라엘이신 예수님의 성취(26~28장)

---

7. T. J. VanderWeele, "Some Observations concerning the Chiastic Structure of the Gospel of Matthew," *JTS* 59/2 (2008), 669~673; Derickson, "Matthew's Chiastic Structure and Its Dispensational Implications," *BS* 163 (2006), 423~437; S. J. Kidder, "Christ, the Son of the Living God: The Theme of the Chiastic Structure of the Gospel of Matthew," *JATS* 26 (2015), 149~170.

8. 이 다섯 개의 강화는 모두 "예수께서 말씀(또는 비유)을 마치셨다"라는 표현으로 끝난다(7:28; 11:1; 13:53; 19:1; 26:1).

여기서 주목할 점은 비유장13장을 양쪽으로 감싸고 있는 E와 E′이다. 예수님의 공생애에서 이스라엘의 본격적인 반대와 거절은 11장에서 시작된다. 그리고 이는 예수님께서 비유로 말씀하시는 결정적인 계기가 된다. 이 구조는 언약의 외인들이 아니라 오히려 옛 언약 공동체와 그 지도자들이 예수님을 핍박하는 자들임을 선명하게 보여준다.

B′와 A′도 주목할 만하다. 마태복음은 두 종류의 심판에서 고난 모티브가 절정에 이른다. 감람산 설교24~25장를 포함한 다섯 번째 강화23~25장가 그 첫 번째이다. 예수님을 거절하고 공격하는 옛 이스라엘이 당해야 할 심판, 그리고 그 일이 있기까지 견뎌야 할 자들의 고난이 예고된다. 그 다음 문맥에서는 새 이스라엘을 위해 그분께서 당하시는 고난과 심판이다. 배교한 자들에게 고통과 심판이 선고되고B′, 하나님의 백성들을 위해서는 왕이 홀로 고난과 심판을 짊어진다A′.

이 외에도 마태복음의 고난 모티브는 자주 이런 대칭 구조와 밀접한 관련을 갖고 전개된다. 마태복음의 구조와 전체 플롯plot은 '고난' 모티브가 단순히 도덕적, 심리적, 환경적인 것이 아니라 영적 배경과 구속사적 진전 속에 있음을 보여준다. 즉, 옛 이스라엘이 무너지고 새 이스라엘이 건설되는 구속사적 전이를 향해 '고난' 모티브가 전개되는 것이다.

## (3) 마태복음에 나타난 고난

1장은 예수님께서 당하실 고난의 영적 배경을 보여준다. 계보1:1~17에서 이스라엘은 마치 아직도 포로유수exile 가운데 있는 것처럼 그려진다.[9] 다윗의 자손,

---

9. W. J. Baxter, "Mosaic Imagery in the Gospel of Matthew," *TJ* 20 (1999), 71~72; N. T. Wright, *The New Testament and the People of God*, Christian Origins and the Question of God Vol. 1 (London: SPCK, 1992), 386; P. W. L. Walker, *Jesus and the Holy City: New Testament Perspectives on Jerusalem* (Grand

즉 약속된 왕만이 죄의 포로 가운데 있는 이스라엘을 건질 수 있다.[10] 이 때문에 약속된 왕은 "자기 백성을 저희 죄에서 구원할 자", 즉 "예수"라는 이름을 가져야 한다1:21.[11] "임마누엘"1:22~23이라는 이름의 배경은 외세의 침공으로 인해 고난 받는 참 이스라엘이 극적으로 구출되는 그림에서 온 것이다.[12] 하나님을 의지하지 않는 아하스는 북 왕국 이스라엘과 아람에게 패하지만, 다윗의 자손 히스기야는 예루살렘을 포위한 앗수르로부터 기적적인 승리를 가져온다사7:14; 8:7~8; 36~37장. 마태복음은 이스라엘이 겪고 있는 고난의 근원적인 문제를 겨냥하면서 시작한다. 그것은 죄의 문제이다. 그리스도는 자기 백성들을 (바벨론이나 앗수르가 아니라) 죄의 포로에서 구원하기 위해 탄생했으므로 "예수"라는 이름을 수여받는다1:21. 백성들이 고난 받는 이유는 자신들의 죄 때문이며, 그리스도가 고난 받아야 할 이유 역시 백성들의 죄 때문이다.

2장에서 아기 예수님은 그 부모와 함께 극적으로 피난하여 생존하지만, 베들레헴과 그 인근의 아기들은 모두 죽는다. 그리스도의 고난은 이스라엘의 (거짓) 왕의 공격으로 왔다. 반역하는 이스라엘은 애굽의 역할을, 헤롯은 바로의 역할을 맡고 있다. 그래서 예수님의 피난은 고난 받는 이스라엘의 출애굽과 같다2:15; 참고. 출4:22~23; 호11:1. "예수님께서 출애굽 경험 전체를 재현하셨다it is on Jesus' reliving the exodus experience as a whole."[13] 예수님 한 분이 이스라엘 전부

Rapids, MI: Eerdmans, 1996), 44.

10. 사9:6~7(히브리어 5~6절); 11:1,10; 16:5; 렘30:9~10; 33:14~26; 겔34:23~24; 37:24~25; 호3:5; 암9:11~15; 미 5:2(히브리어 1절)를 보라.

11. 구약 선지자들은 사죄와 포로귀환을 동일 선상에서 예언했다. 사40:2; 렘31:34; 33:7~8; 겔16:62~63; 36:24~25; 37:21~23; 슥3:9; 13:1을 보라.

12. France, *The Gospel of Matthew*, 55~58; R. Beaton, *Isaiah's Christ in Matthew's Gospel*, SNTSMS 123 (Cambridge: Cambridge University, 2002), 88~97; W. D. Davies and D. C. Allison, *A Critical and Exegetical Commentary on the Gospel according to Saint Matthew: Commentary on Matthew 1~7*, Vol. I (Edinburgh: T&T Clark, 1988), 212~218; 송영목, 『문법적·역사적·성경신학적 관점에서 본 신약 주석』 (서울: 쿰란, 2011), 12.

13. Osborne, *Matthew*, 99.

를 대표, 대신, 요약encapsulation하는 '온 교회론적 인격'[14]을 보여준다. 다시 말해, 예수님께서 하나님의 새 이스라엘 전체를 대표, 대신, 요약하시어 새 바로인 헤롯과 새 애굽이 된 그의 추종자들에게 고난 받으시고, 새 출애굽을 시작하신다. 마태복음의 좌우대칭symmetry 구조에서, 2장에서는 예수님 혼자 살아 남으시고 아기들이 모두 죽는다. 반면에 27장에서는 예수님 혼자 죽으시고, 무덤 속에 있던 성도들이 살아난다27:50~53. 이렇듯 마태복음은 예수님의 공생애 뿐 아니라 그분의 탄생과 유아기의 고난 역시 자기 백성들의 구원을 겨냥하고 있음을 암시한다.

3장에서 요한은 죄를 자복하게 하는 회개의 세례를 베푼다. 예수님께서 세례 받으러 오실 때, 요한은 만류한다. 오히려 자신이 예수님께 세례 받아야 한다고 고백한다14절. 이는 예수님께서 받으시는 세례는 자신의 죄로 인한 회개의 세례가 아니라 죄인들을 위한 고난의 세례임을 보여준다. 세례 받으실 때 하늘에서 발생한 소리는 구약의 이중 인용이다시2:7; 사42:1. 이는 예수님께서 다윗의 왕권을 가진 하나님의 아들시2:7이신 동시에 여호와의 (고난 받는) 종이심을 보여준다. 이는 예수님께서 받으시는 세례가 왕의 대관식임과 동시에 그 백성들의 죄를 대속하기 위한 고난의 세례임을 함축한다. (자신의 죄 때문이 아니라) 그 백성들의 죄를 위해 고난 받는 왕의 대관식에 종말론적 새 창조참고. 창1:2; 신 32:11를 상징하는 성령께서 강림하신다.[15]

---

14. 송영목, 『신약 주석』, 17.
15. Davies and Allison, *Matthew 1~7*, 334~343; *Matthew* (NAC, Nashville, TN: Broadman, 1992), 81~82; France, *The Gospel of Matthew*, 121~124.

A. 세례를 받으시고(16절)        고난 받는 종(죽음)

  B. 곧 물에서 올라오실새(16절)  권세 있는 왕(부활과 승천)

  B′. 내 사랑하는 아들이요(17절)  권세 있는 왕(부활과 승천, 시2:7을 인용)

A′. 내 기뻐하는 자라(17절)        고난 받는 종(죽음, 사42:1을 인용)


4장에서 예수님께서는 40일 동안 금식하시면서 마귀에게 시험을 받으신다. 이것이 공생애 시작의 첫 번째 사역이라는 점에서 주목할 만하다. 그리스도는 금식으로 인한 육체의 고통과 죄의 유혹을 이기고 약속의 말씀으로 승리하신다. 예수님께서 인용한 성구들신8:3; 6:13,16로 인해 그분의 고통과 승리가 이스라엘의 광야생활과 대비, 대조된다. 이스라엘의 광야생활은 반역에 대한 징벌이며, 그들은 끊임없이 하나님께 도전하고 시험한다민14:22. 그러나 예수님께서는 금식 중에도, 그리고 금식 말미에도 마귀의 시험을 물리치신다.[16] 여기서도 예수님께서 언약 공동체인 이스라엘 전체의 요약처럼 묘사된다.[17]

산상수훈첫 번째 긴 강화, 5-7장의 팔복八福에서 예수님을 따르는 자는 핍박을 각오해야 한다. "천국이 저희 것이다"5:10~12. 이는 감람산 강화의 칠화七禍—또는 사본에 따라 팔화八禍—에서 하나님의 백성들을 핍박하고 죽이는 자들이 유대인들과 그들의 지도자들이라는 사실과 대칭된다23:29 이하. 그들의 예배의 집성전은 무너지고, 그들은 하나님 나라 밖으로 쫓겨날 것이다23:38; 24장. 그러므로 팔복은 그리스도인의 심리적 안정이나 도덕적 정신무장의 차원에 머물지 않는다. 오히려 고난과 핍박이라는 통로를 지나 반역하는 옛 언약 공동체가 무너지

---

16. 예수님께서 인용하신 신명기 8장 3절은 이스라엘이 하나님의 아들이라는 신명기 8장 5절과 연결된다. 마귀의 시험(마4:3, "네가 하나님의 아들이어든……") 역시 예수님의 대답(마4:4, '떡')과 연결된다. France, *The Gospel of Matthew*, 127~128.

17. Kingsbury, *Matthew*, 51. 이 외에도 France, *The Gospel of Matthew*, 126~128; Walker, *Jesus and the Holy City*, 45; Baxter, "Mosaic Imagery in the Gospel of Matthew," 72~73을 참고하라.

고, 참 이스라엘인 교회가 건설되는 위로와 소망을 담고 있다.[18] 주기도문6:9~13의 절정 부분에서 제자들은 악에서부터의 구출을 하나님께 호소해야 한다. 이는 마태복음의 전개상 예수 그리스도의 십자가 대속을 향한다.

8~9장은 예수님께서 행하신 10개의 이적 기사를 담고 있다. 이 이적들은 예수님의 고난과 백성들의 고난이라는 두 측면을 함께 보여준다. 이 10개의 이적 기사는 백성들이 "목자 없는 양과 같이 고생하며 유리"하고 있다는 소결론을 향하고 있다9:36. 이는 자신들의 반역罪으로 40년 동안 광야생활을 해야 했던 이스라엘 백성들의 모습에서 가져온 것이다민27:17. 그리고 "목자 없는 양" 은유는 왕국시대로 확장되어 선지자들에 의해 반복된다.[19] 광야생활 중에는 모세가, 그리고 왕국시대와 그 이후에는 다윗과 그의 후손들이 목자들이었다. 마찬가지로 10개의 이적 기사에서 "목자 없는 양"과 같이 고난 받는 백성들을 구하시는 분은 단 한 분 예수님이시다. 새 모세, 새 다윗이신 예수님께서 그들의 목자가 되신다.[20]

여기서 한 가지 주목해야 할 본문이 있다. 그것은 예수님의 축사逐邪와 치유 사역이 선지자 이사야가 한 예언의 성취라고 선언하는 공식 인용구formula-quotation이다.

"이는 선지자 이사야를 통하여 하신 말씀에 우리의 연약한 것을τὰς

---

18. Wright, *Jesus and the Victory of God*, 288~289.

19. 삼하5:2; 대상11:2; 시78:68~71; 겔34:5,23~24; 슥10:2~3; 11:16; 참고. 왕상22:17; 대하18:16을 보라.

20. L. Goppelt, *Typos: The Typological Interpretation of the Old Testament in the New*, trans. by D. H. Madvig. (Grand Rapids, MI: Eerdmans, 1982), 88~89; Johnson, "Shepherd, Sheep," *DJG*: 751~754; W. D. Davies and D. C. Allison, *A Critical and Exegetical Commentary on the Gospel according to Saint Matthew: Commentary on Matthew 8-18*, Vol. II, ICC (Edinburgh: T & T Clark, 1991), 47~48; Allison, *The New Moses*, 213~215; France, *The Gospel of Matthew*, 372~373; C. L. Blomberg, *Matthew*, NAC (Nashville, TN: Broadman, 1992), 166.

$\dot{\alpha}\sigma\theta\epsilon\nu\epsilon\dot{\iota}\alpha\varsigma$ 친히 담당하시고$\ddot{\epsilon}\lambda\alpha\beta\epsilon\nu$ 병을 짊어지셨도다$\dot{\epsilon}\beta\dot{\alpha}\sigma\tau\alpha\sigma\epsilon\nu$ 함을 이루려 하심이더라"8:17; 참고. 사53:4

선지자 이사야와 마태복음은 예수님께서 단순히 질병을 치료하셨다고 하지 않고, 양들이 앓고 있는 연약한 것질병, $\dot{\alpha}\sigma\theta\dot{\epsilon}\nu\epsilon\iota\alpha$을 예수님 자신이 취하시고 $\lambda\alpha\mu\beta\dot{\alpha}\nu\omega$, 짊어지셨다$\beta\alpha\sigma\tau\dot{\alpha}\zeta\omega$고 선언한다. 이사야는 질병으로 대변되는 백성들의 죄를 '여호와의 종'이 대신 짊어질 것을 예고한다사53:4. 마찬가지로 질병과 귀신들림이라는 고통으로 대변되는 백성들의 죄의 문제를 예수님께서 대신 짊어지신다.[21] 이런 의미에서 예수님의 축사逐邪와 치유 사역은 오늘날의 유사 행위들과는 질적으로, 근본적으로 차별화된다. 이는 '여호와의 종', '그리스도메시아'로서의 속죄 사역이다. 그러므로 8~9장에서 백성들이 당하는 고통은 그들을 죄에서 건져줄 목자그리스도의 부재에서 비롯된 것이며, 예수님의 축사逐邪와 치유 사역은 그들을 죄에서 건져주시는 구원자로서의 고난이다.

10장두 번째 긴 강화에서 예수님께서는 목자그리스도 없는 양들을 위해 추수할 일군인 열두 사도를 임명하신다9:35~38; 10:1~4. 그런데 예수님께서 사도들에게 하신 말씀은 가히 충격적이다.

"16 보라 내예수님가 너희사도들를 보냄이 양을 이리 가운데로 보냄과 같도다 그러므로 너희는 뱀 같이 지혜롭고 비둘기 같이 순결하라 17 사람들을 삼가라 그들유대인이 너희를 공회에$\sigma\upsilon\nu\dot{\epsilon}\delta\rho\iota\alpha$ 넘겨주겠고 그들의 회당에서 $\tau\alpha\hat{\iota}\varsigma$ $\sigma\upsilon\nu\alpha\gamma\omega\gamma\alpha\hat{\iota}\varsigma$ 채찍질하리라 18 또 너희가 나로 말미암아 총독들과 임금들 앞에 끌려 가리니 이는 그들과 이방인들에게 증거가 되게 하려 하심이

---

21. 필자와 견해는 다르지만, 이 구절에 대한 여러가지 주해에 대해서는 R. E. Watts, "Messianic Servant or the End of Israel's Exilic Curses?: Isaiah 53.4 in Matthew 8.17," *JSNT* 38 (2015), 81~95를 참고하라.

라 …… **21** 장차 형제가 형제를, 아비가 자식을 죽는 데에 내주며 자식들이 부모를 대적하여 죽게 하리라 **22** 또 너희가 내 이름으로 말미암아 모든 사람에게 미움을 받을 것이나 나중까지 견디는 자는 구원을 얻으리라 **23** 이 동네에서 너희를 박해하거든 저 동네로 피하라 내가 진실로 너희에게 이르노니 이스라엘의 모든 동네를 다 다니지 못하여서 인자가 오리라 …… **34** 내가 세상에 화평을 주러 온 줄로 생각하지 말라 화평이 아니요 검을 주러 왔노라 **35** 내가 온 것은 사람이 그 아버지와, 딸이 어머니와, 며느리가 시어머니와 불화하게 하려 함이니 **36** 사람의 원수가 자기 집안 식구리라 **37** 아버지나 어머니를 나보다 더 사랑하는 자는 내게 합당하지 아니하고 아들이나 딸을 나보다 더 사랑하는 자도 내게 합당하지 아니하며 **38** 또 자기 십자가를 지고 나를 따르지 않는 자도 내게 합당하지 아니하니라 **39** 자기 목숨을 얻는 자는 잃을 것이요 나를 위하여 자기 목숨을 잃는 자는 얻으리라"10:16~18,21~23,34~39; 참고. 미7:6

10장의 내용은 몇 가지 점에서 오늘날 그리스도인들이 일반적으로 생각하는 것과 차이가 있다. 첫째, 예수님께서는 사도들을 "이방인의 길"이나 "사마리아인의 고을"이 아닌 "이스라엘 집의 잃어버린 양"에게로 보내신다10:6; 참고. 15:24. 이는 오늘날과 같이 교인들 두 명씩 짝을 이루어 언약의 외인外人들에게 전도 쪽지를 전하는 그런 장면이 아니다. 예수님께서는 사도들을 목자 잃은 (옛) 언약 백성들에게로 보내신다. "첫째는 유대인이요" 그 다음이 헬라인이기 때문이다참고. 롬1:16; 2:9~10. 유대인들에게 언약의 우선권이 있으며, 사도들은 먼저 그들에게로 파송된다.²² 둘째, 사도들을 죽음에까지 이르게 할 가공한 핍박을 가

---

22. 마태복음의 마지막 장면에서 역전 현상이 발생한다. 부활하신 예수님께서는 갈릴리의 한 산에서 열한 사도를 만나 그들을 모든 민족(모든 이방인, *πάντα τὰ ἔθνη*)에게로 파송하신다(마28:16~20).

하는 자들 역시 (옛) 언약 백성인 유대인들이 될 것이다. 셋째, 예수님께서 이 땅에 오신 것은 유대인들 간에도 원수 관계를 만드는 검을 주기 위해서이다.[23]

이상의 내용을 종합해보면, 사도들이 당해야 할 고난의 가장 노골적인 모습이 예수님에 의해 직접 선포되는데, 그것은 바로 옛 언약 공동체유대인로부터 오는 핍박이다. 사도들은 공회산헤드린에서 재판받아 정죄 되고, 회당에서 쫓겨날 것이다. 또한 그들은 자기 형제, 즉 동족에 의해 원수로 취급받을 것이다. 유대인들과 그들의 지도자들이야말로 사도들에게 고난을 가하는 자들이며, 복음의 원수들이다. 이와 같은 예수님의 예고는 실제로 사도행전과 서신서, 그리고 계시록에서 그대로 성취된다. 사실 예수님의 이런 말씀은 구약 역사 내내 이어져 온 원리이다. 교회와 복음의 가장 큰 대적은 언약 공동체 밖에 있는가? 아니면 안에 있는가?

> "아들이 아버지를 멸시하며 딸이 어머니를 대적하며 며느리가 시어머니
> 를 대적하리니 사람의 원수가 곧 자기의 집안 사람이리로다"미7:6

11~12장에서부터는 유대인들의 거센 반대와 저항이 시작되는데, 이는 10장의 내용과 문맥적으로 조화된다.[24] 예수님께서 사도들에게 하신 강화의 핍박이 당장 11~12장에서부터 (예수님에 대한 강한 반대의 형태로) 나타나며, 이는 오순절 이후에 사도들에게 적용된다. 앞(2) 전체 구조 및 내용 전개와 고난에서 이미 언

---

23. 사도행전에서 오순절에 창설된 초대교회는 예루살렘 성전 안에서 회집한다(행2:46; 5:42). 즉 돌 성전 안에서 사람-성전(교회)이 회집한다. 이로써 같은 유대인들 안에서 원수 관계가 발생한다. 마태복음 10장의 강화 내용이 사도행전에서 옛 언약 공동체 & 새 언약 공동체(교회), 옛 성전과 회당 & 새 성전인 교회, 옛 언약의 직분자들 & 새 언약의 직분자들 사이의 대결 구도가 된다. 이 양자 간의 대립 구도에 대해서는 권기현, 『방언이란 무엇인가: 방언에 대한 다섯 가지 질문과 구속사적·교회론적·예배론적 이해』 (경산, 경북: R&F, 2016), 203을 보라.
24. 11장에서 유대인들의 반대가 좀 더 암시적이라면, 12장에서는 훨씬 더 명시적으로 노골화된다. Blomberg, *Matthew*, 183.

급한 내용을 다시 한 번 주목할 필요가 있다.


    D. 왕의 대사들열 두 사도에게 주시는 교훈: 옛 이스라엘을 새 이스라엘로 복
       속시키기 위한 권세와 메시지(10장)

      E. 적대: 왕에 대한 옛 이스라엘의 거절과 도전,
        그리고 소수의 참 백성들(11~12장)

        F. 하나님 나라왕국의 비유들(13장)

     E′. 적대: 왕에 대한 옛 이스라엘의 거절과 도전,
       그리고 소수의 참 백성들(14~17장)

   D′. 왕의 대사들에게 주시는 교훈:
     새 이스라엘, 즉 교회에게 주시는 권세와 메시지(18장)


    마태복음의 문맥에서 예수님과 사도들이 당하는 고난은 옛 이스라엘의 불신
앙과 거절에서 새 이스라엘로 향하는 구속사의 전이를 일으킨다.

    예수님께서 가장 많은 권능과 설교를 행하신 가버나움과 그 인근 지역들
은 그분을 거절함으로써 '소돔', '두로와 시돈'보다 더 악하다는 평가를 받는다
11:20~24. 바리새인들은 안식일 논쟁으로 예수님을 배척한다12:1-13.[25] 그들은 예
수님을 죽이려고 공모한다12:14. 심지어 성령을 힘입어 귀신을 쫓아내신 예수
님의 권능을 바알세불에게서 빌어온 능력으로 평가 절하한다12:24. 유대인들의
거센 공격을 다루는 이 문맥11~17장은 예수님의 고난을 가중시키며, 복음의 대

---

25. 안식일 논쟁은 당연히 성전 논쟁(12:4~6)과 직결된다. 거룩한 시간은 거룩한 장소와 연결되어 있기 때문이다.
    Wright는 성전, 안식일, 정결법, 그리고 할례가 이스라엘의 정체성을 말해주는 가장 큰 경계표지(distinctive
    symbols)라고 언급하는데, 적어도 마태복음 11~17장의 문맥에서는 이런 지적이 옳다. Wright, *Jesus and the*
    *Victory of God*, 386, 387.

적이 누구인지 노골적으로 보여준다. 이렇게 마태복음의 '고난' 모티브에서 유대인들과 그들의 지도자들은 예수 그리스도와 사도들의 대적자로서 첨예하게 맞서고 있다.

예수님의 비유로 가득한 13장세 번째 강화은 옛 언약 백성들의 불신앙과 거센 반대의 문맥 속에서 읽어야 한다. 이 장에 언급된 비유 속에 '고난'에 관한 명시적인 표현이 없을지라도, 이 비유들은 모두 예수님과 사도들을 중심으로 한 하나님 나라 운동이 옛 언약 백성들의 거센 반대와 불신앙 가운데서 주어진 것이기 때문이다.[26] 씨 뿌리는 자의 비유3~23절에서 길가에 뿌려진 씨, 돌밭에 뿌려진 씨, 가시떨기에 뿌려진 씨는 언약의 외인이 아니라 이 문맥에서는 예수님의 설교를 들으러 모인 군중이다. 좋은 땅에 뿌려진 씨는 예수님과 함께 배에 올라타 있는 사도들이다.

"10 제자들이 예수께 나아와 이르되 어찌하여 그들에게 비유로 말씀하시나이까 11 대답하여 이르시되 천국의 비밀을 아는 것이 너희사도들에게는 허락되었으나 그들해변에 모인 군중에게는 아니되었나니"13:10~11

그 문맥과 내용에서 천국 비유들은 유대인들과 그들의 지도자들의 반대에 직면한 고난 모티브를 암시한다. 가라지는 알곡과 함께 밭에 있으나, 그들은 천국의 자녀들이 아니라 악한 자 마귀의 자녀들이다. 천국 비유들은 고난의 현재성을 암시하며, 동시에 그 끝에 열매를 맺게 될 승리를 내다본다.[27]

예수님께서 이적을 통해 백성들을 먹이시는 두 가지 사건14:13~21; 15:32~39은

---

26. Kingsbury, *The Parables of Jesus in Matthew* 13, 15~16.

27. J. D. Kingsbury, *The Parables of Jesus in Matthew 13: The Parables of Jesus in Matthew 13: A Study in Redaction-criticism* (London: SPCK), 1977, 15~16.

중보자 모세와 함께 출애굽 한 이스라엘 백성들이 만나를 먹는 장면을 연상시킨다.[28] 이 이적들과 변화산 사건은 모두 산과 연결되어 있는데14:23; 15:29; 17:1,9, 이는 이스라엘이 광야생활 중에 겪은 만나, 광야, 시내산 이미지를 연상시킨다.[29] 이스라엘은 고난의 광야생활 가운데 있었으나, 하나님의 영광과 함께하지 않았는가? 마찬가지로 예수님 또한 고난을 통과하여 영광에 이르실 것이다변화산 사건, 17:1~5. 그분을 따르는 자 또한 그러하다. 즉, 자기 십자가를 지고 예수님을 따르는 자는 고난의 여정을 통과하여 영광에 이를 것이다16:24~28. 이런 내용은 예수님께서 사도들에게 예루살렘에 올라가 이스라엘의 장로들과 대제사장들과 서기관[30]들에게 고난 받고 죽으신 후 부활의 영광을 맞이할 것을 처음으로 말씀하신16:21 장면과 조화된다. 그리고 예수님과 함께 고난의 여정을 걸어가기를 두려워하는 제자들을 독려한다. 14~17장에 이르는 긴 기사의 마지막 장면은 성전세 논쟁이다17:24~27. 이는 예수님께서 왜 고난 받고 죽어야 하시는지에 대한 짧고 명료한 대답이다. 그분께서는 생명의 속전참고. 출30:12을 내실 필요가 없다. 그러나 그것을 내기 위해 오셨다. 그분께서는 베드로가 내야 할 생명의 속전반세겔까지 주시기 위해 고난과 죽음의 자리로 가셔야 한다.

19~22장의 문맥에서 예수님께서는 자신이 세상에 오신 목적을 밝히신다. 그것은 "자기 목숨을 많은 사람의 대속물λύτρον로" 주시기 위해서이다20:28. 예수님의 이 말씀은 그분께서 걸어가시는 고난의 길20:18~19을 아직도 이해하지 못하여 영광만을 추구하는 야고보와 요한, 그리고 나머지 사도들을 섬김과 고난의 자리로 인도하는 해답이다20:26~27. 예루살렘에 입성하신 후의 기사들과

28. Allison, *The New Moses*, 238~240; Baxter, "Mosaic Imagery in the Gospel of Matthew," 76.
29. Allison, *The New Moses*, 240~242, 243~248; R. H. Gundry, *Matthew: A Commentary on His Handbook for a Mixed Church under Persecution*, 2nd ed. (Grand Rapids, MI: Eerdmans, [1982] 1994), 297, 317~322, 342~346.
30. 이들은 옛 언약 공동체의 최고 회의체이며 종교 재판소인 공회(산헤드린)의 구성원들이다.

논쟁들21~22장은 유대인 지도자들의 미움을 가중시켜 예수님께서 십자가에 달리시는 직접적인 계기가 된다. 그중 악한 포도원 농부 비유와 이에 대한 해석21:33~46은 예수님의 고난 모티브를 극대화한다. 포도원은 구약성경에서 이스라엘을 가리키는 전형적인 은유metaphor가 아닌가?[31] 이 비유 가운데 등장하는 인물들이 가리키는 바는 명확하다. 이 포도원의 주인은 이스라엘의 하나님, 예수님의 아버지이시다. 포도원 주인이 보낸 아들, 악한 농부들에 의해 피살되는 아들은 예수님 자신이다. 악한 포도원 농부들은 반역하는 유대인들과 그들의 타락한 지도자들이다. 건축자들이 버린 돌이었던 다윗이 모퉁이의 머릿돌 즉 이스라엘의 왕이 된 것과 마찬가지로, 예수님께서도 이런 거절과 고난의 과정을 거쳐 왕권을 획득하실 것이다21:42; 참고. 시118:22~23; 마28:18.

다른 공관복음서와 마찬가지로, 마태복음의 절정부23~27장에는 두 종류의 심판이 나타난다. 하나는 23장에서부터 감람산 강화24~25장로 이어지는 심판 선고다섯 번째 긴 강화이고, 다른 하나는 십자가의 고난과 죽음이다26~27장. 전자는 그리스도를 거절한 자들이 그 불신앙과 반역으로 인해 받는 심판이다. 후자는 예수님께서 자기 백성들을 위해 받으시는 대속의 심판이다. 전자가 선고요 다가올 심판이라면, 후자는 예수님의 고난과 십자가 처형을 통해 현재화된다. 전자는 옛 이스라엘의 멸망과 옛 성전의 파괴에, 후자는 이스라엘이자 성전이신 예수님 자신의 파괴에 초점을 맞춘다. 전자가 나라의 본 자손들이 쫓겨나기 위한 것이라면, 후자는 예수님 자신의 대속의 고난을 통해 남은 자들과 이방인들이 하나님 나라로 들어오기 위한 것이다. 고난의 가해자들은 그들 자신이 큰 심판과 환란 가운데 들어가게 된다. 예수님을 재판하는 자들은 "지옥의 판결"을 피하지 못하게 된다23:33. "모세의 자리"에 앉은 자들23:2; 참고. 5:1과 대조은 율법의 원

---

31. 사5:1~7(특히 7절); 27:3~4; 호2:15(히브리어 17절)을 보라.

리대로 심판받는다. 이 심판은 당대에는 주후 70년 예루살렘 성전 파괴와 이스라엘 멸망으로 성취되며, 궁극적으로는 인자의 강림을 통해 완성된다. 이 일련의 과정을 통해 옛 세상에서 새 세상으로, 옛 언약에서 새 언약으로, 옛 이스라엘에서 새 이스라엘로, 옛 성전에서 새 성전으로의 전이가 발생한다.

이런 일련의 문맥 가운데서 제자들에게도 고난이 예고된다. 그들은 배교와 미혹24:4-5,11~12,24~26, 난리와 전쟁과 기근과 지진24:6~7, 환란과 미움24:9~10에 직면할 것이다. 하지만 그런 가운데서 제자들은 끝까지 견뎌야 한다. 그 궁극적 해결책은 "인자의 강림"이다. 이와 함께 고난을 견딜 힘을 얻는 열쇠가 8절에 제시된다.

"이 모든 것은 **재난**해산의 고통, ώδίνων의 시작이니라"24:8

제자들이 처할 고난은 끝 모를 고통이 아니다. 그것은 새 세상, 새 언약, 새 이스라엘, 새 성전으로 향하는 해산을 위한 고통이다. 이는 또한 오늘날의 교회가 고난을 견딜 힘을 얻는 원천이기도 하다.

예수님께서 당하실 고난의 극치는 십자가이다. 마태복음은 예수님께서 예고하신 고난πάσχω; 16:21; 17:12이 유월절πάσχα; 26:2,17,18,19에 성취되는 것으로 연결한다. 이스라엘의 왕이신 그리스도께서는 유월절 기간에 십자가에 달리심으로 고난 받으심의 절정에 이르신다. 이는 예수님의 고난이 가져오는 대속의 의미를 강조한 것 외에 달리 설명할 길이 없다.

마태복음에는 지진σεισμός이 총 3회 발생한다. 이 세 번의 지진은 모두 죽음 또는 죽음에 버금가는 고난의 상황에서 발생하는 부활의 신호탄이다.[32] 첫 번

---

32. 마태복음 24장 7절에도 지진이 한 번 더 언급되는데, 이는 발생한 것이 아니라 예고이다. 그러나 이 역시 제자들이 해산의 고통(24:8)과 같은 고난을 지나 영광에 이르는 내용으로 이어진다.

째는 갈릴리 바다 가운데서 발생한다8:24.[33] 예수님께서는 잠들어 계시며, 제자들은 죽음의 공포 앞에 겁에 질린다.[34] 두 번째는 그분의 고난이 절정에 이르렀을 때 발생한다27:54. 성소의 휘장이 찢어지고, 지진이 발생하며, 무덤 속에 있던 성도들이 살아난다27:51-53. 성소의 휘장의 찢어짐은 옛 성전 파괴와 새 성전의 건설을, 지진은 옛 창조계의 붕괴와 새 창조의 시작을, 무덤 속에 있던 성도들의 부활은 죄와 사망의 권세가 꺾여 새 생명이 탄생하는 것을 보여준다. 마지막 세 번째는 부활의 날에 발생한다28:2. 큰 돌로 예수님의 시신을 막고 있던 무덤이 열린다. 마태복음의 첫 번째 지진이 고난의 죽음과 부활에 대한 전조라면, 두 번째와 세 번째 지진은 그 실제이다.

유월절기 중에 발생한 십자가 사건은 고난을 지나 부활의 영광으로 나아가는 유일무이한 대전환점이다. 마태복음 2장에서는 수많은 아기들이 죽고 예수님 혼자 살아남으시지만, 여기서는 예수님 혼자 죽으시고 수많은 사람들이 살아난다.[35]

## (4) 결론

서론에서 언급한 바와 같이 마태복음에는 크게 세 종류의 서로 다른 고난이 나타난다.

첫째, 예수님의 고난이다. 예수님의 고난은 죄의 문제를 해결하기 위한 대속의 고난이다. 그분의 탄생과 세례와 공생애는 이 목적을 향해 일관성 있게 진행된다. 배교한 언약 백성들과 그 지도자들의 반역과 거절은 이 고난을 가중시킨

---

33. 한글개역성경과 한글개역개정성경에는 "놀"로 번역되었다.
34. 이는 요나서 1~2장을 연상시킨다. France, *The Gospel of Matthew*, 336. 요나서와의 차이점은 사망의 위협이 예수 그리스도의 죄에서 비롯된 것이 아니라는 점이다. 요나서와 유사한 점은 양쪽 모두 죽음(참고. 욘2:2) 또는 죽음과 같은 상황에서의 구출 또는 부활을 그 주제로 하고 있다는 점이다(참고. 마12:39~41; 16:4).
35. 앞 145쪽의 A와 A′를 보라.

다. 그러나 예수님께서는 이를 마다하지 않으시고, 고난의 길을 걸어가신다. 예수님의 고난 받으심은 유월절과 십자가 죽음에서 절정에 이른다.

둘째, 사도들의 고난이다. 사도들은 이 고난에 동참하며 이후로도 당할 고난을 위해 부르심을 받는다. 사도들이 고난 받는 이유는 명확하다. 현재는 예수님과 함께 있고, 그분을 좇고 있으므로 고난을 당한다. 미래에는 예수님을 믿고 전하는 자이므로 고난을 당할 것이다. 이는 이후로 사도행전과 서신서, 그리고 계시록을 통해 계속 이어진다. 이 고난은 한편으로는 극심하지만, 동시에 위로가 뒤따른다. 예수님께서 유월절πάσχα과 십자가 고난과 죽음을 지나 부활의 영광을 얻으신 것처럼, 사도들과 교회/성도에게 고난은 해산의 기쁨을 위한 산통ὠδίν과도 같다.

셋째, 이스라엘은 자신들의 죄로 인해 고난 받고 있다. 그러나 (그들의 지도자들을 포함하여) 그들 중 대다수는 오히려 예수님의 고난을 가중시키는 거짓 교회로서의 역할을 한다.

고난을 넘어 승리와 영광으로 나아가기 위해서는 원수ἐχθρός와 그 세력에 대한 심판이 필수적이다. 이 대적은 죄마1:21와 사탄/마귀마13:39와 그에 속한 자들이다. 예수님께서는 사탄/마귀를 대적하여 귀신들을 내쫓으신다. 궁극적으로 대적이 된 유대인 지도자들과 그 추종자들로부터 고난을 받으신 후, 사망으로부터 부활하심으로써 승리와 영광으로 들어가신다.

이상의 내용은 설교자에게 중요한 원리와 지침을 제공한다.

## 2. '고난' 주제를 설교로

### (1) 설교로의 연결점

성경학자의 목표는 석의exegesis이다. 이는 성경 본문을 해석하는 작업이다. 목사는 이 석의에 기초하여 설교를 작성한다. 설교는 성경으로 교회를 해석하는 사역이다. 목사는 석의와 설교 사이에 존재하는 연속성continuity과 불연속성discontinuity을 잘 분별해야 한다.[36] 이 작업에 실패할 때, 불연속성을 연속성으로 설교하는 우를 범하게 된다. "예수님께서 40일 금식하시는 고난을 경험하신 것을 본받아 우리도 금식하자"라고 설교할 때, 이는 불연속성을 연속성으로 잘못 연결한 것이다. 마태복음에 나타난 '고난'을 설교하기 위해서는 다음의 특징과 연결점에 유의해야 한다.

첫째는 기독론적, 구원론적 연결점이다. 예수님의 고난은 약속된 왕이신 그리스도로서 유일무이한 대속의 고난이다. 따라서 (단순히 외적인 유사성을 근거로) 40일 금식, 축사逐邪와 치유 사역, 십자가 고난과 죽음 등을 일반화하지 말아야 한다. 예수님의 고난 그리고 그 절정인 십자가 사건이야말로 가장 근본적인 문제인 죄에 대한 유일무이한 해결책이다. 설교자는 이 복음을 선포해야 한다. 예수 그리스도의 대속의 고난과 죽음에 대한 신앙이야말로 유일무이한 구원의 길이다.

둘째는 교회론적 연결점이다. 예수님께서는 사도들을 고난의 길로 초청하신다. 사도들은 예수님께서 지시는 십자가를 질 수 없다. 그것은 그분께서 감당하셔야 할 몫이다. 다만 사도들은 자신의 십자가를 지고 예수님을 따라야 한다10:38; 16:24. 이는 사도들의 터 위에 세워진 참 교회/성도가 함께 걸어가야 할

---

36. 교의학은 성경에 기록된 원리가 오늘날의 교회/성도에게 어떤 연속성을 가지고 있는지 보여주는 신학 과목이다.

길이다. 이 고난이라는 해산의 고통은 그리스도께서 강림하실 때 부활의 영광이라는 열매를 낳는다.

셋째는 언약적 연결점이다. 옛 언약 백성 이스라엘과 그들의 지도자들은 언약의 신분과 특권에 있어서 우선권을 가졌으나, 오히려 그리스도를 거절함으로써 고난의 가해자가 되었다. 그들이 받는 고통은 자신들의 죄 때문이다. 그들에게 선고된 심판은 메시아를 거절한 자신들의 불신앙 때문이다. 마태복음은 예루살렘 성전 파괴와 이스라엘의 멸망을 선고함으로써 언약의 심판을 보여준다. 옛 언약과 새 언약은 배포만 다른 동일한 한 언약이다.[37] 새 언약 역시 구원과 심판, 복과 저주, 생명과 사망이라는 양면성을 함께 지닌다. 설교자는 청중들의 귀를 즐겁게 하는 대신, 언약의 이 양 측면을 함께 선포해야 한다. 그리스도를 영접하는 자에게는 구원과 복과 생명이 약속된다. 반면에 그리스도를 거절하는 자에게는 심판과 저주, 그리고 사망이 선고된다.

## (2) 설교의 실제: 본문, 제목, 주제, 대지

### 1) 설교의 실제 1

본문: 마태복음 9장 35절~10장 4절

제목: 목자 없는 양을 찾아오시는 목자

주제: 우리는 목자를 필요로 하는 양들이다.

대지: 1. 우리는 목자 없이 유리하는 양이었다.

      2. 우리는 유일무이한 목자이신 예수님을 믿고 의지한다.

---

37. "······ 그러므로 실체가 다른 두 은혜언약이 아니라, 배포만 다른 동일한 하나의 언약만이 있다."(웨스트민스터 신앙고백서 7:6)

3. 우리는 목자이신 예수님께서 일꾼들을 통해 돌보심을 믿고 기도한다.


본문: 마태복음 9장 35절~10장 4절

제목: 목자 없는 양을 찾아오시는 목자

주제: 예수님께서는 목자 없는 양인 우리의 목자가 되신다.

대지: 1. 예수님께서는 목자 없는 양의 비참을 아신다.

2. 예수님께서는 목자 없는 양을 찾아오신다.

3. 예수님께서는 목자 없는 양에게 지금도 일꾼을 보내신다.


## 2) 설교의 실제 2


본문: 마태복음 10장 34절 (참고. 34~39절)

제목: 검을 주러 왔노라!

주제: 예수님께서는 검을 주러 오셨다.

대지: 1. 예수님께서는 거짓 평화를 깨뜨리는 검을 주러 오셨다.

2. 예수님께서는 누가 가족이며 원수인지 분별하는 검을 주러 오셨다.

3. 예수님께서는 고난 후의 승리로 인도하는 검을 주러 오셨다.[38]


본문: 마태복음 10장 34절 (참고. 34~39절)

제목: 검을 주러 왔노라!

---

38. 이를 1인칭 대지로 바꾸어 설교할 수 있다.
 1. 우리는 이 검으로 거짓 평화를 깨뜨린다.
 2. 우리는 이 검으로 참된 가족과 원수를 분별한다.
 3. 우리는 이 검으로 고난 후의 승리를 소망한다.

본문 요지: 예수님께서는 사도들에게 검을 주러 오셨다.[39]

설교 주제: 참 교회인 우리는 예수님께로부터 검을 받았다.[40]

대지: 1. 참 교회는 복음 선포설교의 검으로 참된 평화를 가져온다.

　　 2. 참 교회는 성례의 검으로 새 가족을 건설한다.

　　 3. 참 교회는 권징의 검으로 원수를 쫓아낸다.


## 3) 설교의 실제 3


본문: 마태복음 27장 50~53절

제목: 영혼이 떠나시다

주제: 예수님의 죽음이 죄인인 우리의 유일한 소망이 되었다.

대지: 1. 예수님의 죽음으로 하나님께 나아가는 길이 열렸다.

　　 2. 예수님의 죽음으로 우리가 살아났다.

　　 3. 예수님의 죽음으로 부활한 우리는 부활하신 그분을 전한다.


## 약어표


| | |
|---|---|
| ATR | Anglican Theological Review |
| BS | Bibliotheca Sacra |
| CBQ | Catholic Biblical Quarterly |
| DJG | Dictionary of Jesus and the Gospels, ed. by J. B. Green, I. H. Marshall and S. McKnight, Downers Grove, IL: Inter Varsity, 1992. |

---

39. 본문의 요지는 석의 중심 사상(exegetical idea)에 해당하여 설교의 주제를 제시하기 위한 중립적이고 객관적으로 요약된 명제이다.

40. 설교 주제(homiletical theme)는 석의 중심 사상에 의거하여 회중에게 설교하기 위해 요약된 명제이다.

| | |
|---|---|
| *ICC* | *The International Critical Commentary on the Holy Scriptures of the Old and New Testament* |
| *JATS* | *Journal of the Adventist Theological Society* |
| *JBL* | *Journal of Biblical Literature* |
| *JSNT* | *Journal for the Study of the New Testament* |
| *JSNTSup* | *Journal for the Study of the New Testament Supplement Series* |
| *JTS* | *Journal of Theological Studies* |
| *NAC* | *The New American Commentary* |
| *NICNT* | *The New International Greek Testament Commentary* |
| *NTCWH* | *New Testament Commentary by William Hendriksen* |
| *NTS* | *New Testament Studies* |
| *SE* | *Studia Evangelica* |
| *SNTSMS* | *Society for New Testament Studies Monograph Series* |
| *TB* | *Tyndale Bulletin* |
| *TJ* | *Trinity Journal* |
| *TNTC* | *Tyndale New Testament Commentaries* |
| *ZECNT* | *Zondervan Exegetical Commentary on the New Testament* |

# 7장
# 사도행전 및 일반서신의 고난

주기철

신약 개역개정성경에서 '고난'으로 번역된 헬라어 표현에는 여러 가지가 있다.[1] 따라서 사도행전 및 일반서신에 나타난 고난에 대해 어떻게 설교할 것인지를 살펴보기 위해서는 '고난'이라는 표현이 직접적으로 나타난 본문을 살펴볼 필요가 있다. 그러나 고난苦難의 사전적인 의미가 '괴로움과 어려움을 아울러 이르는 말'이기 때문에, '고난'이라는 표현이 직접적으로 나타나지 않더라도 개인적이든 공동체적이든 인간이 느끼는 모든 괴로움과 어려움을 포함하는 본문이라면 모든 것이 본 연구의 대상이 될 수 있다.[2] 즉 박형대가 제시한 바와 같이, 고난과 관련된 모든 질병이나 약해진 상태, 장애, 귀신들림, 불임, 가족의 죽음, 실직, 매 맞음, 갇힘, 굶주림, 불면, 순교 등과 같은 주제가 연구의 대상이 될 수 있다는 말이다.[3] 그러나 지면관계상 이 모든 주제들을 다 살펴볼 수는 없을

---

1. 신약의 개역개정성경에서 '고난'으로 번역된 헬라어 표현들 중에 사도행전과 일반서신에 나타난 것만 열거하면 다음과 같다. $\pi\alpha\theta\eta\tau\acute{o}\varsigma$(행26:23), $\pi\acute{a}\theta\eta\mu\alpha$(히2:9,10; 10:32; 벧전1:11; 4:13; 5:1, ), $\pi\acute{a}\sigma\chi\omega$(행1:3; 3:18; 9:16; 17:3; 28:5; 히2:18; 5:8; 9:26; 13:12; 벧전2:19,20,21,23; 3:14,17,18; 4:1,15,19; 5:10), $\alpha\dot{i}\sigma\chi\acute{u}\nu\omega$(벧전4:16), $\sigma\nu\gamma\kappa\alpha\kappa o\nu\chi\acute{e}o\mu\alpha\iota$(히11:25), $\kappa\alpha\kappa o\pi\acute{a}\theta\epsilon\iota\alpha$(약5:10), $\kappa\alpha\kappa o\pi\alpha\theta\acute{e}\omega$(약5:13).
2. 조병수, "공동체 고난에 관한 신약 본문 주해," 『헤르메네이아 투데이』 53 (2012), 113~126은 "고난의 현장은 작은 범위에서 큰 범위로 보면 개인, 가정, 사회, 국가, 세계로 넓혀 볼 수 있겠지만, 사실은 어떤 영역의 고난이든지 당사자와 관련된다는 점에서는 언제나 개인적인 성격을 가진다."라고 말하면서 "개인의 고난은 수평적으로는 넓게 공동체와 연관되고, 수직적으로는 높게 하나님과 연관된다."라고 바르게 지적한다(113~114쪽).
3. 박형대, "개인 고난에 관한 신약본문 주해: 신약성경에 소개된 개인 고난," 『헤르메네이아 투데이』 53 (2012),

듯하다. 다만 여기서는 사도행전과 일반서신 중 야고보서와 베드로전서를 택하여 각 성경의 저자가 '고난'에 대해서 서술하는 이유를 각 성경의 기록목적에 비추어서 해석해보려고 한다. 이와 같은 연구는 각 성경에 나타난 '고난'의 주제를 어떻게 설교할 것인지에 대한 통찰력을 제공해 줄 것이다.

## 1. 사도행전의 고난

### (1) 사도행전의 기록목적

사도행전의 기록목적과 관련해서 다양한 견해가 있지만, 누가-행전의 저자가 직접적으로 제시하는 가장 기본적인 기록목적은 누가복음 1장 4절<sup>"이는 각하가 알고 있는 바를 더 확실하게 하려 함이로라"</sup>에서 기록한 바와 같다. 즉 데오빌로로 하여금 그가 들었던 것, 곧 복음에 대해 확신certainty을 가지게 하려는 것이다. 이를 위해서 누가는 구약성경에서 예수님을 통해 이루어질 것이라고 약속된 것과 예수님을 통해서 이루어진 사실들을 근원부터 자세히 살펴서 처음부터 차례대로 기록한 것이다. 특히 사도행전은 예수님의 제자들이 성령의 능력을 받아서 예수님의 이름으로 '죄 사함에 이르게 하는 회개', 곧 복음이 전파되는 과정을 기록한 것이다. 이를 통해 누가는 예수님의 복음이 예루살렘으로부터 시작하여 땅 끝까지 전파되면서 하나님의 나라가 어떻게 확장되어 가는지를 보여준다.[4] 그리고 저자는 제자들이 예수님께서 전하셨던 것과 같은 복음과 그분께서 행하셨던 것과 같은 기적 행함을 기록함으로써 하나님의 나라가 확장되

---

95~111.

4. 참고. 윤철원, "사도행전 읽기와 하나님 나라의 상관성," 『신약논단』 21 (2014), 91~125.

고 있다는 증거를 제시한다.[5]

이와 같이 말할 수 있는 근거는, 예수님께서 전하신 복음과 행하신 기적, 곧 소경을 보게 하시고, 앉은뱅이를 걷게 하시고, 문둥병자를 깨끗하게 하실 뿐 아니라, 귀머거리로 하여금 들을 수 있게 하시고, 죽은 자를 살리시는 것 등은 이미 구약에서 예언된 새 시대의 도래를 알리는 현상이기 때문이다. 예수님께서는 하늘나라의 복음을 전하며 앞서 제시한 기적들을 행하심으로써 자신이 성경에서 예언된 메시아임을 보이심과 동시에 새 시대, 곧 하나님 나라의 도래를 알리셨다.[6] '새 시대'나 '하나님 나라'와 같은 표현은 '구시대'나 하나님 나라가 아닌 '또 다른 나라'를 전제한다. 즉 '구시대'는 죄로 인해 타락한 세상에서 살아가는 시대를 말하고, 하나님 나라와 대조되는 '또 다른 나라'는 사탄이 통치하는 나라를 의미할 것이다.[7] 누가-행전만이 아니라 복음서 및 신약성경 전체에는 예수님과 그분의 제자들, 그리고 그분을 대적하는 악한 세력 간의 대립을 암시하는 곳이 많이 나타난다.[8]

누가복음의 저자가 예수님께서 사탄의 시험을 받으시는 장면을 시작으로 예수님의 사역을 알리는 것은 주목할 만하다. 이 사건을 통해서 저자는 예수님께

---

5. 사도행전의 기록목적에 대한 더 자세한 논의는 주기철, "사도행전의 윤리, 어떻게 설교할 것인가?," 『본문과 설교』 9 (2017), 180~189를 보라.

6. M. R. Saucy, "Miracles and Jesus' Proclamation of the Kingdom of God," *BS* 153 (1996), 281~307. 병자들과 죽은 자를 살리시는 예수님의 사역은 분명 이사야 26장 19절, 29장 18절, 35장 4~7절, 42장 18절, 61장 1~2절 등과 같은 구약성경의 약속을 상기시킨다.

7. 사탄을 이 세상의 주관자로 묘사하면서 하나님을 대적하는 것으로 기록하는 성경이 신약성경 전체에 나타난다 (마12:28; 막3:22~27; 요12:31; 16:11; 롬8:38~39; 고전2:8; 엡6:12; 골2:15; 요일5:19; 계12:7~9,12). 참고. J. Kallas, 『공관복음서 기적의 의미』 (*The Significance of the Synoptic Miracles*, 김득중, 김영봉 역, 서울: 대한기독교출판사, 1985[1961]), 97~124.

8. 참고. Kallas, 『공관복음서 기적의 의미』, 97~124; H. C. Kee, "The Terminology of Mark's Exorcism Stories," *NTS* 14 (1968), 247~259; Saucy, "Miracles and Jesus' Proclamation of the Kingdom of God," 281~307; 조병수, "공동체 고난에 관한 신약 본문 주해," 113~126; B. J. Tabb "Salvation, Spreading, and Suffering: God's Unfolding Plan in Luke-Acts," *JETS* 58 (2015), 48~58.

서는 세상의 주관자인 사탄의 유혹에 넘어가지 않으시는 분으로서, 사탄의 유혹에 넘어간 하나님의 첫 아들인 아담과 다른 분이심을 보여준다.[9] 그리고 예수님께서는 구약의 예언처럼 주의 성령이 자신에게 임한 것은 "가난한 자에게 복음을 전하게 하시려고 내게 기름을 부으시고 나를 보내사 포로 된 자에게 자유를, 눈 먼 자에게 다시 보게 함을 전파하며 눌린 자를 자유롭게 하고 주의 은혜의 해를 전파하게 하려 하심이라"고 설명한다눅4:18~19; 참고. 사61:1~2. 예수님께서는 이 말씀을 실천하시듯 병자를 고치실 뿐 아니라 사탄을 물리치신다.[10] 그리고 예수님께서는 누가복음 13장 32절, 곧 "이르시되 너희는 가서 저 여우에게 이르되 오늘과 내일은 내가 귀신을 쫓아내며 병을 고치다가 제 삼일에는 완전하여지리라완전히 이루리라 하라"에서 십자가를 지시기 전에 그분의 사역을 요약적으로 설명하신다. 즉 예수님의 십자가 사역은 그분의 축귀사역과 치유사역의 완성이라는 말이다.[11] 예수님께서는 십자가 사역을 통해서 이 세상을 주관하는 사탄의 지배 아래 병들고 억눌린 자들을 고치시고 자유롭게 하신다. 그리고 그분의 제자들에게 위임하여 그분의 사역을 감당할 수 있도록 하신다눅 24:44~49; 행 1:1~11.[12]

---

9. 누가복음 4장의 이전 단락인 3장 23~38절의 족보는 마태복음의 족보(1:1~16)와는 다르게 예수님으로부터 거슬러 올라가서 마지막(3:38)에 아담을 하나님의 아들로 묘사한다. 누가복음의 저자가 이와 같이 표현한 것에는 여러 가지 신학적인 의미가 있을 수 있지만, 무엇보다도 하나님의 아들인 아담과 예수님을 비교하려는 의도가 있을 것이다. 누가복음 3장 38절의 의미에 대한 더 깊은 논의는 G. Ortlund, "Image of Adam, Son of God: Genesis 5:3 and Luke 3:38 in Intercanonical Dialogue," *JETS* 57 (2014), 673~688을 보라.

10. 누가복음 곳곳에서 예수님께서 사탄의 세력을 물리치시는 장면이 나타난다(참고. 눅4:34; 10:18; 13:16). 특히 누가복음 4장 34절("예수께서 가까이 서서 열병을 꾸짖으신대 병이 떠나고 여자가 곧 일어나 그들에게 수종드니라")에서 예수님께서 열병을 꾸짖으시는 장면은 흥미롭다. 왜냐하면 예수님께서는 마치 사탄을 꾸짖으시듯이 열병을 꾸짖어 내쫓으시기 때문이다.

11. Saucy, "Miracles and Jesus' Proclamation of the Kingdom of God," 291.

12. 참고. S. Cunningham, '*Through Many Tribulations*': The Theology of Persecution in Luke-Acts (Sheffield: Sheffield Academic Press, 1997), 174~175.

## (2) 사도행전에 나타난 고난

앞서 사도행전은 예수님의 제자들이 성령의 능력을 받아서 땅 끝까지 예수님의 복음을 전파하는 과정을 기록한 것이라고 했다. 예수님의 제자들은 예수님께서 당하셨던 것과 같은 다양한 고난을 당한다.[13] 어떤 이는 "사도행전은 고난 없이는 목적purpose도 구성plot도 구조structure나 역사history도 없다."라고 말하며 '고난'의 중요성에 대해 지적하면서, '고난'이 복음의 확장에 있어서 주된 원동력이었다고 주장한다.[14] 결과론적으로 보았을 때, 많은 핍박과 고난에도 불구하고 복음이 '땅 끝'까지 전파되었기 때문에, '고난'이 복음의 확장에 일조한 면이 없지는 않을 것이다.[15] 그러나 어떤 고난이나 핍박, 그리고 시련도 예수님의 복음 확장을 적극적으로 돕도록 고안되지는 않았을 것이다. 그러한 것들은 오히려 예수님을 대적하고 복음이 확장되는 것을 막는 역할을 했기 때문에, '고난' 자체가 복음 확장의 주된 원동력이라고 말하기에는 다소 무리가 있을 듯하다.[16] 수많은 고난과 핍박에도 불구하고 복음이 끊임없이 확장된 것은 분명 사도행전 1장 8절에서 예수님께서 말씀하신 바와 같이 제자들이 성령의 능력으로 증인의 사역을 감당했기 때문일 것이다.[17] 사도행전에는 예수님의 복음을 전하

---

13. 차정식, "사도행전에 비추어 본 예수의 수난 전승," 『신약논단』 10(2003), 935~963.

14. P. R. House, "Suffering and the Purpose of Acts," *JESTS* 33(1990), 317~330, 특히 326.

15. 사도행전 11장 19~26절과 관련하여 스데반의 순교사건으로 인한 핍박 때문에 흩어진 유대인들이 이방 선교의 돌파구 역할을 했다고 보는 이들이 있다(참고. 이한수, "사도행전에서 스데반 설교의 의의," 『신학지남』 78 [2011], 35~59, 특히 57; 황욱연, "사도행전 6:1~8:4의 갈등 모티프 이해: 스데반 사건을 중심으로," 『신약논단』 25 [2018], 985~1012). 그러나 '핍박' 자체가 유대인 기독교인들로 하여금 이방 지역에 복음을 전하게 한 것은 아니다. 사도행전 11장 21절에 "주의 손이 그들과 함께 하시매"라는 표현은 복음 확장의 주도권이 주께 있음을 명확히 밝힌다.

16. 예수님께서는 제자들이 세상의 미움과 박해를 받는 이유는 세상이 예수님을 미워하기 때문이라고 말씀하신다(마5:11; 23:35; 눅6:22; 21:10~19; 요7:7; 15:18~20,23~24; 17:14). 참고. Cunningham, '*Through Many Tribulations': The Theology of Persecution in Luke-Acts*, 337~338.

17. 사도행전에서 오순절 성령사건 이후에 예수님의 복음이 온 유대와 사마리아와 땅 끝까지 퍼질 때마다 성령의 기사가 기록된 것을 주목해보라(4:31; 5:32; 8:29; 9:31; 10:19,44~45,47; 11:12,15~18; 13:2,4; 15:28). 참고. M. Turner, "The Work of the Holy Spirit in Luke-Acts," *WW* 23 (2003), 146~147은 "누가복음 3~4장에서 성령

려는 증인들의 모습과 이를 막으려는 여러 가지 문제고난들이 나타나는데, 그럼에도 불구하고 하나님의 말씀은 계속해서 전파되고 흥왕한다행6:7; 12:24; 19:20.

사도행전에 나타난 고난의 유형에는 복음서에 나타났던 바와 같은 질병, 귀신들림과 죽음의 문제 외에 복음의 증인들이 핍박을 받고 투옥되거나 순교하는 문제와 같은 교회 외적인 문제와 헬라파 유대인들이 구제에서 소외되는 것과 같은 교회 내적인 문제들이 있다.

## 1) 질병과 귀신들림[18]

첫째, 여전히 사람들은 질병과 귀신들림, 그리고 죽음의 고난에 사로잡혀 있다. 사도행전 3장 1~10절은 나면서부터 못 걷게 된 이를 소개하는데, 그는 40여 년 동안이나 그렇게 살았다4:22. 사람들이 그를 메고 와서 성전의 미문에 두면 그는 거기서 구걸한 돈으로 하루하루를 사는 자였다. 그러나 베드로와 요한은 그에게 돈을 주는 대신 '나사렛 예수 그리스도의 이름', 곧 복음을 전했고, 그 결과 그는 그 병으로부터 나음을 입었다. 누가는 이 사건을 통해 죽으시고 부활하시고 승천하셔서서 하늘 우편에 계시는 예수님께서 여전히 능력을 행하고 계심을 보여준다.[19]

둘째, 사도행전 5장 12~16절에서 저자는 사도들이 솔로몬 행각에서 말씀을 가르칠 때 많은 무리들이 믿고 주님께로 나오는 장면을 묘사한다.[20] 이때에 많

---

은 구속사역을 위한 예수님의 메시아적 능력으로 오신 반면, 오순절은 교회의 사역을 위해 동일한 능력을 부여하였다. 그리고 교회의 사역 위에 성령이 주도자(initiator), 구동력(driving power), 중요한 결정의 인도자(guide), 그리고 모든 시도들의 적법자(legitimator)로 남아 있었는데, 특히 가장 미묘한 시점에서 그렇다."라고 말한다.

18. 질병 및 귀신들림과 관련된 기록은 사도행전 3장 1~10절, 5장 12,15~16절, 8장 6~7절, 9장 17~18,32~42절, 10장 38절, 14장 3,7~10,19~20절, 16장 16~18절, 19장 11~12절, 20장 9~12절, 28장 3~9절 등에 나타난다.

19. E. J. Schnabel, *Acts* (ZECNT, Grand Rapids: Zondervan, 2012), 190~191.

20. 사도행전 3장 11절에서도 솔로몬 행각에 대해 언급한 것을 보면, 사도들은 이 장소에서 정기적으로 복음을 선포하거나 말씀을 가르친 듯하다. 참고. W. Neil, *The Acts of the Apostles* (London: Oliphants, 1977[1973]), 95.

은 병자들과 더러운 귀신에게 괴롭힘을 받는 자들이 다 나음을 얻었다고 기록한다5:16. 주목할 만한 것은 무리들이 병자들을 데리고 와서 베드로가 지날 때 그의 그림자에 덮이면 나을까 하여 거리에 침대와 요를 깔고 눕히는 장면이다. 이와 같은 기록을 통해서 저자는 하나님의 능력이 임한 곳에 그분을 대적하는 세력 아래 놓인 자들이 풀려나는 모습을 묘사하려 한 듯하다.[21]

셋째, 사도행전 9장 36~43절은 베드로가 죽은 여인도르가을 살리는 장면을 묘사한다. 도르가는 예수님의 제자로서 선행과 구제하는 일에 열심인 자였는데36절, 병들어 죽게 되었다. 제자들은 가까운 지역에 있던 베드로를 급히 불렀고, 베드로가 그에게 와서 그를 살려주었다. 주목할 것은 베드로가 그 여인을 살리기 위해서 모두를 내보내고 혼자 무릎 꿇고 기도하는 장면이다9:40. 이는 죽은 야이로의 딸을 살리실 때의 예수님의 모습을 상기시킨다눅8:49~56. 참고. 막5:40.[22] 이 기적을 통해서 저자는 '죽음'이라는 것이 사람을 지배하고 예수님의 복음 확장을 막지만, 예수님의 능력이 그 죽음을 능가하고 있음을 보여준다. 그리고 복음은 여전히 확장되어 나간다.[23]

---

21. 사도행전 5장 15절의 "······ 그의 그림자라도 누구에게 덮일까 바라고"에서 사용된 '덮다($\dot{\epsilon}\pi\iota\sigma\kappa\iota\acute{\alpha}\zeta\omega$)'라는 동사는 마태복음 17장 5절과 마가복음 9장 7절, 그리고 누가복음 1장 35절과 9장 34절에도 사용되었는데, 모두 하나님의 임재와 능력을 나타낼 때 사용되었다. 어쩌면 누가는 사도행전 5장 15절에서도 하나님의 임재와 능력을 나타내기 위해서 의도적으로 사용했을 수도 있다. 참고. C. S. C. Williams, *The Acts of the Apostles* (London: Adam & Charles Black, 1957), 89; Neil, *The Acts of the Apostles*, 95~95. Cf. Schnabel, Acts, 293.

22. Schnabel, *Acts*, 468~472; D. G. Peterson, *The Acts of the Apostles* (Grand Rapids: Nottingham: Apollos, 2009), 321~323; F. F. Bruce, *The Book of the Acts* (Grand Rapids: Eerdmans, 1988), 198~200; D. L. Bock, *Acts* (BECNT, Grand Rapids: Baker Academic, 2007), 377~379.

23. 도르가는 예수님의 제자로서 선행과 구제로 예수님의 제자 됨을 나타내는 자였지만, 질병과 죽음이 그로 하여금 그 하는 일을 하지 못하도록 막는다. 그러나 베드로가 주의 능력으로 그를 살린 후에 온 욥바인들이 이를 알고, 그 중 많은 사람이 주를 믿는 역사가 일어난다(9:42). 참고. 이영호, "여 제자 다비다에 대한 연구(행 9:36~39)," 『영산신학저널』 44 (2018), 187~189.

## 2) 교회 외적인 문제

사도행전에 나타난 대표적인 교회 외적인 문제는 핍박과 투옥과 죽음이다. 사도행전 2장의 오순절 사건 이후에 사도들은 기사와 표적을 많이 행했고, 믿는 자들이 폭발적으로 증가했지만, 그들은 사도의 가르침을 받아서 서로 교제하고, 떡을 떼며, 오로지 기도하기에 힘썼다2:42. 자신의 물건을 팔아 서로의 필요를 따라 나누면서 함께 떡을 떼며 하나님을 예배할 뿐 아니라, 온 백성에게 칭송을 받았다2:43~47. 사도들은 기사와 표적을 행하면서 자신들을 주목하게 하지 않고, 오히려 복음을 전하고 예수님을 주목하도록 했다. 그리고 많은 사람들이 예수님을 믿었다. 그러나 또 한편으로 제사장이나 성전 맡은 자, 그리고 사두개인들은 사도들이 백성들에게 예수님의 죽음과 부활을 가르치는 것을 싫어하여 베드로와 요한을 체포하고4:1~4 심문하였지만, 처벌할 방법을 찾지 못해서 위협한 후에 놓아주었다4:5~22. 그리고 풀려난 사도들은 담대히 복음을 가르칠 수 있기를 기도하고, 모인 무리들은 다시 성령의 충만함을 받고 담대히 하나님의 말씀을 전한다.[24]

이와 유사하게 5장 12~16절에서 사도들이 표적과 기사를 행하고 많은 사람들이 예수님을 영접한 이후, 종교 지도자들이 마음에 시기가 가득하여 사도들을 잡아서 옥에 가둔다5:17~18; 참고. 13:45; 17:5. 그러나 주의 사자가 밤에 옥문을 열고 사도들을 구원하고, 그들은 다시 성전에서 담대히 백성들에게 복음을 전한다5:19~25. 감옥에서 풀려난 사도들은 다시 종교지도자들 앞으로 끌려갔지만, 사람의 위협에 조금도 굴하지 않고 복음의 증인으로서 하나님께 순종할 것이라고 단언한다5:26~32. 종교 지도자들은 계속해서 사도들을 없애고자 했지만, 이번에는 바리새인 율법교사인 가말리엘의 중재로 사도들을 죽이지 못하고, 또 다시

---

24. House, "Suffering and the Purpose of Acts," 321은 누가가 사도행전 전체에서 사역-박해 패턴(ministry-persecution pattern), 곧 사도들의 사역과 이어지는 박해의 패턴을 반복해서 사용한다고 주장한다.

예수의 이름으로 말하는 것을 금하며, 채찍질하고 놓아준다5:33~40. 그러나 사도들은 예수님의 이름으로 능욕 받는 것을 기뻐하면서 날마다 어디서든지 예수님을 그리스도라고 가르치기와 전도하기를 그치지 않는다5:41~42.

이와 같은 사건은 그 어떠한 외적 박해와 핍박도 하나님의 복음 확장을 막을 수 없음을 보여준다. 이와 관련하여 커닝햄S. Cunningham은 다음과 같이 바르게 말한다.

강제적 감금은 복음을 억제하려는 노력, 곧 궁극적으로 실패할 인간의 노력의 생생한 그림을 제공한다. 사도들이 감옥에서 기적적으로 탈출한 것은 베드로의 이야기12:1-10와 바울과 바나바의 이야기16:23~26에서 반복된다. 이는 복음의 진행이 결코 감금이나 사로잡힘에 의해서 방해받을 수 없다는 확실성을 보여준다. 왜냐하면 하나님의 팔은 감옥의 문의 자물쇠를 파괴할 만큼 충분히 강하기 때문이다.[25]

사도행전 6장 8절 이하에 스데반이 핍박받고 순교하는 기사가 기록된다. 흥미로운 것은 이 기사 이전에 6장 7절에 "하나님의 말씀이 점점 왕성하여 예루살렘에 있는 제자의 수가 더 심히 많아지고 허다한 제사장의 무리도 이 도에 복종하니라"고 기록한 것이다. 이는 어쩌면 하나님의 말씀은 점점 더 흥왕함과 동시에 복음의 확장을 막으려는 시도 또한 계속되고 있음을 보여준다. 스데반의 기사 역시 4장의 베드로와 요한, 그리고 5장의 사도들의 것과 유사하다. 스데반이 기사와 표적을 행하고6:8, 대적자들이 도발을 당하여 분노한다6:9~12. 스데반이 산헤드린으로 끌려와서6:12 공회 앞에서 증언하면서 이스라엘이 예수

---

25. Cunningham, 'Through Many Tribulations': The Theology of Persecution in Luke-Acts, 200.

님을 죽였다는 혐의를 제기한다7:2~53. 그런 후에 공회가 스데반에게 반응하고 7:54,57~59, 스데반은 여전히 하나님을 의지하면서 반응한다7:55~56,59~60. 그러나 앞서 등장한 사도들과 다르게 스데반은 핍박받고 죽음에 이른다. 그리고 교인 들에 대한 박해는 점점 더 커진다. 그럼에도 불구하고 분명한 것은 하나님의 복 음은 멈추지 않고 계속해서 확장된다는 것이다8:1~4.[26] 이와 같은 사실은 죽음조 차도 하나님의 복음 확장을 막을 수 없다는 사실을 보여준다.[27]

## 3) 교회 내적인 문제

사도행전에는 외부로부터 사도들과 증인들에게 주어지는 핍박과 박해와 같 은 문제도 있었지만, 교회 내부에서 일어나는 내적인 갈등이나 고난도 있었다. 대표적인 것이 아나니아와 삽비라 사건이다행5:1~11. 이 사건의 바로 앞 단락행 4:32~37에서는 믿는 무리들이 큰 은혜를 받아서 모든 물건을 서로 통용하고 자 기 재물을 조금이라도 자기 것이라고 하는 사람이 없었다고 소개한다. 누가는 바나바를 구체적인 예로 제시하며 그가 자신의 밭을 팔아 그 값을 사도들의 발 앞에 두었다고 설명한다36~37절. 믿는 무리들의 이와 같은 모습은 분명 성령 충 만한 자들의 모습이다4:31. 그러나 아나니아와 삽비라는 자신의 소유를 팔아 얼 마를 숨기고 얼마만 가져다가 사도들의 발 앞에 두었다. 아마도 그 부부는 그

---

26. Cunningham, 'Through Many Tribulations': The Theology of Persecution in Luke-Acts, 204는 스데반 의 이야기와 베드로와 요한(4장), 그리고 사도들(5장)의 이야기에 나타난 유사한 패턴을 구체적으로 비교하 며 다음과 같이 제시한다. ① 증인이 기적을 행함(3:1~10; 5:12~16; 6:8), ② 대적들이 도발을 당하여 화를 냄 (4:1~3; 5:17~18; 6:9~12), ③ 증인이 산헤드린 앞으로 끌려옴(4:5~7; 5:27; 6:12), ④ 증인이 산헤드린의 도전에 응하면서 이스라엘이 예수님을 죽였다는 혐의를 제기함(4:8~12; 5:29~32; 7:2~53), ⑤ 산헤드린 공회가 증인 에게 반응함(4:13~18,21~22; 5:33~40; 7:54,57~59), ⑥ 증인은 여전히 하나님을 의지하면서 반응함(4:23~30; 5:41; 7:55~56,59~60), ⑦ 증인이 핍박으로 고통을 당한 후에는 새로운 복음 선포가 이어짐(4:31; 5:42; 8:1~4).
27. Cunningham, 'Through Many Tribulations': The Theology of Persecution in Luke-Acts, 293~294가 지 적하듯이, 강제 감금이나 핍박이 복음의 확장을 막지 못하고 오히려 또 다른 지역에 복음이 전파되게 하는 결 과를 보여주는 곳이 많이 있다(행9:24~25; 13:50~51; 14:5~6; 16:31~34; 17:10,14). House, "Suffering and the Purpose of Acts," 320~321도 보라.

와 같이 함으로써 사람들의 명성을 얻으려고 했을지도 모른다. 그러나 더 근본적인 문제는, 베드로가 지적한 바와 같이, 아나니아의 마음이 사탄으로 가득한 것이었다5:3. 이렇듯 성령으로 충만한 자들은 하나님의 복음 확장을 돕지만, 사탄으로 충만한 자들은 공동체에 거짓을 행하고, 하나님의 복음 확장을 방해한다.[28] 그러나 아나니아와 삽비라를 통해 교회를 곤란하게 하려던 사탄의 계략은 무위로 끝난다. 하나님께서 그들을 심판하심으로써 공동체 내의 죄와 죄인들을 제거하셨기 때문이다.[29]

사도행전 6장 1~6절에는 여러 가지 핍박에도 불구하고 사도들이 담대히 복음을 전하고 예수님을 믿는 자들이 점점 늘어나고 있을 때, 헬라파 유대인들이 자기의 과부들이 매일의 구제에서 빠지므로 히브리파 사람을 원망하는 일이 발생했다1절. 이 사건의 근본적인 문제는 늘어난 신자들을 섬기는 업무가 많아졌기 때문에, 사도들이 그들의 본연의 임무인 기도하는 일과 말씀 사역에 전념하지 못한 것이었다4절. 사도들이 그들의 본연의 임무를 뒤로하고 접대하는 일에 치중한 결과2절, 교회 공동체 내의 구제 문제에 혼란을 야기하고 차별의 문제를 불러일으켰다. 그러나 이 문제는 믿음과 성령이 충만한 또 다른 일곱 명을 택하여 접대하는 일을 하게 하고, 사도들은 말씀과 기도에 다시 전무함으로써 해결된다4~6절. 누가는 이 사건 이후에 6장 7절에서 "하나님의 말씀이 점점 왕성하여 예루살렘에 있는 제자의 수가 더 심히 많아지고 허다한 제사장의 무리도 이 도에 복종하니라"고 기록함으로써, 하나님의 복음 확장에 방해되는 일들이 제거되었음을 알려준다.[30]

---

28. J. A. Fitzmyer, *The Acts of the Apostles* (Doubleday: The Anchor Bible, 1988), 323; Schnabel, *Acts*, 283; Bock, *Acts*, 221~223; 주기철, "사도행전의 윤리, 어떻게 설교할 것인가?," 196~197.

29. Schnabel, *Acts*, 285; Bock, *Acts*, 223~225.

30. Schnabel, *Acts*, 336~339은 이 사건의 문제는 현대 교회의 지도자들이 어디에 우선순위를 두어야 할지에 대해서 말해준다고 바르게 지적한다. 현대 교회 지도자들이 기도하는 일과 말씀 사역에 우선순위를 두고 힘쓰고

사도행전 15장 1~35절에는 이방인의 구원과 관련하여 할례를 받는 문제가 교회 내부의 문제로 등장한다. 이 문제는 어떤 이들이 유대로부터 안디옥에 와서 예수님을 믿는 형제들에게 모세의 법대로 할례를 받지 않으면 구원을 받을 수 없다고 가르치는 것이 발단이 되었다1절. 이에 대해 바울 및 바나바는 그렇지 않다고 가르쳤기 때문에, 두 그룹 사이에 적지 않은 다툼과 변론이 일어나게 되었다2절. 이 문제로 예루살렘에서 회의가 열렸고, 많은 논의 끝에 베드로가 일어나서 이방인들도 유대인들과 동일하게 오직 하나님의 은혜로 구원 받을 수 있다고 말한다7~11절. 그리고 이어서 야고보도 하나님께서 이방인들을 회복시키는 것이 구약 선지자들의 예언의 성취이므로, 이방인들에게 할례를 강제해서 괴롭게 하지 말라고 한다13~19절. 다만 이방인들도 우상의 더러운 것과 음행과 목매어 죽인 것과 피를 멀리하라고 권한다20절. 그 이유는 유대인 공동체가 있는 도시마다 항상 그와 같은 것들이 가르쳐졌기 때문이다21절.[31] 이와 같은 문제는 복음이 이방 지역으로 퍼져나갈 때 즈음에 발생한 것으로, 자칫하면 교회를 두 개로 나누어지게 하거나 하나님의 복음 확장을 가로막을 수 있는 큰 문제였다. 그러나 이 모든 일은 성령과 사람들에게 보기 좋은 결론에 이르게 되고28절, 이방인들 또한 이 결정을 듣고 기뻐한다30~33절. 이와 같은 문제고난가 해결된 후에 다시 바울과 바나바 및 많은 사람들이 주의 말씀을 가르치며 전파하는 일에 전념한다35절.[32]

---

있는지 한 번 생각해 보아야 한다.

31. Schnabel, *Acts*, 646; Bock, *Acts*, 507~508.
32. 사도행전 15장 36~41절에는 다시 바울과 바나바의 갈등이 기록되고, 또 16장 1~5절에는 디모데에게 할례 주는 문제 등이 기록되는 것처럼 고난과 갈등이 연속되지만, 그럼에도 불구하고 하나님의 복음은 확장되어간다.

## (3) 사도행전의 고난과 복음 확장

이제까지 사도행전에 나타난 여러 가지 종류의 문제고난에 대해서 살펴보았지만, 지면관계상 사도행전에 나타난 모든 고난을 다루기란 쉽지 않다. 따라서 마지막으로 사도행전의 결론 부분행28:30~31을 간략하게 살펴보면서 앞서 제시했던 바와 같이 온갖 고난에도 불구하고 하나님의 나라와 복음이 여전히 확장되고 있음을 보고자 한다.

누가는 바울이 "온 이태를 자기 셋집에 머물면서 자기에게 오는 사람을 다 영접"했다고 기록한다30절. 이는 바울이 죄수의 신분으로 가택연금 상태에 있었음을 의미하고행28:16, 이제까지 그랬던 것처럼 그가 여전히 복음 때문에 고난 당하고 있음을 의미한다. 그럼에도 불구하고 바울은 자유인처럼 자기에게 오는 사람들을 다 영접한다.[33] 바울이 자신을 찾아오는 자들을 영접하며 행한 것은 두 가지이다. 그것은 하나님 나라를 전파κηρύσσω; '선포proclaim'하는 것과 주 예수 그리스도에 관한 모든 것을 가르치는 것διδάσκω이다. 특별히 주목해야 할 것은 이와 같은 일을 하고 있는 바울을 묘사하는 표현이자 동시에 사도행전을 끝내는 마지막 단어인 '거침없이ἀκωλύτως'라는 부사이다. 이와 같은 표현을 통해서 누가는 어쩌면 사도행전 1장 8절의 말씀이 여전히 이루어지고 있음을 보이려는 듯하다. 즉 성령의 권능을 받은 사도들이 예루살렘으로부터 시작해서 땅 끝까지 이르는 복음의 증인이 될 것이라는 말씀이 여전히 이루어지고 있다는 말이다. 비록 바울은 갇혀있는 상태이지만 하나님의 나라와 주 예수 그리스도를 담대히 그리고 거침없이 선포하며 증인의 역할을 하고 있다.[34] 바울이 사람들과 자유롭게 접촉할 수 없는 상황이 되니, 이제는 사람들이 찾아와서 복음을

---

33. '영접하다(ἀποδέχομαι; 'welcome', 'to receive gladly')'라는 동사는 미완료형(ἀπεδέχετο)이 사용되었다. 바울은 가택연금 상태에 있었던 기간 동안 자기를 찾아오는 자들을 환영하며 맞아들였던 듯하다.

34. 참고. 한규삼, "사도행전의 끝맺음(행28:30~31)에 나타난 누가의 의도," 『신학지남』 66 (1999), 225~238.

듣는 아이러니한 상황까지 벌어진다. 이처럼 그 어떤 고난과 핍박에도 불구하고 복음은 선포되고 하나님 나라는 확장되어 간다.[35] 이와 같이 온갖 방해와 고난에도 불구하고 하나님의 말씀이 막힘없이 확장되고 있다는 사실은 데오빌로와 같이 복음을 들었지만 확신을 가지지 못한 자들에게 하나님의 살아계심과 그분의 복음이 참 진리의 말씀이라는 확신certainty을 줄 것이다.

## 2. 야고보서의 고난

### (1) 야고보서의 기록목적

어떤 이들은 야고보를 서신으로 규정할 수 있는 서신적인 요소가 서론에만 있고 맺음말에는 나타나지 않는다고 하면서, 야고보서를 서신의 형식을 취한 권고문 혹은 지혜문학으로 본다.[36] 그러나 고대 서신의 맺음말 양식이 항상 같지 않고 또 야고보서 5장 19~20절을 맺음말의 서신적 요소 중 하나인 결론적 권면Concluding exhortation으로 본다면, 야고보서를 서신으로 보는 것이 마땅하다. 나아가 서신의 맺음말은 본문에서 사용되었던 표현들이 반복되거나 본문의 중요한 내용을 요약하기 때문에 그 서신 해석에 중요한 단서를 제공한다는 것이 사실이라면,[37] 야고보서의 맺음말을 통해서 서신의 기록목적을 찾아볼 수 있

---

35. Schnabel, *Acts*, 1075~1078. Peterson, *Acts*, 722은 "사도행전 전체에서 '하나님 나라'가 요점마다 계속 언급이 되었는데(1:3; 8:12; 14:22; 19:8; 20:25; 28:23), 이는 인류를 위한 하나님의 구원계획을 방해하는 죄와 죽음, 그리고 모든 것에 대한 하나님의 통치를 가장 간단하게 묘사하는 방식"이라고 바르게 지적한다.

36. M. Dibelius, *James* (Philadelphia: Fortress, 1975), 1~7; R. W. Wall, "James as Apocalyptic Paraenesis," *RQ* 32(1990), 11~22; G. Holloway, "James as New Testament Wisdom Literature," *Leaven* 8(2000), 1~7.

37. G. J. Bahr, "The Subscriptions in the Pauline Letters," *JBL* 87 (1968), 27~41; J. A. D. Weima, *Neglected endings: The Significance of the Pauline Letter Closings* (Sheffield: JSOT Press, 1994), 55~56,76,152~155,237~239; F. O. Francis, "The Form and Function of the Opening and Closing Paragraphs of James and 1 John," *ZNW* 61 (1970), 110~126; C. L. Blomberg and M. J. Kamell, *James* (Grand Rapids: Zondervan, 2008), 237.

다.[38] 서신을 맺는 마지막 결론적 권면5:19~20에서 저자는 "**19** 내 형제들아 너희 중에 미혹되어 진리를 떠난 자를 누가 돌아서게 하면[39] **20** 너희가 알 것은 죄인을 미혹된 길에서 돌아서게 하는 자가 그의 영혼을 사망에서 구원할 것이며 허다한 죄를 덮을 것임이라"[40]고 명령한다. 이는 수신자들 중에 미혹되어 진리를 떠난 자들이 있음을 암시한다. 이에 저자는 공동체 전체를 향해서 '미혹되어 진리를 떠난 자'를 돌아서게 하여 그의 영혼을 사망에서 구원하고, 그가 지은 허다한 죄가 사함 받을 수 있게 하라는 권면의 서신을 보냈을 것이다.

## (2) 야고보서에 나타난 고난

앞서 '미혹되어 진리를 떠난 자'에 대해서 언급했는데, 야고보서의 수신자들이 스스로 미혹되어 진리를 떠난 이유는 수신자들이 처한 상황과 밀접한 관련이 있을 듯하다. 즉 1장 1절에서 저자는 수신자들을 부를 때 '흩어져 있는ἐν τῇ διασπορᾷ'이라는 표현을 사용했는데, 이는 수신자들이 팔레스타인 이외의 지역에 흩어져서 신앙생활을 하는 기독교인임을 나타낸다. 그리고 흩어져서 있는 수신자들은 종교적으로나 정치적으로, 그리고 사회적으로나 문화적으로 이방인으로 살면서 여러 가지 면에서 많은 어려움을 당했음을 암시한다. 이를 반영하듯이 저자는 서론에서 인사를 한 이후 본론을 시작하면서 곧바로, "온전히 기쁘게 여기라, 나의 형제들아! 너희가 여러 가지 시련을 만날 때마다"라고 명령

---

38. 야고보서의 서신적 성격 및 기록목적에 관한 더 자세한 논의는 주기철, "야고보서 5:7~12이 3.1 운동에 참여한 기독교인들에게 주는 인내의 자세," 『고신신학』 21 (2019): 42~47을 보라. 여기서는 야고보서의 기록목적과 관련해서 간략하게 언급하려 한다.
39. 야고보서 5장 19절의 "미혹되어 진리를 떠난 자"라는 표현에서 '미혹되다(πλανηθῇ)'는 중간태적 의미를 지니고 있는 수동태 가정법 동사로서, '스스로 타락하다('one goes astray' of one's own accord)'라는 의미를 지닌다.
40. 개역개정성경은 야고보서 5장 20절을 "너희가 알 것은……"이라고 번역했지만, 사실 여기서 '알라(γινωσκέτω)'는 3인칭 단수 현재 능동태 명령형 동사가 사용되어서 "~로 하여금 알게 하라(또는 '알라')"로 번역해야 한다.

하면서 '여러 가지 시련trials of various kinds'에 대해서 언급한다.[41] 그리고 수신자들은 다양한 시련이 지속적으로 일어나는 상황 속에 있었기 때문에, 그것으로 인해 스스로 미혹되어 진리를 떠났을 가능성이 있다.[42] 그리고 이와 같은 표현 "흩어져 있는", "여러 가지 시련"은 야고보서의 수신자들이 당한 고난의 성격이 어떠한 것인지 암시한다. 즉 야고보서의 저자가 말하는 고난은 기독교인으로서 흩어져 살아가면서 당할 수 있는 시련을 총망라한다. 그러면 저자는 구체적으로 어떤 고난을 언급하고 있는가?

첫째, 야고보서 1장 9~11절에서 '낮음ταπεινός'과 '높음ὕψος'의 문제를 언급한다.[43] '낮음'은 경제적으로나 사회적으로 낮은 위치에 있음을 말하고, '높음'은 경제적으로 부한 것을 가리킨다. 이와 같은 시련을 이겨낸 자들은 1장 12절에서 밝히는 바와 같이 주께서 자기를 사랑하는 자들에게 약속하신 생명의 면류관을 얻을 것이라고 한다.[44] 둘째, 야고보서 2장 1~13절에서는 차별의 문제를 다루면서 일반적으로 부자들이 가난한 자를 업신여기고 억압하며 법정으로 끌고 가는 문제2:6에 대해 언급한다.[45] 저자는 사람의 외모얼굴를 보고 차별

---

41. 야고보서 1장에서 '시험'과 '시련'으로 번역된 표현의 번역에 대한 문제는 주기철. "야고보서 1장에 나타난 '시험'(πειρασμός)과 '시련'(δοκίμιον)으로 번역된 단어 재고." 『고신신학』 20 (2018), 103~130을 보라.

42. 야고보서 1장 13~18절은 야고보서의 수신자들이 진리를 떠났을 법한 상황을 제시한다. 즉 1장 13절에서 "사람이 시련을 받을 때에 내가 하나님께 시험을 받는다 하지 말지니"라고 말하는 것은 시련 중에 하나님을 '시험하는 자'로 치부하게 되는 잘못을 지적하는 것이다. 그러나 사람이 시험을 받는 것은 자기 욕심에 끌려 미혹되기 때문이다(1:14). 그리고 그 욕심이 잉태하면 죄를 낳고 죄가 장성하면 사망을 낳는다(1:15). 이와 같이 지적하면서 저자는 수신자들에게 "내 사랑하는 형제들아 속지 말라"(1:16)고 한다. 여기서 '속지 말라'에 사용된 동사(πλανάω)는 5장 19절의 '미혹하다'에 사용된 동사와 동일하고, 따라서 미혹되어 진리를 떠나는 것은 여러 가지 시련의 상황에서 스스로 욕심을 품고, 죄를 짓고, 사망에 이르는 상태를 말하는 것이다.

43. 유지운, "야고보서 5:7~20에 대한 담화 분석: 고난을 견디어 내라! 하나님 그리고 이웃과의 관계성을 유지하면서," 『성경원문연구』 41 (2017), 182.

44. 사회적, 경제적 '낮음'과 '높음'의 문제 모두 신자가 당할 수 있는 고난이 될 수 있다. 전자는 '낮음'으로 인해 자신의 영적 높음을 인식하지 못하고 실족할 수 있기 때문이고, 후자 역시 자신의 '높음'으로 인해 하나님을 의지하지 못하여 생명의 면류관을 상급으로 받지 못할 수 있기 때문이다.

45. 여기서 말하는 '부한 자들(οἱ πλούσιοι)'은 보편적으로 부한 자들을 지칭한다. 그런데 저자는 "부자는 너희를 억압하여 법정으로 끌고 가지 아니하느냐"라고 말하면서 수신자들 대부분이 부자들로부터 억압받는 위치에

하는 것προσωπολημψία은 곧 공동체 내의 회원들 간에 서로 차별하며 악한 생각으로 판단하는 자가 되는 것이라고 한다2:4. 따라서 '차별'이 공동체 내에 있다는 것 자체로 신자에게 고난이 될 수 있다. 그리고 부한 자가 가난한 자를 '억압한다καταδυναστεύω'라고 했는데, 이는 '압제하다oppress' 또는 '착취하다exploit'라는 의미를 포함한다. 법정으로 끌고 가는 것은 '압제'의 한 방편이 될 것이다 참고. 마18:23~35.

셋째, 야고보서 4장 1~10절에서는 싸움과 다툼, 그리고 살인 등의 문제를 다룬다.[46] 이와 같은 문제는 공동체 내부의 문제로 3장 13~18절에서 제시한 바와 같이 하늘의 지혜가 아니라 땅 위의 지혜, 곧 개인의 시기심과 욕망을 따라 행하는 자들 때문에 야기될 것이다.[47] 넷째, 야고보서 5장 1~12절에는 부한 자들로부터 착취와 정죄와 죽임을 당하는 문제에 대해서 언급한다. 5장 6절의 '의인'이 5장 4절에서 언급한 가난한 품꾼, 곧 부한 자로부터 착취당할 때 하나님 앞에 눈물로 기도하는 자를 가리킨다면, 그는 부한 자로부터 착취당하고 법정으로 끌려가 정죄당하고, 심지어 죽음을 당하기까지 한다.[48] 다섯째, 야고보서 5장 13~18절에서 질병에 대해서 언급한다. 이는 영적인 질병일 수도 있고 육체

있는 가난한 자들임을 암시한다. 이는 2장 4절에서 지적한 바와 같이, 부한 자와 가난한 자를 차별하는 것은 '너희 중에' 또는 '너희끼리' 서로 차별하는 것이 아니냐는 저자의 지적과 일맥상통한다.

46. '살인'의 문제가 실제적인 문제인지 아니면 영적인 문제인지에 대한 논의가 있다. 대부분은 '살인'을 은유나 과장으로 보면서 영적인 의미를 말하는 것으로 본다. 그러나 R. P. Martin, James (WBS 48, Waco: Word Books, 1988), 144는 수신자들 중에 실제로 열심당 출신들이 있을 수 있기 때문에 살인도 가능성이 있다고 본다.

47. K. Richardson, James: An Exegetical and Theological Exposition of Holy Scripture (Nashville: Broadman & Holman,1997), 174는 하나님의 말씀에 자의적으로 복종하지 않는 인간의 의지가 악한 마음을 만들어내고, 이것이 싸움과 다툼의 원인이라고 바르게 주장한다.

48. 부한 자들은 품꾼들로부터 삯을 갈취한 후에 자신들의 잘못을 감추려고 오히려 가난한 자들을 법정으로 끌고 가서 정죄하고, 심지어 죽임을 당하게 할 수 있었을 것이다(참고. 약2:6). 학자들은 유대인들의 세계에서는 사람에게 필요한 것을 공급하지 않는 것이 곧 그 사람을 죽이는 것이기 때문에, 야고보서의 저자가 말하는 '정죄하고 죽였으나'의 의미가 바로 그런 의미일 것이라고 보기도 한다(참고. D. J. Moo, James [Nottingham: Inter-Varsity Press, 2015], 209~210; Blomberg and Kamell, James, 225.

적인 질병일 수도 있다.

## (3) 야고보서의 고난과 신앙의 성숙

앞서 야고보서의 기록목적과 야고보서에 나타난 고난에 대해서 살펴보았다. 야고보서의 저자는 흩어져 있는 교회의 성도가 여러 가지 시련 때문에 스스로 미혹되어 진리를 떠나가는 상황에서 교회 구성원들을 권하여 그들을 돌아서게 함으로써 그 영혼을 사망에서 구할 뿐 아니라 그들의 허다한 죄가 사함을 받도록 하기 위해서 야고보서를 기록했다고 했다. 위에서 살펴본 바와 같이, 서신의 본문에서는 여러 가지 다양한 고난의 형태가 제시된다. 그러나 흥미로운 것은 서신의 시작부분1:2에서 "내 형제들아 너희가 여러 가지 시련을 당하거든"이라는 표현을 쓰면서 수신자들이 당하는 고난의 성격을 정의한 것이다. 즉 '여러 가지 시련πειρασμοῖς ποικίλοις'은 흩어져 살아가는 기독교인이 일상에서 당할 수 있는 모든 종류의 시련을 포함한다.[49] 이를 뒷받침하듯이 저자는 서신의 거의 마지막 부분5:13에서 "너희 중에 고난당하는 자가 있느냐?"라고 질문하면서 부정대명사τίς와 '고난당하다κακοπαθεῖ'라는 동사를 사용하여 누구나 당할 수 있는 보편적인 시련과 고난에 대해 말하고 있다.[50] 따라서 야고보서에서 말하는 시련은, 비록 모든 종류의 시련이 구체적으로 언급되지는 않았다고 하더라도, 흩어져서 신앙생활을 하면서 당할 수 있는 모든 고난을 포함한다고 볼 수 있다.

그러면 이와 같이 여러 가지 고난의 상황에서 어떻게 하면 스스로 미혹되지 않을 수 있을까? 야고보서의 저자는 서신의 본문을 시작하면서 가장 먼저 고난

---

49. "여러 가지 시련"이라고 한 표현은 남성 복수 명사인 '시련들(πειρασμοῖς)'과 남성 복수 형용사인 '다양한 (ποικίλοις)'으로 구성되었다.

50. G. M. Stulac, *James* (Leicester: Inter-Varsity Press, 1993), 179~180; C. A. Vlachos, *Exegetical Guide to the Greek New Testament: James* (Nashville: B&H Academic, 2013), 182; D. G. McCartney, *James* (Grand Rapids: Baker Academy, 2009), 251. 비교. J. MacArthur, *James* (Chicago: Moody Publishers, 1998), 275.

에 대처하는 신앙의 원리를 제시한다1:2-8. 그 원리는 첫째, 온전히 기쁘게 여기는 것이다1:2. 저자는 고난을 만났을 때 온전히 기쁘게 여기라고 명령한다Πᾶσαν χαρὰν ἡγήσασθε. 왜냐하면 이와 같은 시련, 곧 믿음의 시험test이 인내를 만들어내기 때문이다1:3.[51] 둘째, 앞선 과정을 통해 만들어진 인내를 온전히 이루어야한다1:4.[52] 그렇게 할 때, 온전하고 조금도 부족함이 없는 성숙한 신앙인의 모습이 될 수 있기 때문이다. 이러한 두 가지 원리에서는 명령형 동사'기쁘게 여기라'; '인내를 온전히 이루라'를 사용하여 인간의 의지적인 노력을 요구한다고 볼 수 있다.

그러나 세 번째 원리는 하나님께 구하는 것이다1:5. 1장 4절에서 "…… 조금도 부족함이 없게 하려 함이라"고 했지만, 인간의 노력으로 그렇게 될 수 없기에, 1장 5절에서는 "만약 너희 중에 누구든지 지혜가 부족하거든 ……"으로 시작하면서 하나님께 기도해야 할 필요성을 강조한다. 그리고 기도할 때는 믿음으로 구하고 의심하지 말아야 한다. 즉 두 마음을 가지고 기도하지 말아야 한다1:8. 왜냐하면 두 마음을 가지고 기도하면 하나님께로부터 아무 것도 얻지 못하기 때문이다1:7. 저자가 서신의 본문을 시작하면서 뿐만 아니라 서신의 마지막5:13~18에서 다시 기도에 대해 언급하는 것은 고난에 직면한 수신자들이 그것을 극복해내는 데 있어서 기도가 얼마나 중요한 것인지를 보여준다.

---

51. 1장 3절의 개역개정성경에서 "너희 믿음의 시련(τὸ δοκίμιον ὑμῶν τῆς πίστεως)"으로 번역된 표현은 오히려 "너희 믿음의 시험(test)"으로 번역하는 것이 옳다.

52. 야고보서 1장 4절의 "인내를 온전히 이루라(ἡ δὲ ὑπομονὴ ἔργον τέλειον ἐχέτω)"는 표현은 영어 성경에서 다양하게 번역된다. 즉, "인내로 하여금 그 최고의 효과를 내도록 하라(let steadfastness have its full effect; ESV)", "인내로 하여금 완전한 일을 하도록 하라(let patience have her perfect work; KJV)", "인내로 하여금 그 완벽한 결과를 내도록 하라(let endurance have its perfect result; NASB)", "인내는 그 일을 끝내야만 한다(Perseverance must finish its work; NIV)" 등으로 번역된다.

# 3. 베드로전서의 고난

## (1) 베드로전서의 기록목적

베드로전서의 저자는 5장 12절에서 "내가 신실한 형제로 아는 실루아노로 말미암아 너희에게 간단히 써서 권하고 이것이 하나님의 참된 은혜임을 증언하노니 너희는 이 은혜에 굳게 서라"고 말하면서 기록목적을 밝히고 있다.[53] 즉 저자는 자신이 서신의 본문에 기록한 것들로 권면하면서 그 모든 것이 하나님의 은혜임을 증언하고, 또 그들로 하여금 그 은혜 안에 굳게 서도록 하기 위해서 이 서신을 기록한 것이다. 수신자들에게 이와 같은 권면이 필요한 이유는 1장 1절에서 밝히고 있는 바와 같이, 그들은 본도, 갈라디아, 갑바도기아, 아시아와 비두니아에 흩어져서 나그네로 살아가는 자들이기 때문이다. 여기서 언급된 '흩어진 나그네παρεπιδήμοις διασπορᾶς'의 의미와 관련해서는 많은 논의가 있다. 그러나 학자들은 베드로전서 1장 18절, 2장 10, 25절, 4장 3~4절과 같은 구절들을 근거로 수신자들은 주로 이방인들이며, 그들이 예수 그리스도를 주로 고백하고, 기독교인으로서의 삶을 살아가기로 결정한 것 때문에, 비방과 경멸과 핍박을 당하면서 주류사회로부터 배척당하는 상황에 몰린 자들로 이해한다. 저자는 그들의 영원한 집이 하늘이기 때문에, 이 땅에서 '흩어진 나그네'와 같이 살아가는 것을 비유로 사용했다고 바르게 이해한다.[54]

---

53. 여기서 '이것(ταύτην)'은 사도 베드로가 기록한 서신 전체를 지시하는 것으로 보는 것이 일반적이다. 참고. J. M. Michaels, *1 Peter* (WBC 49, Waco: Word Books, 1988), 309~310; T. R. Schreiner, *1, 2 Peter, Jude* (Nashville: Broadman & Holman Publishers, 2003), 249~250; K. H. Jobes, *1 Peter* (Grand Rapids: Baker Academic, 2005), 323~224.

54. 참고. 왕인성, "베드로전서의 고난 이해: 수신자의 정체성과 삶의 자리에 대한 사회문화적 재구성을 토대로," 『신약논단』 18 (2011), 855~860; Michaels, *1 Peter*, xlv-xivi; 309~10; Schreiner, *1, 2 Peter, Jude*, 37~41; R. Hall, "For to This You Have Been Called: The Cross and Suffering in 1 Peter," *ResQ* 19 (1976), 137~147.

## (2) 베드로전서에 나타난 고난

이방인으로서 예수 그리스도를 믿고 기독교인으로 살아가고자 했던 베드로전서의 수신자들이 당했던 고난은 어떤 것들이 있을까? 첫째, 사람들로부터 악을 행한다는 비방을 듣는 문제를 지적한다2:12. 여기서 '비방하다καταλαλέω'라는 동사는 '나쁘게 말하다speak ill of', '중상모략하다slander'라는 의미를 가진다. 이는 2장 12절, 3장 16절에서 지적하는 바와 같이, 선한 일을 행함에도 불구하고 악을 행한다고 비방하는 것이다. 둘째, 이방인들이 그들과 함께 과거에 행하던 방탕한 일에 동참하지 않는 수신자들을 비방한다. 여기서 '비방하다βλασφημέω'라고 번역된 동사는 '매도하다revile', '헐뜯다defame'라는 의미를 가진다.[55] 이는 4장 3절, 곧 "너희가 음란과 정욕과 술 취함과 방탕과 향락과 무법한 우상숭배를 하여 이방인의 뜻을 따라 행한 것은 지나간 때로 족하도다"에서 볼 수 있는 바와 같이, 수신자들이 예수 그리스도를 영접한 이후에 과거에 하던 방탕한 일들을 행하지 않기 때문에 이상히 여기면서 헐뜯고 매도하는 것을 의미할 것이다.

셋째, 그리스도의 이름 때문에 치욕을 당하는 것이다4:14. '치욕을 당하다ὀνειδίζεσθε'라는 수동태로 번역된 동사ὀνειδίζω는 '비난하다reproach', '모욕을 퍼붓다heap insults upon', '조롱하다ridicule'라는 의미를 가진다. 이는 예수님을 믿음으로 말미암아 받게 되는 언어적인 비난과 조롱을 가리킨다. 어떤 이들은 베드로전서에 나타난 고난이 로마 제국으로부터 받은 공적 박해에 기인한 것이라고 주장한다.[56] 그러나 앞서 살펴본 바와 같이, 베드로전서의 수신자들이 당한

---

55. 왕인성, "베드로전서의 고난 이해," 862는 여기서 '비방하다(βλασφημέω)'라는 동사가 명예를 더럽히는 상황을 나타내는 것으로 본다.

56. 참고. Hall, "For to This You Have Been Called," 138; I. H. Marshall, S. Travis and I. Paul, *Exploring the New Testament, vol. 2: A Guide to the Epistles and Revelation* (2nd ed., London: SPCK, 2011), 280~281.

고난은 그들이 예수 그리스도를 믿은 후에 그들의 이웃과는 구별된 삶을 살기 때문에 당하는 온갖 비난과 비방과 모욕과 조롱을 당한 것으로 볼 수 있다.[57] 이와 같은 주장을 뒷받침하기 위해서, 마샬I. H. Marshall 외 학자들은 베드로전서에서 일반적인 고난을 의미하는 단어πάσχω는 12회 사용되었지만, 공적 기관이 시행하는 박해를 가리키는 표현인 '박해하다διώκω' 또는 '박해διωγμός'와 같은 표현은 사용되지 않은 점을 지적한다.[58]

## (3) 베드로전서의 고난과 하나님의 은혜

베드로전서의 저자는 1장 1절에서 수신자들을 '흩어진 나그네'로 묘사하면서 그들의 서글픈 현재 모습을 암시적으로 묘사한다. 그러나 이어지는 구절인 1장 2절에서는 수신자들이 하나님의 미리 아심과 성령의 거룩하게 하심을 따라 택하심을 받았는데, 이는 예수 그리스도께 순종하고 그분의 피 뿌림을 얻기 위함이라고 밝힌다.[59] 저자는 서신의 여는 단락에서 이와 같이 밝힘으로써 수신자들의 상황이 결코 절망적이지 않다는 사실을 보여주려 했을 것이다.[60] 그리고 이어지는 서신의 본문의 초반부1:3~12에서 수신자들이 가진 산 소망, 그리고 하나님께서 베푸신 은혜가 얼마나 큰지에 대해 묘사한다. 만약 베드로전서 1장 3~12절이 서신 전체의 서론 역할을 한다면, 이 단락에서 제시하는 내용은

---

57. Hall, "For to This You Have Been Called," 139.
58. Marshall et al., *Exploring the New Testament*, 281.
59. 베드로전서 1장 2절, 특히 '예수 그리스도의 피 뿌림'과 관련해서는 많은 논의가 있다. 그러나 저자의 이와 같은 표현은 출애굽기 24장 3~8절을 배경으로 한 것으로서, 수신자들이 하나님의 미리 아심과 성령의 거룩하게 하심, 그리고 복음에 대한 순종과 예수 그리스도의 깨끗하게 하시는 사역을 통해 새 언약의 관계에 들어갔음을 나타내는 것으로 볼 수 있다. 참고. Schreiner, *1, 2 Peter, Jude*, 52~57; Michaels, *1 Peter*, 11~13. 비교. Jobes, *1 Peter*, 72~73.
60. 베드로전서의 저자는 은혜와 평강을 기원하면서 다른 서신에서는 찾아볼 수 없는 '많을지어다(πληθυνθείη)'라는 기원문 동사를 사용하였다(이 표현이 서신의 여는 단락에 사용된 곳은 벧전1:2, 벧후1:2, 유1:2 뿐이다). 보편적으로 은혜와 평강 기원에 동사가 사용되지 않은 것을 고려하면, 이와 같은 표현의 첨가는 수신자들에게 은혜와 평강이 많기를 바라는 저자의 바람을 나타낼 수도 있다.

서신의 수신자들이 당하는 고난을 어떻게 보아야 할지에 대한 원리를 제공해 줄 것이다.[61]

베드로전서 1장 3~12절은 대략적으로 세 가지 메시지를 전달한다.[62] 첫째, 하나님께서 수신자들을 새로운 존재로 만드심으로써 산 소망을 가지게 하신다 1:3~5. 하나님께서는 예수 그리스도를 죽은 자 가운데서 부활하게 하심으로써 수신자들을 거듭나게 하셨고, 산 소망과1:3, 하늘의 썩지 않고 더럽지 않고 쇠하지 않는 유업을 잇게 하셨다1:4. 그들은 믿음으로 마지막 날에 구원을 얻을 때까지 하나님의 능력의 보호하심을 받을 것이다1:5. 이를 통해서 저자는 수신자들의 구원과 유업이 확실히 보장되어 있다고 설명한다. 둘째, 현재의 고난에도 불구하고 미래의 유업은 수신자들에게 기쁨을 준다1:6~9. 수신자들은 미래의 구원과 유업을 보장받았다. 그렇기 때문에 비록 이 땅에서 많은 고난으로 인해 잠시 근심하게 되겠지만, 그들은 기뻐할 수 있다1:6. 이러한 고난의 시험test으로 검증된 믿음은 불로 연단했을 때 없어지는 금보다 더 귀한 것으로서, 예수 그리스도께서 다시 오실 때 칭찬과 영광과 존귀를 얻게 한다1:7. 따라서 현재의 고난이 무의미한 것은 아니다. 저자는 수신자들이 이를 알기에 그리스도를 본 적도 없지만 사랑하며, 지금도 보지 못하지만 믿고 말할 수 없는 즐거움으로 즐거워하고, 믿음의 결과인 영혼의 구원을 얻으며 영광으로 가득하다고 설명한다 1:8~9. 셋째, 수신자들은 구약의 선지자들이 멀리서 바라보고 천사들도 살펴보기를 원하는, 예수 그리스도를 통해 성취된 구원의 은혜를 경험할 만큼 특권을 가진 자들이다1:10~12.[63] 그리고 그리스도께서 성취하신 구원은 고난-영광으로

61. C. H. Talbert, *Perspectives on First Peter* (Macon: Mercer University Press, 1986), 103~120.
62. Talbert, *Perspectives on First Peter*, 104; Schreiner, *1, 2 Peter, Jude*, 59~60.
63. Schreiner, *1, 2 Peter, Jude*, 71~76.

요약되고, 이는 기독교인으로 살아가는 수신자들에게 삶의 원리를 제공한다.[64]

앞서 제시한 삶의 원리는 고난당하는 수신자들에게 주어진 권면에 고스란히 나타난다. 먼저 저자는 선을 행함에도 불구하고 악을 행한다고 비방καταλαλέω을 받는 수신자들에게, 행실을 선하게 함으로써 그들을 비방하는 자들로 하여금 그 선한 일을 보고 마지막 심판 날에 하나님께 영광을 돌리게 하라고 권한다2:12.[65] 사람에게뿐 아니라 모든 인간의 기관πάσῃ ἀνθρωπίνῃ κτίσει에게도 그렇게 하라고 한다2:13~17.[66] 수신자들이 이전처럼 방탕하게 행하지 않음을 이상히 여기며 비방하는 것들에 대해서3:18~4:6, 저자는 그리스도께서 고난을 받으신 것처럼 같은 마음으로 갑옷을 삼으라고 한다. 왜냐하면 고난 받기로 결심한 자는 죄를 그쳤기 때문이다. 저자는 수신자들이 남은 날 동안에 육체의 정욕을 따르지 않고 하나님의 뜻을 따라 살기 위하여 그렇게 하라고 한다4:1~2.[67]

그들이 비록 이 땅에서는 비방을 들으며 고난을 당하겠지만, 그것이 끝이 아니다. 하나님께서 마지막에 심판하실 것이다4:5. 뿐만 아니라 성도들도 육체적인 죽음을 당하지만, 그들의 영은 그리스도와 같이3:18 다시 살림을 받을 것이기 때문에 고난을 참아야 한다4:6. 그리스도의 이름으로 고난을 받는 것과 관련해서, 저자는 그와 같은 자들이 복 있는 자라고 가르친다. 왜냐하면 영광의 영, 곧 하나님의 영이 그 위에 임하시기 때문이다4:14. 저자는 고난이 수신자들의

---

64. Talbert, *Perspectives on First Peter*, 104.
65. '비방하다(καταλαλέω)'라는 표현이 사용된 3장 16절을 포함한 또 다른 단락인 3장 13~17절에서도 역시 '선을 행하는 것'을 강조한다. 저자는 수신자들에게 선을 행함으로써 그 비방하는 일에 부끄러움을 당하게 하라고 명한다.
66. 베드로전서 2장 13~17절에서도 동사 '선을 행하다(ἀγαθοποιέω)'와 형용사 '선을 행하는(ἀγαθοποιός)'이 사용되었고, 이와 대조를 이루는 형용사 '악을 행하는(κακοποιός)'이 사용되었다. 저자는 2장 15절에서 밝히는 바와 같이, "선행으로 어리석은 사람들의 무식한 말을 막으시는 것이 곧 하나님의 뜻이라"고 설명한다.
67. 저자가 이와 같이 주장하는 근거가 3장 18~22절에 있다. 왜냐하면 4장 1절은 '그러므로(οὖν)'로 시작되면서 앞선 단락의 결론적인 진술이 기록되었기 때문이다. 3장 18~22절에서 저자는 그리스도께서 고난을 통해서 승리하시고 승귀하셨다고 설명한다. 참고. Schreiner, *1, 2 Peter, Jude*, 198~199.

믿음을 연단/시험πειρασμός; test하는 목적이 있기 때문에 그것을 이상하게 여기지 말라고 한다4:12. 오히려 그리스도의 고난에 참여하는 것을 즐거워하라고 한다4:13a. 그렇게 할 때 예수님께서 다시 오실 때 즐거워하고 기뻐할 수 있기 때문이다4:13b. 뿐만 아니라 예수님의 이름 때문에 사람들로부터는 치욕을 당하지만, 하나님의 복을 받고4:14a, 심지어 영광의 영, 곧 하나님의 영이 지금 그들 위에 임해 있기 때문이다4:14b.[68]

## 결론

이상에서 사도행전과 야고보서, 그리고 베드로전서를 택하여 기록목적, 각 성경에 나타난 고난, 그리고 그 고난을 통해서 저자가 말하고자 하는 것이 무엇인지에 대해 간략하게 살펴보았다. 누가-행전은 데오빌로로 하여금 복음에 대한 확신certainty을 주기 위해서 기록되었다눅1:4. 특히, 사도행전은 예수님의 영인 성령께서 제자들을 통해서 복음을 전하고, 그 복음이 예루살렘에서부터 땅끝까지 확장되는 과정을 보여준다. 복음이 확장되는 과정에서 나타나는 귀신들림이나 질병, 교회 내적, 외적 문제고난는 분명 하나님의 복음 확장을 막는 장애물들이고 그 중심에는 분명 사탄이 있을 것이다. 사도행전의 저자는 이와 같은 다양한 고난에도 불구하고 하나님의 나라가 확장되고 복음이 거침없이 증거 되고 있음을 보여준다. 그리고 이러한 사실은 데오빌로와 같이 복음에 대한 확신이 부족한 자들에게 하나님의 말씀이 참 진리라는 확신을 심어줄 것이다.

---

68. 4장 14절에서 "영광의 영 곧 하나님의 영이 너희 위에 계심이라(ἀναπαύεται)"는 현재형인데, 이는 앞서 4장 13절에서 말하는 바, 미래에 즐거워하고 기뻐할 '그의 영광'을 현재에도 누리고 있다는 의미에서 수신자들이 복을 받았다고 보는 견해도 있다. 참고. Schreiner, *1, 2 Peter, Jude*, 221~223; Jobes, *1 Peter*, 287~289.

야고보서는 흩어져서 신앙생활을 하는 수신자들 중에 여러 가지 시련으로 인해서 미혹되어 진리를 떠난 자들을 그 길에서 돌아서게 하여 구원하고, 또 그들로 하여금 죄 사함을 받게 하려는 목적으로 기록되었다약5:19~20. 야고보서의 수신자들은 디아스포라에서 신앙생활을 하는 자들로서 여러 가지 시련에 직면했다1:2. 저자는 그들이 당하는 시련고난을 기쁨으로 여기고 인내함으로써 신앙의 성숙에 이르기를 바란다. 그러나 인간은 연약하고 지혜가 부족하기 때문에 하늘의 지혜를 구해야 한다. 그와 같이 할 때, 시련을 이길 수 있을 뿐 아니라 신앙의 성숙도 이루게 된다.

베드로전서는 본도, 갈라디아, 갑바도기아, 아시아와 비두니아에 흩어져 있는 교인들에게 보내진 서신으로, 수신자들로 하여금 그들에게 일어나는 모든 일이 하나님의 은혜임을 알고 그 은혜 위에 굳게 서게 하려고 기록되었다벧전5:12~14. 이 서신의 수신자들은 대부분 이방인 기독교인으로서 예수 그리스도를 영접한 이후에 선을 행하며 이전의 삶과는 다른 삶을 살았다. 그러나 그들은 오히려 이와 같은 모습 때문에 주변의 이방인들로부터 온갖 모욕과 비방과 치욕을 당했다. 저자는 그와 같은 비방을 듣는 수신자들이 오히려 하나님의 구원의 은혜를 경험한 자들로서 미래의 소망을 가지고 더욱 선을 행하라고 한다. 그리고 현재 당하는 고난을 그들의 믿음을 연단하는 귀한 것으로 여기면서 예수 그리스도의 고난에 참여하는 것을 즐거워하라고 권면한다.

앞선 내용에서 볼 수 있듯이, '고난'과 관련된 내용은 사도행전이나 야고보서, 그리고 베드로전서 전반에 나타난다. 그러나 각 성경이 저자의 의도와 수신자들의 상황이 반영되어 기록되었기 때문에 '고난'의 주제 역시 각 상황에 맞게 해석해야 한다. 그렇게 할 때, '고난'에 직면한 성도들로 하여금 '고난'을 경험하는 다양한 상황뿐 아니라 그에 맞는 성경적 대안도 제시해줄 수 있을 것이다.

# 설교를 위한 주해

본문: 야고보서 1장 1~4절

빅 아이디어: 하나님께서는 그분의 백성들이 시련 중에 인내함으로써 성숙한 믿음에 이르기를 원하신다.

## 전후문맥설명Context

야고보서의 수신자들은 "흩어져 있는 열 두 지파"로 묘사된다. 이에 대한 의견이 분분하지만, 본문의 표현을 근거로 해서 볼 때, 수신자들은 흩어져 있기에diaspora 대부분의 기독교인들과는 동떨어진 곳에서 살았을 것이다. 종교적으로나 문화적으로 소외되었을 것이고, 사회적으로는 다수majority가 아니라 소수minority일 가능성이 크다. 만약에 그렇다면, 그들은 종교적인 핍박이나 문화적 소외감, 그리고 사회적인 차별을 당했을 수 있다. 한마디로 다방면에서 이방인으로 살았다는 말이다. 이방인으로서의 삶은 부요하거나 안락하지 않았을 것이다. 하루하루 사는 것이 고달프고 시련의 연속이었을 것이다. 야고보서 5장 19절에서 "내 형제들아 너희 중에 미혹되어 진리를 떠난 자를 누가 돌아서게 하면"이라고 말하는 것을 보면, 수신자들 중에 '스스로 미혹되어 진리를 떠난 자들'이 있었던 것 같다. 서신의 서론과 맺음말에 '시련'에 대해서 집중적으로 다룬 것을 보면, 어쩌면 수신자들 중에 그들이 당면한 여러 가지 시련 때문에 스스로 시험에 들어 진리를 떠나는 자들이 있었다고 볼 수 있다.

야고보서의 저자는 수신자들을 '흩어져 있는' 자들로 묘사하면서, 또 다른 예외적 표현인 '열두 지파'라는 표현을 사용하여 호칭한다. 신약성경에 있는 어떤 서신의 서론에서도 '열두 지파'라는 표현을 사용한 예가 없다. 저자가 어떤 의도로 이 표현을 사용했는지 분명하지는 않지만, 분명한 사실은 '열두 지파'

는 하나님께서 택하신 이스라엘 백성을 이루는 구성원들이라는 사실이다. 즉 열두 지파가 모여서 온전한 이스라엘을 이룬다. 어쩌면 이 표현은 흩어져 있으면서 온갖 시련 때문에 힘겹게 살아가는 수신자들에게 모종의 확신을 심어주기 위한 장치일 수도 있다. 즉 시련과 고난 가운데서 흩어져 살아가지만, 그들은 확실히 하나님께서 택하신 백성을 이루는 열두 지파와 같은 존재라는 의미이다. 만약에 그렇다면, 이러한 표현은 지쳐 있는 수신자들에게 엄청난 희망과 용기, 그리고 긍지를 심어주었을 것이다.

야고보서의 저자는 그러한 어려운 상황에 직면한 흩어져 있는 교인들, 그리고 스스로 미혹되어 진리를 떠난 자들이 있는 교회 공동체를 향해 그러한 자들을 돌아서게 하기 위해서 이 서신을 기록했을 것이다. 그리고 가장 우선적으로 그들이 당면한 여러 가지 시련을 어떻게 대해야 하는지에 대한 지침을 주는 듯하다.

## 1. 여러 가지 시련을 온전히 기쁨으로 여겨야 한다consider it pure joy.

2절에서 '여러 가지 시련'에 대해 말한다. 이 시련이 어떤 것인지 밝히지 않았기 때문에, 그것이 정확하게 무엇인지 알 수는 없다. 그러나 만약에 앞서 밝힌 바와 같이 수신자들이 흩어져서 살아가는 자들이라면, 여기서 말하는 "여러 가지 시련trials of various kinds"은 그들이 당하는 종교적, 문화적, 그리고 사회적 차별과 핍박과 소외로 인해 생기는 모든 내·외적인 시련들을 포괄할 것이다. 한마디로 그들이 일상에서 당하는 모든 어려움에 대해서 말하는 것이다. '여러 가지 시련을 만나거든'이라는 표현도 어떤 특정한 상황이 아니라, 언제든지 시련을 만날 때마다 그렇게 하라는 의미일 것이다whenever you face trials…(NIV). 야고보서의 저자는 그러한 어려움을 만났을 때 "온전히 기쁘게 여기라count it all hoy(ESV); consider it pure joy(NIV)"고 명령한다. 온전히 기쁨으로 여길 수 있는 것을 그렇게 하라고 명하지는 않았을 것이다. 즉 이 말이 내포하는 것은 여러 종류의 어려움들은 그것을 당하는 자들에게 '기쁨'을 주지 않는다는 것이다. 시련trials은 언제나 힘든 것이고, 슬픔을 주고, 그것을 당하는 자의 기쁨을 앗아가는 것이다. 더 나아가 불만을 가지게 만들고, 불평하게 하고, 심지어 관계를 깨어지게 만들 수도 있다. 야고보서의 저자는 이런 시련을 만났을 때, 그 어려움의 원인이나 이유를 묻지도 따지지도 말고 온전하게 기쁨으로 여기라고 한다.

저자는 강한 명령형을 사용하지만, 또 한편으로는 "내 형제들아my brothers"라는 호칭을 사용하면서 그들을 향한 자신의 애틋한 마음을 표현하는 듯하다. 즉 시련을 만났을 때 기쁨으로 여기라는 것은 강한 명령이지만, 그럼에도 불구하고 그 명령은 억지로 시키는 명령이 아니라 그들의 유익을 위한 권면이 되는 것이다. 야고보가 이렇게 말하는 데는 이유가 있는데, 그 이유가 3절에 나온다.

## 2. 시련은 믿음에 대한 테스트이고 이를 통해 인내가 생성된다.

여기서 주목해 보아야 할 것은, 1장 3절에서 "너희 믿음의 시련"이라는 표현이다. 이를 더 정확히 표현하면, '너희 믿음에 대한 그 테스트the testing of your faith'이다. 1장 3절에서 다짜고짜 '그 테스트'라고 한 것은 앞선 구절인 1장 2절에서 말한 바를 가리킬 것이다. 이는 "여러 가지 시련을 만나는 것meeting trials of various kinds"이 신자의 믿음을 점검하는 시험test이 된다는 말이다. 즉 여러 가지 어려움을 만났을 때 그것을 온전히 기쁘게 여기는 자들은 그 시험을 통과하는 것이고, 그렇지 않으면 그 시험에 실패하게 되는 것이다. 3절은 이러한 시험이 '인내'를 만들어낸다고 한다. 이는 인내가 시련을 만나는 모든 자에게 그냥 만들어지는 것이 아니라 온갖 시련을 만나더라도 그것에 굴복하거나 무너지지 않고, 그러한 것들을 온전히 기쁨으로 여기는 자들에게 만들어진다는 의미일 것이다.

여기서 눈 여겨 보아야 할 것은 "너희가 앎이라for you know"는 표현이다. 즉 야고보서의 저자가 새로운 사실을 말하는 것이 아니라 이미 그들이 알고 있는 것을 다시 환기시켜주고remind 있다는 사실이다. 이에 관해 두 가지로 생각해 볼 수 있겠다. 하나는 그들이 이미 알고 행하는 사실을 다시 한 번 기억나게 해 주는 것일 수 있다. 또 다른 하나는 그들이 아는 것을 제대로 행하지 못하고 있기 때문에 그것을 실천하도록 촉구하는 것일 수 있다. 서신 전체의 분위기를 보았을 때 수신자들이 알고 있는 것을 잘 실천하고 있는 것 같지는 않다. 왜냐하면 저자가 야고보서에서 반복적으로 수신자들의 '두 마음double-minded'에 대해서 지적하고 있기 때문이다1:8; 4:8; cf. 1:16,26(deceive라는 단어도 씀); 그 외에도 많음.

만약에 저자가 야고보서의 수신자들이 이미 알고 있는 문제를 실천하지 못하고 있다는 사실을 지적하는 것이라면, 시련을 만날 때마다 그것을 기쁨으로 여기고 이러한 시험test을 통해서 인내가 만들어지게 하는 문제는 앎의 문제이기도 하지만 실천의 문제이기도 하다. 저자는 이를 다시금 당부하면서 시련을 만났을 때 그것을 기쁨으로 여기는 것이 쉽지 않고, 따라서 시련을 만나는 자들 속에 인내를 만들어내는 것은 더더욱 쉬운 일이 아님을 분명히 해준다. 그러나 그 쉬운 일이 아닌 일을 해냈을 때의 결과를 4절에서 설명해준다.

## 3. 하나님께서는 이 모든 과정을 통해서 성도들이 부족함이 없는 성숙한 믿음에 이르기를 원하신다.

4절 초반부에서 "인내를 온전히 이루라and let steadfastness have its full effect"고 한다. 저자는 다시 명령형을 사용하여 인내를 온전히 이루라고 명령한다. 즉 이전 구절에서 말한 바, 시련을 만나고 이를 기쁨으로 여겼을 때 생성된 인내로 하여금 그 완전한 효과를 낼 수 있도록 하라는 것이다. NIV에는 "perseverance must finish its work"라고 표현되어 있다. 시련을 기쁨으로 여기는 신자 속에

생성되어 자리 잡은 인내로 하여금 시작한 그 일을 완성하도록 하라는 것이다. 이런 표현은 인내가 생성되었다고 해서 그것이 자동적으로 지속되지 않음을 암시한다. 인내가 시작한 그 일을 마칠 수 있도록 지속적으로 노력해야 한다. 시련을 만났을 때 의도적으로 기쁨으로 여겨야 하듯이, 이미 생성된 그 인내가 그 일을 마칠 수 있도록 의지적으로 노력해야 한다. 주목해 볼 것은, '인내를 온전히 이루라'고 할 때, 일반적으로 '일' 또는 '행위'로 번역되는 명사인 ἔργον에 르곤이 사용된 것이다. 즉 인내는 단순히 생각이나 마음으로만 되는 것이 아니라 행동으로 나타나야 한다. 인내로 하여금 그 '일'을 이룰 수 있도록 해야 한다.

이와 같이 할 때 나타나는 결과가 4절 후반부에 나타난다. 즉 이어지는 부분에서 "이는 너희로 온전하고 구비하여 조금도 부족함이 없게 하려 함이라"고 말한다. 한글 성경은 원인을 나타내는 듯하지만, 대부분의 영어 번역본은 결과 절로 번역한다so that you may be mature and complete, not lacking anything. 즉 인내를 온전히 이룰 때 그 결과로 아무 것도 부족함이 없는 성숙되고 완전하게 된다는 것이다. 어떻게 번역하든, 저자가 말하고자 하는 것은 인내가 지속적으로 일을 할 때 성도는 성도로서 어느 것 하나 부족함이 없이 더 성숙해지고 완벽해진다는 사실을 명확히 전달한다. 결국 이 모든 과정들을 통해서 저자가 수신자들에게 전달하고자 하는 것은 시련을 만났을 때 그 결과가 5장 19절에서 지적하는 바와 같이, '미혹되어 진리를 떠나는 것'이 아니라 어떤 것도 부족함 없이 성숙하고 완전해 지는 것이다.

## 결론Conclusion

성도는 어떤 시련을 만나든지 그것을 기쁨으로 여겨야 하고, 이러한 믿음을 시험test하는 시련을 통과함으로 그 속에 인내를 소유하게 된다. 또한 성도는 그 인내가 계속해서 그 일을 감당할 수 있도록 노력하여 결국에 모든 것에 부족함이 없는 성숙되고 완전한 신앙인이 되어야 한다.


**적용**Application

　현재 내게 주어진 어려움은 무엇인가? 그리고 그 어려움을 어떻게 대하고 있는가? 온전히 기쁨으로 여기고 있는가?

# 8장
# 바울서신의 고난[1]

송재영

에피쿠로스Epicurus 딜레마는 생각보다 보편적이다. 신이 있다면 왜 고난이 있는가? 고난을 막지 않는 신이 과연 선한 신인가? 어리석은 질문 같지만 본질적으로 이는 신자들에게도 중요한 질문이다. 구약은 죄의 결과로 인류의 보편적인 고난이 비롯되었다고 말하며, 모세 언약 이후에는 언약적인 배교에 대한 심판으로 이스라엘에게 국가적, 개인적 고난이 임하는 것이라고 제시한다. 따라서 옛 언약에서 고난은 하나님의 섭리인 경우도 있지만, 일반적으로는 언약적인 심판으로서 그 인과관계가 선명하다. 문제는 신약의 경우이다. 예수님께서 승리하신 이후, 세상이 아니라 신실한 신자가 왜 여전히 고난을 당하는가? 그 이유는 무엇인가? 이 실존적인 질문은 믿음을 따라 살아야 하는 신자의 삶과 직결되는 물음이다.

바울은 그리스도인이 됨과 동시에 사도로 부르심을 받았다. 인간 바울의 삶 속에서 신자의 삶은 사도의 삶과 만난다. 사도 바울은 고난을 사도적 사역에 필수불가결한 것으로고전4:9~13; 고후11:23~33; 12:9~10; 갈6:17, 그리고 그의 복음 선

---

1. 이 글의 과녁은 설교이다. 따라서 고난을 말하는 주요 본문을 택하여 주석하는 것이 그 중심을 향하는 가장 효과적인 방식일 것이다.

포와 연결된 것으로고후4:3~12; 5:18~21; 6:1~10 보았다.[2] 이것은 그의 현장의 경험에서 뒤늦게 얻거나 또는 현실에 순응하기 위해서 수용적인 입장을 취한 결과가 아니었다. 사도로의 부르심은 애초부터 예수님의 이름을 전파하기 위한 **해 받음으로의** 부르심이었다행9:16. 예수님의 이름은 해 받음과 본질적으로 떨어질 수 없다. 왜 그런가? 복음은 왜 핍박을 초래하는가? 세상은 왜 신자들을 대항하는가? 복음의 반문화-사회적 특성[3] 때문인가? 아니면 그들의 도덕적 삶의 불완전성 때문인가?

# 1. 십자가의 여죄餘罪가 움직이는 고난: 데살로니가전서 2장 14~16절

바울의 초기 편지인 데살로니가서는 데살로니가의 교인들이 믿음과 사랑과 소망에 있어서 역사와 수고와 인내를 통해1:3 본이 되었으며1:7, 소문이 각처에 퍼질 정도로1:8 훌륭한 믿음의 삶을 살았음을 증거한다. 그렇다면 그들은 불신자들에게 칭찬을 받았을까? 결과는 반상식적이다. 데살로니가 교인들은 자기 동포들에게 오히려 고난을 당했다2:14. 그 이유는 무엇인가?

여기서 바울이 그들의 고난을 어떻게 규정하는지 주목하는 것이 필요하다. 바울은 데살로니가 교인들이 예수님 안에서 유대에 있는 하나님의 교회들을 본받았기 때문에 고난을 받는 것이라고 제시한다2:14. 예수님을 따르는 유대인

---

2. P. T. O'Brian, *Colossians, Philemon,* WBC 44 (Waco, Tx: Word, 1982), 76.

3. 신자들이 매주 모이는 것은 당시 로마법을 위반하는 것이었고, 일반적인 제의식(common cultic ceremonies)에도 참가하지 않는 것이었다. B. W. Winter, "Dangers and Difficulties," in *The Gospel to the Nations: Perspectives on Paul's Mission*, ed. by Peter Bolt and Mark Thompson (Downers Grove: InterVarsity Press, 2000), 289~290, 292~293.

들은 동포들에게 고난을 받았다. 그런데 데살로니가 교인들이 그런 유대인들을 본받았으므로 그들도 동포들에게 고난을 받는다는 것이다. 그런데 이런 이유는 순환적으로 또 하나의 질문을 하게 한다.

유대인들은 왜 유대 교회를 핍박했는가? 그 이유는 유대인들의 죄 때문이다. 그들은 예수님을 죽였다. 십자가에서 절정에 이른 그들의 이러한 죄는 사도 바울이 이방인들에게 구원을 전하는 것을 금지하는 죄로 이어졌다2:16. 바울은 유대의 교회들이 유대인들에게 고난당하는 이유가 데살로니가 교인들이 고난당하는 이유와 본질적으로 다르지 않음을 드러낸다. 데살로니가 교인들은 자신들의 도덕적 결함이나 인격적 부족함 때문에 고난을 받는 것이 아니었다. 유대인들이 동족의 신자들을 핍박한 것은 예수님을 죽인 그들의 근본적인 죄에서 발현된 것이었는데, 데살로니가 교인들이 당하는 고난 역시 그러한 죄와 정확히 같은 원인에서 비롯되었다. 예수님을 핍박하고 죽인 죄가 그분을 따르는 자들에게까지 향하는 것이다. 여기서 바울의 표현에 주목해야 한다. 즉 유대인들은 자기 죄를 채우고$\epsilon \dot{\iota} \varsigma$ $\tau \grave{o}$ $\dot{a} \nu a \pi \lambda \eta \rho \tilde{\omega} \sigma a \iota$ $a \dot{\upsilon} \tau \tilde{\omega} \nu$ $\tau \grave{a} \varsigma$ $\dot{a} \mu a \rho \tau \acute{\iota} a \varsigma$ 2:16 있다는 것이다. 유대인들이 유대인들로서 동족의 교회를 향해 그들의 죄를 채우고 있듯이, 데살로니가인들은 데살로니가의 교회를 핍박함으로써 그들의 죄를 채우고 있는 것이다. 그렇다면 죄의 분량이 정해졌다는 것인가? 여기서 우리는 데살로니가인들만이 아니라 바울 자신이 당하는 고난과 관련하여 선언한 유명한 구절로 향해보자. 즉 바울은 반제를 선언한다. "그리스도의 남은 고난을 채우노라 $\dot{a} \nu \tau a \nu a \pi \lambda \eta \rho \acute{o} \omega$" 골 1:24~25!

## 2. 예수님의 것으로서의 고난: 골로새서 1장 24~25절

바울은 괴로움을 기뻐한다. 그렇다고 그가 자학적인 기저에서 고난을 일부러 추구한 것은 아니었다. 그보다 그가 괴로움을 기뻐할 수 있었던 것은 그것이 골로새 교인들을 위해 받는 것이기 때문이었다. 바울은 어떻게 이렇게 말할 수 있었을까? 골로새 교회는 바울이 전도한 교회가 아니었다. 아니 바울은 골로새 교회를 방문한 적도 없었다. 그런데 어떻게 그런 그들을 위해 바울은 고난을 받을 수 있었단 말인가? 그 이유는 이어지는 문장에서 제시된다.[4] 그런데 이어지는 24절 후반부는 이해하는 데 어려움을 가중시킨다. 이는 여러 난해 구절 중 하나로 알려진 구절이다. 대체 여기서 '부족한남은 그리스도의 고난을 채운다는 것'이 의미하는 것은 무엇일까? 이와 관련해 몇 가지 주요한 읽기가 제시되었다.

먼저 문법적으로 단순하면서도 매력적인 대안을 제시하는 것이다. 즉 '그리스도의 고난의 부족'이라는 두 개의 소유격τὰ ὑστερήματα τῶν θλίψεων τοῦ Χριστοῦ에서 뒤의 소유격을 소유적possessive 소유격이 아니라 대격적objective 소유격으로 읽는 것이다.[5] 이 경우 고난은 'for (the sake of) Christ', 즉 '그리스도를 위한 것'이 된다. 그런데 이렇게 깔끔한 해결은 문제를 다시 24절 상반부로 떠넘긴다. 왜냐하면 이렇게 읽을 경우 '남은 것을 채운다는 것'을 설명하기가 더 어렵게 되기 때문이다.

플러머Plummer는 '남은lacking'에 주목하며 바울이 지닌 복음전도의 사명적 차원에서 본문을 읽는다.[6] 즉 그리스도의 고난이 모자란다는 말은 바울이 전하

---

4. καὶ는 설명을 이끄는 접속사로 이해될 수 있다. 이 경우 영어로 in that으로 번역이 가능하겠다.

5. E. Schweizer, "Colossians 1:15~20," *RevExp* 87 (1990), 102.

6. R. L. Plummer, "The Role of Suffering in the Mission of Paul and the Mission of the Church," *SBJT* 17/4

는 복음을 듣는 자들이 그리스도의 죽음 및 고난과 관련해 지식이 모자랐음을 함축하며, 바울이 고난을 통해 이를 보여주는 것으로 읽는 것이다. 사도 바울의 고난은 그리스도의 죽음과 고난에 관해 선교적으로 설득하는 효과를 가져 올 가시적인 묘사로서 역할을 하는 것이다. 하지만 여기서 주의할 것은 바울의 고난은 예수님의 고난과 구별되는 것으로, 구속적인 의미를 지닌 고난이 아니라는 것을 잊지 말아야 한다. 따라서 바울의 고난 동참을 실제 고난으로 이해해서는 안 된다고 지적한다.[7]

이런 읽기는 본문과 매우 유사한 병행구절인 고린도후서 4장 7~15절을 볼 때 상당한 설득력이 있다고 볼 수 있다. 다만 바울은 지금 비복음화된 자들에게 말하는 것이 아니라 골로새 '교인'들에게 말하고 있다. 그것도 방문한 적이 없는 교회에게 말이다. 그렇다면 어떻게 바울의 고난이 골로새 교인들을 위함이 될 수 있을까? 이에 관해 플러머Plummer는 하나님의 명령을 따라 말씀이 온전히 드러나도록 교회의 '종'이 되는 것임을 강조한다. 교인의 고난은 기독론적Christological이다. 복음에 기초한Gospel-based 실체인 교회는 그리스도의 현존과 말씀을 전함bear으로써 세상의 반대와 고난을 피할 수 없다. 따라서 그리스도에 기초한Christ-based 고난이 교회에 관련하여 모자란다고 말해질 수 있다. 바울은 교회의 종으로서 교회에 앞서 이 고난의 칼을 앞장서 맞는다. 이런 문맥에서 바울의 고난은 골로새 교회를 위한 것이다. 물론 이런 읽기를 심각히 반대할 이유는 없다. 바울의 고난에 이런 면이 없지 않다. 그러나 이런 설명에는 아쉬움이

---

(2013), 12.

7. J. Piper, *Let the Nations be Glad! The Supremacy of God in Missions* (Grand Rapids: Baker, 2003), 94는 그리스도의 고난은 구속적인 충분성에 있어서 모자라지 않기에 그보다는 십자가를 보지 못했던 자들에게 알려지거나 느껴지지 못했다는 의미에서 부족한 것이라고 말한다. 바울은 메시지를 단지 전하는 것만이 아니라 그리스도의 고난을 보여준다는 의미에서 그리스도와 더불어 그리스도를 위해 고난을 겪는 것이라고 말한다. Plummer, "Suffering," 18 (note 34)에서 재인용.

남는다. 바울의 어조는 보다 신비하고 강렬하기 때문이다.

또 하나의 주목할 읽기는 유대묵시주의의 배경에서 읽는 것이다. 여기서 그리스도의 고난은 메시아 저주Messianic woes[8]의 연속선상에서 이해된다.[9] 유대묵시문학에서 하나님의 백성들은 메시아의 도래 직전에 환난을 겪는다.[10] 이런 유대 묵시문학의 배경에서 하나님의 백성인 신약의 교회가 당하는 고난과 핍박을 이해하는 것이다. 그런데 플러머Plummer는 이런 식의 해석이 어려운 것은 문맥에서 사도 바울이 메시아 저주Messianic woes를 분명히 언급하지 않기 때문이라고 지적한다.

그러나 문맥에서 '비밀' 그리고 '드러난'과 같은 묵시적인 용어들apocalyptic languages이 사용되는 것을 볼 때, 묵시적 유대주의의 메시아 저주Messianic woes의 관점이 힘을 얻는다고도 할 수 있다. 묵시문학에서 고난은 시간 속에서 그 분량이 정해져 있다참고. 1에녹47:1~4; 바룩30:2; 4에스라4:36.[11] 즉 그 한계가 이미 정해졌다. 하나님께서 그분의 백성에게 은혜를 베푸셔서 고난을 한정하신 것이다. 이런 맥락에서 그 한정된 고난 속에서 바울의 고난은 다른 교인들의 양을 감소시킴으로써 교회를 위하게 된다. 다시 말해 바울의 고난이 빌립보 교인들이 나누어야 할 고난의 양을 줄이는 것이다.[12]

---

8. O'Brien, *Colossians*, 78~81.

9. 묵시문학의 '메시아 저주'와 바울의 표현인 '그리스도의 고난'은 동의적인 표현이다. 특별히 고난의 정관사는 고난을 특정하고 있음을 기억해야 한다.

10. D. J. Moo, *The Letters to the Colossians and to Philemon,* PNTC (Grand Rapids: Eerdmans, 2008), 151~152도 바울이 이런 맥락에서 말한다고 생각한다. R. P. Martin, 『현대성서주석: 에베소서, 골로새서, 빌레몬서』 (*Interpretation: Ephesians, Colossians, Philemon,* 김춘기 역, 서울: 장로교출판사, 2002), 163도 골로새서 1장 24절을 고린도후서 1장 5~7절과 병행으로 보는데, 두 구절이 유대민족이 메시아가 도래하기 전에 고난당한다는 유대 묵시사상으로부터 온 것이라고 본다. 이런 맥락에서 바울은 새 이스라엘의 종말적 도래 이전의 고난을 자신이 받는 것으로 연결시키는 것이다.

11. 마가복음 13장 20절에서 그리스도께서 재난(환난)의 기간을 감축하시는 것에 대해 말씀하시는 것도 맥을 같이 하는 것으로 이해될 수 있다.

12. O'Brian, *Colossians*, 79~80.

한편 무Moo는 그리스도의 고난의 의미를 택일하는 데 따르는 주석적인 어려움을 인정한다. 그는 과다한 해석적인 논의보다 그리스도의 몸의 종으로서 바울의 역할에 주목한다.[13] 그리스도께서 이사야서에 나오는 종으로 자신을 드러내셨듯이, 바울 또한 자신을 종으로 드러내는 것이다.[14] 고린도후서 1장 5~6절, 4장 10~12절 등이 이를 잘 드러낸다. 사도로서 바울의 사역은 세상에서 그리스도의 사역의 연장extension이다. 종으로서 바울의 고난은 구속적인 유익을 가져오는 것은 아니지만, 하나님의 비밀을 드러내는 사명을 수행하는 데서 불가피하게 따라오는 것이며, 이런 측면에서 그의 고난은 교회를 위한 고난이 된다.

유대의 묵시문학적 배경에서 본문을 읽는 것은 매우 환영할만하다. 그런데 우리는 한 가지 질문을 잊어서는 안 된다. 왜 하나님의 백성들이 그리스도메시아의 도래 이전에 고난을 당해야 하는가? 또한 어떤 근거로 그리스도의 사역과 바울의 사역이 동일선상에서 말해질 수 있는가? 메시아 저주Messianic woes가 바울을 통해 그리고 교회를 통해 연장선상에서 성취되는 본질적이고 근본적인 이유가 무엇인가?

구약의 메시아 저주Messianic woes가 신약의 그리스도의 고난으로 이어지긴 하지만, 그렇다고 이것이 단순한 연장만은 아니다. 여기에는 구속사적인 진전이 있다. 그것은 새 언약의 특징인 성령의 내주하심을 통한 그리스도와 교회의 하나됨이다. 그리스도와 그의 새 언약 백성들은 신비적으로 연합되었다. 채워져야 할 그리스도의 (남은) 고난 역시 이러한 신약의 구속사적 진전 속에서 이해되어야 한다. 사실 이런 견해는 새로운 것이 아니다.

---

13. Moo, *Colossians*, 152.
14. 사도행전 13장 47절을 주목하는 것이 유익하다. 바울(과 바나바)은 자신의 사역을 이사야 42장 6절의 내용을 성취하는 것이라고 말한다. 잘 알려진 대로, 이 본문은 이사야의 네 개의 종의 노래 중 첫 노래(사42:1~9)에 해당하는 부분으로서 그리스도의 사역으로 성취된다. 그런데 바울은 이제 이 본문이 자신의 사역을 말하는 것이라고 연결함으로써 그리스도와 자신을 구분하지 않는다.

골로새서 1장 24절은 기독교 신비주의의 입장에서 강조되어왔다. 이 입장에 따르면, 여기서 바울이 그리스도의 고난에 신비적으로 참여한다는 것이다.[15] 이것이 바울에게만 적용되는지다이스만, 슈미트, 아니면 교회 전체에 해당되는지디벨리우스, 슈나이더에 관해서는 이견이 없지 않지만, 이런 읽기에서 강조되는 것은 그리스도의 고난에 **신비적으로 실제적**realistic**으로** 참여한다는 것이다. 플러머Plummer는 바울이 그리스도인들이 그리스도의 죽음에 참여한다고 말하는 것이 분명하지만, 그것은 믿음으로 파악되는 것이라서 신자들의 밖에서 발생하는 사건extrinsic or alien으로 남는 것이라고 강조하면서 이를 반대한다.[16] 그러나 고난과 관련하여 그리스도와의 신비적인 연합을 강조한다고 해서 그것이 필연적으로 그리스도의 구속적인 죽음의 충족성을 희석시키는 것은 아니다. 그리스도와 신자들의 연합은 신비적이지만 동시에 실제적이고 실존적이다. 바울은 다메섹에서 자신이 교회가 아니라 그리스도를 핍박하는 것임을 알았다. 그리스도 자신이 실제적으로 고난을 당하셨다는 말이다. 그럼에도 이렇게 그리스도의 고난이 실제적으로 계속된다고 해서, 그것이 어떤 의미에서 예수님 자신이 메시아로서 구원 사역의 미완성이나 부족을 시사하는 것은 결코 아니었다.

반면 무Moo와 플러머Plummer는 그리스도의 구속적인 고난redemtive suffering의 충족성을 유지하기 위해 그리스도의 고난과 바울과 교회의 고난을 좀 더 원격시키려고 노력한다. 무Moo에 따르면, θλῖψις뜰맆시스는 신약에서 그리스도의 구속적인 고난에 한 번도 사용된 적이 없다. 또한 바울이 의도적으로 24절 상반부의 πάθημα자신의 경우[17]에서 하반부의 θλῖψις그리스도의 경우로 단어를 바꾼

---

15. 참고. M. Proudfoot, "Imitation or Realistic Participation: A Study of Paul's Concept of Suffering with Christ," *Int* 17 (1963), 140~160.
16. Plummer, "Suffering," 12.
17. 바울서신에서 πάθημα(파떼마)의 일반적인 의미는 '고난'이다(롬8:18; 고후1:5~7: 빌3:10: 골1:24: 딤후3:11). 이는 모든 그리스도인들이 참여해야할 그리스도의 고난의 일부를 의미한다(참고. 히2:9,10: 10:32: 벧전1:11:

것도 이를 드러낸다고 해석한다.[18] 그러나 평행구절인 고린도후서 1장 3~11절을 골로새서 1장 24절과 비교해 보라. 오브라이언O'Brian이 주목하듯이, 고린도후서 4장 8절에서 바울의 고난θλῖψις은 5절에서 그리스도의 고난πάθημα의 일부라고 한다. 골로새서 1장 24절에서 πάθημα는 바울의 수고에, θλῖψις는 그리스도의 고난에 사용된 것과 반대이다.[19] 따라서 그리스도와 자신의 고난에 있어 두 단어는 구별 없이 이해될 수 있음을 말하는 것으로 보인다. 오히려 바울은 그리스도의 고난과 자신의 고난을 의도적으로 하나로 섞고 있다고 보는 것이 더욱 타당하다.

그런데 바울은 자신의 설명 속에서 혹시라도 그리스도의 구속의 충족성이 오해될 수 있다는 것을 예상하지 않았을까? 아니면 예상했지만 그것을 대수롭지 않게 생각했을까? 좌우간 분명한 것은 바울은 이런 위험성을 감수하고 있다는 것이다. 충족성을 고수하는 부가설명 없이 바울은 자신이 그리스도의 고난에 참여한다고 말하고 있으며, 이때 자신의 고난과 그리스도의 고난에 사용된 단어를 의도적으로 혼용한다. 바울의 의도는 오히려 명확하다. 독자로 하여금 강력하게 바울의 고난과 그리스도의 고난을 밀접하게 하나로 연결하도록 의도한다는 것이다.

이런 관점에서 '채운다ἀνταναπληρόω'는 어떤 의미일까? '채운다'라는 동사는 두 전치(사) 접두어가 붙어있는 형태이다. 즉 ἀντί + ἀνά + πληρόω로 구성된다. 이 동사는 여기에서만 발견되는 단어이다. 여기서 ἀντί의 의미가 난해하다. 무Moo는 ἀντί 접두어의 의미에 관해 다음과 같이 다섯 가지의 가능성을 제

---

4:13; 5:1~9).

18. 골로새서 1장 24절, "Νῦν χαίρω ἐν τοῖς παθήμασιν ὑπὲρ ὑμῶν καὶ ἀνταναπληρῶ τὰ ὑστερήματα τῶν θλίψεων τοῦ Χριστοῦ ἐν τῇ σαρκί μου ὑπὲρ τοῦ σώματος αὐτοῦ, ὅ ἐστιν ἡ ἐκκλησία"

19. O'Brien, Colosians, 76.

시한다. ① fill up in place of, 즉 교회를 대신함을 강조하는 의미, ② fill up on behalf of, 단순히 ἀνά를 강조하는 형태, ③ fill up in response to, 즉 부족한 것과 관련된 바울의 고난을 의미함, ④ in reciprocal significance, 즉 그리스도 다음으로 이제 자신의 차례in his turn가 되어 교회를 대신하여 고난을 당하는 의미, ⑤ 코이네 헬라어가 복합동사들을 사용하는 경향으로 볼 때, 단순히 fill up을 의미함.[20]

주석의 기초는 의미를 **살리는** 것이다. 따라서 ⑤와 ③은 마지막 선택이 될 것이다. 또한 '그리스도의 고난의 남은 것'이라는 직접적인 문맥을 고려한다면 ἀντί가 '교회를 위하여'라는 부사적 전치사구 보다는 πληρόω의 직접 목적어와 관련된 것으로 읽는 것이 낫다. 따라서 ①의 경우 보다는 ③의 경우가 나아 보인다. 그러나 24절 전체에서 바울이 강조하는 것은 부족한 것 자체라기보다 그것과 관련한 **그리스도, 바울, 그리고 골로새 교인들 간의 삼각관계이다.**[21] 그리스도의 모자란 고난을 바울이 채우는데, 그것은 바울도, 그리스도도 아니고 교회를 위한 것이다. 이러한 놀라운 원리를 드러내는 것이 '고난이 부족하다'는 것을 알리는 정보보다 중요한 것은 말할 필요가 없다. 따라서 ④의 읽기가 더욱 좋겠다. 즉 그리스도의 고난의 모자란 것을 바울이 이제 그리스도를 뒤이어 자신의 차례가 되어 다시 채우는 것이다.

바울과 그리스도는 신비적으로 연합되어 있다. 바울은 하나님의 뜻을 이루신 그리스도의 종 되심을 이어받아 이제 자신이 종으로서 사명을 다하는 가운

---

20. 무(Moo), *Colossians*, 150~151. 그는 여기서 ③의 의미를 선호한다. 결국 'what is lacking in regard to(반응하여, 대하여) Christ's afflictions'으로 읽는다.

21. 두말할 필요도 없이 이 관계는 신비적인 연합으로서 한 몸의 관계이며 참여의 교제(κοινωνία)의 관계이다. 고난은 이런 교제의 관계와 불가분의 개념이다. 고난과 교제에 관해 상세한 것은 B. Gärtner, "Suffer, πάσχω," in *Dictionary of New Testament Theology*, Vol. 3, ed. by L. Coenen, E. Beyreuther, and H. Bietenhard (Grand Rapids: Zondervan Publishing House, 1971), 724를 보라.

데 고난을 받는다. 그러나 그의 고난은 그리스도를 위함도, 심지어 자신을 위한 것도 아니다. 그보다 그의 고난은 빌립보 교인들을 위한 것이다. 이러한 신비적 연합 속에서 바울은 도리어 기쁨을 발견한다.

## 3. 복음으로서 고난: 고린도후서 4장 7~15절

소위 '고난 목록'고전4:6~13; 고후4:7~15; 6:3~10; 11:21b~30; 12:9b~10으로 불리는 본문들은 모두 고린도서에서 발견된다. 다섯 개의 목록 중 네 개가 고린도후서에 있는데, 여기서의 본문은 그중 첫 번째에 해당한다. 플러머Plummer에 따르면, 고린도후서 4장 7절 이하에서 바울은 자신의 고난에 대해 일종의 신학적인 변호apologia를 제시한다. 반대자들이 생각하는 것처럼 고난과 시련은 자신이 하나님께로부터 인정받지 못하고 있음을 말하는 것이 아니라 오히려 자신의 약함과 고난이 진리와 메시지의 능력을 극대화시키는 것이라고 말한다. 자신의 약함을 볼 때 자신이 능력 있는 메시지의 근원이 될 수 없다는 것이다.

약한 자로서 바울은 자신의 몸에 예수님의 죽음을 짊어지고 다닌다10절. νεκροφόρος네크로포로스는 관 또는 시체를 운반하는 사람이다. 바울은 νέκρωσις 네크로시스와 περιφέρω페리페로를 사용함으로써 자신을 예수님의 죽음을 운반하는 νεκροφόρος로 제시한다.[22]

"πάντοτε τὴν **νέκρωσιν** τοῦ Ἰησοῦ ἐν τῷ σώματι **περιφέροντες**, ἵνα καὶ ἡ ζωὴ τοῦ Ἰησοῦ ἐν τῷ σώματι ἡμῶν φανερωθῇ."고후4:10

---

22. 최영숙, "바울의 고난과 하나님의 능력," 『신약논단』 17/2 (2010), 409~410.

바울은 고난을 기독론적으로 이해한다. 그에게 고난은 반대자들의 추천서와 같은 역할을 한다.[23]

여기서 중요한 것은 사도 바울은 고난을 사도의 복음 선포에 단순히 수반되는 것만이 아니라 복음 선포 그 자체라고 말한다는 것이다. 10절에서 바울은 자신의 몸에 그리스도의 죽음을 지니고 다닌다고 말한다. 그는 예수님의 죽음을 어떤 의미에서 자신의 고난으로 그려내고 있는 것이다. 이런 맥락에서 메시지의 전달자conveyer는 메시지의 내용content을 그려낸다. 이런 생생한 그림의 결과로 반복된 고난에 의한 그의 죽음의 경험을 통해 바울은 그리스도의 생명, 즉 구원을 듣는 자들에게 전하는 것이었다.[24]

주목할 것은 10절에서 바울이 사용하는 단어이다. 예수님의 죽음에서 바울은 νέκρωσις라는 단어를 사용한다. 그는 자신의 서신에서 θάνατος를 50회 가까이 사용한 반면, νέκρωσις는 로마서 4장 19절을 제외하면 여기서만 사용한다. νέκρωσις라는 단어는 죽음의 과정이나 상태를 강조한다. 즉 여기서 바울은 삶을 죽음의 과정으로 말하고 있는 것이다.[25] 바울은 자신의 삶, 특히 보잘 것 없고 실패하며 핍박받는 질그릇과 같은 고난의 삶의 과정을 통해 오히려 예수님의 생명, 즉 복음이 나타난다고 말하는 것이다. 12절을 대적들을 향한 일종의 조소로 읽는 주석도 있지만, 만약 바울이 그렇게 의도했다면, 이는 매우 역설적이고 깊은 영적 진리를 밝히면서 비웃음을 얻으려고 이해의 흐름의 단절이라는 대가를 지불하는 수사학을 구사하는 겸이 된다. 따라서 12절은 조소가 아니라 선언적인 문장으로 읽어야 한다. 바울의 고난의 삶, 즉 예수님의 죽음의 삶을

---

23. 최영숙, "바울의 고난과 하나님의 능력," 416
24. Plummer, "Suffering," 11.
25. 참고. R. Bultmann, "νέκρωσις" in *Theological Dictionary of the New Testament* IV (Grand Rapids: Eerdmans, 1967), 895.

통해 그리스도가 드러나고 고린도 교인들은 오히려 생명을 누린다.

이는 성례의 신비에서 발견되는 진리와도 같다. 즉 몸과 피를 나누는 그리스도의 죽음으로 우리는 불사의 열매와 음료를 얻는다.[26] 그런데 이러한 성례의 신비가 그리스도와 그의 몸된 교회에서 바울과 고린도교회로 복제된다.[27] 이런 점에서 바울은 다시 한 번 자신의 사역과 그리스도의 사역을 신비적으로 연합하고 있는 것이다.


## 4. 영광은 없으나 고독하지 않은 고난: 로마서 8장 16~28절

### (1) 로마서 8장 16~17절: 영광 없는 고난

그리스도와의 신비적 연합을 중심에 두고 가장 강조하는 서신 중 하나는 로마서이다. 바울은 5장 이하에서 계속하여 그리스도와 하나됨, 즉 세례를 통한 하나됨을 강조해왔다. 세례는 결혼이 한 몸을 이루는 것처럼 하나를 만든다. 모든 인류는 아담과 그리스도, 두 인물 중 하나와 연합되어 있다. 모든 자연인이

---

26. 떡의 재료는 열매이다. 과일과 같이 씨를 가진 큰 열매만이 아니라 보리, 소맥, 쌀, 옥수수 등도 씨를 가진 나무들의 씨요 열매이다. 창세기 2장의 생명나무에서 우리는 생명의 열매와 그로부터 네 가지 갈래로 세상에 퍼진 생명의 물의 근원을 본다. 상실된 열매와 음료는 성찬에서 회수되며, 교회는 극락의 땅인 에덴에 다시 들어와 있음을 성찬을 통해 드러내고 맛본다. 그리고 이를 세상에 전한다. 성찬은 주의 죽음을 세상에 선포한다 (καταγγέλλω, 고전11:26). 따라서 성찬 자체가 복음의 전파이다. 소위 온라인 예배의 본질적 문제 중 하나는 성찬의 불가이다.

27. 출산의 과정도 본질적으로 유사하다. 어머니는 아이에게 살과 피를 준다. 생물학적으로 아이와 어머니는 둘이 아니라 하나로 연합되어 있다. 어머니의 산고는 자신을 위하지 않고 아이를 위한다. 아담과 하와는 생육하고 번성하고 왕으로서 세상을 다스려야 했다. 이 사명은 지상명령, 즉 세례를 주고 가르쳐 지키도록 하는 다스림을 통해 계속된다. 세례를 주는 것은 교회의 생육과 번성, 즉 영적 출산과 전혀 다르지 않다. 양수를 터트려 아이를 낳듯이 교회는 세례를 줌으로써 생육한다. 이점에서 말씀을 가르침은 곧 생육과 번성이다. 바로 이것이 사도가 진리의 말씀을 다시 가르침으로써 갈라디아 교인들을 위해 자신이 다시 출산하는 고통을 감당해야 한다고 말하는 이유이다(갈4:19).

양수를 터트리고 태어나듯이, 다시 세례라는 영적 양수를 통하여 거듭나기 전에는 예외 없이 모든 사람은 아담과 하나가 되어 있다.[28] 그런데 세례로 말미암아 새로운 인물이신 예수님과 하나됨이라는 역전이 발생한다. 이것이 그리스도 안에 있는 자의 구원의 근거이고, 자유의 토대이며, 소망의 기초이다. 그리고 이렇게 자녀로 다시 태어남은 거룩한 아들 되신 예수님과 공동상속자로서 상속의 법적 근거를 제시한다. 신자는 아들이기에 동시에 상속자이다.[29]

그런데 이 법적 상속은 색맹이다. 즉 상속은 부분적일 수 없고 맹목적이다. 상속[30]은 모든 것을 전가한다. 상속자는 상속을 선택할 수는 있지만, 상속의 내용은 선택할 수 없다. 좋은 것과 좋지 못한 것 모두를 상속하게 된다. 그리스도의 상속이 그렇듯이 그와 함께 상속자가 된 우리의 상속도 그렇다. 그리스도의 영광만이 아니라 그분의 고난도 함께 받아야 하는 것이다. 바울은 16~17절에서 함께συν-라는 전치사 접두어를 매우 독특하게 집중적으로 사용함으로써 서신을 듣는 자들로 하여금 이를 청각적으로도 파악할 수 있게 했다.[31] 공동상속자는 모든 것을 함께 상속받아야 한다.

그런데 이런 강조에는 도리어 모순도 함께 존재한다. 즉 '함께'를 강조하는

---

28. 첫 세상(땅)은 물에서 나왔다. 하나님의 신이 물위에서 역사하심으로써 세상은 물에서 나와 생명을 가졌다. 그러나 그 세상은 두 번째 물에서 나와야 했다. 홍수를 통한 하나님의 역사에서 새로운 땅이 드러났다. 땅과 인간은 재료적인 측면만이 아니라 구속적인 측면에서도 연결되어 있다. 아담의 죄로 땅은 저주를 공유한다. 이 모두가 모형적이다. 이 상징적 모형은 첫 창조의 시간과 그 이후 과거의 시간에만 고정되지 않고 모든 인류의 현재적 출산에도 반복적으로 드러난다. 양수로부터의 첫 태어남은 반드시 새로운 물로 거듭남으로 완성되어야 한다. 현 의학은 양수의 생물학적 기능은 설명하지만, 그 구속적 역할은 파악하지 못한다.
29. 하나님의 부르심은 본질적으로 상속과 연결되어 있다. 아브라함 언약의 후손인 이스라엘은 가나안 땅을 상속의 기업으로 상속받도록 부름을 받았다.
30. 상속의 근거는 사실상 하나됨에 근거한다. 아버지와 상속자로서 아들은 법 앞에서 한 사람이다. 그러기에 아버지의 것이 아들의 것이 된다. 상속의 기본 개념은 어떤 사람과 그의 상속자는 구분되지 않고 하나라는 것이다.
31. 본문의 συν-복합어들은 거의 본문에서만 집단적으로 등장한다. 공동상속자(συγκληρονόμος)는 신약에서 본문에만 등장하며 συμπάσχω 역시 고린도전서 12장 26절을 제외하면 본문에서만 발견된다. συνδοξάζω 또한 바울만이 사용하는 hapax legomenon(한 번만 등장하는 단어)이다.

상속의 개념에는 시간적으로는 오히려 '함께'가 아니라 차이와 구분이 있다는 것이다. 왜냐하면 고난은 현존τὰ παθήματα τοῦ νῦν καιροῦ하지만, 영광은 우리에게 아직 감추어져τὴν μέλλουσαν δόξαν ἀποκαλυφθῆναι εἰς ἡμᾶς 있기 때문이다. 즉 고난은 지금 상속하고 있는 데 반해, 영광의 상속은 미루어져 있다는 것이다. 함께 상속할 상속의 두 측면고난과 영광이 시간에 있어서는 함께 나타나지 않는다. 성도의 기다림이 여기에 있다25절. 실체는 보이지 않게, 즉 미래에 존재한다. 그러나 역설적으로 이런 간극 때문에 성도들의 믿음과 인내가 존재할 수 있으며, 하나님의 사랑이 개입될 여지가 생긴다.

하나님의 사랑이 개입된 성도의 기다림에는 넉넉한 위안이 있는데, 그것은 동질의 영광이 단지 지연된 것이 아니라 비교할 수 없는οὐκ ἄξια 영광이 남아 있기 때문이다참고. 고후4:17-18. 그리스도와 함께 받게 될 드러나지ἀποκαλυφθῆναι 않은 영광은 이미 모든 비밀의 폭로가 되시는 그리스도에게서 드러났다. 그리스도의 십자가의 고난은 잠시였지만, 부활하신 예수님께서는 영원한 영광의 자리로 오르셨다. 그런 그리스도와 함께 상속자가 된 이들도 그와 같은 순서를 따라야 한다. 고난과 영광에 있는 이러한 기다림의 시간적 차이는 비교할 수 없는 질적인 차이를 낳는다. 이는 어려운 진리가 아니다. 하나님께서는 일상의 은총 속에서 이를 드러내고 가르치신다. 즉 눈물로 씨를 뿌리는 자는 씨와는 비교할 수 없는 열매를, 그것도 매우 많이 거두는 것이다. 이렇게 세상의 신적 질서는 영적 원리를 일상화하며 가시화한다.

## (2) 로마서 8장 19~28절: 그러나 고독하지 않은 고난

그러나 우리는 현재의 기다림이라는 고난 속에서 결코 고독하지 않다. 19절 이하에서 바울이 강조하는 것은 '함께συν'라는 것이다. 22절에서 피조물들이 **함께** 탄식하며συστενάζει **함께** 고통하고συνωδίνει 있다. 26절에서 성령께서도 말할 수 없는 탄식 속에서στεναγμοῖς ἀλαλήτοις 기도하심으로써 **함께** 도우신다 συναντιλαμβάνεται. 그리고 하나님께서는 이러한 성령의 생각을 아신다. 이렇듯 모두가 우리와 함께 한다. 비록 우리의 고난 속에서 영광은 미래에 있지만, 영광의 하나님의 도우심은 현존한다. 이것이 어찌 위안이 되지 않겠는가?

뜻대로 부르심을 입은 이들에게는 모두가 **함께** 일한다28절: πάντα συνεργεῖ εἰς ἀγαθόν 본문은 신자들에게 벌어지는 모든 것이 합력하여 선을 이룬다고 읽힘으로써 성도들에게 큰 위로를 주곤 한다. 그러나 다른 읽기도 가능하다. 즉 πάντα를 신자들에게 벌어지는 사건들과 일들이 아니라 앞에서 언급된 모든 주체들을 가리키는 것으로 읽는 것이다.[32]

모두, 즉 피조물들, 성령, (성부) 하나님, 그리고 신자들까지 모두는 함께 일한다. 이 경우 강조되는 것은 우리와 함께 일하시는 주체가 하나님이시라는 것이다. 몇 가지 영역본[33]은 πάντα가 아니라 하나님을 동사의 숨은 주어로 번역하고 있지만, 이 경우에도 πάντα는 여전히 대격으로 남는다. 우리는 많은 경우 하나님보다 우리에게 벌어지는 일들로서 πάντα를 주목하려 한다. 우리에게 벌어지는 일이 어떻게 바뀌는가를 계속 주시하려 한다. 우리는 우리에게 발생한 어려운 일들이 결국 모두 모여합력하여 우리에게 좋은 일들로 나타날 것이라는 약속을 고대한다. 이런 소망이 악한 것은 아니지만, 본문의 강조에서는 벗어난다. 다시 반복하지만, 본문의 관심은 전화위복의 해피엔딩이 아니라 임마누엘 Immanuel이다. 즉 일이 아니라 그 너머의 하나님을 주목해야 한다. 하나님께서 우리를 위하여 함께 일하시는 것이다.

불쾌할 수 있지만 요지는 이것이다. 우리가 당하는 고난들은 **합력하여 결국**

---

32. 그 용례로는 고린도전서 11장 12절을 보라. 또한 모든 종류의 사람들을 가리키는 경우로 갈라디아서 3장 22절을 보라.

33. 참고. RSV, NIV. 한편 동사 뒤에 주어로서 하나님을 말하는 사본도 여럿이다. 대표적 예는 papyrus 46이다.

**더 큰 고난으로 남을 수도 있다.** 그럼에도 불구하고 우리는 인내할 수 있는데, 왜냐하면 우리는 혼자가 아니기 때문이다. 우리에게서는 만물의 탄식을 넘어 더 큰 탄식으로 간구하시는 성령과 이를 감찰하시는 하나님께서 함께 일하신다. 이것이 본문 전체가 말하는 요지이다. 이어지는 35절 이하를 보자. 본문은 환난, 곤고, 핍박, 기근, 적신, 위험, 칼, 이런 것들이 합해져서 결국 사라지거나 좋은 상황으로 바뀌는 것을 약속하지 않는다. 그것들은 오히려 그대로 남는다. 그럼에도 우리가 이긴다. 그것도 넉넉히ύπερνικῶμεν! 아무리 반대편에서 천사, 권세자들, 능력, 높은, 깊음, 그리고 다른 어떤 피조물이 우리를 대적하여 함께 역사할지라도, 고난을 겪는 우리 쪽에는 함께 탄식하는 피조물들뿐 아니라, 더 큰 탄식으로 기도하시는 성령님, 우리를 위하시는 하나님33절, 그리고 예수님34절께서 강력한 사랑으로 함께하시기 때문이다39절.

바로 이것이 사도가 앞으로 얻을 영광보다 지금의 고난 속에서 이미 함께하시는 하나님의 사랑을 승리의 비밀 병기로 제시하며 이를 찬송케 하는 이유이다.

세상이여 보라. 너희가 보다시피
우리의 지금의 고난에 영광은 없지만 그 고난은 고독치 않으니
영광의 주가 이미 함께 하심이라!
그것도 무엇으로도 끊을 수 없는 사랑의 줄로……

# 5. 끝 날까지 있을 고난: 빌립보서 3장 10~12절

골로새서 1장 24~25절과 고린도후서 4장 7~15절이 바울의 사도적 전도 사역에 상당한 비중을 두고 말하고 있다면, 빌립보서 3장 10~12절은 그보다 개인적인 접근을 보여준다. 다시 말해 바울은 지금 오히려 한 사람의 그리스도인으로서 말하고 있다는 것이다. 이와 관련해 빌립보서 3장 15절 이하에서 바울은 자신의 말을 보편적으로 넓히고 있다ὅσοι. 특히 17절에서 그는 형제들에게 말한다. 그 내용은 자신을 본받으라는 것이다. 따라서 본문은 그리스도 안에서 인간 바울의 형제가 된 모든 그리스도인들이 따라야 하는 일종의 모범적 삶의 닮음 박질을 보여준다고 말할 수 있겠다.[34]

본문은 그리스도를 아는 지식의 고상함을 말하면서 모든 것을 배설물로 여긴다는 바울의 유명한 고백8절 뒤에 따라 나온다.

"τοῦ γνῶναι αὐτὸν καὶ τὴν δύναμιν τῆς ἀναστάσεως αὐτοῦ καὶ [τὴν] κοινωνίαν [τῶν] παθημάτων αὐτοῦ, συμμορφιζόμενος τῷ θανάτῳ αὐτοῦ,"빌3:10

10절은 분사구를 포함하는 부정사문인데, 여기서 관사를 가진 설명적 부정사가 앞 절9절의 믿음πίστις을 설명하는 것인지 아니면 목적의 부사구를 이루는 것인지에 대해 주석적인 논의가 진행중이다.[35] 개인적으로는 전자를 선호하지

---

34. R. Hays, *The Moral Vision of the New Testament: Community, Cross, New Creation, Contemporary Introduction to New Testament Ethics* (New York: Harper Collins, 1996)의 part one 첫 장의 제목은 'Paul: The Koinonia of His Sufferings'이다. Hays의 책은 빌립보서 3장 10절을 기독교 윤리의 기초로 삼는다.

35. G. F. Hawthorne, *Philippians* (WBC 43, Waco, Tx: Word, 1982), 143이 지적하듯이, 믿음(πίστις)이 이렇게 수식되는 경우가 신약에는 없음을 고려해야 한다.

만, 여기서는 이 문제를 깊게 파고들기보다 요점에 집중하고자 한다. 그 요점이란 바울이 알려고γνῶναι 한 것이 무엇인가 하는 것이다.

바울은 그리스도를 알고자 하였다. 그렇다면 지금 바울은 그의 삶의 푯대에 가까운 종착의 시점에서 아직도 그리스도를 모른다고 말하는 것인가? 그럴 수 없다. 따라서 여기서 바울이 말하는 지식으로서의 앎은 보다 경험적인 지식을 말하는 것이 분명하다. 어떻게 그리스도를 알 수 있는가? '그를' 뒤에 이어지는 '그리고καὶ'가 그것을 확실히 드러낸다. 여기서 καὶ는 단순한 연결의 역할이 아니라 일종의 동격의 의미를 전달함으로써 그리스도를 아는 것이 무엇을 아는 것과 같은지를 설명한다. 사도는 그리스도의 부활의 능력을 알고자 하였다. 물론 그는 그리스도의 부활을 안다. 그는 부활하신 주님을 체험했다. 다메섹은 그분을 직접 만난 곳이다. 그가 여기서 알고자 하는 것은 그 능력을 계속적으로 체험하여 삶속에서 아는 것이다. 이는 신자에게 고무적이다.

그러나 문제는 바울이 그리스도의 죽으심도 알고자 한다는 것이다. 이는 듣기 유쾌하지 않은 말이다. 여러 주석가들이 κοινωνία에 관사가 없음을 주목한다.[36] '능력'과 '참여'가 관사를 공유하기 때문에 부활의 능력과 죽음의 참여의 본질적인 관계를 문법적으로 찾는다. 물론 잘못은 아니지만 오히려 이어지는 분사구 'συμμορφιζόμενος τῷ θανάτῳ αὐτου그의 죽으심을 본받아'가 능력을 아는 것과 고난에 참여하는 것의 불가분의 관계를 더욱 강조한다고 볼 수 있다. 즉 그리스도의 부활의 능력을 알기 위해서는 그의 고난에 참여하는 것이 필수적이라는 것이다. 그 고난은 단순한 힘듦이 아니라 죽으심을 본받는 지경까지 포함하는 것이다.

그런데 어떻게 그리스도의 고난에 참여할 수 있는가? 바울은 자신의 고난

---

36. 사실 본문의 관사는 이문(異文)이 다양하다. NA 28th은 사본적으로 결정하기가 매우 어려움을 말한다.

을 단순히 참는 것이 아니라 그리스도의 고난에 참여κοινωνία하는 것이라고 말하는 것에 주목하자. 사도는 다시 한 번 여기서 그리스도와 신비적 연합을 생각하고 있는 것이 분명하다. 호손Hawthorne은 바울이 단지 자신이 순교를 앞두고 예수님처럼 자신도 순교의 고난을 겪을 것이라고 말하는 것이 아니라고 강조한다.[37] 바울은 그리스도와 신비적인 연합 속에서 자신의 삶 가운데 겪는 고난을 통해 그리스도의 고난과 그 속에서 역사하는 부활의 능력을 겪으려고 하는 것이다.

그런데 이 이야기는 바울의 이야기만이 아니다. 바울은 자신을 본받으라고 말하기 때문이다. 지금 바울의 삶은 많이 남지 않았다. 지금껏 그의 삶은 고난의 연속이었다 해도 과언이 아니다. 그런 그가 다시 한 번 말한다. 그도 아직 이루지 못하였다고, 그리스도를 알아가는 것은 아직도 진행 중이라고 말이다. 그의 삶의 막바지까지 이 진행은 멈출 기색이 없다. 그리고 그것이 신자들의 모범이 된다. 우리가 바울의 형제이기를 거부하지 않는 한, 우리가 그리스도와의 신비적 연합에서 열외 되지 않는 한 우리의 삶의 경주 역시 바울의 삶처럼 그리스도를 알아가는 고난에 참여하는 삶이어야 한다. 그것이 부활의 능력을 아는 유일한 길이기 때문이다. 그런데 이러한 삶은 죽을 때까지 끝나지 않는다.

신자의 삶이란 이런 것이다. 신자의 삶이 그리스도를 아는 삶인 이상, 그것은 그리스도의 고난에 참여해야 하는 삶이며, 그 삶은 죽을 때까지 멈추지 않을 것이다. 그러나 실망하지 말자. 신자의 삶이 피할 수 없는 고난에 참여하는 삶이라는 것은 곧 다름 아니라 그리스도의 부활의 능력을 체험하는 삶이기 때문이다.

---

37. Hawthorne, *Philippians*, 144~145.

# 결론: 경건 검진 지표로서 고난: 디모데후서 3장 12절

한국은 고난 청정persecution-free 지역인가? 오늘날 많은 이들이 그렇게 말한다. 우리는 종교의 자유를 누릴 수 있는 유물론적 공산주의 체제가 아니라 자유민주주의 체제 아래서 살고 있음에 감사한다. 혹 우리가 고난을 당하더라도 그것은 우리의 잘못된 삶의 징계로서 겪게 되는 징벌로 해석하곤 한다. 그러나 디모데후서 3장 12절에는 어떠한 전제도 없다. 이 구절의 내용이 어떤 특정 상황에서만 적용된다는 단서가 없다. 이 구절의 원리는 무조건적이다. 즉 그리스도 안에서 경건하게 살고자 하는 자는 핍박을 받는다는 것이다. 따라서 핍박은 내가 그리스도 안에 있는지 그리고 경건하게 살고 있는지를 드러낸다. 돌려 말하면 내게 핍박이 없다면 나는 경건하게 살고 있지 않는 것이다. 우리의 지식과 경험이 여기에 반박한다 해도 나는 이 구절의 말을 중언할 수밖에 없다. 핍박 없는 삶은 경건 없는 삶이다.[38]

세상에 적대적이지 않는 삶은 고난과 무관하다. 기억하자. 일제강점기 때에도 고난은 독립운동가들에게만 해당되었다. 친일파들은 그들이 한국인이라 할지라도 핍박당하지 않았다. 도리어 안락함과 평안함 그리고 부귀와 영화를 얻었다. 그 시대에 고난과 핍박이 없었기 때문이 아니었다. 당시 누가 독립운동가인지, 친일매국노인지는 그의 삶을 보면 알 수 있었다. 그가 고난을 당하는지 영화를 누리는지를 보면 그가 누군지를 알 수 있었다. 이렇게 쉽고 불같은 원리를 애써 고개 돌려 눈을 감는다고 해서 그 열기조차 느낄 수 없는 것은 아니다.

---

38. 이 글은 고난을 주제로 다루는 것이기에 글을 맺는 마당에 하나의 각주를 부득이 더하고자 한다. 필자는 이를 오랫동안 강조해왔다. 십자가 이후 핍박이 완화된 시기는 교회사에 없었다. 핍박의 강도는 교회를 둘러싼 역사적 정황이 아니라 경건이 결정한다. 많은 신자들이 이를 이해하는데 매우 어려워한다. 오히려 주석의 복잡한 구문분석을 쉽게 수긍하곤 한다. 말씀의 이해를 방해하는 것은 신학적 무지가 아니라 듣기 싫어하는 마음이다.

한국교회가 **이 시대**의 경건한 신자의 지표로서 고난과 핍박을 외면한다고 해서 이같이 말하는 불같은 원리에서 벗어날 수 있는 것이 아니다.

오늘 우리는 스스로에게 이렇게 물어야 한다. "나는 그리스도의 부활의 능력을 알아가는 길이요 그리스도의 남은 것에 참여하는 길로서 그리고 그리스도의 복음을 드러내는 것으로서 영광을 보류한 채 지금 여기서 고난에 참여하고 있는가?" 이러한 검진표에 양성positive이라고 도장 받지 못한다면, 우리는 경건 부전failure을 앓고 있는 것이다. 우리가 고난에 기뻐하는 이유가 여기에 있다. 굳어버린 장기는 아픔을 모른다. 고난의 아픔은 우리의 경건이 새빨갛게 살아 움직인다는 가슴 뛰는 신호인 것이다!

# 9장
# 요한문헌의 고난

송영목

'고난苦難'은 직역하면 '쓰고 어려움'을 뜻한다. 영어 'suffering'의 어원인 라틴어 'sufferre수페레; sub(from below) + ferre(to bear)'는 육체와 정신적 불편을 유발하는 '짐을 지는 것'을 의미한다.[1] 위협, 질병, 범죄, 상실, 좌절 등으로 초래되는 고통은 삶의 한 부분이며 불가피한 실재이다. 모든 그리스도인도 다양한 고난과 씨름하기에, 목회자는 고난의 원인에 적합한 처방을 통하여 목회적인 돌봄을 제공해야 한다. 흥미롭게도 성경은 인간의 타락의 결과인 고통으로 시작하여창3:14~19 고통이 사라지는 것으로 마친다계21:4; 22:2.[2] 예수님께서는 죽음은 물론 고난의 문제도 해결하신다참고. 롬8:21. 인간의 고난은 하나님의 허락 속에서 일어나며, 하나님께서 그 고난의 종류와 강도를 조절하신다참고. 행2:23; 롬8:35; 벧전4:1.[3] 고난이 해소되기까지, 자신과 타인 그리고 사회의 구조적 악이 초래한 고난은 계속된다.

---

1. A. B. Geyser-Fouché and T. M. Munengwa, "The Concept of Vicarious Suffering in the Old Testament," *HTS Teologiese Studies* 75/4 (2019), 2.
2. F. P. Cotterell, "고난," in 『IVP 성경신학사전』, ed. by T. D. Alexander and B. S. Rosner, 권연경 외 역 (서울: IVP, 2004), 568. 참고로 신약성경에서 πόνος(계21:4), πάσχω(계2:10), πάθημα(벧전4:13)는 고난(suffering)과 고통(pain)을 교차적으로 가리킨다. 참고. J. P. Louw and E. A. Nida, *Greek-English Lexicon on the New Testament based on Semantic Domains*, Volume 1 (Cape Town: Bible Society of South Africa, 1993), 285.
3. R. S. Wallace, "고난," in 『새성경사전』, ed. by D. Douglas, 나용화 외 역 (서울: 기독교문서선교회, 1996), 116.

이와 더불어 선하시고 전능하신 하나님께서 고난을 허락하신 목적을 살피는 신정론도 중요하다.[4] 신약성경은 예수님께서 당하신 고난과 예수님과 연합된 성도가 당하는 고난을 중요하게 다룬다. 성도가 신앙을 따라 살 때 당하는 고난은 인과관계因果關係로 정확히 설명하기 어려울 뿐 아니라, 이 세상에서 온전한 신원을 받는 것도 아니다.[5]

요한복음은 영광의 관점에서 예수님의 고난과 죽으심을 소개한다. 그래서 요한은 성도가 당할 고난을 비중 있게 다루는 감람산강화를 빠뜨리기도 했다. 이런 이유들로 인해 요한복음에는 예수님과 교회의 고난에 대한 언급이 상대적으로 적다요12:27~28.[6]

이 글은 요한문헌에 나타난 고난의 의미를 각 권의 배경과 기록목적에 비추어 살핀 후, 설교를 위한 적용점을 찾는 것을 목표로 한다. 요한은 예수님의 고난을 하나님의 가족이 얻은 구원의 근거이자 성도가 고난을 극복하는 모델로 제시한다. 고난은 삼위일체론과 교회론 그리고 종말론을 포괄하는 주제이다.

---

4. D. J. Simundson, "Suffering," in *The Anchor Bible Dictionary*, Volume 6, ed. by D N. Freedman (New York: Doubleday, 1992), 220; 박영식, 『고난과 하나님의 전능: 신정론의 물음과 신학적 답변』 (서울: 동연, 2012).

5. Simundson, "Suffering," 224. 참고로 유대교는 고난 혹은 시험을 크게 두 가지 방향으로 이해했다. "첫째, 유대교의 가장 초기 자료는 일반적으로 고난을 개인적이든지 공동체적이든지 죄와 연결시킨다. 하나님께 죄를 범한 사람은 그 죄가 제거되기까지 고난을 겪는다. 둘째, 분열 왕국과 포로기의 경험(특히 예언자들의 경험)에서 고난은 종종 의인들의 운명이기에 개인의 죄가 아니라 개인보다는 더 큰 영적 실체에 뿌리를 두었다는 사실을 인식하게 되었다. …… 하나님은 자신의 가장 훌륭한 종들을 사탄의 손에서 고난 받도록 허용하는 분으로 이해된다. 이러한 발전의 한 부분으로서 오래된 전통들은 하나님을 고난의 직접적인 원인에서 빼버리고 사탄(벨리알, 마스테마)을 그 원인으로 소개한다(예. lQM 16~17; 희년서 17~19). 그래서 고난은 격전장이 되었다." P. H. Davids, 『야고보서』 (*The Epistle of James*, NIGTC, 오광만 역, 서울: 새물결플러스, 2019), 90.

6. Cotterell, "고난," 570.

# 1. 요한복음의 고난

세인트폴대학교의 블룸퀴스트L. G. Bloomquist는 AD 1세기의 고난과 죽음의 공포가 초래한 '비관주의'를 다음과 같이 설명한다. 즉 사도 요한 당시 로마제국의 가정과 도시와 민족에 비관주의가 득세했는데, 그것은 고통과 죽음에 대한 두려움 때문이었다는 것이다. 그래서 에피쿠로스 학파조차 죽어가는 사람이 자신의 범죄가 초래한 형벌 때문에 두려워하는 모습을 종종 언급하는데, 이를 염두에 두고 그들은 인생의 최고선인 쾌락과 영혼멸절설을 처방전으로 내세웠다고 한다. 또한 로마의 신들은 고난과 죽음에 이르는 사람들을 돌보지 않는다고 여겨졌고참고. 살전4:13, 로마황제는 고통이 없는 평화와 번영을 통치 구호로 내걸었지만 허상에 그쳤을 뿐이다. 따라서 로마 문헌에서 '기쁨'이 거의 언급되지 않은 것은 이상한 일이 아니라고 했다.[7]

그런데 이런 시대정신에 맞서 사도 요한과 복음서 기자들은 고난을 어떻게 이해하고 제시했을까? 공관복음에서 '묶다to bind'라는 의미를 가진 어원에서 파생한 동사 '파스코πάσχω'는 예수님의 고난을 묘사하는 데 사용된다예. 마16:21; 막8:31; 눅9:22.[8] 요한복음에서 예수님께서는 고난 자체를 미화하시기보다, 그분께서 당하신 고난을 통해 고난, 죄, 죽음 그리고 악의 세력을 정복하신다요16:33.[9] 이와 함께 요한복음은 예수님의 제자들이 겪은 고난에 대해서도 선명

---

7. L. G. Bloomquist, "Subverted by Joy: Suffering and Joy in Paul's Letter to the Philippians," *Interpretation* 61/3 (2007), 271~274.

8. R. Beekes, *Etymological Dictionary of Greek*, Volume 2 (Leiden: Brill, 2009), 1156.

9. M. VandenBerg, "Redemptive Suffering: Christ's Alone," *Scottish Journal of Theology* 60/4 (2007), 409. 참고로 제2성전 시기 유대문헌에 따르면, 사탄이 악을 초래하기에 메시아에 의해 사탄의 세력이 제거되고, 부활과 심판이 따르면 고난이 사라진 종말의 복된 상태가 도래한다(1에녹10:13~16; 54:6; 69:28~29; 90:24; 모세의 유언10:1; 레위의 유언18:12; 희년서23:29). 참고. https://www.biblestudytools.com/dictionaries/bakers-evangelical-dictionary/suffering.html(2019년 8월 27일 접속).

하게 소개한다.

## (1) 예수님께서 당하신 고난과 고난의 본보기가 되심

### 1) 예수님께서 당하신 고난

유대인들은 예수님을 미워하고 죽이려고 시도했다요7:19; 8:37,59; 10:31,33; 11:1~3; 15:18~25. 예수님께서는 안식일에 병자를 치유하셨다는 이유로 유대인들로부터 박해를 받으셨다요5:16. 예수님께서는 나사로의 죽음 때문에 그리고 가룟 유다의 배반 때문에 비통해하셨고ἐτάραξεν; 요11:33; 13:21, 십자가 처형을 앞두고 괴로워하셨다τετάρακται; 요12:27. 야웨의 고난당하신 종처럼 예수님께서는 그분의 양떼를 위하여 한 알의 밀알처럼 목숨을 내놓으시고 대속의 고난을 당하셨다요10:15; 12:24~25; 12:38~41.[10] 이런 대속의 고난은 구약의 대리vicarious 고난을 배경으로 한다참고. 창22:13; 레17:11; 사43:3; 52:13~53:12.[11]

요한복음은 공관복음에 나타난 예수님의 고뇌에 찬 겟세마네 기도를 생략하는 대신, 기드론 골짜기의 동산에서 기도하시는 것을 소개한다요18:1. 또한 요한복음의 예수님께서는 체포와 재판 과정에서도 두려워하지 않으시고 주도적으로 행하신다.[12] 왜냐하면 예수님께서는 고난의 모든 과정을 알고 계셨으며, 고난을 영광으로 이해하셨기 때문이다.

요한복음의 전반부인 '표적의 책the book of signs'을 마무리하는 요한복음 12장 38~42절에서 예수님께서는 거절당하신 선지자로 묘사된다. 이것은 이사야

---

10. A. W. Day, "Lifted up and Glorified: Isaiah's Servant Language in the Gospel of John" (Ph. D. Thesis, The Southern Baptist Theological Seminary, 2016), 233.

11. Geyser-Fouchè and Munengwa, "The Concept of Vicarious Suffering in the Old Testament," 6~9.

12. 조재형, "요한복음서의 예수의 수난과 유리피데스의 『박카이』의 디오니소스의 수난에 대한 미메시스 비평," 『신약논단』 22/2 (2015), 482~486.

6장 10절과 53장 1절의 성취이다. 즉 예수님께서는 야웨의 고난당하신 종으로서 표적을 많이 행하셨지만, 유대인들의 배척을 받으셨다. 그런데 특히 요한복음의 후반부 '영광의 책'에 의하면, 그런 배척은 고난에 그치지 않고 영광과 승귀로 나아갔다요13:31~32; 17:1.[13] 요한복음에서 구약을 인용한 14회 가운데 이사야서가 인용된 것은 5회에 이른다. 요한이 참고한 이사야서와 구약에서 영광은 능력의 하나님께서 자기 백성을 고난으로부터 구원하시는 맥락을 지닌다는 것이 중요하다참고. 출15:6,11; 시24:8; 50:15; 사12:2,5; 40:5; 44:23; 48:11; 62:1~2. 요한복음은 이런 구약의 용례에 따라 '사랑' 대신에 '영광'이라고 표현한다. 그리고 요한복음은 성부 하나님의 영광, 곧 사랑이 능력의 현현 대신에 독생자의 자발적인 고난을 통하여 나타난다고 밝힌다요10:18.[14] 이러한 예수님의 고난을 통한 승귀는 계시록의 주요 주제이기도 하다참고. 계5:5~6.

예수님께서 고난과 십자가 처형을 감내하시고 순종하심으로써 성부에게 영광을 돌리셨다면요12:31~32; 17:1,4; 참고. 히5:8, 하나님께서는 성도에게 '가지치기'라는 고난을 허락하셔서 천국 열매를 더 많이 맺도록 하신다요15:2,8.[15] 그렇다면 어떤 의미에서 가지치기가 성도에게 고난이 될까? 예수님께 접붙여진 성도라면 자기 의와 자기를 높이려는 마음을 죽여 열매를 맺어야 하는데, 그것은 그에게 고통스러운 작업이다. 성도가 자신 속의 죄성을 죽임으로써 영적 성숙을 이

13. B. Henning, "Jesus as the Rejected Prophet and Exalted Lord: The Rhetorical Effect of Type Shifting in John 12:38~41," *JETS* 62/2 (2019), 339~340.

14. M. Pamment, "The Meaning of 'Doxa' in the Fourth Gospel?" *Zeitschrift für die Neutestamentliche Wissenschaft und die Kunde der Älteren Kirche* 74/1 (1983), 15~16. 참고로 요한복음의 '때' 곧 예수님께서 자발적으로 죽으심으로써 성부를 영화롭게 할 시간(요2:4; 7:30; 8:20; 12:23, 27; 16:32)은 창세기 탈굼 네오피티가 묘사하듯이 이삭(창22:10)과 다말(창38:25)이 당당히 받아들인 고통의 때와 유사하다는 설명에 대해서는 C. E. Morrison, "The 'Hour of Distress' in Targum Neofiti and the 'Hour' in the Gospel of John," *CBQ* 67/4 (2005), 599~602를 보라.

15. W. J. Brooks Jr., "The Divine Design of Christian Suffering: Mortification, Maturation, and Glorification" (Ph.D. Thesis, The Southern Baptist Theological Seminary, 2016), 221~422.

룰 때, 그와 공동체에서 하나님의 통치와 영광이 강화된다. 하지만 공동체 안에서 열매를 맺지 않는 자는 불 심판을 당한다요15:6.

로마제국에서 고문拷問은 몸에서 진리를 이끌어내는 수단이었다. 고문은 진리의 이름으로 육체를 학대하는 것인데, 예수님께서 그런 고문의 대상이 되셨다. 요한복음에서 말씀이 육신이 되셨으므로, 예수님의 몸이 곧 진리의 좌소이며요1:14.18, 영생을 위한 필수 요소가 된다요6:51~56. 그런데 빌라도는 고문을 통해서 예수님의 몸에 고통을 가함으로써, 군중들이 죽이라고 외친 이유, 곧 진리를 알아내려고 했다요19:1~5. 고통스런 처형의 틀인 십자가에 달리신 예수님께서는 자신의 상하고 찢긴 몸으로 진리를 계시하셨다요20:27.[16]

## 2) 고난당하는 성도의 본보기이신 예수님

예수님께서는 체포, 재판, 처형 때 저항하지 않으시고 침묵하셨고요19:9, 결국 무죄로 인정받으셨다요18:38; 19:4,6. 하지만 주님께서는 재판 때 빌라도를 압도하시면서, 세상 나라와 다른 자신의 나라에 대해서는 적극적으로 변증하셨다요18:36~37; 19:7~8,11; 참고. 딤전6:13.[17] 예수님께서 자발적으로 십자가를 지신 사건에서 성부의 영광이 나타났듯이, 제자들은 자신을 자발적으로 희생함으로써 남을 사랑해야 한다요13:34~35.[18] 성도는 모든 것을 아시는 예수님요16:30을 믿고 따르는 이들로서, 고난의 본을 보이신 주님의 발자취를 따라가면서 불확실한 현실과 미래에 맞닥치더라도 무서워하지 말아야 한다.[19]

---

16. J. Glancy, "Torture: Flesh, Truth, and the Fourth Gospel," *Biblical Interpretation* 13/2 (2005), 108~111, 121.
17. Lian, "Johannine View of Persecution and Tribulation," 367.
18. Pamment, "The Meaning of 'Doxa' in the Fourth Gospel?" 16.
19. R. Sullivan, "Jesus' Suffering, Death, and Resurrection in the Fourth Gospel," *The Theological Educator* 38 (1988), 149.

## (2) 예수님의 제자들이 겪은 고난

1세기의 박해 상황을 염두에 둔다면, 요한복음은 영생을 받은 그리스도인이 예수 그리스도의 제자요9:28와 하나님의 가족으로서요1:12 주님을 닮아가는 것을 무엇보다 자원하여 순종함으로써 고난을 견디는 것이라고 소개한다.[20]

### 1) 미움과 욕설 그리고 두려움

요한복음에 동사 '미워하다μισέω'는 총 9회 등장한다. 세상은 자신의 악을 들추어내신 예수님을 미워했다요7:7; 15:23. 예수님의 제자들 또한 그러한 예수님과 연합되어 있으면서 세상에 속하지 않았다는 이유로 세상의 미움을 받는다요15:18~19,25; 17:14.[21]

모세의 제자들은 주님의 제자들을 향해 욕했다요9:28. 예수님을 믿는 이들은 유대인들을 두려워했다요7:13; 9:22; 19:38; 20:19. 제자들은 주님의 죽으심과 떠남 때문에 슬퍼했다요14:1,27; 16:6. 이런 슬픔의 감정은 두려움과 고통이었다. 한편 요한은 고난의 반대편에 있는 웰빙, 행복 그리고 최고선을 예수 그리스도를 믿음으로써 얻는 '영생'이라고 소개한다요6:27,29; 20:31. 그러나 하나님의 생명에 참여하면서 그분의 도덕적 세계의 가치와 신념을 따르는 가족은 사탄의 가족으로부터 미움을 받는다요8:44; 17:15; 참고. 요일3:8; 벧후1:4~7.[22]

예수님을 밤에 찾아온 니고데모는 이스라엘의 선생이다요3:10; 19:39. 그런 니고데모가 불신 유대인들의 눈을 의식하여 밤중에 예수님을 찾아왔다. 이를 사도 요한이 즐겨 사용한 이중의미double endentre라는 기법에서 보면, 영적으로

20. VandenBerg, "Redemptive Suffering," 394.
21. W. Lian, "Johannine View of Persecution and Tribulation," *Lutheran Mission Matters* 25/2 (2017), 360~362.
22. C. Bennema, "Moral Transformation in the Johannine Writings," *In die Skriflig* 51/3 (2017), 1~6,

어둠에 있던 니고데모는 빛이신 예수님으로부터 중생과 천국의 복음을 배운 것이다요3:3. 또한 16세기 천주교 신비주의 수도사였던 십자가의 요한의 표현과 사상을 빌려 말하면, 니고데모는 '영혼의 밤'에 빠져 고통과 불안과 약함을 겪다가 해결책을 찾아 예수님께 나아온 것이었다.[23] 인간의 불안과 고통과 약함의 근본적인 이유는 하나님과 영적 연합을 제대로 이루지 못하기 때문이다.

고별설교요13:31~17:26에서 예수님께서는 자신의 부재와 제자들의 고난은 위로의 성령님께서 복음을 기억나게 하시고 포도나무인 자신과 사랑으로 연합시킴으로써 극복할 수 있다고 강조하신다. 결국 사도 요한은 하나님의 가족인 요한공동체가 예수님의 육체적인 부재와 재림 사이에서 유대인으로 대변되는 세상의 증오와 박해를 받게 되겠지만, 그런 속에서도 그들은 성령님과 예수님의 복음의 현존을 믿고 극복해야 함을 가르치는 것이다.[24]

## 2) 박해와 출교 그리고 환난

주님의 제자들은 미움과 욕설과 두려움이라는 감정의 차원을 넘어서는 실제적인 박해와 출교와 환난을 당한다. 주님처럼 제자들도 유대인들로부터 박해를 받는다διώκω; 요15:20. 불신 유대인들은 제자들을 회당에서 출교ἀποσυνάγωγος하고 죽일 것이다ἀποκτείνω. 이렇듯 성도는 세상에서 환난θλῖψις을 당한다요12:42; 16:2,33.

---

23. 참고. 조인효, "십자가의 요한이 본 영적성장에서의 고난의 의미: 목회상담학적 고찰,"『복음과 상담』 22/2 (2014), 349,363,361,365.
24. 송진순, "요한공동체의 위기극복의 담론으로서 제일 고별담론(요14:1~31) 연구,"『신약논단』 22/4 (2015), 968,984.

### 3) 투옥과 살해 그리고 순교

세례 요한은 투옥되었다요3:24. 대제사장들은 부활 생명이신 예수님의 사역의 산 증인인 나사로를 죽이려고 모의한다요12:20. 예수님께서는 사랑을 고백한 베드로에게 그의 죽음, 곧 순교를 예고하셨다요21:18; 참고. 벧후1:13~15.

### 4) 장애인, 과부 그리고 하나님의 고난

범죄는 육신의 질병과 고통을 초래할 수 있다요5:14. 이와 관련해 요한복음 9장 2절에서 제자들은 신정론적인theodical 질문을 한다. 당시 이리 떼와 삯꾼 같은 모세의 제자들은 장애를 범죄의 결과로 간주하여 장애인을 비난했다요9:34; 10:12.[25] 그러나 시각 장애인의 고난은 본인이나 부모의 범죄의 결과가 아니라, 아담의 타락 이후로 깨어진 세상에서 발생하는 일종의 고난이며,[26] 궁극적으로 하나님의 영광을 드러내는 방편이다요9:3. 심지어 하나님께서도 고난을 당하신다. 성부께서는 십자가에서 성자를 잃으심으로 고난을 당하셨고, 성자께서는 자신의 생명을 잃는 고통을 당하셨고, 성령께서는 성부와 성자와 더불어 고난을 당하셨다.[27] 예수님의 십자가 처형이 영광이듯이, 장애인의 고난을 통해서 하나님께서는 자신의 영광을 나타내신다. 따라서 예수님의 십자가에서 볼 때, 하나님께서는 장애인을 포함한 모든 사람의 고통 속에 현존하신다.[28] 문맥상 요한복음 9장의 맹인은 요한복음 10장의 목자이신 예수님의 돌봄을 받는 양이 되어, 주님의 은혜로써 고난을 극복한다.

---

25. D. D. London, "Where Lambs may wade and Wolves can swim: Jesus's Self-Giving Response to the Question of Suffering in John 9:1~10:21" (Ph.D. Thesis, Graduate Theological Union, 2016), 202~204.
26. M. D. Wedman, "Preaching on Suffering" (D. Min. Thesis, Biola University, 2016), 72.
27. M. S. Fast, "A Trinitarian Theodicy of the Cross: Where is God in the Suffering of Disability?" (Ph.D. Thesis, Regent University, 2016), 244.
28. Fast, "A Trinitarian Theodicy of the Cross," 245~246.

십자가에서 예수님께서는 사랑하는 제자인 요한에게 어머니 마리아를 돌보도록 부탁하셨다요19:26~27. 이를 통해 예수님께서는 육신의 가족보다 하나님의 가족의 중요성을 부각시키신다. 예수님께서는 마리아와 수가성의 여인처럼 과부와 같은 형편에 처한 이들의 참 남편이시다참고. 요4:16~18. 요한복음의 독자인 요한공동체는 예수님의 양떼로서 장애인과 과부로 대변되는 약자들을 차별하거나 주변화시키지 말고, 구주 예수님의 울타리 안에서 포괄적이고 평등한 공동체를 이루어야 했다참고. 요10:16; 11:52.[29]

### (3) 고난당하는 성도와 성령님의 역할

제자들은 세상에서 통곡하고, 애통하고, 근심하지만, 위로하시는 성령님의 도우심 때문에 그들은 더 이상 고통을 기억하지 않고, 기뻐하게 될 것이다요16:20~23. 이를 위해 성도는 기도해야 한다.

### (4) 요약

요한복음의 고난을 그 기록목적요20:31에 비추어볼 때, 하나님의 아들 그리스도께서 고난을 당하심으로써 자기 백성에게 영생을 주심을 알 수 있다. 예수님과 연합된 하나님의 가족이 세상에서 다양한 고난을 당하는 것은 당연하다. 세상에 속하지 않고 예수님과 연합된 성도가 고난을 극복하려면, 예수님을 모범으로 삼아 성령님의 위로를 받아야 한다. 따라서 요한복음의 고난 신학에 따르면, 그리스도인은 아무런 고난을 당하지 않는다고 가르치는 번영복음은 거짓이다.[30]

---

29. London, "Where Lambs may wade and Wolves can swim," 205. 참고로 요한복음 11장 52절의 용어가 신명기 30장 3절과 이사야 49장 5~6절 그리고 에스겔 28장 25절에 나타난다는 점에 착안하여 예수님께서 주시는 새 출애굽의 관점에서 이를 해석하는 예에 대해서는 Day, "Lifted up and Glorified," 221을 보라.

## 2. 요한서신의 고난

### (1) 요한일서와 요한이서의 고난

요한서신의 고난을 이해하기 위해서 저자와 수신자를 향한 대적들의 '적대감animosity'을 살피려는 시도가 있어 왔다.[31] 요한일서와 요한이서의 수신자는 편의상 '요한공동체'라 불리는데, 그들은 원래 그 공동체 안에 있다가 떨어져 나간 '적그리스도들' 혹은 '거짓 선지자들'과 대결 중이었다요일2:18~19; 4:1; 요이7. 대적들은 하나님의 아들 예수 그리스도를 믿지 않아서 영생이 없으며요일5:12 사망과 미움 속에 산다요일3:14.

요한의 대적들은 성령님의 특별한 조명, 곧 기름부음을 받아서 하나님을 아는 참 지식을 가진 하나님의 자녀라고 자처했다요일2:20,27. 또한 그들은 예수님을 믿음으로써 특별한 지식을 소유하며 빛 가운데 살면서 죄로부터 완전히 해방되었다고 여긴 것으로 보인다. 이러한 대적들의 분리와 영적 교만은 요한공동체를 향한 미움과 적대감을 유발했다. 이에 맞서 요한공동체는 사도로부터 처음부터 들은 성육하신 예수 그리스도에 대한 복음을 성령님의 조명으로 깨달아야 한다고 생각했다요일2:24; 4:2; 5:6. 대적들이 미움과 적대감의 화신이라면, 하나님의 가족familia Dei인 교회는 하나님과 수직적으로 교제함으로써요일1:3~7 형제자매와의 수평적 교제를 촉진시키는 이들이었다요일4:21.

요한공동체가 적그리스도들을 집안으로 들이지도 말아야 하는요이10 이유는 하나님의 가족의 가훈인 '복음 진리 안에서 사랑의 실천'을 훼손하는 세력은 일

---

30. 참고로 조엘 오스틴의 고난에 대한 그릇된 해석과 인본주의 번영복음에 대한 비판은 Wedman, "Preaching on Suffering" 92를 보라.

31. D. G. van der Merwe, "Animosity in the Johannine Epistles: A Difference in the Interpretation of a Shared Tradition, in *Animosity, the Bible, and Us: Some European, North American, and South African Perspectives.* ed. by J. T. Fitzgerald et als (Atlanta: SBL, 2009), 234~261.

체 용납하지 말아야 했기 때문이다.[32] 요한 당시에 자녀가 가장에게 순종하지 않는다면, 그것은 가장의 불명예를 넘어 가족 전체의 불명예가 되었으며, 나아가 가족의 정체성을 훼손하는 것이었다.[33] 요한이 강한 어조로 대적들을 비판한 이유는 적그리스도들이 자신의 잘못을 돌이키지 않고, 하나님의 가족의 정체성과 명예를 훼손한다고 판단했기 때문이다.

적그리스도들의 선교활동은 요한일서 4장 5절에 암시되어 있다. "그들은 세상에 속하여 있으므로 세상에 속한 것을 말하며, 또 세상은 그들의 말을 듣는다." 이에 맞서 요한공동체는 진리의 영의 도움을 받아 예수 그리스도의 교훈을 깊이 깨닫고, 사랑을 실천하며 반복적인 범죄를 멀리함으로써요일2:4,7; 요이5~6,9; 참고. 요14:26; 16:12~15 성령님께서 일깨워 주신 교훈을 전파하며 미혹하던 적그리스도들을 배격해야 한다.[34] 따라서 요한일서와 요한이서는 정통 신앙과 그릇된 성령 운동 사이의 갈등을 다룬다참고. 요이9의 '지나친 자(ὁ προάγων)'.

성령님, 곧 진리의 영요일5:6께서는 진리를 가르치시고 진리 안에서 예수님을 모델로 삼아 깨끗하고 의롭게 살도록 도우신다요일2:6,20~27, 29; 3:3,16; 요이1,4.[35] 대적들은 그 악한 자ὁ πονηρός인 사탄의 지배를 받고 있지만, 성도는 그런 사탄을 이긴다요일2:13~14; 4:4; 5:18.

32. J. C. Coetzee, "The Letters of John," in *Guide to the New Testament VI*, ed. by A. B. du Toit (Halfway House: NGKB, 1993), 214.

33. D. G. van der Merwe, "A Matter of having Fellowship: Ethics in the Johannine Epistles," in *Identity, Ethics, and Ethos in the New Testament*, ed. by J. G. van der Watt (Berlin: Walter de Gruyter, 2006), 555~556.

34. D. Rensberger, "Conflict and Community in the Johannine Letters," *Interpretation* 60/3 (2006), 283,286,291.

35. Bennema, "Moral Transformation in the Johannine Writings," 6.

## (2) 요한삼서의 고난

요한삼서는 '형제'라 불리는요삼3,5,10 하나님의 가족 간의 교제, 곧 진리 안에서의 사랑과 지지를 통한 환대를 강조한다요삼6~8.[36] 디오드레베는 사도 요한이 보낸 순회전도자들을 환대한 이들을 방해하고 출교했다10절. 이런 행동은 사도 요한의 지도력에 대한 도전이요 적대감의 표현이었다.[37] 디오드레베는 자신의 교권을 강화하기 위해서 천국 복음의 전파와 사랑의 환대조차도 배격한 것이다. 이에 맞서 요한은 먼저 하나님의 나라와 의를 구하다가 고난을 당했다참고. 마6:33. 요한삼서는 순회하면서 복음의 진리를 전하는 이들에게 숙식을 제공하는 사랑의 환대를 강조하는데, 그것은 요한복음 및 요한일서와 요한이서가 부각시키는 하나님의 가족의 가훈인 '진리 안에서 사랑의 실천'에 합치한다.[38]

## (3) 요약

요한일서의 기록 목적은 예수 그리스도를 믿어 영생을 얻는 것을 확신하도록 돕는 것이다요일5:13. 요한과 요한공동체를 향하여 적대감을 표출한 대적들은 정통 복음에서 이탈한 교리와 행동을 제시하면서, 요한이 의도한 확신을 허물려고 시도했다. 따라서 오늘날 교회가 이단들의 적대감에 대처하려면, 하나님의 가족으로서 수직 및 수평적 교제에 힘쓸 뿐 아니라 정통 복음에 충실해야 한다.[39] 오늘날 새로운 신학 사조나 운동은 정통 신앙과 복음의 평가를 받아마땅하다. 또한 기독교 지도자의 영향력은 천국 운동을 저해하지 않도록 주의해야 한다.

---

36. Van der Merwe, "A Matter of having Fellowship," 557.
37. 참고. 송영목, "요한이서와 요한삼서의 구문과 구조 비교," 『개혁논총』 48 (2018), 35~70.
38. Coetzee, "The Letters of John," 215.
39. Van der Merwe, "Animosity in the Johannine Epistles," 260~261.

## 3. 요한계시록의 고난

### (1) 예수님께서 겪으신 대속의 고난

예수님께서는 자신의 피로써 성도를 사셨으므로 대속의 고난을 감내하셨다
계1:5. 계시록 5장 6절은 일찍 죽임을 당하신 보좌 위의 어린양을 소개한다. 예수
님께서는 고난과 죽음을 통하여 승귀하신 것이었다계3:21; 5:5.[40]

### (2) 사도 요한과 소아시아 일곱 교회가 겪은 고난

요한은 소아시아 일곱 교회와 더불어 하나님 나라를 위한 환난을 인내했다
계1:9; 참고. 골1:24. 계시록의 수신자들이 제사장 나라로 살려면계1:6, 속죄제물이
신 어린양의 죽음과 고난에 동참해야 한다계5:6, 9; 6:9; 13:8.[41] 사탄의 회로부터
고난을 당한 서머나교회는 생명의 면류관을 소망하면서 죽도록 충성함으로써
잠시 있을 고난과 환난을 두려워하지 말아야 한다계2:9~10; 참고. 시74:8. 종교와 경
제가 분리되지 않은 사회에서 성도가 믿음을 지키려면 궁핍과 경제적 손해를
감내해야 한다계2:9; 13:17.

### (3) 144,000명이 당한 큰 환난

신구약 교회, 곧 144,000명은 큰 환난θλῖψις μεγάλη, 계7:14을 이겼는데, 그 승
리는 어린양의 피, 곧 주님의 고난과 죽으심의 은덕恩德이다. 계시록의 수신자들
은 144,000명의 일부인데, 그들은 불신 유대인들과 로마제국이 가한 큰 환난을

---

40. 참고로 부활 이전에 성도는 대환난을 당한다는 사실을 다니엘서와 전천년설의 입장에서 해설한 경우에 대
해서는 J. M. Hamilton Jr., "Suffering in Revelation: The Fulfillment of the Messianic Woes," *SBJT* 17/4
(2013), 34~47을 보라.

41. B. Kowalski, "Martyrdom and Resurrection in the Revelation to John," *Andrews University Seminary
Studies* 41/1 (2003), 59~60,63.

인내와 소망으로써 극복하고 있었다.[42] 이런 박해 세력들의 배후에는 144,000명에게 고난을 가하는 사탄이 있다계12:13~17. 적용해 보면, 요한 당시를 넘어 모든 시대의 성도는 세상의 종교와 정치 세력으로부터 아무리 큰 환난이나 고난을 당하더라도 구주 예수님의 사랑에서 끊어지지 않는다.

### (4) 증인의 고난과 순교

충성된 증인이신계1:5 예수님의 고난과 죽음은 복음의 증인인 성도의 모델이다참고. 히13:12~13; 벧전2:21.[43] 버가모교회는 복음을 증언하다가 순교한 안디바를 배출했다계2:13. 안디바처럼 복음을 증언하다가 순교한 이들은 계시록의 환상에 종종 등장한다계6:9; 11:7; 18:24.

### (5) 고난을 당하는 성도가 받을 복과 성령님의 사역

신천신지新天新地에서는 눈물과 사망, 애통, 곡, 아픈 것이 없다계21:4. 이런 소망으로 위로하시면서, 성도들로 하여금 고난 속에서도 천국의 확장을 위해 충성하도록 돕는 분이 일곱 영이시다계1:4; 3:1; 4:5; 5:6. 새 예루살렘성에 있는 생명나무의 잎들은 만국 백성을 치료한다계22:2. 그런데 여기서 치료는 고난을 전제로 한다.[44] 그렇다면 만국 백성은 왜 그리고 어떤 고난을 당하는가? 예수님께서는 만국의 목자와 왕이신데, 만국 백성 중에서 택함 받은 이들을 구원하시고 만국을 다스리신다계2:27; 5:9; 10:11; 12:5; 14:6; 15:3~4; 21:24, 26; 참고. 요일2:2; 4:14. 그러나

---

42. K. L. Gentry Jr., *The Divorce of Israel: A Redemptive-Historical Commentary on the Book of Revelation*, Volume 1 (Dallas: Tolle Lege, 2017), 678~679.

43. L. W. Hurtado, "Jesus' Death as Paradigmatic in the New Testament," *Scottish Journal of Theology* 57/4 (2004), 425~426.

44. J. Morales, *Christ, Shepherd of the Nations: The Nations as Narrative Character and Audience in the Apocalypse* (London: Bloomsbury, 2018), 138.

택함 받지 못한 만국 백성은 사탄의 미혹을 받고 하나님의 백성을 박해한다계 12:9; 18:23; 19:15; 20:9.[45] 따라서 만국이 당하는 고난의 원인은 목자이신 예수님을 무시하고, 사탄을 숭배하면서 교회를 박해하기 때문이다. 하지만 교회의 생명 수이신 성령님께서 역사하심으로 그들은 회개하고 치료를 받으며 어린양의 목 양을 받을 수 있다참고. 계11:13; 22:17.

계시록에 나오는 칠복은 고난당하는 성도를 위로하는 역할을 하는 메시지이 다. 특히 고난 중에서라도 주 예수님을 끝까지 믿고 죽는 성도는 복되다계14:13. 그리고 만일 자신의 범죄로 인해 고난을 당한다면, 그는 회개를 통하여 복을 누릴 수 있다계22:14. 또한 성도가 불의한 자들이 가하는 고난을 받더라도, 거룩 하고 의로운 행실이라는 옷을 늘 입고 살면 복되다계16:15; 19:8~9; 참고. 롬13:14; 갈 3:27; 골3:10. 따라서 계시록의 복은 개인적이고 내면적인 동시에 세상에서 현시 되어야 할 공적인 것이다.

## (6) 악인이 당하는 고난

계시록 14장 11절의 짐승을 숭배하는 자들이 당할 고통βασανισμός은 주로 고 문과 연관 있는 극심한 고통을 가리킨다참고. 마4:24; 계14:20; 18:4,8,10,15.[46] 거짓 선 지자와 바다에서 올라온 짐승은 죽임을 당하여 불못에 던져져 고통을 당하는 데, 예수님의 재림 시에 사탄은 죽임을 당하지 않고 지옥에 던져진다계19:20~21; 20:10. 하나님께서는 회개를 거부하는 악한 자들을 큰 환난으로 심판하신다계 2:22. 이처럼 정의의 하나님께서 성도에게 고통을 가한 악의 세력을 심판하신다.

---

45. Morales, *Christ, Shepherd of the Nations*, 139~149.
46. Louw and Nida, *Greek-English Lexicon on the New Testament based on Semantic Domains*, 287.

## (7) 요약

계시록의 고난을 하나님 나라의 확장이라는 기록목적에 비추어 보면계11:15; 12:10~12, 박해 중에서 천국을 누리며 확장하는 일에 고난은 필연적으로 동반된다. 계시록의 수신자들은 박해 중에서 하나님의 가족으로 살아야 한다계21:3. 구체적으로 그리스도인은 예수님의 신부로서 예수님의 돌보심을 받으며, 성부 하나님의 백성으로서 살아야 한다.[47]


# 결론: 설교를 위한 제언

요한복음은 그리스도인과 유대 회당과의 대결, 요한서신은 교회를 향한 적그리스도들 곧 이단들의 도전, 그리고 요한계시록은 회당과 로마제국의 박해라는 상황 속에서 기록되었다. 종합하자면, 당시 요한공동체는 출교와 미혹, 배교, 순교라는 고난에 직면했다. 그러나 그런 가운데서도 요한공동체가 고난에 맞설 수 있도록 위로와 진리, 치료의 성령님께서 하나님의 가족의 가훈인 '복음 진리 안에서 사랑'을 실천하도록 도우신다. 따라서 그리스도인은 고난을 성숙과 성화의 기회로 삼을 수 있다.

요한문헌의 고난론은 대속의 고난을 당하시고 고난당하는 이들의 본이 되신 예수님기독론, 고난당하는 이들을 위로하시고 치료하시는 성령님성령론, 고난당하는 이들을 자녀로 삼으신 성부 하나님성부론, 고난의 완전한 신원과 완성이라는 종말론, 고난passion 중에서도 진리 안에서 사랑의 연민compassion을 실천하는 하나님의 가족이라는 교회론을 모두 아우른다. 더불어 사도 요한 당시

---

47. 송영목, "요한계시록에 나타난 부부와 부자관계에서 본 하나님의 가족," 『신약논단』 26/2 (2019), 505~543.

의 후견인과 피후견인, 정결과 부정결, 명예와 수치라는 문화적 격자에서 고난을 파악할 경우, 피후견인인 하나님의 가족이 후견인이신 하나님을 닮아 거룩하고 정결한 삶 가운데서 고난을 인내하여 고난의 영성을 실천하는 것은 큰 명예였다.

요한복음의 1차 독자의 삶의 정황을 정확히 알 수 없을 뿐더러, 그 독자와 요한서신 및 요한계시록의 1차 독자와 구분하는 것도 쉽지는 않다. 하지만 요한복음에 기록된 AD 30년경 예수님의 사역과 말씀은 요한문헌의 1차 독자인 요한공동체의 상황을 투영한다. 요한문헌에 나타난 예수님, AD 30년경 예수님의 제자들, 그리고 요한문헌이 기록될 당시의 요한공동체의 고난을 요약하고 적용하면 다음의 도표와 같다.

| | 요한복음 | 요한일서 | 요한이서 | 요한삼서 | 요한계시록 |
|---|---|---|---|---|---|
| 고난의 원인 | 사탄의 가족이자 모세의 제자들이 가한 박해 | 적그리스도들의 미혹 | 적그리스도들의 미혹 | 디오디레베의 악행 | 사탄의 회와 로마제국의 박해 |
| 고난의 특성과 의도 | 미움, 욕설, 협박, 박해, 환난, 투옥, 출교, 살해를 통하여 구원의 확신을 흔듦 | 적대감과 미움을 통하여 구원의 확신을 흔듦 | 적대감과 미움을 통하여 구원의 확신을 흔듦 | 교권의 횡포를 통하여 복음 전파를 방해 | 경제적 손해와 유배 및 순교를 통하여 천국 확장을 방해 |
| 고난의 해결 | 성령님의 도우심으로써 하나님의 가족의 가훈에 맞추어 살기 | 진리의 영의 도움으로써 하나님의 가족의 가훈에 맞추어 살기 | 하나님의 가족의 가훈에 맞추어 살기 | 사도 요한의 지도력을 인정하고 사랑의 환대로 복음전파에 동참하기 | 성령님(일곱 영)의 도우심으로써 하나님의 가족의 가훈에 맞추어 복되게 살기 |
| 현대적 적용 | 교회가 외부로부터 고난을 당할 경우 공동체의 결속력을 강화한 후, 외부 세력을 변혁하도록 시도해야 함 | 교회 안에 들어온 이단의 도전에 적절히 대응해야 함 | 요한일서와 동일함 | 직분과 지도력에 대한 올바른 이해와 존중을 통한 복음 전파 | 반기독교 사회에서 촛대와 같은 교회의 정체성과 역할에 대한 훈련이 필요함 |

요한으로부터 배울 수 있는 오늘날 설교의 중요한 주제는 고난이다. 그런데 이 고난은 막연한 고난 혹은 자신의 범죄가 초래한 고난과는 거리가 멀다. 요한 문헌에 나타난 고난을 설교하려면 아래의 사항을 염두에 두어야 한다.

① 요한은 개인의 고통을 넘어, 삼위 하나님 중심으로 하나님의 가족이라는 공동체의 고난을 다룬다. 그런데 1세기 예수님의 제자들과 요한공동체가 당한 고난 그리고 21세기 한국교회의 성도가 당하는 고난의 특징을 구분해야 한다. 요한문헌의 고난은 주로 그리스도인이 하나님의 가족으로서 신앙을 고수하다가 당하는 어려움이다. 이에 비해 현대의 그리스도인 또는 한국교회의 성도가 직면하는 다양한 고난은 의료, 후원자의 도움 그리고 상담과 같이 하나님의 법을 벗어나지 않는 여러 방법을 활용하여 극복할 수 있다.[48]

② 성도가 고난을 당할 때, 예수님을 본받는 마음과 위로의 성령님으로 충만하여 성숙과 성화의 기회로 삼아야 한다.[49] 더 나아가 성도의 고난은 하나님 나라의 확장에 기여해야 한다.

③ 선교적 교회를 지향하려면, 먼저 교회 내부의 갈등이 해소되어야 하며, 세상에서 교회의 존재 자체가 세상의 대안 세력이 되어야 한다. 복음의 공공성을 확보하려면, 고난당하는 이웃에 공감하면서 그들의 눈물을 닦아주는 사랑의 실천이 중요하다.

④ 장애인, 과부, 이단에 빠진 자, 그리고 신앙으로 박해받는 이들의 고통에 맞춤식 돌봄이 필요하다.

---

48. VandenBerg, "Redemptive Suffering," 410.
49. P. D. Tripp, 『고난: 하나님의 특별한 은혜의 도구』 (*Suffering: Gospel Hope when Life doesn't make Sense*, 조계광 역, 서울: 생명의 말씀사, 2019), 91, 283~285.

## 〈설교 개요〉

### 고난에 관한 설교 개요: 요한복음 15장 18~27절[50]

### 서론

고난을 당하는 성도에게 고난을 칭송하거나 미화할 필요는 없다. 성도가 고난을 대하는 올바른 자세를 예수님의 고별설교를 통해 살펴보자.

### 요지

"우리는 성령님의 도우심으로 고난을 감내하며 주님을 증거해야 한다."

① 우리에게 왜 고난이 찾아오는가? 우리가 예수님께 속하여 그분의 이름을 위해서 살기 때문이다.

② 우리는 어떻게 고난을 감내해야 하는가? 보혜사 성령님의 도움을 구해야 한다.

③ 성도가 고난을 감내할 때 유익은 무엇인가? 고난을 극복함으로써 주님을 널리 증거한다.

### 결론

우리가 고난을 이해할 수 있건 없건, 고난은 주님과 복음을 증거할 기회가 된다.

---

50. 웨드먼(Wedman)의 설문조사에 따르면, 설교자는 1년에 약 5회 정도 고난설교를 하는데, 주로 사순절에 고난설교가 집중된다. 회중의 영적 웰빙과 성장을 위해서 의도적으로 고난설교를 하지만, 설교자는 고난에 대한 명확한 해답을 제시하지 못하는 어려움을 겪는다. 그러나 설교자가 고난설교를 준비하는데 특별한 어려움은 없으며, 고난설교에 대한 회중의 반응은 긍정적이다. Wedman, "Preaching on Suffering," 180~181.

**2부**

# 선교(적 교회),
# 어떻게 설교할 것인가?

# 1장-기조강연

# 선교적 교회[1]

손승호

에이브러햄 링컨은 "내게 만약 나무를 베어 넘어뜨릴 시간으로 한 시간이 주어진다면, 나는 도끼를 가는 데 45분을 쓰겠다If I only had an hour to chop down a tree, I would spend the first 45 minutes sharpening my axe."라는 유명한 명언을 남겼다. 그런데 지금이 어쩌면 한국교회 목회자들과 선교사들에게 나무를 베는 시간이 아니라 도끼를 갈아야 하는 시간인지도 모른다. 2019년 12월 중국 후베이성 우한시에서 처음 확인된 우한폐렴 혹은 코로나바이러스감염증 사태로 전 세계가 인간의 삶의 모든 분야에서 1년 이상 비정상상태라고 여겨졌던 일이 정상으로 둔갑한 '뉴노멀New Normal, 새로운 표준' 시대를 열어가고 있다. 정부는 코로나바이러스의 감염을 막기 위하여 사회적 거리두기의 일환으로 서로의 얼굴을 마주보고 대하지 않는 비대면을 장려하는 정책을 펼 수밖에 없었다. 그 결과 사회의 다른 분야들도 타격이 컸지만 교회와 해외선교가 특히 직격탄을 맞았다. 성도들이 함께 모여 마음껏 예배를 드리지 못함으로써 교회의 회집 인원이 줄어들었고, 그 결과 헌금액수가 줄어듦으로써 개 교회 입장에서는 우선 표시가 나지 않는 해외선교사들을 후원하는 재정을 줄이는 현상들이 나타나게 되었다.

---

1. 원고를 작성할 때 엄격한 논문 형식을 갖추지 않고 꼭 필요할 때는 출처를 밝히겠지만 필자의 20년 선교사 생활과 국내목회 11년의 경험을 기반으로 작성하려고 하였다.

국내 교회의 재정적 어려움이 선교사들의 재정적 어려움이란 도미노현상을 일으킨 것이라 볼 수 있다.

필자가 원고를 작성하는 2020년 11월 말 현재 약 28,000명의 한국선교사들 중 약 9,000여 명의 선교사들이 국내에 들어왔다는 통계가 있었고, 한국교회의 통계는 정확히 알 수 없지만 코로나바이러스 백신이 급하게 공급되지 않는다면 미국교회는 2021년 3월까지 약 12,000개의 지역교회가 문을 닫을 것이라는 통계가 나왔다. 전염병이 전 세계적으로 유행하는 팬데믹 현상으로 말미암아 교회와 선교는 자의 반 타의 반으로 패러다임[2]의 전환을 뛰어넘어 한 단계 더 나아가 완전한 탈바꿈을 요구하는 패러다임 트랜스포메이션transformation을 강요받고 있는 것이다. 이제 교회의 성장 혹은 선교사의 경쟁적 파송이 이슈가 아니라 교회란 무엇인가 또는 선교란 무엇인가, 하는 본질적인 문제를 제기할 수밖에 없는 시점이 되었다. 그야말로 교회와 선교사는 도끼의 날을 갈며 다음 단계의 도약을 위해 준비할 때가 된 것이다.

## 1. 필자의 교회 돌아보기

본격적인 논의에 들어가기 전에 우선 필자의 국내 목회를 이번 주제인 선교적 교회와 관련하여 되돌아보기를 원한다. 대신 선교적 교회에 대한 논의는 본론 부분에서 상세하게 논하겠다. 필자는 선교사로 평생 살아가기를 원했지만, 선교사 경력 19년 만에 국내 교회의 강제 청빙을 받게 되었다. 따라서 국내 목

---

2. 패러다임(paradigm)은 어떤 한 시대 사람들의 견해나 사고를 근본적으로 규정하고 있는 테두리로서의 인식의 체계, 또는 사물에 대한 이론적인 틀이나 체계를 의미하는 개념을 말한다(https://ko.wikipedia.org/wiki/패러 다임 (2020. 11. 28. 접속).

회에 대한 준비나 분명한 목회철학 없이 떠밀려서 서울에서 담임목사로 사역하게 되었다. 연말이 되었을 때 담임목사의 책상에는 해외선교와 국내 미자립교회 후원을 요청하는 편지들이 수북하게 쌓였다. 목회자가 되어 보니까 교회가 선교사의 후원을 한 명 더 늘리고 국내 미자립교회의 후원처를 늘리는 것이 얼마나 어려운 일인지 비로소 체험하게 되었다. 후원교회들이 일정기간 국내 미자립교회나 선교사를 후원하다가 중단하거나, 교회의 리더십이 바뀔 때 일방적으로 후원을 중단하기도 하는 것이 한국교회의 현실이다.

필자가 처음 담임목회를 하기 위하여 부임했던 교회는 재정을 외부로 보내는 액수가 많지 않은 교회였다. 선교사 출신인 필자의 입장에서 볼 때, 교회가 최우선순위에 두고 있던 것은 교회의 자체 존립인 것으로 보였다. 그래서 필자가 가장 먼저 교인들을 설득했던 것은 교회란 자체 존립을 위해 존재하는 것이 아니라는 것, 오히려 온 세상에 복음을 전하기 위하여 힘써서 나누면 하나님께서 교회와 성도들의 필요를 책임지신다는 것이었다. 이스라엘의 지도를 보면 헤르몬산에서 흘러 내려온 물이 갈릴리 호수로 들어가는데, 이 호수는 요단강을 따라 아래로 흘려보내니까 새로운 물이 계속 공급이 되는 데 반해, 요단강 끝에 자리한 사해는 위에서 흘러온 물을 받기만 하고 내려 보내지 않으니까 죽은 바다사해가 되었다고 설득하였다. 그리하여 국내 미자립교회와 해외선교를 위해 교인들 한 명당 매월 2만원에 해당하는 물질을 드리도록 권면하였다. 교인 일인당 국내 교회와 해외선교를 위하여 각각 만원씩 헌금하도록 한 셈이었다. 매월 그 이상으로 작정한 분들도 있고 작정하지 못한 분들도 있었지만, 평균적으로 목표로 한 금액을 보낼 수 있었다. 뿐만 아니라 개교회주의에 함몰된 모습을 극복하기 위해 주위에 있는 개척교회들을 조사하고 금요기도회 시간에 그 교회들을 위해 기도했으며, 그런 다음 해당 교회의 담임목사들을 방문해서 식사하며 교제하였다.

이 외에도 필자가 부임한 교회는 약 50년 된 전통적인 교회로서 성도들 간에 끈끈한 인간적인 정으로 뭉쳐있었다. 교회의 역사가 흘러가는 가운데서 자연스럽게 좋아하는 사람들끼리 모이게 되었지만, 언제부터인가 그것이 건강한 교회가 되는 데 오히려 장애물로 작용하고 있는 것으로 보였다. 그래서 그리스도께서 머리가 되시는, 성경적으로 건강한 교회로 탈바꿈하는 것이 필요하다고 생각하게 되었다. 이를 위해 시간적으로 3년이 걸린 교회 이전이라는 큰일을 진행하면서도 시스템을 갖춘 제자훈련을 통해 성도들의 체질을 바꾸기 위해 힘썼다. 물론 연로하신 성도들 가운데는 제자훈련을 환영하지 않는 경향도 있었지만, 우선 현직에 있는 이른바 중직자들을 먼저 설득하면서 꾸준하게 밀고 나갔다. 인간적인 냄새를 최대한 줄이고 그리스도께서 교회의 머리가 되시게 함으로써골1:18 사람의 힘이 아니라 교회의 주인이신 하나님께서 이끄시는 교회가 되도록 최대한 노력하였다. 그 결과 오래된 교인들도 체계적인 양육을 통해 균형 잡힌 신앙생활을 하게 되었고, 새가족들은 처음부터 단계적으로 양육을 받음으로써 비교적 짧은 기간에 신앙이 자리 잡을 수 있게 되었다.

한편 오래된 교인들이 가장 힘들어하는 부분은 다름 아닌 전도였다. 그래서 제자훈련을 통해 성도들이 자연스럽게 일상생활에서 비신자들을 전도할 수 있는 시스템을 운영했고, 모든 성도가 전도에 열심을 낼 수 있도록 힘을 기울였다. 담임목사를 중심으로 교역자들부터 모범을 보였고, 전도회별로 돌아가면서 일주일에 한 번은 거리 전도에 참여할 수 있도록 인도하였다. 3년 동안 교회 이전 및 공사로 바쁜 가운데서도, 비록 많지는 않았지만, 새가족이 꾸준하게 등록함으로 교인들의 관심이 새가족에게 향할 수 있었고, 그럼으로써 기존 교인들끼리 갈등하고 반목하는 데 에너지가 소모되지 않을 수 있었다.

필자는 5년 동안 전통적인 교회를 담임하면서 선교지에서 신학교 사역을 할 때 교회론 교재로 중요하게 사용했던 웨인 그루덤Wayne Grudem의 『조직신학』[3]을 많이 참조하였다. 그루덤은 교회의 목적을 세 가지로 대별大別하고 있는데, 첫째, 하나님을 향한 사역으로 '예배', 둘째, 신자들을 향한 사역으로 '양육', 셋째, 세상을 향한 사역으로는 '전도와 구제'이다.

① 예배: 바울은 골로새 교회에게 "시와 찬송과 신령한 노래를 부르며 감사하는 마음으로 하나님을 찬양하고"라고 권면했다골3:16. 교회에서 예배는 무엇을 위한 준비가 아니라 예배 자체가 주님과의 관계에서 교회가 추구해야 할 중요한 목적이다.

② 양육: 교회는 이미 신자가 된 사람들을 양육하여 믿음을 성장시켜야 할 의무가 있다. 바울은 에베소교회를 향해서 하나님께서 교회에 은사가 있는 사람들을 주신 이유는 "이는 성도를 온전하게 하여 봉사의 일을 하게 하며 그리스도의 몸을 세우려 하심이라 우리가 다 하나님의 아들을 믿는 것과 아는 일에 하나가 되어 온전한 사람을 이루어 그리스도의 장성한 분량이 충만한 데까지 이르리니"엡4:12-13라고 말했다. 교회는 사람들을 구원받는 믿음에 이르게 하는 것으로 끝나는 것이 아니라 "각 사람을 그리스도 안에서 완전한 자로 세우"기 위해 힘써야 한다.

③ 전도와 구제: 예수님께서는 제자들에게 "모든 민족을 제자로 삼"마28:19이라고 말씀하셨다. 교회는 세상을 향해 복음을 전파하는 것이 우선적인 사역이지만, 여기에는 주의 이름으로 가난하고 도움이 필요한 사람들을 돕는 일도 포함된다. 예수님께서는 신자이든 불신자이든 도움이 필요한 모든 사람을 위해 기도하고 친절을 베푸셨다. 따라서 세상을 향한 구제 사역에는 사회활동의 참여나 성경적인 원리에 입각하여 정부의 정책 결정에 영향을 주는 일도 포함

---

3. W. Grudem, 『조직신학(하)』 (Systematic Theology: An Introduction to Biblical Doctrine, 노진준 역, 서울: 도서출판은성, 2004), 41~44.

되어야 한다.

예배, 양육, 전도와 구제, 이 세 가지 교회의 목적은 모두 똑같이 중요하고 하나라도 소홀히 여김 없이 지속적으로 강조되어야 한다. 그런데 교회는 전체적으로 이 세 가지를 균형 있게 강조해야 하지만, 교회에 속한 개인의 경우에는 각자의 은사에 따라 이 세 가지 목적 중 어느 하나에 우선순위를 둘 수 있다. 이는 하나님께서 우리에게 주신 은사의 다양함에 비추어볼 때 잘못된 것이 아니다. 성도는 예배와 양육을 통하여 영성이 강건해야만 세상을 향해 전도와 구제의 에너지를 발산할 수 있게 된다. 그러나 만약 성도가 교회 안에서 예배와 양육만을 추구한다면, 세상의 소금과 빛의 사명을 감당할 기회가 없게 되어 그의 신앙생활이 무의미해질 것이다마5:13~14. 그런 상태에서는 하나님의 통치가 세상에 펼쳐지는 데 많은 제약이 있을 것이다.

거의 50년 된 전통적 교회에서 5년이라는 짧은 목회의 시간 동안, 필자는 전도와 선교, 제자훈련 등은 많이 강조한 반면, 웨인 그루뎀이 말하는 교회의 목적 중 세상을 향한 구제 사역의 측면에서 성도에게 세상의 모든 영역에 참여해야 할 방향이나 역할을 제시하는 것은 상대적으로 덜 강조했다. 그런데 필자가 목회하면서 추구한 성경적으로 건강한 교회는 2021년 상반기 한국동남성경연구원KOSEBI에서 주제로 삼은 선교적 교회와 관련이 있다. 지금까지는 선교적 교회의 개념을 어렴풋이 알고만 있었으나, 점차 그 주제에 대하여 관심을 가지기 시작했고, 이번 기조강연을 준비하면서 보다 세밀하게 알게 되었다. 여기서는 먼저 선교사의 입장에서 선교적 교회를 논한 다음, 목회자의 입장에서 그와 관련해 설명하고자 한다.

## 2. 선교적 교회에 관하여

### (1) 미국교회를 따라 양적 성장을 추구했던 한국교회

한국교회는 세계의 어느 나라보다 미국교회의 영향을 많이 받았다고 할 수 있다. 이상훈플러선교대학원 한국학부은 북미교회의 흐름을 다음과 같이 다섯 개의 갱신운동으로 소개한 바 있다.[4] 지면 관계상 제목만 나열하고 상세한 내용은 생략하겠다. ① 예수운동1960s~1970s, ② 교회성장운동1970s~1980s, ③ 구도자운동 1980~1990s, ④ 이머징교회운동1990s~2010s, ⑤ 선교적교회운동1990s~현재.

미국교회에서 일어난 모든 운동들 중 한국교회가 가장 열정적으로 따라한 것은 도널드 맥가브란으로부터 시작된 교회성장운동일 것이다. 한국교회의 담임목회자들 사이에 공공연한 비밀이 있다. 그것은 교인들의 숫자가 늘어나고 헌금의 액수가 늘어나는 한 담임목사는 사퇴의 압력을 받지 않고 안전하다는 것이다. 조금 더 리얼하게 표현하자면, 담임목사가 설교를 성실하게 준비하고, 인격적으로 훌륭하고, 목회를 열심히 하더라도 교인의 숫자가 제자리걸음을 하거나 재정이 늘어나지 않으면, 그때부터 교인들은 담임목사에 대하여 이런저런 말을 하기 시작한다는 것이다. 교회 주위의 환경이 목회하기에 더 열악해져서 어쩔 수 없이 교인들의 숫자와 재정이 감소하면 담임목사는 자연스럽게 스트레스를 받는 것이 현실이다. 교회의 인적·재정적 통계가 줄어들면 모든 것이 담임목사가 능력이 없어서 그런 것이라고 생각하는 교인들이 생기기 시작한다. 이러한 현상은 자본주의의 경쟁적인 물량주의가 한국교회 안에 얼마나 깊숙하게 자리를 잡았는지 보여주는 한 단면이라고 할 수 있다.

한국교회에 속한 교인들에게 '좋은 교회가 무엇인가?'라고 물으면 다음과

---

4. http://m.dangdangnews.com/news/articleView.html?idxno=29290(2020. 11. 28. 접속).

같은 기준으로 판단하는 사람들이 많을 것이다. 즉 교회의 시설이 좋고, 주차장이 넓으며, 각종 편의시설을 갖추고, 주일학교가 체계적으로 되어 있는 교회라고 생각할 것이다. 거기에 담임목사의 경력까지 화려하고, 설교도 자기 마음에 들며, 교회 내에 분열이 없고 다투지 않으면 좋은 교회라고 생각할 것이다. 그런데 과연 그러한 교회가 좋은 교회인가? 만약 한국 개신교회가 가톨릭교회처럼 중앙집권적인 체제로 전환되어 작은 교회들을 다 없애고 지역별로 사람들이 좋은 교회라고 생각하는 위의 조건들을 모두 갖춘 교회들로만 다시 조직한다면, 실추된 교회의 권위가 회복될 수 있을 것인가 하고 질문할 경우, 과연 그렇다고 대답할 수 있을까? 아마도 그렇지 않을 것이다. 그러면 과연 성경에서 말하는 교회는 어떠한 모습일까? 이런 질문에 대답하고자 할 때, 선교적 교회라는 주제는 살펴볼 만한 가치가 있다. 그리고 이 주제는 성경신학, 조직신학, 선교신학 등 모두와 연관된 주제라고 할 수 있다.

## (2) 선교적 교회의 태동 배경, 의미 탐구, 논의의 필요성, 정의 및 위험성[5]

'선교적 교회'라고 하면, 일반 교인들은 이를 해외선교와 관련된 것이라고 착각할 수 있다. 하지만 이는 우리가 흔히 생각하는 '선교를 열심히 합시다.' 식의 해외선교와는 상관이 없는 것이다. 그래서 어쩌면 오해를 피하기 위해 용어 자체를 바꾸어야할 지도 모른다.

---

5. 필자가 지금부터 논의하는 중요한 내용은 2011년 2월 16~18일까지 판교 한국학중앙연구원에서 제5회 설악포럼에서 발표된 것들을 중심으로 한 것이다. 설악 포럼은 2004년 8월 '선교한국' 대회 기간 중 아침마다 열렸던 선교사 모임에서 그간 한국 선교가 답습해온 서구 선교의 틀에서 벗어나 변화된 선교 환경에 맞는 선교구조를 모색해 보자는데 의견을 모으면서 시작되었다. 그 후 2005년에 처음으로 설악포럼을 열면서 서구 선교의 유산과 현재의 선교적 상황에 대해 다각도로 논의가 진행되었다. 제5회 설악포럼의 주제는 '선교적 교회론'이었는데, 기존의 교회론에서 간과해온 교회의 선교적 본질에 대해서 논의하기 위해 모였다.

## 1) 선교적 교회의 태동 배경

'선교적 교회론'이라는 용어를 사용할 때 가장 먼전 떠오르는 인물은 레슬리 뉴비긴Lesslie Newbigin, 1909~1998이다. 그러나 이 용어는 뉴비긴이 창안한 개념은 아니다. 뉴비긴은 선교가 교회의 본질이라고 강조하면서 저서를 통해 그가 이해하는 선교와 교회의 본질에 관해 논의하였을 뿐이다. 사실 '선교적 교회 Missional Church'와 '선교적 교회론Missional Ecclesiology'의 의미와 범주는 다르다. 전자는 선교를 교회의 본질과 중심적 과제로 삼는, 선교적 정체성을 지닌 교회 혹은 그런 특성의 교회를 말하는 것이고, 후자는 전문적 신학용어로서 특정한 신학적 이론체계를 지칭하는 것이다.

선교적 교회론이라는 개념은 미국의 목회자와 학자들 사이에서 처음 사용된 것으로 알려져 있다. 1998년 데럴 구더Darrell L. Guder와 그의 팀 프로젝트 동료들에 의해 *Missional Church: A Vision for the Sending of the Church in North America*『선교적 교회: 북미에서 교회를 파송하는 비전』(Eerdmans, 1988)라는 제목의 책이 출간되었는데, 그 책의 제목에서 처음으로 'Missional Church'라는 용어가 사용되었다. 그들의 연구는 교회성장학적 관점에서 교회란 단지 좋은 프로그램을 개발하는 것이 아니라 세상 속으로 보냄 받은 복음을 증언하는 공동체이고, 따라서 그런 교회가 하나님께서 세상 속에서 수행하시는 선교활동에 어떻게 참여할 수 있을 것인가에 관한 것이었다. 이러한 선교적 교회론은 북미에서 출발한 자성自省의 신학이라고 볼 수 있다. 그럼에도 불구하고 선교적 교회론의 출현에 가장 크게 영향을 미친 인물은 레슬리 뉴비긴이다.[6]

레슬리 뉴비긴은 1936년에 선교사로 파송을 받은 뒤 거의 40년을 인도에서 살다가 은퇴하여 1974년에 고국인 영국으로 돌아왔다. 그런데 고국에 돌아온

---

6. 황영익, 『레슬리 뉴비긴과 칼빈의 선교적 대화』 (의정부: 도서출판 드림북, 2015), 46~48.

그는 선교사를 파송하는 선교기지 역할을 하였던 영국사회가 오히려 선교지로 변한 것을 보면서 충격에 빠지게 된다. 그 동안 영국은 탈기독교 사회를 넘어 반기독교 사회가 되어 있었다. 선교지보다 더한 선교지로서 세속적이고 다원주의적인, 복음에 반항하는 문화에 물들은 영국 사회에서 복음은 어느덧 사사로운 것이 되었고, 교회는 그런 사회와 문화 속에서 복음을 공적인 진리public truth로 제시되지 못하게 되었음을 보게 된 것이다.[7] 이에 그는 유럽과 영국을 새로운 선교지로서 접근하기 시작했다.

영국의 지역교회는 교인들의 숫자가 계속해서 줄어들면서 복음에 대한 자신감을 잃어버렸다. 특히 모든 공적인 영역에서 물러나면서 사회영역의 선교를 너무도 쉽게 포기하고 있었다. 뉴비긴은 이러한 비극의 근본적인 원인을 기독교의 기초라 할 수 있는 성경적 세계관과 거기서 나오는 복음의 능력에 대한 자신감의 상실에 있다고 보았다.[8] 선교적 교회 운동은 이러한 뉴비긴과 남아프리카공화국 출신 데이비드 보쉬David Jacobus Bosch, 1929~1992; *Transforming Mission: Paradigm Shifts in Theology of Mission*(『변화하는 선교: 선교신학에서의 패러다임 전환』 [Orbis Books, 1991])이라는 책을 씀의 영향을 받은 북미 신학자들을 중심으로 'The Gospel and Our Culture Network복음과 문화 네트워크, 이하 GOCN'가 형성되면서 본격적으로 시작되었다. GOCN에 관여한 신학자들이 1998년에 처음으로 펴낸 책이 위에서 말한 데럴 구더와 그의 동료들이 함께 편집한 *Missional Church: A Vision for the Sending of the Church in North America*이다. GOCN 멤버들은 이 책을 통해 북미교회가 해외선교에 집중하면서 선교의 최선봉에 서 있

---

7. 지성근, "교회의 존재양식을 묻는다: 선교적 교회론" in "제5회 설악포럼 자료집." http://missionpartners.kr/main/gmb_board_view.php?no=1140&page=2&search=&page_no=51&category_no=&admin_page=&site_Number=1&GM_mobile=&sm_no=&search_option=&cls= (2020. 11. 28. 접속).
8. 신현수, 『선교적 교회론』 (서울: 기독교문서선교회, 2011), 173.

다고 자부할 것이 아니라 오히려 그들 교회가 서 있는 그 자리가 바로 선교지임을 자각하는 한편, 교회와 그리스도인의 모든 활동이 세계 속에서 하나님의 선교에 동참하는 것으로 이해해야 한다고 주장하였다. 특히 이들은 복음과 문화의 관계를 깊이 고민하였다.

## 2) 선교적 교회의 의미 탐구

우선 '선교적 교회'라는 말을 잘못 이해하면, 앞에서도 말했듯이, 해외선교에 힘쓰는 선교 지향적 교회를 의미하는 것으로 착각할 수 있지만, 이는 그런 개념이 아니다. 대개 '선교'라는 말을 '해외선교 사역'과 동의어로 사용하는 한국교회의 관습 때문에 이런 오해가 생기는데, 사실 '선교적 교회론'이란 이런 사역 지향적인 개념에 반대해서 교회의 본질 자체가 선교적이라고 주장하는 이론으로서, 존재론적이며 신학적인 의미를 담고 있다.[9]

침례교신학대학교의 이현모는 선교적 교회에 대하여 다음과 같이 설명하였다.[10] 즉 선교적 교회는 해외선교보다는 오히려 교회갱신운동에 더 관련되어 있는 것으로, 교회의 성육신적 측면을 강조하는 교회라는 것이다. 이는 삼위일체 하나님의 역동성에 근거해서 교회를 정의하는 것이다. 칼 바르트가 지적한 것처럼, 하나님께서는 '행동하시는 하나님actio Dei'이신데, 이 하나님의 행위의 결과로서 성부께서 성자를 보내시고 이어서 성부와 성자께서 성령을 보내셨다는 것이다. 그런데 여기서 '보냄'이라는 개념이 바로 선교가 지닌 원래의 의미이다.

'Mission'이라는 말은 라틴어의 'mitto미토'에서 유래한 말로서 '보내다, 파

---

9. 이현모, "교회론의 변천을 통해 본 선교적 교회론 이해" in "제5회 설악포럼 자료집" http://missionpartners.kr/main/gmb_board_view.php?no=1143&page=2&search=&page_no=51&category_no=&admin_page=&site_Number=1&GM_mobile=&sm_no=&search_option=&cls= (2020. 11. 28. 접속)
10. 이현모, "교회론의 변천을 통해 본 선교적 교회론 이해."

송하다'라는 의미이다. 즉 삼위일체 하나님께서는 '보내시는 하나님*missio Dei*' 으로서, 우리를 또는 교회를 보내셨다는 의미이다. 이와 관련한 성경구절로는 요한복음에 기록된 예수님의 말씀이 있다. 곧 "아버지께서 나를 세상에 보내신 것 같이 나도 그들을 세상에 보내었고 …… 아버지여, 아버지께서 내 안에, 내가 아버지 안에 있는 것 같이 그들도 다 하나가 되어 우리 안에 있게 하사 세상으로 아버지께서 나를 보내신 것을 믿게 하옵소서"요17:18~21. 그리고 "예수께서 또 이르시되 너희에게 평강이 있을지어다 아버지께서 나를 보내신 것 같이 나도 너희를 보내노라 …… 너희가 누구의 죄든지 사하면 사하여질 것이요 누구의 죄든지 그대로 두면 그대로 있으리라 하시니라"요20:21~23 등이다.

성부께서는 성자를 보내시고, 성부와 성자께서는 성령을 보내시고, 그리고 이 삼위 하나님께서 교회를 세상으로 보내신 것이다. 요한복음의 말씀에 따르면, 보내심과 선교의 근원은 다름 아닌 삼위일체 하나님이심을 분명히 알 수 있다. 즉 제자들의 공동체인 교회는 본질적으로 삼위일체 하나님께로부터 보내심을 받은 존재라는 것이다. 그리고 그런 교회의 본질적인 사역은 삼위일체 하나님과 함께하는 것이다. 따라서 교회는 선교를 하나의 일이나 과업으로 생각해서는 안 된다. 그보다 교회는 보내심을 받은 존재로서 삼위일체 하나님과 깊은 교제코이노니아 가운데 있음을 세상에 보여주는 존재가 되어야 한다. 이와 더불어 요한복음 20장 23절에서는 죄사함의 일을 세상으로 교회를 보내시는 일의 중요 과제 중 하나로 설명하고 있기도 한다.

이현모는 이어서 크레이그 밴 겔더의 책 『선교하는 교회 만들기: 지역교회를 향한 도전』[11]의 내용을 소개하면서 역사적으로 존재했던 여섯 가지 교회관을 보다 단순화시켜 콘스탄티누스의 기독교 공인 이후 교회는 세 가지 유형을 거

---

11. C. V. Gelder, 『선교하는 교회 만들기: 지역교회를 향한 도전』 (최동규 역, 서울: 베다니출판사, 2003), 77~113.

치게 되었다고 소개하였다. 그중 첫 번째 유형은 제도화된 교회established church이고 두 번째 유형은 자발적 교회corporate church, 그리고 세 번째 유형은 선교적 교회missional church이다. 이 세 가지 유형들을 설명하면 다음과 같다.

### ① 제도화된 교회

다른 학자들은 이를 '크리스텐덤christendom, 기독교국가[12] 개념'의 교회라고 부르기도 한다. 콘스탄티누스가 기독교를 공인함에 따라 교회는 이제 핍박에서 벗어났을 뿐 아니라 로마 제국에서 태어나는 사람이라면 누구나 자연스럽게 교회의 회원 신분을 가질 수 있게 되었다. 따라서 더 이상 로마 제국 내에서는 선교가 필요하지 않게 되었다. 게다가 정치, 사회, 문화, 종교가 서로 분리되어 생각할 수 없게 되었고, 교회가 그 중심에 서게 되었다. 선교는 크리스텐덤의 경계를 넘어서 이방인에게 전도하는 일로 간주되었고, 교회의 많은 프로그램들 가운데 하나가 되었다.

크리스텐덤적인 교회는 점차 세 가지 특성을 가지게 되었다. 첫째, 사람들의 매력을 끄는 것에 초점을 두게 되었다. 즉 좋은 프로그램, 웅장한 예배당과 음악에 호소함으로써 교회가 세상 사람들에게로 가는 것이 아니라 사람들이 교회로 찾아오기를 기대하게 되었다. 둘째, 교회를 세상의 중심에 두고 성聖과 속俗을 구분하는 이분법이 발전하게 되었다. 즉 교회 밖의 세상은 악한 곳, 교회 안은 거룩한 곳이 되었고, 따라서 신앙생활은 악한 세상에서 벗어나서 교회 안으로 들어오는 것이 되었다. 이럴 경우 가정과 일터에서 영향을 미치는 삶은 신앙과 상관없게 되고, 다만 교회생활만이 신앙생활이 되는 등식이 성립하게 된다. 결

---

12. '크리스텐덤(Christendom)'은 기독교가 지배하는 국가나 사회라고 간단히 정의할 수 있다. 기독교 세계 (Christian World)라는 말과 동의어이다(https://www.facebook.com/hwpbooks/posts/ 2758737220809019 / (2020. 12. 2. 접속).

국 모든 신앙의 삶은 교회를 중심으로만 이루어져야 한다고 이해하게 되었다. 셋째, 위에서 아래로 향하는 사제 중심적인 리더십을 가지게 되었다. 모든 신자가 하나님 앞에서 동일한 존재가 아니라 사제들이 더 높은 권세를 가지고 평신도들은 그들에게 의지하게 되었다.

② 자발적 교회

이는 제도화된 교회에 대한 갱신운동으로 일어난 것인데, 종교개혁이 일어나면서 교단들이 생기게 되었고 교회는 점차 신앙생활의 목적에 부합한 조직으로서 기능하게 되었다는 것이다. 즉 교회를 주로 기능적 측면에서 이해하는 것이다. 그런데 오늘날에도 많은 개신교회들이 교회란 구원받은 성도들이 예배나 공동체의 필요를 느껴서 자발적으로 참여하는 조직이라고 생각한다. 다시 말해 교회란 자기 개인의 신앙적 필요를 채우기 위한 목적으로 참여하는 곳이고, 따라서 교회는 이런 개인의 필요를 채워주는 기능을 행해야 한다고 생각하는 것이다. 이럴 경우 신앙은 점차 개인의 사적 영역에 속한 것으로 간주되면서 공적 영역의 가치를 잃어버리게 된다. 나아가 성도들의 개인적인 영적 필요를 좀 더 효과적으로 채워주는 교회가 건강하고 좋은 교회라고 생각하게 된다. 그래서 제자 훈련과 다양한 교육 프로그램, 감성적인 예배, 상담 등이 강조되고 전도와 선교는 교회 프로그램의 구성요소가 된다.

선교적 교회론을 지지하는 많은 사람들은 이런 교회의 특징을 축소주의라고 지적한다. 축소주의란 예수 그리스도의 복음을 통제 가능하고 관리 가능한 어떤 것으로 만들고자 하는 유혹을 말한다. 구더Darrel L. Guder에 따르면, 복음은 개인 구원에 초점을 맞춘 메시지로 축소되었다. 그리고 복음전도와 제자화 과정은 이런 구원을 다루는 영적이고 종교적인 연습을 하는 프로그램으로 변질되었다. 구원으로 말미암아 얻는 유익은 하나님의 백성이 되어 하나님의 나라에 참여하고 증인이 되는 것이어야 하는데, 복음이 개인적으로 죄 용서를 받고 천국에 들어가는 것으로 축소됨으로써, 이런 것들이 우선순위에서 뒤로 밀리게 되었다. 이에 따라 복음의 의미와 유익을 전하는 선교의 의미도 동시에 축소주의의 경향을 보이게 되었다. 결국 기존 기독교권의 교회들은 해외선교만을 생각할 뿐이지 자신들이 위치한 지역 안에서는 선교의 필요를 느끼지 못하게 되었다.

오늘날 교회들에서 선교는 교회 기능의 한 부분이 되었다. 그리고 교회가 선교의 주체라고 믿게 되었다. 교회는 내부의 여러 프로그램들 중 하나로 선교를 선택할 수 있는 권한을 가진 것으로 인식하게 되었다. 즉 교회가 원하면 선교를 우선순위에 둘 수도 있지만, 원하지 않는다면 선교하지 않을 수도 있다고 생각하게 된 것이다. 뉴비긴은 이런 과정을 거치면서 복음이 공적 진리로서의 공공성을 상실하게 되었다고 지적한다. 그럼으로써 교회는 개인주의 문화의 지배를 받게 되었고, 신앙은 사유화되어 개인적인 경건으로 축소되었다. 물론 과격한 에큐메니컬 그룹에서 주장하는 하나님의 선교missio Dei가 교회를 배제하고 그리스도 중심적 구원론을 벗어남으로써 개인의 구원에는 등을 돌린 채 인권 문제 같은 것들만 중요하게 생각하는 것에는 문제가 많다. 하지만 그럼에도 불구하고 오늘날 한국교회는 스스로 자발적 교회의 유형 안에 갇혀 있는 것은 아닌지 돌아봐야 할 것이다.


③ 선교적 교회

이는 앞의 두 가지 유형들이 지닌 문제점들을 해결하기 위하여 등장한 개념이다. 교회는 여러 문제들을 발견하면 곧 그에 관한 대안적 프로그램들을 제안하고 실행해 왔지만, 이내 그것은 또 다른 문제를 발생시켰을 뿐이다. 그러므로 근본적인 해결책은 단지 대안적인 프로그램을 찾는 것이 아니라 교회의 본질로 돌아가는 것이어야 한다. 다시 말해 교회의 기능을 중심으로 접근하는 것이 아니라 교회의 본질이 무엇인가를 추구하고 그것으로 돌아가야 한다는 것이다. 이런 점에서 선교적 교회론은 교회의 본질로서 선교를 회복하자는 것이다.

선교적 교회는 교인들 중 몇몇 사람들에게만 선교를 일임하지 않고 모든 교인들이 보내심을 받은 선교사로 인식하는 것이다. 즉 교회는 선교사를 파송하고 후원하고 그에게서 선교보고를 받는 곳이 아니라 매일의 삶 속에서 하나님의 선교에 참여하는 그리스도인들이 모여 간증하는 곳이다. 사실 더 이상 선교를 국내와 해외 식으로 지역적으로 구분해서는 안 된다. 그보다는 서구 사회나 우리 사회나 이미 이교도 및 세속화의 영향으로 선교의 현장이 되었다고 인식해야 한다. 선교적 교회를 구성하는 그리스도인들은 선교를 몇몇 사람에게 일임하기보다는 각자의 삶의 터전에서 보내심을 받은 자들로서 하나님의 선교에 참여한다. 교회의 목적이 하나님나라를 선포하고 섬기는 것이라면, 회심과 구원은 물론이거니와 매일의 삶 속에서 예수 그리스도와 동행하는 삶을 통해 복음이 구현될 수 있어야 한다.


## 3) 선교적 교회 논의의 필요성[13]

서구교회는 한때 기독교국가Christendom로 불리며 사회의 중심을 차지했으나, 지난 100년 사이에 심각한 퇴보를 경험하며 지금은 사회의 변두리로 밀려났다. 세속화된 서구 기독교의 시대는 저물어가고 남반구의 나라들이 기독교의 핵심 세력으로 부상하고 있다. 서구교회가 이렇게 쇠퇴한 원인들에 대해 다각도로 분석할 수 있겠지만, 18세기 계몽주의의 영향으로 인간의 이성을 하나님의 말씀보다 우위에 둔 것, 그럼으로써 과학적 지식을 공적 진리public truth로,

---

13. 송민호, 『선교적 교회로 가는 길: 전통적인 교회에서 미셔널 처치로』 (서울: 도서출판 나눔사, 2020), 38~48.

종교나 신앙적 지식은 사적 진리private truth로 분리시킨 것이 가장 큰 원인이라 할 수 있다. 지식의 이원화에 따라 공적 진리는 모두가 인정하고 공유할 수 있는 것이지만, 사적 진리는 그것을 인정하는 사람에게만 해당되는 것으로 모든 사람에게 적용되지 않는다는 논리가 성립되었다. 이로 인해 서구교회는 더 이상 하나님의 말씀을 공적 진리로 선포하는 데 무기력하게 되었다. 신앙생활은 점차 사유화되면서 단지 개인적인 영성으로 축소되었고, 교회는 세상과 분리되어 고립된 존재가 되었다.

이제 기독교국가 혹은 왕국Christendom으로서의 위엄은 존폐의 위기를 맞이하게 되었다. 교인들의 헌신도도 떨어지고 교회 안에서조차 제자도를 강조할 수 없게 되었다. 예배의 감동도 사라졌다. 교인들은 교회가 자신에게 어떤 도움을 줄 수 있을지만을 생각하는 종교적 소비자로 전락하였다. 그리하여 교회는 어두운 세상과 싸울 힘을 잃은 채 동성결혼의 허용, 종교다원주의, 맘몬주의를 수용하게 되었고, 그럼으로써 세상을 변화시킬 능력을 상실하게 되었다. 그리고 그 틈을 비집고 기승을 부린 것이 교회성장이라는 이름 아래 물량주의, 긍정적 사고와 기복신앙health & wealth gospel이었다. 교회는 이러한 흐름 속에서 죄는 지적하지 않고 복을 주시는 하나님만을 강조하였는데, 그 대표적인 사례가 우리가 익히 들어본 휴스턴에 위치한 레이크우드교회Lakewood Church의 조엘 오스틴Joel Osteen 목사이다. 특히 그의 저서인 『잘되는 나』와 『긍정의 힘』이 베스트셀러가 되면서, 사람들은 잘 되고 긍정적인 사고를 가지는 것이 마치 복음인 양 오해하게 되었다. 그러므로 오늘날 교회들은 생명력을 잃고 젊은이들이 떠나가는 상황에서 이러한 기복주의와 번영신학이 갈급한 현대인들에게 대안이 될 수 있는지를 심각하게 질문해봐야 할 것이다.

그러면 한국교회의 현실은 어떠한가? 서구교회보다 나은가? 한국교회도 벼랑 끝에 몰린 것은 서구교회와 마찬가지이다. 2020년 12월 4일 목회데이터연구소의 충격적인 주간리포트에 따르면, 본인이 믿는 종교에 대한 호감도 항목에서 '천주교인의 천주교 호감도'가 76점, '불교인의 불교 호감도'가 71점인데 반해, '개신교인의 개신교 호감도'는 62점으로 가장 낮게 나타났다. 뿐만 아니라 무종교인의 종교 호감도 항목에서도 '개신교'가 21점불교 49점, 천주교 46점으로 이슬람교16점를 제외한 주요 종교 중에서 가장 낮은 것으로 나타났다. 이렇듯 오늘날 한국교회는 공공성을 잃어가고 있을 뿐만 아니라, 오히려 사회가 교회를 걱정하는 초유의 상황이 전개되고 있다.

이제 한국교회는 틀을 바꾸는 패러다임 쉬프트 정도가 아니라, 아예 기초부터 허물고 새로 지어야 하는 패러다임 트랜스포메이션을 강요받고 있는 실정이다. 교회가 자신의 존재 목적을 심각하게 묻지 않고 오직 외형적인 성장과 물질적인 축복, 곧 교회의 건강성을 신자의 수나 헌금의 액수, 건물의 크기 등으로 측정하는 자본주의적 성공제일주의에 갇힌 채로 많은 부작용을 초래하고 있다. 더군다나 대형교회의 세습에서처럼 공적 공동체인 교회를 사유화하려는 행태는 재벌의 행태와 다름없는 것으로 세상 사람들에게 엄청난 질책을 받고 있다. 이러한 결과 2018년의 조사에 따르면, 한국교회 전체 교인의 약 20%에 해당하는 200만 명[14]이 '가나안' 성도들로 기존 교회를 떠났거나,[15] 그렇지 않은 경우 이단들에 가입하는 결과를 초래하게 되었다. 이러한 상황에서 한국교회는 진정한 복음의 회복 및 교회 공공성의 회복, 그리고 하나님나라에 입각한 성경적 교회론의 회복이 시급히 필요한데, 그 해결책으로서 가장 강력하게 떠오르는 것이 선교적 교회 운동이다.

---

14. 21세기교회연구소와 한국교회탐구센터는 2018년 10월 4~16일에 가나안 성도들을 대상으로 온라인 조사를 실시해서 826명의 응답을 얻었다. 기독신문, 2018년 11월 29일 http://www.kidok.com/ news/articleView. html?idxno=112706 (2020. 12. 1. 접속)
15. '가나안' 성도는 교회를 '안나가'에서 나온 신조어이다.

## 4) 선교적 교회의 정의[16]

앞에서도 언급했지만 선교적 교회 운동은 해외선교나 국내선교를 더 많이 하자는 운동이 아니다. 선교 중심적 교회 혹은 선교 지향적 교회는 선교를 강조하고, 선교사를 많이 후원하는 등 교회가 선교의 주체가 되어 선교를 위해 열심히 헌신한다. 선교예산을 해마다 올리고 교회의 여러 부서가 선교를 위해 서로 희생하며 협력한다. 그럼에도 불구하고 이러한 교회를 선교적 교회라고 할 수 없다. 왜냐하면 비록 교회가 선교에 큰 비중을 두고 있다 하더라도, 선교는 단지 교회의 여러 사역 중 하나로만 인식되기 때문이다. 선교의 주체가 교회라는 인식이 강할수록 교회는 선교를 통제하고 필요에 따라 선교에 들어가는 노력을 늘리거나 줄일 수도 있다고 생각한다. 이에 반해 선교적 교회는 교회의 본질을 재검토하고 새롭게 하자는 것이다. 즉 선교와 교회의 관계를 새롭게 하자는 것으로, 선교의 주체는 교회가 아니라 하나님이심을 분명하게 하는 것이다.

삼위 하나님께서는 교회를 세상으로 보내신다요20:21. 죄로 타락한 이 세상을 구속하시기 위해서이다. 즉 삼위 하나님께서는 교회를 세상으로 보내셔서 하나님의 선교missio Dei에 동참하게 하시는 하나님이시라는 것이다. 따라서 교회는 자기의 유익을 위해 존재하는 것이 아니라 선교의 주가 되시는 하나님의 뜻에 절대 순종하여 그분의 사역에 동참하기 위하여 전력을 다해야 한다. 신학자에밀 브루너의 말처럼, "불이 타오르며 존재하듯, 교회는 선교함으로 존재"하는 것이다. 이런 점에서 선교적 교회 운동이란 교회를 향해 자기중심적 패러다임을 버리고 세상을 섬기자고 절실히 호소하는, 그야말로 교회의 본질을 새롭게 하자는 운동이다. 다시 말해 교회를 위해 선교가 존재하는 것이 아니라 선교를 위해 교회가 존재하는, 올바른 성경적 교회의 모습으로 돌아가자는 운동이

---

16. 송민호, 『선교적 교회로 가는 길: 전통적인 교회에서 미셔널 처치로』, 52~56. 114~121.

다. 따라서 선교적 교회는 헌신된 자를 파송한 뒤 성도들은 그저 후방에서 기도와 물질로 후원하는 것으로 만족하지 않는다. 그보다 모든 성도가 세상으로 파송을 받아 선교적으로 살아가도록 돕는다. 교회 안에서의 사역에 그치지 않고 교회 밖의 사역에까지 연결되도록 돕는다.

송민호토론토영락교회는 선교적 교회를 다음과 같이 정의하였다. "선교적 교회란 온 성도가 세상으로 보내심을 받아 구속적 삶을 살며 하나님의 선교missio Dei에 동참하는 교회이다." 그러면서 이에 관한 세부적인 설명을 아래와 같이 덧붙였다.

① '온 성도'란 일부 헌신된 성도만이 아니라 전체 성도가 참여하는 교회를 말한다. 성도 한 사람 한 사람이 복음으로 세상을 섬길 수 있도록 훈련하여 파송하는 것이 필요하다.

② '세상으로 보내심을 받았다'라는 말은 교회의 사도성을 회복하는 것을 말한다. 즉 교회 안에서만 하나님을 예배하고, 성도의 교제를 나누며, 서로 격려하고, 양육을 받아 섬기는 것이 아니라, 교회 밖의 세상으로 들어가서 하나님의 선교에 동참하게 하는 것이다. 끊임없는 교회 안의 사역으로 시간과 에너지를 모두 소진하기보다, 교회 안의 필요한 사역을 십시일반 성도들이 나누는 대신 나머지 비축된 시간과 에너지를 직장과 지역사회를 섬기는 데 사용하도록 하는 것이다.

③ '구속적 삶을 살며'란 회복의 삶을 말하는 것으로, 인간이 죄로 말미암아 하나님의 창조 질서를 파괴했다는 전제조건을 깔고 있는 것이다. 다시 말해 죄로 인해 파괴된 하나님의 창조세계의 모든 관계를 회복시키는 삶을 살자는 것이다. 이는 하나님과 인간 사이, 인간과 인간 사이, 인간과 피조물 사이의 회복을 추구하는 것이요, 인간의 뜻이 아니라 하나님의 목적을 이루는 의도적인 삶을 사는 것이다. 정치, 사회, 경제, 문화, 종교 등 모든 차원에서 화목제물이 되

신 그리스도를 본받아 화해와 회복의 삶을 살며, 미움과 분열로부터 해방을 누리고, 나눔과 섬김의 삶을 통해 언약 백성에게 주시는 축복을 누리며 살아가는 것이다.

④ **'하나님의 선교'**란 선교의 주체가 되시는 삼위일체 하나님께서 이미 세상에서 회복의 일을 하고 계심을 인정하고, 따라서 교회가 스스로 일을 찾아 주도하는 것이 아니라 하나님께서 하시는 일에 겸손히 참여하는 것을 말한다. 여기서 강조되는 것은, 첫째로 선교는 우리의 활동이 아니라는 것이다. 따라서 선교는 교회의 프로그램이 될 수 없다. 그보다 선교는 철저히 하나님의 일이요 그분께서 세상에서 일하시는 것이다. 둘째로 선교는 삼위 하나님의 활동이라는 것이다. 즉 교회는 성자를 이 세상에 보내신 성부의 마음을 깨닫고, 또 이 땅으로 성육신하신 성자의 겸손함과 사랑을 가지고, 성령의 음성이 인도하시는 대로 순종할 뿐이다. 송민호는 선교를 교회에 주신 하나님의 명령으로 여기는 선교 지향적 교회의 선교관과 선교를 삼위 하나님께서 직접 행하시는 사역으로 여기는 선교적 교회의 선교관을 다음의 표와 같이 비교하였다.

<표 1> 선교 지향적 교회와 선교적 교회의 비교1

| | 선교 지향적 교회<br>Mission-minded Church | 선교적 교회<br>Missional Church |
|---|---|---|
| **선교의 주체** | 교회: 지상 대명령을<br>수행하기 위해<br>세상을 향해 가는 교회 | 삼위일체 하나님:<br>하나님의 선교를 위해<br>교회를 세상으로 보내시는 하나님 |
| **선교의 방법** | 대리적 선교/<br>선교사를 후원/<br>교회가 사역의 장소 | 참여적 선교/<br>성도의 DNA가 선교/<br>세상이 사역의 장소 |
| **선교와<br>교회의 관계** | 교회를 위해 선교가 존재함<br>선교는 교회의 여러 사역 중 하나 | 선교를 위해 교회가 존재함<br>선교는 교회의 본질이며 사역 그 자체 |

송기태선교사, 인터서브 코리아 교회 관계팀는 선교적 교회와 선교 중심적 교회의 여섯 가지 요소를 구분해서 그 둘의 개념이 서로 어떻게 다른지 제안한 것을 필자가 다음의 표와 같이 요약하였다.[17]

<표 2> 선교 지향적 교회와 선교적 교회의 비교2

| | 선교 중심적 교회/선교 지향적 교회<br>mission-minded/ mission-oriented church | 선교적 교회<br>missional church |
|---|---|---|
| 관점 | 선교의 초점이 해외선교와 관련된 선교사 파송과 후원, 단기선교팀의 파송 등에 집중됨 선교는 교회의 본질이 아니라 여러 기능 중 하나 | 선교는 교회의 여러 기능 중 하나가 아니라 교회의 본질 |
| 주안점 | 선교 사업과 선교 프로그램 선교가 이벤트적인 행위가 될 수 있음 | 성도들이 하나님께서 주도하시는 하나님의 선교(missio Dei)에 동참하여 하나님의 백성으로서 세상 속에서 일상의 삶을 살아가는 데 집중함 |
| 선교지 | 선교의 대상은 해외에 있는 사람들 성도들은 선교가 멀리 있는 것으로 인식함 | 선교의 대상은 해외선교지만이 아니라 교회가 위치한 지역사회도 포함 지역사회에 대한 교회의 책임을 인식함 |
| 강조점 | 복음이 개인구원과 회심에 맞추어짐 교회가 지역사회에 대한 책임에서 자유롭다는 인식을 심어줌 | 공적 제자도를 추구함 성도로서 개인을 넘어 사회에 대한 책임과 참여도 중요시함 |
| 지향점 | 개교회의 성장이 교회의 가장 큰 가치이자 미덕이어서 양적으로 성장한 교회가 모든 면에서 우위를 차지함 성도들이 하나님나라를 바라보지 못함 | 개교회의 성장보다는 하나님나라의 완성을 위해 존재하는 교회론에 집중함 개교회들이 지역에서 경쟁하지 않고 연합함 |
| 실천<br>방법론 | 개교회의 성장제일주의는 교회의 승리주의를 부추김 실천방식에서 권위주의적임 | 주님의 원리인 성육신적 사역 방식을 추구함 성도가 세상으로 들어가 섬김으로써 선교 사역을 감당함 |

---

17. http://www.igoodnews.net/news/articleView.html?idxno=42823(2020. 11. 28. 접속).

## 5) 선교적 교회를 잘못 강조할 때의 위험

한국교회는 기독교권에서 비기독교권으로 선교사를 파송하는 것이 선교라고 생각한다. 그런데 이런 상황에서 선교적 교회를 잘못 강조함으로써 종래의 선교 개념을 버리고 교회가 존재하는 지역 자체가 선교지가 된다는 생각만을 고집할 경우, 타문화권 선교cross-cultural mission에 대한 중요성을 약화시킬 수도 있게 된다. 그러므로 교회들은 선교적 교회를 실천하려다가 혹시라도 타문화권 선교를 약화시키는 방향으로 가지 않도록 주의해야 한다. 실제로 해외에서 사역하고 있는 선교사들 가운데는 이 부분에 관해 매우 우려하는 분들도 있다.

## 3. 교회와 세상과의 관계[18]

교회가 세상과 갖는 유형에는 세 가지가 있는데, 첫째 세상 속으로 흡수된 무기력한 교회, 둘째, 세상과 단절된 무관심한 교회, 마지막 셋째, 세상으로 보내심을 받은 교회가 그것이다.

### ① 세상 속으로 흡수된 무기력한 교회

세상의 가치관이 교회 안으로 밀려들어와 세상과 공존하기 위해 '공존'의 길을 택한 교회를 말한다. 이는 교회가 복음으로 세상의 변화를 주도하지 못하고 오히려 세상의 가치관에 동화·흡수되어 무기력해진 교회이다. 성도가 세상 사람들과 동일한 가치관을 가지고 정치, 경제, 문화, 교육, 예술 등 모든 영역에서 차별 없이 살아간다면, 교회는 더 이상 세상 속에서 복음의 효력을 발휘하지 못

---

18. 송민호, 『선교적 교회로 가는 길: 전통적인 교회에서 미셔널 처치로』, 121~132.

한 채 무기력한 교회가 될 수밖에 없다. 따라서 만일 선교적 교회를 추구한다면, 성도들로 하여금 교회 안에서만 순응하도록 하지 말고 개인 영성을 뛰어 넘는 제자훈련으로 공공의 영성을 갖추도록 주제를 바꾸어야 할 것이다.

② 세상과 단절한 무관심한 교회

주후 4세기경 이집트 사막에서 교부들이 활동했다. 그들은 세상의 유혹을 멀리하고 오직 하나님 앞으로 나가기 위해 절제된 음식과 기도, 노동이라는 단순한 삶을 선택했다. 한 마디로 그들은 세상과 등진 삶을 살았다. 세상은 죄악덩어리이므로 그것에서 도피함으로써 경건을 위협하는 모든 것을 피해야 한다고 인식하였다. 하지만 성경은 성도가 세상으로부터 격리되어야 한다고 가르치지 않는다. 오히려 세상으로 성도가 보내졌다고 가르친다. 이런 유형의 교회는 성과 속을 구분하는 이원론을 따르고, 복음의 양 축인 영혼구원과 사회참여 중에서 영혼 구원만을 택해 실천한다. 즉 교회는 세상과 담을 쌓고 서로 소통하면 안 되는 것으로 여긴다. 세상은 이러한 교회를 보면서 교회란 자신만을 위해 존재하는 집단으로 여기게 될 것이다.

③ 세상으로 보내심을 받은 교회

교회는 세상으로부터 나왔다가 다시 세상으로 들어간다. 즉 주일예배로 새로운 힘을 얻고, 하나님의 말씀으로 무장하고, 성도의 교제로 위로 받은 교회는 다시 세상으로 나갈 준비를 하는 것이다. 하나님께서 보내신 일상의 생활 가운데서 믿지 않는 사람들과 어울려 살아갈 때, 성도는 그 가운데서 하나님 백성으로서 하나님의 주권을 인정하는 삶이 무엇인지 보여주려고 한다. 여기에는 그리스도를 향한 내적 움직임과 세상을 행한 외적 움직임이 있다. 이는 세상과 단절하는 것이 아니라 오히려 세상과 소통하기 위해 노력하는 것이다. 이런 교회는 자신의 안정과 평안을 위함이 아니라 사명을 감당하기 위해 존재한다. 이에 관해서는 로잔 언약1974년에 잘 설명되어 있다.

> "하나님 아버지가 그리스도를 세상에 보내신 것 같이, 그리스도 역시 그의 구속받은 백성을 세상으로 보내신다는 것을 우리는 믿는다. 이 소명은 그리스도가 하신 것 같이 세상 깊숙이 파고드는 희생적인 침투를 요구한다. 우리는 우리 교회의 울타리를 헐고 비그리스도인 사회에 스며들어가야 한다. 교회가 희생적으로 해야 할 일 중에서 전도가 최우선이다. 세계 복음화는 온 교회가 온전한 복음을 온 세계에 전파할 것을 요구한다. 교회는 하나님의 우주적인 목적의 바로 중심에 서 있으며, 복음을 전파할 목적으로 하나님이 지정하신 수단이다. 그러나 십자가를 전하는 교회는 스스로 십자가의 흔적을 지녀야 한다." 제6항 상반부[19]

여기서 우리는 그리스도께서 교회를 세상으로 보내셨으므로, 그 보내심에 응하기 위해 세상 속으로 희생적인 침투를 감행해야 한다. 교회가 복음을 들고 의도적으로 개입하려면, 먼저 교회가 비장한 각오로 교회의 울타리를 헐어야 하며, 또한 교회가 세상 속으로 침투하려면, 먼저 교회가 십자가의 흔적을 스스로 져야 한다. 성도는 세상에 있지만 세상에 속하지 않는다. 따라서 교회는 편안한 곳이라기보다 사명감으로 불타는 곳이다. 세상으로 보내심을 받은 성도들이 모여 서로 격려하고 위로함으로써 다시 힘을 얻어 세상으로 출발하는 곳이다. 다시 말해 교회는 세상으로 보냄을 받았다는 사도성을 실천하는 곳이다.

송민호는[20] "교회의 유일성, 거룩성, 보편성, 사도성 중에서 지금은 사도성의

---

19. https://www.lausanne.org/ko/content-ko/covenant-ko/lausanne-covenant-ko(2020. 12. 1. 접속).
20. http://www.newsnjoy.or.kr/news/articleView.html?idxno=199828(2020. 11. 28. 접속).

회복이 강조되어야 한다. 선교적 교회는 교인 한 사람 한 사람이 세상으로 보냄을 받았다는 점을 끊임없이 강조하는 교회이다. 이 교회가 없어졌을 때 교인들이 슬퍼하는 교회라기보다는 지역 사람들이 아쉬워하는 교회가 되어야 한다. 교회가 세상과 단절되거나 동화되는 것이 아니라 의미 있는 개입을 해야 한다. …… 선교적 교회는 모이는 숫자가 아니라 교인 각자가 파송된 곳에서 얼마나 선교적인 삶을 살고 있는가 하는 기준으로 교세를 측정해야 한다."라고 말했다. 따라서 그리스도인들은 어디서 무엇을 하든 살아가는 것 자체가 선교임을 명심하고, 그럼으로써 단지 교회생활과 개인의 영성에만 초점을 맞출 것이 아니라, 비록 눈에 보이는 열매가 당장 나타나지 않더라도, 교회 밖의 사회 영성에도 초점을 맞출 수 있어야 한다. 우리가 지향하는 교회는 온 성도가 세상으로 보내심을 받았다는 확신 아래 세상 속으로 들어가 하나님의 통치를 삶으로 보여주는 교회가 되어야 한다.

## 4. 전통적 교회를 선교적 교회로 전환을 시도한 교회의 사례[21]

송민호는 OMF선교사로 필리핀에서 사역하다가 2004년부터 토론토영락교회를 담임하면서 전통적인 교회가 이 악한 시대를 감당하는 데 한계가 있다고 판단하고 선교적 교회로 전환하는 일에 집중하고 있다. 그는 성경적으로 건강한 교회는 선교적 교회이며 온 교회가 세상으로 보냄 받았음을 일상에서 실천하기 위해 성도들과 함께 지역사회선교와 세계선교에 힘쓰고 있다.

선교적 교회는 자신만을 위한 공동체가 아니라 세상을 향한 이타적인 공동

---

21. 송민호, 『선교적 교회로 가는 길: 전통적인 교회에서 미셔널 처치로』, 180~210.

체가 되어야 하기 때문에 무엇보다 지역사회 주민들로부터 진실함과 성실함으로 인정받는 공동체가 되어야 한다. 성도는 세상과 단절되거나 동화되는 것이 아니라 세상과 소통하며 의미 있게 개입함으로써 세상을 빛 가운데로 인도하는 역할을 감당해야 한다. 전통적인 교회가 선교적 교회로 전환하기 위해서는 선교적 교회론 교육=이론 혹은 철학, 선교적 교회를 위한 구조적 변화=구조조정, 그리고 선교적 교회의 실천=실천 세 가지 요소가 필요하다. 이를 간단한 삼각형으로 도식화하면 다음과 같다.

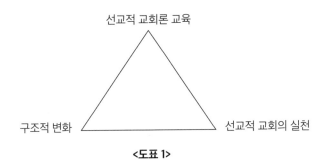

<도표 1>

## (1) 선교적 교회론 교육

송민호는 12주에 걸친 "다시 생각하는 교회론"이라는 과정을 만듦으로써 교회가 커뮤니티센터의 기능을 넘어 성경이 말하는 증인된 공동체로 거듭나는 교회 정체성의 회복을 시도하였다. 교인들은 매주 주제 강의를 듣고, 소그룹으로 나누어 자신의 생각을 발표하고, 책 세 권을 읽고 독후감을 쓰는 등 교회의 패러다임 전환을 목표로 열심히 참여했는데, 그 핵심은 교회의 사도성의 회복이었다. 이 과정에 담긴 12가지 주제는 각주를 참조하면 된다.[22]

---

22. ① 사명지향적 교회란? ② 교회와 하나님나라, ③ 사도성의 시각으로 본 세계교회사, ④ 사도성의 시각으로 본 초대 한국교회사, ⑤ 건강한 교회, 사명지향적 교회, ⑥ 사명선언문과 목회 가치관: 왜 중요한가? ⑦ 섬김과 직

송민호가 12주 과정을 진행하면서 깨달은 두 가지가 있는데, 첫째는 목회자가 충분한 시간을 갖고 연구하고 기도하며 철저히 준비해야 한다는 것이었다. 선교적 교회 운동은 교회의 유전자DNA를 바꾸는 것이므로 어려운 일이다. 송민호는 먼저 동역하는 목회팀과 당회원들과 선교적 교회로의 전환이라는 비전을 공유하였다. 둘째는 교인들의 생각이 쉽게 바뀌지 않기 때문에 인내해야 한다는 것이었다. 그는 변화는 본질을 지키기 위해 비본질적인 것을 포기하는 것이라고 강조하였다. 목회자가 성도들과 신뢰감을 쌓아가면서 일관성 있게 선교적 교회론을 추구했기 때문에 성도들은 목회자를 따라갈 수 있었다. 목회자는 설교, 제자훈련, 특강 등 기회가 있을 때마다 지속적으로 선교적 교회를 강조했다. 동시에 선교적 교회는 이기적인 교회, 소비자 중심의 교회가 아니라 이타적이며 사명지향적인 교회임을 성도들에게 이해시켰다.

## (2) 선교적 교회를 위한 구조적 변경

송민호는 교회의 사역 구조가 선교적 삶을 실천하는 데 필요한 최적의 구조를 가지고 있는지 검토하였다. 구조를 변경하는 데서 중요한 것 두 가지가 있는데, 첫째는 조직과 모임의 슬림화이다. 즉 교회 밖에서 성도들이 충분하게 사역할 수 있도록 교회 내에서 모임을 최소화하는 것이었다. 교회 안의 일에 너무 많은 책임을 지우게 되면 성도들은 탈진하기 쉽다. 따라서 중복되는 일을 피하고 필수적인 사역만 할 수 있게 함으로써 헌신된 교인들이 교회 안에서만 시간을 보내지 않도록 했다. 세상을 섬기려면 교회 안의 일을 줄여야 한다. 그래서 송민호는 성도들로 하여금 교회 안에서의 시간과 교회 밖에서의 시간이 균형을 맞추도록 했다. 이를 위해 교회 창립부터 지켜온 구역과 남녀 선교회를 폐지하

---

분론의 진정한 회복, ⑧ 사명지향적 지도자와 추종자, ⑨ 변화에 대처하는 교회, ⑩ 국제화 시대의 선교적 사명/로잔언약, ⑪ 제자도로 무장하는 교회, ⑫ 이민교회의 사명과 미래.

였다. 대신 통전적 기능을 감당할 수 있는 새로운 소그룹으로 샘터를 만들었다.

샘터는 레슬리 뉴비긴이 말한 대로 하나님나라를 이 땅에 보여주는 증표요, 미리 맛보기이자 도구가 되어야 한다. 샘터는 한 달에 두 번 모였는데, 한 번은 서로의 교제와 나눔을 위해, 또 한 번은 세상을 섬기는 봉사와 전도 활동을 위해 모였다. 이렇게 하면서 미셔널 샘터 문화를 만들어 갔는데, 이는 교회의 내실을 중시하면서도 근본적으로 외부지향적으로 흩어지기 위한 것이었다. 믿지 않는 사람들과 충분한 시간을 가지면서 관계전도를 하기 위해서는 슬림화된 조직이 필요했기 때문이다. 좀 더 상세한 내용은 각주의 내용을 참조하면 된다.[23]

둘째는 소수의 헌신자가 사역을 주도하는 방식에서 온 성도가 사역자로 활동하는 방식으로 전환하는 것이다. 즉 하나님께서 성도들에게 주신 은사를 적극 활용할 수 있도록 함으로써 아무도 방관자나 구경꾼이 되지 않고 온 성도가 하나님의 부르심에 순종하며 사역하는 교회가 되도록 한 것이다엡4:11-12.

## (3) 선교적 교회의 실천

선교적 교회가 된다는 것은 첫째, 온 성도가 각자의 삶의 터전인 가정, 일터, 마을에서 선교적구속적 삶을 살아가는 것, 둘째, 샘터 식구들과 함께 선교적 사역을 하는 것, 셋째, 교회가 정한 선교적 프로젝트에 직접 참여하고 기도와 재정 후원으로 함께하는 것, 이 세 가지가 동시에 진행되는 것이다. 이를 위해서 송민호는 세 가지 사역을 진행했는데, ① 교회와 세상이 만날 수 있는 제3의 장소를 확보하여 세상을 섬기는 사역, ② 탈진 예방을 위한 내적 여행과 외적 여행의 균형을 잡아주는 수양관 사역, ③ 더 많은 은퇴자가 인생의 후반부를 선교적으로 살도록 중남미 선교기지를 세우는 사역이었다.

---

23. ① 정체성: 베드로전서 2장 9절 말씀에 근거, ② 복음, ③ 구속적 삶, ④ 성령의 인도하심, ⑤ 목회적 담장을 넘어감: 열방을 향한 열정(타문화권을 수용하고 역량을 넓혀가기 위한 노력), ⑥ 세계 복음화를 위한 기도.

전통적인 교회가 선교적 교회로 전환하는 것은, 목회자는 자신의 모든 것을 걸고, 성도들은 그런 목회자를 신뢰할 때 비로소 가능한 것이다. 즉 목회자와 성도들 모두가 뼈를 깎는 아픔을 감수하면서 이 길만이 오늘날 세상 속에서 교회가 살 길이요 성경이 가르치는 길임을 확신하고 인내하는 것이 중요하다.

## 5. 결론

오늘날 한국교회는 세상에 제시하는 복음의 영향력을 심각할 정도로 상실하고 있다. 약 30년 전에 해외의 선교지로 파송되었던 한국선교사가 다시 고국으로 돌아온다면, 아마도 그는 레슬리 뉴비긴이 인도에서 영국으로 돌아와서 받았던 충격과 동일한 충격을 받을 것이다. 마찬가지로 필자 또한 반기독교 사회로 변모한 한국사회를 보면서 놀라움을 금치 못하고 있다. 오랫동안 양적 성장에만 초점을 맞추었던 한국교회는 이제 한계에 직면하게 되었는데, 코로나 사태가 겹치면서 이것이 한층 더 가중된 느낌이다. 앞으로 한국교회가 뼈를 깎는 각오로 세상으로부터 신뢰를 회복하지 않는다면, 한 세대가 지나지 않아 한국교회는 복음의 능력이 지리멸렬해진 서구 유럽의 교회들과 같이 될 것이다. 그러면 이렇게 침체된 한국교회가 회복할 수 있는 실마리를 어디서 찾을 수 있을까? 필자는 그 실마리를 선교적 교회 운동에서 찾을 수 있다고 생각한다. 전통적 교회를 선교적 교회로 전환할 수 있다면, 세상이 교회를 보는 시각이 달라질 수 있지 않겠는가? 목회자가 교회를 개척할 때 선교적 교회의 목회철학을 가지고 시작한다면, 교회가 속한 지역사회에 역동적인 복음의 희망을 줄 수 있지 않겠는가? 선교적 교회 운동을 통하여 이 시대를 감당하고 내리막 길을 걷고 있는 한국교회가 복음의 능력으로 다시 일어설 수 있다면 필자는 더 바랄 것이 없겠다.

# 2장

# 모세오경창세기 중심의 선교(적 교회)

강화구

성경은 타락한 인류에게 그들의 창조주요 구속주이신 삼위 하나님에 대해 알려 주는 책이다. 하나님께서는 단지 언약 백성의 주님만이 아니라, 온 세상 열방 가운데 유일하신 하나님이시요 창조주시다. 하지만 타락한 세상은 하나님을 알지 못하며, 순종하지도 않는다출5:2. 하나님께서는 이 세상에 당신의 능력을 나타내심으로 열방이 하나님을 인정하게 되기를 원하신다. 하나님께서는 애굽에 재앙을 내리신 이후에 다음과 같이 선포하신다.

> "내가 너를 세웠음은 나의 능력을 네게 보이고 내 이름이 온 천하에 전파
> 되게 하려 하였음이니라"출9:16[1]

타락한 인류가 하나님을 알지 못하기에 그들에게 하나님을 알리는 것이 선교의 목표라고 말할 수 있다면, 성경은 본질상 그 시작부터 끝까지 선교적 목적을 가진다고 말할 수 있다. 이 사명은 그리스도의 십자가에서 완성되었지만, 동시에 그분의 성령으로 말미암아 탄생한 교회에게 주어진 것으로 궁극적으로는

---

1. 열 가지 재앙을 통해 열방 가운데 하나님의 이름이 알려지게 된다는 주제는 다음을 참조하라(출7:5,17; 8:10,22;
   9:14,16; 12:12; 14:18).

그리스도의 재림을 통해 완전히 성취될 것이다. 이에 이 글에서는 모세오경, 특히 창세기를 중심으로 하나님의 선교적 부르심을 살펴보고자 한다.[2]

## 1. 창세기 1~11장에 나타난 선교적 부르심

하나님의 선교적 부르심의 시작은 언제부터일까? 만일 선교적 부르심을 단순히 하나님을 떠나 잃어버린 영혼에게 복음을 전하는 것으로 제한한다면, 선교적 부르심은 적어도 타락 이후의 일이어야 한다. 같은 맥락에서 쾨스텐버거 A. Köstenberger와 오버라이언P. O'Brien은 에덴 동산에서는 '선교'라는 것이 존재하지 않았고, 창세기 3장 15절에 나타난 첫 번째 원시복음에서부터 타락한 인류를 위해 '선교'가 필요하게 되었다고 주장한다.[3] 하지만 선교의 목표가 온 세상에 창조주 하나님의 통치를 드러내고 하나님의 하나님 되심을 인정하는 것에 있다면, 선교의 견고한 토대는 하나님의 창조에서부터 찾아야 마땅하다.[4] 왜

---

2. 성경을 선교적 관점에서 읽어가는 방식에 대해서는 다음의 책들을 참고하라. Michael W. Goheen, *Reading the Bible Missionally* (Grand Rapids: Eerdmans, 2016); Craig Ott and Stephen J. Strauss, *Encountering Theology of Mission: Biblical Foundations, Historical Developments, and Contemporary Issues* (Grand Rapids: Baker Academic, 2010); 김은수, "구약의 선교적 해석과 실제: 오경과 역사서를 중심으로," 『선교신학』 42 (2016), 95~116; 이훈구, "구약성서와 선교적 함의: 창세기를 중심으로," 『선교신학』 30 (2012), 117~138.

3. Andreas J. Köstenberger and Peter T. O'Brien, *Salvation to the Ends of the Earth: A Biblical Theology of Mission* (ed. by D. A. Carson; Downers Grove: InterVarsity Press, 2001), 251.

4. '선교'를 어떻게 정의하느냐는 꽤 중요한 이슈이다. 전통적인 관점에서는 하나님의 말씀을 가지고 타문화권에 속한 믿지 않는 자들에게 복음을 전하는 것으로 규정하지만, 크리스토퍼 라이트를 비롯해 미셔널 처치 운동을 하는 이들은 대체적으로 선교는 근본적으로 하나님의 선교라고 주장한다. 이들에 따르면, 하나님의 모든 행하심은 선교적이다. 하나님께서 성경을 우리에게 허락하신 것 자체가 선교적이며, 아들 되신 예수님을 이 땅에 보내신 것이 선교의 절정이다. 이렇게 볼 경우 하나님의 선교는 태초에 하나님께서 세상을 창조하신 그 순간부터 시작되었다. 선교적 교회에 있어서 선교는 교회가 행하는 어떤 프로그램이 아니라 교회 자체의 사명이 곧 선교라고 말한다. '하나님의 선교'라는 단어를 쓰든 안 쓰든, 크리스토퍼 라이트가 주장하는 '하나님의 선교'는 전통적인 선교 개념에서도 중요하며, 모든 선교의 목적지와도 같다. 크리스토퍼 라이트, 『하나님의 선교』 (서울: IVP, 2016), 25~28. 한편 전통적인 교회에서 '하나님의 선교'라는 말에 거부감이 있기 때문에, 김지찬은 '하나님의 선

---

냐하면 하나님께서는 세상을 창조하시고 아담과 하와에게 그들이 감당해야 할 첫 번째 사명을 주셨기 때문이다. 이것은 타락과 무관하게 주어진 사명이요, 회복된 하나님의 백성이 감당해야 할 원래 사명이기도 하다. 이런 점에서 이 글에서 '선교'라는 말은 하나님께서 세상을 창조하실 때부터 인류에게 주신 사명으로, 온 세상에 창조주 하나님의 목적을 이루는 것이라고 정의한다.

## (1) 하나님의 창조명령에서 주어진 사명

하나님께서는 세상을 창조하시고 인류에게 다음과 같은 명령을 주신다.

> "생육하고 번성하여 땅에 충만하라, 땅을 정복하라, 바다의 물고기와 하늘의 새와 땅에 움직이는 모든 생물을 다스리라"창1:28

창세기 1장 26절에서 하나님께서는 그분의 모양과 형상으로 인간, 곧 아담과 하와를 지으시고 사명을 주신다. 아담과 하와가 감당해야 할 사명의 영역은 '땅' 전체이다. 세상의 창조주요 왕이신 하나님께서는 또한 그들에게 그분의 왕권까지 나눠주신다. 이제 아담과 하와는 온 땅을 정복하고 다스리는 행위를 통해서, 곧 작은 왕의 역할을 통해서 하나님께서 주신 사명을 성취해야 한다.

그런데 아담과 하와가 온 땅을 정복하고 다스리는 행위는 생육하고 번성하는 것으로 이뤄갈 수 있다. 그래서 저명한 신학자 그레고리 비일은 이와 같이 말하기도 한다. "하나님의 궁극적인 창조 목적은 그분의 형상을 지니고 그분의 명령에 순종하면서 세상을 살아가는 신실한 자들을 통해 온 땅에 걸쳐 자신의

---

교'라는 용어 대신 '하나님 중심의 선교'라는 용어로 대체하자고 제안한다. 김지찬, "선교적 교회 운동의 구약 신학적 토대," 『신학지남』 86/4 (2019), 27~29.

영광을 크게 확장하는 데 있었다."[5]

그러므로 태초에 하나님의 형상대로 지음 받은 인간은 하나님께로부터 온 땅을 정복하고 다스리며 그분의 왕권을 구현하는 삶을 살도록 부름 받은 것이다. 이 부르심은 타락한 이후에도 여전히 유효한 것으로, 마지막 새 하늘과 새 땅에서 비로소 완성될 것이다.[6]

## (2) 에덴동산에서 주어진 사명

하나님께서는 그분의 형상대로 창조된 아담과 하와를 위해 에덴에 동산을 지으시고, 그들을 그곳에 두셨다창2:8. 그리고 그곳에서 동산을 경작하고 지키도록 명령하셨다창2:15. 본문에 언급된 '경작하고 지키다'라는 단어는 성소에서 행하는 레위인의 직무와 관련된 용어로 종종 함께 사용된다민3:7~8; 8:26; 18:5~6.[7] 따라서 에덴동산에서 아담이 감당했던 직무는 마치 성소에서 제사장이 감당했던 것과 동일한 것이었다고 할 수 있다. 다시 말해 에덴동산은 하나님께서 거니시는 임재의 장소창3:8로서 지성소와 같은 곳이었고, 아담과 하와는 그런 에덴동산에서 봉사하고 지키도록 부름 받았던 것이다.[8] 성소에서 봉사하며 성소를

---

5. 그레고리 K. 비일, 『성전 신학: 하나님의 임재와 교회의 선교적 사명』 (서울: 새물결플러스, 2014), 110.
6. 홍수 이후 하나님께서는 노아에게 아담에게 주셨던 명령을 반복하신다(창9:1,7). 그리고 이 부르심은 이스라엘 백성들에 대해서도 적용된다(출1:7). 타락한 인류도 창조 명령을 수행하며, 하나님께서 보시기에 심히 좋았던 세상을 회복하는 사명을 가진다. 그런 점에서 창조명령은 성경에 나오는 선교의 출발점이자 목적지라고 할 수 있다.
7. Gordon J. Wenham, "Sanctuary Symbolism in the Garden of Eden Story," in *I Studied Inscriptions Form Before the Flood: Ancient Near Eastern, Literary, and Linguistic Approaches to Genesis 1~11*, ed. by Richard S. Hess and David Toshio Tsumura (Winona Lake: Eisenbrauns, 1994), 401; 그레고리 비일, 『성전 신학』, 89. 비일에 따르면, 두 단어가 함께 나오는 경우는 구약에서 총 15회 정도인데, 모두 하나님을 섬기고 그 말씀을 지키는 이스라엘 백성들 또는 성전에서 봉사(serve)하며 지키는 제사장에게 적용된다.
8. 에덴동산과 성소, 나아가 성전과의 관련성을 보기 위해서는 그레고리 비일의 『성전 신학』, 88~100을 보라. 성막과의 연결점에 대해 더 구체적이면서도 간략한 안내를 보기 위해서는 T. Desmond Alexander, *From Eden to the New Jerusalem: An Introduction to Biblical Theology* (Grand Rapids: Kregel Academic & Professional, 2008), 20~24를 보라. 알렉산더에 따르면, 에덴동산과 성막 사이의 연결점은 생명나무와 메노라

지키는 제사장의 책무를 염두에 둔다면민1:52~53; 대하23:19; 느11:19, 아담과 하와는 곧 에덴동산에서 하나님을 섬기며, 에덴동산을 부정한 것으로부터 보호하고 지키라는 사명을 받은 것이라고 할 수 있다.

### (3) 창조명령과 에덴에서의 사명

이제 위의 두 이야기를 종합해 보자. 하나님께서 인간에게 제일 먼저 주신 사명은 생육하고 번성하여 온 땅에 충만하고 그 땅을 다스리는 것이었다. 반면 두 번째 사명은 에덴동산에 머물면서 그 땅을 외부로부터 지켜내며 그곳에서 하나님께 순종하며 섬기는 일이었다. 얼핏 보기에 이 두 가지 명령은 다소 모순되는 것 같아 보인다. 왜냐하면 하나님께서 아담과 하와에게 첫 번째 명령을 주셨을 때 거기에 내포된 의미는, 단순히 에덴동산에만 머무르는 것이 아니라 온 땅에 충만하게 되는 것이었기 때문이다.[9]

에덴동산은 상대적으로 작은 땅이라고 추정할 수 있다. 실제 창세기 2장 8절은 '동방의 에덴에 동산을 창설하시고'라고 표현함으로써 에덴이라는 지역 안에 동산이 있는 것으로 언급한다. 비록 우리가 통칭해서 에덴동산창2:15이라고 부르지만, 엄밀하게 말하면 '에덴에 있는 동산'인 것이다. 그렇다면 상대적으로 작은 에덴동산에 아담과 하와를 두시면서 "생육하고 번성하고 온 땅에 충만" 하도록 하나님께서 명령하신 것은 자연스럽게 에덴동산의 지리적 확장을 염두에 두신 것이라고 말할 수 있다. 이에 대해 그레고리 비일은 "아담과 하와는 '온 땅'을 정복하고 다스려야 했기 때문에, 에덴이 온 땅을 덮을 때까지 그들이 동산의 지리적인 경계를 넓혀야 했으리라고 추정하는 것은 타당하다."라고 주

---

(menorah, 여러 갈래의 큰 촛대), 물 이미지, 동편 등의 주제와 관련된다.

9. 그레고리 비일은 바로 이 지점을 크게 확장시키면서 자신의 책 『성전 신학』을 전개한다. 하나님의 임재의 장소로서 동산은 새 하늘과 새 땅이 임하는 마지막 날에 도시로 확장될 것이다.

장한다.[10] 결국 창조명령에 나타난 하나님의 뜻은 하나님의 형상대로 지음 받은 인류가 그분의 말씀에 순종하면서 온 땅에 그분의 영광을 드러내고, 진정한 왕이신 그분의 통치가 이뤄지도록 하는 것이었다고 볼 수 있다.

## (4) 열방의 계보에 나타난 선교적 사명: 창세기 10장

홍수 이후 노아와 자녀들은 온 땅에 흩어져서 열국을 이룬다. 창세기 10장은 셈, 함, 야벳의 후손들이 어떻게 세상에 충만하게 되었는지를 설명하는데, 그 구조를 보면 다음과 같다.

| | | |
|---|---|---|
| 서론 | 1절 | (족보, 홍수 후, 낳았다) |
| 야벳의 족보 | 2~5절 | |
| 함의 족보 | 6~20절 | |
| 셈의 족보 | 21~31절 | |
| 결론 | 32절 | (족보, 홍수 후, 나뉘었다) |

### 1) 창세기 10장의 위치

먼저 고려해야 할 사항은 창세기 10장에 나타나는 열방의 족보가 창세기 본문에서 차지하는 위치와 관련된다. 창세기 11장의 소위 바벨탑 사건창11:1-9을 보면, 당시에는 온 땅에 언어가 하나였으며 한 족속으로 함께 지내고 있었음을 알수 있다11:6. 그러다가 바벨탑에서의 반역으로 말미암아 하나님께서 그들의 언어를 혼잡하게 하셨고, 그 결과로 사람들은 온 땅으로 흩어지게 되었다11:9. 그런데 그 흩어진 열방의 목록이 10장에 나오는 것은 어색해 보인다. 따라서 이러

---

10. 비일, 『성전 신학』, 110.

한 '연대기 역구성dischronologization'은 저자에 의해 의도된 것이라 봐야 한다.[11]

10장의 현재 위치는 9장에 이어 나오기 때문에 노아 언약의 결과물로 이해할 수 있다. 하지만 만약 바벨탑 사건 뒤에 위치할 경우, 이는 하나님의 심판의 결과로 이해될 수 있다. 그러므로 창세기의 저자가 10장의 위치를 노아 언약 다음에 그리고 바벨탑 심판 사건 앞에 위치시킨 것은, 열방으로 흩어지는 것을 하나님께서 노아에게 명령하셨던 "생육하고 번성하여 땅에 충만하라"는 명령의 구체적인 성취로 본다는 뜻이다창9:1.[12] 노아에게 주셨던 이 명령은 창세기 1장 28절에서 아담과 하와에게 주어진 명령의 연장이다. 따라서 창세기의 저자는 노아의 후손들의 족보를 소개하면서 열방이 원래 하나였으며, 창조 때부터 주어졌던 원래 사명의 성취를 내다보고 있음을 강조하는 것이다.

## 2) 열방의 숫자

열방의 족보에는 완전수 7을 선호하여 다양하게 적용된다. 야벳의 족보창 10:2-5에는 14명이 포함되어 있는데, 두 개의 세대에서 각각 7명씩 포함된다. 열방의 족보 전체를 볼 때, 야벳의 후손이 14명, 함의 후손이 30명, 그리고 셈의 후손이 26명으로서, 총 70명이라는 숫자에 열방의 수를 맞췄다. 노아의 후손의 숫자를 70에 의도적으로 맞춘 것은 비록 모든 인류의 숫자를 다 기록하지는 않았지만어림수, 땅에 있는 모든 족속이 한 사람 노아로부터 시작된 한 가족임을 강조하는 것이다.[13]

---

11. 해밀턴, 『창세기1』, 391.

12. 해밀턴, 『창세기1』, 391; 민경구, 『다시 읽는 창세기』 (서울: 이레서원, 2019), 91~93. 라이트, 『하나님의 선교』, 247. 열방의 톨레도트에 대한 자세한 읽기는 다음을 보라. Allen P. Ross, "The Table of Nations in Genesis 10- Its Structure," *Bibliotheca Sacra* 137 (1980), 336~350 그리고 "The Table of Nations in Genesis 10- Its Context," *Bibliotheca Sacra* 138 (1980): 22~34.

13 U. Cassuto, *A Commentary on the Book of Genesis, Part II* (Jerusalem: The Magnes Press, 1964), 175~177.

70이라는 숫자는 성경 내러티브에서도 전형적으로 나타나는 숫자인데, 특별히 모세오경 안에서는 애굽으로 내려간 야곱의 가족들의 숫자가 70에 맞춰져 있음을 주목할 필요가 있다창46:8~27; 출1:1~7.**14** 이스라엘 백성들의 숫자와 열방의 숫자가 서로 연결되어 있음은 신명기 32장 8절을 통해 확인할 수 있다.

"지극히 높으신 자가 민족들에게 기업을 주실 때에, 인종을 나누실 때에
이스라엘 자손의 수효대로 백성들의 경계를 정하셨도다"

하나님께서 민족들의 경계를 나누고 기업을 주시며 인종을 나누실 때 이스라엘 자손들의 수효대로 하셨다는 말씀은 이스라엘 자손들의 숫자와 온 세상 민족들의 숫자를 의도적으로 맞추었다는 뜻이다. 즉 하나님께서 이스라엘을 부르신 목표는 열방과 관련이 있다는 말이다. 이에 대해 맥콘빌J. G. McConville은 다음과 같이 주장한다.

따라서 이스라엘의 선택은 태고의 시간으로 거슬러 올라가는 하나님의
계획이라는 맥락에 위치하는데 이는 구약에서 독특하다. 그러한 계획은
모든 국가도 포함하는데, 그 결과 장대한 하나님의 드라마는 단순히 지나
간 세대뿐만 아니라 온 세상을 생각하게 한다. ······ 여기서 그 전망은 협
소하지 않으며, 이스라엘의 선택은 온 세상을 향하신 하나님의 목적 안
에 위치한다.**15**

그러므로 하나님께서 열방으로부터 아브라함을 불러내셔서 땅의 모든 족속

---

14. 그 외에도 이스라엘 장로들의 숫자도 70이며(출24:9), 기드온의 자녀들의 숫자도 70이다(삿8:30).
15. J. G. McConville, *Deuteronomy* (Apollos Old Testament Commentary; Downers Grove: InterVarsity Press, 2002), 453~454.

에게 복을 선포하시기 전에 창세기 10장은 이미 열방의 목록을 이스라엘의 숫자에 맞춰서 제시함으로써 땅의 모든 족속을 향한 아브라함의 부르심을 예비하고 있는 것이다.

## 2. 족장들에게 나타난 하나님의 부르심

성경 역사에서 하나님께서 족장들을 부르시고 그들과 언약을 맺으시는 모습은 아무리 강조해도 지나치지 않는다. 창세기 1~11장이 보여주는 실패의 역사를 완전히 역전시키시기 위해서 하나님께서는 바벨탑 사건 이후 곧장 아브라함을 부르신다. 그리고 그에게 새로운 언약의 땅을 보여주심으로써 이전에 조상들이 실패하여 땅에서 유리방황하던 역사를 근본적으로 되돌리도록 하셨다.[16] 스스로 자기의 이름을 내고자 반역을 선택했던 인류에게창11:4, 하나님께서 그들의 이름을 창대케 하실 새로운 길을 제시하셨다창12:2. 아브라함에게 주신 약속은 이후 이삭과 야곱에게 반복해서 주어졌을 뿐 아니라, 부분적으로 그 약속의 성취를 경험하게 하심으로써 하나님의 온전한 성취를 믿음으로 바라보게 하셨다창26:1~5; 28:13~14; 46:3~4.

---

16. James McKeown, "The Theme of Land in Genesis 1~11 and Its Significance for the Abraham Narrative, Part 1 and Part 2" *Irish Biblical Studies* 19/2 (1997), 51~64; 19/3 (1997), 133~144; Walter Brueggemann, *The Land: Place as Gift, Promise, and Challenge in Biblical Faith* (Overtures to Biblical Theology, 2nd ed, Minneapolis: Fortress Press, 2002), 16~18.

## (1) 아브라함을 부르심 창12:1~3[17]

하나님의 백성을 향하신 선교적 부르심에서 가장 결정적인 한 사건은 아브라함을 부르신 것이라고 할 수 있다. 창세기 12장 1~3절에 나타나는 아브라함의 소명 기사는 실제로 창세기 1~11장까지 이어지는 실패의 역사를 일거에 뒤집는 거대한 방향 전환의 신호탄과도 같다. 선교학적인 관점에서도 아브라함의 소명 기사는 '가장 중요한 지점'에 있다.[18] 하나님께서 아브라함과 그 후손을 통해 땅의 모든 족속에게 복을 주실 것이라는 약속의 말씀은 아브라함을 부르심 자체에 곧 선교적 목적이 있음을 확증한다. 이와 관련해 월터 카이저는 다음과 같이 주장한다.

> 하나님의 총체적 계획은 온 땅의 백성들을 축복하려는 것이다. 하나님께서 이스라엘 한 백성을 먼저 축복하신 것은 그들이 복의 통로가 되어 땅의 모든 백성들이 복을 받게 하시려는 것이었다. 이스라엘은 세상 모든 백성들을 위한 선교사가 되어야만 했다. 그리하여 모두가 동일한 복음을 믿는 복을 누리게 하는 것이었다.[19]

아브라함을 부르심의 목적이 선교적이라는 점은 본문 연구를 통해서도 지지를 얻을 수 있다. 창세기 12장 1~3절에 나타난 하나님의 말씀을 문법적 기초에 따라 다시 번역하면 다음과 같다.

---

17. 하나님께서 아브람의 이름을 아브라함으로 고쳐 부르신 것은 창세기 17장에서 나타나지만, 편의상 이 글에서는 그 이전에 등장하는 아브람을 아브라함으로, 그리고 사래를 사라로 통칭해서 부를 것이다.
18. 라이트, 『하나님의 선교』, 251.
19. 월터 카이저, 『구약 성경과 선교』 (임윤택 역, 서울: CLC, 2013), 45.

## 너는 **가라**

너의 고향으로부터, 너의 친척으로부터, 너의 아버지 집으로부터

내가 네게 보여줄 땅으로

그러면 내가 너로 큰 민족을 이룰 것이며

내가 네게 복을 줄 것이며

내가 네 이름을 창대케 할 것이다

## 너는 **복이 되라**

그러면 너를 축복하는 자에게 내가 축복하고

너를 가볍게 여기는 자에게 내가 저주하리라

땅의 모든 족속이 너를 인하여 복을 얻을 것이다

위의 분석에서 볼 수 있듯이, 창세기 12장 1~3절에서 하나님의 명령은 크게 '가라'와 '복이 되라'는 두 가지로 나타난다. 각각의 명령은 또한 세 개의 약속을 담고 있다. 그런데 히브리어 본문에서는 명백하게 명령형으로 나타나지만, 개역개정을 비롯해 몇몇 영역본들에서는 이를 미완료형으로 번역하기도 한다 NIV, ESV 등. 특히 두 번째 명령형은 바브 접속사가 포함된 하야 동사의 명령형인데, 이렇게 두 개의 명령형이 바브로 서로 연결되어 있는 경우 히브리어 문법에서는 첫 번째 명령이 조건을, 두 번째 명령이 그 조건이 충족된 결과를 뜻하게 된다.[20] 그러므로 하나님께서 아브라함을 떠나도록 명령하신 것의 목적이나 의

---

20. *GKC*, §110 f~g. 물론 전반부의 흐름이 명령형+권유형+권유형+권유형 다음에 바브 명령형이 나오기 때문에 이 명령형을 하나의 결과로서 미완료형으로 번역하는 것이 불가능한 것은 아니다. 가령 창세기 42장 18절의 경우 "너희는 이같이 하여 생명을 보전하라"고 번역했는데, 두 개의 명령형을 명령과 미완료형으로 번역할 수 있다. 하지만 동일한 구문이 창세기 17장 1절에서는 "너는 내 앞에서 행하여 완전하라"고 두 개의 명령형으로 번역된다. 성경이 권유형의 연속을 반복하지 않고 바브+명령형을 여기에 사용한 것은 하나님의 굳은 의

도는 그가 열방 가운데서 복이 되도록 하는 것에 있는 것이라고 말할 수 있다. 이에 대해 크리스토퍼 라이트는 다음과 같이 주장한다.

> 하지만 히브리어의 특징은 (실제로 영어에서 그렇듯이) 두 개의 명령법이 함께 나올 때는 둘째 명령법은 첫째 명령법의 성취로 인해 예상된 결과 혹은 그것이 의도하는 목적을 표현하는 경우가 있다는 것이다. ······ 본문의 두 반쪽을 결합할 때 그것이 주는 메시지는 분명하다. 아브라함이 지시받은 일을 한다면, 그리고 하나님께서 자신이 하시겠다고 말씀하시는 것을 하신다면, 결과는 전반적인 축복이 되리라는 것이다. 바울이 말했듯이, 실로 복된 소식이다.[21]

그러므로 하나님께서 아브라함을 부르신 그 순간부터 부르심의 목적은 단지 아브라함에게 복을 주시기 위함만이 아니라, 그것을 넘어 아브라함과 그 자손들을 통해 땅의 모든 족속이 하나님의 복을 누리도록 하기 위함이었으며, 이는 곧 하나님께서 아브라함을 선교적으로 불러주셨음을 뜻하는 것이라 할 수 있다. 그리고 이런 이중적인 부르심은 하나님께서 첫 번째 사람 아담과 하와에게 주셨던 명령과 연결된다. 즉 하나님께서는 아담과 하와를 에덴동산으로 이끄시고 그곳을 지키게 하셨을 뿐 아니라, 그곳을 중심으로 '온 땅'을 다스리며 에덴의 삶을 확장해가야 할 책임을 주셨던 것과 같다는 것이다.

---

지를 보다 더 강조하기 위함이라고 볼 수 있다. 그러므로 명령형으로 번역하는 것이 더 자연스러워 보인다. 이에 대한 논의를 위해서는 Joel Baden, "Morpho-Syntax of Genesis 12:1~3: Translation and Interpretation," *Catholic Biblical Quarterly* 72 (2010), 223~237을 보라. 빅터 헤밀턴, 『창세기1』 (임요한 역, 서울: 부흥과개혁사, 2016), 417; 케네스 매튜스, 『창세기2』 (권대영 역, 서울: 부흥과개혁사, 2019), 133. 매튜스는 미완료형으로 번역해야 한다고 주장한다.

21. 라이트, 『하나님의 선교』, 253~254.

"하나님이 자기 형상 곧 하나님의 형상대로 사람을 창조하시되 남자와 여
자를 창조하시고 하나님이 그들에게 복을 주시며 하나님이 그들에게 이
르시되 생육하고 번성하여 땅에 충만하라, 땅을 정복하라, 바다의 물고기
와 하늘의 새와 땅에 움직이는 모든 생물을 다스리라"창1:27~28

위 본문에서 볼 수 있듯이, 하나님께서는 아담과 하와를 부르실 때 그들에
게 복을 주셔서 온 땅에 충만하여 다스리도록 하셨다. 마찬가지로 하나님께서
아브라함을 열방으로부터 불러내셔서 그에게 복을 주시고, 다시 그로 하여금
열방에 복이 되도록 하신 것은 궁극적으로 아담이 실패했던 창조명령의 완성
을 기대하게 하는 것이었다. 실제로 창세기 12장 1~3절이라는 짧은 세 개의 구
절 안에 복과 관련된 단어가 무려 다섯 번이나 등장한다는 것에 주목할 필요
가 있다. 게다가 아브라함이라는 이름 자체에도 복을 뜻하는 히브리어 단어인
ברכ를 내포하고 있기 때문에, 전반적으로 하나님의 의지적인 복의 선언과 아
브라함의 이름이 서로 연상되어 아브라함에게 주어질 복을 더 강화하는 역할
을 한다.

아브라함의 소명 기사창12:1~3는 두 개의 명령형 해석과 함께 다른 문법적인
특징들도 있다. 동사의 특징을 따라 본문을 다시 재구성해보면 다음과 같다.

첫 번째 명령형 + 권유형 + 권유형 + 권유형
두 번째 명령형 + 권유형 + 미완료형 + 완료형

위에서 볼 수 있듯이, 명령형 다음에 하나님의 의지적인 표현으로서 약속의
말씀이 권유형으로 주어지는데, 두 번째 명령형에서는 미완료형과 완료형이 혼
합되어 있기 때문에 그 차이가 어떤 의도를 반영하고 있는지 살펴볼 필요가 있

다. 우선 미완료형으로 표현된 것은 "너를 가볍게 여기는 자를 내가 저주하리라<sub>미완료형</sub>"인데, 이는 하나님께서 저주를 내리시는 것을 권유형이 아니라 미완료형으로 표현한 셈이다. 또한 모든 권유형이 접속사 바브와 함께 오는 데 반해, 이 미완료형은 접속사 바브가 없이 주어진다. 그 차이점은 하나님의 의지적인 표현은 모두 하나님께서 축복을 약속하시는 내용인데 반해, 미완료형은 저주를 선언하시는 내용이라는 점이다. 다시 말해 복을 내리시려는 하나님의 의도에는 그분의 강력한 의지와 원함이 있지만, 저주는 하나님께서 강력하게 의지를 가지거나 원하시는 상황이 아니라는 점을 나타내는 것 같다는 것이다.[22] 이에 대해 김지찬은 다음과 같이 주장한다.

반면에 흥미롭게도 "내가 저주하리라"3b절는 권유형이 아니고 단순 미완료형이다. 따라서 "내가 저주하고 싶다"가 아니라 단순히 "내가 저주하게 될 것이다"라고 번역해야 한다. 저주는 하나님의 원래 의도가 아니며, 단순히 아브라함을 저주하는 자들에게는 저주 외에는 다른 방도가 없기에 저주할 것이라는 의도를 미완료형으로 표현하고 있는 것이다.[23]

마지막으로 고려할 사항은 3절의 마지막 동사가 바브 계속법 완료형으로 표현된 것이다. 이는 "땅의 모든 족속이 너를 인하여 복을 얻을 것이다"라고 번역되어 있다. 물론 바브 계속법이기 때문에 완료형은 당연히 미래형으로 번역할수 있지만, 앞에 나오는 모든 동사가 미완료형으로 표현되었는데, 굳이 마지막 단어에서만 완료형을 사용할 필요가 있었을까? 김지찬은 바브 계속법 완료형을 사용한 것은 이전의 문장에서 연속된다는 점을 강조하여 완료형으로 표기함

---

22. 김지찬, "선교적 교회 운동의 구약 신학적 토대," 21~24.
23. 김지찬, "선교적 교회 운동의 구약 신학적 토대," 34.

으로써 성경 기자의 의지를 강조하기 위함이라고 주장한다.[24] 하지만 권유형으로도 충분히 의지를 강조할 수 있기 때문에 굳이 여기서 완료형을 써야 할 필요까지는 없을 것으로 보인다. 바덴Baden은 완료형이 사용된 것은 이전의 미완료형과 연속성을 가지면서도 시간적으로는 구별된 다른 지점을 의도한 것이라고 본다. 앞에 나오는 미완료형은 동시적인 약속인 반면, 마지막 약속은 그 동시적 약속에 뒤이어 성취되는 것으로 일종의 목적에 해당된다는 것이다.[25]

이상의 관찰을 종합해볼 때, 창세기 12장 1~3절에서 하나님께서 아브라함을 부르신 것은 단순히 아브라함 자신에게 복을 주시는 것만이 아니라, 땅의 모든 족속이 아브라함과 그 자손을 통해 복을 누리게 되는 것이 원래부터 하나님께서 의도하신 목표였음이 분명하다.

## (2) 열방에 복이 됨

아브라함에게 하나님께서 약속하셨던 것처럼 열방은 이제 아브라함과 그 자손들을 어떻게 대우하느냐에 따라 그들의 복과 저주가 결정된다창12:2~3. 아브라함에게 땅의 모든 족속에게 복이 되라는 말씀은 아브라함의 후손들을 통해서도 계속된다. 이를 위해 하나님께서는 각각의 세대마다 새롭게 언약을 재확인시키신다창26:1~5; 28:13~15. 그리고 이런 약속의 말씀은 족장들이 이방인들을 만나게 됨으로써 열방에 복이 되어야 하는 그들의 사명을 반복적으로 교훈한다.

---

24. 김지찬, "선교적 교회 운동의 구약 신학적 토대," 25. 문법적으로 WeQatal(바브 계속법 완료형) 양식은 이전 행동의 시간적 연속, 논리적 결론, 의지 혹은 소망의 표현으로 역할을 할 수 있다. 문법적 사항은 *GKC*, §112를 참고하라. 또한 다음을 보라. Robert E. Longacre, "WeQatal forms in Biblical Hebrew Prose: A Discourse-modular Approach," in *Biblical Hebrew and Discourse Linguistics*, ed. by Robert D. Bergen (Winona Lake, IN: Eisenbrauns, 1994), 50~98; Bill T. Arnold and John H. Choi, *A Guide to Biblical Hebrew Syntax* (New York: Cambridge University Press, 2003), 87~91.

25. Baden, "Morpho-Syntax of Genesis 12:1~3," 236~237. 그래서 Baden은 창세기 12장 1~3절에 대한 번역을 제안할 때 "and … and … and … then …"으로 제안한다.

## 1) 아브라함과 이방의 만남

하나님께서는 아브라함과 그 후손들을 통해 땅의 모든 족속이 복을 얻을 것이라고 약속하셨다. 하지만 그 약속이 실제로 성취되기까지는 상당한 시간과 과정이 필요하다. 아브라함이 처음으로 이방인을 만난 장면은 가나안 땅에 입성한 이후 기근으로 인해 애굽으로 내려간 현장에서 묘사된다창12:10~13:1. 아브라함은 애굽으로 내려가면서 아내 사라의 아름다움 때문에 자신이 죽을지도 모른다고 두려워했다. 그는 애굽 사람들의 도덕성을 신뢰하지 못했던 것 같다. 두려움에서 출발한 거짓말로 말미암아 아브라함은 결국 그의 소망과 달리 아내 사라를 애굽의 바로에게 빼앗기는 결과를 낳고 말았다. 비록 아브라함 자신은 부를 얻게 되었지만 아내는 영원히 빼앗기게 될 상황에 처했을 때, 하나님께서 결정적으로 역사하신다. 하나님께서 아브라함의 아내 사라의 일로 바로와 그의 집에 큰 재앙을 내리신 것이다17절. 이 재앙의 성격이 무엇이었는지는 정확히 판단하기 어렵지만, 분명한 것은 아브라함의 거짓말 때문에 애굽의 바로는 아브라함과 사라를 잘못 대우하게 되었고, 이로 말미암아 하나님께서 바로와 그 집에 큰 재앙을 내리시게 되었다는 사실이다. 즉 여기서 아브라함은 바로와 그 집에 복이 되지 못하고 있는 것이다. 이에 대해 월터 브루거만은 다음과 같이 결론짓는다.

아브라함은 "땅의 모든 족속이 너를 인하여 복을 얻을 것이니라"는 말씀을 들은 바가 있다. 본문의 이야기는 아브라함이 참으로 약속 밖에 있는 사람들에게 복을 전해 줄 힘을 가지고 있을지도 모른다는 사실을 분명하게 밝히고 있다. 그러나 아브라함은 또한 다른 사람들을 저주할 힘도 가지고 있다창12:3. 이 이야기의 기이한 결론은 아브라함의 야비한 행동이 저주를 초래했다는 데에 있다. ⋯⋯ 아브라함이 신실하지 못하게 행동할 때—아브라함은 실제로 그렇게 행동했다—세상 속으로 저주가 침투해 들어간다. 이스라엘의 신앙이나 그들의 신실치 못함은 그들 자신에게만 국한되지 않는다. 그것은 다른 민족들 모두에게 문제가 된다. 이스라엘은 이처럼 기이한 방식으로 민족들의 삶에 영향을 줄 힘을 갖게 된 것이다. 이 점은 12장 3b절의 위대한 약속에 예고되어 있으며, 이제 본문의 이야기를 통해서 입증된다.[26]

아브라함은 거짓말을 지어냄으로써 세상에 복이 아닌 저주를 가져왔다. 그러나 아브라함과 세상과의 관계는 소돔과 고모라, 그리고 그랄 땅을 향한 아브라함의 자세와 기도에서 한층 더 발전된다. 즉 하나님께서 소돔과 고모라를 멸하실 뜻을 아브라함에게 나타내셨을 때 아브라함은 소돔과 고모라 사람들의 구원을 위해 여섯 차례에 걸쳐 기도한다. 이때 하나님께서는 아브라함에게 "아브라함은 강대한 나라가 되고 천하 만민은 그로 말미암아 복을 받게 될 것이 아니냐"라고 말씀하셨다창18:18. 아브라함으로 말미암아 천하 만민이 복을 누릴 것이라는 약속을 재확인시켜 주신 것이었다. 이렇듯 세상을 향해 변화된 아브라함의 역할이 분명하게 드러난다.[27]

이런 점은 그랄 땅에서 아비멜렉을 만났을 때 다시 한 번 분명하게 나타난다. 창세기 12장 10절에서 13장 1절까지에 이어 두 번째로 이방 왕 앞에서 아내를 여동생이라고 속이는 이야기가 반복되고,[28] 이러한 아브라함의 연약함으

---

26. 월터 브루거만, 『창세기』 (강성열 역, 현대성서주석; 서울: 한국장로교출판사, 2008), 209.
27. 창세기 18장 19절에서는 아브라함이 천하 만민에게 복이 되기 위해서 좀 더 구체적으로 '여호와의 도를 지켜 의와 공도'를 행하도록 부름 받았음을 언급한다. 이것은 아브라함이 열방에 복이 되는 것의 윤리적 측면을 강화한다. 라이트, 『하나님의 선교』, 453~462.
28. 창세기에 세 번에 걸쳐 등장하는 자신의 아내를 여동생이라고 속이는 이야기는 모두 창세기 12장 3절에 나타난 땅의 모든 족속에게 전해질 복과 관련이 있다. Hwagu Kang, *Reading the Wife/Sister Narratives in Genesis* (Eugene: Pickwicks, 2018) 그리고 Mark E. Biddle, "The 'Endangered Ancestress' and Blessing for the

로 말미암아 이방에는 복이 아니라 저주가 전달되고 만다. 하나님께서는 아비멜렉의 집안의 모든 태를 닫으셨다20:18. 하지만 그와 함께 중요한 차이점도 존재한다. 이번에는 하나님께서 아비멜렉에게 아브라함을 소개하실 때, 그를 '선지자'라고 칭하셨다는 것이다7절. 그러면서 아브라함이 그를 위해 기도하면 살게 될 것이라고 말씀하셨다. 결국 아브라함은 이방인 아비멜렉을 위해 기도했고, 하나님께서는 그의 기도를 들으시어 아비멜렉의 아내와 여종을 치료하시고 출산하게 하셨다17절. 소돔 내러티브에서 아브라함은 이미 하나님과 열방 사이를 중재하는 역할을 했는데, 여기서 다시 한 번 그와 관련해 구체적인 결실을 맺게 되는 것이다.

## 2) 이삭과 이방의 만남

그 아버지에 그 아들이라는 말처럼 이삭은 아버지 아브라함이 두 번이나 실패했던 바를 똑같이 반복한다창26:1-11. 이삭은 대개 위대한 아버지 아브라함의 아들이거나, 위대한 아들 야곱의 아버지로 나타나는데, 창세기 26장에서만큼은 오롯이 이삭으로서 등장한다.[29] 비록 '복'이라는 표현이 명시적으로 자주 언급되지는 않지만, 명백하게 26장 전체는 '복'이라는 주제를 다루고 있다.[30] 이삭은 하나님께서 축복하심으로 말미암아 가는 곳마다 부요하게 되었으며, 이방

---

Nations," *Journal of Biblical Literature* 109 (1990), 599~611을 참조하라.

29. 이삭과 관련된 본문은 창세기 21장 1~7, 8~14절, 22장 1~19절, 24장 62~67절, 25장 19~28절, 26장 1~35절, 27장 1~46절, 35장 27~29절에서 볼 수 있다.

30. 창세기 25장과 27장 역시 '복'이라는 주제와 깊이 연결되어 있다. 창세기 25장 11절에는 하나님께서 이삭에게 복 주셨다는 표현이 먼저 나온 뒤 바로 이어 야곱과 에서의 장자권 다툼이 나오는데, 여기서 장자권에 해당하는 히브리어 표현(bekora)은 복(beraka)이라는 단어와 언어유희로 연결되는 단어이다. 이는 장자권이 아버지의 복과 깊이 연결되기 때문이기도 하다. 창세기 27장 역시 이삭의 '복'을 누가 받을 것인지와 연결되어 있다는 점에서 25~27장 전체는 '복'이라는 주제로 서로 연결되어 있다고 할 수 있다. 즉 족장들의 복이 다음 세대로 이어지는 중에 하나님의 복이 이방에까지 흘러가는 것이 그 한 가운데 위치한다는 것이 26장의 특징이다. J. P. Fokkelman, *Narrative Art in Genesis: Specimens of Stylistic and Structural Analysis* (Amsterdam: Van Gorcum, 1975), 98~115.

왕 아비멜렉은 하나님께서 이삭과 함께하심을 보았고, 그래서 그는 결국 이삭에게 나아와 언약을 체결하기에 이른다. 이방 왕은 이삭에게 있는 하나님의 복을 보고 그것을 함께 누리기 위해 이삭에게 나아온 것이다. 그리고 이삭을 통해 '땅의 모든 족속'에게 약속된 복을 누리게 된다.

### 3) 야곱과 이방의 만남

창세기 34장에서 야곱은 가나안 땅으로 돌아와서 세겜 땅에 오랫동안 머물렀다. 야곱이 밧단아람에서 보낸 20년의 생활을 정리하고 가나안 땅으로 다시 돌아오는 데는 하나님의 결정적인 명령이 있었기 때문이다. 요셉이 태어났을 때 야곱은 어떤 이유인지 고향으로 돌아가고자 했지만 그 계획은 좌절되었고, 다시 6년의 세월이 흐른 뒤에 이번에는 하나님께서 직접 야곱에게 돌아갈 것을 명령하신다.

> "여호와께서 야곱에게 이르시되 네 조상의 땅 네 족속에게로 돌아가라 내
> 가 너와 함께 있으리라"창31:3

> "나는 벧엘의 하나님이라 네가 거기서 기둥에 기름을 붓고 거기서 내게
> 서원하였으니 지금 일어나 이 곳을 떠나서 네 출생지로 돌아가라"창31:13

이렇듯 고향으로 돌아가라는 하나님의 말씀이 두 번에 걸쳐 주어지는데, 특히 여기서 야곱이 꿈에 만난 하나님께서는 스스로를 벧엘의 하나님이라고 칭하시고, 그럼으로써 벧엘에서 야곱이 서원한 것을 기억하고 지키도록 요구하시는 분으로 나타나신다. 따라서 야곱이 귀국한 동기는 벧엘로 돌아가는 것이었음을 알 수 있지만, 오히려 야곱은 벧엘이 아니라 세겜에 거주하고자 한다. 그가 벧

엘이 아닌 세겜에 정착하려고 한 것은, 그가 하몰의 아들들의 손에서 밭을 구입한 행위에서 더욱 분명하게 드러난다창33:19. 하지만 이것은 명백히 하나님께서 원하신 것이 아니요, 자신이 서원한 내용을 지키는 것도 아니었다. 결국 곧이어 벌어지는 딸 디나의 강간 사건과 세겜 사람들을 살육하는 사건은 이 같은 야곱의 불순종에 기초해 있는 것이라고 말할 수 있다. 디나의 강간 사건으로 말미암아 야곱의 열두 아들들은 거짓으로 세겜 사람들을 속였을 뿐 아니라창34:13, 칼로 하몰과 그의 아들 세겜을 비롯해 세겜에 속한 모든 사람들을 죽이고 재물을 약탈하고 여자와 아이들을 사로잡았다창34:26~29. 결과적으로 야곱이 벧엘로 돌아가지 않고 세겜에 정착하려 함으로써 그와 그의 가족은 이방에 복이 아니라 저주를 끼치게 된 것이다. 조상들의 실수를 야곱도 반복하고 있는 셈이다.

그러나 야곱은 그의 말년에 놀라운 변화를 보여준다. 요셉이 있는 애굽으로 내려온 야곱은 먼저 바로를 만나 그를 위해 복을 빈다창47:7~10. 본문은 바로와 야곱의 만남에서 가장 중요한 장면이 족장의 축복에 있음을 강조하기 위해, 야곱이 바로를 만나는 기사를 담고 있는 창세기 47장 7~10절의 시작과 끝에 "야곱이 바로에게 축복하다"라는 표현을 의도적으로 배치시킨 것이다. 이 장면은 아브라함과 이삭의 뒤를 이은 야곱에게, 그리고 창세기 전체의 맥락에서 매우 중요한 의미를 전달한다. 창세기 12장 3절에서 말씀하셨던 땅의 모든 족속이 아브라함과 그의 후손들을 통해 복을 누리게 될 것이라는 약속의 말씀이 서서히 성취되기 시작한다는 사실을 알려 주고 있기 때문이다.

## 4) 요셉과 이방의 만남

요셉은 하나님과 언약을 맺은 족장들, 즉 아브라함, 이삭, 야곱과는 다른 위치에 있다. 하나님께서는 요셉에게 따로 나타나셔서 아브라함에게 주셨던 언약의 말씀을 새롭게 하시거나, 요셉을 위해 특별하게 드러나는 기적을 베푸신 적도 없으시다. 창세기 이후의 성경에서도 하나님께서는 아브라함과 이삭과 야곱의 하나님으로만 불려진다. 그런 점에서 아브라함, 이삭, 그리고 야곱은 약속을 받은 족장이지만, 요셉은 그 약속을 믿고 약속을 실천하는 삶을 살았던 첫 번째 모델과도 같은 인물이라고 할 수 있다.[31]

요셉이 만난 첫 번째 이방인은 보디발이다창39장. 보디발의 집안에서 요셉의 삶은 마치 롤러코스터와 같은 변화들을 겪는다. 그러나 이야기 전체를 이끌고 가는 주된 메시지는 하나님께서 요셉과 함께하셨고, 그래서 그가 범사에 형통하게 되었다는 사실이다창39:2,3,5,21,23. 그리고 이보다 더 중요한 것은 하나님께서 요셉과 함께하시고 그를 형통케 하심을 애굽 사람들이 보고 인정했다는 점이다. 창세기 39장 5절은 "여호와께서 요셉을 위하여 그 애굽 사람의 집에 복을 내리시므로 여호와의 복이 그의 집과 같에 있는 모든 소유에 미친지라"고 설명한다. 하나님의 복이 이방인 보디발과 그의 온 집안에 미치게 된 것은 요셉으로 말미암은 것이다. 이는 창세기 12장 3절의 구체적인 성취이다.

한 가정에 미쳤던 하나님의 복은 이제 요셉의 삶을 통해 애굽 전체 나아가 열방에까지 확장된다. 요셉이 애굽의 총리가 된 이후 7년간의 풍년이 지나고 흉년이 시작되었을 때, 요셉이 온 세상의 구원자로 역할하게 된 것이다.

"온 지면에 기근이 있으매 요셉이 모든 창고를 열고 애굽 백성에게 팔새 애굽 땅에 기근이 심하며, 각국 백성도 양식을 사려고 애굽으로 들어와 요

---

31. 창세기의 문학적 구조에 있어서 가장 중요한 특징이라고 할 수 있는 톨레도트의 구문으로 볼 때도 아브라함, 이삭, 야곱 내러티브는 셈의 가계에 종속되는 반면, 유다와 요셉의 이야기(창37~50장)는 야곱의 족보로 독립된 형태를 취한다. 그러므로 창세기 11장 10절에서 37장 1절까지는 족장들의 내러티브로서 하나님의 약속이 더 강조되는 반면, 요셉의 이야기를 담고 있는 창세기 37장 2절에서 50장 26절까지는 그 약속의 성취를 보다 구체적으로 내다본다고 결론지을 수 있다. 이와 같은 톨레도트 구문에 대해서는 강화구, "오경에 나타난 톨레도트 양식 연구," 『구약논단』 13 (2019), 48~81을 참조하라.

셉에게 이르렀으니 기근이 온 세상에 심함이었더라"장41:56~57

"요셉이 바로의 명령대로 그의 아버지와 그의 형들에게 거주할 곳을 주
되 애굽의 좋은 땅 라암셋을 그들에게 주어 소유로 삼게 하고 또 그의 아
버지와 그의 형들과 그의 아버지의 온 집에 그 식구를 따라 먹을 것을 주
어 봉양하였더라"장47:12

이렇게 요셉은 하나님의 약속을 받은 이스라엘 집만이 아니라 애굽의 온 땅
은 물론 나아가 각 나라에서 찾아온 모든 사람을 살리는, 즉 열방에 복이 되는
사람이 된 것이다. 요셉 역시 자신의 삶을 돌아보며 이렇게 고백한다.

"당신들은 나를 해하려 하였으나 하나님은 그것을 선으로 바꾸사 오늘과
같이 많은 백성의 생명을 구원하게 하시려 하셨나니"장50:20

이처럼 창세기의 마지막을 장식하는 요셉의 삶은 하나님께서 아브라함에
게 약속하셨던 창세기 12장 3절의 약속을 부분적이나마 실제로 성취하고 있음
을 보여준다.

## 결론

우리는 지금까지 창세기를 중심으로 하나님의 백성의 선교적 부르심에 대해
서 살펴보았다. 먼저 선교적 부르심이 단순히 타락 이후에 주어진 새로운 개념
이 아니라, 하나님께서 아담과 하와에게 주셨던 창조명령에서부터 이미 주어져

있었던 것임을 강조했다. 다음으로 하나님께서는 아브라함을 부르셔서 그를 복 주실 뿐만 아니라, 그와 그의 자손들을 통해 땅의 모든 족속이 복을 얻을 것이라고 약속하셨다. 이방은 아브라함과 그의 자손들을 어떻게 대하느냐에 따라 그들의 복과 저주가 결정된다. 이러한 약속의 말씀에 따라 창세기는 반복적으로 족장들과 이방인들의 만남을 언급한다. 아브라함, 이삭, 야곱, 그리고 요셉은 모두 이방 땅으로 나아가서 그들에게 복을 전달하는 선교적 사명을 감당했다. 비록 족장들이 연약함으로 말미암아 복의 전달자로서의 그들의 사명을 잘 감당하지 못하기도 했지만, 궁극적으로 그들을 통해 하나님의 복이 이방 세계로 전달되었다. 열방을 향한 하나님의 계획을 위해, 족장들은 선교적 사명에 동참하도록 부름 받은 것이었다. 하나님께서는 그들을 통해 천하 만민을 구원하실 그분의 계획을 시작하신 것이다.

# 3장
# 역사서의 선교(적 교회)

신득일

구약의 역사서에는 '선교mission'에 해당하는 말도 없고,[1] 선교의 사명에 관해서도 구체적으로 언급하지 않는다. 선교가 (신약교회에서 말하는) 직분을 받은 선교사가 지리적, 정치적, 문화적 경계를 넘어서 복음을 전해서 교회를 세우는 것이라면, 그런 선교는 구약에서 명령하지 않는다고 말해야 할 것이다.[2] 그렇지만 구약의 역사서에 선교에 대한 동인이나 암시 또는 그에 준하는 명령이 전혀 없는 것은 아니다. 왜냐하면 구약의 역사서는 인류를 구원하기 위한 하나님의 계획이 성취되는 과정을 보여주기 때문이다. 또한 그 하나님께서는 이스라엘의 하나님이신 동시에 모든 민족의 하나님으로 나타나시기 때문에 여기서도 선교에 대한 암시가 드러난다고 할 수 있다. 그런데 흥미로운 것은 선교에 대한 명령으로 언급되는 것은 역사적인 내러티브가 아니라 기도문이나 찬양에서 나타난다는 것이다.

---

1. 명사 '선교(mission)'는 라틴어 '보내다(mittō)'에서 왔다. 동사 '보내다'에 해당하는 히브리어 단어는 šālaḥ이다. 이 단어는 동사형태로 구약에서 총 847회 나타나지만 역사서에서는 임무를 수행하기 위해서 보냄을 받는 본문조차도 선교와 연결시키기는 어렵다. M. Delcore and E. Jenni, "שָׁלַח," *Theologisches Handbuch zum Alten Testament II* (München: Chr. Kaiser Verlag, 1976), 910~912.
2. D. J. Bosch, *Transforming Mission: Paradigm Shifts in Theology of Mission* (Maryknoll, New York: Orbis Books, 1993), 17.

이 글에서는 구약의 역사서에서 암시적으로나 명시적으로 선교에 대해서 언급하는 본문을 주석해서 설명하고 역사서의 선교와 관련된 것으로 보이는 몇 가지 경우를 다룰 것이다. 더불어 여기서는 계시역사적인 관점에서 본문을 다루고, 무리하게 모든 본문을 선교적 관점에서 보려고 시도하는 '선교중심적인 해석'은 지양한다.[3] 왜냐하면 이런 관점은 본문의 핵심적인 주제를 쉽게 놓칠 뿐만 아니라 타락한 인간을 구원하시려는 하나님의 구속사역과 교회가 수행해야할 선교를 혼동하기 때문이다.

## 1. 선교 관련 본문

### (1) 드보라의 노래: 사사기 5장 9~11a절

'드보라의 노래'는 이스라엘이 다볼산과 므깃도 전투에서 승리하여 야빈의 압제에서 벗어난 후 드보라가 바락과 함께 부른 노래이다삿5:1. 이때 드보라는 가나안의 왕들과 통치자들에게 자신의 찬송에 귀를 기울이라고 소환한다. "너희 왕들아 들으라 통치자들아 귀를 기울이라 나 곧 내가 여호와를 노래할 것이요 이스라엘의 하나님 여호와를 찬송하리로다"5:3. 여기서 일인칭'ānōkī, '나'으로 표기된 노래하는 자는 드보라가 되어야 할 것이다.[4]

---

3. D. J. Hesselgrave, "A Missionary Hermeneutic: Understanding Scripture in the Light of World Mission," *International Journal of Frontier Missions* 10/1 (1993), 17~20. "누구도 멸망하는 것을 원치 않는 '선교사 하나님(Missionary God)'"과 같은 표현은 이해할 수 없는 말이다. 이 방법론은 직분으로서 선교사와 선교의 내용인 하나님을 구분하지 않는다. 이것은 카테고리가 다르기 때문에 비교하기 어려운 부분이 많다.

4. 웹은 '내'가 "아마도 드보라 또는 바락일 것이다."라고 했다. Barry G. Webb, *The Book of Judges*, The New International Commentary on the Old Testament (Grand Rapids, MI; Cambridge, UK: William B. Eerdmans Publishing Company, 2012), 207. 그렇지만 이 주어는 드보라를 가리키는 것을 보는 것이 옳다. 한 글번역은 드보라와 바락이 함께 부른 것으로 번역했지만, 히브리어 본문은 주어가 여러 개일 때 맨 앞의 것의 성과 수를 따라서 동사가 붙기 때문에 여성단수로 쓰였다(וַתָּשַׁר, *wattāšar*). 이것은 드보라가 주도적으로 노래한

드보라가 이방 왕들과 통치자들에게 이 노래를 들으라고 한 것은 이스라엘의 하나님 여호와는 그들이 섬기는 거짓된 신들보다 우월하기 때문에 전능하신 하나님을 거역하는 행동을 하지 말 것을 경고하는 의미가 있어 보인다. 이 노래는 전체적으로 하나님의 사역을 높이면서 바알을 조롱하는 내용으로 이루어져 있다. 물과 구름을 통제하는 신은 폭풍의 신인 바알이지만, 실제로 비를 내리는 분은 여호와시고 그 하나님께서 폭풍을 동원해서 바알을 섬기는 시스라의 군대를 무찌르셨다는 것이다삿5:4,21. 또한 비록 이스라엘 백성이 하나님과 맺은 언약을 파기함으로써 가나안 왕 야빈의 압제를 받는 고통을 겪었지만, 하나님께서는 그분의 백성의 간구를 들으시고 능력으로 그들을 구원하셨다는 것이다4:1,3.

이 부분의 본문은 정확하게 번역해서 해석하기는 어렵다. 그렇지만 여기서 선교적인 교훈을 얻는 데는 문제가 없다. 이 노래에서 선교적인 내용과 관련된 것은 드보라가 처절한 상황 가운데서도 백성의 지도자들이 헌신한 것으로 인하여 하나님의 구원역사를 찬송하라고 하는 데서 나타난다. 특별히 모든 이스라엘 사람들에게 '전파하라שִׂיחוּ, śîḥû'고 명령한 데서 선교의 의미가 구체화된다. 이 동사śîḥû는 감정이 실린 말투로 크게 외치는 의미를 지니는데, '찬양하다'라는 동사와 함께 병행해서 하나님의 일을 전하는 데 쓰였다대상16:9; 시105:2. 이 동사의 목적어는 이 절에는 나타나지 않지만, 다음 절의 '상술하라'의 목적어가 되는 '여호와의 의로운 일'이라 할 수 있다. 그리고 이 명령을 받은 사람은 세 그룹으로 나타난다. 곧 그들은 "흰 나귀를 탄 자들, 양탄자에 앉은 자들, 길에 행하는 자들"이다.

그런데 여기서 나귀를 탄 자들과 양탄자에 앉은 자들은 같은 대상으로 본

---

것을 의미한다. 신득일, 『구약 히브리어』 (서울: CLC, 2007), 191.

다.[5] 즉 나귀에 사치스런 안장을 놓고, 그 위에 앉는 자들을 가리키는 것이다. 따라서 드보라가 전파하라고 명령한 대상은 실제로는 두 그룹의 사회계층으로서, 부자와 일반서민을 가리킨다.[6] 이스라엘은 주변국가보다 문화적으로 열등한 상황에 있었기 때문에 말을 사용하지 않고, 부자와 권세 있는 자들은 나귀를 타고 다녔으며 평민들은 걸어서 여행을 했다. 이 두 사회계층을 향해서 여호와의 일을 전파하라고 한 것은 모든 이스라엘 사람들에게 하나님의 위대한 역사를 전하는 증인의 역할을 하라고 명령한 것이나 마찬가지이다. 특별히 나귀를 탔든지 걸어 다니든지 그들이 여행 중에 있다면 이곳저곳을 다니며 하나님의 일을 전파하는 것은 복음을 멀리까지 전하는 선교행위가 될 수 있을 것이다.[7]

그런데 이어서 전파의 내용을 말하는 11절 상반절의 한글번역은 다소 어색하다. 이 구절은 실제로 "물 긷는 장소들 사이에서 (물을) 나누는 자들의 소리로부터 여호와의 의로운 행위, 이스라엘에 있는 그의 농부들의 의로운 일을 상술하라"고 번역할 수 있다. 11절에서 "활 쏘는 자들"로 번역된 말은 흠정역KJV을 따른 것으로 보이는데,[8] 이 단어는 자구적으로 '나누는 자들מְחַצְצִים, mᵉḥaṣṣīm'

---

5. 여기서 나귀는 '암나귀'를 의미한다. 양탄자로 번역된 מִדִּין(middīn)은 아람어의 복수형태를 지닌 단어인데, 오래된 시적인 본문에서도 나타난다(§ 87 e). 이것은 손으로 정교하게 짠 깔개를 의미한다. 칠십인역은 이 단어가 '(치수를) 재다'를 의미하는 מָדַד(mādaḍ)에서 온 것으로 보고 '판단하는 것', 즉 재판하는 기준으로 번역했다(κριτήριον). 그러나 이 번역은 히브리어 단어의 용법은 물론 이스라엘의 상황과 맞지 않다.

6. Daniel Isaac Block, *Judges, Ruth*, Vol. 6, The New American Commentary (Nashville: Broadman & Holman Publishers, 1999), 228.

7. 참고. Jack M. Sasson, *Judges 1~12*, A New Translation with Introduction and Commentary, Anchor Yale Bible (New Haven; London: Yale University Press, 2014), 293.

8. KJV는 이 단어를 ḥēṣ(활)에서 파생된 것으로 이해했다. 그러나 '나누다'의 동사 חָצַץ(ḥāṣaṣ)는 히브리어 동사 חָצָה(ḥāṣā, 나누다)와 관련이 있다. 특히 이 두 단어의 어원의 형태가 다르기 때문에 혼동할 수는 없다. 즉 חֵץ(ḥēṣ)의 어원으로 보이는 아카드어의 '활'은 uṣu(m) 또는 uṣṣu(m)이고, חָצַץ(ḥāṣaṣ)의 어원으로 보이는 아카드어의 '끊다'는 ḥaṣāṣu(m)이다. Jaremy Black, et. al (ed.), *A Concise Dictionary of Akkadian* (Wiesbaden: Harrassowitz Verlag, 2000), 110, 428.

이란 뜻이다.[9] 즉 우물에서 물을 분배하는 사람을 가리킨다.[10] 또한 "마을 사람들을 위한"으로 번역된 히브리어 פְּרָזֹנוֹ*pirzōnō*는 그 의미가 애매하지만 성읍에 사는 사람과 대조적으로 보호받지 못하는 트인 지역에 사는 주민들페쉬타, 탈굼, 즉 '농부들villagers, peasantry'로 번역될 수 있다NIV, ESV, NRSV, NASB. 불가타와 같은 고대역본에서는 이 단어가 '용사들'로 번역되기도 했다fortes. 이 두 단어들의 의미를 고려하면, 이들은 평범한 농부이긴 하지만 여호와의 전쟁에 용사로서 참여한 것으로 이해할 수 있다. 즉 여호와의 의로운 전쟁에 참여한 농부들의 일도 의로운 일로서 널리 전파되어야 했다. 우물가는 사람들이 모이는 곳이고, 물을 긷는 것은 그들의 일상생활이었다. 다시 말해 이스라엘 백성은 일상생활 속에서 여호와를 찬양하고, 여호와의 의로운 일을 전파해야 했다는 것이다.

그러므로 이 노래는 이스라엘이 지니는 선교적 사명을 구체적으로 표현하고 있다고 볼 수 있다. 그것은 이스라엘의 하나님께서 의로운 분이시고, 바알을 능가하는 전능하신 분임을 선포하는 것이다. 이 본문은 구약의 역사서에서 선교에 대한 명료한 명령으로 나타난다.

### (2) 다윗 언약: 사무엘하 7장 12~16절

하나님께서는 갓 선지자를 통하여 다윗에게 "네 집과 네 나라가 내 앞에서 영원히 보전되고 네 왕위가 영원히 견고하리라"고 말씀하셨다삼하7:16. 학자들은 이것을 '다윗언약David covenant'이라고 칭하지만, 실제로는 쌍방 간의 언약이 아니라 약속이다. 즉 하나님께서 다윗에게 일방적으로 약속하시고, 또 하나님께서 그 약속을 이루어가시겠다는 말이다. 다윗 왕조가 미래에 대해서 낙관

---

9. 현대 영어성경에서는 '노래하는 자들'(singers, NIV), '음악가들'(musicians, RSV, ESV)이라고 번역했다. 이것은 '나누는 자들'을 현악기를 뜯는 자들로 본 것이다. 아마도 그들은 고대의 음유시인이었을 것이다.
10. *HALOT*, 296; Block, *Judges, Ruth*, 229.

적인 것도 바로 이 약속 때문이다. 영원히 견고한 이 보좌는 하늘에 있는 하나님의 보좌가 아니고 궁극적으로 땅 위에 있는 하나님의 보좌를 가리킨다. 즉 아브라함과 이삭, 야곱 그리고 다윗의 씨에게 약속한 영원한 보좌를 말한다.[11] '여호와의 나라'인 다윗의 정치적인 보좌가 끊어지는 상황에서도 그 나라가 계속 이어지는 것도 이러한 영원한 약속 때문이다참고. 왕하25:27~30; 대하36:23.[12] 하나님께서는 '다윗의 빛'이 영원히 꺼지지 않도록 하셨다왕상11:36.[13]

계시역사적인 관점에서 볼 때 다윗에게 전달된 이 약속은 하나님께서 아브라함에게 "땅의 모든 족속이 너로 말미암아 복을 얻을 것이라"창12:3고 하신 약속이 더 발전되고 구체화된 것이다. 모든 족속이 복을 받는 것은 그들이 구원의 복을 누리는 것을 의미한다. 그것은 교회의 선교를 통해서 이루어지는 것이다.[14] 다윗에게 주어진 약속도 같은 차원에서 보아야 할 것이다. 하나님의 통치가 다윗의 영원한 보좌를 통해서 나타나는 것은 궁극적으로 예수 그리스도의 통치를 의미하는 것이다. 그리스도의 통치는 만국을 다스리는 것이다. 이 왕국의 통치는 그리스도의 구원사역을 통해서 이루어진다. 만국이 그리스도의 통치를 받는 과정은 교회의 복음전파를 통해서 완성된다. 그래서 다윗의 영원한 보좌에 대한 약속은 교회의 선교에 대한 모티브를 제공한다.

### (3) 이방인을 위한 기도: 열왕기상 8장 41~43절, 역대하 6장 32~33절

솔로몬이 성전을 봉헌할 때 그가 이방인들을 위해서 기도한 것은 놀랍다.

---

11. Walter C. Kaiser, "Kingdom Promises as Spiritual and National," in *Continuity and Discontinuity: Perspectives on the Relationship between the Old and New Testaments-Essays in Honor of S. Lewis Johnson, Jr.*, ed. John S. Feinberg (Westchester, IL: Crossway Books, 1988), 292.

12. 흥미로운 것은 히브리어 성경이 '올라갈지니라(yā'al)'라고 하는 희망적인 단어로 끝난다는 것이다.

13. Deuk-il Shin, "The Translation of the Hebrew Term *Nīr*: 'David's Yoke'?" *Tyndale Bulletin* 67/1 (2016), 7~21.

14. 신득일, "아브라함의 약속에 나타난 선교적 사명," 『고신신학』 14 (2012), 133~149.

"또 주의 백성 이스라엘에 속하지 아니한 자 곧 주의 이름을 위하여 먼 지방에서 온 이방인이라도 그들이 주의 크신 이름과 주의 능한 손과 주의 펴신 팔의 소문을 듣고 와서 이 성전을 향하여 기도하거든 주는 계신 곳 하늘에서 들으시고 이방인이 주께 부르짖는 대로 이루사 땅의 만민이 주의 이름을 알고 주의 백성 이스라엘처럼 경외하게 하시오며 또 내가 건축한 이 성전을 주의 이름으로 일컫는 줄을 알게 하옵소서"왕상8:41~43; 참고. 대하6:32~33.[15]

여기서 "이방인"은 '이스라엘에 속하지 않은' 사람이다. 그래서 '이방인'은 십계명과 다른 곳에서 자주 언급되는 '객'과는 차이가 있다. '객גר, gēr'은 다른 나라 사람으로서 이스라엘에 장기체류하는 사람이지만창15:13; 출20:10; 신5:14, '이방인נכרי, nŏkrī'은 특별한 용무가 있어서 일시적으로 이스라엘에 머무는 외국인이다.[16] 요세푸스는 유대인의 법률이 유대인의 율법과 생활양식을 받아들인 이방인과 유대인 가운데 일시적으로 머무는 외국인을 구분한다고 말했다.[17] "능한 손과 펴신 팔"은 특별히 출애굽과 같은 하나님의 큰 능력을 묘사하는 전형적인 표현이다신4:34; 5:15; 7:19; 11:2; 26:8; 시136:12; 렘21:5; 32:21; 겔20:34~35.

멀리서 온 외국인들이[18] 하나님의 이름과 능력을 '인하여'[19] 성전을 향해서

---

15. 역대기 6장 32절에는 열왕기 본문에 있는 "주의 이름을 위하여 먼 지방에서 온"이란 말이 빠져있다(왕상8:41). 이것은 역대기가 빠뜨렸는지 열왕기가 첨가했는지는 모르지만, 칠십인역은 열왕기 본문에서 그 부분을 빠뜨렸다.

16. 출2:22; 18:3; 신14:21; 15:3; 17:15; 23:21; 29:21; 삿19:12; 삼하15:19; 왕상8:41,43; 11:1,8; 사2:6; 옵11; 습1:8; 룻2:10; 애5:2; 스10:2,10~11,14,17~18,44; 느13:26~27. R. Martin-Achard, "nkr," THAT II, 67~68.

17. Josephus, Against Apion 2, 29 (210).

18. 히브리어 본문은 '외국인(nŏkrī)'이라고 단수로 쓰였다. 이 단어는 집합명사로 보아야 할 것이다.

19. 한글번역의 '위하여'는 의미전달이 되지 않는다. 히브리어 '러마안'은 '~을 위하여' 혹은 '~때문에'로 번역된다. 여기서는 의미를 명확하게 하기 위해서 '~ 때문에' 혹은 '말미암아'로 번역하는 것이 낫다(시25:11; 31:4; 109:21; 143:11). 칠십인역(διὰ)과 불가타(propter)도 후자로 번역했다.

기도하는 모든 것을 들어달라는 간구의 목적은 "땅의 만민이 주의 이름을 알고 주의 백성 이스라엘처럼 경외"하도록 하기 위함이다. 이 '경외'라는 말은 단순한 두려움이나 존경이 아니라 단 마음으로 드리는 충성과 헌신, 즉 신뢰와 믿음의 동의어로 쓰였다.[20] 이 간구는 "땅의 만민이" 하나님의 존재를 알고 경외하여 그분의 백성이 되기를 바라는 것이다. 솔로몬의 기도는 오순절에 일어날 일을 미리 예견한 것처럼 보인다.

또 다른 목적은 "내가 건축한 이 성전을 주의 이름으로 일컫는 줄을 알게" 하는 것인데, 하나님께서 성전의 합법적인 소유주가 되시는 것을 인정하도록 하는 것이다.[21] 이 말은 만국에서 온 이방인들이 성전을 중심으로 하나님을 섬기게 되는 것을 말한다. 왜냐하면 그 성전이 세상과 하나님 사이의 필수적인 연결점이 되기 때문이다.[22] 이방인을 위한 솔로몬의 기도는 이스라엘 국가의 종교에 이미 민족을 초월하는 특징이 있음을 말해준다.[23] 이방인들이 하나님의 이름과 그분의 능력으로 인하여 이스라엘로 오는 것은 하나님의 위대한 구원의 소식을 전하는 선교의 결과일 것이다. 이 기도는 여호와 하나님께서 만민의 하나님이시기 때문에 이방인들도 이스라엘 백성과 같이 하나님을 경외하도록 구하는 것이다.

## (4) 레위인의 노래: 역대상 16장 8~9, 23~31절

본문의 배경은 다윗이 법궤를 기럇여아림으로부터 예루살렘으로 옮겨서 법

---

20. 신득일, 『구속사와 구약신학』 (서울: CLC, 2017), 330.

21. "이 성전을 주의 이름으로 일컫다"라는 말은 문자적으로 '당신의 이름이 이 성전에 대해서 선포되다'라고 번역된다. 이 표현은 법적인 의미를 지니며 재산의 경우에는 새로운 소유주를 공식적으로 선언하는 전문용어다. C. J. Labuschagne, "qr," THAT II, 671.

22. S. Tuell, First and Second Chronicles, Interpretation (Louisville, Ky.: John Knox Press, 2001), 136.

23. Noordtzij, II Kronieken (Kampen: Kok, 1957), 114.

궤 앞에서 하나님을 경배하는 상황이다. 다윗은 아삽과 그 형제들에게 이 감사의 찬송을 부르게 했다. 그래서 본문은 레위인이 불러야 할 찬송이다. 이 찬송 가운데 선교의 모티브가 나타난다.

다윗은 레위인들이 여호와의 이름을 부르고, 만민 중에 그분께서 행하신 일들을 알게 하고 그분의 모든 놀라운 일을 전파하라고 했다8~9절. 한글개역개정의 '아뢰다'는 왕같이 지체 높은 사람에게 알려주는 것을 이르는 존칭어인데, 이 문장에서는 다소 어색하다. "그가 행하신 일들"과 "그의 모든 놀라운 일들"은 출애굽, 율법수여, 가나안 정복을 포함해서 이스라엘을 위한 하나님의 모든 구속사역을 의미한다. 다윗은 레위인들을 통해서 온 세상의 백성들에게 하나님의 이 위대한 사역을 전파하도록 했다. 레위인들이 하나님과 그분의 이름을 찬송하고, 또 그분의 행위를 전파하는 것은 온 이스라엘이 받아야 할 사명으로 여겨졌을 것이다. 이것은 제사장 나라의 임무를 잘 보여준다.

그들은 또한 온 땅으로 하여금 여호와께 노래하고 그분의 구원과 영광과 기이한 행적을 선포하고 노래하도록 해야 했다23~24절.[24] 여기서 '온 땅'이란 '모든 민족'에 대한 환유법으로 보기보다는 이스라엘 통일왕국으로 보아야 할 것이다. 순차적으로 볼 때, 그것이 그분의 영광을 모든 민족 중에, 그분의 기이한 행적을 만민 중에 선포하는 상황에 적합해 보인다. 이스라엘은 '날마다' 하나님의 놀라운 구원사역을 전파해야 했다.

이 노래는 만국의 모든 신은 헛것이라는 논증polemic과 함께 하나님께서 창조주로서 지존하시는 분이심을 알려준다25~27절. 레위인들이 여러 나라의 종족들에게 영광과 권능을 여호와께 돌리라고 요청하며 노래하는 것은 백성이 하나님의 위대한 구원을 전파한 결과로 나타날 것이다28~29절. 그것은 명실상부

---

24. 이 구절과 이어지는 본문은 시편 96편의 내용과 거의 일치한다.

하게 여호와 하나님께서 만국을 통치하시는 것을 인정하는 것으로 나타난다31절. 다윗이 레위인으로 하여금 이렇게 노래하도록 한 것은 제사장 나라로서 이스라엘이 하나님의 구원역사를 전파함으로써 만국과 하나님 사이의 중재자 역할을 하도록 하는 것이다. 이렇듯 이 본문은 이스라엘이 전해야 할 내용과 대상 그리고 그 방법을 제시함으로써 선교에 대한 교훈을 준다.

## 2. 이스라엘과 이방인의 접촉

이스라엘은 제사장 나라로서 만국이 주께로 돌아오는데 중추적인 역할을 감당해야 할 사명을 가졌다. 그런데 이 사명이 이방인 개인에게 실제로 적용되었는지 살펴보는 것도 의미 있는 일이다. 이 단락에서는 이와 관련해 긍정적인 결과를 가져왔거나 그렇게 보이는 몇 사람을 언급하겠다.

### (1) 라합: 여호수아 2장 9~14절

여호수아는 여리고를 탐지하기 위해서 싯딤에서 정탐꾼을 여리고로 보냈다.[25] 그는 정탐꾼 역할을 한 경험이 있는 자로서 그 땅을 잘 알고 있었다민14:6~9. 그런데 전체 문맥을 보면, 이 정탐은 그 도시의 전술적인 상황을 미리 파악하기 위한 탐사가 아니고 창녀זֹנָה, zōnā로 소개된 라합의 입에서 나오는 하나님의 약속의 성취를 미리 듣도록 하기 위함이었다. "우리가 듣자 곧 마음이 녹았고 너희로 말미암아 사람이 정신을 잃었나니 너희의 하나님 여호와는 위로는

---

25. 싯딤은 요단 동편과 사해 북쪽에 위치한 아벨-싯딤(민33:49)과 같은 지역으로 본다. Joel C. Slayton, "Shittim (Place)," *The Anchor Yale Bible Dictionary*, ed. David Noel Freedman (New York: Doubleday, 1992), 1222.

하늘에서도 아래로는 땅에서도 하나님이시니라"11절. 하나님께서는 천하 만민이 이스라엘을 두려워할 것이라고 이미 예언하셨다신2:25; 11:25. 여호수아는 정탐꾼의 상황보고를 듣고 이스라엘이 이 사실을 깨달음으로써 담대하게 하나님을 의지하도록 하고자 했던 것이다. 또한 이것이 이스라엘의 거룩한 전쟁에서 갖추어야 할 가장 중요한 무기이기도 했다. 정탐꾼이 돌아와서 여호수아에게 한 보고도 이와 같은 것이었다. "진실로 여호와께서 그 온 땅을 우리 손에 주셨으므로 그 땅의 모든 주민이 우리 앞에서 간담이 녹더이다"24절.

이 과정에서 라합은 이스라엘의 하나님께서 최고의 신인 것을 고백하고 정탐꾼에게 자신과 가족의 보호를 요청했다. 정탐꾼도 라합에게 여호와께서 인자와 진실로 그녀와 그녀의 가족을 대하실 것이라고 말함으로써 보호를 약속했다. 이로써 그녀와 그녀의 가족은 구원을 받았다행16:33. 더군다나 라합은 믿음으로 메시아의 반열에서 예수 그리스도의 조상이 되는 복을 누리기까지 했다마1:5. 이 본문으로 선교에 관해 말하기는 어려울 수도 있다. 비록 정탐꾼이 하나님의 자비와 신실성에 관해 언급하기는 했지만, 그것은 라합의 요청에 대한 답변이었지 믿음을 요구하는 것은 아니었기 때문이다. 그보다 라합이 구원받은 것은 우리의 구원을 위한 메시아의 길을 열어 가시는 하나님의 계획에 속한 것으로 봐야 할 것이다.

## (2) 룻

나오미는 아들들이 죽은 후에 합리적인 판단에 따라 자부들에게 자신의 친정으로 돌아가라고 권했다. 그런데 시어머니인 나오미의 현실적이고 집요한 설득에도 불구하고, 오르바와는 달리 룻이 나오미를 따랐다는 것은 놀라운 일이다. 룻이 시어머니를 따르겠다고 하면서 한 말은 일종의 신앙고백으로 들리기까지 한다. "어머니께서 가시는 곳에 나도 가고 어머니께서 머무시는 곳에서 나도 머물겠나이다 어머니의 백성이 나의 백성이 되고 어머니의 하나님이 나의 하나님이 되시리니 어머니께서 죽으시는 곳에서 나도 죽어 거기 묻힐 것이라"룻1:16b~17a.

이와 같은 룻의 발언은 국적을 바꾸는 의미가 있긴 하지만, 여러 주석가들이 주장하듯이, 그것 자체가 다신론에서 유일신론으로 회심이나 개종을 의미하는 것은 아니었다.[26] 또한 스미스Smith가 주장하듯이, 그녀가 사용한 언어의 양식이 언약적인 성격을 지니기는 하지만왕상22:1~4; 왕하3:4~7,[27] 그것으로 비로소 그녀가 언약관계에 들어가게 되었다고 보기도 어렵다. 왜냐하면 나오미는 자부들을 "내 딸들아"라고 부르면서 이미 그런 관계를 표현했기 때문이다룻1:13. 굳이 언약과 관련짓는다면, 다만 이미 맺어진 관계를 다시 확약하는 요소가 있다고 말할 수 있다. 여기서 언약이란 가족관계를 형성함으로써 하나님의 언약의 범주에 들어오는 것이기 때문이다참고. 창17:13. 따라서 나오미의 자부들은 이미 언약백성이 된 것이었다. 물론 전체적으로 이 말이 하나님과의 언약적 관계를 의미하는 것은 아니다. 우선 이 말로써 룻은 나오미와 가족적인 연대를 지속하려는 열망을 표현한 것으로 보인다. 이것은 고대 이스라엘에서 여인이 결혼하면 시댁식구가 되는 관습에 충실한 행동이기도 했다.[28]

룻이 한 말은 하나님에 대한 개인적인 신앙고백으로서의 요소도 있지만, 그보다 먼저 그 전체적인 틀은 나오미에 대한 사랑을 표현한 것으로 봐야 한다. 그녀는 나오미와 같이 되고 싶어 했다. 어머니와 동행, 동거하고 어머니의 신과 백성이 곧 자신의 신과 백성이라는 것은 자신의 정체성을 나오미와 함께 공

---

26. J. G. Harris, et al., *Joshua, Judges, Ruth*, UBCS (Grand Rapids, MI: Baker Book, 2012), 322.

27. Mark S. Smith, "'Your People Shall Be My People': Family and Covenant in Ruth 1:16~17," *CBQ* 69 (2007), 245~246.

28. Roland de Vaux, *Ancient Israel* (New York: McGraw-Hill Book Company, 1961), 28.

유한다는 것이다. 죽어서 무덤까지 같이 가는 것은 사랑을 넘어서 일종의 집착에 가깝다. '왜냐하면כִּי, kî'이라는 접속사가 이끄는 종속절에서 룻의 선택과 행동은 나오미에게 달려있다룻1:16. 이는 해설자가 "룻은 그녀에게 달라붙었다dāb eqâ."라고 언급한 것에서도 알 수 있다룻1:14b. 또한 "만일 내가 죽는 일 외에 어머니를 떠나면 여호와께서 내게 벌을 내리시고 더 내리시기를 원하나이다"룻1:17b라고 하면서, 룻은 자신의 발언에 대해서 오직 이스라엘에서만 사용되는 서약형식인 여호와의 이름으로 맹세하며 자기저주를 내렸다. 이때 구문론적으로 애매한 접속사 '키kî'는 강조의 뜻으로서 룻의 생각에는 죽음만이 둘의 관계를 갈라놓을 수 있다는 것이다.[29]

룻의 맹세는 전체적으로 그녀가 나오미와 가족이 되는 것에 초점을 두고 있지만, 여기에는 중요한 내용이 포함되어 있다. 그것은 여호와 하나님과의 관계이다. 그러나 룻이 여호와를 선택한 것은 나오미의 선교적 영향이나 교육 때문이라고 보기는 어렵다. 왜냐하면 앞에서 보았듯이, 나오미는 룻에게 언약적으로 선한 영향을 끼치지 않았을 것으로 보일 뿐 아니라 오히려 선교에 방해가 되도록 처신했기 때문이다. 나오미의 가정이 기업을 버리고 떠난 것, 자녀를 이방인과 결혼시킨 것, 그리고 종교다원주의적 입장을 나타낸 것 등은 룻이 여호와 하나님만을 섬기는 환경에서 살지 않았을 것이라는 가정을 정당화시킨다. 여기서 하나님의 '선택의 표'가 나타난다.[30] 즉 이것은 하나님의 주권적인 선택이 드러난 것으로 볼 수 있는 대목이다. 룻은 여호와 하나님에 대해서 들었겠지만, 그 위대하고 은혜로우신 분에 대해서 경험할 수 있는 형편은 아니었다. 그런 상황 가운데서도 그녀가 하나님을 선택한 것은 그 가운데서 하나님께서 역사하

---

29. B. Conklin, *Oath Formulas in Biblical Hebrew* (Winona Lake, IN: Eisenbrauns. 2011), 1~2.
30. S. S. Cnossen, *The Significance of the Book of Ruth* (London, Ontario: Inter-League Publication Board, 2000), 49.

셨다는 것을 의미한다. 이 사건은 이스라엘의 선교라고 말하기보다는 언약에 불충한 가정에서 하나님께서 특별히 빼어내신 구원역사이자 우리의 구원을 위해서 일하신 하나님의 열심을 드러내는 것이라 할 수 있다. 이 본문을 굳이 선교와 관련시킨다면 나오미를 반면교사로 삼을 수 있을 것이다.

## (3) 나아만: 열왕기하 5장 15~19절

나아만은 요단강에서 일곱 번 몸을 잠그고 난 후 엘리사 앞에서 사의를 표했다. 그때 그는 이스라엘의 하나님을 지존자로 인정했다. "내가 이제 이스라엘 외에는 온 천하에 신이 없는 줄을 아나이다 청하건대 당신의 종에게서 예물을 받으소서"15절. 나아만은 엘리사에게 감사의 선물을 몇 차례 제시했지만, 엘리사는 하나님의 이름을 언급하면서 한사코 거절했다. 이로써 그는 이방인 앞에서 자신이 봉사로 대가를 받는 마법사가 아니라 위대하고 은혜로우신 하나님의 말씀을 전하는 종이라는 사실을 드러내었다.

그때 나아만은 한 가지 요청을 했다. "그러면 청컨대 노새 두 마리에 실을 흙을 당신의 종에게 주소서 이제부터는 종이 번제물과 다른 희생제사를 여호와외 다른 신에게는 드리지 아니하고 다만 여호와께 드리겠나이다"17절. 그의 믿음은 특별히 각 신은 자기의 땅에 매여 있다는 이교적인 미신과 혼합된 것이었다.[31] 그래서 그 땅의 흙으로 만든 제단에서 이스라엘의 하나님께서 경배를 받으실 수 있다고 믿었을 것이다. 그런데 그에게는 한 가지 고민거리가 있었다. 그가 자기 나라로 돌아가게 되면, 그는 다른 신하와 같이 왕과 함께 공식적인 종교행사에 참석해야 했기 때문이다. 그래서 그는 이 일로 엘리사에게 다음과 같이 청했다. "내 주인께서 림몬의 신당에 들어가 거기서 경배하며 내 손을 의지

---

31. M. B. van 't Veer, *De Beide Boeken der Koningen* (Kampen: J. H. Kok, 1947), 171.

하시매 내가 림몬의 당에서 몸을 굽히오니 내가 림몬의 당에서 몸을 굽힐 때에 여호와께서 이 일에 대하여 당신의 종을 용서하시기를 원하나이다"18절. 림몬 Rammānu, 우레의 신은 아람의 바알이자 아람의 만신전의 최고신으로 알려진 하닷Hadad이다하다드 림몬, 슥12:11.[32] 그는 자신이 이교의 종교의식에 참여할지라도 이스라엘의 하나님을 부인한다는 인상을 주고 싶지 않았던 것이다.

나아만의 요청에 대해 엘리사는 "너는 평안히 가라"고 간단하게 인사만 했을 뿐이다. 이 답변이 논쟁거리가 된다. 어떤 주석가는 엘리사가 나아만의 요청을 승인한 것이라고 해석한다.[33] 왜냐하면 당시의 상황은 신자들이 이방종교와 관련된 모든 것과 완전히 단절해야 하는 신약시대와 다르기 때문이라는 것이다. 반면 그 반대로 나아만의 요청은 고려할 가치가 없는 것으로 '그냥 돌아가라'는 의미로 생각할 수도 있다. 사실 그의 믿음은, 즉 그가 여호와의 이름을 부르고 이스라엘의 하나님께만 번제를 드리겠다고 말한 것은 이교적인 의식구조 속에 존재하는 것이다. 여기서 중요한 것은 나아만이 자신의 문제를 해결하면서 이스라엘의 하나님의 이름을 고백했다는 것이다. 이는 하나님께서 그분의 백성인 이스라엘을 부끄럽게 하는 것이었다.[34] 나아만이 여호와 하나님을 믿고 구원받았는가가 중요한 것이 아니라 그가 하나님의 말씀을 듣고 여호와를 고백한 것만으로도 충분한 것이었다. 이 사건은 당시 이스라엘 백성의 배교행위와 언약의 하나님에 대한 그들의 무관심으로 말미암아 이스라엘에게 내리는 심판의 정당성을 보여주는 것이다. 이 메시지는 나사렛 회당에서 예수님께서 경고

32. J. C. Greenfield, "Hadad," in *Dictionary of Deities and Demons in the Bible*, ed. Karel van der Toorn, Bob Becking, and Pieter W. van der Horst (Leiden; Boston; Köln; Grand Rapids, MI; Cambridge: Brill; Eerdmans, 1999), 379.

33. 월터 C. 카이저, 『구약성경과 선교』 (임윤택 옮김, 서울: CLC, 2013), 109; Paul R. House, *1, 2 Kings*, Vol. 8, The New American Commentary (Nashville: Broadman & Holman Publishers, 1995), 274.

34. G. van Rongen, *Elisa, de Profeet* (Groningen: De Vuurbaak, ND), 116~117.

로 주신 것이기도 하다. "선지자 엘리사 때에 이스라엘에 많은 나병환자가 있었으되 그 중의 한 사람도 깨끗함을 얻지 못하고 오직 수리아 사람 나아만 뿐이었느니라"눅4:27. 이와 같이 나아만의 회복은 선교를 통한 이방인의 구원에 초점을 둔 것이 아니라 계시역사 속에서 하나님께서 이방인보다도 못한 그분의 백성을 부끄럽게 만드는 하나의 경고로 사용된 것이었다.


## 결론

구약의 역사서에서 선교에 관한 분명한 메시지는 드보라의 노래와 레위인의 찬양과 솔로몬의 기도에서 나타난다. 그것은 하나님께서 모든 헛된 신들보다 뛰어나며, 그들과는 비교할 수 없는 분임을 알리는 것이었다. 또한 여호와께서는 이스라엘의 하나님이 되실 뿐만 아니라 만국의 통치자가 되시기 때문에 궁극적으로 온 땅의 백성이 주께로 돌아와 그분을 찬양하게 될 것이라는 것이었다. 이런 사명은 이스라엘이 제사장 나라로서 감당해야 할 부분으로 나타난다. 다윗의 언약은 구체적인 선교의 내용을 언급하지는 않지만 결국 만국을 다스리시는 메시아의 보좌를 통해서 선교에 대한 암시를 보여준다. 교회는 이런 본문으로 선교에 대한 적절한 메시지를 줄 수 있을 것이다.

그러나 구약의 역사서가 보여주는 실제적인 역사는 선교라기보다는 이스라엘이 제사장 나라로 갖추어가는 모습을 보여준다. 이스라엘의 초기 역사는 왕국건설을 위한 과정을 보여주고, 통일왕국에서는 성전을 중심으로 한 왕국의 영광을 제시한다. 하지만 이스라엘의 후기 역사는 나라가 붕괴되고 제국에 편입되는 상황을 보여준다. 이러한 전체 역사에서 이스라엘은 선교적인 사명을 감당하기 이전에 자신의 정체성이 달려있는 언약에 집중해야 했다. 이스라엘이 멸망한 것은 선교의 실패라기보다는 언약에 신실하지 못했기 때문이다. 여러 나라와 민족이나 개인이 이스라엘과 접촉했지만, 그들이 이스라엘이 전하는 복음의 내용을 듣고 하나님의 자녀가 되었다는 말은 들을 수 없다.

선교와 관련된 역사서의 본문과는 달리 역사서에 나타나는 이스라엘은 선교를 위한 예비단계에 있었다고 봐야 할 것이다. 그리고 하나님의 계시역사는 그 범위가 점점 확대된다. 선교에 대한 명령이 분명하게 드러나는 부분에서는 복음이 확산되는 것 같은 원심력이 보이기도 하지만, 계시역사의 흐름과 실제 역사를 볼 때 구약 역사서에서 선교는 구심적이라고 할 수 있을 것이다.

# 4장
# 시가서의 선교(적 교회)

김성진

흔히들 구약에는 선교적 주제가 뚜렷하게 나타나지 않는다고 생각한다. 신약처럼 이방인에게 선교사가 파송되어 복음을 전하고 교회를 세우는 내용이 희박하기 때문이다cf. 요나의 니느웨 선교. 그러나 신약의 기초는 구약이요, 특히 계시의 측면에서 구약에서부터 신약으로 구속사적인 발전이 있다고 볼 때, 구약 역시 선교적이라 할 수 있다. 특히 선교에 대한 '협의적' 정의를 벗어나 '광의적' 의미에서 '하나님의 선교missio Dei'가 타락한 세상을 구원/회복해 가시는 과정으로 볼 때,[1] 구약 역시 풍부한 선교적 주제를 담고 있다고 말할 수 있다. 예를 들어 아담과 하와의 타락 직후 선포된 원시복음창3:15, 아브라함의 언약적 부름창12장, 구원의 모델로서 출애굽 사건출13~14장, 열국 구원을 위해 이스라엘을 거룩한 '제사장 나라'로 세움출19장, 하나님 나라의 모델로서 '율법'의 수여출20장, 하나님의 임재 및 예배의 처소인 성막/성전을 세움출25~40장, 그리스도의 왕권을 내다보는 다윗 언약의 수여삼하7장, 종말에 구원받은 열국이 몰려올 시온/예루살렘을 세움사2:2~4; 60~62장, 여호와의 종에 의한 이스라엘과 열방의 구원사

---

1. Charles van Engen, "'Mission' Defined and Described," in *Mission Shift: Global Mission Issues in the Third Millennium* (Nashville: B&H, 2010), 24.

42:1~4; 49:1~6; 50:4~9; 52:13~53:12; 참조. 61:1~3 등이 그러하다.[2]

구약의 시가서 역시 예외가 아니다. 우선 학자들은 시편이 구약의 핵심 주제를 함축적으로 다룬다고 보는데,[3] 위에 열거된 구약의 선교 주제들 상당수가 시편에도 그대로 녹아 들어있다.[4] 나아가 구약 지혜서잠언, 욥기, 전도서, 아가서 역시 선교적이다. 모세오경, 역사서, 선지서가 하나님께서 이스라엘을 선택하시고 인류를 구원하신다는 '구속신학'의 내용을 담고 있다면, 구약 지혜서는 '창조신학'의 관점에서 하나님께서 창조하실 때 의도하신 창조질서의 원리가 무엇인지를 알려주며, 우리가 회복해야 할 창조의 목적과 질서를 알게 해주는데, 이런 차원에서 지혜서 역시 선교적이라고 할 수 있다.

한편 시편과 구약 지혜서의 선교적 주제를 상세히 모두 다루는 것은 방대한 작업인데, 이 글에서는 지면의 한계로 인해 구약 지혜서에 나타난 하나님의 선교를 중점적으로 다루려고 한다. 시편을 선교적으로 고찰한 연구는 이미 다수

---

2. A. J. Köstenberger, "Mission," in *NDBT* (Downers Grove: InterVarsity, 2000), 663~668.

3. Tremper Longman, 『어떻게 시편을 읽을 것인가?』 (*How to Read Psalms?*, 한화룡 역, 서울: IVP, 1989), 65~66; G. K. Beale, *The Temple and the Church's Mission: A Biblical Theology of the Dwelling Place of God* (Downers Grove: IVP Academic, 2004).

4. James Luther Mays, *The Lord Reigns: A Theological Handbook to the Psalms* (Louisville: Westminster John Knox, 1994); Herman J. Selderhuis, *Calvin's Theology of the Psalms* (Grapd Rapids: Baker Books, 2007); J. Clinton McCann Jr, *A Theological Introduction to the Book of Psalms: The Psalms as Torah* (Nashville: Abingdon, 2011); Robert D. Bell, *Theological Themes of Psalms: The Theology of the Book of Psalms* (Eugene: Wipf and Stock, 2018); Hans-Joachim Kraus, *Theology of the Psalms* (Minneapolis: Fortress, 1992).

5. Walter C. Kaiser Jr., 『구약성경과 선교: 이방의 빛 이스라엘』 (*Mission in the Old Testament: Israel as a Light to the Nations*, 임윤택 역, 서울: CLC, 2013), 제4장.

6. Mark J. Boda, "Declare His Glory among the Nations: The Psalter as Missional Collection," in *Christian Mission: Old Testament Foundations and New Testament Developments*, ed. by Stanley E. Porter and Cynthia Long Westfall, McMaster New Testament Studies (Eugene, OR: Pickwick Publications, 2011), 13~41.

7. Carl J. Bosma, "A Missional Reading of Psalms 67 and 96," in *Reading the Bible Missionally*, ed. by Michael W. Goheen and John R. Franke, *The Gospel and Our Culture Series* (Grand Rapids, MI: Eerdmans, 2016), 151~171.

---

존재하지만에, 월터 카이저,[5] 마크 보다,[6] 칼 보스마[7] 및 기타 저자들[8], 구약 지혜서를 선교적으로 접근한 연구는 거의 없기에 이 글을 통해 구약 지혜서가 말하는 하나님의 선교를 총체적으로 규명하고자 한다.[9]

## 1. 창세기 1~2장이 말하는 창조 목적과 하나님의 선교

혹자는 하나님의 선교가 창세기 3장에 나오는 인간의 타락 사건 직후에 선포된 원시복음창3:15으로부터 시작된다고 생각할 수 있다.[10] 하지만 하나님의 구속이 타락한 인간의 구원을 넘어 '악과 죄'로 무너진 창조세계 질서의 회복까지 포괄한다는 의미에서 창세기 1~2장이 기술하는 '창조'도 궁극적으로 회복되어

8. Christopher Wright, 『하나님 백성의 선교』(The Mission of God's People: A Biblical Theology of the Church's Mission, 한화룡 역, 서울: IVP, 2012); Michael Landon, "The Psalms as Mission," Restoration Quarterly 44/3 (2002): 165~175; Alan Ludwig, "Mission in the Psalms," Logia 23/3 (2014): 11~19; James R. Rohrer, "The Psalms in Nineteenth-Century Mission Theology," Scottish Bulletin of Evangelical Theology 34/2 (2016): 172~187; 이동수, "시편에 나타난 선교 신학," 『장신논단』 20 (2003): 63~84; 이교육, "시편 110편의 선교적 의미," 『ACTS 神學과 宣敎』 6 (2002): 228~264. 또 시편을 구속사 또는 다윗 언약 등의 관점에서 접근하는 다음의 연구도 참고하라. Palmer Robertson, 『시편의 흐름』(The Flow of the Psalms: Discovering Their Structure and Theology, 김헌수·양태진 역, 서울: 성약, 2019); John H. Walton, "Psalms : A Cantata About the Davidic Covenant," JETS 34/1 (1991): 21~31; 김창대, 『한 권으로 꿰뚫는 시편』(서울: IVP, 2015); 방정열, 『새로운 시편 연구』(서울: 새물결플러스, 2018); 김진규, "시편의 문맥적 이해의 복음주의적 성경해석에의 기여," 『성경과 신학』 62 (2012): 187~211; "시편 최종형태의 맥락에서 본 시편 2편의 메시지," 『성경과 신학』 80 (2016): 1~35; "제왕시로부터 종말론적 시편으로: 시편의 문맥 속에서 바뀌는 시편110편의 장르," 『개혁논총』 19 (2011): 9~43.
9. 지혜서를 선교적 관점에서 다룬 글의 예는 다음과 같다. Tim J. Davy, The Book of Job and the Mission of God: A Missional Reading (Eugene: Wipf and Stock, 2020); Matthew Newkirk, Fill the Earth: The Creation Mandate and the Church's Call to Missions (Eugene: Pickwick Publications, 2020), 160~164; Ronald P. Hesselgrave, "The Mission of God in the Book of Job," in I Know That My Redeemer Lives: Suffering and Redemption in the Book of Job (Eugene: Wipf and Stock, 2016), 19~30.
10. 예를 들어, Köstenberger, "Mission," 663.

야 할 하나님의 선교 영역에 포함된다고 보아야 한다.[11]

창세기 1~2장은 하나님의 창조 목적을 다음과 같이 설명한다. 먼저 창세기 1장 27~28절은 하나님께서 창조 여섯째 날에 인간을 '하나님의 형상대로in the image of God' 창조하셨다고 말하는데, 이것은 하나님의 자녀인 인간을 '하나님을 대신하여 이 세상을 다스릴 왕 같은 존재', 즉 '하나님의 대리 통치자'로 만드셨음을 의미한다시8:6.[12] 다음으로 창세기 2장 1~3절은 하나님께서 창조 일곱째 날에 창조사역을 마치며 '안식'하셨다고 기술하는데, '하나님의 안식'은 창조세계를 완성하신 하나님께서 창조세계의 왕으로 좌정하여 통치하시는 것을 뜻한다.[13] 다시 말해 하나님께서 다스리시는 '하나님 나라'가 우주적으로 구현된 상태라는 것이다.[14]

이런 맥락에서 창조의 목적은 두 가지로서, 먼저 대리통치자인 인간이 우주의 왕이신 하나님을 '경외'하는 것이고, 둘째, 하나님의 뜻과 방식대로 세상을 관리하고 다스리는 것이다. 이렇게 될 때 하나님의 통치가 온 우주 가운데 실현되고, 창조질서가 유지되는 가운데 피조세계는 하나님의 안식과 평화를 경험하게 된다.[15]

---

11. Wright, 『하나님 백성의 선교』, 55~56; 성주진, "오경의 선교: 선교의 언약신학적 이해," 『선교와 신학』 1 (1998): 28~29; 구자용, "Imago Dei, dominium terrae, Missio Dei: 창세기의 인간 창조 서술에 대한 선교신학적 고찰," 『선교신학』 43 (2016): 9~36.

12. 기동연, 『창조로부터 바벨까지: 창세기 1~11장 주석』 (서울: 생명의 양식, 2009), 72~75.

13. 이 해석에 대한 주해는 다음을 참고하라. 김진수, 『창조의 목적과 하나님의 나라』 (수원: 영음사, 2018), 21~62; Meredith D. Kline, 『하나님 나라의 서막』 (The Kingdom Prologue, 김구원 역, 서울: CLC, 2007), 62~67.

14. 김진수, 『창조의 목적과 하나님의 나라』, 30~31. 특히 성전신학의 관점에서 볼 때 타락 이전의 이 상태가 '우주적 성전'의 모습이라 할 수 있다. 다시 말해 하나님의 통치가 우주적으로 구현되는 가운데 우주 전체가 하나님의 임재와 영광을 담아내는 '왕궁/성전' 역할을 한 것이다(사66:1). 요한계시록은 앞으로 도래할 새 하늘과 새 땅 역시 우주적 성전이 될 것이라고 말한다(계21:22~23). 한편 하나님께서 이스라엘 백성에게 지으라고 명하신 성막/성전은 우주 성전의 '축소판이자 모형'이라고 할 수 있다. 이스라엘 백성은 성막/성전 언약궤 안에 들어있는 십계명 두 돌판의 가르침을 따라 하나님의 통치를 따르는 삶을 살아야 했다. 김진수, 『창조의 목적과 하나님의 나라』, 49~62.

15. 김성진, "지혜로 회복되는 신앙교육," 『성경 속 교육』 (아세아연합신학대학교, 2018), 53~56; H. A. Kenik

한편 아담과 하와의 타락 사건은 인간이 자신의 위치와 사명을 망각했음을 의미한다. 인간은 하나님처럼 되려는 교만함 가운데 창조의 목적과 질서에 역행하게 되는데전7:29,[16] 그 결과 창조세계는 안식이 아닌 혼돈 상태에 빠지게 된다. 이런 의미에서 하나님의 선교는 궁극적으로 하나님의 창조 목적과 질서 회복을 목표로 한다.[17]

그런데 이런 회복은 이스라엘 백성에게만 해당되는 것이 아니다. 창세기 1~2 장은 하나님께서 이스라엘의 조상 아브라함을 부르시기 이전에창12장 온 인류의 시조인 아담을 먼저 창조했음을 기술하는데, 이는 하나님 선교의 궁극적인 목표가 이스라엘 백성을 넘어 온 인류의 창조 목적의 회복에 있음을 보여준다.[18] 실질적으로 구약의 하나님의 선교가 주로 이스라엘 중심이었다면cf. 라합, 룻, 요나, 신약시대부터는 본격적으로 각 나라와 족속과 방언에 대한 선교를 통한 창조 목적/질서 회복을 지향하고 있다계5:9; 7:4~17; 14:1~5.[19]

## 2. 창세기의 '창조신학'에 뿌리를 둔 구약 지혜서

특히 창세기의 창조 주제를 더욱 확장하여 인류가 회복해야 할 창조의 목적과 질서가 무엇인지를 잘 보여주는 책이 구약 지혜서잠언, 욥기, 전도서, 아가서이

"Toward a Biblical Basis for Creation Theology," in *Western Spirituality* (Bear & Co., 1981), 39.

16. 김진수, 『창조의 목적과 하나님의 나라』, 44~45, 87~91.

17. 노세영, "지혜문학에 나타난 창조신학," 『신학사상』 85 (1994): 99~105.

18. 예를 들어 역대상 1~9장 및 누가복음 3장 23~38절의 족보가 아담까지 거슬러 올라가는데, 이 역시 하나님의 선교 목적이 이스라엘뿐만 아니라 온 인류회복에 있음을 암시한다. David E. Garland, *Luke*, ZECNT (Grand Rapids: Zondervan, 2012), 172; J. A. Thompson, *1, 2 Chronicles*, NAC (Nashville: B&H Publishers, 1994), 47~49.

19. Köstenberger, "Mission," 667. 창조세계 질서의 회복은 주님의 초림 때 십자가와 부활 사건을 통해 '미리 성취'되었고, 주님의 재림 때 '영광스럽게 완성'될 것이다(계21~22장). Wright, 『하나님 백성의 선교』, 55~56.

다. 최근 연구들은 구약신학을 두 축'구속신학'과 '창조신학'으로 나누는데, 우선 모세오경, 역사서, 선지서가 주로 '구속신학'의 관점에서 하나님께서 인류를 구원해 가시는 과정에 초점을 맞춘다면, 구약 지혜서는 창세기에 뿌리를 둔 '창조신학'의 관점에서 우리가 회복해야 할 창조질서의 원리가 무엇인지를 보여준다.[20] 이런 의미에서 구약 지혜서는 모세오경, 역사서, 선지서의 주요 주제인 아브라함/이스라엘의 선택, 언약/약속, 구속사, 성선, 제사/예배 등은 거의 다루지 않고, 창세기 초반부의 창조와 관련된 주제에 관심을 기울인다.[21]

예를 들어 잠언은 하나님을 '창조주'로 묘사하며잠14:31; 17:5; 22:2, '세상의 창조'잠3:19~20; 8:22~31와 '인간의 창조'잠14:31; 16:4; 17:5; 20:12; 22:2; 29:13 등을 언급하는데,[22] 궁극적으로 잠언은 하나님께서 창조 시 제정하신 '창조질서의 원리'/'도덕적 원리'가 무엇인지를 가르쳐 준다.[23] 즉 창조주 하나님을 경외하는 가운데

20. W. Zimmerli, "The Place and Limit of Wisdom in the Framework of Old Testament Theology," *SJT* 17 (1964) 146~158; Gerhard von Rad, *Wisdom in Israel* (London: SCM, 1972); Hans-Jürgen Hermisson, "Observations on the Creation Theology in Wisdom," in *Israelite Wisdom* (Missoula: Scholars, 1978); Hans H. Schmid, "Creation, Righteousness, and Salvation: 'Creation Theology' as the Broad Horizon of Biblical Theology," in *Creation in the Old Testament*, ed. by B. W. Anderson (Philadelphia: Fortress, 1984), 102~117; Leo G. Perdue, *Wisdom & Creation: The Theology of Wisdom Literature* (Nashville: Abingdon, 1994); K. Schifferdecker, "Creation Theology," in *DOTWPW* (Downers Grove, IL; InterVarsity, 2008), 63~71; W. P. Brown, *Wisdom's Wonder: Character, Creation, and Crisis in the Bible's Wisdom Literature* (Grand Rapids: Eerdmans, 2014); 노세영, "지혜문학에 나타난 창조신학," 94~118.
21. Schifferdecker, "Creation Theology," 63. 구약 지혜서와 모세오경/역사서/선지서의 차이점에 대한 논의는 다음을 참고하라. 현창학, "구약 지혜서의 성격," 『신학정론』 25 (2007): 11~48; "지혜서의 성격과 지혜 어휘" 『신학정론』 21 (2003): 373~409.
22. 잠언과 창세기 1~2장의 연관성에 대해서는 다음을 참고하라. G. M. Landes, "Creation Tradition in Proverbs 8:22~31 and Genesis 1," in *A Light Unto My Path* (Philadelphia: Temple University Press, 1974), 279~293; Gale A Yee, "The Theology of Creation in Proverbs 8:22~31," in *Creation in the Biblical Traditions* (Washington, DC: Catholic Biblical Association of America, 1992), 85~96; R. B. Y. Scott, "Wisdom in Creation: The 'Amôn of Proverbs 8:30," *VT* 10.2 (1960): 213~223; Matthew McAffee, "Creation and the Role of Wisdom in Proverbs 8: What Can We Learn?," *Southeastern Theological Review* 10.2 (2019): 31~57; 윤형, "잠언 8:22~31에 나타난 지혜와 창조의 역학적 관계," 『구약논단』 26 (2020): 93~119.
23. 이에 대한 자세한 논의는 다음을 참고하라. 김성진, "Wisdom in the Book of Proverbs: The Literary and Hermeneutic Function of Wisdom," 『한국기독교신학논총』 75 (2011): 66~71.

잠1:7; 9:10 구체적인 잠언의 지혜와 가르침을 일상 가운데 실천하며 사는 것이 우리가 회복해야 할 창조의 목적이며 질서라는 것이다.

같은 맥락에서 아가서는 창조질서의 원리 가운데 하나님께서 제정하신 부부의 사랑의 본질과 아름다움에 대해 다룬다. 특히 학자들은 아가서가 창세기 2장 23~25절"그러므로 남자가 부모를 떠나 그의 아내와 합하여 둘이 한 몸을 이룰지로다. 아담과 그의 아내 두 사람이 벌거벗었으나 부끄러워하지 아니하니라"의 확장으로서,[24] 타락 이후를 살고 있는 우리가 회복해야 할 창조의 원리로서 부부 간의 '사랑과 성'을 가르쳐 준다고 본다.[25]

한편 신자가 창조질서의 원리대로 살면 잘 될 것 같으나, 항상 그렇지만은 않은 현실의 문제를 전도서와 욥기가 '창조신학'의 관점에서 다룬다. 우선 전도서는 창세기 3장의 타락 사건이 가져온 죽음, 불확실한 미래, 부조리함 등의 문제로 인생이 '공허'하게 느껴질 수 있지만,[26] 심판주이시며 만물을 새롭게 하실 창조주 하나님을 경외하는 신앙으로 '공허함'을 극복하며 계속해서 창조질서의 원리대로 살아갈 것을 권면한다.

---

24. 아가서와 창세기 1~3장의 관계에 대해서는 다음을 보라. A. Boyd Luter, "Love in a Fallen World: Further Toward a Theology of the Song of Songs," *LBTS Faculty Publications and Presentations*, 382 (2012): 7~10; Daniel C. Fredericks and Daniel J. Estes, *Ecclesiastes & the Song of Songs*, AOTC (InterVarsity, 2010), 294, 298~299; Ivory J. Cainion, "An Analogy of the Song of Songs and Genesis Chapters Two and Three," *SJOT* 14.2 (2000): 219~259; 안근조, "아가서의 정경성과 신학: 알레고리적 이해에서 지혜전승의 창조 신학적 이해로" 『신학연구』 (2018), 109~136.

25. 김성수, 『구약의 키』 (서울: 생명의 양식, 2017), 183; G. Lloyd Carr, *The Song of Solomon*, TOTC (Downers Grove, IL: IVP, 2009), 35~36.

26. 전도서와 창세기 1~4장의 관계에 관해서는 다음을 보라. Matthew Seufert, "The Presence of Genesis in Ecclesiastes," *The Westminster Theological Journal* 78.1 (2016): 75~92; William Anderson, "The Curse of Work in Qoheleth: An Exposé of Genesis 3:17~19 in Ecclesiastes," *The Evangelical Quarterly* 70 (1998): 99~113; Radiša Antic, "Cain, Abel, Seth, and the Meaning of Human Life as Portrayed in the Books of Genesis and Ecclesiastes," *Andrews University Seminary Studies* 44/2 (2006): 203~211; David M. Clemens, "The Law of Sin and Death: Ecclesiastes and Genesis 1~3," *Themelios* 19/3 (1994): 5~8; 유윤종, "전도서 안의 창세기," 『구약논단』 7 (1999): 95~118.

다음으로 욥기는 신자가 창조의 목적대로 살아감에도 불구하고 경험하게 되는 '고난과 악'의 문제를 다룬다. 욥기는 인류를 타락으로 이끈 사탄창3장을 그 장본인으로 지목하는데,[27] 궁극적으로 사탄을 심판하시고 성도를 신원하고 위로하여 주실 창조주 하나님의 통치를 온전히 신뢰하며, 계속해서 창조질서의 원리대로 살아갈 것을 촉구한다욥28:41.[28] 이처럼 창세기의 '창조신학'에 뿌리를 두고 있는 구약 지혜서이 핵심 주제를 정리하면 다음의 표와 같다.

| 분류 | 잠언 | 아가서 | 전도서 | 욥기 |
|---|---|---|---|---|
| 주제 | 창조질서의 원리/도덕적 질서 | 창조 시 하나님께서 의도하신 부부의 사랑과 성의 본질과 아름다움 | 타락 사건(창3장) 이후 도래한 공허함의 문제 (예, 죽음, 노동의 수고, 불확실한 미래, 부조리함, 불의 등)를 극복하는 지혜 | 창조질서의 원리대로 살아감에도 불구하고 발생하는 고난/악의 문제를 극복하는 지혜 |
| 관련 내용 | 창세기 1~2장 | 창세기 1~3장 | 창세기 1~4장 | 창세기 1~4장 |

요컨대 구약 지혜서는 우리가 회복해야 할 창조질서의 원리가 무엇인지를 보여주며잠언, 아가서, 심지어 '공허함전도서'과 '고난욥기'의 상황에서도 변함없이 그 원리대로 살아가야 함을 가르쳐준다. 특히 지혜서의 저자 또는 핵심 주인공에 이스라엘 백성뿐만 아니라, 솔로몬 이방인도 포함한다는 사실은예, 잠언의 아

---

27. 욥기는 창세기 3장의 사탄(예, 1~2, 4, 40~41장), 창세기 1~2장의 천지 창조(예, 3, 9, 38~41장) 및 하나님의 창조세계 통치(3~41장) 등에 대해서도 다루는데, 욥기와 창세기 1~4장의 관계에 대해서는 다음의 글들을 참고하라. C. Blom, *Zonder Grond onder de Voeten: Een Theologische Analyse van het Boek Job en Genesis 1-4 vanuit het Perspectief van het Kwaad in de Schepping* (Zoetermeer: Boekencentrum Academic, 2009); Sam Meier, "Job 1~2: A Reflection of Genesis 1~3," *VT* 39/2 (1989): 183~193; Fred Gottlieb, "The Creation Theme in Genesis 1, Psalm 104 and Job 38~42," *Jewish Bible Quarterly* 44/1 (2016): 29~36.
28. 김성진, "욥기, 어떻게 읽을 것인가?" 『가난하나 부요케: 조병수박사 은퇴기념논총』 (용인: 가르침, 2020), 181~214.

굴(잠30:1), 르무엘(잠31:1), 욥기의 욥[29] 지혜서의 가르침을 통해 창조의 목적/질서를 회복하기를 원하시는 하나님의 선교 대상이 이스라엘을 넘어 온 인류에게 있음을 보여준다.[30]

## 3. 창조목적/질서의 근간: '여호와 경외'

그렇다면 구약 지혜서가 강조하는 창조의 목적/질서의 기초는 무엇일까? 바로 창조주 하나님을 '경외'하는 것이다.[31] '경외'로 번역된 히브리어 단어 יִרְאַת 이르아트는 다양한 의미로 번역될 수 있는데,[32] 특히 지혜서가 말하는 '여호와 경외'란 쉽게 말해 인간이 창조세계에서 자신의 위치와 본분을 알고 지키는 것을 뜻한다.[33] 즉 창조주이자 온 우주의 왕이신 하나님의 크심을 알고 피조물로서 자신의 작음을 알며, 대리통치자로서 하나님의 뜻과 방식대로 살아가는 것을 말한다.

이런 의미에서 지혜서는 창조신학의 관점에서 우리를 창조주 하나님을 경외하는 삶의 지혜로 초대한다. 학자들은 '여호와 경외'를 강조하는 구절이 지혜

---

29. 아굴과 르무엘을 이방인으로 보는 견해에 대해서는 다음을 참고하라. D. A. Garrett, "Foundations for an Old Testament Theology," in *The Problem of the Old Testament* (Downers Grove: InterVarsity, forthcoming), 6.

30. Davy, *The Book of Job and the Mission of God.*

31. T. Longman III, *The Fear of the Lord Is Wisdom: A Theological Introduction to Wisdom in Israel* (Grand Rapids: Baker Academic, 2017), 1~62; E. C. Lucas, "Wisdom Theology," in *Dictionary of the Old Testament: Wisdom, Poetry & Writings* (Downers Grove, Inter-Varsity, 2008), 906~907.

32. יָרֵא(야레)에서 파생된 יִרְאַת(이르아트)는 '공포(horror)'의 부정적인 의미에서부터 보다 긍정적인 '존중(respect/awe)' 또는 '예배(worship)'의 의미로도 사용될 수 있다. W. Van Pelt and W. Kaiser, "yr'," in *NIDOTTE*, 2:527~533.

33. Tremper Longman III, "Fear of the Lord," in *DOTWPW* (Downers Grove, Inter-Varsity, 2008), 201; 김성진, "Wisdom in the Book of Proverbs: The Literary and Hermeneutic Function of Wisdom," 68~71.

서의 핵심 뼈대를 이루거나예를 들어, 잠1:7; 9:10; 31:30, 핵심 절을 이룸을 지목한다
예를 들어, 전12:13;욥 28:28.[34] 결국 잠언, 전도서, 욥기 모두 '여호와 경외'의 중요성
을 강조하는 것인데, 우선 잠언은 신자가 일상의 삶의 모든 영역에서 하나님을
경외해야 함을 가르친다. 한편 전도서와 욥기는 조금 다른 각도에서 여호와 경
외를 강조하는데, 전도서는 삶이 공허하게 느껴질 때에도, 욥기는 어떤 고난의
상황 속에서도 여호와 경외의 신앙을 끝까지 붙들어야 함을 가르친다. 각 책별
로 이를 구체적으로 살펴보자.

## (1) 잠언

우선 잠언은 하나님께서 창조세계 가운데 심어 놓으신 창조질서 원리가 있
는데잠8:22~36, 이는 창조주 하나님을 경외하는 가운데잠1:7; 9:10; 31:30 잠언의 구
체적인 지혜의 가르침대로 사는 것이라 말한다.[35] 다음의 도표가 이를 잘 보여
준다.[36]

---

34. Lucas, "Wisdom Theology," 906~907; Tremper Longman III, *Proverbs* (Grand Rapids: Baker Academic, 2006), 57~58, 100~104; Duane A. Garrett, *Proverbs, Ecclesiastes, Song of Songs*, NAC (Nashville: B&H Publishing, 1993), 344.

35. Duane A. Garrett, "Wisdom in Context" in *The Problem of the Old Testament* (Grand Rapids: InterVarsity, forthcoming), 11~12; 김희석, "잠언 1~9장의 해석학적 기능과 신학적 함의," 『캐논&컬쳐』 5/1 (2011): 203~235; 김성진, "'지혜'로 회복되는 신앙교육," 56; Daniel J. Estes, *Hear, My Son: Teaching Learning in Proverbs 1~9* (Grand Rapids: Eerdmans, 1997), 26.

36. 김성수, 『구약의 키』, 165의 도표를 조금 수정하였다.

| | 1:1~7 | 표제어, 프롤로그 | | 1:7 여호와를 경외하는 것이 지식의 근본이거늘 |
| 서언 | 1:8~9 서론적 교훈 | 지혜의 유익 + 어리석음(음란, 악함)의 해악 | | 9:10 여호와를 경외하는 것이 지혜의 근본이요 |
| 본론 | 10:1~31:9 구체적인 잠언들 | 솔로몬의 잠언 1(10:1~22:6) | | |
| | | 지혜있는 자들의 잠언 1 (22:7~24:22) | | |
| | | 지혜있는 자들의 잠언 3 (24:23~34) | | |
| | | 솔로몬의 잠언 2(25~29장) | | |
| | | 아굴의 잠언(30장) | | |
| | | 르무엘 왕의 잠언(31:1~9) | | 31:30 오직 여호와를 경외하는 여자는 칭찬을 받을 것이라 |
| 결언 | 31:10~31 | 현숙한 아내의 비유 | | |

잠언은 크게 서언부1~9장, 본론부10:1~31:9, 결언부31:10~31로 나뉘는데,[37] 서언부가 '여호와 경외'의 구절로 감싸져 있을 뿐만 아니라1:7; 9:10, 결언부도 '여호와 경외'의 구절로 끝나면서31:30 잠언 전체를 둘러싸고 있다. 이러한 인클루지오Inclusio 구조를 통해 잠언은 '여호와 경외'가 잠언이 말하는 지혜의 핵심이요, 잠언 전체의 해석적 키임을 보여준다.[38]

잠언의 주제 구절인 잠언 1장 7절"여호와를 경외하는 것이 지식의 근본이거늘 미련한 자는 지혜와 훈계를 멸시하느니라" 역시 여호와 경외의 중요성을 부각시킨다. 한글 성경에서 '근본'으로 번역된 히브리어 단어 רֵאשִׁית레쉬트는 '시작', '핵심', '본질' 등의 의미를 가지는데, 이는 잠언 지혜의 출발점이 '여호와 경외'일 뿐만 아니라,

---

37. 한편 일군의 학자들은 잠언의 결언부가 31장 10~31절이 아니라 30~31장이라고 본다. 예를 들어, 김희석, "잠언의 해석학적 결론으로서의 잠언 30~31장 연구: 아굴, 르무엘, 현숙한 여인 본문의 통전적 읽기," 『성경과 신학』 81 (2014): 141~170.
38. 김희석, "잠언 1~9장의 해석학적 기능과 신학적 함의," 203~235.

잠언 지혜의 근간과 핵심 역시 '여호와 경외'임을 뜻한다고 볼 수 있다.[39] 이런 맥락에서 잠언 1장 7절은 잠언 전체가 반복적으로 교훈하는 두 가지 길을 우리에게 알려주는데, 하나님을 경외하며 잠언의 지혜를 따라 창조질서대로 살아가는 '복된 길'과 하나님과 잠언의 지혜를 멸시하는 '미련한 길'이다.[40]

이와 더불어 서언부1-9장와 결언부31:10~31도 '여호와 경외'의 중요성을 강조한다. 우선 서언부는 지혜가 '여호와 경외'에서부터 시작된다고 말하며, '지혜의 길'과 '미련한 길' 중에서 '지혜의 길'을 선택할 것을 권면한다.[41] 창조질서대로 살아가는 '지혜의 길'은 생명의 길로서 '공평과 정의로운 삶, 개인적인 건강과 평안, 장수, 행복한 가족 관계, 결실 있는 노동, 부귀와 풍부한 재물, 공동체 안에서의 존귀와 영광 등'으로 이어지지만1-4장, 이 길을 거부하는 '미련한 길'은 '파멸과 죽음, 재앙과 두려움, 여호와의 저주, 수치, 가난, 질병, 심판'을 초래한다고5-9장 경고한다.[42] 흥미로운 점은 잠언 9장이 '지혜의 길'과 '미련한 길'을 두 여인으로 의인화시켜'지혜 처녀' → 지혜를 상징; '미련한 처녀' → 지혜를 거부하는 미련한 길을 상징 젊은 남자에게 각각 구애활동을 펼치는 것으로 묘사하는데, 여호와를 경외하며 잠언의 지혜를 따라가는 것은 '지혜 처녀'의 초청에 응해 복된 삶을 사는 것으로, 잠언의 지혜를 거부하면 '미련한 처녀'를 따라 파멸로 치닫게 되는 것으로 각각 기술한다.[43] 한편 잠언의 결언부31:10~31에서는 잠언 9장의 '지혜 처녀'가 '현숙한 아내'로 재등장한다. '미련한 처녀'의 유혹을 뿌리치고 '지혜 처녀'를 따라간 젊은이는 그 처녀가 '현숙한 아내'가 되어 가정과 남편을 성

39. Lucas, "Wisdom Theology," 906; B. K. Waltke, *The Book of Proverbs: Chapters 1~15* (NICOT; Grand Rapids: Eerdmans, 2004), 181; 현창학, "구약 지혜서의 성격," 21.
40. Garrett, *Proverbs, Ecclesiastes, Song of Songs*, 68.
41. 김희석, "잠언 1~9장의 해석학적 틀에 기초한 잠언 10~30장의 개별 잠언 해석방법: 잠언 26:4~5의 예를 중심으로," 『성경과 신학』 63 (2012): 247~249.
42. 김성수, 『구약의 키』, 167.
43. 김성수, 『구약의 키』, 167.

공적으로 이끄는 것을 보게 되는데, 결국 여호와를 경외하며 '지혜의 길'을 택한 자의 복된 삶을 결언부31:10-31가 '현숙한 아내'의 비유로 묘사하고 있는 것이다.[44] 정리하자면, 서언부1-9장의 '지혜 처녀'와 결언부31:10-31의 '현숙한 아내'가 잠언 전체를 인클루지오로 감싸면서 창조질서의 원리를 따라가는 '지혜의 길'의 중요성을 드러낸다.[45]

잠언의 서론부와 결론부가 '지혜의 길'의 중요성을 부각한다면, 본론부10:1-31:9는 그 지혜가 구체적으로 무엇인지를 보여준다. 문맥적 흐름이 있는 장편 잠언들로 구성된 서론부/결론부와 달리, 본론부는 주로 짧고 문맥적 흐름이 없는 수많은 개별 잠언들의 모음집 형식인데, 이 개별 잠언들은 삶의 다양한 국면에 적용할 수 있는 주제들로 구성되어 있다예를 들어, 언어,[46] 재물,[47] 개인,[48] 가정,[49] 사회[50] 등. 이런 주제들 가운데 개별 잠언들이 일관되게 권장하거나 피하도록 권

44. 현창학, 『구약 지혜서 연구』(수원: 합신대학원출판부, 2009), 81~84; 김성수, 『구약의 키』, 171; T. P. McCreesh, "Wisdom as Wife: Proverbs 31:10~31," *RB* 32 (1985): 25~46.

45. 현창학, 『구약 지혜서 연구』, 82.

46. '의인의 말과 악인의 말'(10:11,31~32; 12:6,19,22), '선한 말의 위력'(12:55; 15:1; 16:13,24; 25:12; 27:21), '때에 맞는 말'(15:23; 25:11), '미혹과 소문'(14:15; 26:2), '입술을 제어하는 유익'(10:19; 11:13; 13:3; 17:28; 18:8; 25:9~10), '언어에 조급한 사람'(18:13; 29:20). 배정훈, 『하늘에서 오는 지혜: 잠언, 전도서, 욥기에 대한 정경적 이해』(서울: 장로회신학대학교출판부, 2013), 64~65.

47. '재물의 능력'(10:15; 13:8; 18:11), '게으름과 근면'(6:6~10; 10:4~5, 12:24,27; 13:4; 19:24; 20:13; 24:30~34; 26:15), '의인과 악인'(10:3,6,16,24~25; 11:5,30; 12:3), '정직/불의'(10:2; 11:1; 12:12; 15:19; 16:8; 19:22; 20:10,17), '뇌물'(15:27; 17:8,23; 21:14; 28:21; 29:4), '구제'(11:24~26; 28:27). 배정훈, 『하늘에서 오는 지혜: 잠언, 전도서, 욥기에 대한 정경적 이해』, 65.

48. '분노'(12:16; 15:18; 16:32; 18:19; 19:11; 22:24; 25:28; 29:11), '마음'(4:23; 15:13; 17:22; 18:14; 20:5,27; 23:7), '자족'(27:20; 30:7~9,15~16), '듣는 지혜'(12:15; 13:10; 15:12,31; 17:10; 21:13; 25:12), '겸손'(11:2; 15:33; 16:19; 18:12; 21:4; 22:4; 26:12; 27:2; 29:21; 30:21~23), '쾌락'(20:1; 21:17; 23:20~21,29~35), '일군'(사명[25:13]; 성실[22:29]; 훈련[17:3; 25:4]), '근심과 평안'(10:10,22; 11:14; 14:13; 31:6). 배정훈, 『하늘에서 오는 지혜: 잠언, 전도서, 욥기에 대한 정경적 이해』, 65.

49. '교육'(13:1,24; 15:20; 20:6,11,15; 29:15,17), '아내를 얻음'(18:22; 19:14; 30:10~31); '성'(5:15~19; 6:24~35; 7:6~23; 9:13~18), '여성'(11:16,22; 12:4; 19:13; 21:19; 25:24; 27:15~16), '화목'(15:7,16~17; 17:1; 18:19), '훈계를 들음'(13:1,18; 15:5,32; 19:20). 배정훈, 『하늘에서 오는 지혜: 잠언, 전도서, 욥기에 대한 정경적 이해』, 65~66.

50. '덮어줌'(10:12; 17:9; 19:11), '지혜의 유익'(11:14; 15:22; 20:18; 24:6; 29:18), '노인/부모 공경'(10:1; 17:6; 19:26; 20:20; 23:24), '장수'(3:16; 10:27; 16:31; 28:16), '이웃을 긍휼히 여김'(14:21,31; 19:17; 22:2,16,22; 25:21~22;

면하는 덕목을 정리하면 다음과 같다.[51]

| 권장하는 지혜 덕목들 | 피할 것을 권면하는 것들 |
|---|---|
| 정직(27:5~6; 28:23), 근면(27:23~24), 친절(14:9; 24:17,19; 25:21,22), 관용(17:5; 24:17; 21:13; 28:8), 용서(10:12; 17:9), 진실(14:5; 12:17), 인내(19:11), 겸손(15:33; 18:12; 22:4; 29:23), 즐거움(15:13; 17:22), 충성(28:20), 절제(29:11; 17:27), 자기통제(14:29; 15:18; 16:32) 등 | 화내는 일(15:18; 19:19; 29:22; 30:33), 폭력, 다툼(17:19; 26:21,17), 한담(18:8; 20:19; 26:22), 교만(15:25; 16:5; 21:4), 술 취함(21:17; 23:20~21,29~35), 폭식(23:1~3), 시기(14:30), 탐욕(23:4~5), 가난한 자의 착취(14:31), 게으름(6:11; 10:4; 24:30~31), 거짓말(24:28; 25:18; 26:18~19), 뇌물(15:27; 17:8; 18:16; 21:14), 보증(11:15; 17:18; 22:26; 27:13), 성적인 부정(22:14; 23:26~28; 31:2), 불공평한 재판(24:23) 등 |

결국 본론부10:1~31:9의 구체적인 지혜의 가르침을 일상 가운데 적용하며 실천하는 것이 창조질서의 원리대로 사는 것이요, 이 창조세계에서 잘 되는 길이다. 한 가지 잊지 말아야 할 것은 이 모든 구체적인 지혜의 실천에는 '여호와 경외'의 신앙이 전제되어야 한다는 점이다.[52]

이와 더불어 고찰할 것이 하나 더 있는데, 신자가 창조질서의 원리대로 살도록 "뒷받침하는 사상적 근거"가 '보응원리retribution principle'라는 점이다.[53] 잠언이 말하는 보응원리란 하나님을 경외하며 잠언의 구체적인 지혜대로 살아가는 자는 복을, 그렇지 않은 자는 실패하고 하나님의 벌과 심판을 받게 된다는 것인

---

27:10; 29:13), '신앙공동체'(정직한 자의 기도[15:8,29]; 가증한 기도[28:9]; 제사와 윤리[21:3]; 율법을 지키는 자[28:4]), "왕"(14:28,35; 16:10~15; 19:22; 20:2,8,26,28; 21:1; 24:21; 25:1~3,5~6; 29:4,14; 31:3~7). 배정훈, 『하늘에서 오는 지혜: 잠언, 전도서, 욥기에 대한 정경적 이해』, 66.

51. 김성수, 『구약의 키』, 168의 내용을 그대로 인용하였다.

52. 이런 의미에서 김희석은 본론부의 개별적 잠언들의 해석적 렌즈가 '여호와 경외'가 되어야 한다고 주장한다. 김희석, "잠언 1~9장의 해석학적 틀에 기초한 잠언 10~30장의 개별잠언 해석방법: 잠언 26:4~5의 예를 중심으로," 247~249.

53. 현창학, "잠언의 성격과 메시지," 『신학정론』 26.1 (2008): 224~238.

데, 이러한 보응원리는 "잠언 전체에 흐르는 주요사상"으로 잠언 내에서 반복해서 등장한다.[54] 그 일부를 소개하면 다음과 같다.

> 잠언 2장 21~22절 "대저 정직한 자는 땅에 거하며… 그러나 악인은 땅에서 끊어지겠고"
> 잠언 10장 30절 "의인은 영영히 이동되지 아니하여도 악인은 땅에 거하지 못하게 되느니라"
> 잠언 14장 11절 "악한 자의 집은 망하겠고 정직한 자의 장막은 흥하리라"

보응원리는 하나님께서 창조세계를 다스리시는 '통제/운영 원리'요 '도덕질서'라고도 볼 수 있는데,[55] 결국 신자는 보응원리로 "경계를 받아" 잠언의 창조질서의 원리대로 살도록 인도받는다. 이런 맥락에서 잠언은 두 가지 원리, 즉 '창조질서의 원리'와 그것을 실천하도록 격려하는 '보응원리'의 책이라고도 할 수 있다.[56] 보응원리야말로 신자가 더욱 창조질서의 원리대로 살도록 하는 동인이 된다.

## (2) 아가

아가서는 창조질서의 원리 가운데, 특히 하나님께서 창조 시에 계획하신 결혼제도 내의 사랑과 성의 아름다움을 논하며, 부부가 하나님께서 의도하신 온

---

54. 잠2:21~22; 3:33; 4:18~19; 10:3,9,14,16,17,21,24,25,27~31; 11:3,5~8,17~21,23,30,31; 12:2,3,7,12,13,21,26,28; 13:6,9,21,22,25; 14:9,11,14,19,32; 15:3,6,9; 16:4,17,31; 17:20; 18:10; 21:7,12,18; 22:5,8; 24:12,16,20; 25:26; 28:1,10,18; 29:6. 현창학, "잠언의 성격과 메시지," 228~229.
55. 현창학, "잠언의 성격과 메시지," 224~238.
56. 현창학, "잠언의 성격과 메시지," 238.

전한 사랑을 누리게 하는 것을 주목적으로 한다.[57] 특히 아가서는 창세기 2장 23~25절 "그러므로 남자가 부모를 떠나 그의 아내와 합하여 둘이 한 몸을 이룰지로다"을 사랑의 노래love poetry로 확장해 놓은 것으로서, 타락 이후를 살고 있는 우리가 진정 회복해야 할 부부간의 '사랑과 성'의 모습을 가르쳐 준다.[58]

아가서에는 '여호와 경외'라는 표현이 등장하지 않는다. 하지만 아가서는 잠언, 전도서, 욥기와 같은 지혜서면서 창세기의 '창조신학'에 그 뿌리를 두고 있고,[59] 나아가 아가서의 주된 사랑의 목소리가 잠언 8장 1절에서 9장 12절까지의 지혜의 목소리처럼, '여성의 목소리'이면서 젊은이를 하나님께서 제정하신 결혼제도 안에서의 참다운 사랑의 지혜로 이끈다는 점 등에서, 아가서 역시 '여호와 경외'의 관점으로 접근하는 것이 바람직하다.[60] 다시 말해 아가서에 나타난 인간의 '사랑과 성'을 창조질서 및 여호와 경외의 렌즈로 볼 수 있다.

아가서의 부부간 '사랑과 성'에 관한 교훈을 대략 일곱 가지로 정리하면 다음과 같다.

첫째, 하나님께서 창조 시 제정하신 결혼 안에서의 사랑과 성은 너무나도 아름다운 하나님의 선물이다.[61] 이런 의미에서 성을 터부시하거나 죄악시하는 금욕주의는 잘못되었으며예, 중세교회, 오히려 하나님께서 부부간 허락하신 사랑의 기쁨을 감사함으로 누릴 수 있어야 한다.[62]

---

57. 김성수, 『구약의 키』, 167; 류호준, "아가서의 신학적 주제와 구조," 『How주석: 아가서』 (서울: 두란노, 2009), 32~34.
58. 김성수, 『구약의 키』, 183; Carr, The Song of Solomon, 35~36. 아가서의 장르 및 해석사에 대한 논의는 다음을 참고하라. Duane Garrett, Song of Songs, WBC (Dallas, TX: Word, 2004), 59~97.
59. 현창학, "아가서 해석," 『신학정론』 26 (2008): 83~124; 안근조, "아가서의 정경성과 신학: 알레고리적 이해에서 지혜전승의 창조신학적 이해로," 109~136; 김지찬, "아가서의 문예적 독특성과 신학적 메시지," 『신학지남』 292 (2007): 121~162.
60. John Stek, "Song of Solomon," in NIV Study Bible, 1120; 김성수, 『구약의 키』, 181; 류호준, "아가서의 신학적 주제와 구조," 33.
61. Fredericks and Estes, Ecclesiastes & the Song of Songs, 300.
62. Garrett, Proverbs, Ecclesiastes, Song of Songs, 375~379.

둘째, 타락 사건으로 부부는 서로 지배하려는 관계가 되고 말았지만창3:16 "너는 남편을 *원하고*(תְּשׁוּקָה) 남편은 너를 다스릴 것이니라", 아가서는 지배나 힘겨루기가 없는 상호 복종의 모습을 보여준다아7:10 "나는 내 사랑하는 자에게 속하였도다 그가 나를 *사모하는구나*(תְּשׁוּקָה).[63] 이는 우리가 회복해야 할 부부 관계의 모습이, 아가서가 묘사하는 창조시의 평등하고 '피차 복종하는' 관계임을 뜻한다엡5:21.[64]

셋째, 부부의 사랑은 '배타성을 요구'한다." 다시 말해 부부의 연합과 하나됨에 그 어느 누구도 끼어들어서는 안 된다는 것이다아8:6 "질투는 스올 같이 잔인하며 불길 같이 일어나니"; 아7:10.[65]

넷째, 유사한 맥락에서 아가서는 결혼 및 부부간의 사랑이 한 남자와 한 여자 사이에서 이루어지는 것이기에아7:10, 그 외의 일부다처제나 동성애 등은 성립될 수 없음을 보여준다.[66]

다섯째, 아가서의 주인공들은 육체적 관계뿐만 아니라 서로 간에 친밀감과 사랑을 자주 표현하는데, 이는 부부의 참된 행복이 '몸과 마음'의 연합이 동시에 이루어질 때 가능한 것임을 의미한다.[67]

여섯째, 아가서는 사랑의 '힘'을 강조하는데, 부부의 사랑은 "죽음 같이 강하고 강렬한 불처럼 맹렬하게 타오른다."아8:6~7.[68]

일곱째, 이런 의미에서 아가서는 젊은이들이 준비되지 않은 사랑과 성을 일

---

63. 창세기 3장 16절의 "원하고(תְּשׁוּקָה)"가 부정적인 의미를 지닌다면(예, 지배하고), 아가 7장 10절의 "사모하는구나(תְּשׁוּקָה)"는 그와는 다른 긍정적인 의미를 가진다. Tremper Longman III, *Song of Songs*, NICOT (Grand Rapids: Eerdmans, 2001), 198~199.

64. Fredericks and Estes, *Ecclesiastes & the Song of Songs*, 397~398. 김성수, 『구약의 키』, 182; Richard S. Hess, "Song of Solomon," *NIV Biblical Theology Study Bible* (Grand Rapids: Zondervan, 2018), 1148; Garrett, *Proverbs, Ecclesiastes, Song of Songs*, 379~380. 나아가 삼위일체 하나님의 하나 되심과 같이 부부 역시 온전한 사랑 가운데 연합을 이루도록 해야 한다. 류호준, "아가서의 신학적 주제와 구조," 34.

65. 김성수, 『구약의 키』, 182.

66. Garrett, *Proverbs, Ecclesiastes, Song of Songs*, 379.

67. Garrett, *Proverbs, Ecclesiastes, Song of Songs*, 379.

68. 김성수, 『구약의 키』, 182.

깨우는 것을 금지한다. 사랑의 힘은 강력한 것이어서 때 이르거나 부적절한 사랑과 성은 역으로 파괴적인 결과를 초래하고, 나아가 하나님께서 의도하신 결혼의 온전한 기쁨과 복을 누리지 못하게 하기 때문이다.[69] 아가서의 구조에 대해 다양한 견해가 있지만, 아가서를 사랑의 노래love poetry 모음집이라는 관점에서 다음의 구조를 도식화할 수 있는데, 우선 주요 마디마다 사랑과 성을 함부로 일깨우는 것을 강력히 경고하는 후렴구가 들어가 있는 것을 볼 수 있다아 2:7; 3:5; 8:4.[70]

| 1:1 | 1:2~2:7 | 2:8~3:5 | 3:6~5:1 | 5:2~6:3 | 6:4~8:4 | 8:5~7 | 8:8~14 |
|---|---|---|---|---|---|---|---|
| 제목 | 첫 번째 만남 | 두 번째 만남 | 세 번째 만남 | 네 번째 만남 | 다섯 번째 만남 | 문학적 절정 | 결어 |

↑ 2:7    ↑ 3:5        ↑ 8:4

"예루살렘 딸들아, 너는 사랑을 흔들지 말고 깨우지 말라. 사랑이 원하기 전까지는!"

아가서 2장 7절, 3장 5절, 8장 4절에 나오는 "예루살렘 딸들"은 아직 결혼하지 않은 젊은이를 상징하는데, 성숙한 사랑이 가능한 결혼 적령기 때까지 섣불리 성적 결합과 사랑을 시도해서는 안 된다고 경고한다.[71] 마찬가지로 아가서의 결어인 8장 8~11절도 성적 순결을 결혼 때까지 지켜야 함을 강조한다.[72]

요컨대, 아가서는 "죄가 가져다 준 성과 결혼에 대한 왜곡된 기준과 유혹들에 대항"하여 창조 시에 의도된 부부간의 "진실한 사랑이 얼마나 순수하고 숭

---

69. Longman, *Song of Songs*, 115~116; Carr, *Song of Solomon*, 94~95.

70. 김성수, 『구약의 키』, 180; John Stek, "Song of Solomon," 2021; Carr, *The Song of Solomon*, 44~45. Longman, *Song of Songs*, 48~49.

71. Garrett, *Proverbs, Ecclesiastes, Song of Songs*, 392~393.

72. Fredericks and Estes, *Ecclesiastes & the Song of Songs*, 324.

고한 것인지를 교훈하면서," 그런 부부 사랑의 모습을 회복하도록 인도한다.[73] 결국 하나님을 경외하며 하나님께서 의도하신 대로 사랑과 성을 누리는 것이 참 행복에 이르는 첩경이다.

## (3) 요약

잠언과 아가서는 타락 이후를 살아가는 신자가 여호와 경외의 신앙 위에서 창조질서의 원리대로 살아갈 것을 권면하는데, 이것은 삶의 모든 영역에서 잠언의 지혜를 실천하며, 아가서의 가르침대로 하나님께서 제정하신 결혼 안에서 사랑과 성의 의미를 구현해 내는 것이다. 신자는 특히 잠언의 보응원리의 경고를 받아 창조질서의 원리대로 살아가기 위해 더욱 힘써야 한다.


# 4. 공허함과 고난 가운데 '여호와 경외'

신자가 창조질서의 원리대로 살아가면 잠언의 보응원리를 따라 늘 형통하고 잘 되어야할 것 같지만, 현실은 그렇지 않은 경우가 많다. 신자 역시 믿지 않는 자들과 별반 다를 바 없이 죽음 등의 실존 문제에 직면한다. 나아가 신실한 자들이 오히려 곤경에 처하고, 그렇지 않은 자들이 편안히 지내는 경우도 주변에서 어렵지 않게 본다. 이런 모순된 현실을 바라보면서도 신자는 계속해서 창조질서의 원리대로 살아가야 하는가? 잠언의 가르침만으로는 다 설명되지 않는 현실의 문제를 전도서와 욥기가 다루면서 계속해서 우리가 여호와 경외의 신앙을 이어갈 이유를 제시한다.[74]

---

73. 김성수, 『구약의 키』, 183
74. 현창학, "전도서의 메시지," 『신학정론』 23/2 (2005): 11~52; "욥기의 주제," 『신학정론』 21/1 (2003): 9~43.

## (1) 전도서: 공허함 가운데 '여호와 경외'

우선 전도서는 삶이 '공허'하게 느껴질 때에도 끝까지 여호와를 경외하는 신앙을 붙들어야 함을 가르친다. 신자는 창조질서의 원리대로 살아가려고 노력해도 죽음, 노동의 수고, 불확실한 미래, 부조리함과 불의 등의 문제에 직면하면서 '공허함'을 느끼게 되는데, 그 이유는 바로 창세기의 타락 사건창3장; 전7:29 때문이라고 전도서는 전제한다.[75] 타락으로 인해 사람은 시간의 제약 속에서전 3:1~15 결국 죽어 흙으로 돌아가는 존재가 되고 말았고전12:7, 가시덤불과 엉겅퀴를 내는 땅과의 부조화 속에서 노동의 수고를 경험하게 되었으며전2:18~23; 4:4 이하, 악인들과 공존하며 불의와 부조리함을 경험하게 되었다전8:9~9:1.[76] 이런 현실로 말미암아 전도자는 삶의 '공허함'을 느끼게 되는데, 아래 전도서의 구조가 그것을 잘 보여준다.[77]

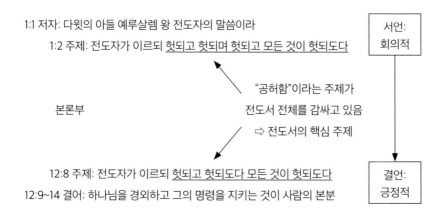

---

75. Garrett, *Proverbs, Ecclesiastes, Song of Songs*, 278~279; 유윤종, "전도서 안의 창세기," 95~118.

76. M. Seufert, "The Presence of Genesis in Ecclesiastes," 75~92; W. Anderson, "The Curse of Work in Qoheleth: An Exposé of Genesis 3:17~19 in Ecclesiastes," 99~113; David M. Clemens, "The Law of Sin and Death: Ecclesiastes and Genesis 1~3," 5~8; 유윤종, "전도서 안의 창세기," 95~118.

77. 김성수, 『구약의 키』, 172.

전도서의 본론부를 감싸고 있는 1장 2절과 12장 8절의 표제어 "헛되고 헛되도다"는 전도서의 핵심 주제가 '공허함'임을 잘 보여준다.[78] '공허함'으로 번역된 히브리어 단어 הֶבֶל헤벨은 문맥에 따라 '무의미함', '헛됨', '일시적', '불합리함' 등의 의미로도 번역될 수 있는데,[79] 전도자는 본론부1:3~12:7에서 삶의 여러 국면들을 관찰하며 타락 이후를 살고 있는 우리의 삶이 הֶבֶל헤벨 그 자체라고 평가한다.[80]

| 시간과 세상 | 부 | 정치 | 죽음 | 지혜 | 신앙생활 | 기타 |
|---|---|---|---|---|---|---|
| 1:3~11 3:1~15b | 2:1~11 2:18~26 4:4~8 5:10~6:6 7:11~14 11:1~6 | 3:15c~17 4:1~3 4:13~16 5:8~9 7:7~9 8:2~6 9:13~10:17 | 3:18~22 6:10~7:4 9:3~10 11:7-12:7 | 1:12~18 2:12~17 7:7~9 7:11~14 | 5:1~7 7:15~29 | 정의/ 신정론 8:9~9:1  친구 간의 우정 4:9~12 |

예를 들어 그는 '시간과 세상'을 관찰하며 삶이 일시적일 뿐만 아니라1:3~11, 그 주어진 시간마저 인간 통제 밖에 있음을 본다3:1~15. '부' 또한 공허하다הֶבֶל고 말하는데, 부를 과도히 획득하기 위한 노력은 수고와 고통일 뿐이고5:10~6:6, 노력한 대가를 반드시 얻는 것이 아니며11:1~6, 모은 것이 남의 통제 아래 들어가기도 하고2:18-26, 궁극적으로 부가 참 삶의 의미를 부여하지도 못하기 때문이다2:1~11. 그는 또한 '정치' 영역을 고찰하는데, 뛰어난 지도자를 후대가 기억해 주

---

78. 이용호, 『구약지혜 문학의 이해』 (용인: 킹덤북스, 2014), 173.
79. 참고. 김희석, "전도서의 해석학적 서언으로서의 1:2~11 연구," 『신학지남』 (2012), 89~92; 김창대, "전도서에서 헤벨과 신중한 삶," 『장신논단』 50 (2018): 39~66.
80. 아래 도표는 다음 자료에 기초하여 작성하였다. Garrett, *Proverbs, Ecclesiastes, Song of Songs*, 281.

지 않는 허망한 현실과 더불어4:13~16 학대/불의4:1~3, 5:8~9, 독재8:2~6, 불확실성과 무능함이 활개 치는 정치를 바라보며9:13~10:17 부조리하다헤벨고 말한다. 마지막으로 그는 '죽음'을 관찰하며 짐승과 다름없이 죽게 되는 인간의 유한함을 발견하면서 인생의 공허함헤벨을 토로한다3:18~22.[81]

반면 전도자는 회의적인 사색으로 끝나지 않는다. 전도서 초반부의 회의적인 관찰은 후반부에 가서특히 전11~12장 '긍정적인 교훈들'로 바뀌는데앞의 전도서 구조 도표 참조, 결국 전도자는 '공허함헤벨'을 넘어 '여호와의 경외'의 신앙으로 나아간다.[82] 이런 의미에서 전도서가 우리에게 주는 교훈을 세 가지로 정리하면 다음과 같다.

첫째, 인생의 죽음과 공허함의 문제를 있는 그대로 "받아들여야 한다"전7:13~14.[83] 타락 사건이 야기한 현 상황을 해소하거나 고칠 길이 없음을 인정하고 현실을 겸허히 수용해야 한다.

둘째, 하나님께서 주신 삶을 즐겁게 "누려야 한다"전2:24~26; 9:7~10.[84] 이는 공허함의 문제를 직시하며 괴로워하는 대신, 하나님께서 주신 오늘을 최선을 다해 살고 그 가운데 주신 기쁨에, 수고의 결과와 대가을 누리는 것을 의미한다.[85] 전도서는 이 두 가지, 즉 '받아들이는 것'과 '누리는 것'이 함께 가야 하는 요소임을 강조한다.[86]

81. Garrett, *Proverbs, Ecclesiastes, Song of Songs*; 김성수, 『구약의 키』, 174~178.
82. 김성수, 『구약의 키』, 172; 홍성혁, "전도서 속에 나타난 헤벨의 아이러니와 그 수사적 기능," 『구약논단』 17 (2011): 33~56; Newkirk, *Fill the Earth: The Creation Mandate and the Church's Call to Missions*, 163~166.
83. Garrett, *Proverbs, Ecclesiastes, Song of Songs*, 278. 현창학, "전도서의 메시지," 41~44.
84. Garrett, *Proverbs, Ecclesiastes, Song of Songs*, 278.
85. 현창학, "전도서의 메시지," 46~47.
86. 다음의 자료들을 참고하여 수정하였다. R. Norman Whybray, *Ecclesiastes* (A&C Black, 1989), 27; 김성수, 『구약의 키』, 174~175.

| 본문 | 삶의 공허한 문제: "받아들이라" | 삶을 "누리라" |
|---|---|---|
| ① 1:12~2:26 | "쾌락과 일/ 수고의 헛됨" | 2:24~26 "그러므로 하나님이 주신 것을 먹고 마시고 누리라" |
| ② 3:1~15 | "장래일은 알 수 없음" | 3:12~15 "그러므로 현재 하나님이 주신 것을 기뻐하고 누리며 선을 행하라" |
| ③ 3:16~22 | "불의/인간의 삶과 죽음의 부조리" | 3:22 "그러므로 자기 일에 즐거워하라" |
| ④ 5:9~19 | "재물은 만족을 주지 못함" | 5:18~19 "수고함과 결과로 하나님이 주신 재물과 부요를 누리라" |
| ⑤ 8:10~15 | "불의" | 8:15 "하나님께서 수고에 대한 대가로 주신 것을 먹고 마시고 즐거워하라" |
| ⑥ 9:1~10 | "언제 임할지 모르는 죽음" | 9:7~10 "하나님께서 주신 소득을 아내와 함께 누리고 살라" |
| ⑦ 11:7~12:7 | "노인과 죽음" | 11:7~10 "사는 동안 항상 즐거워하라 / 네 젊은 때를 즐거워하라" |

위의 표에서 전도자는 삶의 공허한 문제들을 나열하며 수용하는 것으로 끝내지 않고, 삶을 '누리라'는 명령을 덧붙이는데, 결국 현실을 '받아들이는 것'과 삶을 '누리는 것'이 함께 가야 함을 잘 보여준다.[87] 다시 말해 '죽음을 생각하라'는 메멘토 모리memento mori와 '오늘을 붙들라/누리라'는 카르페 디엠carpe diem이 함께 가야 한다는 것이다.[88]

셋째, '여호와 경외' 신앙 위에 끝까지 서있어야 한다전12:3.[89] 앞선 전도서에 대한 논의의 핵심은 인간의 공허한 현실이 타락 사건창3장 때문에 도래했다는

87. Garrett, *Proverbs, Ecclesiastes, Song of Songs*, 273~278.
88. 참조. 구자용, "메멘토 모리, 카르페 디엠! 전도서 이해의 열쇠로서의 죽음에 대한 고찰," 『구약논단』 18 (2012): 82~104.
89. Garrett, *Proverbs, Ecclesiastes, Song of Songs*, 278.

것이었다. 타락의 핵심은 인간이 창조질서를 거슬러 여호와 경외하기를 멈추고 하나님처럼 되려고 했던 것이다창3:5.[90] 이런 맥락에서 전도서의 결론이자 핵심구절인 12장 13절"일의 결국을 다 들었으니 하나님을 경외하고 그의 명령들을 지킬지어다 이것이 모든 사람의 본분이니라."; 앞의 전도서 구조 도표 참조은 전도자가 제기한 '공허함'의 문제에 대한 궁극적인 해결책이 된다.[91] 인간의 죽음과 공허함의 문제를 해결하고 우리에게 영원한 생명을 허락하실 수 있는 분, 나아가 참 안식과 평화창1~2장; 계21~22장 참조를 회복시킬 수 있는 분은 오직 하나님이시기에 그분을 경외해야 한다는 것이다. 이것은 결국 인간이 지음 받은 창조의 목적과 질서대로 돌아가는 것을 의미한다.

### (2) 욥기: 고난 가운데 '여호와 경외'

다음으로 욥기는 고난 가운데서도 하나님 경외의 신앙을 놓치지 말아야 함을 가르친다. 잠언 등이 가르치는 창조질서의 원리대로 살아감에도 불구하고 현실은 오히려 경건한 자들이 고난을 겪고 악인들이 잘되는 경우가 많다욥 21:7~13. 이는 당장 잠언의 보응원리, 즉 경건한 자들은 복을 받고 악인들은 형벌에 처하는 원칙에 위배되는 것처럼 보인다. 하나님의 공의가 이 땅에 제대로 구현되지 않는 것처럼 느껴질 수도 있다시73:1~16.

사실 이 문제를 집중적으로 다루는 것이 욥기이다. 욥기는 잠언의 내용만으로는 다 설명할 수 없는 보응원리의 현실적인 부분과 한계를 다루면서, 보응원리에 대한 이해를 새로운 차원으로 끌어올린다.[92] 우선 잠언의 보응원리가 잘못

---

90. Garrett, *Proverbs, Ecclesiastes, Song of Songs*, 344~345.
91. Garrett, *Proverbs, Ecclesiastes, Song of Songs*, 344~345; 홍성혁, "전도서 속에 나타난 헤벨의 아이러니와 그 수사적 기능," 33~56.
92. 현창학, "구약 지혜서의 성격," 26~29.

됐다고 보아서는 안 된다. 잠언의 가르침대로 하나님께서는 반드시 하나님의 때에 창조질서의 원리대로 살아간 경건한 자들과 그렇지 않은 자들을 선악 간에 심판하실 것이다. 마지막 심판 때에는 더욱 그러하다.

한편 욥기가 잠언에 덧붙여 강조하려는 바는 두 가지인데, 먼저 보응원리와 관련하여 하나님의 개입 시점의 때를 인간이 알 수 없다는 것이다. 즉 악인들을 심판하시고 경건한 자들을 위로하고 복 주시는 시점은 인간이 파악할 수 없는 신적 영역이라는 것이다욥28장. 둘째, 성도의 까닭 없는 고난의 문제는 보응원리로 설명할 수 없다는 것이다. 곧 살펴볼 욥의 경우가 그러한데, 그는 죄와 무관한 고난을 경험하였다. 욥기는 이런 고난의 배후에는 창세기 3장에서 인류를 타락으로 이끈 사탄이 있다고 말하면서, 하나님께서 사탄과 그의 추종 세력들을 하나님의 때에 심판하실 것을 알려준다욥40~41장. 요컨대, 욥기는 '악과 고난의 문제'에 대한 하나님의 개입 방법과 시점을 인간이 알 수 없지만, 그분의 통치를 온전히 신뢰하는 가운데, 끝까지 여호와 경외의 신앙을 이어나갈 것을 가르친다욥28:28.[93]

욥기는 바로 이런 신학적 메시지를 욥의 이야기를 통해 자세히 풀어낸다. 초지일관 여호와 경외의 신앙으로 살아가던 욥에게욥1:1 재앙적 고난이 임한다욥1~2장. 왜 자신에게 이런 고난이 임했는지 아무 영문도 모른 채 탄식하던 욥에게욥3장, 세 친구들 중 맏형인 엘리바스가 먼저 입을 열어, 정체를 알 수 없는 한 영spirit으로부터 받은 비전의 메시지를 소개한다욥4장. 이 비전은 부패한 인간을 하나님께서 도저히 신뢰하지 않으신다는 어두운 내용을 담고 있는데4:17~21, 엘리바스는 이 비전이 욥의 고난의 원인을 알려주시는 하나님의 계시라 믿는다. 다시 말해 욥에게 숨겨진 죄가 있어서 고난이 임했다는 하나님의 진단으

---

93. Duane A. Garrett, "Job," in *The Problem of the Old Testament* (Downers Grove, IL: InterVarsity, forthcoming), 36~40.

로 받아들인다.[94]

아쉽게도 대부분의 주석가들은 이 영적 정체에 대해 별 언급 없이 지나가거나, 단순히 하나님 또는 천사로 간주해 버리는데, 비전이 임한 상황4:12~16과 메시지의 내용4:17~21을 자세히 주해해보면 이 영적 존재는 다름 아닌 욥기 1~2장의 사탄임이 드러난다.[95] 무엇보다 영적 존재의 메시지는 욥을 신뢰하고 의롭다 하시는 하나님의 선포1:1,8; 2:3와 배치되는, 욥을 불신하는 사탄의 목소리1:9~11; 2:4~5를 그대로 반영한다.

문제는 엘리바스 뿐만 아니라 빌닷, 소발, 그리고 엘리후마저도 이 메시지가 하나님으로부터 왔다고 확신했다는 점이다. 그래서 그들은 발언 내내 비전의 메시지를 반복 인용하면서 욥을 정죄하고 회개를 촉구한다. 욥기의 흐름은 친구들이 세 번 발언하고4~27장 이후 엘리후가 발언하는 형식인데32~37장, 엘리바스의 비전이 각 발언 주기 서두4:12~21; 15:14~16; 25:4~6 또는 말미20:2~8에 위치하면서 전 발언 주기의 골격을 형성한다.[96]

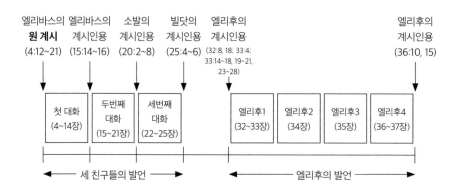

94. Sungjin Kim, "The Identity of the Spirit in Eliphaz's Vision (Job 4:12~21) and Its Significance in Understanding the Book of Job" (Ph.D. Thesis, Southern Baptist Theological Seminary, 2017), 205.
95. 필자는 욥기 4장의 영(spirit)이 사탄임을 여덟 가지 근거를 통해 입증하였다. 김성진, "욥기 해석에 있어 엘리바스 비전(욥기 4:12~21)의 중요성," 『구약논집』 13 (2018): 40~67.
96. 김성진, "욥기, 어떻게 읽을 것인가?," 189~194.

이런 이야기 흐름을 통해 욥기는 잠언의 보응원리로는 다 설명되지 않는 부분을 드러낸다. 세 친구 및 엘리후의 발언 패턴을 보면, 먼저 엘리바스의 비전을 소개하고 곧바로 보응원리를 강론하는 형식이다.[97]

| 대화/연설 | 엘리바스의 비전 | 보응원리 |
|---|---|---|
| 엘리바스의 첫 대화(4~5장) | 4:12~21 | 4:7~11; 5:1~16 |
| 엘리바스의 두 번째 대화(15장) | 15:14~16 | 15:17~35 |
| 소발의 두 번째 대화(20장) | 20:2~8 | 20:4~29 |
| 빌닷의 세 번째 대화(25장) | 25:4~6 | 25:2~3 |
| 엘리후의 두 번째 연설(34장) | 34:7~9 | 34:10~30(33) |

이런 패턴은 세 친구 및 엘리후가 보응원리의 잣대로 욥을 정죄하고 회개를 촉구한 근거가 바로 엘리바스의 비전이었음을 보여준다. 다시 말해 엘리바스의 비전이 욥을 죄인으로 몰아갔기에, 세 친구와 엘리후 역시 보응원리를 따라 하나님의 징벌이 욥에게 임했다고 주장할 수 있었다. 사실 욥의 고난의 배후에는 사탄이 있었는데, 엘리바스의 비전은 세 친구와 엘리후로 하여금 보응원리의 잣대로 욥의 고난을 잘못 진단하게 만들었다.

한편 욥기의 구심점이자 신학적 센터인 욥기 28장은 욥의 고난을 보응원리로 설명하려는 세 친구와 엘리후의 어리석음을 적나라하게 드러낸다.[98]

---

97. Kim, "The Identity of the Spirit in Eliphaz's Vision (Job 4:12~21) and Its Significance in Understanding the Book of Job," 214.
98. Garrett, "Job," 2.

A. 욥의 고난(1~2장)

  B. 욥이 자신의 생일을 저주함(3장)

    C. 세 번의 대화(4~27장)

      첫 번째 대화(4~14장): 엘리바스가 받은 계시(4:12~21)

      두 번째 대화(15~21장)

      세 번째 대화(22~27장)

        D. 지혜는 어디서 찾을 수 있나?(28장): 나레이터가 전하는 계시

          28:28, "보라 주를 경외함이 지혜요 악을 떠남이 명철이니라"

    C'. 세 번의 발언(29~41장)

      욥의 발언(29~31장)

      엘리후의 발언(32~37장)

      하나님의 말씀(38:1~42:6): 욥이 받은 계시

  B'. 욥이 세 친구들을 위해 중보함(42:7~9)

A'. 욥의 회복/번영(42:10~17)


욥기의 본론부3~41장는 두 개의 계시로 감싸져 있을 뿐만 아니라엘리바스가 받은 계시(4:12~21) 및 하나님 말씀(38~41장) 중심부인 28장 역시 서론-결론부의 신적 내레이터가 전하는 계시를 담고 있는데,[99] 특히 욥기 28장은 '악과 고난의 문제'를 다스리시는 하나님의 지혜를 인간이 알 수가 없다고 말하면서 보응원리로 욥의 고난을 접근한 세 친구와 엘리후의 어리석음을 부각시킨다. 욥기 28장은 결국 '악과 고난의 문제'에 대한 신자의 마땅한 자세는, 하나님의 통치를 신뢰하

---

99. Garrett, "Job," 2~3, 36~40; Daniel J. Estes, "Job 28 in Its Literary Context," *JESOT* 2/2 (2013): 161~164; Michael J. Petersen, *Job 28: The Theological Center of the Book of Job* (Biblical Viewpoint 29; Greenville, SC: Bob Jones University, 1995).

며 하나님께서 개입하실 때까지 침묵하며 기다리는 것이라고 말한다.[100]

이는 곧 '여호와 경외'의 신앙으로도 설명되는데, 욥기의 핵심구절인 28장 28절"보라 주를 경외함이 지혜요 악을 떠남이 명철이니라"이 이를 잘 보여준다. 비록 '악과 고난의 문제'를 다스리시는 하나님의 통치를 다 이해할 수 없지만, 고난의 상황 가운데 하나님의 통치와 인도하심을 온전히 신뢰하며 나아가는 것이야말로 욥기 28장 28절이 말하는 '여호와 경외'의 모습이다.[101] 이와 더불어 욥기 1장 1, 8절과 2장 3절"하나님을 경외하며 악에서 떠난 자"이 욥을 묘사할 때 욥기 28장 28절과 동일한 표현을 사용한 것은, 욥 역시 욥기가 말하는 '여호와 경외'의 길을 걸어갔음을 뜻한다. 실질적으로 그는 재산과 자녀를 다 잃은 뒤에도 하나님을 온전히 신뢰하며 "주신 이도 여호와시요 거두신 이도 여호와시오니 여호와의 이름이 찬송을 받으실지니이다"욥1:21라는 고백을 남겼다.[102] 정리하자면, 욥기 28장 28절은 우리가 고난의 상황 가운데서도 끝까지 '여호와 경외'의 신앙을 지켜야 함을 가르쳐 준다.[103]

한편 욥기의 서론부1~2장뿐만 아니라 본론부에서 엘리바스의 비전을 통해 친구들과 엘리후에게 파괴적인 영향을 미친 사탄은 결국 어떤 최후를 맞이하게 될까? 하나님께서 욥에게 나타나 하신 말씀 가운데욥38~41장, 욥기 41장은 사탄을 리워야단으로 소개하고 있다.[104] 하나님께서는 사탄을 창조세계를 혼돈에 빠뜨리는 악의 세력이요 '악과 고난의 문제'의 배후로 지목하시는데, 특히 욥기

---

100. Garrett, "Job," 36~40.

101. Garrett, "Job," 39~40.

102. Newkirk, *Fill the Earth: The Creation Mandate and the Church's Call to Missions,* 160~163.

103. 최근 연구는 욥기가 다니엘서 및 요한계시록과 같은 묵시문학임을 보여준다. 이런 맥락에서 다니엘서에 등장하는 다니엘과 세 친구들이 환란 가운데 보여주었던 순교적 믿음의 행보는 욥기 28장 28절이 말하는 '여호와 경외' 신앙의 좋은 예가 된다고 할 수 있다. Garrett, "Job," 9~11; *Job,* Shepherd's Notes (TN, Nashville: Holman, 1998), 8~10.

104. 리워야단을 사탄으로 보는 근거는 다음을 참고하라. Garrett, "Job,", 57~63; A. López, "The Meaning of 'Behemoth' and 'Leviathan' in Job," *BSac* 173 (2016): 401~424.

41장 1, 8~12절에서 사탄이 욥의 고난 및 엘리바스 비전의 배후에 있었음을 알려주신다. 나아가 사탄이 하나님께 나아와 욥이 범죄할 것이라고 도전했으나욥 1~2장 그 주장이 모두 거짓으로 판명되었다며, 이 교만한 사탄을 하나님의 때에 심판할 것이라고 선포하신다.[105]

하나님의 말씀은 욥에게 큰 위로로 다가왔다. 욥은 하나님께서 자신을 까닭 없이 치셨다고 생각했고, 그것도 모자라 엘리바스의 비전을 통해 자신을 쇠인으로 추궁하신다고 생각했다욥7:13~14. 하지만 자기 고난의 배후에는 하나님이 아닌 사탄이 있었고, 하나님께서 이 악한 사탄을 심판하신다는 말씀을 들으면서 큰 위로를 경험한다욥42:6.[106] 비록 언제, 어떻게 사탄을 심판하실지 명시하지는 않으셨지만, 욥은 하나님의 통치를 계속해서 신뢰하며 '여호와 경외'의 신앙을 이어간다욥1:1,8; 2:3; 28:28.

## (3) 요약

전도서와 욥기는 신자가 창조질서의 원리대로 살아감에도 불구하고 직면하는 '공허함'과 '고난'의 문제를 다룬다. 우선 전도서는 삶의 공허함이 타락 사건에서 기인했다고 말하며, 우리에게 영생을 주시고 평화와 안식을 회복시켜 주실 하나님을 더욱 경외해야 한다고 권면한다. 한편 욥기는 성도의 고난 배후에 사탄이 있다고 말하며, '악과 고난의 문제'를 해결하실 하나님을 경외하는 신앙을 끝까지 지켜나갈 것을 촉구한다.

---

105. Kim, "The Identity of the Spirit in Eliphaz's Vision (Job 4:12~21) and Its Significance in Understanding the Book of Job," 205~208.
106. 욥기 42장 6절("그러므로 내가 스스로 거두어들이고 티끌과 재 가운데에서 회개하나이다"[개역개정])에서 '회개'로 번역한 히브리어 단어 '니함(niham)'은 '생각을 바꾸다' 또는 '위로받다'의 의미로 모두 번역할 수 있는데, '위로받다'라고 보는 것이 옳다. 자세한 논의는 다음을 참고하라. Kim, "The Identity of the Spirit in Eliphaz's Vision (Job 4:12~21) and Its Significance in Understanding the Book of Job," 182~187.

## 5. 요약 및 적용: 어떻게 설교할 것인가?

하나님 선교missio Dei의 관점에서 구약 지혜서는 타락 이후를 살고 있는 우리가 회복해야 할 창조의 목적과 질서가 무엇인지를 잘 보여준다. 특히 세속적 가치가 지배하는, 일그러지고 깨진 세상을 살아가는 청중들에게 하나님의 창조 계획을 깨닫게 하는 일이야말로 매우 시급한 사안이라 할 수 있다. 이런 의미에서 교회의 강단에서 주를 이루는 모세오경, 역사서, 선지서의 '구속사'적인 설교를 뛰어넘어, 구약 지혜서의 '창조신학' 주제들을 적극적으로 다룰 필요가 있다.

구약 지혜서를 설교할 때 우선 창조의 목적과 질서 회복의 출발점이 '여호와 경외'에 있음을 주지시켜야 한다. 이것은 창조세계에서 인간이 자신의 위치를 아는 것으로, 하나님을 온 우주의 왕으로 모시고, 자신을 피조물이자 하나님의 대리통치자로서 하나님의 뜻과 방식대로 살아가야 하는 존재로 자각하는 것을 뜻한다.

이런 바탕 위에서 각 지혜서가 주는 세부 주제를 전달해야 한다. 우선 잠언은 일상의 다양한 삶의 국면에 적용할 수 있는 창조질서의 원리를, 아가서는 그 중에서 하나님께서 제정하신 결혼 안에서의 사랑과 성의 원리를 가르친다. 한편 전도서와 욥기는 하나님의 창조질서의 원리대로 살아가는 가운데 경험하는 공허함전도서과 고난의 문제욥기를 각각 다루면서, 계속해서 여호와를 경외하는 신앙 위에서 창조질서의 원리대로 살아갈 것을 촉구한다.

마지막으로 구약 지혜서의 가르침은 그리스도의 십자가 사건에서 그 정점을 이루고 있음을 가르쳐야 한다. 예수님의 죽으심과 부활로 변화된 심령을 얻게 된 우리는 비로소 창조의 목적과 질서대로 살 수 있게 되었고잠언, 부부간의 참다운 사랑과 성을 회복하게 되었으며아가, 부활과 영생의 소망 가운데 천국을 바라보며 공허하지 않은 삶을 살게 되었고전도서, 악과 고난의 문제의 원인인 사탄의 권세가 십자가에서 깨지는 은혜를 입게 되었는데욥기, 이 부분을 지혜서의 기본 가르침과 함께 전달해야 한다.

하나님께서 의도하신 창조의 목적과 질서를 알지 못하던 우리를 부르시고 변화시키시는 하나님을 높이고 경외하며, 아직 참 하나님을 알지 못하는 자들 또한 하나님을 경외하고 창조질서에 부합하는 복된 삶을 살도록 전하고 돕는 것이 신자의 선교적 의무와 책임일 것이다.


## 설교를 위한 팁

제목: 우리가 회복해야 할 여호와 경외의 신앙

본문: 잠언 1장 7절, 전도서 12장 13절, 욥기 28장 28절

요지: 하나님의 선교는 궁극적으로 우리가 창조의 목적과 질서를 회복하는 데 있는데, 그 기초는 여호와를 경외하는 신앙이다.


첫째, 일상 가운데 삶의 모든 영역잠언과 사랑과 성의 문제에서도아가서 하나님을 경외해야 한다.

둘째, 삶이 공허하게 느껴질 때에도전도서 하나님을 경외해야 한다.

셋째, 고난 가운데서도욥기 하나님을 경외해야 한다.

# 5장
# 선지서의 선교(적 교회)

최윤갑


이 글은 구약 선지서에 나타난 선교의 주제를 살피고, 그것을 어떻게 설교할 것인지 다루는 것을 목적으로 한다. 구·신약성경은 타락 이후 이스라엘, 열방, 모든 만물을 파멸에서 구속하실 뿐 아니라 새롭게 창조해 가시는 하나님의 구속 계획을 중심 주제로 펼치고 있다. 이와 같은 하나님의 구속 계획은 성경 속에서 이스라엘의 선택을 통해 열방에 복음이 전파되고, 그들이 하나님의 백성에 동참하게 되는 선교적 관점과 패턴을 부여한다. 특히 구약 선지서는 신학적인 관점에서 이스라엘과 열방의 관계 뿐 아니라, 전자가 후자를 향해 담지한 선교적 사명을 비교적 구체적으로 다루고 있다. 그렇다면 과연 구약 선지서는 선교의 주제를 어떻게 발전시키고 있는가? 선지서에 나타난 선교 주제의 신학적 함의는 무엇인가? 끝으로 설교자들은 선지서에 나타난 선교의 주제를 어떻게 적절히 설교할 수 있을까?

이상의 질문들에 답하기 위해 이 글은 크게 네 부분으로 구성되었다. 첫째 부분은 이 글에서 함의된 구약에 나타난 선교의 정의와 그것을 대변하는 선교의 패러다임을 다룰 것이다. 둘째 부분은 구약 선지서에 전반적으로 나타난 선교의 주제와 용례를 다룰 것이다. 셋째 부분은 구약 선지서에서 선교의 주제를 가장 심도 있게 다루고 있는 이사야서에 나타난 선교의 주제를 주해적으로 다룰 것이다. 마지막으로 결론에서 필자는 적용의 측면에서 선지서에 나타난 선교의 주제를 어떻게 적절히 설교할 것인지를 다루면서 이 글을 마무리하고자 한다.

## 1. 구약에 나타난 선교의 정의와 패러다임

일반적으로 구약성경은 선교의 주제를 심도 있게 다루지 않는다고 여기기 쉽다. 왜냐하면 구약성경의 많은 본문들이 선택받은 이스라엘과 이방 나라 사이의 배타적인 관계를 강조하기 때문이다신7:1~11; 11:18~26; 20:1~18; 25:17~19. 하지만 아브라함과 그의 자손 이스라엘을 택하시고, 그의 씨를 통해 모든 열방에게 복을 주시겠다는 하나님의 구속사적 계획은 구약성경에 뚜렷한 선교적 함의를 부여한다창12:1~3. 구약성경이 이스라엘을 중심으로 전개된다는 것은 부인할 수 없는 사실이다. 하지만 이스라엘의 존재와 사역은 모든 만물을 통치하고 열방을 구원하고자 하시는 하나님의 구원 계획과 따로 떼어서 해석할 수 없는 것이기에, 이스라엘의 선택은 그 자체로 선교적인 함의를 지닌다. 나아가 이와 같은 하나님의 구속 계획에 내포된 선교적 주제는 앞으로 다룰 선지서를 통하여 더욱 구체적으로 발전된다.

선지서에 나타난 선교의 주제를 다루기 전에, 먼저 구약성경에 나타난 선교의 정의와 패러다임을 잠시 살펴보도록 하자. 우리는 구약성경에 묘사된 선교를 어떻게 정의내릴 수 있을까? 선교의 정의와 관련하여 우리는 구약성경에서 어떤 선교의 패러다임을 발견할 수 있는가? 이 질문들에 대해 김윤희와 오코이 James Chukwuma Okoye가 적절한 답을 제공하고 있다. 먼저 김윤희는 구약성경에 세 가지 선교적 함의가 있음을 강조한다. 그것은 첫째, 상황제시로서의 구약

선교, 둘째, 보편적 원리로서의 구약 선교, 셋째, 원심적 방식의 구약 선교이다.[1]

이에 반해 오코이는 조금 더 포괄적인 방식으로 구약성경에 나타난 선교를 네 가지 측면에서 규정짓는다.[2] 첫째, 구약의 선교는 보편주의universality의 측면, 즉 열방을 향한 하나님의 보편적인 구원과 공의를 의미한다. 이 원리는 구체적인 선교 활동을 의미한다기보다, 이스라엘이 열방을 향해 가졌던 선교적 의식과 책임을 함의한다.[3] 예를 들어, 이사야 49장 6절에서 이스라엘이 열방을 향한 빛이 된다는 사실은 그들을 통해 구원이 땅 끝까지 전파된다는 보편적 선교 비전을 강조한다. 둘째, 구약의 선교는 공동체적 선교community-in-mission를 내포한다. 이 원리는 이스라엘의 선택과 존재가 하나님의 지식을 열방에 알리고, 하나님의 영광이 그들 속에 편만하게 되는 것을 내포한다. 이스라엘은 모든 민족을 하나님께로 이끄는 개인과 공동체의 신적인 패턴을 제공한다. 셋째, 구약의 선교는 구심적 측면centripetal을 내포한다. 이 원리는 이사야 2장 2~5절에 묘사된 것처럼, 모든 열방들이 순례의 여정을 통해 시온에 이르러 하나님의 교훈과 길을 배우는 것에서 잘 나타난다. 이것은 "도덕적 유일신론을 전파하는 것 moral monotheism"과 일맥상통한다.[4] 구약성경에서 종종 등장하는 것처럼, 이스

---

1. 김윤희에 의하면, 첫째, 상황제시로서의 구약 선교는 구약성경에 강조된 주제들-하나님과 신들, 창조, 인간, 전 인류(모든 민족)-이 선교의 주요한 논제가 되고, 이 주제들이 "구약적 선교개념과 신약을 위한 많은 배경을 제공"하고 있음을 의미한다. 둘째, 보편주의의 원리로서 구약 선교는 "하나님의 선교적 역할"을 중요시 여긴다. 하나님께서 물리적 우주의 창조주이며 보존자이시라는 관점은 구약에서 선교의 성경적인 기초를 마련하고, 나아가 도덕적 우주적 통치자이며 재판관이신 하나님께서 열방을 향한 심판보다는 구원을 원하시는 분이라는 사실은 구약에서 선교적인 요소를 강력하게 발전시킨다. 셋째, 원심적인 원리(centrifugal principle)로서 구약 선교는 "절대자의 명령으로 보냄 받은 자"가 "오시기로 한 약속된 분에 대해 적극적으로 다른 사람[과 열방]에게 알리는 것"을 의미한다. 김윤희, "21세기 상황 속에서의 선교 그리고 구약," 『성경과 신학』 42 (2007), 38~41; Roger Hedlund, 『성경적 선교신학』 (Mission to Man in the Bible, 송용조 역, 서울: 서울성경신학대학교출판부, 1990), 19.

2. James Chukwuma Okoye, Israel and The Nations: A Mission Theology of the Old Testament (Maryknoll: Orbis Books, 2006), 11~12.

3. Chukwuma Okoye, Israel and The Nations, 11.

4. Walter C. Kaiser Jr, Mission in the Old Testament: Israel as a Light to the Nations (Grand Rapids: Baker Books, 2000), 12.

라엘은 열방과 땅 끝을 시온에 불러 모아 하나님을 인정하고 우상과 관련된 죄악을 벗어버리도록 선고하였다사2:1~5; 56:1~8; 렘3:11~17; 슥2:10~11; 8:20~23. 넷째, 구약의 선교는 원심적 측면centrifugal을 함의한다. 이 원리는 언약 백성으로 선택받은 이스라엘이 열방을 향해 나아가 하나님의 말씀과 지식을 전파하고 개종시키는 선교를 일컫는다. 궁극적으로 열방을 이스라엘과 동일한 언약 백성에 포함시키는 사역을 내포한다.

이상의 학자들의 논의를 통해 우리는 구약성경의 선교와 관련한 다양한 패러다임들과 정의를 엿볼 수 있었다. 필자는 이들의 논의를 바탕으로 구약성경의 선교를 세 가지 측면에서 정의하고자 한다. 첫째, 구약성경의 선교는 보편적인 원리를 함의한다. 하나님께서는 이스라엘의 하나님이실 뿐 아니라 온 열방의 하나님이 되신다. 하나님께서는 이스라엘을 선택하셔서 열방을 섬기고, 그들이 하나님의 영광과 구원을 경험하기를 의도하셨다. 그렇기 때문에 하나님께서는 구약성경에 기술된 구속사를 통해 열방과 만물을 구속하시고 새롭게 창조해 가시는 선교의 하나님이시다. 이것은 구약성경의 선교의 토대를 함의한다. 둘째, 구약성경의 선교는 원심적인 선교를 함의한다. 하나님께서는 장차 오실 메시아와 그분을 통한 구원을 열방 가운데 알리고 성취하기 위해 선택받은 종을 보내신다. 이런 맥락에서 선교란 하나님의 명령으로 열방에 보냄 받은 신적 대리인divine agent의 활동을 의미한다. 이것은 구약성경의 선교의 전형적인 방식을 보여준다. 셋째, 구약성경의 선교는 구심적인 원리를 함의한다. 종말의 때에 이스라엘은 하나님과 토라의 빛을 발하는 온 세상의 중심으로 우뚝 솟아오른다. 그 때에 열방은 시온을 향해 순례의 여정을 걷게 되고, 이스라엘과 함께 참된 예배 공동체로 변화된다. 나아가 그들은 시온산에서 토라의 공의를 배우고, 의로운 삶의 양식을 실천하는 거룩한 백성이 된다사2:1~5; 56:1~9. 시온이 새 하늘과 새 땅으로 대변되는 종말론적 새 창조의 장소임을 고려할 때, 이스라엘과 열방이 이곳에서 예배 공동체를 함께 세우는 장면은 종말론적 구원과 회복을 함의할 뿐 아니라 선교의 궁극적인 목적을 내포한다. 이상의 내용을 도식화시키면 아래와 같은 다이어그램이 나온다.

| 정의 및 패러다임 | 보편적 선교 | 원심적 선교 | 구심적 선교 |
|---|---|---|---|
| 중심 내용 | 하나님의 선교적 사역 | 토라와 메시아를 통한 구원이 열방에 전파됨 | 시온에서 열방이 이스라엘과 함께 예배 공동체를 세움 |
| 선교적 함의 | 선교의 토대 | 선교의 전형 | 선교의 결과(목적) |

<표 1> 구약성경에 나타난 선교의 정의와 패러다임

만약 구약성경의 선교를 좁은 의미에서의 정치적·문화적인 경계를 넘어 하나님을 전혀 모르는 자들에게 말씀을 전하는 것으로만 정의한다면, 우리는 요나의 경우를 제외하고 구약성경에서 선교에 관한 내용을 거의 찾아볼 수 없을 것이다.[5] 즉 구약성경의 선교에 대한 협의적狹義的 정의는 사실상 구약신학이 선교학에 기여할 수 있는 다양한 방식들을 근원에서부터 차단하는 폐단을 자아낼 뿐이다. 따라서 필자는 이 글에서 보다 넓은 의미에서 구약성경의 선교—보편적 선교, 원심적 선교, 구심적 선교—를 정의하고, 그것에 기초하여 선지서에 나타난 선교의 주제를 살피고자 한다.

---

5. 김윤희, "21세기 상황 속에서의 선교 그리고 구약," 40.

## 2. 선지서에 나타난 선교

이 부분에서 필자는 선지서에서 선교의 주제를 뚜렷하게 기술하는 본문들 욘, 단, 렘4:1~2; 암9:7; 슥8:13~14을 살핌으로써, 선지서에 나타난 선교 주제를 다루고자 한다.

### (1) 요나서에 나타난 선교

요나서는 열두 소선지서 중 다섯 번째 책이다. 마빈 스위니에 따르면, "요나서는 마소라 본문과 칠십인역에서 공히 오바댜 다음에 나오면서 에돔에 대한 야웨의 심판 이미지를 회개한 니느웨를 용서한 자비의 이미지로 상쇄한다."[6] 요나서는 구약성경에서 원심적 선교의 대표적인 전형type을 보여준다. 그런데 아카드Robert Martin-Achard와 알렌Leslie Allen은 요나서가 이방인들에게 구원의 복음을 적극적으로 전하는 그런 선교적 메시지가 아니라고 지적한다.[7] 요나는 니느웨 백성들에게 하나님의 구원이 아니라 심판을 선포하였기 때문이다. 그러나 요나가 전한 심판의 선포가 니느웨 백성의 구원을 위한 촉매제 역할을 했다는 점을 고려할 때, 그는 엄밀한 의미에서 열방의 구원을 위해 선교의 사역을 감당한 선지자였음이 분명하다.

따라서 우리는 요나서에서 두 가지 중요한 선교의 주제를 발견할 수 있다. 먼저, 요나는 하나님의 명령과 함께 이방인에게 보냄 받은 선교사이다. 하나님께서는 요나에게 니느웨를 향한 심판의 메시지를 주시면서 그것을 그들에게

---

6. M. A. Sweeny, 『예언서』(The Prophetic Literature, 홍국평 역, 서울: 대한기독교서회, 2018), 236.

7. Robert Martin-Achard, A Light to the Nations: A Study of the Old Testament Conception of Israel's Mission to the World (London: Oliver & Boyd, 1962), 53~54; Leslie C. Allen, The Books of Joel, Obadiah, Jonah, and Micah (Grand Rapids: Eerdmans, 1976), 193.

선포하라고 명하셨다. "너는 일어나 저 큰 성읍 니느웨로 가서 그것을 향해 외치라"1:2. 그러나 요나서의 전체 메시지가 잘 보여주는 것처럼, 요나는 시종일관 이방인을 구원하고자 하시는 하나님의 계획에 항거하였다. 그는 하나님께서 가라고 명하신 니느웨 대신 다시스로 향하는 배에 승선하였다. 심지어 하나님께서 니느웨 백성을 보존하실 때, 그는 하나님을 향해 강력하게 항변하였다. 학자들은 요나의 이런 태도가 편협한 배타주의에 사로잡혀 이방 민족을 배척하였던 이스라엘 공동체를 대변한다고 말한다.[8] 이런 점에서 요나서는 요나라는 인물을 통해 하나님의 보편적 선교계획에 저항하는 이스라엘의 배타적 국수주의를 비판하고, 그들의 국수주의적 미련함과 저항이 결단코 하나님의 보편적 선교의 의도를 막을 수 없으며, 궁극적으로 세계 선교를 성취하기 원하시는 하나님의 계획과 의도를 이스라엘이 받아들일 것을 촉구하고 있는 것이다. 결국 요나가 하나님의 선교 계획에 무관심하였음에도 불구하고 하나님께서는 그를 사용하셔서 니느웨 백성들의 구원을 성취하셨다. 아울러 하나님께서 계획하신 이방 선교의 중대성과 강력함을 배타적인 이스라엘에게 상기시킴으로써 그들이 스스로 회개하고 결단하여 열방을 포용하는 원심적 선교를 성취할 수 있도록 이끄셨다.

둘째, 하나님께서는 열방과 세상을 향한 보편적 선교 의도를 가지신 진정한 선교사이시다. 요나서는 니느웨에 가서 심판의 말씀을 전하라는 하나님의 신적 명령으로 시작해서 좌우를 분간하지 못하는 니느웨 백성을 아끼는 것이 마땅하지 않느냐는 하나님의 신적 질문으로 끝나는 인클루지오inclusio 형식을 취한다. 요나서에서 원수 나라였던 앗수르를 향해 배타적 국수주의를 견지하였던 요나와는 반대로, 하나님께서는 그들을 향해 긍휼함과 구원의 계획을 가지

---

8. 이사야, "예언서에 나타나는 선교사상," 『대학과 선교』 30 (2015), 62~65; Kaiser Jr, *Mission in the Old Testament: Israel as a Light to the Nations*, 69~70.

셨던 보편적 구원의 하나님이시다. 따라서 "요나서를 선교적 관점에서 읽을 때 놓쳐서는 안 되는 요점은 바로 이스라엘과 원수 관계에 있는 니느웨 백성들과 짐승들까지 돌보시는 하나님"의 보편적 선교 계획과 의도이다.[9] 물고기 뱃속에서 요나가 회개가운데 드렸던 고백은 이 사실을 반어적으로 잘 표현한다. "구원은 여호와께 속하였나이다"욘2:9. 이사야 교수에 따르면, "우리가 알 수 있는 것은 하나님의 사랑과 구원은 우리가 원하는 사람에게만 독점될 수 없다는 사실과 하나님은 모든 사람이 회개하고 구원을 얻을 수 있도록 할 수 있는 모든 것을 예비하셨다는 것이다."[10] 그러므로 요나서는 구약성경에서 선교는 이스라엘뿐 아니라 그들의 원수인 앗수르 백성까지도 긍휼히 여기시고 구원하기 원하시는 하나님의 선교 계획과 경륜 때문에 가능한 것임을 잘 보여준다.

## (2) 다니엘서에 나타난 선교

다니엘서는 이스라엘 백성들의 디아스포라 선교를 잘 보여준다. 다니엘은 여호야김의 통치 3년, 즉 주전 605년에 바빌로니아 왕 느부갓네살의 유다 제1차 침입으로 포로가 되어 바빌론에 끌려와 황실에서 양육된다. 다니엘과 그의 세 친구들은 이방문화의 중심인 왕실에 살면서도 뜻을 정하여 왕의 진미를 거절하고 자기를 지켜 더럽히지 않고 하나님께서 주신 지혜로 바빌론의 관리로 등용되어, 이방 땅에 하나님의 주권과 다스림을 보여주었다. 포로사건으로 인해 이스라엘의 신앙은 심각한 위기에 빠졌고 그 백성은 세계 각지로 흩어졌지만, 이스라엘의 종교는 이 시기에 드디어 세계민족을 향해 방향을 틀게 되었다.[11]

---

9. 이사야, "예언서에 나타나는 선교사상," 58.

10. 이사야, "예언서에 나타나는 선교사상," 64.

11. R. Albertz, *Die Exilszeit, 6. Jahrhundert v. Chr* (Stuttgart: Kohlhammer, 2001), 11; 배희숙, "구약에 나타난 디아스포라 선교," 『선교와 신학』 16 (2005), 15.

다니엘서는 위기 가운데 있던 하나님의 백성들이 디아스포라 속에서 실천하였던 이방 선교의 구체적인 방식을 보여준다. 다니엘 2장은 다니엘이 느부갓네살 왕의 꿈을 해몽하는 장면을 기술한다. 다니엘이 술사들과 박사들이 해석하지 못한 꿈을 하나님의 계시와 지혜로 해석하게 될 때, 느부갓네살 왕은 하나님을 "모든 신들의 신이시오 모든 왕의 주재시로다"라고 인정하기에 이른다. 이 때 이방 땅에 선교가 시작된 것이다단2:46~49. 다니엘 3장은 왕의 신상에 무릎 꿇기를 거부한 다니엘의 세 친구의 단호한 신앙고백과 순교적 삶을 보여준다. 왕이 온갖 유혹과 처벌의 위협에도 끝까지 하나님 신앙을 고수한 세 친구를 풀무 불에 던져 넣지만, 하나님께서 천사를 통해 그들을 죽음의 위협으로부터 보호하신다. 그때 바벨론 왕은 하나님께서 살아계시고 대제국의 신과는 비교할 수 없는 그분의 절대적 통치와 권능을 확인하게 되고, 이스라엘의 하나님을 경외할 것을 온 나라에 명령한다. 즉 위로부터의 선교가 이루어진 것이다.

이렇듯 포로생활 속에서 다니엘과 그의 세 친구가 정치적으로 요구되는 외적인 권력에 충성할 뿐 아니라 그 가운데서도 그들이 전통적으로 믿어왔던 하나님 신앙에 도전하는 무서운 위협에 직면해서 순교자적 신앙고백과 삶으로 그것을 단호히 고수할 때, 디아스포라 가운데 하나님의 나라가 임하게 된 것이다. 다니엘과 그의 세 친구의 신앙적 결단, 단호함, 순교자적 희생은 다니엘서에 나타난 디아스포라 선교의 한 형태가 된다.[12] 결론적으로 다니엘서는 다니엘과 그의 세 친구의 신앙고백과 순교적 삶의 양식을 통해 이방 땅에 하나님의 주권과 권능이 증명되고 전파되는 원심적 선교의 구체적인 방식을 제공한다.

---

12. 배희숙, "구약에 나타난 디아스포라 선교" 23.

### (3) 예레미야 3장 11~17절에 나타난 선교

예레미야 3장은 유다와 이스라엘에 관한 신탁을 기술한다. 특히 3장 11~17절은 범죄 한 이스라엘을 향한 회개의 촉구와 종말의 때에 세워질 우주적 예배 공동체를 묘사하고 있다. 이스라엘 백성들이 참된 회개를 실천할 때, 목자들은 그들을 지식과 명철로 양육할 것이다. 이와 같은 이스라엘의 회복과 변화를 토대로 열방은 예루살렘을 여호와의 보좌로 인정하고, 그곳에서 이스라엘과 함께 하나님을 예배하기에 이른다17절. 이스라엘이 하나님의 빛과 영광을 담지한 백성으로서 구심적 선교의 사명을 감당할 때, 열방은 더 이상 마음의 완악한 대로 행하지 않고, 이스라엘과 함께 종말적 예배 공동체를 형성한다. 이것은 구약성경에 나타난 구심적 선교의 전형이다.

### (4) 아모스 9장 11~12절에 나타난 선교

아모스 9장은 아모스서 전체의 결론으로서 이스라엘의 종말론적 회복과 열방의 구원을 서술한다. 종말의 때에 하나님께서는 다윗의 무너진 장막과 허물어진 곳들을 일으키셔서 옛적과 같게 하실 것이다. 이런 회복을 통해 이스라엘은 에돔의 남은 자들과 하나님의 이름으로 일컫는 열방을 기업으로 얻게 된다. 열방과 심지어 한 때 그들의 원수였던 에돔도 언약 백성에 합류하는 놀라운 종말론적 비전은 이스라엘의 미래가 그들의 민족주의를 넘어 열방에 구원을 전파하는 포괄적 선교에 달려 있음을 내포한다.[13] 사도 야고보는 예루살렘 공의회에서 유대인들이 누리는 하나님의 은혜를 이방인들도 체험하였고 또한 앞으로 체험해야 한다는 이방 선교의 당위성을 확증하는 차원에서 아모스의 이 본문을 인용하였다. 구·신약성경의 정경적 맥락을 살필 때, 아모스 9장 11~12절은

---

13. Kaiser Jr, *Mission in the Old Testament: Israel as a Light to the Nations*, 72.

종말의 때에 이스라엘이 감당해야 할 이방인 선교의 사명과 역할을 보여준다.

## (5) 스가랴 2장 10~11절과 8장 20~23절에 나타난 선교

스가랴 2장은 종말의 때에 시온이 누릴 회복의 때를 묘사한다. 그때에는 하나님께서 시온에 임재하실 것이고, 많은 나라들이 이스라엘과 함께 하나님의 백성이 될 것이다. 동일한 맥락에서 스가랴 8장 20~23절은 많은 백성과 강대한 나라들이 예루살렘으로 와서 만군의 여호와와 그분의 은혜를 구하는 장면을 묘사한다. 이와 같은 놀라운 구심적 선교는 스가랴 8장 13절에 의하면, 이스라엘이 하나님의 임재와 구원으로 말미암아 열방 가운데 복이 되었기 때문에 가능하게 된다. 이스라엘의 구심적 선교 사역으로 인해 과거에 예루살렘을 공격하였던 이방 나라들 중 남은 자들이 시온에 올라와서 그들의 왕, 곧 만군의 하나님을 예배하고 경배하게 될 것이다.

## (6) 요약

이상에서 다룬 선지서들은 구약 선교의 대표적인 세 가지 정의와 방식을 잘 보여준다. 요나서, 다니엘서, 아모스서는 구약성경의 원심적 선교를 보여주는 반면, 예레미야서와 스가랴서는 구약성경의 구심적 선교를 묘사하고 있다. 특히 다니엘서는 디아스포라 가운데 이스라엘 백성이 성취한 원심적 선교의 구체적인 실례를 보여준다. 아울러 스가랴서는 이스라엘의 구심적 선교가 하나님의 임재로 말미암아 그들이 열방 가운데 복이 될 때 가능하게 됨을 강조한다. 끝으로 요나서는 이와 같은 구약 선교가 이스라엘의 미련함과 배타성에도 불구하고 열방과 만물을 구원하기 원하시는 하나님의 보편적 선교 계획과 의지에 기초하고 있음을 반어적으로 묘사하고 있다.

| 정의 및 패러다임 | 보편적 선교 | 원심적 선교 | 구심적 선교 |
|---|---|---|---|
| 선지서 | 요나서 | 요나서, 다니엘서, 아모스서 | 예레미야서, 스가랴서 |
| 선교적 함의 | 니느웨(열방)를 향한 하나님의 구원 의지 | 이방과 디아스포라에서 하나님의 주권, 권능을 전파함 | 이스라엘이 열방의 축복이 됨 |

<표 2> 선지서에 나타난 선교의 정의(패러다임)와 함의

# 3. 이사야서에 나타난 선교

이 단락에서는 이사야서를 통해 하나님께서 성취하실 새 창조의 모형과 그 것을 성취하기 위한 이스라엘의 선교를 다룰 것이다. 이사야서는 구약 선교에 서 우월한 위치를 점한다. 선교에 관한 많은 본문들이 등장할 뿐 아니라, 사도 바울이 자신의 선교를 변호할 때 이사야서의 말씀을 인용하였기 때문이다행 13:47; 사49:6. 따라서 이사야서를 통해 구약성경의 선교 주제를 살필 때, 우리는 그 주제를 더욱 심도 있게 파악할 수 있는 기회를 제공받을 것이다.

## (1) 이사야서에 나타난 새 창조 모형

이사야서는 종말의 때에 하나님께서 성취하실 시온과 열방의 새 창조를 기 술하고 있다. 이사야 1장에 묘사된 옛 하늘과 옛 땅이 이사야 65~66장에서 새 하늘과 새 땅으로 변화된 것은 이사야서가 전체적으로 인간과 모든 만물의 구 원과 새 창조를 중심 주제로 다루고 있음을 잘 보여준다. 조금 더 구체적으로 이사야 1~39장은 범죄 한 이스라엘을 향한 하나님의 심판을 다룬다. 반면 이사 야 40~66장은 시온에 하나님의 심판이 성취된 이후, 택함 받은 종과 하나님의 사역을 통해 시온 백성과 열방이 새롭게 회복되고, 구원을 획득하는 장면을 기술한다. 여러 이사야 학자들이 말하는 것처럼, 창조의 하나님께서 그분의 권능과 지혜로 새 일을 행하시고42:9; 43:19; 48:16 택한 백성과 열방을 구원하실 뿐 아니라40~55장, 궁극적으로 새 하늘과 새 땅을 창조하신다65:17~25; 66:22~24는 내용이 전체 이사야서의 중심 주제이다.[14] 그러므로 이사야서에서 하나님께서는 심판의 하나님이 아니라, 시온, 열방, 온 만물을 구원하시고 새롭게 창조하시는 보편적 선교의 하나님이시다. 이런 맥락에서 열방과 만물을 구속하시고 새롭게 창조하시는 하나님의 선교를 아래에서 살펴보도록 하자.

## (2) 이사야서에 나타난 선교

필자는 이 부분에서 이사야서의 선교 주제를 다룰 때 이사야서 정경의 순서를 따르기보다 이 주제의 논리적 배열과 구조를 따라 설명하도록 하겠다.

### 1) 이사야 2장 1~5절과 56장 1~8절에 나타난 선교

이사야 2장 1~5절은 종말의 때에 모든 열방이 시온에 모여 율법을 배우고 이스라엘과 함께 하나님을 예배하는 놀라운 장면을 묘사한다. 시온은 하나님의 임재가 있는 곳이고, 하나님의 우주적 통치가 시작되는 하나님의 보좌가 있는 곳이다.[15] 종말의 때에 하나님의 임재가 있는 시온산은 온 열방 가운데 탁월하게 우뚝 솟아오를 것이다. 중요한 것은 시온이 이스라엘의 지형적, 정치적 중심

---

14. Claus Westermann, *Isaiah 40~66* (Philadelphia: The Westminster Press, 1969), 408; Joseph Blenkinsopp, *Isaiah 56~66: A New Translation with Introduction and Commentary*, The Anchor Yale Bible, Vol. 19 (New Haven & London: Yale University Press, 2003), 285~287; John Goldingay, *Isaiah 56~66*, A Critical and Exegetical Commentary (London: Bloomsbury, 2014), 467~469.

15. William J. Dumbrell, "The Purpose of the Book of Isaiah," *Tyndale Bulletin* 36 (1985), 111~128; John D. Levenson, *Sinai and Zion: An Entry into the Jewish Bible* (New York: Harper & Row, 1985), 111~137.

지가 아니라, 그곳에 계신 하나님의 가르침으로 인해 온 열방 가운데 영향력을 미치는 영적, 도덕적 중심지가 된다는 것이다. 그때에 열방은 하나님의 임재와 토라의 가르침이 있는 시온으로 나아와 이스라엘 백성과 함께 하나님을 경배하고, 공의를 행하시는 하나님의 백성이 될 것이다. 그들은 더 이상 전쟁을 연습하지 않고 악을 행하지 않으며, 하나님의 통치 아래에서 새로운 질서와 샬롬을 경험할 것이다.

이사야 56장 1~8절은 이사야 2장의 종말론적 회복을 더욱 구체적으로 기술한다. 그때에는 이스라엘 뿐 아니라 이방인과 고자들까지 시온에 함께 모여 하나님을 예배하고 제사를 드릴 것이다. 물론 이것은 이스라엘이 열방에 빛과 영광을 발하는 축복의 장소가 되기 때문에 가능한 것이다사60:1. 시온은 만민이 기도하는 집이 되고, 만민이 함께 하나님을 경배하는 거룩한 장소가 된다. 여기서 우리는 참다운 선교가 성취되는 것을 목격할 수 있다. 결과적으로 민족, 혈통, 신분, 나이, 그리고 성의 차별을 뛰어넘어 언약을 신실하게 붙들고 공의를 행하는 모든 자들이스라엘과 열방이 시온에서 새로운 하나님의 공동체를 세우는 선교가 이루어지는 것이다. 그러므로 이사야 2장과 56장은 구약의 구심적 선교를 보여준다.

## 2) 이사야 55장 3~5절에 나타난 선교

이사야 40~55장의 결론에 해당하는 이사야 55장은 종말의 때에 하나님께서 예비하실 잔치에 대한 초청1~3절, 다윗 언약의 복의 민주화3~5절, 하나님 말씀의 실효성9~11절, 새 출애굽12~13절을 다룬다. 특히 1~5절에서 하나님께서 예비하실 잔치에로의 초청과 다윗 언약의 축복의 민주화는 선교적 중요성을 가진다. 이사야 53장에 등장하는 메시아의 대속 희생과 죽음을 통해 드디어 이사야 54장에서 시온은 신적 회복과 영광을 누리는 새로운 공동체로 회복된다. 이사야

55장에서 하나님께서는 그런 공동체를 향하여 풍성하게 준비된 잔치를 마련하시고 그들을 초청하신다. 그들이 누릴 복, 특권, 영광은 마치 다윗이 하나님과 언약을 맺을 때 누렸던 것과 같은 것이다. 그런데 중요한 점은, 이사야 55장 4~5절에 의하면, 종말의 때에 시온 백성들이 누릴 다윗 언약의 복은 하나님을 사랑하고 그분의 뜻을 순종하는 모든 자들을 위해 예비되었다는 것이다. 이사야 55장 3절 하반부, 곧 "내가 너희를 위하여 영원한 언약을 맺으리니 곧 다윗에게 허락한 확실한 은혜이니라"에서 하나님께서 다윗의 확실한 은혜를 허락하시고 언약을 맺으시는 자들은 단수인 "너"가 아니라 복수인 "너희"이다. 하나님께서는 다윗에게 허락하셨던 확실한 은혜, 복, 특권, 영광을 언약을 붙들고 공의로운 삶을 살아가는 모든 자들에게 허락하실 것이다. 마빈 스위니에 따르면, "전에 다윗 왕조에게 적용되던 영원한 언약삼하7장; 시89,110,132편이 이제 이스라엘 백성 전체에게 일반화되어 적용되는 것이다."[16] 나아가 이사야 56~66장에서 다윗 언약의 복은 이스라엘 뿐 아니라 이방인에게까지 확대되어 적용된다. 이사야서에서 선교란 이스라엘을 통한 하나님의 구원이 열방으로 전파되는 것과 아울러 언약의 복과 특권과 영광이 그들에게 적용되는 것을 함의한다.

### 3) 이사야 42장 1~10절과 49장 1~6절에 나타난 선교

이사야 42장 1~10절은 이스라엘 백성이 수행해야 할 구체적 선교 명령과 방식을 보여준다. 이사야 42장 1~4절에서 하나님께서는 종에게 그분의 영을 부으시고, 그로 하여금 세상에 정의를 세우는 사역을 감당케 하신다. 4절에 "그의 교훈"과 평행을 이루는 정의는 언약적 관계와 통치에 기초한 하나님의 우주적 주권과 질서를 의미한다.[17] 이와 같은 정의를 확립하기 위해서 종은 "나약한 자

16. Sweeny, 『예언서』, 102.
17. R. N. Whybray, *Isaiah 40~66*, NCBC (Grand Rapids: Eerdmans, 1990), 72.

들"을 상징하는 상한 갈대를 꺾지 않고, 꺼져 가는 등불도 끄지 않는 사역을 수행한다. 하나님께서는 이 종의 사역을 통해 세상의 왕들이 다스리는 통치가 아닌, 약한 자들을 무시하지 않고 그들의 희망을 붙잡아 주는 새로운 방식의 다스림을 시행하시게 된다. 문맥상 이와 같은 하나님의 통치와 다스림은 포로 공동체에게만이 아니라 세계민족의 구원과 회복을 성취하는 결과를 낳게 된다.

여기서 우리는 이스라엘을 통한 하나님의 원심적 선교가 이루어지는 것을 엿볼 수 있다. 특히 이사야 41장 8절에서 이 종이 이스라엘 백성과 동격으로 사용되고 있는 점을 고려할 때, 세상에 하나님의 정의를 세우는 이 종의 사역은 열방을 향한 이스라엘의 선교 사역을 의미한다고 볼 수 있다. 조금 더 나아가 이사야 42장 6절은 하나님의 통치를 구현하는 이 종의 사역을 '이방의 빛'으로 명명한다. 7절은 그의 사역을 눈먼 자들의 눈을 밝히고, 갇힌 자들을 감옥에서 이끌어 내는 것으로 더욱 부연한다. 오스왈트John Oswalt는 7절에 나타난 종의 선교 사역을 "하나님께서 종의 사역을 통해 스스로의 우상 숭배에 매여 신학적 어둠에 갇혀 있는 열방의 백성들을 구원하는 것"으로 해석한다.[18] 종이 열방 가운데 하나님의 정의를 시행하는 선교 사역을 수행할 때, 그들은 그의 사역을 통해 하나님의 구원과 영광, 즉 신적인 빛을 발견하게 될 것이다.

다음으로 이사야 49장 1~6절은 42장 1~4절에 나타난 공동체로서의 종이 아닌, 선택받은 한 개인, 즉 메시아-종의 사역을 묘사하고 있다. 이 종의 사역은 이중적이다. 먼저 그는 포로 가운데 있던 이스라엘 백성들을 재건하는 사역을 위해 부름 받았다, 다음으로 그는 이방의 빛이 되는 사역에 부름 받았다. 사도 바울은 사도행전 13장 47절에서 자신의 이방 선교를 변호하기 위해 이사야 49장 6절을 인용한다. 구·신약의 정경을 통해 볼 때, 하나님께서는 메시아-종을 이

---

18 John Oswalt, *The Book of Isaiah: Chapters 40~66*, NICOT (Grand Rapids: Eerdmans, 1998), 118.

방의 빛으로 삼아 그가 성취한 구원을 열방에 전파함으로써 온 열방이 하나님의 은혜와 구속을 누리도록 인도하신다. 결국 이사야 42장 1~10절과 49장 1~6절은 이스라엘 자손이 메시아를 통한 구원을 열방에 전파하는 선교를 예견하고, 그것을 통해 구원의 지평이 이스라엘을 넘어 열방까지 확대되는 것을 바라보고 있다.

### 4) 이사야 61장 1~11절과 66장 18~21절에 나타난 선교

이사야 61장 1~11절과 66장 18~21절은 모두 시온과 열방의 종말론적 회복을 묘사하고 있다. 좀 더 구체적으로 이사야 61장 1~11절이 시온 백성의 종말론적 구원과 영광을 서술한다면, 이사야 66장 18~21절은 이사야서의 결론으로서 온 만물의 구속과 새 창조를 기술한다. 우리는 이 두 본문에서 제사장직이 이스라엘 백성에서 이방인에게로 확대되는 주제의 발전을 목격할 수 있다.

다시 말해 이사야 61장은 하나님의 영의 기름부음 받은 종이 구원과 위로의 말씀을 선포하는 장면으로 시작한다. 그가 시온 백성을 향한 하나님의 계획을 선포할 때, 마음이 상한 자는 치유를, 포로 된 자는 자유를, 갇힌 자는 놓임을, 슬픈 자는 위로를 경험하게 된다1~3절. 그때에 시온의 오래 황폐하였던 곳들은 다시 재건되고, 한 때 그들을 압제하였던 이방인들은 그들의 일꾼이 되어 시온의 백성들을 섬긴다4~6절. 특별히 종말의 회복의 때에 시온의 백성들은 하나님의 제사장이라 일컬음을 받으며, 성전의 제사와 사역을 봉사하는 영광스러운 지위를 얻게 된다6절. 바벨론 포로생활에 놓였던 시온 백성들의 과거를 생각할 때, 이것은 그들 가운데 일어난 놀라운 운명의 반전이 아닐 수 없다.

그런데 새 하늘과 새 땅에 도래할 종말론적 구원과 새 창조를 묘사하는 이사야 66장 18~21절은 이 거룩한 제사장직이 이방인에게 확대되는 놀라운 광경을 묘사한다. 이사야 66장 18절은 뭇 나라와 언어가 다른 민족들이 시온에 함께 모여 하나님의 영광을 목격하는 장면을 기술한다. 한 걸음 더 나아가 하나님께서는 그들을 땅 끝인 다시스와 여러 나라에 보내어 하나님의 영광을 전파할 뿐 아니라, 온갖 예물로 하나님을 예배하는 거룩한 공동체를 세우도록 하신다20절. 특히 하나님께서는 이방인 가운데 제사장을 세워 그들을 통해 열방이 하나님을 예배하며 새로운 하나님의 백성 공동체에 합류하도록 하신다. 이사야 66장 18~21절은 구심적 선교를 토대로 열방 가운데 원심적 선교가 성취되고, 이스라엘 뿐 아니라 열방도 거룩한 제사장 나라가 되는 놀라운 새 창조의 모습을 그리고 있다.

결론적으로 이사야 61~66장은 먼저 포로 가운데 있던 이스라엘이 장차 제사장 나라가 되고, 그들의 선교 사역을 통해 열방도 거룩한 제사장 나라가 되어 하나님의 구원과 새 창조에 동참하는 하나님의 원대한 선교 계획을 점진적인 방식으로 기술하고 있다.

## (3) 요약

이사야서는 새 창조의 모티프 아래에서 구약성경의 보편적 선교, 원심적 선교, 구심적 선교를 구체적으로 묘사하고 있다. 종말의 때에 이스라엘과 열방은 시온에 모여 하나님의 토라를 배우며, 하나님을 경배하는 예배 공동체를 확립할 것이다. 이 놀라운 회복은 하나님께서 다윗에게 허락하셨던 영원한 언약의 복을 이스라엘 뿐 아니라 열방에게도 부여하시기 때문에 가능한 것이다. 구체적인 방식으로서 하나님께서는 이스라엘을 이방의 빛으로 세워 메시아가 성취한 구원을 이방에 전파함으로써 열방을 향한 선교를 성취하신다. 궁극적으로 이스라엘 뿐 아니라 이방인들도 거룩한 제사장이 되어 온 세계에 하나님을 예배하는 거룩한 예배 공동체가 확립될 때, 새 하늘과 새 땅이 이 땅에 도래할 뿐 아니라 하나님의 선교 계획도 완성될 것이다.

| 정의 및 패러다임 | 보편적 선교 | 원심적 선교 | 구심적 선교 |
|---|---|---|---|
| 이사야서 본문 | 이사야서 전체 본문 | 55:3~5; 42:1~10; 49:1~6; 66:18~21 | 2:1~5; 56:1~8; 66:18~21 |
| 선교적 함의 | 온 만물의 새 창조와 구속을 향한 하나님의 사역 | 다윗 언약의 복이 민주화됨, 이스라엘이 이방의 빛이 됨 | 열방이 시온에 모여 이스라엘과 하나님을 예배함 |

<표 3> 이사야서에 나타난 선교의 정의(패러다임)와 함의

# 4. 요약 및 설교: 어떻게 설교할 것인가?

이 글에서 우리는 구약성경의 선지서에 나타난 선교를 살폈다. 선지서는 구약성경에 나타난 세 가지 뚜렷한 선교의 패러다임, 곧 보편적 선교, 원심적 선교, 구심적 선교를 보여주고 있다. 보편적 선교란 하나님께서 이스라엘을 통해 열방을 구원하고자 하시는 강력한 선교 의도를 가지신 분이라는 사실에 기초한다. 선지서는 배타주의적 국수주의에 빠진 이스라엘이 결단코 열방의 구원을 향한 하나님의 선교 계획을 가로막을 수 없음을 말한다. 나아가 하나님께서는 옛 하늘과 옛 땅을 새 하늘과 새 땅으로 새롭게 창조하시는 선교의 하나님이심을 면면히 보여주고 있다. 원심적 선교란 이와 같은 하나님의 선교 계획에 순종하여 이스라엘이 이방의 빛이 되어 하나님의 구원을 열방에 선포할 때, 온 세상이 하나님의 은혜와 새 창조를 경험하는 것을 의미한다. 그런 의미에서 이스라엘의 선택은 하나님의 특권을 누리기 위함이 아니라 선교의 사명을 감당하기 위한 신적인 부르심이다. 이스라엘이 제사장이 되어 열방 가운데 선교의 사역을 감당하듯이, 종말의 때에는 이방인들도 제사장이 되어 땅 끝까지 하나님의 구원을 전파할 것이다. 끝으로 구심적 선교는 이스라엘이 열방의 축복이 될 때, 열방이 시온으로 나아와 토라의 가르침을 받으며, 참된 예배 공동체로 세워지는 것을 함의한다. 이스라엘과 열방이 함께 하나님을 경배하는 것은 종말론적 새 창조의 성취를 함의한다.

이상의 논의를 바탕으로 우리는 구약성경의 선교가 단순히 하나의 주제로 끝나는 것이 아니라, 구약성경의 하나님께서 이스라엘 뿐만 아니라 열방과 온 만물을 향해 가지신 원대한 구원 계획을 내포하고 있음을 알 수 있다. 또한 선교의 주제는 구약성경의 해석학적인 틀을 제공하고 있다. 타락한 에덴을 종말론적 새 에덴으로 새롭게 구속해 가시는 하나님께서는 이스라엘을 선택하시고, 그들의 선교를 통해 열방과 만물을 새롭게 창조하시는 분이시다. 우리는 이와 같은 신학적 메시지가 구약성경, 특히 선지서에서 반복적으로 강조되고 있음을 보았다. 그러므로 구약성경의 선지서에 나타난 선교의 주제는 단순히 신학적 주제로 끝나는 것이 아니라, 교회의 사역과 교육에 중요한 사역적 방향과 지침을 제공하는 신학적, 사역적 원리로 작용하게 된다. 이런 맥락에서 등장한 것이 '선교적 교회론'이다. 선교적 교회론이란 "선교는 교회가 하는 사업 중의 하나가 아니라 교회 자체가 선교라는 성경적 주장에 근거하여 하나님이 하시는 본질적인 활동이 선교이며, 교회는 단지 하나님의 보내심을 받아 하나님 중심의 선교에 참여한다."라는 개념이다.[19] 즉 선교가 교회의 가장 근본적이면서도 본질적인 모습이라는 것이다. 이와 같은 선교적 교회론은 영적인 침체기를 맞이한 한국교회에 새로운 자극과 성장을 촉발할 수 있는 중요한 신학적 가르침임에 틀림없다. 우리는 이런 맥락에서 구약성경의 선교를 해석하고, 또한 교회의 설교와 사역에 선포하고 적용해야 하겠다.

---

19. 김지찬, "선교적 교회 운동의 구약 신학적 토대," 『신학지남』 86 (2019), 43.

끝으로, 이상의 내용을 토대로, 우리는 어떻게 구약 선지서에 나타난 선교를 설교해야 하는가? 선지서에 나타난 선교의 중심 주제나 패러다임에 따라 다른 성경의 여러 본문을 엮어 설교를 하는 것은 설교의 실용적인 측면에서 그다지 효과적이지 않다. 왜냐하면 본문이 말하는 신학적, 문학적 메시지를 살리기가 어렵기 때문이다. 우리는 설교의 현실 적용성을 감안하여 요나서, 다니엘서, 이사야서가 부각시키는 선교의 주제를 어떻게 설교할지 다루도록 하겠다.

① 요나서는 선교와 관련하여 세 가지 중요한 설교의 주제를 전달한다. 첫째, 다시스로 도망간 요나는 열방을 구원코자 하시는 하나님의 뜻을 거역한 이스라엘을 상징한다. 이스라엘은 배타적 국수주의에 사로잡혀 하나님의 뜻을 거역하였다. 둘째, 하나님께서는 긍휼함으로 좌우를 분간 못하는 니느웨 백성을 아끼고 구원하기 원하신다. 하나님께서는 열방을 구원하기 원하시는 보편적 선교의 하나님이시다. 하나님께서는 요나가 하룻밤에 말라버린 박 넝쿨을 아끼는 것과 비교할 수 없게 니느웨 백성과 열방을 긍휼히 여기시고 그들을 구원하기 원하신다. 셋째, 하나님께서는 인간의 미련함과 어리석음에도 불구하고 이방인 선교를 성취하신다. 하나님께서는 다시스로 도망가는 요나를 회개시키시고, 그로 하여금 부름 받은 선교의 사명을 감당케 하신다. 이것은 먼저 부름 받은 이스라엘과 신약 교회 성도의 사명이 무엇인지 보여준다.

② 다니엘서는 디아스포라 선교를 통해 교회가 세상 속에서 어떻게 선교와 복음전파를 감당해야 하는지 보여준다. 먼저 성도는 세상 속에서 환란과 위기를 겪는다. 다니엘과 그의 세 친구는 디아스포라에서 종종 감당하기 어려운 시험과 환란을 경험하였다. 마찬가지로 하나님의 말씀을 순종하는 성도는 이 땅에서 시련을 맞이할 수 있다. 둘째, 성도는 시련 가운데에서 순교자적 결단과 믿음으로 하나님을 끝까지 섬길 때 위기를 극복한다. 다니엘과 그의 세 친구는 환란 가운데 하나님을 의지하였고 신적인 도움을 간구하였다. 또한 그들은 순

교자적 결단과 헌신으로 그 시련을 극복하였다. 셋째, 성도는 환난을 통해 하나님의 영광을 경험한다. 다니엘과 그의 세 친구는 환란을 통해 믿음과 지혜의 연단을 받았다. 또한 고난 가운데 하나님을 신뢰할 때, 하나님의 일하심과 영광을 세상에 보여주게 되었다. 마찬가지로 성도는 참된 신앙고백과 삶을 통해 세상 속에서 하나님의 살아계심과 영광을 나타낼 수 있다.

③ 이사야서는 온 만물을 새롭게 창조하시는 하나님의 구속사역과 세상을 향한 선교사역을 보여준다. 먼저 하나님께서는 옛 하늘과 옛 땅을 새 하늘과 새 땅으로 창조하시는 구원의 하나님이시다사1,65~66장. 세상을 향한 하나님의 계획은 심판이 아니라 구원과 새 창조이다. 둘째, 하나님께서는 택함 받은 이스라엘이 이방의 빛이 되어 구원을 땅 끝까지 전파하길 원하신다사42,49장. 하나님께서는 먼저 택함 받은 신약 교회가 세상의 빛이 되고 이방의 빛이 되어 구원의 복음을 능력 있게 전하길 원하신다. 셋째, 하나님께서는 이스라엘과 열방이 함께 모여 참된 예배를 드리길 원하신다사2,56장. 이스라엘이 열방의 복이 될 때, 열방은 시온에 모여 하나님을 예배할 것이다. 그들은 토라의 가르침을 함께 받고, 하나님의 다스림을 삶속에 구현하는 새 공동체를 이룰 것이다. 참된 예배의 회복은 궁극적으로 하나님께서 계획하신 새 창조의 모습이다. 교회가 세상의 빛과 복이 될 때, 세상은 교회를 존귀하게 여기고, 그곳에 나아와서 하나님을 예배하게 될 것이다. 이상의 설교 주제를 다이어그램으로 나타내면 다음과 같다.

| 성경 | 설교 주제 | 선교적 함의 |
|------|----------|------------|
| 요나서 | ① 하나님의 뜻을 거역한 요나:<br>　배타적인 이스라엘 / 불순종하는 교회<br>② 니느웨를 긍휼히 여기시는 하나님:<br>　열방과 세상을 구원하기 원하시는 하나님<br>③ 선교를 성취하시는 하나님:<br>　인간의 미련함이 하나님의 뜻을 거역할 수 없음 | 보편적 선교,<br>원심적 선교 |
| 다니엘서 | ① 세상 속에서 환란을 당하는 성도<br>② 위기 가운데 순교자적 믿음과 헌신으로 하나님을<br>　섬기는 성도<br>③ 환란을 통해 하나님의 영광을 경험하는 성도 | 원심적 선교 |
| 이사야서 | ① 세상과 만물을 새롭게 창조해 가시는 하나님<br>② 먼저 택함 받은 이스라엘과 교회가 이방의 빛이 되어<br>　선교의 사명을 감당해야 함<br>③ 교회가 세상의 복이 될 때, 세상은 교회가 되어<br>　하나님을 예배함 | 보편적 선교,<br>원심적 선교,<br>구심적 선교 |

<표 4> 선지서의 선교와 관련한 설교 주제

# 6장

# 공관복음서의 선교(적 교회)

김창훈

    이 글은 공관복음에 나타난 선교라는 주제를 다룬다. 마태복음, 마가복음, 누가복음의 본문들 가운데 '선교'와 관련되는 것으로 판단되는 본문들을 살핌으로써 각 복음서가 제시하는 선교 개념을 발견하고자 한다. 그런 점에서 이 글은 주해적이고 묘사적이며, 이를 통해 얻은 결론에 근거해 간단한 적용까지 시도할 것이다.

    각 복음서의 '선교' 개념을 발견하기 전에 우리는 '선교'라는 단어를 정의해야 한다. '선교'는 '보내다'라는 개념에서 나왔으며, 라틴어 '미토*mitto*'와 헬라어 '아포스텔로ἀποστέλλω'에서 기원한다. 이는 무언가 사명을 완수하도록 누군가를 보낸다는 의도를 담은 단어이다. 이러한 '선교'를 어떻게 정의할 것인가에 대한 중요한 논의들이 지금껏 진행되어 왔고, 여전히 다양한 정의들이 주도권을 차지하기 위해 경쟁을 벌이고 있다.[1] 하지만 이 글은 가장 보수적이고 복음적인 정의를 채택하여 논의를 진행하고자 한다. 즉 우리가 이해하는 '선교'란 하나님의 구원 행위이며, 하나님께서 자신의 영광을 위하여 장차 함께 살기 원하는 자들을 부르시는 일이다. 또한 '선교'란 하나님께 부름을 받은 자들

---

1. '선교'의 정의에 대한 논쟁의 역사를 다루는 다음 소논문을 참조하라. Keith Ferdinando, "Mission: A Problem of Definition," *Themelios* 33/1 (2008), 46~59.

이 하나님께 보답의 행위로서 하나님의 동역자가 되어 예수 그리스도의 제자를 만드는 일이다.[2]

## 1. 마태복음의 선교: 제자 만들기

마태복음의 선교를 가장 잘 규정하는 본문은 소위 대위임령the great commission으로 불리는 마태복음 28장 16~20절이다. 예수님께서 십자가에서 죽으시고 부활하심으로써 받으신 하늘과 땅의 모든 권세로 제자들에게 주신 선교 명령이 대위임령이다. 대위임령은 '제자를 만들라μαθητεύσατε'라는 명령법 주동사와 '가라πορευθέντες', '세례를 주라βαπτίζοντες', '가르치라διδάσκοντες'라는 분사들과 부속 단어들로 이루어져 있다. 따라서 이는 '제자를 만들라'는 명령법 주동사의 의미를 따라 세 개의 분사들도 명령의 의미를 지니며, 제자를 만들기 위한 방법들을 구체적으로 제시한 것으로 보아야 한다.[3] 즉 아직 복음을 듣지 못한 사람들에게 감으로써, 그들에게 세례를 줌으로써, 그들을 가르침으로써 제자를 삼으라는 명령이다. 마태복음에서 선교란 이미 제자가 된 사람들이 다른 제자를 만드는 것을 의미한다. 이에 이 목적을 이루기 위한 세 가지 분사의 연구를 통해서 마태복음의 선교를 살펴보고자 한다.

---

2. Ferdinando, "Mission," 59.
3. 어떤 학자들은 마태복음 28장 19절에 나오는 '가서 ~하라'는 문장구조에서 세 분사들 중 첫째 분사인 '가라(πορευθέντες)'는 보조적인 역할을 할 뿐이며 명령의 의미를 지니지 않는다고 주장한다(R. T. France, *The Gospel of Matthew*, NICNT [Grand Rapids: Eerdmans, 2007], 1115 n.34). 하지만 필자는 다수의 학자들과 함께 '가서'에도 분명히 명령의 의미가 담겨 있다고 본다. Grant R. Osborne, *Matthew*, ZECNT (Grand Rapids, MI: Zondervan, 2010), 1080; D. A. Carson, "Matthew," in *Matthew & Mark*, EBC 9, rev. ed., ed. Tremper Longman III and David E. Garland (Grand Rapids, MI.: Zondervan, 2010), 666.

**(1) 가라**πορευθέντες

마태복음에서 선교는 '가는 것'을 포함한다. '가는 것'은 선교를 위한 첫 번째 요소이며 필수 요소이다. '가다'라는 의미를 나타내기 위해 헬라어 동사 ἔρχομαι엘코마이와 πορεύομαι포류오마이 또는 그 파생어들이 사용된다. 예수님께서는 사도들에게 천국하나님 나라의 도래를 선포하기 위해 성이나 마을로 '들어가라εἰσέλθητε'고 하신다마10:11. 또한 합당한 자의 집에도 '들어가라εἰσερχόμενοι'고 하신다마10:12. 하나님 나라의 복음을 모르는 자를 만나기 위해 전도자가 특정한 장소로 '가는 것'은 오늘날처럼 통신수단이 발달하지 않은 과거에는 언제나 선교에 필수적인 요소였던 것이다.

그리고 예수님께서는 아흔아홉 마리 양을 산에 두고 한 마리 길 잃은 양을 찾으러 가는 목자의 비유를 말씀하신다. 이 이야기에서 목자는 길 잃은 한 마리 양을 찾기 위해 '간다πορευθεὶς'마18:12. 물론 문맥에 충실하게 이 비유를 해석하자면, 길 잃은 한 마리 양은 복음을 전혀 모르는 불신자보다는 믿음의 공동체 안에 머물다 떠난 지체를 가리키는 것으로 보아야 한다.[4] 하지만 잃어버린 한 마리 양이 불신자를 가리키든 머물다 떠난 지체를 가리키든, 분명한 것은 지금 믿음의 공동체의 울타리 밖에 머무는 자를 생명으로 이끌기 위해서는 그에게 다가가야 한다는 사실이다. 선교는 긍휼의 마음에서 나온 몸의 이동에서 시작된다. 예수님께서는 혼인잔치의 비유에서도 '가는 것'을 언급하신다마22:9. 청함을 받았으나 거부하고 종들을 모욕하고 죽인 자들은 잔치에 들어올 자격이 없다. 그래서 임금은 종들을 명하여 네거리 길로 '가서' 사람을 만나는 대로 청하여 오라고 한다. 잔치 자리에 불려온 사람들에 대한 판단은 후에 이루어질 것이므

---

4. 동일한 비유이지만 문맥을 고려하여 해석하면 누가복음 15장 4~7절에서 길 잃은 한 마리 양은 불신자(unbeliever)를 가리키며, 마태복음 18장 12~14절은 신앙 공동체 안에 속해 있다가 떠나간 지체(backslidden Christian)를 가리키는 것으로 보아야 한다(Craig L. Blomberg, *Matthew*, NAC 22 [Nashville: B&H, 1992], 277).

로 일단 종들은 악한 자나 선한 자나 만나는 대로 데려올 수 있도록 사람들이 많은 네거리로 '가야 한다πορεύεσθε'마22:9.

공생애 기간 동안 예수님께서는 열두 사도들이 나아가야 할 선교의 주된 대상이 누구인지를 명확히 말씀하셨다. 예수님께서는 "이방인의 길로도 가지 말고μὴ ἀπέλθητε 사마리아인의 고을에도 들어가지 말고 오히려 이스라엘 집의 잃어버린 양에게로 가라πορεύεσθε"마10:5~6고 하셨다. 이방인이 아니라 유대인이 사도들의 '가는' 행동의 대상이 된다. 즉 예수님의 공생애 기간 동안 선교의 주 대상은 유대인이다. 그러나 예수님께서는 죽음과 부활을 경험하신 이후에 선교의 대상을 재정의하신다. 부활하신 예수님께서는 제자들과 교회를 향하여 유대인과 이방인을 포괄하는 "모든 민족에게 가라"고 하신다마28:19.

"먼저는 유대인에게요 그리고 헬라인에게로다"라는 바울의 표현처럼롬1:16, 예수님께서도 공생애 기간 동안은 유대인에게 구속사적 우선순위를 주신다. 하지만 부활 이후에는 헬라인으로 대표되는 이방인과 유대인 모두가 구속사적 우선순위를 갖는다. 그래서 공생애 기간 동안에는 유대인에게만 '가라'고 말씀하셨던마10:6 예수님께서는 부활 이후에는 이방인에게도 '가라'마28:19~20고 말씀하신다. '모든 민족πάντα τὰ ἔθνη'마28:19은 유대인을 포함하지만 이방인에게 방점이 있다. 유대인에 대한 강조에서 이방인에 대한 강조로 전환이 일어난 것이다. 예수님께서 창조하시는 새 이스라엘에 이제 유대인만이 아니라 이방인까지 포함시키는 것이 하나님의 구원 계획인 것이다.[5] 마태복음 10장 6절과 마태복음 28장 19~20절 두 본문은 모순되어 보이지만 모순이 아니다. 두 구절의 차이는 구속사의 진전에 따른 선교 대상의 차이를 보여준다. 예수님의 공생애는 유대인에게 집중적으로 복음을 전하셔야 하는 시기였고, 예수님의 부활과 승

---

5. Charles L. Quarles, *A Theology of Matthew: Jesus as Revealed as Deliverer, King, and Incarnate Creator* (Philipsburg, NJ: P&R, 2013), 129.

천 이후는 교회가 유대인을 넘어 전 세계 만민에게 복음을 전해야 하는 시기이다. 하나님의 백성은 아직 하나님의 백성이 아닌 자를 찾아 나아가야 할 임무를 띤 자들이다.[6]

　마태복음은 하나님의 구원 사역의 시기, 즉 구속사의 시간을 이스라엘의 시기구약부터 예수님의 탄생까지, 예수님의 시기예수님의 탄생부터 승천까지, 교회의 시기예수님의 승천부터 재림까지라는 세 시기로 나눈다.[7] 마태는 예수님의 시기에는 유대인을 중심으로 한 예수님과 사도들의 선교를, 예수님께서 승천하신 이후인 교회의 시기에는 이방인과 유대인을 포괄하는 모든 민족을 향한 교회의 선교를 그린다. 물론 예수님과 사도들의 유대인 선교에 이방인이 완전히 배제되지 않으며, 선교의 대상이 장차 이방인으로 확장될 것에 대해 암시한다. 예수님의 족보에 포함된 이방 여인들마1:1-17은 아브라함의 씨를 통해 모든 족속이 복을 받을 것이라는 약속의 성취를 암시한다. 동방에서 온 현자들이 아기 예수께 경배한 것마2:1-12은 이방인들이 이스라엘의 참된 왕을 경배할 날을 예고한다. 가나안수로보니게 여인의 치유마15:21-28 또한 다수 유대인들의 불신과 대조되는 이방인의 믿음을 보여준다. 가다라 지방 귀신들린 자를 예수님께서 치유하신 것마8:28-34과 백부장의 하인을 치유하신 것마8:5-13은 이방인의 행복과 구원을 위해 예수님께서 직접 이방인에게 나아가신 좋은 사례를 보여준다, 예수님의 십자가 죽음을 통해 처음으로 그분을 하나님의 아들로 고백한 자들이 로마 백부장과 그의 부하들이었다는 점도 이방인 선교의 문이 활짝 열릴 것을 암시한다마27:54.

---

6. 하워드 페스킷 & 비노스 라마찬드라, 『선교: 온 세상에 충만한 그리스도의 영광』, 한화룡 역 (서울: IVP, 2006), 251.

7. 마태복음의 구속사적 시기 구분에 대해서는 학자들마다 견해가 다르다. 잭 딘 킹스베리는 이스라엘의 시기와 예수님의 시기라는 두 시기로 나누며, 롤프 워커는 메시아를 준비하는 시기와 이스라엘을 부르신 시기와 주후 70년에 시작된 이방인을 부르기 시작한 시기의 세 시기로 나누며, 존 P. 마이어는 구약 시기와 예수님의 시기와 교회의 시기라는 세 시기로 나눈다. 필자의 견해는 마이어의 견해와 세부적 차이가 있지만 매우 유사하다.

하지만 공생애 기간에 예수님께서는 유대인이 선교의 주된 대상이 됨을 명확히 밝히셨다"예수께서 이 열둘을 내보내시며 명하여 이르시되 이방인의 길로도 가지 말고 사마리아인의 고을에도 들어가지 말고 오히려 이스라엘 집의 잃어버린 양에게로 가라," 마10:5~6. 이렇게 유대인에게 가라고 하신 명령이 모든 민족으로 확대된 것은 예수님의 십자가와 부활이 가져온 구속사적 전환salvation-historical turn 때문이다. 예수님께서는 유대인의 메시아가 되신 후에야 모든 민족의 구원자가 되실 수 있었다. 결론적으로 마태복음의 예수님께서는 유대인이든 이방인이든 복음을 듣지 못한 자들을 향하여 '가는 것'이 예수님 자신과 교회가 선교를 수행함에 있어 중요한 요소임을 보여주신다.

### (2) 세례를 주라βαπτίζοντες

예수님께서는 제자들에게 선교의 두 번째 방법으로서 '세례'를 제시하신다. 마태복음에서 세례는 세례자 요한의 세례가 가장 먼저 등장한다. 요한은 '죄를 자복하는' 자들이 받는 세례였다. 누가복음 3장 3절은 세례자 요한이 주는 세례를 "죄 사함을 받게 하는 회개의 세례βάπτισμα μετανοίας εἰς ἄφεσιν ἁμαρτιῶν"라고 더욱 분명하게 밝힌다. 요한의 세례는 사람들이 구약의 율법에 근거하여 자신을 돌아보고 회개함으로써 하나님께서 죄를 사해주시는 것을 경험하게 하려는 목적이 있었던 것이다. 그러나 요한의 세례를 통한 회개와 죄 사함은 구약의 제사를 통한 죄 사함처럼 단회적이고 지속적이지 못했다. 요한의 세례는 이런 한계를 가지고 있었지만, 사람들로 하여금 영원하고 지속적인 죄 사함을 가져다주는 세례를 기대하게 하였다. 그런 방식으로 요한의 세례는 예수님의 세례를 예비하는 역할을 했던 것이다. 예수님의 십자가-부활에 근거하여 영원한 죄 사함과 구원을 주는 예수님의 성령 세례를 미리 보여주는 역할을 한 것이 요한의 세례였다.

분명한 한계를 가진 요한의 세례였지만 예수님께서는 요한에게 세례를 받으셨다마3:16. 예수님께서는 이 세례를 받으심으로써 자신을 회개를 통해 죄 사함을 받아야 하는 인간의 처지에 두셨다. 즉 죄인들이 받아야 할 요한의 세례를 받으심으로써, 의인으로서 죄인들의 대표가 되신 것이다. 예수님께서 받으신 세례는 하나님의 아들이시며 죄가 없으신 의로우신 예수님께서 사람이 되어 이 땅에 오신 목적을 분명히 보여준다. 그 목적은 바로 불의한 인간을 대신하여 죄값을 받으심으로써 그들을 의롭게 하시고 영원한 죄 사함을 주시는 것이었다고전5:21. 예수님께서는 죄인들의 죄를 위한 영원한 속죄의 제사를 십자가에서 드리심으로 말미암아 그들의 죄를 사하고 의롭게 하는 성령 세례를 주실 수 있었다히10:12. 예수님께서 제자들에게 시행하라고 명령하신 물로 주는 세례마28:19는 바로 이 성령 세례를 상징하는 예식인 것이다.

예수님께서는 갈릴리의 한 산에서 열한 제자들에게 "아버지와 아들과 성령의 이름으로είς τὸ ὄνομα τοῦ πατρὸς καὶ τοῦ υἱοῦ καὶ τοῦ ἁγίου πνεύματος" 세례를 주라고 명령하셨다. 성부, 성자, 성령 공히 신성을 공유하시는 삼위일체의 이름으로 세례를 주라고 명령하신 것이다.[8] 사도행전을 보면 초대교회에서는 삼위일체의 이름으로 세례를 주는 모습은 찾아볼 수 없고 단순히 '예수 그리스도의 이름으로'행2:38; 10:48 혹은 '그리스도 예수의 이름으로'행8:6; 19:5 세례를 주는 것을 발견할 수 있다. 사도 바울은 더 간단히 '그리스도 예수로'롬6:3 혹은 '그리스도로'갈3:27 주는 세례에 대해 언급한다. 이로 보건대 초대교회에서는 세례를 줄 때 예수님의 이름과 삼위일체의 이름을 혼용한 것으로 보인다. 마태는 두 가지 형태 중에 삼위일체의 이름으로 주는 세례를 강조한 것이다.[9]

---

8. Craig Keener, *For All Peoples: A Biblical Theology of Missions in the Gospels and Acts*, APTS Press Occasional Papers Book 2 (Asia Pacific Theological Seminary Press, Kindle Edition), location no. 225.
9. 김창훈, 『마태가 그린 하나님의 아들 예수: 마태복음의 기독론』 (경산: 그라티아, 2020), 186.

이 부분을 직역하면 "그 성부와 그 성자와 그 성령의 이름 안으로 그들에게 세례를 주고"라고 번역할 수 있다. 여기서 '성부', '성자', '성령'이 각각 정관사 τοῦ, the를 취한 것은 독립된 세 위격을 나타내며, '성부', '성자', '성령'이 한 '이름τὸ ὄνομα'에 연결된 것은 삼위 하나님의 연합을 가리킨다고 볼 수 있다.[10] 그리고 삼위일체의 "이름 안으로εἰς τὸ ὄνομα"라는 문구는 한 사람이 삼위일체 하나님과의 새로운 결속과 헌신과 충성과 복종의 관계에 들어가야 함을 암시하는 것이다.[11]

세례는 한 사람의 내면에서 발생한 사건들, 즉 예수님의 십자가를 통한 죄 사함에 대한 믿음과 자신의 죄에 대한 회개와 삼위 하나님께 대한 헌신이 외면화되고 공인되는 예식이다. 그렇다면 마태복음에서 선교란 한 사람이 예수 그리스도의 복음을 소개 받아 그분을 믿게 될 뿐만 아니라 그분을 보내신 성부 하나님과 그분의 사역의 원동력이 되신 성령 하나님까지 알고, 배우고, 체험하는 데까지 나아가도록 세례를 통해 돕는 것이다. 마태복음의 예수님께서는 창세 전에 인류의 구원계획을 함께 논의하셨던 삼위일체 하나님을 모두 섬기는 것을 중요하게 여기신다. 예수님께서는 혼자만의 계획과 의지로 성육신하신 것이 아니라, 삼위 하나님의 상호 합의, 즉 구속언약pactum salutis, covenant of redemption에 따라 세상에 오셨기 때문이다.[12] 성육신하셔서 사람들 가운데 오신 예수님을 알고 믿으며, 유대인들이 믿는다고 고백하는 구약의 야웨 하나님께서 예수님의 아버지이심을 믿으며, 성자 예수님의 임마누엘 약속을 실행하시는 성령 하나님까지 믿고 예배하는 데까지 나아가는 삼위일체 신앙이 제자가 나아가야

---

10. 마이클 헤이킨, 『깊은 영성』, 이홍길 역 (서울: CLC, 2018), 45~47; R. T. France, *The Gospel of Matthew*, NICNT (Grand Rapids: Eerdmans, 2007), 1116.

11. 강대훈, 『마태복음 주석(하)』 (서울: 부흥과개혁사, 2019), 673~674.

12. 구속언약(Covenant of redemption, *pactum sanctum*)에 대한 정의와 논의에 대해서는 존 페스코, 『삼위일체와 구속언약』, 전광규 역 (서울: 부흥과개혁사, 2019), 15~74를 보라.

할 목표로 주어진 것이다.

'세례를 주라'는 예수님의 명령을 통해 우리는 선교의 시작이 복음을 모르는 자들에게 다가감으로써 시작되지만, 그들이 복음을 얕게 이해하는 수준에 머무는 데 만족하도록 해서는 안 되며 삼위일체 하나님의 성품과 사역의 영광스러움을 깨닫고 체험하고 찬양하는 데까지 나아가도록 교회 공동체가 도와야 함을 알게 된다. 그리고 이러한 선교의 목표는 자연스럽게 우리를 세 번째 선교의 방법으로 이끈다.

## (3) 가르치라διδάσκοντες

예수님께서는 세 번째 선교의 방법인 '가르침'을 제시하신다. 마태복음에는 예수님께서 주신 다섯 개의 가르침/담화teaching/discourse가 포함된 것으로 알려져 있다. '…을 마치시고'라는 문구를 공통적으로 포함하는 다섯 개의 구조표시structural marker, 마7:28; 11:1; 13:53; 19:1; 26:1를 통해 우리는 예수님께서 제자들과 군중에게 행하신 산상수훈5~7장, 제자도10장, 천국 비유13장, 교회론18장, 종말론23~25장이라는 다섯 개의 가르침을 발견할 수 있다.[13] 마태복음이 그리는 예수님께서는 공적 사역 기간 중에 제자들에게 가능한 한 많은 가르침을 주심으로써 승천 이후의 교회가 그 가르침과 명령에 근거하여 행할 수 있도록 준비하시는 분이시다.

교부들은 사복음서에 에스겔서와 요한계시록에 나타난 천상의 네 생물을 짝지어줌으로 설명하기를 좋아했다. 리처드 A. 버릿지는 다수의 교부들이 사용한 짝짓기를 통해 사복음서의 독특한 강조점을 설명했는데, 마태복음은 선생인 인간으로, 마가복음은 사자로, 누가복음은 소로, 요한복음은 독수리로 각각

---

13. B. W. Bacon, "The 'Five Books' of Matthew Against the Jews," *Expositor* 15 (1918), 56~66.

의 특징을 설명했다.[14] 많은 교부들을 따라 버릿지는 선생랍비인 인간을 마태복음의 상징 생물로 사용하는데, 그것은 마태복음이 예수님을 하나님 나라와 그 나라 백성으로서의 삶에 대해 많은 가르침을 주는 선생의 모습으로 그리고 있기 때문이다.[15]

예수님께서는 갈릴리의 회당들에서 가르치셨으며마4:23, 갈릴리 산에서 무리와 제자들에게 가르치셨다마5:2. 흥미롭게도 마태복음에서 예수님께서는 그분의 제자들에게 '전파하신κηρύσσω' 적이 없고, 늘 '가르치셨고διδάσκω', 성전에나 회당에서도 '전파하시기'보다는 늘 '가르치셨다'.[16] 또한 가르치실 때에 사람들의 온갖 병과 약한 것을 고쳐주시기도 했다마9:35. 예수님께서는 서기관들과 달리 가르치실 때에 권위 있는 자로서 가르치셨다마7:29. 최후의 한 주간에는 날마다 성전에 들어가 가르치심으로 대제사장들과 장로들의 가르침에 도전하기도 하셨다마21:23; 26:55. 예수님의 가르침에는 특징이 있었는데, 곧 사람들의 시선을 의식하지 않고 하나님의 길을 진실하게 가르치셨다마22:16는 것이다. 그리고 마태복음의 종결부에서 예수님께서 주신 지상명령에도 '가르침'이 교회의 중요한 사명으로 제시되었다마28:20. 즉 교회는 예수님께서 공적 사역 기간 동안에 명령하신 모든 것을 가르쳐서 지키게 해야 한다. 이는 예수님의 승천 이후의 교회가 새로운 제자와 성숙한 제자를 만드는 방법 중 하나임을 보여준다. 선생님이 승천하신 후에는 제자들 자신이 선생님을 이은 선생들이 되어 열방의 사람들을 가르쳐야 하는 것이다.[17]

---

14 리처드 A. 버릿지, 『복음서와 만나다: 예수를 그린 네 편의 초상화』, 손승우 역 (서울: 비아, 2017).

15. 버릿지, 『복음서와 만나다』, 125~126.

16. David J. Bosch, *Transforming Mission: Paradigm Shifts in Theology of Mission*, 20th Anniversary Edition, American Society of Missiology Series Book 16 (Maryknoll, NY: Orbis, 2011), 67.

17. 버릿지, 『복음서와 만나다』, 177.

## (4) 결론과 적용: 가서, 세례 주고, 가르치는 선교

우리는 마태복음 28장 19~20절에 나타나는 대위임령을 중심으로 마태복음의 선교 개념을 살펴보았다. 우선 마태복음은 선교의 대상을 향해 '가는 것'을 중요시한다. 예수님께서는 그분의 시대에는 제자들에게 '이스라엘 동족을 향해' 가라고 명령하셨다. 그러나 교회 시대에는 '모든 민족', 즉 이스라엘 민족과 이방 민족을 향해 가라고 하심으로써 선교의 대상을 확대하신다. 물론 예수님 시대에도, 비록 이스라엘 선교가 중심이긴 했지만, 이방인 선교까지의 확장을 여러 차례 여러 방법으로 암시하셨다. 복음을 듣지 못한 대상이 있는 곳으로 나아가는 것은 교회가 선교를 위해서 반드시 해야 할 일이다. 인터넷이 발달한 현대 사회에서 인터넷 매체를 이용해서 '가는 것'이 가능해진 시대이지만, 물리적으로 사람이 몸으로 복음을 들고 가서 몸인 사람을 만나는 것의 필요성은 여전히 중요하다.

또한 마태복음의 선교에서는 세례가 강조된다. 세례는 복음을 들은 자의 회개와 믿음과 헌신을 공식화하는 역할을 한다. 특히 세례는 세례 받는 자의 삼위일체를 향한 헌신이라는 성숙한 단계로의 진보를 의미한다. 따라서 마태복음에 나타난 선교는 복음을 얕게 이해하는 수준에서 삼위일체 하나님의 성품과 사역의 영광스러움을 깨닫고 체험하고 찬양하는 수준까지 성숙하도록 돕는 것을 포함한다. 그러므로 교회는 성부와 성자와 성령의 이름으로 주는 세례를 복음에 대한 기본적인 지식에 동의하는 자가 아닌 일정 수준의 헌신에 동의하는 자에게 주는 것을 고려할 필요가 있다.

마지막으로 마태복음은 선교의 맥락 안에서 가르침을 강조한다. 마태복음은 예수님께서 공적 생애 기간 동안 제자들과 군중을 가르치시는 데 힘을 쏟으신 것을 강조하여 보여준다. 예수님께서 승천하신 이후를 살아가는 교회는 예수님의 가르침의 내용을 잘 가르치고 지키게 함으로써 새로운 제자와 성숙한 제자를 만들어낼 수 있다. 코로나 시대에 교회의 대면 모임이 어려워진 교회들이 온라인 예배를 통한 찬양과 설교에 치중하면서, 제자훈련, 삶공부, 목장모임 등을 통한 깊이 있는 영적, 지적 배움과 훈련이 약화되고 있다. 하지만 제자된 자들이 우리의 구주요, 주님이시요, 참된 선생이신 예수님의 가르침을 살아내려면, 교회는 대그룹 모임과 소그룹 모임, 예배와 제자훈련, 대면 모임과 비대면 모임을 통해 끊임없이 제자들에게 예수님께서 분부하신 바를 가르쳐야 하고 배운 바를 살아내도록 훈련해야 할 것이다. 교회는 하나님께서 선물로 주신 통신수단의 이기들을 잘 활용하여 어린 아이로부터 노년 성도에 이르기까지 말씀 암송, 교리 공부, 성경 본문 공부, 기독교 윤리, 성경적 세계관 공부 등을 통해 말씀을 깊이 깨닫고 치열하게 살아내는 법을 잘 훈련시킴으로써 코로나 위기를 돌파해야 한다.


## 2. 마가복음의 선교: 해방을 향한 열정과 능력

마가복음은 예수님을 새로운 출애굽을 통해 죄와 사망의 권세에 억눌린 자들을 해방시키시는 분으로 그린다. 특히 죄와 사망의 결과로서 인간이 겪는 질병과 귀신 들림 등의 고통에서 자유케 하심으로써 죄와 사망의 권세를 무너뜨리러 오신 분으로 나타내신다. 또한 마가복음은 예수님의 십자가 죽음이 선교의 중심에 있음을 드러낸다. 예수님을 처형한 로마 군대의 백부장이 "이 사람은 진실로 하나님의 아들이었도다"막15:39라고 고백할 수 있었던 것은 "예수님께서 그렇게 죽으신 모습을 보았기" 때문이다. 즉 백부장은 사람들을 구원하시기 위하여 하나님의 버림을 감내한 예수님께서 바로 이스라엘의 왕이시며 하나님의 아들이심을 깨달았던 것이다. 예수님의 십자가 죽음이 복음에 적대적이던 이방인을 구원하였다. 마가복음은 예수님의 영광이 아닌 예수님의 십자가가 사람을 복음으로 이끄는 능력의 원천이라고 말한다.

## (1) 해방으로서의 선교: 새로운 출애굽

리키 E. 와츠에 의하면, 마가복음은 예수님을 이사야가 고대하는 '새로운 출애굽new exodus'을 행하시는 분으로서 묘사한다.[18] 이사야 6장 10절에서 하나님께서는 이스라엘의 눈을 멀게 하시고 귀를 닫게 하심으로써 패역한 이스라엘을 심판하겠다고 하셨다.[19] 이와 관련하여 이사야 35장 5절[20]은 구원의 날에 여호와께서 이스라엘을 회복시키시는 방법이 바로 이사야 6장 10절의 역逆, 즉 눈을 뜨게 하시고 귀를 열게 하시는 행동임을 보여준다.[21] 흥미롭게도 마가복음은 예수님께서 눈을 뜨게 하시고, 귀를 열게 하신 일들을 수차례 기록한다. 예수님께서는 청각장애인들τοὺς κωφοὺς의 청력을 회복시키셨다막7:37. 또한 말 못하고 귀먹은 귀신τὸ ἄλαλον καὶ κωφὸν πνεῦμα을 꾸짖어 나오게 하셨다막9:25. 벳새다에서는 이름 없는 시각장애인τυφλὸν을 침 뱉어 안수하신 후에 다시 그의 눈에 안수하심으로써 그의 눈을 밝히셨다막8:22~26. 여리고에서도 바디매오라 하는 눈 먼 거지τυφλὸς προσαίτης를 고쳐주셨다막10:46~52. 이처럼 마가복음은 의도적으로 예수님께서 시각장애인과 청각장애인을 고쳐주신 사건들에 주목함으로써 예수님을 '새로운 출애굽new exodus', 즉 새로운 해방을 주시는 구원자로 제시하는 것이다.[22]

---

18. Rikki E. Watts, *Isaiah's New Exodus, Biblical Studies Library* (Grand Rapids: Baker, 2001), 85~90.
19. 이사야 6장 10절 "이 백성의 마음을 둔하게 하며 그들의 귀가 막히고 그들의 눈이 감기게 하라 염려하건대 그들이 눈으로 보고 귀로 듣고 마음으로 깨닫고 다시 돌아와 고침을 받을까 하노라 하시기로"
20. 이사야 35장 5절 "그 때에 맹인의 눈이 밝을 것이며 못 듣는 사람의 귀가 열릴 것이며"
21. Watts, *Isaiah's New Exodus*, 171.
22. Watts, *Isaiah's New Exodus*, 173.

예수님의 해방은 귀신을 쫓아내신 행동축귀, 逐鬼, exorcism도 포함한다. 예수님의 축귀는 종말에 멸망당할 사탄에 대한 일차적인 결박이었으며, 동시에 하나님 나라의 현존을 보여주는 행위였다.[23] 마가복음 6장 7절은 예수님께서 제자들에게 "더러운 귀신들을 통제하는 권세ἐξουσίαν τῶν πνευμάτων τῶν ἀκαθάρτων"를 주셨다고 말한다.[24] 그리고 제자들은 그 권세를 가지고 복음을 전하러 나아가 사람들을 회개시키고 많은 귀신들을 쫓아냈다δαιμόνια πολλὰ ἐξέβαλλον, 막6:13. 예수님께서 영적으로 억눌린 사람들을 해방시키셨던 것처럼, 제자들도 예수님께 받은 권세를 가지고 나아가 귀신이 결박한 사람들을 해방시킨 것이었다. 이렇듯 선교는 언제나 생명을 해치고 위협하는 치명적인 세력들로부터 사람들을 해방시키는 일을 포함한다.[25] 마가복음에서 선교는 영적 해방이라는 궁극적인 목표를 위해 물리적 해방을 표적sign으로 사용한다고 볼 수 있다.

## (2) 열정과 능력의 선교 I : εὐθύς유뛰스

마가복음에서 예수님께서는 사자같이 열정적이고 신속하게 그분의 선교 사명을 수행하기 위해 뛰어드신다.[26] 마태복음과 누가복음이 한 소재를 긴 분량에 걸쳐 활용한다면, 마가복음은 날뛰는 사자와 같이 휘몰아치면서 일하시는 예수님을 묘사하기 때문에 짧은 분량으로 그 소재를 다 소비한다.[27] 마가복음 1장 안에서만 하더라도 다양한 사건들이 대부분 짧은 단락 안에서대개 두세 절 안에서

---

23. 그래함 H. 트웰프트리, 『귀신 축출자 예수』, 이성하 역 (대전: 대장간, 2013), 386~387.

24. 대개 ἐξουσία(엑수시아) 뒤에 나오는 속격은 지배의 속격(genitive of subordination)으로 분류한다. Daniel B. Wallace, *Greek Grammar Beyond the Basics: An Exegetical Syntax of the New Testament with Scripture, Subject, and Greek Word Indexes* (Grand Rapids: Zondervan, 1997), 103~104.

25. Geoffrey Harris, "Mark and Mission," in *Mark: Gospel of Action: Personal and Community Responses*, ed. by John Vincent (London: SPCK, 2006), 133.

26. 버릿지, 『복음서와 만나다』, 78.

27. 버릿지, 『복음서와 만나다』, 79. 마태와 누가에 비해 마가는 같은 사건을 적은 분량의 기사로 전한다.

길게는 여덟 절 안에서 다뤄지고 있기 때문에 마가복음을 사자라는 이미지로 설명하는 것은 너무나도 적절하다<표 1>을 보라.

| 마가복음 1장의 구절 | 사건들 | 절수 |
|---|---|---|
| 4~8절 | 세례자 요한의 활동과 설교 | 5 |
| 9~11절 | 예수님의 세례 | 3 |
| 12~13절 | 예수님이 시험을 받으시고 들짐승과 함께 지냄 | 2 |
| 14~15절 | 하나님 나라와 회개를 선포 | 2 |
| 16~20절 | 제자를 부르심 | 5 |
| 21~28절 | 회당에서 더러운 악령 들린 사람을 고치심 | 8 |
| 29~31절 | 열병에 걸린 베드로의 장모를 낫게 하심 | 3 |
| 32~34절 | 병든 이와 악령에 들린 이를 고치심 | 3 |
| 35~39절 | 갈릴리 지방 마을과 회당을 찾아다니심 | 5 |
| 40~45절 | 나병 환자를 치유하심 | 6 |

<표1> 마가복음 1장에 기록된 많은 사건들

마가복음이 예수님을 사자처럼 역동적으로 사역하시는 분으로 그리는 데 부사 '유뛰스εὐθύς'의 사용이 중요한 역할을 한다. 마가복음에서 예수님의 많은 사역들이 '그리고 곧', '삽시간에', '마침', '즉시' 발생하기 때문이다.[28] 마가복음에서 εὐθύς는 40개의 절에서 41회 등장하는데,[29] 놀랍게도 이 단어는 마가복음

---

28. 버릿지, 『복음서와 만나다』, 79.
29. 마가복음에서 총 41회 사용된다(막1:10,12,18,20,21,23,28,29,30,42,43; 2:8,12; 3:6; 4:5,15,16,17,29; 5:2,29,30,42 [2회]; 6:25,27,45,50,54; 7:25; 8:10; 9:15,20,24; 10:52; 11:2,3; 14:43,45,72; 15:1). 유의어인 εὐθέως는 마가복음 7장 35절에서 단 1회 사용된다.

외의 다른 신약성경에서는 10회밖에 사용되지 않는다.[30] 마가는 εὐθύς의 잦은 사용을 통해 무엇을 의도했을까? 학자들은 일반적으로 "내러티브에서 자주 사용되며 '갑자기'라는 시간적 의미를 나타내거나 독자의 주의를 끌기 위한 문체상 기능을 위해,"[31] "연속적인 사건들을 가깝게 연결하기 위해,"[32] "새로운 사건 혹은 이야기의 새로운 극적 양상을 소개하기 위해"[33] 사용되었다고 본다. 필자는 학자들의 제안을 수용하면서 마가복음의 어떤 구절들은 εὐθύς라는 단어의 사용을 통해 선교에 대한 예수님의 열정과 초자연적인supernatural 치유 능력을 강조하여 보여준다고 제안한다. 몇 가지 예를 통해 이를 살펴보자.

① 예수님께서는 갈릴리 해변에서 어부인 시몬 베드로와 안드레를 만나셨고막1:16, 그들을 "사람들을 낚는 어부들ἁλιεῖς ἀνθρώπων"로 부르신다막1:17. 그러자 그들은 곧εὐθύς 그물을 버려두고 예수님을 따라갔다막1:18. 조금 더 가시다가 예수님께서는 세베대의 아들 요한과 야고보를 만나셨다막1:19. 예수님께서 그들도 제자로 곧εὐθύς 부르시니, 그들은 아비를 삯군들과 함께 배에 버려두고 예수님을 따라갔다막1:20. 마가복음 1장 16~20절은 예수님께서 네 명의 물고기 낚는 자들을 사람 낚는 자들로 부르시는 장면을 극적으로 묘사한다. 예수님의 선교를 계승할 제자들을 사회적으로 대단치 않은 신분인 어부들 중에서 택하여 부르시는데, 이는 예수님의 첫 선교라 할 수 있다.

② 제자들을 부르신 예수님께서는 곧 이어εὐθύς 제자들을 데리고 가버나움

---

30. 마가복음 외 신약에서 총 10회 사용된다(마3:16; 13:20,21; 14:27; 21:3; 눅6:49; 요13:30,32; 19:34; 행10:16). 유의어인 εὐθέως는 마가복음 외 신약에서 35회 사용된다(마4:20,22; 8:3; 13:5; 14:22,31; 20:34; 21:2; 24:29; 25:15; 26:49,74; 27:48; 막7:35; 눅5:13; 12:36,54; 14:5; 17:7; 21:9; 요5:9; 6:21; 18:27; 행9:18,20,34; 12:10; 16:10; 17:10,14; 21:30; 22:29; 갈1:16; 약1:24; 요삼14; 계4:2).

31. Robert A. Guelich, *Mark 1~8:26*, WBC 34A (Dallas: Word, 1989), 30.

32. R. T. France, *The Gospel of Mark: A Commentary on the Greek Text*, NIGTC (Grand Rapids: Eerdmans, 2002), 16.

33. France, *The Gospel of Mark*, 76.

의 회당에 들어가 가르치신다막1:21. 그런데 신기하게도 곧 이어εὐθύς 그 회당 안에 "더러운 귀신 들린 사람ἄνθρωπος ἐν πνεύματι ἀκαθάρτῳ"이 있었음이 밝혀진다막1:23. 예수님께서는 "그 더러운 귀신을 꾸짖으시며ἐπετίμησεν αὐτῷ(더러운 귀신)" 잠잠하고 "그 사람에게서 나오라ἔξελθε ἐξ αὐτοῦ(귀신 들린 사람)"고 하심으로써 그를 악한 권세에서 해방시키신다막1:25. 사람들은 예수님의 권세 있는 가르침에 놀랐고, 예수님의 소문이 곧εὐθύς 온 갈릴리 사방에 퍼진다막1:28. 마가복음 1장 21~28절은 회당으로 상징되는 귀신 들린 자를 정화시키지 못하는 무능력한 유대교와 달리 귀신 들린 자를 정화하시는 예수님의 모습을 통해 무능력한 유대교와 다른 예수님의 능력과 그분의 열정적인 해방적 선교를 보여준다.

③ 마가복음 5장 25~34절도 혈루증 앓는 여인의 치유 이야기 속에 '곧εὐθύς'을 두 차례 사용함으로써막5:29,30 예수님의 (의학적 인과관계를 뛰어 넘는) 초자연적인 치유 능력과 병든 자에 대한 긍휼의 마음을 보여준다. "즉시 그녀의 피의 흐름이 말라버렸다εὐθὺς ἐξηράνθη ἡ πηγὴ τοῦ αἵματος αὐτῆς"막 5:29. 즉 12년 동안 흘러내린 피가 아무런 의학적 인과적 조치 없이 '즉시' 멈춰버렸다. "그리고 즉시 예수님께서 자기 안에서 그 능력이 자기로부터 나간 것을 아셨다καὶ εὐθὺς ὁ Ἰησοῦς ἐπιγνοὺς ἐν ἑαυτῷ τὴν ἐξ αὐτοῦ δύναμιν ἐξελθοῦσαν"막 5:30. 즉 초자연적인 치유가 일어난 것을 예수님께서만 초자연적인 능력으로 '즉시' 감지하셨다. 그리고 마가복음 5장 41~42절도 예수님의 '달리다굼ταλιθα κουμ' 명령을 통해 소녀를 죽음에서 생명으로 구해내시는 예수님의 초자연적인 기적을 두 개의 '곧εὐθύς'막5:42을 통해 보여준다. 샌드위치 구조를 통해 연결된 두 개의 초자연적인 치유 기적 이야기는 예수님께서 초자연적인 능력으로 행하시는 새로운 출애굽으로서 혹은 해방으로서의 선교를 인상적으로 보여준다.

예수님께서 '즉시' 달려가 만나신 사람들어부들, 귀신들린 사람, 혈루증 앓는 여인 등은 다들 만나기에 꺼려지는 사람들이었다. 이런 사람들과의 만남은 사회적 경계선을 넘는 행동이었기에 예수님의 명예에 타격을 줄 뿐 아니라 예수님의 어머니와 형제들의 명예에도 손상을 주는 행동이었다.[34] 그러나 예수님께서는 하나님 나라의 실현과 해방적 선교를 위해서 사회적으로 열등한 사람들에게 다가가 해방의 선교를 감행하신다.

## (3) 열정과 능력의 선교 II : 역사적 현재시제

또한 마가복음에는 '역사적 현재시제historical present tense'가 즐겨 사용된다.[35] 이것은 과거에 일어난 일을 이야기할 때 의도적으로 현재시제를 사용해서 생생한 분위기를 만드는 것이다.[36] 예를 들어 마가복음 12장 1~12절에서 예수님께서는 포도원 농부 비유를 말씀하심으로써 예루살렘 종교지도자들의 죄악을 간접적으로 고발하셨다. 그들은 예수님의 비유가 자기들을 겨냥한 것을 알아채고 당장 예수님을 잡으려 했지만, 무리가 두려워서 포기했다막12:12. 하지만 이후에 그들은 예수님의 말씀을 책잡기 위해서 바리새인과 헤롯당 중에서 사람을 보냈다막12:13. 그런데 마가복음은 이 때 '보냈다ἀπέστειλαν, 직설법 애오리스트 3인칭 복수형'막3:31; 12:3에 사용라는 과거 동사를 사용하지 않고 '보낸다ἀποστέλλουσιν, 직설법 현재 3인칭 복수형'라는 현재 동사를 사용해서 예수님을 해치기 위한 종교지도자들의 행동 개시를 더욱 긴장감 있게 묘사한다막12:13. 또한 마가복음은 예수님을 비롯한 등장인물들의 대사를 묘사할 때, '말하다λέγω'라는 동사의 과거

34. Michael F. Bird, *Jesus is the Christ: The Messianic Testimony of the Gospels* (Downers Grove: InterVarsity Press, 2012), 44.

35. 버릿지, 『복음서와 만나다』, 79~80. 버릿지는 마가복음이 역사적 현재시제를 151회 사용한다고 말한다. James R. Edwards, *The Gospel according to Mark*, PNTC (Grand Rapids; Eerdmans, 2002), 11; William L. Lane, *The Gospel of Mark*, NICNT (Grand Rapids: Eerdmans, 1974), 26은 역사적 현재시제가 마가복음의 문예적 특징임을 각자 주석의 서론에서 언급한다.

36. Eckhard J. Schnabel, *Mark: An Introduction and Commentary*, TNTC (Downers Grove, IL: InterVarsity Press, 2017), 5.

시제형애오리스트 70회+불완전과거 50회=총 120회 못지않게 현재시제형106회을 사용하기를 선호한다.

## (4) 결론과 적용: 해방과 치유에 열정을 가진 선교

따라서 마가복음은 '유뛰스εὐθύς'와 '역사적 현재시제'의 사용을 통해 예수님의 열정적이고 속도감 있는 사역을 생생하게 전달해준다.[37] '유뛰스εὐθύς'는 예수님의 초자연적 능력과 열정을 보여주며, 역사적 현재시제는 생생함과 긴장감을 배가시킨다. 마가복음에 나타난 예수님의 열정적인 치유healing와 축귀exorcism에 대한 생생하고 속도감 있는 사역 기록은 새로운 출애굽new exodus을 일으키시는 영적 해방자spiritual liberator이자 영적 구원자spiritual redeemer로서의 예수님의 정체성을 잘 보여준다.

예수님께서 치유와 축귀를 행하신 것은 죄의 결과로서 질병과 귀신들림에 사로잡혀 있는 자들을 해방시키기 위해서였다. 그러한 육적 해방을 통해 영적 해방을 선포하시기 위함이었다. 그렇다면 21세기를 사는 그리스도인은 어떻게 육적 해방을 통해 영적 해방을 선포할 수 있을까? 그리스도인 의료인은 의술로 질병을 치유함으로써 영적 해방을 선포할 수 있을 것이다. 그리스도인 정치인은 선한 정치를 통해 억압 가운데 있는 자들을 자유케 함으로써 영적 해방을 선포할 수 있을 것이다.

그리스도인 의료인의 한 모델로서 장기려 박사1911~1995를 거론할 수 있다. 장기려 박사는 일본 나고야대학에서 의학 박사가 되어 한국에 돌아와 평양의과

---

37. 버릿지, 『복음서와 만나다』, 80. '곧'에 대한 C. S. 루이스의 문학적 상상력을 마가복음의 '곧'과 비교해보라. "루시야, 너무 슬픈 표정일랑 짓지 말아라. 우리는 곧 다시 만나게 될 것이다." 루시가 말했다. "제발 그러길요. 아슬란님, '곧'이 언제죠?" "난 모든 때를 그렇게 말하지." 그리고 그는 곧 사라졌다. C. S. 루이스, 『나니아 나라 이야기 5: 새벽 출정호의 항해』 (서울: 시공주니어, 2001), 204.

대학 외과 교수, 서울대학교 의과대학 외과 교수, 부산복음병원 초대 원장, 청십자의료보험조합 설립 대표이사를 지냈다. 그는 부산복음병원의 전신인 복음진료소를 제3영도교회에서 시작하여 가난 속에서 질병에 시달리는 많은 사람들을 육체의 고통에서 해방시켜 건강케 하였다. 그는 의술에 있어서도 한국 최고의 실력을 보유하여 한국 최초로 간 절제술에 성공했다. 또한 그리스도인으로서 긍휼의 성품이 가득하여 수혈이 필요한 환자를 위해 자기 피를 제공하기도 했고, 병원비가 없는 환자를 몰래 퇴원시키기도 했다. 의료보험제도의 시작을 통해 돈이 없어 병원에 갈 수 없는 사람들의 고민을 해결해주었다. 그는 예수 그리스도를 닮은 긍휼과 사랑의 마음으로 많은 환자들에게 감동을 주었다. 장기려 박사의 삶은 예수 그리스도의 영적 해방을 보여주는 '표적'으로서의 치유와 해방이 무엇인지를 잘 보여주는 모델이었다.[38]

그리스도인 정치인의 한 예로서는 윌리엄 윌버포스William Wilberforce, 1759~1833를 들 수 있다. 윌리엄 윌버포스는 노예제도 폐지를 하나님께서 자신에게 주신 사명으로 생각했다. 1780년에 21세의 나이로 국회의원이 된 윌버포스는 7년 후에 노예무역 폐지에 대한 법안을 제출했다. 1807년에 노예무역 폐지 법안이 통과되었다. 그리고 1833년이 되어서야 노예제도 자체를 폐지하는 법안이 통과되었다. 하지만 그는 1825년에 이미 건강상 문제로 하원의원을 사임한 후였다. 노예제도가 폐지된 사흘 후 윌버포스는 웨스트민스터 사원에 묻혔다.[39] 윌버포스는 그의 신앙적 양심을 따라 흑인 노예들의 비참한 굴레를 벗겨주었다. 그는 흑인들에게 정치적인 면에서의 새로운 출애굽을 선사함으로써 삶의 모든 면에서의 진정한 해방자가 되시는 예수 그리스도를 오고 오는 세대의 사람들에게 선포하였다.

---

38. 장기려 박사에 대한 자세한 평전인 지강유철, 『장기려, 그 사람』 (서울: 홍성사, 2015)을 참고하라.
39. 존 스토트, 『비교할 수 없는 그리스도』, 정옥배 역 (서울: IVP, 2002), 223~227.

## 3. 누가복음의 선교: 소외된 자들에게 선포되는 죄 용서

누가복음 4장 16~30절소위 '나사렛 설교'은 누가복음의 주요 주제들을 함축적으로 포괄하고 있는 '표제 설교programmatic sermon' 혹은 '표제 단락programmatic section'으로 알려져 있다.[40] 이 표제 단락은 누가복음 전체에서 강조될 중요한 주제들이스라엘의 예수님 거절, 가난한 자에 대한 복음 선포, 이방인에 대한 복음 선포, 약속과 성취, 희년 등을 압축적으로 소개한다. 우리는 선교라는 큰 틀 안에서 누가복음의 표제 단락이 보여주는 가난한 자, 이방인, 죄인, 여성과 같은 소외된 자들을 대상으로 복음을 전하시는 예수님의 모습에 주목하고자 한다. 또한 우리는 누가복음의 죄 용서에 대한 강조를 선교적 맥락에서 살피고자 한다. 전통적으로 누가복음은 '소'라는 이미지를 통해 희생적이고 헌신적인 모습의 예수님과 연결되어 왔는데, 누가복음의 소외된 자들을 향한 관심, 죄 용서에 대한 강조는 이러한 이미지와도 잘 맞아 떨어진다.[41]

### (1) 소외된 자들the marginalized을 향한 선교

예수님께서는 자신이 "잃어버린 자를 찾아 구원하러 오셨다"눅19:10고 선언하셨다. 누가복음은 소외되고 잃어버려진 자들을 구원하시려는 예수님의 마음이 잘 나타나는 복음서이다. 특히 누가복음의 소외된 자들은 가난한 자, 이방인, 여성으로 대표되는 자들이다.

---

40. 마크 L. 스트라우스, 『네 편의 초상. 한 분의 예수: 사복음서와 예수 그리스도 연구 입문』, 박규태 역 (서울: 성서유니온, 2017), 453; M. V. Abraham, "Good News to the Poor in Luke's Gospel," *Bangalore Theological Forum* 19 (1987): 1~13; Robert H. Stein, *Luke*, NAC (Nashville: B&H, 1992), 151~152; I. Howard Marshall, *The Gospel of Luke*, NIGTC (Grand Rapids: Eerdmans, 1978), 177~178; John Nolland, *Luke 1:1~9:20*, WBC 35A (Dallas: Word, 1989), 195; Samuel O. Abogunrin, "Jesus' Sevenfold Programmatic Declaration at Nazareth: An Exegesis of Luke 4.15~30 from an African Perspective," *BT* 1/2 (2003), 231~232.
41. 버릿지, 『복음서와 만나다』, 179~180.

## 1) 가난한 자들

누가복음에 나타나는 예수님께서는 소외된 자들을 향한 특별한 관심을 갖고 계시며, 그들을 선교의 주된 대상으로 삼으신다. 누가복음이 시작되면서 등장하는 첫 찬송인 마리아의 찬가Magnificat, 눅1:46~55는 하나님께서 마리아 자신과 같은 비천한 자들ταπεινούς을 높이시고 권세 있는 자들δυνάστας은 내리치시며, 주리는 자들πεινῶντας은 배불리시며, 부자들πλουτοῦντας은 빈손으로 보내신다고 찬양한다. 예수님께서는 나사렛 설교눅4:16~30에서 가난한 자들에게πτωχοῖς 구원을 선포하시는 일을 위해 성령의 기름 부으심을 받으셨다고 밝히신다눅4:18. 그리고 이 일을 성취하기 위해 눌린 자를 자유롭게 하고, 눈먼 자를 다시 보게 하는 등의 구체적인 행위가 필요하다고 말씀하신다.[42] 또한 복과 화에 대한 설교눅6:20~26에서 가난한 자들οἱ πτωχοί과 주리는 자들οἱ πεινῶντες에게 복이 있다고 선언하신다눅6:20~21. "오실 그이가 당신이오니이까"라는 세례요한의 질문에 대해서는 "가난한 자에게 복음이 전파되고 있다πτωχοὶ εὐαγγελίζονται"눅7:22고 대답하신다. 나사로의 구원눅16:19~31에 대한 이야기나 과부의 소박한 헌금을 칭찬하신 이야기눅21:1~4를 통해서도 우리는 가난한 자들에 대한 예수님의 긍휼한 마음을 엿볼 수 있다. 가난한 자를 나타내는 대표적인 형용사인 **πτωχός**프토코스가 신약 전체에서 34회 등장하는데, 사복음서에서는 마태복음에 5회, 마가복음에 5회, 요한복음에 4회 등장하는 반면 누가복음에서는 10회 등장하는 것을 볼 때 누가복음의 관심이 어떤 자들을 향하는지를 발견하게 된다.

톰 라이트와 마이클 버드는 가난한 자들에 대한 예수님의 관심은 사회적, 종교적, 재정적 역전이 일어나는 '희년의 실현'이었다고 주장한다.

---

42. 페스킷 & 라마찬드라, 『선교』, 216.

누가복음이 말하는 가난한 자는 경제적인 어려움을 겪으면서 동시에 사회적으로 소외된 자들이다. 그런 자들에게 예수님께서 약속하시는 것은 역전이다. 수치에서 명예로의 상태의 역전이며, 외부자에서 내부자로의 종교적 지위의 역전이며, 가난에서 부요로의 재정적 역전이다. 누가는 교회의 사명 중 하나가 이런 역전이 일어나는 희년의 실현이라고 보았다.[43]

누가복음에서 예수님의 대적인 바리새인은 '돈을 사랑하는 자'눅16:14로 불리지만, 복된 자들 중에는 '가난한 자'눅4:16가 포함된다. 누가복음은 가난한 자들을 편애하는 것처럼 보이기까지 한다. 그러나 πτωχός의 히브리어 대응어인 '아나브עני'사61:1 등에 사용는 단순히 가난한 자보다는 하나님께 겸손히 의존하고 있는 경건한 가난한 자를 가리킨다.[44] 누가복음에서 말하는 가난한 자는 가난하기 때문에 하나님을 의지하는 자이다. 반면에 누가복음에서 말하는 부자는 부유하여 늘 만족한 삶을 살기 때문에 하나님을 필요로 하지 않는 사람이다.[45] 누가복음이 말하는 가난한 자는 물질적인 가난과 영혼의 가난을 둘 다 경험하는 자를 뜻한다. 대개는 가진 것이 없는 이들이 하나님을 더 신뢰하기 때문이다.[46]

## 2) 이방인들

고대 이스라엘에서 이방인은 우호적인 대상이 아니었다. 왜냐하면 절대 다수의 이방인들은 여호와 하나님을 알지 못하며 우상을 섬기는 자들이었기 때문

---

43. N. T. Wright and Michael F. Bird, *The New Testament in Its World: An Introduction to the History, Literature, and Theology of the First Christians* (Grand Rapids: Zondervan, 2019), 645.

44. 대럴 벅, 『누가신학』 (서울: 부흥과개혁사, 2016), 419; 페스킷 & 라마찬드라, 『선교』, 217.

45. I. Howard Marshall, *Luke: Historian & Theologian*, 3rd ed. (Downers Grove: InterVarsity Press, 1988), 142.

46. 스트라우스, 『네 편의 초상. 한 분의 예수』, 488.

이다. 하지만 누가복음은 마태복음과 함께, 사실은 마태복음보다 더욱 더, 이방인 구원에 대한 비전, 소위 보편적 구원universal salvation을 강조하는 복음서이다.

누가복음에서 처음으로 나타나는 보편적 구원에 대한 언급은 시므온을 통해서 이루어진다. 그가 본 주님의 구원은 만민πάντων τῶν λαῶν 앞에 예비하신 것이고, 이방을 비추는 빛이다눅2:30-32. "이방을 비추는 빛φῶς εἰς ἀποκάλυψιν ἐθνῶν"눅2:32은 이사야 42장 6절과 49장 6절의 인용으로서 하나님께서 약속하신 구원이 이스라엘을 통해 이방에 전달될 것으로 보았던 예언이 이제 이스라엘의 구원자이신 예수님을 통해서 이루어질 것이라는 뜻이다.[47] 성령의 역사를 통해 시므온은 하나님의 구원이 이스라엘 국가의 경계를 넘어 이방인에게 이를 것을 내다보았다.[48] 누가복음 3장 4~6절은 세례자 요한의 사명을 칠십인역 이사야 40장 3~5절을 인용하여 설명하는데, 이사야 40장 5절의 인용에서 "주의 영광이 나타날 것이며, 모든 육체가 하나님의 구원을 보리라καὶ ὀφθήσεται ἡ δόξα κυρίου καὶ ὄψεται πᾶσα σὰρξ τὸ σωτήριον τοῦ θεοῦ"를 "주의 영광이 나타날 것이며ὀφθήσεται ἡ δόξα κυρίου"를 뺀 채로 "모든 육체가 하나님의 구원을 보리라ὄψεται πᾶσα σὰρξ τὸ σωτήριον τοῦ θεοῦ"만 인용하고 있다. 누가복음은 메시아이신 예수님의 생애와 사역이 가져올 '영광'보다는 하나님의 백성을 위해 가져올 '구원'에 더 집중하기 원했던 것으로 보인다.[49] 이것은 시므온이 내다보고 예언한 보편적 구원눅2:20이 더욱 구체화된 것으로서, 유대인과 이방인을 함께 포함하는 구원에 대한 누가복음의 비전을 보여준다.[50]

예수님께서는 고향 나사렛에서 행하신 설교에서 이방인인 아람 장군 나아만

47. David W. Pao and Eckhard J. Schnabel, "Luke" in *Commentary on the New Testament Use of the Old Testament*, ed. by G. K. Beale and D. A. Carson (Grand Rapids: Baker, 2007), 273.
48. David E. Garland, *Luke*, ZECNT (Grand Rapids: Zondervan, 2011), 136.
49. Grant R. Osborne, *Luke: Verse by Verse* (Bellingham, WA: Lexham, 2018), 91.
50. Marshall, *The Gospel of Luke*, 137.

이 엘리야를 통해 받은 하나님의 은혜와 사렙다의 한 과부가 엘리사를 통해 받은 하나님의 은총을 소개하심으로써 이방인의 구원에 대한 그분의 지극한 관심을 보여준다.[51] 예수님께서는 자기 하인을 고쳐달라고 부탁한 백부장을 "이스라엘 중에서도 이만한 믿음을 만나보지 못하였다"라고 하시며 칭송하셨다눅7:9. 이방인 군인이 이스라엘의 어떤 사람보다 더 믿음이 뛰어나다는 칭찬을 받았다는 사실은 이방인들의 구원에 대한 누가복음의 긍정적인 시각을 보여준다. 또한 예수님께서는 이방인의 거주지인 거라사로 가셔서 그곳의 한 광인에게서 귀신을 쫓아내셨다눅8:26~39. 예수님께서 한 영혼을 향한 관심을 넘어 비참 가운데 있는 한 이방인을 향해 이러한 관심과 열정을 쏟으셨다는 것은 그분의 구원의 혜택이 이스라엘이라는 울타리를 반드시 넘어야 함을 시사한다.

또한 누가복음은 공관복음 중에 유일하게 유대인들의 멸시를 받았던 사마리아인에 대한 관심과 긍정적 인식을 드러낸다.[52] 예루살렘을 향해 올라가시는 길에 사마리아 마을에도 들러 복음을 전하고자 하셨다눅9:51~56. 한 율법교사가 예수님을 시험하기 위해 질문했을 때, 예수님께서는 '선한 사마리아인의 비유'를 통해 유대인이 혐오하는 사마리아인을 선한 모범으로 제시하셨다눅10:25~37. 이 비유는 사마리아인처럼 이웃을 사랑해야 한다는 의미이기도 하지만, 동시에 "사마리아인처럼 이질적인 사람이라 하더라도 그를 이웃으로 여기고 사랑을 베풀어야 함"을 보여준다.[53] 나병환자 열 명을 치유하셨지만 오직 사마리아 출신의 나병환자만 돌아와서 치유 받은 것에 감사를 표한 이야기 역시 사마리아인을 긍정적으로 그린다17:11~19. 예루살렘의 멸망과 관련된 기사에 나오는 "이방인의 때가 차기까지ἄχρι οὗ πληρωθῶσιν καιροὶ ἐθνῶν"눅21:24라는 표현은 누가복

51. 김경진, 『누가복음 어떻게 읽을 것인가?: 누가신학에 대한 새로운 관점』 (서울: 대서, 2013), 185~186.
52. 마크 포웰, 『복음서개론』 (서울: 크리스챤, 2003), 159.
53. Frank Thielman, *Theology of the New Testament* (Grand Rapids: Zondervan, 2005), 138.

음 24장 47절 "… 회개가 모든 족속에게 전파될 것", κηρυχθῆναι … μετάνοιαν … εἰς πάντα τὰ ἔθνη과 사도행전 1장 8절 "땅 끝까지", ἕως ἐσχάτου τῆς γῆς과 사도행전 28장 28절 "하나님의 이 구원이 이방인에게로 보내어진 줄", τοῖς ἔθνεσιν ἀπεστάλη τοῦτο τὸ σωτήριον τοῦ θεοῦ이 묘사하는 이방인을 향한 본격적인 선교의 때를 가리키는 것으로 보인다.[54]

누가복음의 예수님께서는 공적 사역 기간에 유대인을 주된 선교대상으로 삼으셨다. 하지만 분명히 예수님께서는 의도적으로 이방인을 찾아가 치유하시거나 또는 예수님을 찾아온 이방인들을 치유하셨다. 특히 유대인에게 이방인처럼 간주되었던 사마리아인들에 대해 특별한 관심을 나타내셨다. 또한 시므온이나 세례자 요한과 같은 누가복음 1~3장의 등장인물들은 구약 본문들을 인용하면서 이방인을 포괄하는 보편적 구원이 미래에 실현될 것을 예견한다.

주님께서는 복음이 한 군데 머무르는 것을 원치 않으셨고, 계속해서 복음이 경계를 뛰어넘어 전파되어야 함을 강조하셨다.[55] "예수께서 이르시되 내가 다른 동네들에서도 하나님의 나라 복음을 전하여야 하리니 나는 이 일을 위해 보내심을 받았노라 하시고 ταῖς ἑτέραις πόλεσιν εὐαγγελίσασθαί με δεῖ τὴν βασιλείαν τοῦ θεου" 눅4:43. 특히 누가복음은 혈통적으로나 문화적으로 이질적인 사람들을 향해 나아가 복음을 전하는 일이 필요함을 시사한다. 유대인만이 아니라 이방인도 치유와 회복과 구원의 빛을 보게 될 것이다. 예수님께서는 유대인만이 아니라 이방인에게도 빛을 비추는 빛이 될 것이다. 예수님께서 십자가로 이루신 구원은 유대인에게만 아니라 이방인에게도 주어질 것이다. 그리고 누가복음은 지금은 유대인만으로 이루어져 있는 하나님의 언약 백성 공동체가 장차 다국적, 다문화의 공동체가 될 것을 바라본다.

---

54. Garland, *Luke*, 834.

55. 헬라어 비인칭동사 δεῖ(데이)는 "it is necessary…for somebody to do something"의 의미로서 당위를 나타낸다.

## 3) 여성들

누가복음은 다른 복음서가 전혀 언급하지 않는 열세 명의 여성을 언급할 정도로 여성들을 복음서 이야기의 전면에 등장시키며 여성에 대한 긍정적인 인식을 보여준다.[56] 그래서 누가복음은 '여성들을 위한 복음서the Gospel for Women'라는 별명으로 불리기도 한다.[57] 고대 이스라엘에서 여성들은 남성들에 비해 활동 범위가 상당히 제약되었다. 평범한 가정의 가장들은 아들들이 교육을 받을 필요에 대해서는 동의했지만, 딸들에 대해서는 제한적인 교육만을 인정했다. 랍비들은 여성을 가르치는 것을 기피했고, 여성과의 대화를 기피하는 경우도 있었다.[58] 딸들은 대개 가정에서 어머니로부터 교육을 받았으며, 가사와 관련된 공예와 여성의 의무와 정결법에 대한 교육 정도에 한정되었다. 노예를 사오듯이 아내도 마치 노예처럼 돈을 주고 데려왔기 때문에 여자들은 노예와 마찬가지로 남편의 재산의 일부분으로 간주되었다.[59] 대부분의 유대 여성들은 가사일과 농사일에 대한 일들에 메어 있었지만, 누가복음 8장 1~3절에 나타나는 유대 여성들은 매우 파격적이게도 예수님과 함께 순회 전도를 다녔을 뿐 아니라 예수님의 사역을 위한 재정 후원을 감당한 것으로 묘사되고 있다.[60] 고대 세계에

---

56. 스트라우스, 『네 편의 초상. 한 분의 예수』, 488~489.

57. 김경진, 『누가복음 어떻게 읽을 것인가?』, 146.

58. Paul K. Jewett, *Man as Male and Female: A Study in Sexual Relationships from a Theological Point of View* (Grand Rapids: Eerdmans, 1975), 86~94.

59. 김경진, 『누가복음 어떻게 읽을 것인가?』, 151.

60. Catherine C. Kroeger, "Women in Greco-Roman World and Judaism," in *Dictionary of New Testament Background* (Downers Grove, InterVarsity Press, 2000), 1276; 크레이그 L. 블롬버그, 『예수와 복음서』, 김경식 역 (서울: CLC, 2008), 234. 참고로 Osborne, *Luke: Verse by Verse*, 214는 누가복음 8장 1~3절의 이 여성들이 로마의 사회경제적 제도 아래 존재했던 후원자-피후원자 제도(patron-client system)에서의 '후원자' 역할을 수행했다고 주장한다. 따라서 이들은 일반적인 유대 여성들에게 기대한 것 이상의 지도적인 역할을 선교팀에서 맡았을 것이다. 하지만 이들의 역할을 과장해서는 안 된다고 주의를 준다. 이들의 후원자로서의 역할이 유대교 제도와 문화 안에서 수행되었으므로 일반적인 로마세계에서의 여성 후원자의 역할보다는 제한적이었을 것이기 때문이다. 오스본은 이 여성들은 예수님과 열두 사도들의 사역의 필요를 채우는 역할 정도를 수행했을 것으로 보는 것이 좋을 것이라고 제안한다.

서는 여성을 보통 하찮은 지위로 떨어뜨렸지만, 누가복음은 예수님께서 여성들을 제자이자 사역의 동역자로 소중히 여기셨음을 강조한다.[61] 누가복음이 등장시키는 다양한 배경의 여성들은 다음과 같다.

> 누가복음의 첫 두 장은 여자들을 특별하게 다룬다마리아, 엘리사벳, 안나. 다른 본문에서는 나인성 과부눅7:12~15, 예수의 발에 기름을 부은 여자눅 7:36~50, 예수를 도운 여자들눅8:1~3, 혈루증을 앓던 여자눅8:43~48, 마리아 와 마르다눅10:38~42, "아브라함의 딸"눅13:10~17, 가난한 과부눅21:1~4, 예수 를 생각하며 슬퍼하는 "예루살렘의 딸들"눅23:27~31, 십자가형을 지켜본 여자들눅34:49, 그리고 부활을 보고한 여자들눅23:55~24:11을 다루고 있다.[62]

예수님의 비유 속에서 남녀의 역할이 균형을 이루는 것도 흥미롭다. 겨자씨와 누룩의 비유눅13:19~21, 잃은 양과 잃은 동전의 비유눅15:3~10는 각각 남자와 여자가 공평하게 주인공 역할을 맡고 있다.[63] 누가복음 13장과 14장은 각각 안식일에 질병에서 고침을 받은 여자와 남자를 소개하고 있다13:10~17; 14:1~6.[64] 게다가 예수님께서는 주변 사람들에게 죄인으로 낙인찍힌 여인이 자신에게 값비싼 기름을 부은 행동을 칭찬하셨고7:36~50, 여성의 역할에 대한 당시의 관습을 따라 식사 준비하는 일에 전념하지 않고 오히려 예수님의 가르침을 듣는 일에 집중한 마리아를 칭찬하셨다10:38~42.[65]

유대교 아래에서 여성들은 남성들에 비해 하나님의 언약 백성으로서의 정

---

61. 스트라우스, 『네 편의 초상. 한 분의 예수』, 488.
62. 스트라우스, 『네 편의 초상. 한 분의 예수』, 489.
63. 블롬버그, 『예수와 복음서』, 234.
64. 블롬버그, 『예수와 복음서』, 234.
65. 블롬버그, 『예수와 복음서』, 234.

체성을 갖기가 어려웠다. 그러나 예수님께서 오셔서 여성들을 복음 전파의 대상으로 삼으셨고 심지어 제자로 삼아 동역하셨다눅8:1~3. 마리아와 마르다 이야기를 통해서 여성을 가정을 돌보고 식사를 준비하는 전통적인 역할에 메어 두지 않고 말씀을 배우고 전파하는 제자의 자격에 충분한 자들로 간주하신다 눅10:38~42.[66] "아브라함의 딸θυγατέρα Ἀβραάμ"눅13:16이라는 표현을 통해 이전에는 "아브라함의 씨σπέρμα Ἀβραάμ"요8:33; 롬9:7; 갈3:29, "아브라함의 자손τέκνα τοῦ Ἀβραάμ"마3:9; 요8:39의 범주에 들지 못하던 여성들도 이제 하나님의 백성이요 아브라함의 자손이라고 인정해주셨다.[67] 예수님의 부활기사에서 누가복음의 여성들은 마가복음에서처럼 "몹시 놀라 떨며" "무서워하여 아무에게 아무 말도 하지 못하는" 모습이 아니라, 마태복음에서처럼 수동적으로 움직이는 모습이 아니라, 기억하라는 말만 들었음에도 불구하고 적극적으로 나아가 예수님의 부활 소식을 증거하는 열정을 보여준다.[68] 복음 전도의 수혜자 혹은 보조자였던 여성들은 예수님의 부활 후에는 오히려 남자 제자들에게 부활의 소식을 증거하는 증인이 되었고, 기독교의 핵심적인 케리그마가 여성 제자들의 증거에 의존하고 있다.[69] 누가복음의 예수님께서는 여성과 관련된 관습과 제도를 완전히 뒤엎지는 않으셨지만, 그러한 관습과 제도 아래서 차별 받고 무시 받으며 질병과 가난 속에서 신음하던 여성들에게 자유를 허락하심으로써 하나님 나라가 지향해야 할 방향을 보여주셨던 것이다.

---

66. 김경진, 『누가복음 어떻게 읽을 것인가?』, 154.
67. 김경진, 『누가복음 어떻게 읽을 것인가?』, 155.
68. 김경진, 『누가복음 어떻게 읽을 것인가?』, 158.
69. Ben Witherington, *Women in the Ministry of Jesus: A Study of Jesus' Attitudes to Women and their Roles as Reflected in His Earthly Life*, SNTSMS 51 (Cambridge: Cambridge University Press, 1987), 130.

## (2) 죄 용서를 위한 선교

누가복음은 예수님께서 이 땅에 오셔서 행하신 죄 용서의 중요성에 대한 깊은 관심을 가지고 있다. 누가복음 1장 77절에 보면, 사가랴는 이제 태어난 아들 요한이 장차 수행할 사명에 대해 "주의 백성에게 그들의 죄 사함을 통한 구원을 알게 할 것τοῦ δοῦναι γνῶσιν σωτηρίας τῷ λαῷ αὐτοῦ ἐν ἀφέσει ἁμαρτιῶν αὐτῶν"이라고 밝힌다. 그 말대로 성인이 된 요한은 요단강 근처에서 "죄 사함을 얻게 하는 회개의 세례βάπτισμα μετανοίας εἰς ἄφεσιν ἁμαρτιῶν"를 전파했다눅3:3. 세례자 요한은 예수님께서 오셔서 행하실 죄 사함을 통한 구원을 기대하게 하고 준비하게 하는 세례를 주었던 것이다. 예수님께서는 중풍병자의 병을 고쳐 주시면서 "너의 죄가 너에게 사해졌다ἀφέωνταί σοι αἱ ἁμαρτίαι σου"라고 선언하셨다눅5:20. "오직 하나님 외에εἰ μὴ μόνος ὁ θεός"는 죄를 사할ἁμαρτίας ἀφεῖναι 능력이 없다고 여겼던 서기관들과 바리새인들은 예수님의 이 말씀에 분개했다눅5:21. 하지만 예수님께서는 자신이 "땅 위에서 죄를 사하는 권세가 있는 줄ἐξουσίαν ἔχει ἐπὶ τῆς γῆς ἀφιέναι ἁμαρτίας" 알게 하시려고 의도적으로 이 말씀을 하셨다고 밝히신다눅5:24.

죄인인 여인이 예수님의 발을 씻기는 사건에서도 예수님께서는 "그녀의 많은 죄가 사하여졌다ἀφέωνται αἱ ἁμαρτίαι αὐτῆς αἱ πολλαί"라고 선언하신다눅7:48; 참고. 7:47. 그러자 유대의 지도자들은 "죄조차 용서하는 이 사람은 누구인가?τίς οὗτός ἐστιν ὃς καὶ ἁμαρτίας ἀφίησιν"라고 질문하는데, 이는 이들의 분노를 보여준다. 그들이 보기에 예수님께서 스스로 죄를 용서할 권세가 있다고 하신 것은 하나님께만 주어진 특권을 자신이 보유하고 있다고 주장하신 것이다. 예수님의 행동에 대한 그들의 관찰은 정확했으나 그들은 예수님의 의도를 받아들이길 거부했다.[70]

---

70. Darrell L. Bock and Benjamin I. Simpson, *Jesus the God-Man: The Unity and Diversity of the Gospel Portrayals* (Grand Rapids: Baker, 2016), 93.

누가복음판 주기도문에서 예수님께서는 제자들에게 기도를 가르쳐 주시면서, "우리의 죄를 용서해주십시오ἄφες ἡμῖν τὰς ἁμαρτίας ἡμῶν"라고 기도하라고 가르치셨다눅11:4. 제자된 자들도 하나님께 죄 용서를 간구하는 것이 필요하다고 하신 것이다. 그리고 누가복음의 마지막 부분에서 예수님께서는 구약성경에 그리스도의 고난과 죽음과 부활과 "죄 사함으로 이끄는 회개의 전파됨κηρυχθῆναι ... μετάνοιαν εἰς ἄφεσιν ἁμαρτιῶν"이 기록되어 있다고 말씀하신다눅24:47. 구약이 예언한 메시아의 사명이 고난과 죽음과 부활을 통해 결국 회개와 죄 사함으로 귀결됨을 가르치신 것이다.

바리새인과 서기관들은 예수님의 제자들이 (암시적으로는 예수님도) "세리와 죄인과 함께μετὰ τῶν τελωνῶν καὶ ἁμαρτωλῶν" 먹고 마신다고 비난했다눅5:30. 그러자 예수님께서는 그러한 행동이 당연하다고 하시면서, "내가 의인을 부르러 온 것이 아니요 죄인을 불러 회개시키러 왔노라οὐκ ἐλήλυθα καλέσαι δικαίους ἀλλὰ ἁμαρτωλοὺς εἰς μετάνοιαν"눅5:32라고 하신다. 그런데 마가복음의 병행 구절에서 예수님께서는 "회개시키러εἰς μετάνοιαν"라는 부분이 없이 "나는 의인을 부르러 온 것이 아니요 죄인을 부르러 왔노라οὐκ ἦλθον καλέσαι δικαίους ἀλλὰ ἁμαρτωλούς"막2:17라고 하신다. 이것은 누가복음의 '회개'와 '죄 용서'에 대한 관심을 보여주는 것이다. 누가복음은 회개가 죄 용서와 구원을 가져오며, 그 회개마저도 구원에 대한 하나님의 주도권 아래 일어난다는 것을 강조한다눅5:31~32; 7:48,50; 15:7,10,32; 19:9~10; 23:43.[71] 자신을 의인으로 간주하며 회개의 필요성을 부정하는 자는 예수님께 의인으로 인정되지 못하지만, 진심으로 자신을 죄인으로 간주하며 회개하는 자는 예수님께 의인으로 인정된다. 바리새인과 세리의 비유눅18:9~14에 등장하는 세리처럼, 스스로를 죄인으로 여기며 가슴을 치고 회

---

71. F. Mendez-Moratalla, "Repentance," in *Dictionary of Jesus and the Gospels*, ed. by Joel B. Green, Jeannine K. Brown, and Nicholas Perrin, 2nd ed. (Downers Grove: InterVarsity Press, 2013), 773.

개하는 자, 즉 자기를 낮추는 자만이 하나님께로부터 "의롭다 하심을 받았다δεδικαιωμένος, δικαιόω의 수동태 완료 분사"눅18:14라는 판결을 들을 수 있다.[72]

예수님께서는 사람들을 죄의 속박으로부터 자유롭게 하시려고 오셨다. 예수님께서는 우리의 죄를 용서하심으로써 우리를 자유케 하신다. '용서하다'라는 동사 '아피에미ἀφίημι'는 '자유롭게 하다'라는 뜻으로 사용되며, 칠십인역 구약 레위기에서 '희년'히브리어로 '요벨(יובל)'의 번역어로 채택되었다. 헬라어 '아피에미'는 '용서하다' 외에도 '보내다, 놓아 주다, 자유롭게 하다, 방면하다, 해산시키다, 경감하다'라는 뜻으로 사용된다. 용서가 자유를 주는 것이다. 레위기에서 희년이 대속죄일에 선포되었다는 사실을 주목할 필요가 있다. 궁극적으로 예수님께서는 자기 죄를 인정하는 자를 용서하시고, 그와 하나님과의 관계를 회복하심으로써 그를 죄가 주는 고통과 영벌에서 자유롭게 하시려고 오신 것이다.

## (3) 결론과 적용: 소외된 자를 향한 죄 용서의 선교

예수님께서는 소외된 자들을 향해 긍휼의 마음을 가지고서 그들을 우선적선교의 대상으로 삼으셨다. 먼저 예수님께서는 가난한 자들을 복되다 하시며

---

72. 누가복음 18장 14절의 '의롭다 칭하다(δικαιόω)'의 해석에 대한 학자들의 견해는 둘로 나뉜다. 바울의 용례와 완벽히 일치하진 않을지라도, 바울의 '칭의'와 가까운 구원론적 용어로 보는 학자들은 다음과 같다. John Nolland, *Luke 9:21~18:34*, WBC 35B (Dallas: Word, 1993), 878; Robert H. Stein and E. E. Ellis, *The Gospel of Luke*, rev. ed., NCB (London: Oliphants, 1974), 214; Craig A. Evans, *Luke*, UBCS (Grand Rapids: Baker, 1990), 271; Joachim Jeremias, *The Parables of Jesus*, rev. ed. (New York: Scribner's, 1963), 141; Richard B. Gaffin, "Justification in Luke-Acts," in *Right with God: Justification in the Bible and the World*, ed. D. A. Carson (Eugene, OR: Wipf&Stock, 2002), 123: "[J]ustification is plainly soteric as well as forensic, particularly when it is seen within the framework of Luke-Acts already discussed." 반대로 바울이 사용하는 '칭의'의 개념과 유사한 의미로 해석할 수 없다는 학자들은 다음과 같다. David E. Garland, J. K. Brown. and David E. Garland, *Luke*, ZECNT (Grand Rapids: Zondervan, 2011), 720; Jeannine K. Brown, "Justice, Righteousness," *DJG²*, 466; Darrell L. Bock, *Luke 9:51~24:53*. Vol. 2, BECNT (Grand Rapids: Baker, 1996), 1465; Joseph A. Fitzmyer, *The Gospel According to Luke X-XXIV*, AYB 28A (New York: Doubleday, 1985), 1185.

가난한 자들을 복음 전파의 우선적 대상으로 삼으셨다. 또한 이방인과 사마리아인도 선교의 대상으로 삼으심으로써 하나님의 언약 백성이 유대인만이 아니라 전 세계 만민으로 구성된 다민족 공동체가 될 것임을 암시하셨다. 그리고 영적, 사회적, 육체적 고통 속에 있던 여성들을 회복시키시고 하나님 나라 운동의 동역자로 삼아주셨다. 그리하여 가난한 자, 이방인, 여성과 같이 당대에 소외받던 자들을 하나님 나라의 어엿한 구성원으로 인정해주셨다.

예수님께서는 죄인들을 위해 오셨으며 그들의 친구가 되셨다눅5:27~32; 7:28,30,34,46~50; 15:1~2; 19:7. 예수님의 친구가 되기 위해서는 누구든지 자신이 죄인임을 인정해야 한다. 그러한 인정을 통해 죄인인 친구는 의인인 친구로 인정을 받게 된다. 누가복음의 많은 죄 용서의 이야기들은 예수님의 사명이 가난으로부터의 해방, 이방인에 대한 포용, 여성의 인권 신장에 그치는 것이 아니라 궁극적으로 모든 고통과 차별과 소외를 일으키는 죄와 죄의 비참한 대가로부터의 해방임을 보여준다.

이렇듯 누가복음이 보여주는 예수님의 선교는 사회적으로 소외된 자들과 스스로를 죄인으로 인정하는 자들에게 다가가 그들의 육신의 병과 마음의 상처를 치유하시고, 궁극적으로는 이러한 증상을 유발한 근본적인 죄를 용서하는 일이었다. 따라서 누가복음이 그리는 예수님의 선교는 한 사람을 영적, 사회적, 물리적 고통에서의 해방일 뿐 아니라 기저 원인인 죄로부터의 해방까지 지향하는 통전적 선교holistic mission이다.[73]

이러한 통전적 선교를 보여준 사람이 일본에 있었다. 가가와 도요히코賀川豊彦, 하천풍언, 1888~1960는 귀족이며 부유한 사업가요 내각 대신인 아버지와 일본 기생인 게이샤 사이에 태어났다. 네 살 때 양친이 모두 사망하고 그는 많은 학대

---

73. 벽, 『누가신학』, 293.

와 멸시를 받으며 자라났다. 하지만 열다섯 살에 예수님을 인격적으로 만나 산상수훈을 암송하며 그분을 닮는 삶을 갈망했다. 이후 그는 병자들과 창녀들과 노동자들의 친구가 되었다. 그리고 그리스도의 십자가에 근거한 사랑과 용서와 희생을 전파하며 자신의 삶과 책으로 많은 일본인들에게 복음을 전하는 자가 되었다.[74] 우리의 교회들도 어떤 배경을 가진 사람이든 예배당에 들어와 복음을 들을 수 있도록 열려 있어야 할 것이며, 사회적으로 소외된 계층에 대해 특별한 관심을 가지고 나아가 복음을 소개하기 위한 노력을 기울여야 할 것이다.

# 4. 종합적 결론

지금까지 마태, 마가, 누가복음에 나타난 선교의 개념을 살펴보았다. 각 복음서의 선교 개념에는 많은 공통된 부분이 있다. 그러나 이 글은 각 복음서가 특징적으로 강조하는 개념을 중점적으로 다루었다. 앞에서 다룬 각 복음서의 '선교' 개념을 다음과 같이 요약하며 결론짓고자 한다.

## (1) 마태복음의 선교

마태복음은 '사람' 혹은 '선생'이라고 하는 상징에 걸맞게 선교에 있어서 가르침을 강조한다. 이스라엘 동족에게만이 아니라 이방 민족을 향해 '가서' 복음을 전해야 한다. 그리고 복음을 수용한 자들에게 '세례를 줌으로써' 삼위일체 하나님께 헌신하는 제자로 만들라고 도전한다. 그리고 이러한 제자들을 더욱 영적인 깊이를 가진 자들로 만들기 위해 '가르침'을 강조한다. 마태복음의

---

74 스토트, 『비교할 수 없는 그리스도』, 204~208.

예수님께서는 공적 생애 기간 동안 군중들과 제자들을 상대로 하나님 나라 복음을 가르치는 데 힘을 쏟으셨다. 마찬가지로 교회도 세상을 향해 예수님의 가르침을 쉽게 선포하는 일을 통해 새로운 제자를 만들어야 하며, 제자들을 향해 예수님의 가르침을 깊이 있게 가르치는 일을 통해 기존의 제자들을 더욱 성숙시켜야 한다.

## (2) 마가복음의 선교

마가복음은 '사자'라는 상징에 걸맞게 선교에 있어서 열정을 보여준다. 그리고 예수님의 그 열정은 질병과 귀신 들림과 죄와 사망 권세에 억눌린 자들을 해방시키는 사역에 집중된다. 해방을 향한 예수님의 열정은 '곧'이라는 의미의 헬라어 부사 '유뛰스εὐθύς'와 '역사적 현재시제'의 사용을 통해서 더 잘 드러난다. 예수님께서는 초자연적인 능력과 긍휼의 마음으로 병든 자를 치유하시고 귀신 들린 자에게서 귀신을 쫓아내시어 '새로운 출애굽'을 일으키는 '영적 해방자'의 모습으로 그려진다. 예수님께서는 물리적으로 고통 받고 귀신에게 사로잡혀 있는 자들을 해방하심으로써 영적인 해방을 일으키시는 것이 자신의 궁극적인 사명임을 나타내신다. 교회도 예수님처럼 물리적 고통으로부터 사람을 해방시키는 사역을 통해 영적 해방의 길을 열어가는 선교 전략을 취할 필요가 있다.

## (3) 누가복음의 선교

누가복음은 성전에서 죄 사함을 위한 제물로서 희생되는 '소'라는 상징에 걸맞게 선교에 있어서 죄의 용서를 강조하며, 동시에 희생적이고 헌신적인 마음으로 소외된 자들, 약자들에게 다가가는 선교를 강조한다. 예수님께서는 가난한 자들을 우선적 선교 대상으로 삼으셨으며, 차별과 소외 속에 살던 여성들을 불러 회복시키시고 동역자로 삼으셨으며, 유대인들이 무관심하거나 멸시하였던 이방인들과 사마리아인을 향해서도 복음이 들려지길 원하셨다. 예수님께서는 그들의 육체적, 사회적 문제를 치유하고 회복시키시는 것을 넘어 영적인 회복과 구원까지 나아가기 원하셨기에 회개를 통한 죄 용서의 중요성을 가르치셨다. 교회도 예수님처럼 사회적으로 소외당하고 멸시 당하는 계층을 돌아볼 뿐 아니라, 그들이 사회적으로 회복되고 건강이 회복되는 차원을 넘어 하나님 나라의 선물인 영생을 누릴 수 있기까지 섬기는 통전적 선교를 지향할 필요가 있다.

# 7장

# 사도행전과 일반서신의 선교(적 교회)

주기철

신약성경에서 '선교'와 관련된 주제를 다룰 때 빼놓을 수 없는 성경 중의 하나가 사도행전이다. 이는 사도행전이 복음서와 서신서 사이에 위치하면서 이 둘을 이어주는 가교 역할을 하는 중요한 위치에 있기 때문이다.[1] 복음서와 서신서의 가교역할을 한다는 것은 사도행전이 예수 그리스도의 오심과 죽음, 그리고 부활을 다룬 복음서와 이방 지역에 세워진 교회를 권면하기 위해서 보내진 서신서 사이에 위치하면서 역사서로서 교회의 형성과 확장뿐 아니라 하나님의 복음이 어떻게 예루살렘에서부터 시작해서 이방지역에까지 퍼져 나갔는지를 자세히 기술하기 때문이다.[2] 한마디로 사도행전은 1장 8절에서 예수님께서 말씀하신 바 제자들이 어떻게 예루살렘에서부터 시작해서 땅 끝까지 복음의 증인 사역, 곧 선교 사역을 감당하여 교회를 세웠는지를 보여주기 때문에 오늘날의 선교를 위해 매우 중요한 자료라고 할 수 있다. 그러나 지면의 한계로 모든 문제를 살펴볼 수 없기에 사도행전이 복음서와 서신서의 가교역할을 한다는 사

---

1. 홍기영, "신약 안에 나타난 선교학적 주제들의 고찰-선교로 읽는 신약," 『복음과 선교』 24 (2014), 245.
2. Jacques Dupont, *The Salvation of the Gentiles: Essays on the Acts of the Apostles* (New York: Paulist Press, 1967), 11~34; Stephen G. Wilson, *The Gentiles and the Gentile Mission in Luke-Acts*, SNTSMS 23 (Cambridge: Cambridge University Press, 1973), 88~238.

실을 중심으로 사도행전이 선교와 관련해서 주는 교훈이 무엇인지 살펴보려고 한다. 그리고 일반서신은 선교와 관련해서 어떤 관점에서 볼 수 있는지를 대략적으로 살펴보려고 한다. 이와 같은 목적을 위해 먼저 사도행전이 어떤 면에서 가교역할을 하는지 살펴볼 것이다.

## 1. 사도행전의 선교

### (1) 복음서와 서신서의 가교역할을 하는 사도행전

사도행전이 복음서와 서신서의 가교역할을 한다는 사실을 살피기 위해서는 누가의 또 다른 저작인 누가복음, 특히 24장 44~49절을 살펴볼 필요가 있다. 왜냐하면 여기서 누가는 구약과 예수님의 사역, 그리고 예수님의 사역과 앞으로 있을 그분의 제자들의 사역을 요약적으로 설명하고 있기 때문이다.

> "**44** 또 이르시되 내가 너희와 함께 있을 때에 너희에게 말한바 곧 모세의 율법과 선지자의 글과 시편에 나를 가리켜 기록된 모든 것이 이루어져야 하리라 한 말이 이것이라 하시고 **45** 이에 그들의 마음을 열어 성경을 깨닫게 하시고 **46** 또 이르시되 이같이 그리스도가 고난을 받고 제 삼일에 죽은 자 가운데서 살아날 것과 **47** 또 그의 이름으로 죄 사함을 받게 하는 회개가 예루살렘에서 시작하여 모든 족속에게 전파될 것이 기록되었으니 **48** 너희는 이 모든 일의 증인이라 **49** 볼지어다 내가 내 아버지께서 약속하신 것을 너희에게 보내리니 너희는 위로부터 능력으로 입혀질 때까지 이 성에 머물라 하시니라"눅24:44~49.

누가는 "모세의 율법과 선지자의 글과 시편에 나를 가리켜 기록된 모든 것이 이루어져야 하리라"44절는 예수님의 말씀을 인용하면서, 예수님의 이 말씀이 이미 구약성경에서 예언되었다고 말한다.[3] 그리고 이어지는 구절45절에서 "그들의 마음을 열어 성경을 깨닫게 하시고"라고 하며 앞서 언급했던 "모세의 율법과 선지자의 글과 시편"이 곧 성경임을 밝힌다.[4] 예수님께서는 죽으시기 전에 자신에게 일어날 일이 성경에 이미 예언된 것임을 제자들에게 가르쳤지만 그들은 깨닫지 못했다눅18:35. 참고. 눅9:45. 그러나 이제 예수님께서 부활하신 후에 제자들에게 말씀하시고 성경을 풀어 그들의 눈을 여시고눅24:31~32[5] 그들의 마음을 열어 성경을 깨닫게 하신다.[6] 누가복음 24장 46~47절에서는 예수님께서 제자들에게 깨닫게 하신 성경의 내용이 무엇인지[7] 세 개의 부정사구문으로 설명한다.

첫째, 성경은 그리스도가 고난을 받아야 할 것παθεῖν τὸν χριστὸν이라고 기록한다. 누가-행전에서는 예수님의 고난을 묘사하기 위해 **παθεῖν**파쎄인, to suffer 이라는 단어를 종종 사용한다눅9:22; 17:25; 22:15; 24:26; 행1:3; 3:18; 17:3.[8] 그리고 구

---

3. Robert H. Stein, *Luke: An Exegetical and Theological Exposition of Holy Scripture*, NAC 28 (Nashville: B&H Publishing Group, 1992), 619~620; I. Howard Marshall, *The Gospel of Luke*, NIGTC (Exeter: Paternoster Press, 1978), 904~905. 모세의 율법과 선지자의 글, 그리고 시편은 구약성경의 세 개의 큰 구분을 가리킨다.

4. 예수님에 대한 구약의 각 부분(모세의 율법, 선지자, 시편)의 예언과 관련해서는 Darrell L. Bock, *Luke 9:51~24:53*, BECNT 3B (Grand Rapids: Baker Books, 1996), 1935~1937을 보라.

5. 누가복음 24장 31절에 "그들의 눈이 밝아져(αὐτῶν δὲ διηνοίχθησαν οἱ ὀφθαλμοι)"에서 '밝아지다'라는 수동태 동사는 신적 수동태(divine passive)로서 하나님께서 그들의 눈을 열어 예수님을 알아보게 한 것이다. Stein, *Luke*, 613.

6. Bock, *Luke 9:51~24:53*, 1937은 제자들이 예수님의 죽음과 부활 전에는 깨닫지 못한 것이 이제 명쾌해진다고 말한다.

7. 누가복음 24장 46절의 시작은 καὶ εἶπεν αὐτοῖς ὅτι οὕτως γέγραπται("그리고 그[예수님]는 그들[제자들]에게 말했다. 그러므로 기록되었으되⋯")이다. 누가는 종종 성경에 기록된 것을 가리킬 때 '기록되다'라는 동사의 완료형을 사용하여 묘사한다. 참고. Bock, *Luke 9:51~24:53*, 1936; J. Nolland, *Luke 18:35~24:53* (Dallas: Word, 1993), 1219.

8. Joel B. Green, *The Gospel of Luke*, NICNT (Grand Rapids: Eerdmans, 1997), 856은 누가가 '예수님의 수

약의 시편 22, 31, 69, 118편이나 이사야서 53장과 같은 곳에서 메시아가 고난 당할 것을 예언한다.[9]

둘째, 성경은 그리스도가 제 삼 일에 죽은 자들 가운데서 살아날 것ἀναστῆναι ἐκ νεκρῶν τῇ τρίτῃ ἡμέρᾳ이라고 기록한다. 스타인Robert H. Stein은 "누가의 예수 Lukan Jesus는 이와 같은 언급을 어디서 발견할 수 있는지 구체화하지 않는다." 라고 말하면서, "메시아와 관련된 예언들이 예수님의 수난과 부활에서 이루어 졌기 때문에 이것이 누가에게 예수님은 메시아라는 증거를 제공한다."라고 주 장한다.[10] 이는 그린Joel B. Green의 주장처럼, 예수님의 말씀의 핵심은 구약의 어 떤 특정 구절이 어떻게 성취되었다는 것이 아니라 구약성경 전체가 가리키는 진리가 이제 깨달아진 것을 의미할 것이다. 그럼에도 불구하고 그린이 계속해 서 주장한 바와 같이, 누가는 예수님의 수난을 묘사할 때 시편과 이사야서를 암 시하는 표현들을 사용함으로써 예수님의 삶과 죽음, 그리고 부활이 구약적인 배경을 가졌음을 직접적으로 묘사한다고 볼 수 있다.[11]

셋째, 성경은 그리스도의 이름으로 죄 사함을 받게 하는 회개가 예루살렘에 서 시작하여 모든 족속에게 전파될 것καὶ κηρυχθῆναι ἐπὶ τῷ ὀνόματι αὐτοῦ μετάνοιαν εἰς ἄφεσιν ἁμαρτιῶν εἰς πάντα τὰ ἔθνη. ἀρξάμενοι ἀπὸ Ἰερουσαλὴμ이라고 기록한다. '회 개μετάνοια'는 문자적으로 '마음을 바꿈a change of mind' 또는 '방향을 바꿈turning about'을 의미하기 때문에 열방을 여호와께 돌이키려는 구약 선지자들의 메시

---

난의 총체(the totality of Jesus' passion)'를 묘사하기 위해서 종종 παθεῖν(to suffer)이라는 단어를 사용한다 고 말한다.

9. Bock, *Luke 9:51~24:53*, 1938; Stein, *Luke*, 620.

10. Stein, *Luke*, 620.

11. Green, *The Gospel of Luke*, 857. 어떤 이는 시편 16편 10절과 110편 1절에서 직접적으로 묘사된다고 본다. 참 고. Bock, *Luke 9:51~24:53*, 1939. 암시적이기는 해도 호세아 6장 1~3절, 시편 22편 16~18절, 요나 1장 17절, 스 가랴 12장 10절도 예수님의 죽음과 부활을 예언한 것으로 볼 수 있다.

지에서 그 근거를 찾을 수 있다시2:8; 사49:6; 단7:14; 호2:23; 욜2:28~32.[12] 그리고 '예수의 이름으로'는 부활하신 예수님의 권세를 의미하기에,[13] 그리스도의 권세로 죄 사함을 받게 하는 회개가 전파될 것이라는 말이다. 이와 같은 회개의 메시지가 예루살렘으로부터 시작될 것이라는 사실도 구약 선지자들에 의해서 암시적으로 예언되었다시2:6; 110:2; 사2:3; 28:16; 45:1; 미4:1.

이상의 논의에서 성경에 기록된 바 첫 번째와 두 번째 사실, 곧 예수님께서 죽으시고 제 삼 일에 죽은 자들 가운데서 살아나실 것은 누가복음에, 세 번째 사실은 사도행전에 기록된 내용임을 알 수 있다. 즉 누가복음은 구약의 예언의 말씀이 예수님에 의해서 성취된 것을, 사도행전은 구약의 말씀을 성취한 예수님의 권세로 주어지는 구원이 예루살렘에서부터 땅 끝까지 전파된 것을 기록함으로써 다시 구약의 말씀의 성취를 보여준다.[14] 그리고 예수님께서는 제자들이 이 모든 일의 증인으로서 위로부터의 능력을 받아 복음증거 사역을 감당할 것이라고 말씀하신다눅24:48~49. 따라서 사도행전을 살필 때는 어떻게 복음이 1차 증인인 제자들을 통해서 예루살렘으로부터 땅 끝까지 전파되는지에 초점을 맞추어서 살펴볼 필요가 있다.[15]

## (2) 복음 전도자로서의 준비: 사도행전 1장 1~5절

본 단락에서 저자는 예수님께서 떠나시기 전에 복음을 위한 증인의 역할을

---

12. 참고. Bock, *Luke 9:51~24:53*, 1939~1940.

13. 참고. Bock, *Luke 9:51~24:53*, 1939. "죄사함과 회개의 말씀이 '예수의 이름으로' 전파된다는 것은 구약의 여호와의 권세가 하나님의 중보자이신 예수님께 주어진 것을 의미한다. 즉 구약에서는 여호와의 권세로 묘사되던 것이 이제는 '예수의 이름'으로 묘사된 것이다. '예수의 이름'은 사도행전의 주된 주제 중의 하나이다."

14. Colin H. Yuckman, "Mission and the Book of Acts in a Pluralist Society," *MIR* 47 (2019), 107~108.

15. 황욱연, "사도행전 6:1~8:4의 갈등 모티프 이해: 스데반 사건을 중심으로," 『신약논단』 25 (2018), 988~992는 사도행전의 서사적 전개에 있어서 사도행전 전체를 이끄는 핵심 사건이 사도행전 1장 8절에 나타난 부활한 그리스도의 지상명령이라고 바르게 지적한다. 참고. 윤철원, 『사도행전의 내러티브 해석』 (인천: 바울, 2004), 141.

감당할 제자들을 준비시키신 사실을 기록한다. 먼저 1장 1~2절에서는 누가-행전의 첫 번째 책인 누가복음의 기록 내용을 간단하게 요약한다참고. 눅24:46. 그런 후 예수님께서 부활하신 후 40일 동안 이 땅에 계시면서 제자들에게 행하신 일 중에 특별히 두 가지를 언급한다. 그것은 "확실한 많은 증거로 친히 [자신이] 살아계심"을 나타내신 것과 "하나님 나라의 일"을 말씀하신 것이다1:3. 예수님께서 행하신 일의 중요성이 다소 간과되는 듯하지만,[16] 이는 누가복음 24장 47절에서 제시된 바 구원의 복음이 예루살렘에서 모든 민족에게로 전파될 것이라는 사실을 이해하는 데 매우 중요한 정보를 제공해준다참고. 행1:8. 예수님께서 부활하신 후에 제자들에게 행하신 두 가지 일과 더불어 그들에게 하나님의 약속, 곧 성령을 기다리라고 명하신 것도 사도행전의 선교 이해에 중요한 정보를 제공해준다1:4~5.

첫째, 예수님께서 제자들에게 확실한 많은 증거로 자신의 살아계심을 나타내 보여주신 것은 증인의 사역을 감당할 제자들을 준비시키시기 위함이다. 누가복음 24장 48절에서 예수님께서는 제자들에게 "너희는 이 모든 일의 증인이라"라고 하셨다. 그리고 사도행전 1장 8절에서 "…… 너희가 …… 내 증인이 되리라"라고도 하셨다. 여기서 증인μάρτυς은 눈으로 보고 경험한 자들이다. 이미 제자들은 예수님께서 행하신 많은 일을 경험했지만, 복음을 땅 끝까지 증거해야 할 자들로서눅24:46~48 죽으시고 부활하신 예수님을 더 깊이 알고 경험할 필요가 있었을 것이다. 따라서 누가는 예수님께서 많은 증거로 자신이 확실

---

16. 보편적으로 사도행전 1장 1~5절은 "승천까지의 책 1[누가복음]의 재검토"(Darrell, L. Bock, *Acts*, BECNT [Grand Rapids: Baker Academic, 2007], 51), "서론과 요약"(C. K, Barrett, *The Acts of the Apostles* vol 1, ICC [Edinburgh: T&T Clark], 57), "성령이 올 때까지 예루살렘에서 기다리라는 예수님의 가르침"(Eckhard J. Schnabel, *Acts*, ZECNT [Grand Rapids: Zondervan, 2012], 69), "성령의 약속"(D. G. Peterson, *The Acts of the Apostles* [Grand Rapids: Eerdmans, 2009], vii) 등과 같은 타이틀로 소개되면서, 서론으로 소개되거나 성령의 오심에 초점이 맞추어진다. 그러나 그와 함께 1장 3절은 예수님께서 복음 증거사역을 감당할 증인인 제자들을 준비시키는 관점에서 볼 필요도 있다.

히 살아난 것을 제자들에게 보여주신 사실을 기록한 것이다. 이와 같은 사실은 누가-행전의 수신자인 데오빌로에게 복음에 대한 확신을 주려는 누가의 기록 목적과도 잘 부합한다눅1:1~4. 즉 누가가 기록한 복음은 만들어낸 이야기가 아니라 예수님의 죽음과 부활을 직접 보고 경험한 자들에 의해서 전달된 사실에 근거한다. 따라서 데오빌로는 복음에 대한 확신을 가질 수 있다.[17]

둘째, 예수님께서 제자들에게 "하나님 나라의 일"[18]을 말씀하신 것 또한 복음 증거를 통해 나타날 하나님 나라를 가르치심으로써 제자들을 증인으로 준비시키시는 것이다. 하나님 나라는 미래적인 측면도 있지만, 예수 그리스도의 오심으로 인해 이 땅에 실현된 하나님의 통치를 의미하기도 한다. 예수님께서는 하나님 나라와 관련된 여러 가지 일들을 제자들에게 인지시켜 주셨을 것이다. 예수님께서는 자신의 사역, 곧 죄를 사하고눅9:23~27; 10:9,11; 13:23~30; 18:18~30 병을 고치며 귀신을 쫓아내는 사역눅11:20 등을 통해서 하나님 나라가 이미 임했음을 보이셨다. 아마도 예수님께서는 하나님 나라와 관련하여 이러한 일들이 제자들의 복음 증거 사역을 통해서도 나타날 것이라고 가르치셨을 것이다.[19] 왜냐하면 실제로 제자들의 사역에서 그러한 일들이 일어났는데도 그들은 이를 놀랍게 여기지 않았기 때문이다참고, 행 3:1~10; 4:22; 5:1~11,12 등.

앞서 언급한 바와 같이, 사도행전은 오순절 사건 이후 사도들의 행적뿐 아니라 예루살렘 교회에서 일어났던 많은 일들을 기록한다. 즉 사도들이 담대히 복음을 전하고행2:1~36 병자를 고친 것뿐 아니라행3:1~10, 복음을 들은 사람들이 회개하고 세례를 받은 후 서로 교제하고 떡을 떼고 오로지 기도에 힘쓰고2:37~42

---

17. 참고. Bock, *Acts*, 54~55.
18. 개역개정성경에서 "하나님 나라의 일(τὰ περὶ τῆς βασιλείας τοῦ θεοῦ)"로 번역된 것은 문자적으로는 '하나님 나라에 관한 것들'이다.
19. 참고. Schnabel, *Acts*, 72~73; Bock, *Acts*, 55~56; Peterson, *The Acts of the Apostles*, 105~106.

서로 물건을 통용하는 것행2:43~47 등과 같은 모습들을 기록한다. 이와 같은 기사는 예수님의 복음 전파로 인해 하나님 나라가 임했음을 보여주는 증거일 것이다. 누가는 수신자인 데오빌로에게 복음에 대한 확신을 심어주기 위해서 이와 같은 사실을 처음부터 자세하게 기록했을 것이다. 사도행전 1장 3절의 "예수님에 관한 것"과 "하나님의 나라"라는 표현이 사도행전의 마지막 장, 마지막 구절인 28장 31절에서 반복되어 나타나면서 사도행전 전체의 수미상관inclusio을 형성하는 사실 또한 이러한 사실을 지지한다.[20]

셋째, 예수님께서는 제자들에게 하나님의 약속, 곧 성령을 기다리라고 하심으로써 그분께서 계속해서 그들과 함께 하나님 나라, 곧 새 시대를 전하는 사역을 감당하실 것을 암시한다. 먼저 예수님께서는 제자들에게 '아버지의 약속'을 기다리라고 하신 후에행1:4,[21] 그 약속이 성령인 것을 밝히신다행1:5. 이 약속은 이미 구약의 선지자들을 통해서욜2:28~32; 사32:15~20; 44:3~5 예언하신 것이다. 성령을 부어주실 것이라는 선지자들의 예언은 기본적으로 회복의 때를 가리키는 것으로 메시아의 오심과 새 시대의 시작을 알리는 것으로 이해된다.[22] 이는 하나님 앞에서 자신들의 잘못을 회개한 백성들에 대한 하나님의 응답으로서 하나님과의 관계가 회복되는 표이기도 하다.[23] 따라서 하나님의 백성이 성령의 임함을 볼 때 무엇보다도 하나님께서 그들과 함께하시고 여전히 일하시고 계심을 깨닫게 될 것이다.[24]

예수님께서는 부활 직후에 제자들이 예수님의 증인이 될 것과 약속된 성령

---

20. 참고. Bock, *Acts*, 758~760; Schnabel, *Acts*, 1077~1078.
21. 개역개정성경에서 "아버지께서 약속하신 것(τὴν ἐπαγγελίαν τοῦ πατρὸς)"으로 번역된 표현은 '아버지의 약속'으로 번역할 수 있다.
22. 참고. Bock, *Acts*, 57은 새 시대와 메시아의 오심은 성령 세례가 올 때 알 수 있다고 하면서 "옛 시대와 새 시대의 다리는 예수께서 성령을 주실 때 건넜고, 예수님의 사역 자체가 연결점이다."라고 말한다.
23. 김정우, 『요엘 2:28~42(MT 3:1~5)에 나타난 성령 강림의 약속과 그 신약적 성취』, 『신학지남』 60(1993), 9~27,
24. 김정우, 『요엘 2:28~42(MT 3:1~5)에 나타난 성령 강림의 약속과 그 신약적 성취』, 24; Bock, *Acts*, 56~58.

을 기다릴 것을 말씀하신다눅24:44~49. 그리고 사도행전 2장 1~13절에서 그 약속된 성령이 임하고 베드로는 담대히 청중들에게 설교한다행2:14~36. 그 결과 청중들 속에서 회개와 죄 사함의 역사가 일어나고 수많은 사람이 예수님을 믿게 된다행2:37~41. 예수님께서 제자들에게 성령을 보내 주시겠다고 하신 것은 새 시대의 도래를 알림과 동시에 하늘로 올라가신 예수님 자신이 여전히 성령으로 그들과 함께 일하실 것임을 보여주려는 듯하다.[25] 주목할 사실은 예수님께서 사역을 시작하실 때 세례 요한으로부터 세례를 받으셨고, 그와 동시에 하늘로부터 성령이 비둘기 같은 형체로 그 위에 강림하셨다는 사실이다. 그때 하나님께서 음성을 통해 예수님께서 그분의 아들이심을 증거하신다눅3:21~22. 이는 하나님께서 그분의 구원 사역을 이루시기 위해서 예수님을 보내셨음을 확증하는 것이고, 따라서 하나님께서 일하심을 나타내는 표이다.[26]

성령의 임재 사건은 사도행전 2장 외에 8장 9~17, 25~40절과 10장 1~48절에도 나타난다. 전자에는 사마리아인들과 에디오피아 내시에게, 후자에는 가이사랴의 백부장 고넬료에게 성령이 임한 사건이 기록되었다. 주목할 만한 사실은 이 세 번의 성령임재 사건이 예루살렘, 사마리아, 그리고 이방 지역인 가이사랴에서 일어난 것이다. 이는 예수님께서 제자들에게 "오직 성령이 너희에게 임하시면 너희가 권능을 받고 예루살렘과 온 유대와 사마리아와 땅끝까지 이르러 내 증인이 되리라"행1:8라고 말씀하신 것과 관련이 있을 듯하다. 즉 복음이 경계를 넘을 때마다 우선적으로 성령이 임한 사건이 기록되고, 그 결과 복음이

---

25. 사도행전 16장 7절에서는 성령을 "예수의 영($\tau\grave{o}$ $\pi\nu\varepsilon\tilde{v}\mu\alpha$ $'I\eta\sigma o\tilde{v}$)"으로 묘사한다. 이는 예수님께서 성령을 보내시는 일뿐만 아니라(행2:33) 그분의 제자들의 복음 증거 사역에도 참여하고 계심을 보여준다. Schnabel, *Acts*, 668; 홍기영, "신약 안에 나타난 선교학적 주제들의 고찰-선교로 읽는 신약," 246~247.

26. 참고. Joel B. Green, *The Gospel of Luke*, NICNT (Grand Rapids: Eerdmans, 1997), 185~187; Robert H. Stein, *Luke*. NAC (Nashville: B&H Publishing Group, 1992), 138~140; Norval Geldenhuys, *The Gospel of Luke*, NLC (London: Marshall, Morgan & Scott, 1977[1951]), 146~147.

확장되었다. 이는 앞서 논의한 바와 같이, 복음전파로 인한 새 시대의 도래, 그리고 하나님께서 여전히 일하고 계심을 보여주는 것이라 할 수 있다. 이와 같은 사실은 땅 끝까지 복음이 전파되는 데 있어서 성령의 임하심이 선행하고 또 필수불가결한 것임을 보여준다.[27]

## (3) 성령의 오심과 복음 증거, 그리고 그 결과: 사도행전 2장 1~47절

사도행전 2장은 앞서 예수님께서 약속하셨던 성령의 오심, 성령을 받은 사도들이 담대히 복음을 전하는 모습, 세계 각지에서 와서 복음을 들은 자들의 상반된 반응, 그리고 교회의 모습을 기록한다. 이는 사도행전 1장 8절에서 밝힌 바, 성령의 능력을 받은 증인들에 의해서 땅 끝까지 복음이 전파될 때 나타나는 현상들을 미리 보여주는 것이라 할 수 있다.[28] 따라서 사도행전 2장에 나타난 몇 가지 사실을 통해서 복음 전파와 그에 대한 반응, 그리고 그 결과를 살펴볼 수 있다.

첫째, 오순절 성령 사건은 성경이 예언하고 예수님께서 확증하신 바, 자신의 이름으로 "죄 사함을 받게 하는 회개가 예루살렘에서 시작하여 모든 족속에게 전파될 것"이라는 말씀의 성취를 미리 보여준다눅24:44~49; 행1:8; 2:1~13.[29] 성령 충만함을 받은 제자들은 "성령이 말하게 하심을 따라" 다른 언어들ἑτέραις γλώσσαις로 말하기를 시작한다.[30] 그들이 무엇을 말했는지 명확하지 않지만, 2장 11절에

27. 소기천, "신약성경의 유대인 선교와 이방인 선교의 상관관계," 『신약논단』 10 (2003), 172~175; 홍경환, "사도행전에서 본 교회와 선교," 『미션인사이트』 5 (2013), 122; C. J. P. Niemandt. "Acts for Today's Missional Church." HTS 66 (2010), 4~5; 김동찬, "사도행전의 '경계 넘는 선교' 연구: 헬라파 유대인 디아스포라를 중심으로," 『미션네트워크』 2 (2012), 88~91; 채은수, "사도행전의 선교지평," 『신학지남』 78 (2011), 160~169.
28. 채은수, "사도행전의 선교지평," 156은 오순절 성령사건을 두고 "그 날은 출발할 위대한 세계선교 과업의 축소관으로서 예비적인 '공연실습?'(rehearsal)이었다."라고 바르게 지적한다.
29. 참고. Schnabel, Acts, 121.
30. 다른 언어들(ἑτέραις γλώσσαις)은 아마도 제자들이 사용하지 않고 이전에 배우지도 않은 사도행전 2장 9~11절에서 열거된 지역의 사람들이 알아들을 수 있는 언어를 가리킬 것이다. Schnabel, Acts, 115.

서 밝히는 바와 같이, "하나님의 큰 일τὰ μεγαλεῖα τοῦ Θεοῦ"을 말한 것은 분명하다.[31] 그리고 천하 각국으로부터 온 경건한 유대인들이 각자의 난 곳의 방언으로 제자들의 말을 이해했다행2:5~6.[32] 제자들의 말을 듣고 이해한 자들 속에는 이방인들도 포함된 듯하다2:8~11. 왜냐하면 2장 10절에서 "로마로부터 온 나그네 곧 유대인과 유대교에 들어온 사람들"을 언급하기 때문이다.[33] 흥미로운 사실은 저자인 누가가 '천하 각국'이라는 표현과 함께 15개의 나라와 지역의 이름을 열거한 것이다. 이는 단순히 사람들이 많은 지역에서 왔음을 나타내기 위함일 수도 있지만, 사도행전 1장 8절에서 밝힌 바와 같이 땅 끝까지 복음이 전파될 것을 미리 상징적으로 보여주는 것일 수도 있다.[34] 모든 민족에게 복음이 전해질 때, 하나님께 죄지은 인류에 대한 저주의 표였던 언어의 나누어짐이 회복되어 하나님의 말씀을 하나로 이해하는 현상이 나타난 것이다.[35]

둘째, 사도들이 담대히 복음을 전하며 주어진 증인의 사역을 감당한다행 2:4,14~36. 성령의 충만을 받은 제자들은 "성령이 말하게 하심을 따라" 다른 언어를 말하기 시작했다2:4.[36] 이는 제자들의 입에서 나오는 말들이 성령의 주권

---

31. "하나님의 큰 일(τὰ μεγαλεῖα τοῦ Θεοῦ)"에서 '큰 일(τὰ μεγαλεῖα)'은 중성 복수이고 '하나님의(τοῦ Θεοῦ)'는 주격적 속격으로서 하나님께서 행하신 일들을 가리킨다. Schnabel, Acts, 120은 제자들이 "하나님께서 역사 속에서 새롭게 개입하신 것, 곧 이스라엘의 메시아이신 예수님의 삶과 죽음, 부활과 승천을 통한 능력의 구원"을 선포했다고 바르게 주장한다.

32. "천하 각국으로부터(ἀπὸ παντὸς ἔθνους τῶν ὑπὸ τὸν οὐρανόν)"는 문자적으로 "하늘아래[천하] 것들의[나라들의] 각 나라로부터"로 번역할 수 있는데, 이는 사도행전 1장 8절의 "땅 끝까지(καὶ ἕως ἐσχάτου τῆς γῆς; '땅의 가장 먼 곳까지')"와 같은 의미의 표현일 것이다.

33. "유대교에 들어온 사람들(προσήλυτοι)"은 소위 말하는 '경건한 자들(proselytes)'로서 다신교에서 유대교로 개종한 자들을 가리킨다.

34. 참고. Barrett, The Acts of the Apostles vol 1, 122~123.

35. Peterson, The Acts of the Apostles, 156; F. F. Bruce, The Book of the Acts, NICNT (Revised ed. Grand Rapids: Eerdmans, 1988), 59는 각 나라 사람들이 제자들의 말을 알아듣는 사건을 두고 "a reversal of the curse of Babel"(바벨의 저주의 역전)이라고 말한다. 참고. Henry Wansborough, "Speaking in Tongues," TW (1974), 196.

36. "성령이 말하게 하심을 따라(καθὼς τὸ πνεῦμα ἐδίδου ἀποφθέγγεσθαι αὐτοῖς)"의 문자적인 의미는 "성령께서 그들에게 '말하기/말하는 것'을 주심을 따라(as the Spirit gave them utterance; ESV, KJV)"로 번역할

적인 인도 아래 이루어진 것임을 의미한다. 만약에 그렇다면, 사도행전 2장 14절부터 시작되는 베드로의 설교 역시 성령의 말하게 하심을 따라 이루어진 것이라고 볼 수 있다.[37] 그리고 그는 예수님의 죽으심과 부활하심에 근거하여 그분의 주 되심과 그리스도 되심을 선포하되, 구약의 예언의 말씀들을 인용한다. 이는 베드로가 예수님께서 승천하시기 전에 제자들과 함께하시며 구약의 말씀을 가르치시고, 그 말씀들이 그분에 의해서 성취되었고 제자들의 증거사역을 통해서 계속 성취될 것이라고 말씀하신 바눅24:44~49; 행1:1~5를 온전히 이해하고 확신했음을 의미한다.[38] 또한 베드로는 성령 충만을 받은 이후에 유대인들 앞에서 담대히 복음을 전했다참고. 행4:13,29,31. 이 모든 사실은 예수님의 말씀대로행1:8 제자들이 성령 충만으로 인해서 예수님의 증인이 됨을 보여준다.

셋째, 많은 사람이 베드로의 복음을 듣고 회개하여 세례를 받고 구원을 얻는다행2:37~41. 베드로가 복음을 선포했을 때, 많은 사람이 "마음에 찔려" 베드로와 사도들에게 어떻게 해야 할지를 묻는다. 그들은 베드로의 설교, 특히 "너희가 십자가에 못 박은 이 예수를 하나님이 주와 그리스도가 되게 하셨느니라"행2:36는 말씀에 깊이 공감하면서 어떻게 하면 그들의 잘못을 용서받을 수 있을지를 물었다행2:37.[39] 이때 베드로는 예수님께서 "그의 이름으로 죄 사함을 받게 하는 회개가 예루살렘에서 시작하여 모든 족속에게 전파될 것"눅24:47이라고 말씀하신 바와 같이, "너희가 회개하여 각각 예수 그리스도의 이름으로 세례를 받고

---

수 있다. '말하게 하심'은 부정사이기에 번역하기 쉽지 않지만, 제자들의 입 밖으로 나오는 말의 근원이 그들 자신이 아니라 성령인 것을 나타낸다. Schnabel, *Acts*, 115.

37. 사도행전 2장 14절의 "베드로가 …… 소리를 높여 이르되"에서 '이르되(ἀπεφθέγξατο)'는 2장 4절의 "성령의 말하게 하심을 따라"에서 '말하게 하심(ἀποφθέγγεσθαι)'으로 번역된 것과 같은 단어이다. 따라서 베드로의 선포는 성령의 인도를 따라 행한 것으로 볼 수 있다. Bruce, *The Book of the Acts*, 60.

38. 채은수, "사도행전의 선교지평," 157~158. 참고. Schnabel, *Acts*, 151~153.

39. '마음에 찔리다(κατενύγησαν τὴν καρδίαν)'라는 말의 의미는 양심의 가책(conscience-stricken)을 받았다는 의미일 것이다(Peterson, *The Acts of the Apostles*, 153~154). Bock, *Acts*, 140~141은 '찌르다(κατανύσσομαι)'가 '심판 통증'이나 '찔린 상처'를 의미한다고 본다.

죄 사함을 받으라 그리하면 성령의 선물을 받으리니"행2:38라고 말한다.[40] 그리고 이와 같은 사실은 하나님께서 이미 약속하신 것으로서 유대인들"너희와 너희 자녀(자손)"뿐만 아니라 모든 이방인들"모든 먼 데 사람 곧 주 우리 하나님이 얼마든지 부르시는 자들"에게도 해당되는 것이라고 말한다욜2:28~29; 사57:19; 행2:16,33. 이와 관련하여 슈나벨E. J. Schnabel은 여기서 "베드로는 그 자신과 열두 제자가 예수님의 증인으로서 주요한 역할을 행하게 될 구원의 우주적인 비전을 표현한다."라고 바르게 말한다.[41] 다시 말해서 많은 사람들이 베드로의 말씀에 반응하며 세례를 받고 성도의 수가 삼천이나 더한 사실행2:40~41은 앞으로 많은 사람들이 회개하며 주께 돌아올 것을 미리 보여주는 사건이라고 할 수 있다. 그리고 이를 증명하듯이 사도행전 곳곳에 세례를 받고 주께 돌아오는 사건이 기록되어 있다행2:38,41; 8:12~16,36~38; 9:19; 10:47~48; 11:16; 16:15,33; 18:8; 19:3~5; 22:16.[42]

넷째, 회개하여 죄 사함을 받은 자들은 사도들의 가르침, 교제, 떡을 떼는 것, 그리고 기도에 힘쓴다행2:42~47. 이와 같은 활동들과 관련해서 학자들은 "예수님을 따르는 자들의 삶의 본질적인 활동이면서도 특징",[43] "공동체의 삶의 요약",[44] "새로운 공동체의 이상적인 모습"[45]을 보여주는 것이라고 한다.[46] 앞서 제시된 성도들의 활동이 어떻게 명명되든지, 분명한 것은 그와 같은 활동들은 많은 이들이 죄를 회개하고 구원받은 결과로서 자발적으로 일어났다는 것이다.

---

40. '성령의 선물(τὴν δωρεὰν τοῦ ἁγίου πνεύματος)'에서 속격인 '성령의'는 설명적 보족어 역할을 하는 것으로서 성령 그 자체가 선물이라는 의미이다. Schnabel, *Acts*, 165; Bock, *Acts*, 144.

41. Schnabel, *Acts*, 166.

42. 흥미로운 것은 사도행전 2장에서처럼 성령의 임재 사건이 기록된 8장과 10장에도 세례를 받고 주께 돌아오는 사건이 기록된 것이다. 이는 사도행전 2장이 1장 8절에서 명령한 바, 세계선교의 축소판이라는 사실을 뒷받침해준다. 각주 27을 보라.

43. Schnabel, *Acts*, 177.

44. Bock, *Acts*, 149.

45. Bruce, *The Book of the Acts*, 73.

46. 홍경환, "사도행전에서 본 교회와 선교," 『미션인사이트』 5 (2013), 120~121은 영적 예배와 성도의 교제, 말씀선포, 기도를 초대교회 성장의 필수 요소 중 일부로 본다.

사도행전 2장 44~45절에는 이를 조금 더 구체적으로 언급하는데, 곧 그들은 물건을 서로 통용하고 재산과 소유를 팔아서 각 사람의 필요를 따라 나누어 주었다. 만약 앞서 제시했던 바와 같이, 사도행전 2장이 세계선교의 과정을 미리 보여주는 것이라면, 구원받은 자들의 모임인 교회가 사도들의 가르침, 곧 말씀과 교제, 떡을 떼는 것, 그리고 기도에 힘쓰는 모습[47] 역시 당시뿐 아니라 현대 교회의 모범이 되는 것이라고 할 수 있다.[48]

## (4) 복음 증거를 방해하는 요소와 약속의 성취

앞서 살펴보았듯이, 사도행전 2장은 예수님의 이름으로 죄 사함을 받게 하는 회개가 예루살렘에서 시작해서 모든 족속에게 전파될 것을 미리 보여준다. 그러나 이후에 기록된 사도행전의 기사는 복음이 항상 순조롭게 전파된 것이 아님을 보여준다. 즉 하나님의 복음이 전파되지 못하도록 막는 요소들이 곳곳에서 나타난다. 본 단락에서는 그와 같은 요소들에는 어떤 것이 있으며 그 갈등이 어떻게 해결되는지 살펴보면서 '그럼에도 불구하고' 하나님께서 주권적으로 복음의 확장을 주도하고 계심을 보이려고 한다.

첫째, 하나님의 복음에 적대적으로 반응하는 자들이 있다행2:13; 4:1~3,13~21.[49] 성령 충만을 받은 제자들이 방언으로 하나님께서 행하신 크신 일을 말할 때, 많은 사람들이 듣고 놀라워했지만행2:7,12, 또 다른 무리는 그들이 새 술에 취하였

---

47. '힘쓰다(προσκαρτερέω)'로 번역된 단어는 문자적으로 무엇인가를 '계속하다(continue in)', '집요하게 계속하다(to persist in)'라는 의미를 가진다.
48. 채은수, "사도행전의 선교지평," 160~162. Schnabel, *Acts*, 185~187은 "누가가 예루살렘 교회의 삶을 폭넓게 요약한 것은 단순히 기독교 운동의 첫 몇 달에 대한 역사적 진술만은 아니다. 그것은 신자들의 공동체 내의 하나님의 존재에 대한 신학적 진술, 참 교회가 행해야 할 우선순위에 대한 교회론적 진술, 교회성장의 과정에 대한 선교학적 진술이기도 하다."라고 바르게 지적한다(185).
49. 이와 같은 문제는 유대교와의 갈등에서 야기되었기에 종교적인 갈등으로 보기도 한다. 황욱연, "사도행전 6:1~8:4의 갈등 모티프 이해: 스데반 사건을 중심으로," 997~999; C. Stenschke, "Conflict in Acts 1~5: 'Religious' and Other Factors," *Neotestamentica* 50 (2016), 211~245.

다고 말하면서 조롱했다행2:13. 이들은 분명 베드로와 제자들이 선포한 복음을 듣고 마음에 찔려 "우리가 어찌할꼬"라며 제자들에게 묻고 회개함으로써 그리스도의 이름으로 세례를 받고 죄 사함을 받은 자들은 아닐 것이다행2:37~38. 그들은 베드로가 솔로몬 행각에서 전한 또 다른 설교행3:11~25를 듣고 복음 전하는 자들을 싫어하여 옥에 가두고행4:1-3 복음을 전하지 못하도록 한 자들일 것이다행4:13-18. 제자들이 전하는 복음을 받아들이지 않는 무리들이 있었는데, 그들은 지속적으로 복음 증거자들을 적대하고 핍박하며 복음 증거 사역을 방해했다행5:17~40; 6:8~15; 7:54~8:3; 9:1~9 등. 슈나벨은 "성령이 성도들에게 오심으로 인해 촉발된 사건들은 두 개의 상반된 그룹을 형성하는데, 한 그룹은 조심스럽게 추가적인 요구사항에 마음이 열려 있는 반면, 다른 그룹은 공공연히 회의적이거나 심지어 적대적이다. 이와 같은 모습은 대개 [앞으로의] 사도들의 선교사역을 특징짓는 상황이다."라고 정확히 지적한다.[50] 슈나벨의 지적과 같이, 사도행전에는 복음전도자들에 대한 박해의 기사가 끊임없이 기록되어 있다. 이는 초대교회뿐만 아니라 현대의 선교사역에도 적용될 것이다.

둘째, 내부적인 물질의 문제가 복음 사역을 방해한다행4:36~5:11. 사도행전 2장 43~47절에는 오순절 성령사건 이후의 교회 모습이 묘사되어 있는데, 4장 32~37절에는 특별히 물건을 통용하는 문제에 대해서 조금 더 구체적으로 언급한다. 성도들이 서로 물건을 통용하고 자기 재물을 조금도 자기 것이라 하지 않았기 때문에3:32 그 중에 가난한 사람이 없었다4:34. 많이 가진 자들은 자신의 밭과 집을 팔아서 그 판 것의 값을 사도들 앞에 두고 사도들은 각 사람의 필요를 따라 나누어 주었다3:35. 그들이 이와 같이 할 수 있었던 것은 사도들이 복음, 곧

---

50. Schnabel, *Acts*, 121. E. Haenchen, *The Acts of the Apostles* (Oxford: Basil Blackwell, 1971), 171~172은 사도행전 5장 34절, 14장 4절, 17장 18절, 23장 6절, 28장 24절을 지적하며 무리들 속에 항상 상반된 반응이 있음을 지적한다.

부활하신 예수님을 증언하고 무리에게 은혜가 충만했기 때문이다행4:33.[51] 누가는 은혜가 충만하여 자신의 것을 팔아 서로 통용하는 자 중 한 사람인 바나바를 언급한다행4:36~37.

그런 후 바나바와 대조되는 인물인 아나니아와 삽비라를 언급한다.[52] 이들 부부는 앞서 요셉이 사도들에 의해서 바나바'위로의 아들'로 불림을 받은 것처럼, 사도들의 인정을 받거나 사람들로부터 명성을 얻기 위해서 거짓을 행한 듯하다.[53] 사도행전 5장 3절의 "사탄이 네아나니아 마음에 가득하여ἐπλήρωσεν ὁ σατανᾶς τὴν καρδίαν σου"는 2장 2절의 성령이 "온 집에 가득하며ἐπλήρωσεν ὅλον τὸν οἶκον"와 대조된다. 아나니아 부부는 사탄으로 충만하면서도 성령 충만한 자들이 행하는 것처럼 행동하며 하나님을 속인 것이다행5:3,4,9.[54] 따라서 이 문제는 교회 내부의 교인이 명예를 얻고 인정받기 위해서 물질을 잘못 사용한 예로서, 성령으로 충만한 자들을 통해 땅 끝까지 복음을 전하려는 하나님의 선교를 방해하려는 사탄의 계략임을 알 수 있다.[55] 그러나 아나니아 부부가 하나님에 의해서 죽음의 심판을 받음으로써 사탄의 계략은 실패하고, 그 공동체에 다시 '두려움 φόβος'이 임함으로써 하나님의 복음 사역은 계속된다.[56]

---

51. "은혜(χάρις)는 성령의 은사로서 하나님의 가능케 하시는 돌보심과 도우심이다."(Schnabel, *Acts*, 271.)

52. 사도행전 5장 1절은 '그러나(δέ)'로 시작하는데, 이는 아나니아와 삽비라의 행위가 바나바의 것과 다름을 나타내려는 장치일 것이다. 주기철, "사도행전의 윤리, 어떻게 설교할 것인가?," 『본문과 설교』 9 (2017), 196~197.

53. Schnabel, *Acts*, 283.

54. 정복희, "'아나니아와 삽비라 사건'과 집단명예(행4:32~5:16)," 『신약논단』 26 (2019), 1024는 아나니아의 마음이 사탄으로 가득한 것을 지적하면서, 그의 행위는 "성령이 함께 하는 교회를 무시하여 교회의 집단명예 (collective honor)를 손상시킨 것"이라고 말한다. 그는 아나니아 사건을 '집단명예'의 관점에서 해석한다.

55. J. A. Fitzmyer, *The Acts of the Apostles* (Doubleday: The Anchor Bible, 1988), 323; Schnabel, *Acts*, 283; Bock, *Acts*, 221~223; 주기철, "사도행전의 윤리, 어떻게 설교할 것인가?," 『본문과 설교』 9 (2017), 196~197.

56. Bock, *Acts*, 227은 "그 심판이 만들어 내는 결과적 두려움은 정확히 그 구절에서 추구하는 바 하나님과 의를 존중할 뿐 아니라 죄는 파괴적이고 위험하다는 인식이다."라고 바르게 지적한다. '두려움(φόβος)'이라는 단어가 복음이 선포되고 하나님의 이름이 높임을 받는 곳에 나타난 사실을 주목할 필요가 있다(행2:43; 9:31; 19:17).

셋째, 교회 내의 복합적인 문제가 복음 사역을 방해한다행6:1-7.[57] 예루살렘 교회가 점점 더 커지고 사람이 많아짐에 따라 사도들이 해야 할 일도 많아졌다. 이로 인해서 헬라파 과부들이 매일의 구제에서 빠지게 되어 헬라파 유대인들이 불평하기 시작했다. 그들은 사도들에게 직접 불평하지 않고 히브리파 유대인들게 소극적으로 불평한 듯한데, 이러한 불평이 사도들의 귀에까지 들린 듯하다.[58] 이 사건은 일차적으로 사도들이 본연의 임무인 말씀과 기도에 전무하지 못하게 된 것을 지적하려 했겠지만, 그 문제는 차별과 행정조직의 문제 등 복합적인 문제를 야기시켰다.[59] 즉 복음이 전파되면서 교회 성도의 수가 늘어남에 따라 교회 조직도 커져야 했지만, 여전히 사도들이 그 모든 일을 감당했기 때문에 교회 전체를 돌보지 못하는 결과를 낳은 것이다. 이 문제는 사도들이 성령과 지혜가 충만하여 칭찬받는 사람 일곱을 택하여 구제의 일을 맡김으로써 즉시로 해결된다행6:3,7.

넷째, 교회 내의 신학적인 문제가 복음 사역을 방해한다행15:1~35. 복음이 이방지역으로 전파되고 이방인 기독교인들의 숫자가 증가하면서 교회 내에서 유대인 기독교인들과 신학적인 문제로 논쟁이 일어난다.[60] 논쟁의 핵심은 이방인

---

57. Bock, *Acts*, 255는 사도행전 6장에는 "해결해야 할 인종의 문제가 있는데, 이는 모든 유형의 사람들에게 열려 있는 공동체에서는 항상 까다로운 문제다."라고 바르게 지적한다. 엄밀히 말해서 헬라파 유대인들은 헬라어를 말하는 유대인들이지만, 그들이 자라온 환경이나 사용하는 언어가 다르기 때문에 인종의 문제로 보아도 무리는 없을 듯하다. 참고. Peterson, *The Acts of the Apostles*, 229~232. 비교. Schnabel, *Acts*, 329.

58. '원망(γογγυσμός)'의 문자적인 의미는 '낮은 목소리로 말하는 것(utterance made in a low tone of voice)' 또는 '막후에서 말하는 것(behind-the-scenes talk)'을 의미한다(참고. BDAG, γογγυσμός).

59. Bock, *Acts*, 258은 "결국에 문제가 해결되는 방식을 보면 그 문제가 민족적 악의 때문이 아니라 다양한 민족적 노선에 걸친 새로운 공동체의 성장에 의해 야기된 행정조직의 부족 때문에 표면화되었음을 나타낸다."라고 바르게 지적한다.

60. D. K. Strong, "The Jerusalem Council: Some Implications for Contextualization(Acts 15:1~35)," in *Mission in Acts: Ancient Narratives in Contemporary* Context (eds. R. L. Gallagher and P. Hertig; Maryknoll: Orbis Books, 2004), 197은 "사도행전 15장은 예루살렘에서부터 땅 끝까지의 교회 확장의 중심에서 결정적인 질문을 다루기 때문에 누가의 이야기의 중심이다."라고 바르게 지적한다.

이 구원을 얻는데 있어서 할례와 율법 준수가 필수인지에 대한 것이다행15:1.[61] 그러나 이 문제는 그것에만 그치지 않는다. 왜냐하면 이방인 기독교인들이 할례와 음식규례를 지키지 않았을 때, 유대인 기독교인들이 그들과 함께 식사를 즐길 수 없다고 생각할 수 있기 때문이다. 자칫 큰 분란을 일으킬 수 있었던 문제였지만, 예루살렘에서의 논의를 통해 양쪽 모두에게 유익한 결론에 이른다.[62] 즉 "베드로를 통해서 예수를 믿는 믿음과 주의 은혜가 구원의 근거임을행15:6~11 …… 바울과 바나바를 통해서 하나님께서 이방인 선교를 인정하셨지만 그들에게 유대교 개종자들이 되라고 하지 않으심을행15:12 …… 그리고 야고보를 통해서 이방 기독교인들은 하나님의 백성의 일원이 된 이방인으로서 '회복된 이스라엘'의 성전에서 하나님을 예배하는데, 그 회복된 이스라엘은 지난날의 메시아적 공동체이며, 이방인 기독교인들은 유대인들 사이에 살고 있는 이방인들을 위해 법이 규정한 일부 근본적인 규정만 지키면 된다행15:13~21."는 것이다.[63] 스트롱D. K. Strong은 사도행전 15장의 사건을 복음의 상황화contextualization로 보면서, 이 사건이 근본적으로 이방인들도 하나님의 은혜에 의해 오직 예수님을 믿음으로 구원을 얻는다는 사실을 확실히 하지만, 그 사실 위에 이방인들도 유대인들을 존중하는 상호복종을 가르친다고 본다. 그리고 복음의 진리를 지키되 상황에 맞게 서로 존중하여 복음이 땅 끝까지 전해질 수 있도록 해야 한다고 바르게 적용한다.[64]

---

61. 이방인들이 기독교인이 되기 위해서 할례와 율법을 준수해야 하는지의 문제는 그들이 할례를 받고 유대교의 개종자들(Jewish proselytes)이 되어야 하는지의 문제와 같다. 참고. Schnabel, *Acts*, 636~637.
62. Strong, "The Jerusalem Council: Some Implications for Contextualization (Acts 15:1~35)," 201은 예루살렘에서의 논의를 다섯 과정으로 나눈다. ① 일반적 논의(15:6) ② 베드로의 연설(15:7~11) ③ 바나바와 바울의 보고(15:12) ④ 야고보의 연설(15:13~21) ⑤ 안디옥 교회에 공식 사절단과 서신을 보냄(15:22~29).
63. Schnabel, *Acts*, 621~622.
64. Strong, "The Jerusalem Council: Some Implications for Contextualization (Acts 15:1~35)," 206은 복음의 상황화는 항상 문화적 정체성과 연결되어 있기 때문에 쉽지 않은 문제라고 지적한다.

다섯째, 위와 같은 모든 장애물 가운데서도 하나님께서는 주권적으로 복음이 땅 끝까지 전파되도록 하신다. 앞서 제시한 바와 같이, 사도행전에는 하나님의 복음이 예루살렘에서부터 땅 끝까지 전파되는 과정과 함께 많은 사건과 사고가 기록되어 있다. 그러나 흥미로운 것은 이와 같은 사건이 해결된 이후에는 항상 하나님의 말씀이 왕성하게 전파되거나행6:7; 참고. 12:24; 19:20,[65] 많은 사람들이 주께로 돌아온다는 사실이 기록된 것이다2:37~47; 4:4,23~37; 5:5,11~16; 6:30~35. 이와 같은 표현은 각 사건이 하나님의 말씀 증거 사역을 위축되게 했음을 반증한다. 그러나 그럼에도 불구하고 하나님의 말씀은 위축되지 않았고, 오히려 각 사건이 해결될 때마다 더 넓게 확장되었다. 사도행전의 마지막을 '담대함 παρρησίας'과 '거침없이ἀκωλύτως'로 마무리하는 것도 누가복음 24장과 사도행전 1장 8절의 말씀을 염두에 둔 듯하다행28:31.[66] 즉 복음의 증인인 바울은 여전히 하나님의 나라와 예수 그리스도에 대한 모든 것을 담대하게 전하고,[67] 그 복음은 거침없이 전파된다. 그 어떤 것도 성령의 능력을 받아 복음을 전하는 자들을 가로막을 수 없다.[68]

---

65. 주의 말씀이 '왕성하다(αὐξάνω)'라는 표현은 항상 복음의 증인이 박해 받고 어려움을 당한 이후에 나타난다. 즉 사도행전 12장에서는 야고보를 죽이고 베드로를 투옥시킨 헤롯이 주의 사자에 의해서 죽임을 당한 후에 나타나고, 사도행전 19장에서는 바울이 에베소에서 악한 영과 대적한 이후에 나타난다.

66. Bock, *Acts*, 759.

67. Peterson, *The Acts of the Apostles*, 723은 '담대함'이 사도행전에서 여러 번 사용된 것(행2:29; 4:13,29,31; 28:31; 동사형[παρρησιάζομαι]-행9:27~28; 13:46; 14:3; 18:26; 19:8; 26:26)을 지적하면서 "외부적인 반대나 물리적 환경이 어떠함에도 불구하고 진리를 말하게 하시는 성령의 내적 권능의 부여"라고 바르게 지적한다.

68. Bock, *Acts*, 758~759은 사도행전을 요약하면서 "우리는 무엇이 좋은 전도를 만드는지 본다. 즉 ① 하나님의 주권으로 인해 (복음을) 나눌 확신과 준비됨, ② 예수님을 통해 하나님과 하나님 나라에 집중하는 것, ③ 들을 자들 누구에게나 문호를 개방하는 것, 그리고 ④ 전도와 선교가 가장 우선이며 심지어 세상에서 교회를 부른 가장 근본적인 소명으로 인식하는 것"이라고 지적한다.

## 2. 일반서신의 선교

일반적으로 선교와 관련해서 논의를 할 때 일반서신은 거의 인용되지 않는다. 쾨스텐베르거A. J. Köstenberger는 보쉬D. J. Bosch의 대작인 *Transforming Mission: Paradigm Shifts in Theology of Mission*의 500여 페이지 중에서 베드로전서의 세 구절만 인용될 정도라고 지적하면서, 이와 같은 현상은 '선교'를 복음의 구두口頭적 선포에만 한정시켜 정의하는 것에 기인한 것이라고 바르게 지적한다.[69] 앞서 살펴본 것처럼, 누가-행전은 "그리스도가 고난을 받고 죽은 자 가운데서 살아날 것과 또 그의 이름으로 죄 사함을 받게 하는 회개가 예루살렘에서 시작하여 모든 족속에게 전파될 것"눅24:46~47; 참고. 행1:8을 기록했다. 서신서는 바울을 비롯한 사도들 외의 사역자들이 전한 복음의 결과로 세워진 교회에게 보내진 것이다. 교회는 복음이 세계로 확장되는 중에 세워진 또 다른 증인들이라고 할 수 있다. 따라서 각 서신의 저자가 수신자들에게 던져주는 핵심 메시지는 그 교회로 하여금 복음의 사역을 잘 감당하게 하려는 메시지로 보아야 한다. 본 단락에서는 각 서신의 핵심 메시지가 선교의 주제와 어떻게 관련되는지를 간략하게 살펴보려고 한다.

### (1) 히브리서의 핵심 메시지와 선교

히브리서의 수신자들이 누군지에 관해서는 여러 가지 견해가 있지만, 가장 많은 지지를 받는 것은 로마의 가정교회에 보내어졌다는 견해이다. 히브리서는 주후 60년대 로마의 기독교 박해로 인해서 그리스도인 중에 유대교로 돌

---

69. A. J. Köstenberger, "공동서신에 나타난 선교," in 『성경의 선교신학』 (*Mission in the New Testament*, 홍용표, 김성욱 옮김, 서울: 이레서원, 2001[1998]), 413~414. 침고. D. Senior and C. Stuhlmueller, *The Biblical Foundtions for Mission* (Maryknoll, N.Y.: Orbis Books, 1983), 311.

아가고자 하는 자들의 믿음을 굳건히 하고 격려하기 위해서 기록되었다고 본다.[70] 만약 이것이 사실이라면, 히브리서의 수신자들은 그들이 듣고 배운 복음에 대한 확신이 점점 결여되어 가고 있었던 듯하다. 왜냐하면 저자는 수신자들이 시간이 지나도 선생처럼 되지 못하고 오히려 말씀의 기본 원리를 배워야 할 처지라고 지적하며 성숙해질 것을 권하고히5:11~6:3, 소망에 대한 확신을 가지며 6:6~12, 하나님의 약속을 붙들라고 권하기 때문이다6:13~20. 따라서 저자는 서신을 시작하면서부터 구약 시대에 선지자들을 통해서 전했고 지금 종말의 때에 예수 그리스도를 통해서 전해진 말씀, 곧 복음을 언급하면서[71] 그 복음의 우월성에 대해서 가르친다1:5~14; 3:1~6; 7:20~28.[72] 예수 그리스도께서 완전한 희생제물이 되셨으므로 그분을 믿는 자들은 더 이상 죄 사함을 위한 희생제물을 필요로 하지 않는다10:18. 그들은 선진들이 보여주었던 믿음의 본을 따라11:1~40, 소망을 굳게 잡고 서로 사랑하며 선행을 격려하고 믿음을 지켜나가야 한다10:19~39. 그리고 적대적인 세상을 살아가면서 그리스도인의 모습을 놓치지 말아야 한다12:14~13:17.[73]

이상의 내용을 볼 때, 히브리서의 수신자들이 속한 공동체는 예루살렘의 사도들이 반대와 핍박에 부딪혀 복음을 전하지 못할 상황에 처했던 것처럼 세상을 향해서 복음을 전하지 못할 상황에 처한 듯하다. 그들이 교회의 역할을 감당

---

70. I. H. Marshall, S. Travis, and I. Paul, *Exploring the New Testament II: The Letters and Revelation* (London: SPCK, 2002), 254~256; Michael J. Kruger, et. al., *A Biblical-Theological Introduction to the New Testament: The Gospel Realized* (Wheaton, IL: Crossway, 2015), 415~416; A. J. Köstenberger, L. S. Kellum, C. L. Quarles, *The Cradle, the Cross, and the Crown: An Introduction to the New Testament* (Nashville, TN: B&H Publishing group, 2009), 677~678; Köstenberger, "공동서신에 나타난 선교," 419.

71. 히브리서 1장 1~2절은 구약에서 이미 선포된 복음의 말씀이 예수 그리스도 안에서 성취되었다고 말하는 누가복음 24장 44~49절과 맥을 같이 한다고 볼 수 있다.

72. 하나님께서 아들을 통해 말씀하시기 때문에(히1:2), 예수님의 우월성에 대해서 묘사하는 것은 곧 복음의 우월성에 대해 말하는 것이라 볼 수 있다.

73. Marshall, Travis, Paul, *Exploring the New Testament II: The Letters and Revelation*, 249~250.

하기 위해서는 서신의 마지막 부분에서 "내가 너희를 권하노니 권면의 말을 용납하라"히13:22라고 한 것처럼, 저자의 권면을 끈기 있게 들어야 한다ἀνέχεσθε.[74] 저자가 수신자들에게 권하는 것은 크게 두 가지로 말할 수 있다. 첫째, 그들이 듣고 믿었던 복음에 대한 확신을 가지라는 것이다. 세상의 다른 교훈이 그들을 미혹한다고 하더라도13:9 그들은 흔들리지 말고 하나님께서 말씀하셨고 예수님께서 성취하신 그 구원의 능력을 믿어야 한다. 복음을 믿고 따르는 중에는 고난과 핍박이 따르겠지만, 그럼에도 불구하고 고난 중에도 순종의 본을 보이신 예수님을 바라보며 인내해야 한다12:1~13.[75]

둘째, 믿고 확신한 복음을 삶으로 실천하라는 것이다. 수신자들이 실천해야 할 문제는 히브리서 13장 1~17절에서 제시된 다음과 같은 다양한 윤리적인 명령들을 통해서 알 수 있다. ① 형제를 계속 사랑하는 것이다13:1. 성도들은 하나님의 가족이 된 일원으로서13:6 서로 사랑해야 한다.[76] ② 손님을 대접하는 것이다13:2. 이는 일반적으로 순회 복음전도자들에 대한 지역 신자들의 환대를 의미한다.[77] ③ 갇힌 자와 학대 받는 자들을 생각하는 것이다13:3. 저자는 수신자들이 박해받는 동료들을 동정한 것처럼10:32~34 계속해서 그들을 기억하고, 그들이 몸소 학대를 받는 것처럼 학대 받는 자들을 기억하라고 한다.[78] ④ 결혼을 귀히 여겨 음행하지 않는 것이다13:4. 저자가 갑자기 결혼의 순결성에 대해 말하는 이유는, 아마도 동료 그리스도인들에게 베푸는 관용을 말하는 문맥에서 볼 때, 결

---

74. 개역개정성경에서 '용납하라'고 변역된 동사(ἀνέχω)는 '참고 견디다'(put up with), '끈기 있게 듣다(bear with)' 등의 의미를 가진다(BDAG, ἀνέχω).

75. Marshall, Travis, Paul, *Exploring the New Testament II: The Letters and Revelation*, 249.

76. David L. Allen, *Hebrews*, NAC (Nashville, TN: B&H Publishing Group, 2010), 606~607.

77. P. Ellingworth, *The Epistle to the Hebrews*, NIGTC (Grand Rapids: Eerdmans, 1993), 694~695; Allen, *Hebrews*, 607은 "초기 기독교인들 사이의 상호지원은 교회의 선교적 확장을 도울 뿐 아니라 새로운 신자들의 연대를 유지하는 데 필수적이었을 것이다."라고 바르게 지적한다."

78. 옥에 갇히는 것과 학대받는 것 역시 복음으로 인해 핍박을 받는 상황을 반영하는 듯하다. Ellingworth, *The Epistle to the Hebrews*, 695.

혼 안에서 배우자에게 순결한 것이 가장 가까운 동료 그리스도인에 대한 관용을 의미하는 것일 수 있기 때문이다.[79] 또 다른 한편으로 결혼의 순결성은 그와 같은 순결성이 결여된 세상을 향해서 교회의 복음을 전달하는 도구가 될 수도 있기 때문이다.[80] ⑤ 돈을 사랑하지 않는 것이다13:5-6. 앞서 저자가 수신자들에게 "너희 소유를 빼앗기는 것도 기쁘게 당한 것은"10:34이라고 말한 것을 보면, 박해로 인해서 곤궁에 처한 자들도 있었던 듯하다.[81] 그러나 저자는 그러한 상황 속에서도 물질에 얽매이지 말고 오직 주의 공급하심과 보호하심을 의지하라고 권한다.[82] ⑥ 지도자들을 존중하고 그들의 삶을 본받는 것이다13:7-8,17. 저자는 이 지도자들을 "하나님의 말씀을 말한" 자들로 묘사한다.[83] 아마도 그들은 말씀을 전하면서 많은 어려움을 겪었을 것이다. 수신자들에게 그들의 행실의 결말을 보고 그들의 믿음을 본받으라μιμεῖσθε고 한 것은 그 지도자들이 시련의 때를 모범적으로 이겨냈기 때문일 것이다.[84] 특히 그 지도자들 중에 어제나 오늘이나 영원토록 동일하신 예수님께서 계시기에, 수신자들은 궁극적으로 예수님을 본받아야 한다.[85] ⑦ 다른 교훈을 따르지 않고 바른 교훈을 따르는 것이다

---

79. Allen, *Hebrews*, 608~609; F. F. Bruce, *The Epistle to the Hebrews*, NICNT (Grand Rapids: Eerdmans, 1990), 372는 "순결은 관용에 반하지 않고 오히려 그 일부분이다."라고 말한다.

80. 참고. W. Barclay, *The Letter to the Hebrews* (Edinburgh: The Saint Andrew Press, 1976), 193~194.

81. 저자는 수신자들이 "더 낫고 영구한 소유"가 있는 줄 알기 때문에 소유를 빼앗기는 것도 기쁘게 당한 것이라고 하면서 10장 35~36절에서 계속해서 수신자들이 받게 될 '큰 상'과 '약속하신 것'에 대해 반복해서 언급한다. 이는 아마도 그들이 하늘에서 받게 될 상금을 말할 것이다. 참고. Ellingworth, *The Epistle to the Hebrews*, 698.

82. Ellingworth, *The Epistle to the Hebrews*, 698~699는 히브리서 13장 5~6절에 인용된 구약의 두 구절(수1:5; 시118:6)은 하나님의 공급하심과 보호하심을 나타내는 구절이라고 바르게 지적한다. Barclay, *The Letter to the Hebrews*, 194는 "하나님의 사람은 항상 하나님의 면전에, 그리고 하나님의 도우심을 가지고 있기에 아무 것도 필요하지 않다."라는 사실을 보여주기 위해서 여호수아 1장 5절과 시편 118편 6절을 인용했다고 본다.

83. 하나님의 말씀을 말하는 것은 복음 전도자로서 말씀을 전한 것이나 설교로 교회에 말씀을 전한 것 모두를 의미할 것이다. 참고. Allen, *Hebrews*, 611~612.

84. '본받으라(μιμεῖσθε)'의 문자적인 의미는 '모방하라(imitate)' 또는 '따르라(follow)'라는 의미이다.

85. Bruce, *The Epistle to the Hebrews*, 375는 예수님께서 '어제' 고난을 당하고 죽으시고, '오늘' 그리스도인들의 제사장으로서 그들을 대표하시고, '영원히' 그들을 대신해서 중보하시기 위해서 사실 것이라고 지적한다.

13:9~15. "여러 가지 다른 교훈Διδαχαῖς ποικίλαις καὶ ξέναις"[86]은 어제나 오늘이나 영원히 동일하신 예수님히13:8 혹은 그분의 은혜 외의 모든 가르침을 의미할 것이다. 저자는 수신자들에게 오직 고난 받으신 예수님만 뒤따르며13:13 영원한 하늘의 복을 바라보며13:14 살 것을, 그리고 예수님을 통해 예배하며13:15 선을 행하고 나누어주며 살 것을 권한다13:16.

## (2) 야고보서의 핵심 메시지와 선교

야고보서는 교회의 내적인 문제들을 강조하기 때문에 다른 서신들보다 선교에 대한 교훈을 덜 준다고 볼 수도 있지만,[87] 야고보서에서 온전히 교회 내적인 문제만 다루는 것은 아닌 듯하다. 뿐만 아니라 교회의 내적인 문제는 교회의 대외적 선교 사역에 영향을 미치기 때문에 교회 내적인 문제만 다루었다고 해서 선교에 대한 교훈을 덜 준다고 볼 수도 없다. 그러면 야고보서에서 다루는 내용이 무엇일까? 먼저 야고보서의 기록목적과 대략적인 내용을 살펴보면서 선교에 대한 교훈을 얻고자 한다.

야고보서의 수신자들은 "흩어져 있는 열두 지파"로 묘사된다약1:1. 이들은 흩어져서ἐν τῇ διασπορᾷ 신앙생활을 하면서 여러 가지 시련ὅταν πειρασμοῖς … ποικίλοις에 직면해 있다약1:2.[88] "여러 가지"라고 한 것은 그들이 디아스포라에서 살면서 당하는 모든 종류정치, 사회, 문화, 종교적 시련 등의 시련을 묘사하기 위함일 것이다.

---

86. 개역개정성경에서 "여러 가지 다른 교훈(Διδαχαῖς ποικίλαις καὶ ξέναις)"으로 번역된 것은 '가르침(διδαχαῖς)'이라는 복수 명사와 이를 수식하는 두 개의 형용사 '다양한(ποικίλος; varied, manifold)'과 '이상한(ξένος; strange, foreign)'으로 구성되었다. 따라서 이는 '다양하고 이상한/다른 가르침들'을 의미하는 것으로서 히브리서 수신자들이 배우지 않은 다른 복음을 의미할 것이다.

87. 따라서 Köstenberger, "공동서신에 나타난 선교," 414~415는 히브리서와 베드로전서가 세상에서의 그리스도의 역할에 직접적으로 관심을 두고 있는 것으로 보고 이 두 책을 주로 다룬다.

88. 개역개정성경에서 '시험'으로 번역된 단어에 관한 더 자세한 논의는 주기철, "야고보서 1장에 나타난 '시험'(πειρασμός)과 '시련(δοκίμιον)으로 번역된 단어 재고," 『고신신학』 20 (2018), 103~130을 보라.

디아스포라에서 살아가는 자들은 대부분 가난하고 힘겨운 삶을 살았기 때문에 수신자들에게 시련의 문제는 서신 제일 초반부에 위치할 만큼 중요한 문제였을 것이다. 그리고 그 시련은 그들이 디아스포라에 있는 한 영원히 끝나지 않을 성질의 것이었다.[89] 수신자들 중에는 지속되는 시련의 문제를 극복하지 못하고 진리의 말씀을 떠난 자들이 있었던 듯하다. 왜냐하면 서신의 마지막 부분에서 "내 형제들아 너희 중에 미혹되어 진리를 떠난 자를 누가 돌아서게 하면 너희가 알 것은 죄인을 미혹된 길에서 돌아서게 하는 자가 그의 영혼을 사망에서 구원할 것이며 허다한 죄를 덮을 것임이라"5:19~20라고 말하기 때문이다. 저자는 수신자들이 그들 중에 있는 진리를 떠난 자들을 돌아서게 하여 죄 사함을 받고 그들의 영혼을 사망에서 건지도록 권면하기 위해서 야고보서를 기록한 듯하다.[90]

야고보서는 미혹되어 진리를 떠난 자의 모습을 다양하게 묘사한다. 그들은 행함이 없는 믿음을 가진 자이고2:17,26, 두 마음을 가진 자이며1:8; 4:8, 자신 혹은 타인을 속이는 자이다1:16,22,26~27. 이와 같은 모습은 믿음으로 구하고 의심하는 모습1:5~8, 하나님께서 자신을 시험하시는 것으로 여기는 모습1:16, 말씀을 듣기만 하고 행하지 않는 모습1:22,25~26, 차별하는 모습2:1~13, 믿음이 있다고 말하고 행하지 않는 모습2:14~26, 한 입으로 두 말을 하는 모습3:9~12, 자신의 욕심을 따르면서 하늘의 지혜를 따르는 것처럼 하는 모습3:13~18, 교만히 행하는 모습4:1~10, 서로 비방하는 모습4:11~12, 선을 행할 줄 알고도 행하지 않는 모습4:13~17, 종말의 때에 방종하며 사치하는 모습5:1~6 등으로 나타난다. 수신자들 중에 이와 같은 모습을 보이는 자들이 있는 이유는, 그들의 영혼이 병들었기 때문이다. 따

---

89. 일반적으로 야고보서의 수신자들 대부분은 이주 노동자로 여겨진다. 참고. Köstenberger, Kellum, and Quarles, *The Cradle, the Cross, and the Crown: An Introduction to the New Testament*, 713; Kruger, et. al., *A Biblical-Theological Introduction to the New Testament: The Gospel Realized*, 440.

90. 야고보서의 기록 목적에 관한 더 자세한 논의는 주기철, "야고보서 5:7~12이 3.1 운동에 참여한 기독교인들에게 주는 인내의 자세," 『고신신학』 21 (2019), 42~47을 보라.

라서 저자는 이들에게 손을 깨끗이 하고 마음을 성결하게 하라고 권한다4:8. 그리고 그들의 병든 마음을 고칠 수 있는 유일한 수단은 "마음에 심어진 말씀을 온유함으로 받는 것"1:21이다.[91] 진리의 말씀으로 태어난 자들은 진리의 말씀을 겸손히 받고 실천할 때 삶의 근본적인 문제인 마음의 병을 고칠 수 있다1:18,21.

야고보서 5장 1~6절에 부한 지주들이 품꾼들에게 저지르는 악행에 대해서 언급하는데,[92] 주목할 것은 5장 4절과 6절, 그리고 5장 7~12절에서 제시하는 인내의 자세에 대한 것이다. 부한 자들은 품꾼들의 품삯을 갈취하고 정죄하고 죽이지만, 품꾼들은 그들에게 대항하지 않고 오히려 하나님 앞에서 눈물로 부르짖는다. 그리고 만군의 주 되신 하나님께서 그들의 소리를 들으신다5:4-5. 저자는 그와 같이 행하는 품꾼들을 '의인'이라고 부르며, 그들이 어떻게 인내해야 할 것인지를 다음과 같이 세 가지로 권한다. ① 농부가 마지막에 귀한 열매를 추수할 것을 기대하며 인내하는 것처럼, 의인들은 주의 강림이 가까이 왔기에 길이 참고 마음을 굳건하게 해야 한다5:7-8. ② 고난 중에도 주의 이름으로 말한 선지자들과 욥처럼 의인들은 고난 중에 인내하면서 서로 원망의 말을 하지 말고 오직 주의 이름으로 말해야 한다5:9-11. ③ 의인들은 현재의 고난을 피하기 위해서 맹세를 남용하지 말고, 오직 주의 말씀에 근거해서 옳은 것에 대해서는 '그렇다'라고 말하고 그른 것에 대해서는 '아니다'라고 말해야 한다5:12.[93] 이와 같이 하는 것은 그리스도인 개인으로서뿐만 아니라 공동체로서의 교회에게도

---

91. 참고. Kruger, et. al., *A Biblical-Theological Introduction to the New Testament: The Gospel Realized*, 440.

92. 야고보서 2장 6~7절의 "너희는 도리어 가난한 자를 업신여겼도다 부자는 너희를 억압하며 법정으로 끌고 가지 아니하느냐 그들은 너희에게 대하여 일컫는 바 그 아름다운 이름을 비방하지 아니하느냐"라는 말씀은 그 이유를 정확히 알 수는 없지만-수신자가 기독교인이기 때문인지 아니면 가난했기 때문인지-, 부자들이 수신자들을 박해했음을 보여준다. 참고. C. L. Blomberg and M. J. Kovalishyn, *James*, ZECNT (Grand Rapids: Zondervan, 2008), 113-114.

93. 인내의 자세와 관련한 더 자세한 논의는 주기철, "야고보서 5:7~12이 3.1 운동에 참여한 기독교인들에게 주는 인내의 자세," 55~62를 보라.

매우 중요한 모습이다. 왜냐하면 그리스도인은 개인으로나 공동체적으로 사회에 크고 작은 영향을 미치기 때문이다. 특히 코로나19Covid19로 인해 모두가 힘들어 하는 이때에 교회가 시련을 대하는 모범적인 자세를 보여주는 것은 선교에 큰 영향을 미칠 것이다.

## (3) 베드로전서의 핵심 메시지와 선교

베드로전서는 본도, 갈라디아, 갑바도기아, 아시아와 비두니아에 흩어져 나그네로 살아가는 자들에게 보내진 서신이다1:1. 이들은 대부분 이방인들로서 1:18; 2:10,25; 4:3~4 기독교로 개종했다는 이유로 이웃들로부터 비방당하고 학대를 받은 듯하다. 그들은 선을 행했음에도 불구하고 사람들로부터 악을 행한다는 비방을 받았다2:12; 3:16. 그들은 과거에 방탕하게 살았지만 개종 이후에 과거에 행하던 방탕한 일에 동참하지 않았기 때문에 매도당하고 헐 뜯김을 당했다4:3. 또한 예수님을 믿는 것 때문에 조롱을 당하기도 한 듯하다4:14. 이와 같이 수신자들은 그리스도를 영접함으로 인해 그들의 나라에서 이방인처럼 살아가는 자들이었기에[94] 위로와 격려가 필요했을 것이다. 저자는 하나님께서 그분의 택하신 백성들에게 베푸신 은혜가 무엇인지 증언하며, 수신자들이 그 은혜 안에서 굳게 서기를 바라는 마음으로 베드로전서를 기록한 듯하다5:12~13.[95] 저

---

94. Marshall, Travis, and Paul, *Exploring the New Testament II: The Letters and Revelation*, 278~280; Kruger, et. al., *A Biblical-Theological Introduction to the New Testament: The Gospel Realized*, 455~456; 왕인성, "베드로전서의 고난 이해: 수신자의 정체성과 살의 자리에 대한 사회문화적 재구성을 토대로," 『신약논단』 18 (2011), 853~888; J. M. Michaels, *1 Peter*. WBC 49 (Waco: Word Books, 1988), xlv-xivi; T. R. Schreiner, *1, 2 Peter, Jude* (Nashville: Broadman&Holman Publishers, 2003), 37~41; R. Hall, "For to This You Have Been Called: The Cross and Suffering in 1 Peter." *ResQ* 19 (1976): 137~147.

95. 베드로전서 5장 12~13절의 "내가 신실한 형제로 아는 실루아노로 말미암아 너희에게 간단히 써서 권하고 이것이 하나님의 참된 은혜임을 증언하노니 너희는 이 은혜에 굳게 서라 택하심을 함께 받은 …… 그리스느니라"라는 권면과 인사는 서신 전체의 기록 목적을 밝히는 구절로 볼 수 있다(참고. 히1:1~2,5~6; 2:4,6,9). 참고. Marshall, Travis, Paul, *Exploring the New Testament II: The Letters and Revelation*, 280~221; Kruger, et. al., *A Biblical-Theological Introduction to the New Testament: The Gospel Realized*, 455~457;

자는 서신의 서론 격인 1장 3~12절에서 하나님께서 수신자들에게 주신 산 소망, 미래의 유업, 구원의 은혜에 대해 상기시키면서 그들이 따라야 할 삶의 원리를 제시한다.[96]

먼저 저자는 수신자들에게 거룩하라고 말한다.[97] 저자는 수신자들을 "성령이 거룩하게 하심으로 …… 택하심을 받은 자들"1:2로 부르면서 그들이 가진 소망에 근거하여1:3~12,[98] 그들을 부르신 거룩하신 하나님과 같이 거룩하라고 권한다1:15~16. 뿐만 아니라 그들은 거룩한 제사장들2:5이요 거룩한 나라2:9로서 그들을 부르신 이의 아름다운 덕을 선포해야 한다2:9. 둘째, 저자는 수신자들이 하나님의 집이요 가족의 일원으로서 함께 거룩하고 서로 사랑하며 살 것을 권한다2:5; 4:17; 2:17; 4:8. 각 성도들은 '산돌들λίθοι ζῶντες'로서 서로 긴밀히 연결되어 신령한 집, 곧 성전을 세워가는 자들이다2:5. 크루거는 성전은 하나님께서 사용하시는 구별된 장소요 성도들의 피난처로서 안전한 장소라는 특징을 가진 곳으로, 나그네로 살아가는 자들로 이루어진 공동체에게 용기를 주고 정체성을 강화시킨다고 바르게 지적한다.[99] 또한 저자는 수신자들이 하나님의 가족으로서 서로 사랑하며 살도록 권함으로써 세상의 박해와 핍박을 함께 이길 수 있도록 한다.[100] 셋째, 저자는 수신자들이 세상에서 복음을 전하는 역할증인을 잘 감당하며 살기를 권한다2:11~4:11. 저자가 수신자들에게 그들이 성도로 부름을 받은 것과 하나

Köstenberger, Kellum, and Quarles, *The Cradle, the Cross, and the Crown: An Introduction to the New Testament*, 737.

96. 더 자세한 논의는 주기철, "사도행전 및 일반서신에 나타난 고난, 어떻게 설교할 것인가?," 2020년 2월 동남성경연구원 겨울세미나 교안을 보라.

97. 히브리서에서는 '거룩(ἁγιασμός)'이라는 명사가 1회, '거룩한(ἅγιος)'이라는 형용사가 8회, '거룩하게 하다(ἁγιάζω)'라는 동사가 1회 사용되었다. Kruger, et. al., *A Biblical-Theological Introduction to the New Testament: The Gospel Realized*, 462.

98. 베드로전서 1장 13절은 '그러므로(διό)'로 시작하는데, 이는 1장 13~25절에서 주장하는 바 수신자들이 거룩해야 할 근거가 1장 3~12절임을 의미한다.

99. Kruger, et. al., *A Biblical-Theological Introduction to the New Testament: The Gospel Realized*, 466~467.

100. Marshall, Travis, and Paul, *Exploring the New Testament II: The Letters and Revelation*, 282.

님의 거룩한 집이며 가족임을 상기시키면서 서로 사랑하라고 권하는 궁극적인 이유는, 아마도 고난당하는 수신자들로 하여금 세상에서 증인의 사역을 잘 감당하도록 하기 위함인 듯하다.[101] 따라서 수신자들은 선한 행실을 통해서 그들을 비방하는 자들이 "오시는 날에 하나님께 영광을" 돌리도록 해야 하고2:12, "인간의 모든 제도를 주를 위하여" 순종해야 하고2:13~15, 가진 자유로 악을 감추는 것에 쓸 것이 아니라 하나님의 종으로 살아야 한다2:16~17. 저자는 이와 같은 원리로 종들을 향해 주인에게 순종하라고 권하고2:18~25, 아내들은 남편에게 순종하고3:1~6 남편들은 아내를 귀히 여기라고 권한다3:7. 뿐만 아니라 저자는 수신자들이 더 적극적으로 복음을 전할 기회가 있을 때 "대답할 것을 항상 준비" 하라고 권한다3:15.[102]

이상의 논의는 주의 말씀대로 살기 때문에 부당한 대우를 받는 현대 그리스도인들에게 큰 위로와 격려가 될 것이다. 특히 지역 사회에서 선교적 교회의 삶을 감당하려는 교회와 삶 속에서 복음의 영향력을 미치며 살고자 하는 선교적 성도들에게 사회적 비방과 핍박 속에서도 인간의 제도와 사회 질서를 지키면서 선을 행해야 할 성경적 근거를 제시해 준다.

---

101. 베드로전서의 저자는 '부르다(καλέω)'라는 동사를 사용하여 수신자들에게 그들이 하나님께 부름을 받은 자들임을 상기시킨다(1:15; 2:9,21; 3:9; 5:10). 그 중에 "너희가 이를 위하여 부름을 받았다(εἰς τοῦτο ἐκλήθητε)"라는 표현이 두 번 반복해서 사용되는데, 이를 통해 수신자들이 인류의 죄를 위해 고난을 감수하신 예수님처럼 고난을 감수하기 위해(2:21), 그리고 악한 일을 당하거나 욕을 먹을 때 같은 것으로 되갚지 말고 '축복'으로 갚아주기 위해 부름을 받았음을 상기시킨다. 참고. Michaels, *1 Peter*, 178~179.

102. 베드로전서 3장 15절에서 '대답할 것'으로 번역된 표현(ἀπολογία)은 단순히 '대답(answer)'(NIV; KJV; NJB)으로 번역되기도 하지만, '변호(defense)'(ESV; NASB; NRSV)로도 번역된다. 저자는 기독교를 공격하는 자들에 대해서 항상 복음을 변증할 준비가 되어 있기를 바랐던 듯하다(ἀπολογία[아폴로기아]에서 '변증학[apologetics]'이 나왔다).

## (4) 베드로후서와 유다서의 핵심 메시지와 선교

베드로후서와 유다서는 공통적인 내용을 많이 포함하기 때문에 핵심 메시지와 기록 목적이 유사하다고 본다.[103] 두 서신은 공통적으로 거짓교사의 가르침에 대해 주의를 주는 내용으로 가득하다.[104] 마샬I. H. Marshall 외 학자들은 베드로후서는 "거짓 교사들에 의해서 위협받는 사도들의 가르침을 수신자들에게 되새기되벧후1:12~15, 특히 하나님께서 그리스도의 재림을 통해서 악을 심판하고 세상을 새롭게 할 것이라는 약속을 지키실 것을 확신시키고벧후3:1~13, 이와 같은 메시지를 조롱하는 자들의 비판에 대항해서 그 메시지를 변호하고벧후2:1~3:13, 이와 같은 소망 가운데서 경건하게 살도록 수신자들을 격려하기 위해서벧후1:10~11; 3:11~15" 이 서신을 기록했다고 바르게 지적한다.[105] 다시 말해서 저자는 수신자들이 "무법한 자들의 미혹에 이끌려 …… 굳센 데서 떨어질까 (주의하고) …… 오히려 구주 예수 그리스도의 은혜와 그를 아는 지식에서 자라(게 하기 위하여)"벧후3:17~18 이 서신을 쓴 것이다. 이와 유사하게 유다서의 기록목적은 3~4절의 "성도에게 단번에 주신 믿음의 도를 위하여 힘써 싸우라는 편지로 너희를 권하여야 할 필요를 느꼈노니 이는 가만히 들어온 사람 몇이 있음이라"라는 문구에 잘 나타난다. 저자는 거짓교사들의 잘못된 가르침으로 인해 혼란스러워하는 교회가 힘써 싸워 믿음을 지키게 하기 위해서 서신을 쓴 것

---

103. Marshall, Travis, and Paul, *Exploring the New Testament II: The Letters and Revelation*, 291~293은 유다서와 베드로후서의 병행구절을 도표로 제시한다(유4-벧후2:1~3; 유6-벧후2:4; 유7-벧후2:6; 유8-벧후2:10; 유9-벧후2:11; 유10-벧후2:12; 유11-벧후2:15; 유12-벧후2:13; 유12-벧후2:17; 유13-벧후 2:17; 유6-벧후2:18; 유17—벧후3:1~2; 유18-벧후 3:3).

104. 홍기영, "신약 안에 나타난 선교학적 주제들의 고찰-선교로 읽는 신약," 258은 "베드로후서와 유다서에는 거짓교사들의 가르침에 주의하라는 경고가 등장한다. 베드로후서 2장 1~2절에 보면, 베드로는 예수 그리스도를 부인하는 거짓 교사들과 탐심과 무법과 호색과 음란과 불의와 교만을 자랑하는 자들을 주의하라고 경고하였다. …… 특히 유다는 이단을 끌어들여 주되신 예수 그리스도를 부인하고 교회를 분열하며 어지럽히는 거짓교사들과 그들의 잘못된 가르침에 따라 경건하게 살지 않는 자들에 대한 심판에 관하여 설명하였다(유 3~6)."라고 설명한다.

105 Marshall, Travis, and Paul, *Exploring the New Testament II: The Letters and Revelation*, 301.

이다4,19~23.[106]

베드로후서의 저자는 수신자들을 잘못된 가르침으로부터 지키기 위해서 그리스도의 재림을 부인하는 거짓교사들의 가르침이 잘못된 것이라고 지적하고 반박하면서2:1~3:13, 수신자들이 경건을 지키며 계속 성장하도록 격려한다1:3~21.[107] 서신을 마무리하면서 저자는 수신자들에게 마지막으로 첫째, 주의 날을 기다리면서 "주 앞에서 점도 없고 흠도 없이 평강 가운데서 나타나기를 힘쓰라"3:14라고 권한다. 둘째, "우리 주의 오래 참으심이 구원 될 줄로 여기라"라고 하면서 진리의 말씀을 억지로 풀지 말고 그대로 믿으라고 권한다3:15~16.[108] 셋째, 복음의 진리를 미리 알므로 무법한 자들의 미혹에 빠지지 말라고 권한다3:17. 넷째, 예수 그리스도의 은혜와 그를 아는 지식에서 자라라고 권한다3:18.[109]

유다서의 저자는 거짓교사들의 잘못된 가르침으로 혼란스러워하는 수신자들에게 이와 같은 상황은 이미 사도들에 의해서 예언되었음을 상기시킨다17~19절. 그리고 이어서 그들의 믿음을 지키기 위해서 어떻게 싸울 것인지를 가르친다. 즉 그들은 거룩한 믿음 위에 자신을 세우고 성령으로 기도해야 한다20절. 그들은 그들을 영생으로 인도하실 주 예수 그리스도의 자비를 기다리면서 하나

---

106. Kruger, et. al., *A Biblical-Theological Introduction to the New Testament: The Gospel Realized*, 513; Marshall, Travis, and Paul, *Exploring the New Testament II: The Letters and Revelation*, 293; Köstenberger, Kellum, and Quarles, *The Cradle, the Cross, and the Crown: An Introduction to the New Testament*, 768~770.

107. 참고. Köstenberger, Kellum, and Quarles, *The Cradle, the Cross, and the Crown: An Introduction to the New Testament*, 759~761.

108. 베드로후서의 저자는 앞서 "주의 약속은 어떤 이들이 더디다고 생각하는 것같이 더딘 것이 아니라 오직 주께서는 너희를 대하여 오래 참으사 아무도 멸망하지 아니하고 다 회개하기에 이르기를 원하시느니라"(3:9)라고 말했다. 그리고 3장 15~16절에서 바울 또한 같은 복음을 가르친다고 지적하면서 자신이 앞서 전한 복음이 거짓이 아님을 확신시킨다. 저자는 이와 같은 복음이 이해되지 않는다고 해도 억지로 풀지 말고 있는 그대로 받아들이라고 한다. 참고. W. Barclay, *The Letters of James and Peter* (Rev. ed., Edinburgh: The Saint Andrew Press, 1976), 347~349.

109. Kruger, et. al., *A Biblical-Theological Introduction to the New Testament: The Gospel Realized*, 477.

님의 사랑 안에서 자신을 지켜야 할 뿐 아니라21절 성도들 중에 의심하는 자들을 긍휼히 여겨야 한다22절. 뿐만 아니라 잘못된 가르침을 따름으로 불 가운데서 죽을 자들, 곧 영원한 하나님의 심판을 받을 자들을 거기서 끌어내어 구원을 얻도록 해야 하고, 타인에게 자비를 베풀되 죄악에 물들지 않고 순수한 신앙을 지키도록 항상 주의해야 한다23절.[110]

이상에서 살펴본 바와 같이, 베드로후서와 유다서는 성경을 억지로 해석하여 왜곡된 말씀을 가르치는 자들에 대해서 다룬다. 이들은 교회를 혼란스럽게 하고 이들의 잘못된 가르침 때문에 성도들이 미혹되어 진리를 떠나는 경우도 많다. 따라서 교회는 대외적으로 복음을 전하는 사역도 감당해야겠지만, 교회 구성원들이 진리의 말씀 위에 굳게 서도록 잘 양육하여 예수님의 은혜와 그분을 아는 지식에서 자라게 해야 한다. 현대 많은 한국교회의 성도들이 이단의 가르침을 따라 진리의 말씀을 떠나는 모습을 볼 때, 이와 같은 교회의 준비가 더욱 절실해 보인다.

## 3. 요약 및 적용

이상에서 살펴본 바와 같이, 하나님께서는 신약시대가 시작되기 이전부터, 아니 영원 전부터 인류의 구원계획을 세우시고 그 계획이 예수 그리스도를 통해서 성취될 것이라고 모세의 율법과 선지자의 글과 시편, 곧 성경을 통해 말

---

110. Köstenberger, Kellum, and Quarles, *The Cradle, the Cross, and the Crown: An Introduction to the New Testament*, 777. Kruger, et. al., *A Biblical-Theological Introduction to the New Testament: The Gospel Realized*, 513은 유다서의 권고 단락(유 17~23절)을 "복음 기억하기(17~18절), 이단들 피하기(19절), 인내하고 기도하기(20~21절), 자비 베풀기(22~23절)"로 요약한다.

씀하셨다눅24:44. 그리고 그 말씀은 마침내 예수님께서 이 땅에 오셔서 십자가에서 죽으시고 삼일 만에 부활하심으로써 성취되었다눅24:26. 예수님께서는 그분의 제자 된 자들이 증인이 되어 이 복음, 곧 예수님의 이름으로 죄 사함을 받게 하는 회개가 예루살렘으로부터 시작해서 모든 족속에게 전파될 것이라고 하셨다눅24:47~48. 그리고 그에 따라 성령의 충만을 받은 사도들에 의해서 그 복음은 예루살렘에서부터 시작해서 유대와 사마리아, 그리고 이방지역으로 퍼져 나가기 시작했다행1:8.

복음이 전파되는 곳마다 하나님의 나라가 임하여 예수님을 믿는 공동체가 형성되지만, 동시에 복음이 전파되는 곳마다 항상 이를 가로막는 세력과 문제가 생겨난다. 이와 같은 사실은 복음이 전파되기 시작한 사도행전의 기록뿐 아니라 주후 1세기 전후 사도들의 복음 증거로 세워진 각 지역의 교회들에게 보내진 서신들바울서신과 일반서신의 내용을 통해서도 확인된다. 그럼에도 불구하고 사도행전 28장 31절에서 가택연금 상태에 있던 바울을 "하나님의 나라를 전파하며 주 예수 그리스도에 관한 모든 것을 담대하게 거침없이 가르치더라"라고 묘사한 것처럼, 복음은 거침없이 전파된다. 초대교회가 복음으로 인해서 많은 박해를 받고 고난을 당했음에도 불구하고 복음은 여전히 거침없이 증거되어 오늘날의 교회에까지 이르렀다. 현대 교회도 복음증거 사역을 방해하는 다양한 내외적 문제에 직면하지만, 각 서신에 기록된 문제와 해결책을 교훈삼아 주님 오실 날까지 선교적 교회의 사명을 잘 감당해야 할 것이다.

사도행전 4장 36절에서 5장 11절까지바나바, 그리고 아나니아와 삽비라; 물질의 문제의 본문으로 설교를 준비한다면, 다음과 같이 할 수 있을 것이다. ① 이 본문의 요지Big Idea는 "하나님께서는 성령 충만을 가장하여 복음 사역을 가로막는 자를 심판하고 자신의 위엄을 나타내심으로 복음이 계속 전파되게 하신다."이다. ② 삼대지로 나누어 보면, 첫째, 사탄은 성령 충만을 가장하여 복음 사역을 가로막는다4:36~5:2. 둘째, 하나님께서는 성령 충만을 가장한 사탄 충만한 자를 심판하신다5:3~10. 셋째, 하나님께서는 그분의 위엄을 나타내심으로 복음이 계속 전파되게 하신다5:5,11로 할 수 있다.

# 8장
# 바울서신의 선교(적 교회)

김명일

바울이 쓴 편지들에 나타난 선교는 선교이론을 위한 것이 아니다. 그는 삶 전체로 선교를 실행했다. 바울은 믿음과 신학을 매일의 삶으로 표현했다. 바울의 서신에서 이러한 측면은 '그러므로'에서 잘 드러난다.[1] '그러므로'는 바울의 신학이 이론으로 끝나버리는 것이 아니라 그의 삶으로 연장된다는 것을 드러낸다. 바울의 선교 또한 이론적인 학문이 아니라 구체적인 삶으로 드러난다.

바울은 이렇게 말한다.

"표적과 기사의 능력으로 성령의 능력으로 이루어졌으며 그리하여 내가 예루살렘으로부터 두루 행하여 일루리곤까지 그리스도의 복음을 편만하게 전하였노라 또 내가 그리스도의 이름을 부르는 곳에는 복음을 전하지 않기를 힘썼노니 이는 남의 터 위에 건축하지 아니하려 함이라"롬15:19~20.

이는 바울의 선교사역의 특징을 잘 드러낸다. 바울은 예루살렘에서 일루리곤에 이르기까지 복음을 전하는 일에 힘썼다. 아시아에서 유럽에 이르는 넓은

---

1. James D. G. Dunn, *Romans 9~16* (Dallas: Word, 1988), 708.

지역에서 선교 사역을 행했다. 그런데 바울은 자신의 사역이 다른 사람들의 기초 위에 세우는 사역이 아니라고 강조한다. 즉 바울은 그리스도의 복음을 전하며 교회가 세워지지 않은 곳에 교회를 설립하는 방식으로 선교의 일을 행하고 있었다는 것이다.

이 글은 먼저 바울의 편지들에서 그의 선교의 기초가 되는 내용이 무엇인지 살피고 이를 위해서 바울이 어떻게 실천하고 있었는지를 살펴보고자 한다. 그리고 이와 같은 내용을 기초로 바울의 선교를 어떻게 설교할 것인가를 간략하게 제안하고자 한다.

## 1. 선교의 내용: 복음, 하나님의 계시

바울이 보여준 삶으로서의 선교는 인간의 창작물이 아니라 하나님께서 시작하신 일이다. 우리가 삶으로 살아내야 할 선교는 그 강조점이 우리에게 있지 않고 하나님께 있다. 즉 하나님 중심의 선교를 우리가 실행하는 것이다. 이와 관련해 바울은 선교의 중요한 내용이 되는 복음이 사람의 뜻으로 말미암은 것이 아님을 분명히 한다. "형제들아 내가 너희에게 알게 하노니 내가 전한 복음은 사람의 뜻을 따라 된 것이 아니니라"갈1:11. 그렇다. 선교를 위한 복음의 핵심 진리는 하나님의 계시에서 시작한다. "이는 내가 사람에게서 받은 것도 아니요 배운 것도 아니요 오직 예수 그리스도의 계시로 말미암은 것이라"갈1:12. 다시 말해 예수 그리스도의 복음은 전통으로 받은 것, 즉 다른 누구에게서 받거나 배운 것이 아니라 하나님의 계시이다.[2]

---

2. J. Louis Martyn, *Galatians* (New Haven: Yale University Press, 2008), 143~144.

여기서 '계시ἀποκάλυψις'는 바울이 전하는 복음이 자신의 창조물이 아니라 하나님께로부터 온 것임을 강조하고, 그럼으로써 하나님의 권위를 함의한다. 왜냐하면 계시는 하나님께서 드러내시는 것이며, 그리스도를 보내시는 사건 및 성령으로 조명하시는 일과 연결되기 때문이다갈3:23; 4:4,6.[3] 즉 계시는 종말론적인 의미에서 인간적인 수단과 방식이 아님을 강조한다. 그러므로 선교의 가장 중요한 핵심인 복음의 선포는 우리가 고안하고 만들어낸 것이 아니라 하나님께서 종말론적인 예수 그리스도의 십자가 사건으로 드러내신 계시를 기초로 한다.

## 2. 선교의 부르심(1): 사도이며 종인 바울

바울이 이방인들에게 전하는 복음은 '십자가를 중심'으로 한다. 이는 바울 자신에게 사도적인 자격을 부여할 뿐만 아니라 하나님께서 행하시는 구속 역사의 한 부분으로 드러난다.[4] 사도적인 복음은 계시된 하나님의 뜻이며, 사도는 이를 전하는 자이다.[5] 복음의 진리를 담은 선교, 곧 예수 그리스도께서 이 땅에 오심 및 그분의 죽음과 부활이 의미하는 바를 선포하는 선교가 중요하다는 점을 바울의 편지에서 읽을 수 있다. 하나님께서는 복음을 전하는 사역으로 바울을 보내셨다ἀποστέλλω, 고전1:17; 참고. 1:1. 바울 또한 자신의 사역을 하나님의 말씀을 성취하는 임무로 이해했다골1:25. 복음은 하나님의 비밀이며고전2:1; 참고. 4:1, 하나님의 능력이고 지혜이다고전1:24. 하나님께서는 은혜로 복음의 비밀을 그에게 계

3. Martyn, *Galatians*, 144.

4. Richard N. Longenecker, *Galatians* (Dallas: Word, 1990), 25.

5. Martyn, *Galatians*, 142.

시하셨다엡3:3~5. 이 비밀의 계시는 은혜로 바울에게 주어졌으며, 바울은 그 사역을 섬기는 자로 자신을 정의한다διάκονος, 엡3:7. 즉 "모든 성도 중에 가장 작은 자보다 더 작은" 자인 바울은 "측량할 수 없는 그리스도의 풍성함을 이방인에게 전하는" 선교사로 부르심을 받은 것이었다엡3:8.

이 복음의 사역에서 바울은 또한 자신을 종으로 비유한다. 이 비유는 하나님의 경륜에서 보내심을 받은 자사도 또는 중개자의 역할을 강조한다. 그리고 에베소서 3장 2절에서 바울의 선교적 부르심과 관련해서 사용되는 단어는 '경륜οἰκονομία'이다.[6] 이 단어는 바울의 선교적인 일만을 의미하는 것이 아니라 그리스도의 통일과 관련된 의미를 지닌다엡1:10,20~23.[7] 바울은 독특하게도 하나님의 비밀μυστήρια θεοῦ과 관련해서 '경륜'이라는 단어를 사용하며, 종의 이미지를 사용해서 자신이 하나님의 복음의 통로로 사용되고 있음을 강조한다. 이렇듯 바울은 자신을 하나님께서 시작하시고 지속적으로 도우시는, 그분의 구원의 계획을 풀어내는 선교를 섬기는 자로 간주한다.[8] 하나님의 복음을 선포하는 특별한 부르심은 구약의 주의 종이라는 관점으로 이해할 수 있다사42:1~9; 49:1~6; 50:4~11; 52:13~53:12.[9] 즉 주의 종이라는 개념은 자신이 위대한 선지자들과 같이 여호와의 종임을 드러내는 선언이라고 할 수 있다. 특히 바울은 자신의 사역에 대한 정의를 선지자 이사야에서 이끌어 온다.[10] 그는 이사야 42장 6~7절을 죄인들이 사탄의 권세 아래에 있는 것으로 이해하고, 자신이 새로운 출애굽의 사역을 감당하

---

6. Timothy A. van Aarde, "The Use of οἰκονομία for Missions in Ephesians," *Verbum et Ecclesia* 37/1 (2016): 3.

7. Aarde, "The Use of οἰκονομία for Missions in Ephesians," 3.

8. Aarde, "The Use of οἰκονομία for Missions in Ephesians," 2.

9. Thomas R. Schreiner, *Paul, Apostle of God's Glory in Christ: A Pauline Theology*, 2nd ed. (Downers Grove, IL: InterVarsity Press, 2020), 38.

10. 이사야 42장 6~7절 "이방의 빛이 되게 하리니 네가 눈먼 자들의 눈을 밝히며 갇힌 자를 감옥에서 이끌어 내며 흑암에 앉은 자를 감방에서 나오게 하리라"

고 있음을 깨닫는다. 바울은 이사야서의 내용과 관련하여 다음과 같이 선언한다. "그가 우리를 흑암의 권세에서 건져내사 그의 사랑의 아들의 나라로 옮기셨으니"골1:13. 또한 바울은 로마서 15장 12절에서 이사야 52장 15절을 인용하는데,[11] 여기서 그는 자신이 주의 종이 되었다고 선언하면서 이사야에서 발견되는 구속과 새로운 출애굽에 대한 약속을 이루어가는 종으로서 자기를 인식한다.[12] 이어서 바울은 주의 종됨에 대한 자기 인식에 기초하여 그리스도 안에서 화해가 자신의 사역 안에서 현실화되었다고 주장한다. 그는 고린도후서 6장 2절에서 다음과 같이 말한다. "이르시되 내가 은혜 베풀 때에 너에게 듣고 구원의 날에 너를 도왔다 하셨으니 보라 지금은 은혜 받을 만한 때요 보라 지금은 구원의 날이로다." 이는 이사야 49장 8절을 인용한 것으로,[13] 비록 바울이 자신을 여호와의 종이라고 주장하지는 않지만, 그가 같은 권위를 가지며 예수 그리스도의 사역을 감당하고 있음을 강조한다. 다시 말하면 선교의 가장 중요한 특징은 예수 그리스도의 사역과의 연계성이다. 따라서 바울은 하나님의 고난 받는 종이었던 예수 그리스도도의 십자가의 사건과 관련된 선교의 사역을 감당하고 있는 것이다. 비록 자신을 그분과 동일시하지는 않지만, 그분의 사역을 감당하기 위한 부르심을 받았다고 이해하는 것이다. 그 결과 그는 예수 그리스도의 고난을 이어갈 수 있다. 주의 종으로서의 선교사역은 선교 가운데 나타날 예수 그리스도의 고난을 기꺼이 감당하는 일이다. 그렇기 때문에 주의 종으로서 바울의 사역은 평화로움과는 거리가 먼 것이었다. 그는 선교의 일을 위해 수고했으며 최선의 노력을 기울였다.[14] 그는 자신의 사역에서 수많은 어려움을 경험했다고

---

11. 이사야 52장 15절 "이는 그들이 아직 그들에게 전파되지 아니한 것을 볼 것이요 아직 듣지 못한 것을 깨달을 것임이라."
12. Schreiner, *Paul*, 39.
13. 이사야 49장 8절 "은혜의 때에 내가 네게 응답하였고 구원의 날에 내가 너를 도왔도다"
14. 골로새서 1장 29절 "이를 위하여 나도 내 속에서 능력으로 역사하시는 이의 역사를 따라 힘을 다하여 수고하

전4:11~13; 고후6:3~10; 11:22~29. 사도행전의 선교사역에서 바울이 얼마나 많은 어려움을 경험했고, 또 얼마나 많은 적들의 도전을 받았는지를 알 수 있다. 고린도에 있었던 거짓사도들이 바울의 사도권을 인정하지 않았던 것은 이와 같은 바울의 고난과 약함 때문이었다고후11:13~15. 그러나 반대로 바울은 자신의 사도권을 자신이 전하는 복음에서갈1~2장 그리고 그 가운데서 당하는 자신의 약함과 고난에서 찾는다고후12:8~10; 13:3~4. 바울은 자신이 당하는 고난을 예수 그리스도의 남은 고난을 채우는 것으로 이해한다골1:24.[15]

## 3. 선교의 부르심(2): 하나님의 은혜, 예정과 선택

바울은 선교로 부르신 하나님의 부르심을 그분의 은혜와 긍휼로 돌린다엡3:7.[16] 그는 고린도전서 15장 8절에서 다음과 같이 말한다. "맨 나중에 만삭되지 못하여 난 자 같은 내게도 보이셨느니라." 여기서 바울은 자신의 사도권을 변호한다.[17] 바울 자신은 사도로 부르심을 받기에는 한없이 연약하고 부족한 자이다. 그러나 하나님께서 맡기신 선교 사역의 시작은 그런 자신과 관계없이 오직 하나님의 작정이며 또한 그분의 은혜이다.

만삭되지 못한 자, 즉 온전하지 못하고 불행 가운데 있던 자가 하나님의 복음의 사역을 감당하게 되었다. 즉 그가 생명을 주는 은혜를 전하는 일을 맡게

---

노라"

15. 골로새서 1장 24절 "나는 이제 너희를 위하여 받는 괴로움을 기뻐하고 그리스도의 남은 고난을 그의 몸된 교회를 위하여 내 육체에 채우노라"

16. 에베소서 3장 7절 "이 복음을 위하여 그의 능력이 역사하시는 대로 내게 주신 하나님의 은혜의 선물을 따라 내가 일꾼이 되었노라"

17. Anthony C. Thiselton, *The First Epistle to the Corinthians*, NIGTC (Grand Rapids: Eerdmans, 2000), 1208.

되었다. 이렇듯 하나님의 전적인 은혜의 부르심은 그 부르심을 받은 연약한 자가 새로운 생명을 살리는 일에 통로media가 되는 부르심이다. 이는 그 부르심이 전적인 하나님의 은혜를 전하는 일이 되어야 함을 의미한다. 이와 관련해 바울은 다음과 같이 고백한다. "그러나 내가 나 된 것은 하나님의 은혜로 된 것이니 내게 주신 그의 은혜가 헛되지 아니하여 내가 모든 사도보다 더 많이 수고하였으나 내가 한 것이 아니요 오직 나와 함께 하신 하나님의 은혜로라"고전15:10.

바울은 자신의 부르심이 신적인 기원임을 분명히 한다. '택정하다ἀφορίζω'라는 단어는 '구분하다', 즉 '따로 구별하여 정하다'라는 뜻이다갈1:13~15.[18] 갈라디아서 1장 15절에서 바울은 자신의 부르심을 이사야 49장 1절[19]과 예레미야 1장 5절[20]에 의존한다.

바울은 자신의 부르심과 사도적인 권위를 설명하기 위해서 이 일이 자신에게서 생긴 것이 아니라고 강조하며, "부득불 할 일ἀνάγκη"이라고 역설한다고전9;16. 자신의 사역 동기는 하나님께로부터 온 것이라는 말이다. 바울의 '부득불할 일'에 대한 강조는 예레미야 20장 9절을 반향한다. "내가 다시는 여호와를 선포하지 아니하며 그의 이름으로 말하지 아니하리라 하면 나의 마음이 불붙는 것 같아서 골수에 사무치니 답답하여 견딜 수 없나이다"렘20:9. 여기서 하나님께서는 그분의 말씀을 전하도록 예레미야 선지자를 강하게 누르고 계신다.

바울은 단순히 유대인만이 아니라 여러 이방 나라들의 선지자로 부르심을 받았다고 강조한다. 즉 선지자적인 부르심과 택하심을 열방을 향한 복음의 선포자로 자신을 부르신 것과 연결시키는 것이다. 이는 분명한 바울의 자기 인식

---

18. BDAG, 158.
19. 이사야 49장 1절 "여호와께서 태에서부터 나를 부르셨고 내 어머니의 복중에서부터 내 이름을 기억하셨으며"
20. 예레미야 1장 5절 "내가 너를 모태에 짓기 전에 너를 알았고 네가 배에서 나오기 전에 너를 성별하였고 너를 여러 나라의 선지자로 세웠노라 하시기로"

으로서, 선교의 기원이 하나님의 작정과 계획안에 있는 것이며, 이를 위해 하나님께서 바울을 특별히 부르셨음을 알 수 있다. 따라서 강조되어야 할 점은 하나님의 선교 사역은 하나님의 작정, 즉 하나님의 거룩한 경륜을 이루는 일이며, 이를 위해서 하나님께서 우리를 부르셨다는 것이다.

바울은 먼저 유대인을 얻기 위해 유대인과 같이 되었다고 말한다. "유대인들에게 내가 유대인과 같이 된 것은 유대인들을 얻고자 함이요 율법 아래에 있는 자들에게는 내가 율법 아래에 있지 아니하나 율법 아래에 있는 자 같이 된 것은 율법 아래에 있는 자들을 얻고자 함이요"고전9:20. 바울은 율법 아래 있는 자와 같이 되어서 율법 아래에 있는 자들을 얻고자 했다. 하지만 이어서 그는 율법 없는 자와 같이도 되는데, 이는 이방인들을 얻기 위함이었다. "율법 없는 자에게는 내가 하나님께는 율법 없는 자가 아니요 도리어 그리스도의 율법 아래에 있는 자이나 율법 없는 자와 같이 된 것은 율법 없는 자들을 얻고자 함이라"고전9:21.

## 4. 선교의 부르심(3): 죄인 중의 괴수, 은혜의 부르심

죄인을 은혜의 사역으로 부르신 것은 복음의 사역에서 하나님의 주권이 드러나는 측면이다. 바울은 자신이 전에는 "비방자요 박해자요 폭행자였으나" 그럼에도 불구하고 하나님의 긍휼을 입었다고 말한다딤전1:13. 또한 그는 자신이 죄인의 괴수라고도 고백한다ἁμαρτωλοὺς σῶσαι, ὧν πρῶτός εἰμι ἐγώ, 딤전1:15. 이것은 회심 이전을 말하는 것이다. 하지만 이제 그는 하나님의 긍휼을 입었다ἀλλὰ διὰ τοῦτο ἠλεήθην, 딤전1:16. 이렇듯 바울이 자신의 약점을 드러내고 죄인의 괴수라고

고백하는 것은 복음의 우선성과 하나님의 주권을 드러내고자 함이다.[21]

바울은 자신의 쓸모없음을 강조하며 하나님의 은혜를 말한다. 비록 자신이 하나님의 교회를 박해하는 자였고 또 회심 후에도 모든 성도 중에 지극히 작은 자였지만, 하나님께서는 그런 자신에게 은혜의 복음을 전하는 사도직의 은혜를 베푸셨다엡3:8.[22] "모든 성도 중에 지극히 작은 자보다 더 작은 나"라는 바울의 고백은 고린도전서 15장 9절과 연결해서 생각할 수 있다. 여기서 바울은 자신을 "사도 중에 가장 작은 자"라고 고백한다고전15:9. 즉 다른 사도들은 사도로서의 우월성과 탁월함에 집중하는 반면, 바울은 자신의 연약함을 강조하는 것이다. 그런데 바울은 이 두 구절에서 모두 최상급을 사용한다. 고린도전서 15장 9절에서는 '가장 작은ἐλάχιστος' 최상급을 사용하고, 에베소서 3장 8절에서는 '지극히 작은 자보다 더 작은ἐλαχιστότερος' 비교급의 어미를 가진 최상급을 사용한다. 그럼으로써 그는 자신의 부족함과 연약함을 강조할 뿐만 아니라 그리스도의 은혜의 크심을 강조한다.[23]

이와 같은 바울의 고백은 구원역사의 관점과도 연결된다. 즉 바울의 회심은 이방인들에 대한 선교의 시작이며, 또한 최고πρῶτός의 죄인이라는 바울의 고백딤전1:15은 단순히 그 자신만의 구원이 아니라 그가 전하는 복음의 소식과 밀접하게 연결되어 그 가운데서 나타나는 하나님의 은혜와 긍휼의 풍성함을 드러낸다.[24]

---

21. I. Howard Marshall and Philip H. Towner, *A Critical and Exegetical Commentary on the Pastoral Epistles*, ICC (London; New York: T&T Clark International, 2004), 401.

22. Andrew T. Lincoln, *Ephesians* (Dallas: Word, 1990), 182.

23. Lincoln, *Ephesians*, 183.

24. 에베소서 3장 8절 "모든 성도 중에 지극히 작은 자보다 더 작은 나에게 이 은혜를 주신 것은 측량할 수 없는 그리스도의 풍성함을 이방인에게 전하게 하시고"

# 5. 선교의 대상(1): 차별이 없느니라

바울은 로마교회에 보내는 편지에 스페인 선교를 언급하면서 선교를 위한 후원을 요청한다롬15:24.[25] 그는 그리스도의 이름이 불리지 않는 스페인에서 복음을 전하고 교회를 설립하고자 했다. 스페인에서의 복음 전파가 그리스도께서 다시 오시는 일에 중심적인 역할을 할 것으로 보았기 때문이다.[26] 즉 스페인 선교를 하나님의 약속의 성취이자 하나님의 영광이 이방에 성취되는 데 필요한 일로 보았다사66:19~20. 이방인 선교는 예수님의 지상명령을 수행하는 것으로 이해할 수 있다.

특별히 바울은 이방인을 위한 선교에 대해서 다음과 같이 언급한다. "복음에서 헬라인이나 야만이나 지혜있는 자나 어리석은 자에게 다 내가 빚진 자라"롬1:14. 바울은 이방인에게 복음을 전하는 일을 자신의 목적으로 삼고 로마에도 복음을 전하려고 한다롬1:15. 특별히 로마서에서 바울은 이방인 선교의 중요한 원칙을 말하고 있다. 즉 하나님의 의는 유대인만을 위한 것이 아니라 모든 사람을 위한 것이라는 원칙이다. "곧 예수 그리스도를 믿음으로 말미암아 모든 믿는 자에게 미치는 하나님의 의니 차별이 없느니라"롬3:22.

구약의 익숙한 언어인 사람을 외모로 취하지 않는다는 표현은 이제 바울의 서신에서 선교를 위한 중요한 기준이 되고 있다. 하나님께서는 사람을 외모로 취하지 않으신다롬2:11. 하나님의 심판과 구원은 그들이 속한 민족이 어떠한지와 아무 상관이 없다롬2:1~10. 다시 말해 하나님의 구원은 유대인들에게만 제한되지 않고 모든 민족에게 필요한 것이다. 믿음으로 의롭게 되는 진리는 모든 사

---

25. Peter Stuhlmacher, *Paul's Letter to the Romans: A Commentary*, trans. Scott J. Hafemann (Louisville: Westminster John Knox Press, 1994), 240.
26. Dunn, *Romans 9-16*, 871; Stuhlmacher, *Paul's Letter to the Romans*, 240.

람에게 미친다롬3:21~22. 하나님의 구원하시는 의는 모든 민족이 복을 받을 것이라는 아브라함의 언약을 성취한다창12:3.[27] "차별이 없다"롬3:22라는 바울의 선언은 하나님의 의가 이방인 모두를 포함한다는 의미이다. 새로운 출애굽에서 모든 이방인들은 하나님의 구원에 참여한다사42:6~7; 43:5~7,14~21; 48:20~22; 49:5~13, 51:9~11, 52:13~15.[28] 바울의 선교사역의 대상이 이방인에 집중된 것은, 그가 자신의 선교사역을 구약에 나타난 이러한 하나님의 약속을 성취하는 일로 이해했기 때문이다.


## 6. 선교의 대상(2): 온 세상의 화목

바울은 자신의 사도직에 관해 한 걸음 더 나아가 하나님께서 세상을 화해시키고자 하시는 구원계획을 실행하는 것으로 이해한다. 그는 고린도후서 5장 18~19절에서 하나님께서 그리스도로 말미암아 온 세상을 자신과 화목케 하셨고, 이와 관련해 바울에게 화목케 하는 직분을 주셨음을 밝히고 있다. 새로운 피조물고후5:17은 하나님의 작품이며, 하나님께서 새로운 피조물을 창조하시는 것은 곧 화목케 하는 일이다5:18. 이는 하나님께로부터 시작된 일이다. 바울은 '화목케 하다καταλλάσσω'와 '화목καταλλαγή'이라는 단어를 쓰는 유일한 신약 기자이다. 화해의 사역은 또한 복음의 메시지이다. 화목은 깨어진 관계와 소외됨의 회복을 의미한다. 하나님의 긍휼과 의로움의 결과인 평화롬5:1~11는 깨어진 관계를 다시 이어붙이고 소외된 자가 없게 하는 것이다. 하나님께서는 하나님의 영광에서 떠난 모든 사람롬3:23을, 예수 그리스도를 통한 칭의의 결과로, 죽음에서

27. Thomas R. Schreiner, *Romans*, 2nd ed. BECNT (Grand Rapids: Baker Academic, 2018), 194.
28. Schreiner, *Romans*, 194.

끌어내어 하나님의 자녀로 만드신다롬8장. 이로써 하나님의 적으로서 그분과 적대적이었던 모든 사람들이 화해를 경험하게 되고롬5:1~11, 이는 사도 바울의 사역으로 인정받는다고후5:18~19.

로마서 5장 1절에서 바울은 하나님과 평화를 누리라고 권면한다. 하나님의 평화는 구약에서 하나님의 종말론적인 선물이다. 하나님께서는 그분의 평화를 이루실 것이라고 선언하셨고 마침내 이를 이루셨다.[29] 하나님께로부터 의롭다고 선언을 받은 자들은 유대인이든 이방인이든 이 평화에 참여할 수 있다롬5:1. 즉 예수 그리스도의 죽으심과 부활을 믿는 자들에게서 이루어진 칭의의 결과물은 하나님과의 평화이다. 화해는 불경건한 자들의 적의와 적대감을 극복한 결과물이다.[30]

예수 그리스도의 죽으심은 이러한 원수됨의 문제를 해소하기 위한 것이었다. 예수 그리스도께서는 약속을 따라 경건하지 않은 자들을 위해서 죽으셨는데, 그들은 원래 하나님과 원수였다롬5:6,10. 그들의 죄와 적대감은 하나님의 진노를 일으키지만, 예수 그리스도를 믿음으로 의롭다함을 받은 자들은 하나님의 종말론적인 진노에서 보호될 것이다롬5:9. 이것을 바울은 다음과 같이 설명한다. "더욱 그로 말미암아 진노하심에서 구원을 받을 것이니"롬5:9. 하나님의 진노에서의 구원은 하나님의 화목과 비슷한 측면을 보인다. '왜냐하면'으로 연결되어 있는 로마서 5장 10절은 칭의 대신에 화목이라는 용어를 사용한다. 의와 화해는 두 개의 다른 그림이 아니다. 그리스도께서 우리를 위해 행하신 일을 묘사하는 용어이다.[31] 칭의가 법정적인 측면에서 하나님의 죄 없음의 선언이라면, 화목은 이전에 하나님과 원수였던 자들이 이제 친구가 되었음을 강조하는 용어

---

29. Schreiner, *Romans*, 261.
30. Schreiner, *Romans*, 267.
31. Schreiner, *Romans*, 271.

이다. 화해 또한 예수 그리스도의 죽으심으로 말미암아 이루어진 것이다롬5:10.

화해의 사역은 모든 인간에게 화해를 가져오는 사역이다. 그러나 이는 단순히 인간에게만 국한되는 것이 아니라 온 세상을 위한 사역이다고후5:19; 참조. 골1:20,22. 모든 세상에 하나님과의 화목이 필요하다. 화해의 사역을 감당하는 자는 또한 그리스도를 대신하는 사자이다. 바울은 사자로서 교회 안에만 머물러 있는 것이 아니라 세상을 하나님과 화목케 하는 사역을 감당하며 하나님의 메시지를 전한다.

바울의 복음은 "모든 피조물보다 먼저 나신 이πρωτότοκος πάσης κτίσεως"에 대한 소식이다. "먼저 나신 이πρωτότοκος"는 만물보다 우선하며 모든 피조물보다 으뜸된다골1:15~17.[32] 그리스도의 우월성은 이 땅의 피조물뿐만 아니라 영적인 존재들에게까지 미친다. 바울은 "혹은 왕권들이나 주권들이나 통치자들이나 권세들이나 만물이 다 그로 말미암고 그를 위하여 창조되었고"골1:16라고 강조한다. 만물보다 우월한 그리스도께서 교회의 머리가 되신다1:18. 교회는 예수 그리스도의 우주적인 다스림을 보여준다. 즉 그분의 몸인 교회는 그 구성원들이 편협하게 제한되지 않음을 보여준다.[33] 그리스도의 죽음과 부활"죽은 자들 가운데서 먼저 나신 이시니", 1:18은 모든 만물의 목적이 되고 새로운 창조의 방향이 된다"친히 만물의 으뜸이 되려 하심이요", 1:18.[34] 그분께서는 만물의 으뜸이실 뿐만 아니라 십자가의 사역으로 만물을 화목케 하신다1:20. 예수 그리스도의 죽음과 부활은 모든 만물의 불화뿐만 아니라 인류의 불화를 해결한다.[35] 교회의 비전은 만물을

---

32. James D. G. Dunn, *The Epistles to the Colossians and to Philemon: A Commentary on the Greek Text*, NIGTC (Grand Rapids: Eerdmans, 1996), 90.

33. Dunn, *The Epistles to the Colossians and to Philemon*, 96.

34. Dunn, *The Epistles to the Colossians and to Philemon*, 98.

35. Dunn, *The Epistles to the Colossians and to Philemon*, 104.

화목케 하신 예수 그리스도의 죽으심과 부활이 지니는 목적에 초점을 맞춘다.[36]

바울은 그리스도의 우월성과 그분의 십자가 사역을 통한 만물의 화목을 강조한 이후에 유대인과 이방인의 화목을 말한다1:21~22. 물론 그것 또한 예수 그리스도의 죽음을 통한 화목이다. "이제는 그의 육체의 죽음으로 말미암아 화목하게 하사"1:22. 에베소서 2장 16절에서도 바울은 유대인과 이방인의 화목을 제시한다. "또 십자가로 이 둘을 한 몸으로 하나님과 화목하게 하려 하심이라 원수 된 것을 십자가로 소멸하시고"엡2:16. 예수 그리스도의 죽음으로 유대인들과 이방인들이 함께 하나님 아버지께 나아가는 것이다2:18. 이들은 모두 하나님의 가족이며2:19, 하나님께서 거하시는 새로운 성전의 일부가 된다2:22. 바울이 전하는 복음의 내용에는 이러한 소식으로 가득하다. 예수 그리스도의 우주적인 주권은 복음의 우주적인 측면을 포함한다.[37] 그분의 복음은 유대인에게만 제한되는 것이 아니라 천하 만민을 위한 것이다. 바울은 자신이 이러한 복음의 일꾼이라고 그의 소명을 제시한다골1:23. 바울의 직분은 하나님께 받은 것으로 그분의 말씀을 이루는 것골1:25, 곧 이방인에게 복음의 비밀을 전하는 것이다1:27.

앞서 살펴본 선교의 내용이었던 복음의 계시에는 하나님의 비밀이 드러나 있다. 예수 그리스도의 복음은 하나님의 비밀의 계시롬16:26인 '신비의 계시', ἀποκάλυψιν μυστηρίου이다.[38] 여기서 '비밀μυστήριον'은 바울에게서 두드러지게 나타나는데, 하나님 백성의 구원이 감추어졌다가"영세 전부터 감추어졌다가", 롬16:25 이제 드러난다는 의미를 가진다. 그리고 그 비밀은 이방인들이 구원의 공동체, 즉 하나님의 백성이 되는 것이다. 그들은 이방인들과 동일하게 하나님의 백성의

---

36. Dunn, *The Epistles to the Colossians and to Philemon*, 104.

37. David W. Pao, *Colossians and Philemon*, ZECNT (Grand Rapids: Zondervan, 2012), 105.

38. Schreiner, *Romans*, 786.

구성원이 되었다참조. 엡3:3~6,9; 골1:26~27.[39] 이 비밀은 근본적으로 예수 그리스도와 밀접하게 연결되어 표현된다참조. 고전2:1,7; 엡1:9; 6:19; 골2:2; 4:3.

바울은 갈라디아서에서 이방인에 대한 선교의 소명을 변호한다. "그의 아들을 이방에 전하기 위하여 그를 내 속에 나타내시기를 기뻐하셨을 때에 내가 곧 혈육과 의논하지 아니하고"갈1:16. 예루살렘 회의는 바울이 이방인들에게 복음을 전하기 위해 부르심을 받았다는 것을 확증한다갈2:7~9. 과거에는 이방인들이 하나님의 백성이 아니었으나, "이제는 그리스도의 피"로 가까워졌다엡2:3. 하나님께서는 유대인과 이방인의 하나됨을 예수 그리스도의 사역을 통해서 이루셨다. 새 언약 안에서 그들은 하나가 되었다엡2:14~19. 유대인과 이방인의 적대감은 해소되었으며, 평화가 그들에게 주어졌다.[40] 에베소서에서 바울이 전하는 복음의 비밀은 그가 이방인의 사도라는 점이다. 이 비밀은 감추어졌다가 이제 드러난 것엡3:5; 골1:26~27으로, 이제는 이방인도 하나님의 백성이 되었으며 약속에 참여하는 자들이 되었다는 것이다엡3:6. 사도 바울의 이방인 선교는 구원역사가 예수 그리스도의 십자가로 말미암아 성취되었고, 유대인과 이방인 모두가 하나님의 백성으로 화목케 되었다는 소식을 전하는 일이다.[41]

## 7. 선교의 대상(3): 이방인을 위한 제사장

바울은 로마서 15장에서 서로를 받아 하나님께 영광을 돌리라고 권면한다롬15:7. 예수 그리스도께서는 유대인과 이방인 모두를 위해서 구원사역을 행하셨

---

39. Schreiner, *Romans*, 786.
40. Schreiner, *Paul*, 48.
41. Schreiner, *Paul*, 50

다. 따라서 바울이 서로 받으라고 권면한 것은 유대인이든 이방인이든 상관없이 모두를 받아야 한다는 의미이다. 예수 그리스도께서는 유대인과 이방인 모두를 받으셨다. 먼저 그리스도께서는 할례의 추종자가 되셨다. 할례는 유대인을 언급하는 용어로서 이방인과는 대조되는 언어이다. 그럼에도 그리스도께서는 유대인들을 위해서 할례의 추종자종, διάκονος가 되셨다. 이는 언약에 신실하신 하나님하나님의 진실하심, ὑπὲρ ἀληθείας θεοῦ을 위해서이다. 즉 하나님께서는 여전히 유대인에게 주어진 구원의 약속에 대해서 신실한 분이시다. 그러나 하나님께서는 또한 이방인들이 하나님께 영광을 돌리게 하시기 위해서 그분의 긍휼하심을 보이신다. 따라서 예수 그리스도께서도 하나님의 언약적인 긍휼하심을 위해서 이방인들의 구원사역을 행하신다롬15:9.

하나님께서 유대인과 이방인을 구원하심은 열방이 그분께 영광을 돌리는 것으로 마무리된다. "그러므로 내가 열방 중에서 주께 감사하고 주의 이름을 찬송하리로다 함과 같으니라"롬15:9. 그리고 "또 이르되 열방들아 주의 백성과 함께 즐거워하라"롬15:10. 열방의 찬양은 유대인들만이 하나님의 백성이 되는 것이 아니라 이방인까지 하나님의 권속이 되는 것을 보여주는 놀라운 종말론적인 사건이다. 이런 종말론적인 사건이 메시아이신 예수님을 통해서 이루어진다. 메시아는 모든 적을 자신의 발아래 두고 그들 모두가 하나님께 영광을 돌리는 일을 이루는 자인데, 이것을 예수 그리스도께서 성취하셨다. 바울은 이런 사실을 앞서 시편의 찬양에 이어서 이사야를 인용함으로써 확증한다롬15:12. 즉 이방인들이 열방 가운데 유대인들과 함께 하나님의 이름을 찬양하는 것이다.

바울은 자신을 이방인을 위한 사역자로 분명하게 인식한다. 특별히 제사장적인 임무를 감당하는 사역자로 자신을 소개한다롬15:16. 따라서 바울의 선교사역은 제사장적인 사역이며, "이방인을 제물로 드리는" 사역이다. 즉 그의 선교사역은 이방인들을 제물로 드리는 제사장의 역할로 특징지을 수 있다. 이는 하나님께서 그에게 주신 은혜이다롬15:15. 바울은 이러한 그의 선교사역을 구체적인 결과와 연결해서 설명한다. 즉 그는 그리스도의 복음을 예루살렘에서 일루리곤까지 전했다롬15:19.


## 8. 선교의 방식(1): 바울의 동역자들

바울은 자신의 편지에서 여러 동역자들을 언급한다. 바울의 동역자들은 그의 복음사역에 동참하는 자들이다갈2:1~2. 그들 중 일부는 예루살렘 교회로 보낼 연보를 모으는 일을 담당했다고전16:3~4; 고후8:19. 또한 어떤 이들은 설교와 가르치는 사역을 하기도 했다롬12:6~8; 고전12:28; 갈6:6; 엡4:11. 특별히 디모데는 바울의 제2차 선교여행에서 한 팀을 이루었다행16:1~3. 그는 바울의 가장 가까운 동역자참조. 행19:22; 고전4:17; 16:10; 고후1:1, 19; 빌1:1; 2:19~24; 골1:1; 살전1:1; 3:2,6; 살후1:1; 딤전1:2; 딤후1:2; 몬1로서, 데살로니가 교인들의 믿음을 강하게 하고 권면하는 일살전3:2,6과 모든 교회에서 그리스도의 도를 전하는 일을 감당했다고전4:17. 바울의 선교 전략은 중요한 도시에서 사역하는 것이었는데, 그의 동역자들은 보다 작은 도시로 가서 사역을 확장한 경우도 있었다. 그 예가 골로새서의 에바브라이다. 그들은 한 지역에서의 사역을 마무리하고 다른 지역으로 가는 사역을 선택했다.

또한 하나님께서 부르신 사역은 동역자들 간의 동지의식을 기초로 한다.[42] 하나님의 일에 동역하는 것은 수직적일 뿐만 아니라 수평적인 성격을 지닌다.[43]

---

42. David W. Kuck, *Judgment and Community Conflict: Paul's Use of Apocalyptic Judgment Language in 1 Corinthians 3:5~4:5*, NovTSup 66 (Leiden: Brill, 1992) 165.

43. David E. Briones, "Fellow Workers with God and One Another: Toward a Pauline Theology of Mission," *CBQ* 81/2 (2019): 280.

하나님과의 화해를 담고 있는 복음의 메시지는 그리스도를 대신하여 사도들이 전해야 했다ἐκ θεοῦ διὰ ἀποστόλων, 고후5:20. 하나님께서는 사도 바울과 그의 동역 자들을 통해서 고린도교인들을 권면하셨다"우리를 통하여 너희를 권면하시는 것 같이", 고후5:20. 우리, 즉 바울과 다른 사도들을 통해서 고린도교인들은 하나님의 복음 으로 권면을 받았다고전6:1. 이렇게 권면하는 사도들은 하나님과 함께 일하는 자 들이었다. 여기서 '함께 일한다συνεργέω'라는 단어는 서로가 가장 가까운 선교 사역의 파트너임을 드러내는 단어이다.[44] 즉 바울은 그와 함께 동역하는 사도 들을 통해 전해지는 화해의 사역이 하나님의 권면이라는 관점을 가지고 있었 다. 바울의 동역자들은 고린도교회에서 복음이 진보하는 데 매우 중요한 역할 을 했다참조. 1:19; 8:16~19,22~23; 9:3,5; 12:18. 그들은 하나님의 부르심을 받아 수직적 으로 하나님의 명령을 수행하는 자들이었지만, 하나님 나라의 사역을 감당하 는 데서 함께 수고하고 노력하는 동역자들이기도 했다.

## 9. 선교의 방식(2): 자비량

고린도후서에서 바울의 경쟁자들은 고린도교인들의 지원을 받았다고후11장. 그들은 바울이 교회의 지원을 받지 않았기 때문에 그들보다 열등한 사도라고 주장했다. 그러나 바울은 이런 방식, 곧 값없이 복음을 전하는 방식이 교인들 을 높이고 자신을 낮추는 방법이라고 이해했다. 그러나 고린도교인들은 자신 을 낮추는 바울의 겸손이 왜 그들을 높이는 것인지 이해하지 못했다. 즉 복음 을 전하는 사역은 자신을 높이는 사역이 아니라 다른 이들을 위해서 자신을 희

---

44. Briones, "Fellow Workers with God and One Another," 280.

생하는 사역이라는 점을 고린도교인들은 깨닫지 못했던 것이다.[45] 바울은 고린도교인들에게서 사역에 대한 후원을 받지 못했지만, 다른 교회들로부터 후원을 받고 있었다고후11:9.

그런데 바울의 자비량 선교에 있어서 간과하지 말아야 할 점이 있다. 그것은 바울이 전적으로 말씀의 사역에 집중할 수 있는 재정적인 여건이 허락되었을 때는 자비량 선교를 하지 않았다는 점이다. 바울은 자신이 사도로서 재정적인 도움을 받을 권리가 있다고 분명하게 말했다고전9:4. 즉 그는 자신을 군인으로, 포도원에서 일하는 자로, 그리고 목자로 비유하며, 그 일을 하는 데 따르는 사례를 받을 수 있다고 말했다고전9:7. 이어서 "모세의 율법에 곡식을 밟아 떠는 소에게 망을 씌우지 말라 기록하였으니"고전9:9라고 신명기 25장 4절을 인용하면서, 이를 복음을 위해 사역하는 자들을 위한 말씀으로 제시한다.

바울은 아굴라와 브리스길라와 함께 같은 일'천막 만들기'을 하면서 자신의 선교사역에 필요한 재정을 채웠다행18장. 그러다가 데살로니가로 보냈던 디모데와 마게도니아로 보냈던 실라가 사역에 필요한 충분한 후원을 가져오자 그는 전적으로 사역에만 집중했다. 이와 관련해 사도행전 18장 5절은 다음과 같이 기록한다. "실라와 디모데가 마게도냐로부터 내려오매 바울이 하나님의 말씀에 붙잡혀 유대인들에게 예수는 그리스도라 밝히 증언하니"행18:5. 여기서 바울이 "하나님의 말씀에 붙잡혔다συνείχετο"라는 것은 실라와 디모데가 도착한 이후, 그가 전적으로 말씀사역에 집중했음을 보여준다.[46]

이처럼 선교사역에서 재정적인 비용 때문에 일시적으로 자비량 사역을 하

---

45. David E. Garland, *2 Corinthians* (Nashville: Broadman & Holman Publishers, 1999), 474.
46. '붙잡혔다(συνείχετο)'라는 미완료 시제의 사용은 바울이 전적으로 하나님의 말씀에 사로잡혔음을 보여준다. C. K. Barrett, *A Critical and Exegetical Commentary on the Acts of the Apostles, International Critical Commentary* (Edinburgh: T&T Clark, 2004), 866.

는 경우가 발생할 수 있다. 그런데 자비량 선교를 주장하는 많은 사람들이 바울의 예를 들고 있지만, 사실 바울의 경우 지속적으로 자비량 사역을 하지 않았음을 알 수 있다. 다만 바울은 필요에 따라서 천막 만드는 일을 했을 뿐, 전적으로 말씀사역에 집중할 수 있는 경우에는 그 사역에 온전히 집중했다. 결론적으로 재정적인 측면에서 자비량을 할 수 있느냐 없느냐를 따지기보다는 전적으로 말씀사역에 집중할 수 있는 환경이냐 아니냐를 중점적으로 생각해보는 것이 좋을 듯하다.

## 10. 선교의 방식(3): 새 언약의 한 백성을 상징하는 연보

바울은 연보라는 단어를 매우 주의 깊게 사용한다.[47] 그는 연보를 하나님의 백성, 성도를 위하는 것이라고 표현한다고전16:1. 연보는 예루살렘의 성도들을 위한 은혜의 선물χάρις, 16:3, 또는 성도를 섬기는 일이다διακονία, 고후8:4; 9:1,12,13; 롬15:25,31. 바울은 이방인 대표들과 예루살렘으로 연보를 모아서 가져간다. 복음 자체는 보배인데고후4:7, 연보는 바로 이 복음과 밀접하게 엮여 있다.[48] 연보는 복음의 성격과 기능에 대한 비유로 이해할 수 있다.[49] 특별히 연보는 그리스도인의 하나됨을 표현한다.[50] 이방인 교회들이 연보를 통해 예루살렘 교회에 은혜를 나타냄으로써 하나의 교회를 함께 이루는 것을 보여준다.[51] 또한 이는 이방

---

47. Thiselton, *The First Epistle to the Corinthians*, 1318.
48. Thiselton, *The First Epistle to the Corinthians*, 1319.
49. Thiselton, *The First Epistle to the Corinthians*, 1319.
50. Thiselton, *The First Epistle to the Corinthians*, 1320.
51. "너희의 은혜를 예루살렘으로 가지고 가게 하리니"(고전16:3). David E. Garland, *1 Corinthians*, BECNT (Grand Rapids: Baker Academic, 2003), 756.

인들이 같은 믿음으로 돌아와 새로운 언약을 구성하는 같은 백성이 되었음을 의미한다.[52] 뿐만 아니라 이로써 바울은 예루살렘 성도가 이방인 그리스도인들을 받아들이도록 하려는 의도를 보여준다.[53] 이런 점에서 연보는 예배와 환대의 성격을 가지기도 한다.

이방인 그리스도인들은 연보로써 예루살렘을 섬긴다롬15:25. 그리고 이로써 그들은 복음 안에서 두 그룹간의 유대와 파트너십을 증명한다.[54] 이러한 연보는 그리스도인들의 의무이면서도 기쁨이다롬15:26.[55] 유대인으로부터 복음이 나왔고 그들의 영적인 복을 나누어 가진 이방인들은 유대인들에게 빚을 진 셈이다. 따라서 그들은 기쁘게 연보로써 유대인들을 섬긴다롬15:27. 성도들을 위한 연보는 바울의 3차 전도여행의 중요한 목적 중 하나이다고전16:1~2; 고후 8~9장. 바울은 연보를 중요하게 언급함으로써 이방인 그리스도인들이 보여주는 형제와 자매들에 대한 그들의 사랑과 관심을 매우 실제적으로 표현하고 있다.[56]

예루살렘으로 보내는 연보는 필요가 있는 자들에게 자신의 부를 나누어주는 의미를 가진다. 이는 부의 재분배가 아니라 거시적으로 균등하게 하는 원리이다. 연보는 균등하게 하는 원칙을 따른다고후8:13~14. '균등하게 함ισότης'이란 정의와 공정함과 연관된다.[57] 하나님의 정의는 균등하게 함을 요구한다. 바울은 연보를 나눔으로써 균등하게 함을 적용한다. 하나님께서는 광야생활에서 균등하게 함을 부과하셨다. 마찬가지로 새 언약의 이스라엘 또한 균등해야 한다. 균

---

52. Bengt Holmberg, *Paul and Power: The Structure of Authority in the Primitive Church as Reflected in the Pauline Epistles* (Philadelphia: Fortress, 1980), 38, 40.

53. Garland, *1 Corinthians*, 756.

54. Schreiner, *Romans*, 751.

55. 로마서 15장 26절 "이는 마게도냐와 아가야 사람들이 예루살렘 성도 중 가난한 자들을 위하여 기쁘게 얼마를 연보하였음이라"

56. Douglas J. Moo, *The Epistle to the Romans*, NICNT (Grand Rapids: Eerdmans, 1996), 902.

57. Garland, *2 Corinthians*, 382.

등함은 하나님의 종말론적인 성취로서,[58] 특별히 이방인 그리스도인들과 유대인 그리스도인들 간에 요구되는 하나님 백성의 중요한 특징이다.

## 11. 선교의 방식 (4): 교회설립

바울이 선교하는 방식은 단순히 복음을 전하고 떠나는 방식이 아니라 교회를 설립하는 방식이며, 여기에는 시간이 많이 소요된다.[59] 바울은 새로운 지역에 교회를 세우는 것을 중요한 목표로 생각했다. 그는 복음을 듣지 못한 이방인들을 중심으로 사역의 방향을 잡았다. 자신의 사역이 땅 끝까지 교회를 세우는 일이라고 확신했던 바울은[60] 교회를 세울 새로운 목적지로서 스페인을 염두에 두었다. 그리고 이 일을 위해 로마가 지원하기를 바랐다롬15:24. 선교사역에 대한 도움은 여러 곳에서 등장한다행15:3; 20:38; 21:5; 고전16:6,11; 고후1:16; 딛3:13; 요삼6. 바울의 목표는 이방인들에게 복음을 전하고 교회를 세우는 일이었다. 그는 언제나 예수 그리스도의 이름을 부르지 않는 곳에 가기를 희망했다. 이는 그가 자신의 선교사역을 예수 그리스도의 오심을 위한 준비로 이해했기 때문이다마24:14; 막13:10.

앞에서 언급한 것처럼, 바울이 "내가 그리스도의 이름을 부르는 곳에는 복음을 전하지 않기를 힘썼노니"롬15:20라고 주장한 것은 이사야 52장 15절을 반향한다.[61] 이사야의 종의 노래에서 듣지 못했던 이방인들이 보게 되고 깨닫게

---

58. Garland, *2 Corinthians*, 383~384.

59. Stanley E. Porter, *The Letter to the Romans: A Linguistic and Literary Commentary* (Sheffield: Sheffield, 2015), 281.

60. Schreiner, *Romans*, 748.

61. Schreiner, *Romans*, 745.

되는 것은 주의 종의 사역을 통해서이다. 주의 종은 많은 나라를 그들의 죄에서 깨끗하게 할 것이다까.[62] 바울은 이렇게 이사야서를 인용함으로써 자신에게 그리스도께서 아직 선포되지 않은 곳에 복음을 전하라는 부르심이 있음을 분명히 하고 있다.

바울의 사역은 독특한 방향으로 전개된다. 로마서에서 바울은 스페인으로 가기를 바랐다. "이제는 이 지방에 일할 곳이 없고 또 여러 해 전부터 언제든지 스페인으로 갈 때에 너희에게 가기를 바라고 있었으니"롬15:23. 그런데 여기서 "이 지방에 일할 곳이 없다"는 의미는 무엇일까? 로마서 15장 19~20절에 그 이유가 나타난다. "내가 예루살렘으로부터 두루 행하여 일루리곤까지 그리스도의 복음을 편만하게 전하였노라 또 내가 그리스도의 이름을 부르는 곳에는 복음을 전하지 않기를 힘썼노니 이는 남의 터 위에 건축하지 아니하려 함이라"롬15:19~20. 바울이 예루살렘에서 일루리곤까지 복음이 편만하게 전해졌다고 강조하는 것은 매우 놀랍다. 왜냐하면 이 지역에서 복음을 전하는 일이 완성되었다고 말하기 때문이다.[63]

바울이 사람들에게 복음을 고백하게 하는 사역은 개인적인 고백만을 말하지 않는다.[64] "내가 그리스도의 이름을 부르는 곳에는ὅπου ὠνομάσθη Χριστός"롬15:20 이라는 언급은, 바울이 예수 그리스도께서 고백되지 않는 곳에 교회를 세우는 목적을 가졌음을 보여준다.[65] 이에 대해 스텐리 포터는 다음과 같이 말한다.

바울에게 복음을 전하는 것은 단순히 복음을 선포하고 떠나는 것을 의미

---

62. 한글 성경은 "그가 나라들을 놀라게 할 것이며"(사52:15)라고 번역한다.

63. Schreiner, *Romans*, 744.

64. Schreiner, *Romans*, 744.

65. Schreiner, *Romans*, 744.

하지 않는다. 바울에게 복음을 전하는 것은 복음을 듣는 자들이 예수 그리스도를 믿도록 수고하는 것과 믿음의 공동체의 설립을 의미한다. 이는 시간과 노력이 필요하다.[66]

즉 이 지역의 모든 사람들이 예수 그리스도의 이름을 불렀다는 의미에서 복음이 편만하게 되었다고πεπληρωκέναι 말하는 것이 아니다. 바울의 전략은 중요한 도시에 교회를 세우고 거기에서부터 동역자들을 통해서 작은 도시에 복음을 전하는 방식이었다.

## 12. 바울 선교의 궁극적인 목적: 하나님의 영광

그리스도께서는 하나님의 구속의 약속과 언약적인 약속을 성취하셨다. 이는 유대인뿐만 아니라 이방인에게도 긍휼로 주어져 그들 모두가 믿음의 순종에 이르게 되었다. 바울은 복음과 예수 그리스도를 전파하면서 하나님의 주권을 강조했다. "영원하신 하나님"롬16:26께서는 그분의 뜻대로 역사를 이끌어 가시는 역사의 주인이시다. 이는 복음을 유대인에게 그리고 이방인에게 드러내시는 하나님의 주권적인 결정을 보여준다. 이것을 바울은 '하나님의 뜻ἐπιταγή'으로 표현했다. 하나님의 뜻은 모든 민족이 믿어 순종하는 것이다롬16:26. 이방인이 믿음으로 순종하는 것ὑπακοή πιστευω, 롬16:26은 아브라함의 언약의 성취이다.[67] 이 약속은 복음이 선포되는 곳에서 일어나며, 또한 그것이 복음이 선포되는 목적이다εἰς ὑπακοὴν πίστεως εἰς πάντα τὰ ἔθνη γνωρισθέντος, 롬 16:26. 바울의 복음 선포, 즉

---

66. Porter, *The Letter to the Romans*, 281.
67. Schreiner, *Romans*, 788.

선교의 목적은 모든 나라들이 그리스도를 믿는 것과 그분께 순종하는 것이다.[68]

그러나 바울의 선교의 목적은 이방인들의 순종에서 끝나지 않는다. 오히려 그것은 하나님의 영광이라는 궁극적인 목적을 가진다. 즉 모든 이가 예수 그리스도를 주로 시인하고 그분께 무릎을 꿇고 하나님께 영광을 돌리는 것이다. 믿음의 순종은 하나님께 영광을 돌리는 목적으로 향한다롬16:27.[69] 바울은 하나님께 영광을 돌리며 로마서를 마친다롬16:27. 바울이 이렇게 영광을 돌리는 까닭은 복음의 비밀이 이제 드러났기 때문이다. 하나님의 뜻이 예수 그리스도를 통해서 나타나고 알려졌다롬16:26. 이는 하나님의 구속 역사에서 매우 중요한 핵심이다. 이방인들은 예수 그리스도를 믿음으로 구원받는다. 이러한 복음의 선포는 임의로 된 것이 아니라 하나님의 지혜안에서 일어난 일이며, 바울은 이러한 하나님의 지혜를 찬양한다μόνῳ σοφῷ θεῷ. 하나님의 지혜와 영광롬11:33~36은 예수 그리스도를 통해서 절정에 이른다.[70]

로마서 16장 26절에서 모든 민족을 믿음의 순종에 이르게 하고 그 결과 하나님께 영광을 돌리게 하는 '하나님의 뜻ἐπιταγή'은, 바울이 사도로서 하나님의 부르심을 받은 일의 의미가 무엇인지를 보여준다딤전1:1; 딛1:3. 이 단어는 복음의 선포를 통해서 하나님께서 하실 일을 정하셨다는 것을 뜻한다. 또한 구약에서 계속해서 예언했던 하나님의 뜻이 성취됨을 보여준다.[71] 이 개념은 로마서 8장 30절에 담긴 하나님의 작정과 연결된다προώρισεν. 여기서 바울은 다음과 같이 말한다. "또 미리 정하신 그들을 또한 부르시고 부르신 그들을 또한 의롭다 하시고 의롭다 하신 그들을 또한 영화롭게 하셨느니라"롬8:30.

68. Schreiner, *Romans*, 788.
69. 로마서 16장 27절 "지혜로우신 하나님께 예수 그리스도로 말미암아 영광이 세세무궁하도록 있을지어다 아멘"
70. Schreiner, *Romans*, 788.
71. Schreiner, *Romans*, 788.

이방인들은 하나님의 영광과는 아무런 관련이 없던 자들이다. 그들은 하나님을 영화롭게 하지 않았으며롬1:21, 하나님의 영광을 우상으로 바꾸어버렸다1:24. 그들은 모두 죄인으로 하나님의 영광에 다가갈 수 없었던 자들이다3:23. 그러나 하나님께서는 그분의 주권적인 영광을 드러내시며 그분의 백성들도 그 영광에 이르기를 바라셨다. 또한 그 뜻을 예수 그리스도를 통해서 성취시키셨으며 사도 바울을 부르셔서 그 복음을 선포하게 하셨다. 하나님의 영광, 바로 이것이 바울 선교의 궁극적인 목적이다.

## 13. 요약 및 적용: 어떻게 설교할 것인가?

바울은 하나님의 복음을 전하는 자로 부르심을 받았다. 특별히 그는 하나님께서 자신을 이방인을 위한 사도로 부르셨다고 이해했다. 또한 스스로 구약의 위대한 선지자와 같은 부르심을 받은 것으로 이해했다. 도무지 하나님의 은혜를 받을 수 없는 죄인이었던 그가 하나님의 은혜로 부르심을 받은 것이었다. 그리고 그 부르심에 따라 바울은 예수 그리스도의 종이자 사도로서 이 복음에 헌신하는 자가 되었다. 이 복음은 하나님의 비밀로서 모든 민족, 즉 유대인뿐만 아니라 이방인까지도 하나님의 백성으로 부르신다는 것이었다. 하나님의 백성으로의 부르심은 차별이 없으며 모든 자들이 하나님과 화목케 된다는 비전을 담고 있다.

선교는 이와 같은 내용을 기초로 한다. 따라서 선교사역의 내용은 우리가 고안해낸 방식과 방법이 아니라 하나님의 계시인 복음을 기초로 해야 한다. 또한 예수 그리스도를 믿는 믿음을 담고 있는 복음이 전해지는 선교의 현장에는 제한이 없어야 한다. 모든 민족과 백성들이 하나님의 자녀가 되는 이 일에는 유대인과 이방인 사이에 차별을 두지 않았던 것처럼 지위와 계급, 인종과 나라를 구분하지 않아야 한다.

특별히 이 일을 수행하는 데서 협력과 연보, 자비량 선교 등의 방식을 고려할 수 있다. 선교의 재정적인 측면이 무시되어서는 안 되겠지만, 일차적으로 선교의 방향은 재정이 아니라 하나님의 말씀이 되어야 한다는 것을 더더욱 놓쳐서는 안 된다. 또한 협력이 잘 이루어지지 않는 선교현장의 문제점도 분명히 개선되어야 한다. 그리고 무엇보다 가장 중요한 선교의 방식은 교회의 설립이다. 즉 복음을 한 번 전하고 끝내는 것이 아니라 교회가 선교지역에 굳건하게 세워짐으로써 지속적인 선교 사역을 감당하게 하고 예수 그리스도의 복음을 전하도록 하는 선교의 방식이 이루어져야 한다.

궁극적으로 이러한 모든 일은 하나님을 영화롭게 하는 일이어야 한다. 선교의 가장 중요한 목적은 하나님의 높으신 이름이 영광스럽게 되는 것이다. 다시 말해 하나님께 영광을 돌리지 않고 그 영광을 우상으로 만들어버린 흑암의 권세에 있던 자들이 하나님의 사랑의 아들의 나라로 옮겨와 하나님께 영광을 돌리는 것이 선교의 가장 큰 목적이어야 한다는 것이다. 이에 관해 바울은 다음과 같이 고백한다. "이 복음으로 너희를 능히 견고하게 하실 지혜로우신 하나님께 예수 그리스도로 말미암아 영광이 세세무궁하도록 있을지어다 아멘"롬16:26~27.

## (1) 요약

| | | |
|---|---|---|
| 선교의 내용 | 복음,<br>하나님의 계시 | 선교의 내용인 복음은 인간의 창작물이 아니라<br>하나님의 계시로 주어진다. |
| 선교의<br>부르심(1) | 사도이며<br>종인 바울 | 선교는 사도와 종으로 부르심을<br>받은 자들을 통해서 수행된다. |
| 선교의<br>부르심(2) | 하나님의 은혜,<br>예정과 선택 | 선교로의 부르심은 임의적인 부르심이 아니라<br>하나님의 예정과 선택으로 계획된 부르심이다. |
| 선교의<br>부르심 (3) | 죄인 중의 괴수,<br>은혜의 부르심 | 죄인 중의 괴수였던 바울을 그 측량할 수 없는<br>은혜로 부르신 하나님께서는 그 은혜가 동일하게<br>모든 민족에게 적용되도록 일하신다. |
| 선교의 대상(1) | 차별이 없느니라 | 선교의 대상은 차별이 없어야 한다. |
| 선교의 대상(2) | 온 세상의 화목 | 예수 그리스도의 십자가로 말미암아 모든 민족과<br>모든 만물이 하나님과 평화를 누리게 되었다 |
| 선교의 대상(3) | 이방인을 위한<br>제사장 | 선교사역은 모든 민족과 나라와 백성을<br>하나님께 제물로 드리는 일이다 |
| 선교의 방식(1) | 바울의 동역자들 | 선교사역은 독자적인 힘으로 되지 않고<br>함께 하는 동역자들의 수고와 노력으로 이루어진다. |
| 선교의 방식(2) | 자비량 | 선교에 있어서 핵심은 재정이 아니라<br>말씀사역에 얼마나 집중할 수 있는가이다. |
| 선교의 방식(3) | 새 언약을<br>상징하는 연보 | 연보는 선교사역에서 균등케 함의 원리를<br>적용하는 것이며 이방인이 하나님의 백성이<br>되었다는 선언이다. |
| 선교의 방식(4) | 교회설립 | 선교는 개인들에게 복음을 전하는 일에<br>머무르지 않고 교회를 설립하여<br>예수 그리스도의 복음을 지속적으로<br>전파하는 방식으로 실행되어야 한다 |
| 선교의<br>궁극적인 목적 | 하나님의 영광 | 바울이 그리는 선교의 궁극적인 목적은<br>하나님의 영광이다. |

## (2) 설교의 예

제목: 남의 터 위에 건축하지 아니하려 함이라

본문: 로마서 15장 14~20절

요지: 교회를 세우는 일이 선교의 중요한 방식이다.

대지 1: 16절 - 선교의 소명과 목적: 복음의 제사장으로 이방인을 제물로 드리라.

대지 2: 18절 - 선교에의 헌신: 복음을 편만하게 전하였노라.

대지 3: 20절 - 선교의 방식: 남의 터 위에 건축하지 아니하려 함이라.

# 9장
# 요한문헌의 선교(적 교회)

송영목

    기독교 신앙의 본질과 존재 이유를 존중한다면, 마땅히 교회와 신학은 선교 지향적이어야 한다.[1] 전통적 의미의 선교宣敎는 다양한 경계를 넘어서서 복음의 불모지에 죄 사함과 구원의 복음을 전파함으로써 개종된 사람들의 교회를 세우는 활동, 즉 기독교 신앙의 지리적 확장이라 할 수 있다.[2] 지역교회가 타문화권이나 해외로 선교사를 파송하는 활동은 여전히 중요하다. 그러나 21세기에 들어와서는 이와 결을 달리하는 선교적 교회missional/missionary church에도 주목해야 한다.[3] 이 담론은 기독교가 주도하던 이후 시대post-Christendom에 교회가 사

---

1. 고신총회세계선교회, 『현지지도자 양성』 (서울: 고신총회출판국, 2018), 63; G. H. Smit, "Μαρτυρία [witness] in John 1~4: Towards an Emerging, Missional Ecclesiology," *Verbum et Ecclesia* 32/1 (2011), 1.

2. S. T. Kgatla and D. G. Kamukwamba, "Mission as the Creation of a God-ward Culture: A Critical Missiological Analysis," *Verbum et Ecclesia* 40/1 (2019), 8; 고신총회세계선교회, 『현지지도자 양성』, 52, 57, 59.

3. 성경적 '하나님의 선교(*Missio Dei*)'는 삼위 하나님 간의 구원의 언약(*pactum salutis*)이 하나님 나라를 세상에 도래케 했으며, 성령의 역사로 그리스도를 닮아가는 선교적 교회를 통해(요17:18) 구원의 계획이 완성되어 하나님께서 영광을 받으시는 데 방점이 있다. 참고. 남아공 노쓰-웨스트대학교 선교학 교수 P. J. Buys, "The Roots of Missio Dei in the Reformation, and Its Implications for Theological Education," *In die Skriflig* 54/2 (2020), 1~4; J. A. du Rand, *Die Einde: Die A-Z van die Bybelse Boodskap oor die Eindtyd* (Vereeniging: CUM, 2013), 23. 참고로 칼빈은 선교적 삼위 하나님께서 천국 확장을 위해 그리스도인을 사용하시는데, 이를 위해 교회가 세상 속에서 그리스도의 삼중직을 수행하도록 성령의 인도와 기도의 은혜를 주신다고 보았다. 참고. S. G. Wilson, "John Calvin and the Missional Church: Encouragement for Partnering in the Missio Dei" (D.Min. Thesis, Dubuque Theological Seminary, 2010), 64, 97, 115.

사화私事化 되어가는 현상에 대한 해결책으로 레슬리 뉴비긴L. Newbegin, d. 1998 의 논의에 기초하여 데릴 구더D. L. Guder 등이 제시한 교회론이다.[4]

선교적 교회의 강조점은 특정 선교사와 개 교회를 넘어 지역교회가 선교의 모판이 되어, 모든 회중missional congregation이 죄와 일반은총이 공존하는 세상으로 흩어져서 하나님 나라를 현시하는 선교사와 증인으로 활동하는 것이다.[5] 이를 위해서는 목회자와 일반성도가 동역하면서 교회의 갱신을 위해 노력하며, 지역교회 및 선교단체와 협력하고, 회중을 세상으로 파송하여 이웃과 좋은 관계를 맺는 성육신적 삶을 통해 하나님의 선교에 동참하도록 만들어야 한다.[6] 하지만 그렇다고 해서 복음을 알지 못하는 세상과 소통하기 위해서 복음을 선명하지 않게 하거나 축소시키지 않도록 주의해야 한다.[7]

선교적 교회는 교회당 안에서 어떻게 생존할 것인가를 고민하기보다 교회당 밖에서 예수님의 대사로서의 신앙을 실천하는 데 역점을 둔다. 왜냐하면 하나님 나라와 구원의 복음은 통전적이며 공적이므로 선교적 교회의 존재와 활동도 통전적이며 공적이어야 하기 때문이다참고. 웨스트민스터신앙고백 25장. 2012년에 열린 남아공 개혁교회GKSA; since 1859년 2월 11일 총회와 같은 해에 열린 남아공 연

---

4. D. L. Guder, 『증인으로의 부르심』 (Called to Witness, 허성식 역, 서울: 새물결플러스, 2015), 222~288.

5. 박보경, "복음주의 진영의 선교적 회중(Missional Congregation) 모색," 『선교신학』 32 (2013), 215.

6. 박보경, "복음주의 진영의 선교적 회중(Missional Congregation) 모색," 221~226.

7. D. E. Fitch, "Missional Misstep: Emphasizing the Big Gospel can make It hard to communicate Any Gospel," Christianity Today 52/9 (2008), 39.

8. 남아공 노쓰-웨스대트학교 선교학 교수 Ferreira에 따르면, GKSA는 제1차 총회(1869)부터 해외선교를 논의했지만, 교회가 아파르트헤이트에 동조하던 시대를 거치면서 결국 1997년의 총회에서는 한 번도 복음을 참되게 전도한 바가 없다고 평가했다. 또한 GKSA의 전통의 중심에 하나님 나라가 뿌리내리지 못했다는 평가도 따랐다. 그리고 Ferreira에 따르면, 화란의 경우 도르트총회(1619) 이후 경직된 개혁주의 스콜라주의가 발흥하여 종교개혁은 피상적으로 되어버려 신학의 발전이 없었고, 17세기에 '불신앙의 승리'라 불린 물질만능의 황금시기를 거쳐 18세기까지 선교 활동은 거의 진척을 보지 못했다. 참고. R. Tucker, "Some Thoughts around Developing Missional South African Congregations based upon the Church Rediscovering Its Identity in the Grace of God," Stellenbosch Theological Journal 2/2 (2016), 467, 471; I. W. Ferreira, "Die GKSA se 'Sendingstilstand' na 150 Jaar," In die Skriflig 54/2 (2020), 3~9.

합장로교회UPCSA 총회는 선교적 교회를 교회론 및 신학교육의 방향으로 채택했다.[8] 이런 점에서 이제 전통적 선교와 선교적 교회는 상호 보완되어야 한다.[9]

그러면 코앞으로 다가온 제4차 산업혁명 시대에 선교적 교회는 적합한가? 올라인all-line 시대 및 초연결시대에 일상에서 공공선을 실천하면서 글로벌 세상과 복음을 소통하려는 영성이 더욱 절실해지고 있다.[10] 그리고 개 교회주의를 넘어 지역교회들 간의 연대를 통해 세상에 복음과 하나님 나라를 보여주는 패러다임이 더욱 필요해졌다.[11]

이 글은 먼저 요한복음, 요한서신, 그리고 요한계시록에 나타난 선교 및 선교적 교회와 관련된 용어와 주제를 분석하며 살핀다. 그 다음 공공선교적public-missional 설교의 원칙과 방향을 제시한다. 선교의 주제는 성경을 읽는 중요한 하나의 관점이며, 교회의 모든 활동 또한 선교에 초점을 모을 필요가 있다. 이 글이 교회와 복음이 세상 속에서도 소금과 빛으로 제대로 기능을 하는 데 도움이 되길 바란다.

# 1. 요한복음의 선교(적 교회)

선교적 교회는 요한복음의 기록목적요20:31에 부합한다. 요한복음 20장 31절에서 조동사 '믿어'를 비평사본처럼 현재 가정법πιστεύητε이 아니라 다수사본처럼 아오리스트 가정법πιστεύσητε으로 본다면, 요한은 불신자를 전도하려는 의도

---

9. 선교적 교회에 대한 성경 주석적 논의는 송영목, 『다차원적 신약읽기』 (서울: CLC, 2018), 632~730을 보라.

10. 봉원영, "제4차 산업혁명 시대에서의 선교적 교회의 역할과 전망," 『선교신학』 50 (2018), 208~215.

11. 하나님의 선교(missio Dei)에 근거하여 최근에 초교과적으로 선교적 교회 운동을 전개하는 예로는 'Redeemer City to City', 'Church Innovations', 'Acts 29', 'Forge Canada' 등이다. 참고. G. van Wyk, "Missionale Kerk, Missio Dei en Kerkverband: 'N Diskussie," In die Skriflig 48/1 (2014), 7~9.

로 복음서를 기록했다고 할 수 있다.[12] 즉 요한은 불신자가 예수님을 하나님의 아들이자 그리스도로 믿어 영생을 얻도록 하려는 목적으로 집필했던 것이다.

## (1) 동사 '보내다πέμπω, ἀποστέλλω'의 용례

요한복음의 선교의 특징을 잘 보여주는 '보내다πέμπω'라는 동사는 총 32회나 등장한다. 이 동사의 용례를 요약하면 아래의 도표와 같은데, 사랑이 충만하신 성부께서 사랑으로 충만하신 성자를 세상에 보내셔서 죄인을 구원하시는 내용이 압도적으로 많다참고. 요3:16; 13:1.[13]

| 보내는 주체 | 보냄 받은 객체 | 보내는 목적 |
|---|---|---|
| 성부 하나님 | 예수님 | 성부의 뜻과 일을 완성(4:34; 6:38,39,44; 7:16,18,28; 8:16,18,26,29; 9:4; 12:49; 15:21), 성부와 성자를 공경하고 사랑하고 보고 믿음(5:23,24,30; 12:44,45; 13:20; 14:24), 성부께서 성자를 증언함(5:37), 성자가 성부에게 돌아감(7:33; 16:5) |
| 성부와 성자 | 보혜사 성령 | 예수님의 말을 제자들에게 생각나게 하고 가르치심(14:26; 15:26; 16:7) |
| 예수님 | 제자들 | 예수님을 영접함(13:20; 20:21) |
| 하나님 | 세례 요한 | 회개를 위한 세례를 줌(1:33) |
| 유대인들 | 제사장들과 레위인들 | 세례 요한의 정체를 확인(1:22) |
| 주인 | 종 | 주인에게 순종해야 할 종(13:16) |

---

12. 참고로 다수사본을 따르는 Houwelingen은 요한복음이 소아시아의 교회에 뿌리를 내리지만, 온 세상을 향한 복음서이므로 초신자는 물론 기존 신자의 믿음도 염두에 두었다고 본다. P. H. R. van Houwelingen, *Johannes: Het Evangelie van het Woord* (CNT; Kampen: Kok, 1997), 32, 401.

13. D. Flemming, "A Sent and Sanctified Community: Missional Holiness in the Gospel," *Wesleyan Theological Journal* 51/1 (2016), 134.

예수님께서 제자들을 선교를 위해 파송하시고 성령께서 그들을 인도하신다는 구절에는 총 5회 사용된다. 또한 요한복음에 사도와 같이 전권대사를 '보내다ἀποστέλλω'라는 동사는 28회에 걸쳐 나타나는데, 성부께서 성자를 파송하여 죄인을 구원하시는 내용이 주를 이룬다.

| 보내는 주체 | 보냄 받은 객체 | 보내는 목적 |
|---|---|---|
| 성부 | 성자 | 성부를 증언하고 예수님을 믿어 영생을 얻음 (3:17,34; 5:36,38; 6:29,57; 7:29; 8:42; 10:36; 11:42; 17:3,8,18,21,23,25) |
| 예수님 | 제자들 | 전도(4:38; 17:18; 20:21) |
| 하나님 | 세례 요한 | 빛이신 예수님을 증언하여 믿게 함(1:6; 3:28) |
| 유대인들 (바리새인들) | 제사장들과 레위인들 | 세례 요한의 정체를 확인(1:19,24; 5:33) |
| 대제사장들과 바리새인들 | 하인들 | 예수님을 체포(7:32) |
| 예수님 | 시각 장애인 | 치유(9:7) |
| 마르다와 마리아 | 사람 | 나사로의 죽음을 알림(11:3) |
| 안나스 | 가야바 | 예수님을 심문(18:24) |

예수님께서 제자들을 파송하셔서 전도하신다는 구절은 3개이다. 요한은 동사 ἀποστέλλω를 사용해서 성부와 성자께서 성령을 파송하신다고 언급하지 않는다. 두 동사 πέμπω와 ἀποστέλλω의 주요 용례를 심층구조로 요약하면 다음과 같다.

```
성부    →   구원   →    세상
(송신자)    (객체)      (수신자)
                ↑
성령/제자들 →   성자  ←  유대 지도자들
(도우미)    (주체)      (대적)
```

'보내다'와 밀접한 명사 '증거μαρτυρία' 그리고 동사 '증거하다μαρτυρέω'가 신약성경에서 사용된 용례 가운데 과반은 요한문헌에 나타난다. 요한복음은 사람들이 증언을 통해 어떻게 하나님께로 돌아오는가를 보여주는 증언복음 서와 같다. 요한복음의 신학의 중심에는 성부, 성자성자의 사역, 성경, 세례 요 한, 사도 요한, 그리고 주님의 목격자들의 증언이 있다요1:7,19; 3:11,26,32,33, 4:44; 5:31,32,36,37,39; 8:13,14; 19:35; 21:24. 증언은 죄인을 중생시켜요3:11; 5:34 하나님의 가 족과 예배자로 만든다요4:24,39; 17:9~10.[14] 하나님의 가족이라는 관계는 예수님과 제자들이 수행할 증언 사역을 위한 전제이므로요12:49~50, 하나님의 가족만이 사 탄의 가족에게 생명의 복음을 증언할 수 있다.[15] 따라서 요한이 제시하는 교회 는 하나님의 가족으로서 예배하는 증인공동체witness community이다.

## (2) 요한복음의 지상명령

예수님께서 선교하신 동기와 방식은 헌신적인 사랑으로 요약되는데, 그것 이 선교적 교회의 모범이 된다요13:34~35; 15:12~13.[16] 요한복음 20장 21~22절은 '요 한복음의 지상至上명령'이라 불린다. 여기서 선교의 주체는 삼위 하나님이시다

---

14. Smit, "Μαρτυρία [witness] in John 1~4," 5~8.

15. J. G. van der Watt, *Family of the King: Dynamics of Metaphor in the Gospel according to John* (Leiden: Brill, 2000), 301~303.

16. Flemming, "A Sent and Sanctified Community," 138.

*missio Trinitatis*. 선교적 성부는 아들을 보내셨고, 선교적 성자는 선교적 교회에게 선교적 성령을 보내셨다. 교회의 선교의 기초는 예수님의 선교이다. 예수님의 공 사역을 통해 온 세상이 주님을 따랐으며요12:19, 예수님께서 십자가와 하늘로 들리시면 이 세상 임금이 쫓겨나고 모든 사람을 이끄실 것이다요12:31~32. 요한복음은 예수님의 축귀 사건을 한 번도 소개하지 않지만, 요한은 주님의 십자가의 처형과 승천이야말로 우주적 축귀cosmic exorcism 사건이라고 제시한다. 그리스도 사건으로 사탄이 패배를 당했으므로, 제자들의 선교는 잔당소통작전과도 같다요21:11. 교회가 잔당소통작전에 투입되려면 선교적 성령론missional pneumatology을 확립해야 한다. 부활하신 예수님께서 세상에 파송하실 제자들에게 성령을 불어 넣으셨기 때문이다요20:21~22.[17]

요한복음에서 선교적 신격화missional theosis를 찾을 수 있는가? 고만M. J. Gorman에 따르면, 신자의 삶은 성부께서 성자께 명하신 바에 참여하는 것이기에 '선교적'이며요20:21, 또한 삼위 하나님의 삶에 변화되는 방식으로 참여transformative participation하는 것이기에 '신격화'이다.[18] 하지만 '신격화deification'라는 오해를 불러일으키는 신비주의적 표현을 굳이 사용할 필요는 없다. 그리스도인이 먼저 삼위의 생명과 성품에 구심적으로 참여하여 변화를 경험해야만 원심적으로 선교를 실천할 수 있다참고. 벧후1:4.

---

17. '복음의 정신'은 '선교의 정신'이라는 격언이 통하던 19세기에 미국 남장로교회는 1831년 총회에서 교회를 유기적인 '선교적 사회(missionary society)'에 비유하며 선교적 정신과 습관을 함양하도록 노력하는 가운데 선교적 경건을 실천했다. 참고. C. Cangelosi, "The Church is a Missionary Society, and the Spirit of Missions is the Spirit of the Gospel: The Missional Piety of the Southern Presbyterian Tradition," *Puritan Reformed Journal* 5/1 (2013), 197~198, 208.

18. C. Blumhofer, "Book Review: M. J. Gorman, *Abide and Go: Missional Theosis in the Gospel of John* (Eugene: Cascade, 2016)," *Themelios* 44/3 (2019), 577~579.

## (3) 요한복음의 1차 독자들의 선교

요한복음이 주후 1세기 중순의 선교적 교회를 소개하는 것이라면, 요한복음의 독자들은 선교적 성화missional sanctification를 이루어야 한다고 말할 수 있다.[19] 즉 성부의 진리의 말씀으로 제자들은 성화되어야 하는데, 그런 성화가 선교보다 선행되어야 할 준비사항인 것이다요13:36; 17:17~18. 또한 성부의 진리와 말씀이 구체화된 분이신 예수님을 교회가 닮아갈 때 선교적 성화가 가능하다. 다시 말해 그리스도인이 세상의 구주요4:42와 사람들의 빛요1:12이신 예수님을 닮아가며 삶의 중심에 모시고 살 때, 적대적인 세상 속에서라도 선교적 실천이 가능한 것이다.

요한복음은 주인공이신 예수 그리스도의 복음이면서 동시에 수신자들의 상황을 염두에 두고 있는 이야기이기에, 그 안에는 두 개의 이야기 선story line이 존재한다. 요한복음의 선교적 청중, 곧 1차 독자들의 신분은 하나님의 가족과 제자의 은유로 설명되며요1:12; 9:28, 그것은 회당 중심의 모세의 제자요9:28 및 마귀의 자식요8:44과 대결하는 예수님의 제자들의 모습 안에 투영된다.[20] 이것을 요약하면 다음의 표와 같다.

| 주후 30년대의 예수님과 제자들 | 주후 60년대의 사도 요한과 요한공동체 |
|---|---|
| 예수님의 선교: 팔레스타인 중심 | 사도 요한의 선교: 에베소와 소아시아 중심 |
| 제자들의 선교: 유대, 사마리아, 헬라인들 | 요한공동체의 선교: 전체 로마제국 |

---

19. Flemming, "A Sent and Sanctified Community," 140~141.

20. Smit, "Μαρτυρία [witness] in John 1~4," 2. 참고. 주후 1세기의 구전문화 안에서 기록된 신약복음서는 기록보다는 선교적 청자들이 구전으로 널리 전파했을 것이다. D. W. Ulrich, "The Missional Audience of the Gospel of Matthew," *CBQ* 69/1 (2007), 69~71. 참고로 나사로의 부활로부터 선교적 신학교육의 함의를 찾는 시도는 E. A. Heath, "Unbinding Lazarus: Renewing Theological Education for a Missional Church," *International Review of Mission* 108/2 (2019), 225~240을 보라.

## (4) 요약

요한복음의 선교는 성부께서 성자를 파송하셔서 그리스도 사건으로 사탄의 세력을 정복하신 것을 근거로 한다. 주님의 제자들과 1차 독자인 요한공동체는 선교적 교회로서 모세의 제자 및 마귀의 자녀에 맞서서 출교를 각오해야 했는데, 성령께서 그들의 사역을 이끄셨다. 부활하신 예수님께서는 동산지기 *κηπουρός*, 요20:15와 마지막 아담으로서 만유의 갱신을 통하여 문화명령cultural mandate, 창1:28; 9:1; 12:2과 복음명령/구원명령Gospel mandate/salvation mandate, 마 28:18~20; 롬5:12을 성취하고 계신다참고. 계21:5.[21] 이 일에 부름 받은 선교적 교회는 선교명령에 수종 들기 위해, 창조의 원천과 목표이신 하나님께서 통치하셔서 질서와 조화를 갖춘 하나님 지향적인 문화를 가꾸어야 한다.[22]


## 2. 요한서신의 선교(적 교회)

### (1) 동사 '보내다*ἀποστέλλω*'의 용례

요한서신에는 동사 '*πέμπω*'는 등장하지 않고, 동사 '*ἀποστέλλω*'만 3회 등장한다요일4:9,10,14. 이 서신에서 보내는 주체와 객체 그리고 목적을 요약하면 다음의 표와 같다.

---

21. Kgatla and Kamukwamba, "Mission as the Creation of a God-ward Culture," 4~7.
22. Kgatla and Kamukwamba, "Mission as the Creation of a God-ward Culture," 8. 참고로 주후 1세기의 문화적 가치인 명예와 수치, 정결과 부정결, 후견인과 피후견인의 격자에서 선교적 교회를 이해할 수 있다. 교회에게 하나님께서는 명예롭고 정결하신 하늘 후견인이시다. 주고받는 문화에서 이 후견인의 은덕을 입은 피후견인인 교회가 어려움 속에서라도 널리 알리는 것은 명예롭고 마땅한 일이다. 명예조차 제한된 재화(財貨)로 간주된 시대에, 피후견인의 증언을 방해하는 행위는 하늘 후견인의 명예에 대한 도전이므로, 하늘 후견인은 적절한 응전으로 자신의 명예를 지키신다.

| 보내는 주체 | 보냄 받은 객체 | 보내는 목적 |
|---|---|---|
| 성부 | 성자 | 세상의 우리를 살리심(4:9) |
| 성부 | 성자 | 우리 죄를 속하기 위한 화목제물(4:10) |
| 성부 | 성자 | 세상을 구원하시는 구주를 보고 증언함(4:14; 참고. 5:9) |

위의 도표를 요약하면, 성부께서는 성자를 세상의 구주와 화목제물로 보내셨고요일4:9,10, 그리스도인은 파송된 예수님을 보고 증언한다요일4:14.

## (2) 명사 '증거μαρτυρία'와 동사 '증거하다μαρτυρέω'의 용례

요한일서에 '증거μαρτυρία'는 6회5:9(×3),10(×2),11, '증거하다μαρτυρέω'도 6회 등장한다1:2; 4:14; 5:6,7,9,10. 요한은 성육하신 예수님께 생명이 있고, 그 생명을 그리스도인들에게 주심을 증거했다요일1:2; 4:14. 그리고 성부께서 그 아들을 세상의 구주로 보내신 것을 친히 증거하셨다요일5:9,10,11. 또한 성령과 (예수님께서 십자가에서 쏟으신) 물과 피는 성육하신 예수님을 증거한다요일5:6,7,10. 요약하자면, 요한일서의 '증거'와 '증거하다'의 용례는 성부와 성령과 요한 그리고 십자가의 물과 피가 성육하신 생명의 예수 그리스도를 증거하는 것이다. 예수님께서 증거의 유일한 대상이시며 증거의 주체는 다양한데, 이를 요약하면 다음의 표와 같다.

| 증거의 주체 | 증거의 대상 | 증거의 목적 |
|---|---|---|
| 요한 | 예수님 | 생명이신 예수님께서 그리스도인들에게 영생을 주심(요일1:2; 4:14) |
| 성부 | 예수님 | 세상의 구주로 파송된 아들 예수님(요일5:9,10,11) |
| 성령과 물과 피 | 예수님 | 성육하신 예수님(요일5:6,7,10) |

요한삼서에 '증거μαρτυρία'는 1회12절, '증거하다μαρτυρέω'는 4회 등장한다 3,6,12절(×2). 사도 요한이 파송한 순회전도자들이 가이오의 진리와 사랑을 요한에게 증거했다3,6절. 그리고 순회선교사들을 환대한 데메드리오는 사람들과 진리 그리고 요한으로부터 증거를 받았다12절. 그러므로 요한삼서의 '증거'와 '증거하다'의 용례는 사도 요한의 선교 사역에 협력한 그리스도인들에 대한 긍정적 평가와 칭찬을 강조한다. 이를 요약하면 다음의 표와 같다.

| 증거의 주체 | 증거의 대상 | 증거의 목적 |
|---|---|---|
| 순회 선교사들 | 가이오 | 가이오의 진리와 사랑(3,6절) |
| 사람들, 진리, 요한 | 데메드리오 | 데메드리오의 선교 협력(12절) |

위의 논의를 요약하자면, 요한일서가 생명의 주이신 예수님을 증거한다면, 요한삼서는 예수님을 증거하는 순회선교사들을 도운 사람들의 참 신앙을 증거한다.

## (3) 선교적 리더인 사도장로 요한과 선교 공동체인 1차 독자들[23]

요한은 반 선교적anti-missional 인물인 적그리스도, 곧 가현설주의자를 경계하라고 독자들에게 주의를 준다요일2:18; 요이7. 또 다른 반 선교적 인물인 디오드레베는 요한이 파송한 순회선교사들을 영접하여 도운 데메드리오와 가이오를 대적했다요삼5,9. 하나님의 가족인 선교적 교회의 가훈은 '진리 안에서의 사랑'인데, 그들은 주의를 기울여 사랑과 환대를 실천해야 한다. 성령, 곧 기름부

---

23. P. R. Jones, "The Missional Role of ὁ πρεσβύτερος," in *Communities in Dispute: Current Scholarship on the Johannine Epistles*, ed. by R. A. Culpepper and P. N. Anderson (Atlanta: SBL Press, 2014), 141~154.

음은 교회에게 선교적 분별력을 주셔서 적그리스도를 대적하게 하신다요일2:27. 요한일서의 기록목적은 하나님의 아들을 믿는 그리스도인에게 영생이 있음을 알게 하기 위함이다요일5:13.[24] 이런 기록목적은 선교와 어떻게 연결되는가? 영생을 가진 사람은 적그리스도의 세력에 맞서 선교해야 한다.

요한일서 2장 13~14절의 아비들, 아이들, 청년들을 가정규례haustafel와 연결할 수 있다면, 선교적 교회는 가정 천국에서 시작된다고 말할 수 있다. 한국교회에서 가정에서 신앙교육의 실패는 특별히 소위 '중직자' 자녀들이 교회를 떠나는 현상으로 나타난다.

## (4) 요약

성부는 세상에 파송한 자신의 아들에 대해 참되게 증언하셨다요일5:9-10. 성부의 아들이시자 참 하나님이신 예수님께서는 죄인들에게 아버지의 생명을 주시기 위해 성육하셨다요일5:11,20. 요한은 성육하신 예수님을 보고 들은 증인으로서 서신의 독자들에게 증언했다요일1:1-3. 하나님께 속한 사람이라면 악한 사탄에게 속한 자들에게 생명이신 예수님을 증언하는 일에 힘쓰며, 그런 일을 위해 활동하는 사람들을 위해 협력해야 한다요일5:19; 요삼3,6,12.

---

24. 요한일서 5장 13절에서 다수사본은 현재 능동태 가정법 2인칭 복수 '너희가 계속 믿도록(ἵνα πιστεύητε)'으로 어색하게 표기하지만, 비평사본은 현재 능동태 분사 남성 복수 여격 '믿고 있는 너희에게(τοῖς πιστεύουσιν)'라고 의미가 통하게 표기한다. 참고로 Jobes는 요한복음은 전도용으로 먼저 기록되었고, 요한일서는 신앙성장용으로 나중에 기록되었다고 본다. K. H. Jobes, *1, 2, & 3 John* (ZECNT; Grand Rapids: Zondervan, 2014), 225.

## 3. 요한계시록의 선교(적 교회)

요한계시록을 선교적 관점에서 읽는 것은 계시록의 주요 신학에 부합할 뿐 아니라계11:15; 12:10~12, 하나님 나라의 시작과 전개, 완성이라는 성경 전체의 내러티브를 파악하는 시도이다.

### (1) 동사 '보내다πέμπω, ἀποστέλλω'의 용례

요한계시록에서 동사 '보내다πέμπω'는 5회 등장한다계1:11; 11:10; 14:15,18; 22:16. 보내는 주체와 객체 그리고 목적을 요약하면 다음의 도표와 같다.

| 보내는 주체 | 보냄 받은 객체 | 보내는 목적 |
|---|---|---|
| 사도 요한 | 두루마리 | 일곱 교회가 읽고 듣고 지켜야 함(1:11) |
| 그 땅에 거하는 자들 | 선물 | 두 증인의 죽음을 축하함(11:10) |
| 구름 위에 앉으신 분 | 낫 | 땅의 곡식 추수(14:15) |
| 낫을 가진 천사 | 낫 | 땅의 포도송이 추수(14:18) |
| 예수님 | 천사 | 일곱 교회가 읽고 듣고 지켜야 함(22:16) |

위의 도표를 요약하면, 예수님께서는 천사와 요한을 통해 편지를 보내서 일곱 교회가 깨닫도록 하신다계1:11; 22:16. 그 땅에 거하는 자들은 두 증인의 죽음을 선물 교환으로 축하한다계11:10. 구름 위에 앉으신 분과 천사는 낫을 보내어 휘둘러 땅의 곡식과 포도를 수확한다계14:15,18. 구름 위에 앉으신 예수님께서는 땅의 알곡을 추수하시는 선교적 성자missional Son이시다. 소아시아의 일곱 교회가 성자의 선교사역에 동참하려면, 먼저 예배 중에 계시록을 읽고, 듣고, 실천해야 한다. 계시록에서 동사 '보내다ἀποστέλλω'는 3회 나타난다계1:1; 5:6; 22:6. 보

내는 주체와 객체 그리고 목적을 요약하면 다음의 도표와 같다.

| 보내는 주체 | 보냄 받은 객체 | 보내는 목적 |
|---|---|---|
| 성부 | 천사 | 요한이 본 환상을 이해하도록 함(1:1) |
| 어린양 | 일곱 영 | 온 땅에 역사하심(5:6) |
| 성부 | 천사 | 속히 될 일들의 환상을 보여주심(22:6) |

위의 도표는 성부께서 자신의 천사를 요한에게 보내어 환상을 깨닫게 하시고, 어린양은 일곱 영을 보내셔서 온 세상에 구원의 역사를 펼치심을 보여준다.

## (2) 명사 '증거μαρτυρία'의 용례

요한계시록에 명사 '증거'는 9회 등장한다계1:2,9; 6:9; 11:7; 12:11,17; 19:10(×2); 20:4. 그 용례를 요약하면 다음의 표와 같다.

| 증거의 주체 | 증거의 대상 | 증거의 목적 |
|---|---|---|
| 요한 | 보았던 환상 | 독자들을 위로하기 위해(1:2) |
| 요한, 순교자들, 두 증인, 형제들 | 예수님과 말씀 | 천국 확장을 위해 (1:9; 6:9; 11:7; 12:11, 17; 19:10[×2]; 20:4) |

위의 표를 요약하면, 계시록의 저자인 요한은 자신이 본 환상을 소아시아 일곱 교회를 위해 증거했다. 그리고 요한을 비롯한 그리스도인 형제들과 증인들 그리고 순교자들은 예수님과 그분의 말씀을 세상에 증거했다.

## (3) 선교적 교회인 사도 요한과 소아시아 일곱 교회

### 1) 교회의 선교적 정체성

계시록에서 교회는 다양한 은유적 표현으로 소개된다. ① 동료 종, 형제, 종1:1; 2:20; 6:11; 7:3; 12:10; 19:2,5; 22:3,6, ② 교회1:4,11,20; 2:1,7,8,11,12,17,18,23,29; 3:1,6,7,13,14,22; 22:16, ③ 제사장 나라1:6; 5:10; 20:6, ④ 촛대와 별1:20, ⑤ 이기는 자2~3장; 15:2; 21:7, ⑥ 남은 자2:24; 12:17, ⑦ 흰옷 입은 자3:4~5; 6:11; 7:9,13, ⑧ 24장로4:4, ⑨ 성도5:8; 8:3~4; 11:18; 13:7; 14:12; 16:6; 17:6; 18:20,24; 19:8; 20:9, ⑩ 144,0007:4~8; 14:1~5, ⑪ 큰 무리7:9~17, ⑫ 성전의 제단에서 경배하는 자11:1, ⑬ 두 증인, 두 선지자11:3,10, ⑭ 여인12장; 19:7; 21:9, ⑮ 부름 받고 택함 받은 진실한 자17:14, ⑯ 하나님의 백성18:4; 21:3, ⑰ 새 예루살렘성, 어린양의 신부로 혼인잔치에 초대받은 자19:9; 21:2,9; 22:17, ⑱ 12지파와 12사도21:12,14, ⑲ 하나님의 계명을 지키며 예수님의 증거를 가진 자12:17, ⑳ 속량 받은 첫 열매14:4, ㉑ 이기는 자2:7,11,17,26; 3:5,12,21, ㉒ 백마 탄 자들19:14, ㉓ 첫째 부활에 참여하는 자20:6, ㉔ 두루마기를 입고 빠는 자16:15; 22:14, ㉕ 말씀을 읽고 듣고 지키는 자1:3; 22:7, ㉖ 주 안에서 죽는 자14:13.[25]

이 가운데 계시록의 중심인 계시록 11~13장에 교회론적 표현이 많이 등장하는데두 증인, 두 선지자, 형제, 남은 자, 성도, 여인, 하나님의 계명을 지키며 예수의 증거를 가진 자, 교회는 사탄의 삼위일체인 용과 바다짐승 그리고 땅 짐승과 싸운다.[26] 그러나 하나님의 보호와 도우심을 받는 전투하는 교회가 결국 승리한다.

성부의 계시를 받으신 예수님께서는 충성되고 참된 증인μάρτυς이시다계1:5; 3:14; 22:18,20. 그리고 계시록의 저자 요한은 예수님의 증인이다계1:9; 10:11. 마찬

---

25. 참고로 E. Mueller, "Introduction to the Ecclesiology of the Book of Revelation," *Journal of the Adventist Theological Society* 12/2 (2001), 199~200은 교회의 은유를 16개만 제시한다.

26. Mueller, "Introduction to the Ecclesiology of the Book of Revelation," 206.

가지로 계시록의 수신자인 일곱 교회는 이방인들에게 하나님을 증거하는 제사장 나라계1:6; 5:10, 열방에 빛을 비추는 일곱 촛대계1:12,20, 그 땅에서 증언하다 순교한 증인들계2:13; 11:3,10; 17:6, 거짓과 흠이 없는 제자도를 구현하는 144,000명계14:1~5, 그리고 만국의 왕들이 열린 문으로 들어와야 할 새 예루살렘성이다계21:24.[27] 예수님의 칭찬만 들은 빌라델비아교회 앞에 선교의 문이 열렸는데, 이 증인 공동체는 천국의 열쇠들을 잘 활용하여 사탄의 회會에게 전도해야 했다계3:7~8; 참고, 마16:19; 골4:3.[28] 하나님의 영광과 새 창조의 역군으로 부름 받은 독자들은 하나님의 신실한 선교적 백성이다.[29] 하나님 나라의 도래는 무엇보다 하나님의 선교missio Dei로 가능한데, 교회의 선교missio ecclesiae는 하나님의 선교를 완성하기보다 그것에 정초하며 그것과 함께한다.[30]

## 2) 선교적 예배와 공적 삶

신구약 중첩기에 기록된 요한계시록이 소개하는 예배는 철저히 삼위 하나님을 중심으로 한다. 사탄의 회가 종교의 중심지로 삼은 예루살렘 돌 성전의 파괴는 짐승 제사를 마감시켰을 뿐 아니라, 원심적이며 우주적인 기독교 예배의 본격화를 위한 전환점이었다계1:7; 11:2; 17:16; 18:20; 21:22.[31] 그런데 라오디게아교회는 주일 저녁의 성찬예배를 드릴 때, 교회의 주와 머리이신 예수님을 바깥에

---

27. 계시록 21장 2절에서 22장 5절까지의 새 예루살렘성은 완벽한 선교적 교회인데, 사도행전 2~7장의 예루살렘 교회의 모습과 유사하다.

28. J. du Preez, *Die Koms van die Koninkryk volgens die Boek Openbaring* (Stellenbosch: Universiteit van Stellenbosch, 1979), 178~180.

29. D. Fleming, "Revelation and the Missio Dei: Toward a Missional Reading of the Apocalypse," *Journal of Theological Interpretation* 6/2 (2012), 163~164, 169.

30. Du Preez, *Die Koms van die Koninkryk volgens die Boek Openbaring*, 208~~209.

31. 예수님의 십자가 처형이 구약 제사의 신학적 종말을 초래했다면, 주후 70년 사건은 짐승 제사에 대한 역사적 종말이다. 참고. K. L. Gentry Jr., *The Divorce of Israel: A Redemptive-Historical Commentary on the Book of Revelation*, Volume 1 (Dallas: Tolle Lege, 2017), 280.

내버려둔 채 '마라나타'를 외치면서 그들만의 종교 활동에 여념이 없었다계3:20; 참고. 고전16:22; 계22:20.[32] 이처럼 영적으로 미지근한 혼합주의에 빠진 교회는 예수님이 없는 성찬식과 예배 그리고 종교 활동을 할 수 있다. 선교적 교회는 주일에 함께 모여 드리는 예배를 통하여 예수님의 현존과 그분의 주되심을 재확인해야만, 주중에 세상 속에서 주 예수님의 대리 현존으로서 복음을 증언하며 사랑과 평화의 봉사를 할 수 있다참고. 엡1:10; 벧후1:4.[33]

천상의 예배계4~5장는 선교적 교회의 예배 매뉴얼과 같다. 선교적 예배자 missional worshippers들은 선교적 예전missional liturgical 교회론을 확립해야 한다. 그들은 전능하신 하나님의 승리와 구원의 은혜를 기리는 공적 예배 중에 설교와 기도 그리고 새 노래를 통해계1:3; 8:4; 14:3, 선교적 교회로서의 소명과 정체성 그리고 사명을 재확인하고 힘을 공급받아야 한다.[34] 계시록의 독자들은 황제숭배와 사탄의 회의 혼합주의 유혹으로부터 비평적 거리두기critical distancing를 시행하면서계18:4, 하나님만 예배하는 삶으로 공적으로 복음을 실천하는 대안사회로서 세상의 변혁을 꾀해야 했다.[35] 그리고 선교적 교회는 선교적 기도missional prayer를 배워 실천하고, 이웃의 고통과 눈물을 닦아 주고계7:15~17; 21:4, 경제 정의를 구현하도록 노력해야 한다계18:11~17.[36]

---

32. C. G. Gonzalez and J. L. Gonzalez, "Jesus Outside the Feast?: A Sermon on Revelation 3:14~22" (https://gocn.org/library/jesus-outside-the-feast-a-sermon-on-revelation-314~322/ (2020년 8월 25일 접속)도 참고하라.

33. 모이고 다시 흩어졌다 다시 모이는 교회에게 강대상과 성찬상은 선교의 출발점이자 종착지이다. K. Whiteman, "Blessed is the Kingdom: The Divine Liturgy as Missional Act," *The Asbury Journal* 74/2 (2019), 326~334.

34. 참고. Tucker, "Some Thoughts around Developing Missional South African Congregations based upon the Church Rediscovering Its Identity in the Grace of God," 478~479.

35. Fleming, "Revelation and the Missio Dei," 170~171.

36. Fleming, "Revelation and the Missio Dei," 174~175. 참고로 2006년의 설문조사에 따르면, 남아공 화란개혁교회(DRC) 교인 중 단지 7%만 교회가 역점을 두어야 할 세 가지 가치에 기도를 포함시켰다. 오래전 1912년에 교회의 가장 중요한 사명으로 선교를 꼽은 '19세기 남아공의 성자' Andrew Murray(1828~1917)는 남아공 교회의 영적 활력과 개종자가 약화되는 주요 원인을 기도하지 않는 죄에서 찾았다. 참고. Tucker, "Some Thoughts

선교적 교회는 국가 권력과 어떤 관계를 유지해야 하는가? 하나님의 언약 백성이 정치권력에 기생하면 사탄의 회계2:9; 3:9와 거짓 선지자가 된다계17:11; 19:20. 그리고 주후 1세기 유대교와 로마제국의 일시적인 결탁이 보여주듯이, 정치권력 이념에 종속된 종교집단은 더 센 정치권력으로부터 토사구팽兎死狗烹 당하고 만다계17:16. 교회는 영원하지 않은 정치세력이나 국가가 아니라 예수님과 연합해야 하는데, 무엇보다 일치된 목소리와 행동으로 사회의 공동선을 촉진할 필요가 있다에. 2001년의 Christian Churches Together.[37] 선교적 교회는 정치 이념이 복음의 진리를 대체하지 않도록 주의해야 한다. 세상에 파송된 그리스도인은 "혀를 놀려 악한 말을 말고 입술을 놀려 거짓말을 말아라. 못된 일을 하지 말고 착한 일을 하여라. 평화를 이루기까지 있는 힘을 다하여라."시34:13~14, 공동 번역를 기억해야 한다.

## 3) 선교적 구원론, 성령론 그리고 종말론

요한계시록 전반에 걸쳐 나타나는 출애굽 주제는 반 신화적이며 선교적 구원론anti-mythic missional soteriology을 제시한다. 우가릿 문서의 바알 사이클Baal cycle에 따르면, 바알Baal은 바다와 강과 혼돈의 신 얌Yamm을 정복하고 자판 Zaphan 산에 궁전을 세웠지만, 그후 죽음과 지하의 신 모트Mot에게 패했다. 그

---

around Developing Missional South African Congregations based upon the Church Rediscovering Its Identity in the Grace of God," 484.

37. N. R. Gulley, "The Public Square: Union of Church and State: What We can learn from History and Scripture," *Journal of the Adventist Theological Society* 18/1 (2007), 52~62. 참고로 2020년 8월 중순, 전광 훈씨를 중심으로 코로나19가 전국에 확산했다. 그 일이 있기 1년 전에 그의 정치적 행보에 대한 경고가 있었다. "이 같은 행태는 권력 정치의 집단적 광기에 몰입된 거짓 선지자의 선전선동으로 하나님 나라의 복음적 공동증 언과는 본질적으로 다른 반기독교적 행위입니다. 교회의 정치참여는 하나님 나라의 복음의 가치에 기초해야 합니다. …… 전광훈 목사의 반복음적, 반신학적, 반지성적 주장은 참담함을 금할 수 없는 스캔들입니다. …… '전 광훈 현상'은 한국의 분단냉전 권력정치체제와 결합된 종교의 사회정치적 일탈행동입니다." 한국기독교교회협 의회, "[전광훈 목사의 망언에 대한 한국기독교교회협의회의 반대성명] 한기총 대표회장 전광훈 목사는 더 이 상 예수 그리스도의 복음을 욕되게 하지 마십시오," 『기독교사상』 727 (2019), 42, 44.

러다가 최고의 신 엘El의 도움으로 불완전하지만 다시 모트를 정복했다. 바알 사이클의 다신론과 달리, 출애굽기 15장 1~18절과 계시록 15장 3~4절은 애굽 군대와 혼돈의 바다 그리고 가나안의 이방족속들/바다짐승인 로마제국을 외부의 도움 없이 완전히 정복하신 유일신 하나님/예수 그리스도의 영원한 통치를 찬양한다. 야웨/그리스도께서는 그 어떤 신들이 행하지 못한 일을 유일하게 자기 백성을 위해서 수행하셨다. 바알은 자판 산에 지은 궁전으로 사람들을 초청하지 않고 신들만 거기서 열린 잔치에 초대했지만, 하나님께서는 시온 산의 성전으로 자기 백성을 초대하셨다. 신화에 따르면, 바알과 모트 간의 계속되는 싸움 때문에 계절의 변화가 발생한다. 그러나 하나님의 나라는 하나님의 완전한 승리 덕분에 영원하며 그분의 백성은 안전을 누린다. 출애굽기 15장은 이스라엘의 애국가로서, 이스라엘은 외부인들에게 하나님의 통치를 전파해야 했다. 마찬가지로 계시록 15장 3~4절은 그리스도의 나라의 국제적인 애국가로서, 새 출애굽 공동체인 신약 교회는 예수님의 통치를 온 땅에 전해야 한다. 현대인들은 신화의 신들을 두려워하지 않지만, 전염병, 질병, 소위 자연재해, 테러, 전쟁, 환경오염 등은 두려워한다. 교회는 그들에게 인간 사회와 창조세계의 질서와 안전함과 구원이 유일하신 하나님께 있음을 전해야 한다.[38]

일곱 영께서 성부와 성자의 보좌 앞으로부터 온 세상을 천국 복음으로 변화시키기 위해 파견되신다계1:4; 3:1; 4:5; 5:6.[39] 예수님의 선교활동은 일곱 영의 역사로 가능했다계5:6. 그 동일한 일곱 영께서 선교적 교회에 내주하셔서 새 언약의 복음을 전파하도록 격려하신다. 선교적 교회는 충성된 증인이신 예수님과 요한을 모델로 삼아계1:5,9, 순교를 무릅쓰고 어린양의 보혈의 은혜를 증언하는 데

38. B. Russell, "The Song of the Sea and the Subversion of Canaanite Myth: A Missional Reading," *The Asbury Journal* 72/2 (2017), 111~117에서 요약함.
39. J. A. du Rand, *A-Z van Openbaring* (Vereeniging: CUM, 2005), 255.

힘써야 한다계11:7; 12:11,17. 또한 일곱 영께서는 어린양의 신부들 안에서 역사하시는 생수로서, 만국을 치유하는 선교활동을 위해 힘을 주신다계21:16; 22:2. 승천하신 예수님께서는 자기 신부들을 생수이신 성령께로 인도하시는 목자이시다계7:17. 정리하자면, 예수님께서는 선교의 영missional Spirit이신 성령을 자기 신부에게 주셔서 만국을 치유하도록 하신다. 이런 일곱 영의 활동은 선교적 종말론missional eschatology으로 이어진다. 성령의 지성소인 새 언약 백성은 에스겔 36장 26~27절에서 '선교 DNA'를 찾을 수 있다계21:16.[40]

조나단 에드워즈는 18세기 초순의 뉴잉글랜드의 부흥을 경험하면서, 기도와 복음 전파와 기독교 부흥에 대한 서적 출간에 힘쓰면서 주후 2000년에 시작된 천년왕국의 도래를 기대했다.[41] 에드워즈는 계시록 16장 12~21절의 여섯째와 일곱째 대접 심판들이 천주교와 적그리스도의 세력에게 임할 것이라고 보았다. 따라서 에드워즈는 계시록을 제1차 독자와 무관하게 세상-교회 역사적으로 해석하면서 후천년설을 주장했다. 그러나 계시록이 소개하는 선교적 종말론은 요한 당시에 사탄의 회와 로마제국이 속히 심판을 받고, 남은 자들을 통하여 세상이 하나님 나라로 변혁되며, 주님의 재림으로 사탄의 세력이 진멸되어 신천신지가 완성되는 것이다. 첨언하자면, 선교적 교회론, 성령론, 종말론은 기존의 역사적 개혁주의 교리와 상충하거나 단절되지 않도록 주의해야 한다.[42]

40. Tucker, "Some Thoughts around Developing Missional South African Congregations based upon the Church Rediscovering Its Identity in the Grace of God," 487.
41. M. C. Rogers, "A Missional Eschatology: Jonathan Edwards, Future Prophecy, and the Spread of the Gospel," *Fides et Historia* 41/1 (2009), 39~45.
42. A. Effa, "Pub Congregations, Coffee House Communities, Tall-Steeple Churches, and Sacred Space: The Missional Church Movement and Architecture," *Missiology* 43/4 (2015), 374~382.

## 4) 요약

요한과 순교자들은 예수님과 그분의 복음을 세상에 전하기 위해 유배와 순교를 당했다. 이 사실에 발맞춰 요한계시록은 박해와 혼합주의의 미혹에 맞서야 했던 독자들에게 기독론적으로 구체화된 선교적 영성Christologically concrete and missional spirituality을 촉구한다. 그리스도인은 우상숭배와 거리를 두면서 말과 삶으로써 복음을 증언하면서, 신천신지가 완성될 때까지 일곱 영으로 충만해야 한다.[43]

## 4. 요약 및 적용: 어떻게 설교할 것인가?

예수 그리스도와 복음을 세상에 말로써 증언하며 삶으로 증거하는 선교적 교회는 기존의 교회를 부정하지 않으며, 선교적 교회론만 완전한 교리라고 말할 수도 없다. 오히려 선교적 교회는 포스트모던 시대에 하나님 나라를 현시하고 증언해야 할 교회의 새로운 모습이 어떠해야 하는가라는 고민의 산물이다. 요한문헌에 나타난 선교와 선교적 교회는 삼위 하나님의 선교, 종말론, 예배, 영성, 그리고 실천과 밀접하게 관련된다. 이를 요약하면 다음의 도표와 같다.

---

43. 세례 및 입교 교육을 통해 젊은 그리스도인들이 깊은 신앙을 체험하며 성도의 교제를 누리고 세상 속에서 증인으로 활동할 수 있는 방안에 대해서는 T. M. Elton, "Encountering the Gospel Anew: Confirmation as Ecclesial, Personal, and Missional Practices," *Word & World* 38/1 (2018), 41~42를 보라.

| 선교적 요소 | 요한복음 | 요한서신 | 요한계시록 |
|---|---|---|---|
| 선교적 성부 | 사랑의 동기로<br>아들을 보내심 | 사랑의 동기로<br>아들을 보내심 | 계시의 원천,<br>보좌 위의 통치자 |
| 선교적 성자 | 성령을 제자들에게<br>보내심 | 성육하신 말씀 | 새로운 모세, 어린양과<br>사자 그리고 신랑 |
| 선교적 성령 | 보혜사로서<br>제자들에게 임하심 | 기름부음 | 교회당 안에서<br>말씀하시는 성령,<br>온 세상에 역사하시는<br>일곱 영 |
| 선교적 교회 | 세상에 파송된<br>제자들 | 하나님께서 가족으로서<br>순회선교사를 파송하심 | 소아시아 일곱 교회는<br>새로운 출애굽<br>공동체이자 선교적 교회 |
| 선교적<br>종말론 | 성부께서 성자께 주신<br>모든 사람들이 하나님의<br>가족 안으로 들어옴 | 순회선교사를<br>파송하여 추수함 | 신천신지를<br>누리고 소망함 |
| 선교적 예배 | 성령과 실체로<br>예배를 드림 | 가이오의 집과 같은<br>가정교회 | 예수님의 현존이 있는<br>예배를 회복함,<br>그리고 천상의 예배는<br>믿음의 세계를 형성하고<br>지상 예배의 모델이 됨 |
| 선교적 영성 | 마귀의 가족을 하나님의<br>가족 안으로 인도함 | 적그리스도의 세력에<br>맞서서 선교함 | 기도, 증언, 세상 변혁 |
| 선교적 실천 | 예수님의 사랑과<br>희생을 본받음 | 진리 안에서 사랑함 | 구원의 은혜, 말씀, 순교 |

선교적 목회자missional minister의 설교 유형은 예수님과 하나님 나라를 중심으로 공공선교적인 성격을 띠어야 한다. 성경 본문에 나타난 예수님의 복음을 구속사적으로 주해한 후, 그 복음을 21세기의 회중이 직면한 이슈들을 해석하고 적용하는 데 제시하는 것이다.[44] 더불어 코로나19 시대에 인터넷과 유튜브

---

44. 북미의 선교적 교회가 급속하게 변하는 포스터모던 문화와 적절히 대면하도록 돕기 위해 설립된 '복음과 우리

그리고 SNS를 통한 전도와 양육과 소통을 적절히 병행해야 한다. 선교적 설교문의 실례를 요약하여 제시하면 아래와 같다.

## 설교의 예

제목: 나도 그들을 세상에 보내었고

본문: 요한복음 17장 17~21절

요지: 복음을 거룩히 실천하는 선교사로 살자.

대지 1: 18절 - 우리는 누구인가? 우리는 예수님께서 세상에 파견하신 선교사이다.

대지 2: 17, 19절 - 우리가 선교사로 살기 위해서 먼저 할 일은 무엇인가? 우리는 복음으로 거룩하게 되어야 한다.

대지 3: 20~21절 - 우리의 사명은 무엇인가? 우리는 복음을 말과 거룩한 행실로써 증언해야 한다.

※ 참고로 요한문헌의 선교적 교회의 교훈을 그리스도인의 마음에 각인시키기에는 찬송가만한 것이 없다. 만일 요한이 소개한 선교를 담아낸 선교적 찬송가missional hymn를 만든다면, '예수 그리스도, 믿음, 영생, 진리 안에서 사랑의 실천, 박해 중의 승리'라는 다섯 개의 주제어를 가사와 멜로

---

문화 네트워크(The Gospel and Our Culture Network)'는 신학적, 문화적, 그리고 교회론적 성찰을 다각도로 시도하고 있다. M. W. Goheen, "The Missional Church: Ecclesiological Discussion in the Gospel and Our Culture Network in North America," *Missiology* 30/4 (2002), 479~488.

디에 반영해야 한다.[45] 특히 선교적 교회의 핵심은 그리스도인이 하나님의 손과 발이 되어 사랑을 실천하는 것인데, 이와 관련해 찬송가 가사를 아래와 같이 제안할 수 있겠다.

찬송가 제목: 증언과 거룩한 삶으로 선교하는 교회

찬송가 가사

1절 우리를 거듭나게 만든 하나님의 사랑 복음으로써 날마다 주님을 닮아 가자

2절 하나님께서 세상에 보내신 아들 예수님을 믿어 죄 용서와 영생을 얻으세

3절 하나님의 자녀여 천국 복음을 증언하기 위해 이웃을 내 몸처럼 사랑하세

4절 유혹과 환난을 뚫고 전진하는 제사장 나라 그들 앞에 대적들은 진멸되네

후렴 세상에 파송된 주님의 신부들, 신랑의 사랑을 맛보고 세상에 전하세.
아멘.

---

45. 선교적 교회가 예수님의 사랑을 유일한 동기로 삼는다면, 복음과 신학을 세상에 가시화하고 피부에 와 닿도록 만들어야 한다. 또한 고난 중에 있는 사람들에게 하나님의 사랑을 보여줄 수 있는 사람만이 '선교적 특권(missional privilege)'을 발견할 수 있다. 참고. 남아공 프리스테이트대학교 선교학 교수 F. J. van H. Hancke, "God's Missional People: Reflecting God's Love in the Midst of Suffering and Affliction," *Acta Theologica* 16 (2012), 102~104.

# 참고 문헌

## 1부 고난, 어떻게 설교할 것인가?

### 2장 모세오경의 고난

#### 단행본

김하연. 『유대배경을 알면 성경이 보인다』. 서울: SFC, 2016.

Cohen, A. *Everyman's Talmud-The Major Teachings of the Rabbinic Sages*. New York: Schocken Books, 1995.

Fretheim, T. *The Suffering of God: An Old Testament Perspective*. Philadelphia: Fortress Press, 1984.

Greenberg, M. *The Hab/piru*. New Haven: American Oriental Society, 1955.

Harris, S. 『기독교 국가에 보내는 편지』. *Letter to a Christian Nation*. 박상준 역. 서울: 동녘사이언스, 2008.

Hendriksen, W. 『마태복음 (상)』. *Matthew*. 헨드릭슨 성경주석 시리즈. 김만풍 역. 서울: 아가페 출판사, 1983.

Jordan, J.B. 『창세기의 족장이야기』. *Primeval Saints*. 안정진 역. 서울: CLC, 2009.

Keller, T. 『팀 켈러, 하나님을 말하다』. *The Reason for God*. 최종훈 역. 서울: 두란노, 2017.

Lewis, C. S. 『고통의 문제』. *The Problem of Pain*. 이종태 역. 서울: 홍성사, 2002.

Moreland, J. P. & Muehlhoff, T. 『이렇게 답하라-예화로 풀어보는 변증』. *The God Conversation*. 박세혁 역. 서울: 새물결플러스, 2009.

Sarna, N. M. 『출애굽기 탐험』. *Exploring Exodus*. 박영호 역. 서울: 솔로몬, 2004.

Wiersbe, W. W. 『왜 하필이면 우리에게』. *Why Us? When Bad Things Happen to God's People*. 이희윤 역. 서울: 도서출판 나침반사, 1985.

Zacharias, R. 『이성의 끝에서 믿음을 찾다』. *The End of Reason: A Response to the New Atheists*. 송동민 역. 서울: 에센티아, 2008.

Zacharias, R. 『오직 예수』. *Jesus Among other gods*. 이상준 역. 서울: 두란노, 2016.

#### 사전류

Meyers, C. "עֶצֶב." Botterweck, in: G. J., Ringgren, H., & FABRY, H. (1974). *Theological Dictionary of the Old Testament* (TDOT). Tradução John T. Willis, Geoffrey W. Bromiley, David E. Green, Douglas W. Stott. Vol. 11. Grand Rapids: 1977~2012.

Simundson, D. J. "Suffering." In *ABD*. Vol. 6. Edited by D. N. Freedman and G. A. Herion. New York: Doubleday, 1992.

VanGemeren, W. A. *The New International Dictionary of Old Testament Theology & Exegesis* (NIDOTTE). Vol. 3. Zondervan, 1997~1998.

## 인터넷 자료

"*Parshat Lech Lecha.*" http://www.alexisrael.org/lech-lecha---maaseh-avot

# 3장 역사서의 고난

신득일. 『구속사와 구약주석』. 서울: CLC, 2017.

_____. 『101가지 구약 Q&A』. 서울: CLC, 2017.

Bavinck, Herman. *Reformed Dogmatics: God and Creation*, vol. 2. Grand Rapids, MI: Baker Academic, 2004.

Black, J., A. George, N. Postgate (eds). *A Concise Dictionary of Akkadian*. Wiesbaden: Harrassowitz Verlag, 2000.

Borgen, Peder, Kåre Fuglseth, and Roald Skarsten. *The Works of Philo: Greek Text with Morphology*. Bellingham, WA: Logos Bible Software, 2005.

Botterweck, G. Johannes, Helmer Ringgren, and Heinz-Josef Fabry. trans. David E. Green. *Theological Dictionary of the Old Testament*. Grand Rapids, MI; Cambridge, U.K.: William B. Eerdmans Publishing Company, 1995.

Currid, John. *Why Do I Suffer?: Suffering & the Sovereignty of God*. Ross-shire: Christian Focus, 2004.

Jenni, Ernst and Claus Westermann (eds). *Theological Lexicon of the Old Testament*. Peabody, MA: Hendrickson Publishers, 1997.

Koehler, Ludwig et al.. *The Hebrew and Aramaic Lexicon of the Old Testament*. Leiden: E. J. Brill, 1994~2000.

Newman, Albert H.. "Introductory Essay on the Manichæan Heresy," in *St. Augustin: The Writings against the Manichaeans and against the Donatists*. ed. Philip Schaff, vol. 4. A Select Library of the Nicene and Post-Nicene Fathers of the Christian Church, First Series. Buffalo, NY: Christian Literature Company, 1887: 5~36.

Pritchard, James Bennett (ed.). *The Ancient Near Eastern Texts Relating to the Old Testament*. Princeton: Princeton University Press, 1969.

Shin, D. I.. "The Translation of the Hebrew Term Nīr: 'David's Yoke'?," *Tyndale Bulletin* 67.1 (2016): 7~21.

# 4장 시가서의 고난

김성수. "문맥으로 시편 25~33편 읽기." 『구약논단』 19/2 (2013): 68~98.

_____. "시편의 복음과 상황: 시편 1, 2편을 중심으로." 『성경과 신학』 59 (2011): 1~36.

_____. "시편 3~14편의 문맥 속에서 시편 8편과 14편 읽기." 『ACTS 神學과 宣教』 9 (2005): 61~83.

_____. "시 106편: 이스라엘의 반역의 역사." In 『시편 3: 어떻게 설교할 것인가』. Edited by 목회와 신학 편집부. 서울: 두란노, 2015: 201~210.

_____. "시 107편: 하나님의 선하심을 체험하라." In 『시편 3: 어떻게 설교할 것인가』. Edited by 목회와 신학 편집부. 서울: 두란노, 2015: 211~216.

_____. "여호와의 산에 오를자 누구인가?: 문맥으로 시편 15~24편 읽기." 『개혁신학과 교회』 24 (2010): 53~85.

김성진. "욥기 해석에 있어 엘리바스 비전(욥기 4:12~21)의 중요성." 『구약논집』 13 (2018): 40~67.

_____. "욥기에서 엘리후 연설(욥 32~37장)의 위치와 기능." 『신학정론』 16 (2020): 34~65.

김정우. "[김정우 칼럼] 수난 주간에 묵상하는 욥의 고난과 소통." 『국민일보』 2013년 3월 15일. http://news.kmib.co.kr/article/view.asp?arcid=0006990415.

김진규. "제왕시의 전략적 위치에서 본 시 89편: 다윗 언약은 실패한 언약인가?." 『구약논단』 15 (2009): 83~110.

김창대. 『한 권으로 꿰뚫는 시편』. 서울: IVP, 2015.

류행렬. "시편 원수 이미지의 당혹성." 『신학이해』 26 (2003): 9~29.

박우택. 『시가서』. Refo 500 성경해설. 서울: 세움북스, 2019.

방정열. 『새로운 시편 연구』. 서울: 새물결플러스, 2018.

손세훈. "시편 개인 탄원시 이해: 시인과 원수의 관계에 대한 연구." 『구약논단』 15 (2003): 65~94.

송제근. "말씀의 책 시편." In 『시편 1: 어떻게 설교할 것인가』. Edited by 목회와 신학 편집부. 서울: 두란노, 2015: 13~20.

스택, 존. 『구약신학』. 류호준 역. 서울: 솔로몬, 2000.

이성훈. "시편을 어떻게 읽을 것인가." In 『시편 1: 어떻게 설교할 것인가』. Edited by 목회와 신학 편집부. 서울: 두란노, 2015: 21~25.

이태훈. "시편에 나오는 원수에 대하여." In 『시편 1: 어떻게 설교할 것인가』. Edited by 목회와 신학 편집부. 서울: 두란노, 2008: 69~82.

정중호. "시편을 통해 본 인간 이해." In 『시편 1: 어떻게 설교할 것인가』. Edited by 목회와 신학 편집부. 서울: 두란노, 2008: 83~94.

Bang, Jeung Yeoul. "The Canonical Function of Psalms 19 and 119 as a Macro-Torah Frame." 구약논단 23/4 (2017): 251~285.

Belcher, R. P. "Suffering." In *Dictionary of the Old Testament: Wisdom, Poetry & Writings*. Edited by Tremper Longman III and Peter Enns. Downers Grove, IL; Inter-Varsity, 2008: 775~781.

Buis, H. "Retribution." In *The Zondervan Encyclopedia of the Bible, Q-Z*. Edited by Moisés Silva and

Merrill Chapin Tenney. Grand Rapids, MI: The Zondervan, 2009: 95~105.

Bullock, Hassell. *An Introduction to the Old Testament Poetic Books*. Chicago, IL: Moody Publishers, 2007.

Cherney, Kenneth A. "Did Job 'Repent'? (42:6)." *Wisconsin Lutheran Quarterly* 109/2 (2012): 132~137.

Clines, D. J. A. *Job 38~42*. WBC. Nashville: Thomas Nelson, 2011.

Cole, Robert Luther. "An Integrated Reading of Psalms 1 and 2." *Journal for the Study of the Old Testament* 26/4 (2002): 75~88.

DeClaissé-Walford, Nancy L. *The Shape and Shaping of the Book of Psalms: The Current State of Scholarship*. Society of Biblical Literature, 2014.

DeClaisse-Walford, Nancy L., Rolf A. Jacobson, and Beth LaNeel Tanner. *The Book of Psalms*. NICOT. Grand Rapids, MI: Eerdmans, 2014.

Estes, Daniel J. *Handbook on the Wisdom Books and Psalms*. Grand Rapids: Baker Academic, 2005.

Futato, Mark D. *Interpreting the Psalms: An Exegetical Handbook*. Grand Rapids, MI: Kregel, 2007.

Fyall, Robert S. *Now My Eyes Have Seen You: Images of Creation and Evil in the Book of Job*. NSBT 17. Downers Grove, IL: InterVarsity Press, 2002.

Garrett, Duane A. "Job." In *The Problem of the Old Testament*. Downers Grove, IL: InterVarsity, forthcoming.

_____. *Job*. Shepherd's Notes. TN, Nashville: Holman, 1998.

Gillingham, Susan. *A Journey of Two Psalms: The Reception of Psalms 1 & 2 in Jewish & Christian Tradition*. Oxford: Oxford University Press, 2013.

Ho, Peter C. W. *The Design of the Psalter: A Macrostructural Analysis*. Wipf and Stock Publishers, 2019.

Howard, David M. "Recent Trends in Psalms Study." In *The Face of Old Testament Study: A Survey of Contemporary Approaches*. Edited by David W. Baker and Bill T. Arnold. Grand Rapids: Baker, 1999.

Hubbard, Robert L. and Robert K. Johnston. *Psalms*. UBC. Grand Rapids, MI: Baker Books, 2012.

Johnson, Timothy J. *Now My Eye Sees You: Unveiling an Apocalyptic Job*. HBM 24. Sheffield: Sheffield Phoenix Press, 2009.

Kidner, Derek. 『지혜서를 어떻게 읽을 것인가?』 *The Wisdom of Proverbs, Job & Ecclesiastes*. 유윤종 역. 서울: IVP, 2000.

Kim, Jinkyu. "The Strategic Arrangement of Royal Psalms in Books IV-V." *The Westminster Theological Journal* 70/1 (2008): 143~157.

Kim, Sungjin. "The Identity of the Spirit in Eliphaz's Vision (Job 4:12~21) and Its Significance in Understanding the Book of Job." Ph.D. Thesis., Southern Baptist Theological Seminary, 2017.

Krüer, Thomas. "Did Job Repent?" In *Das Buch Hiob und seine Interpretationen: Beiträge zum*

*Hiob-Symposium auf dem Monte Verità vom 14.19. August 2005.* Edited by Thomas Krüger et al. Abhandlungen zur Theologie des Alten und Neuen Testaments 88. Zürich: Theologische Verlag Zürich, 2007: 217~229.

Kynes, Will. "Lament Personified: Job in the Bedeutungsnetz of Psalm 22." In *Spiritual Complaint: The Theology and Practice of Lament.* Edited by Miriam J. Bier and Tim Bulkeley. Cambridge, UK: James Clarke & Co, 2014.

Longman, Tremper, and Raymond B. Dillard. *An Introduction to the Old Testament.* 2nd ed. Grand Rapids, MI: Zondervan Academic, 2006.

López, René A. "The Meaning of 'Behemoth' and 'Leviathan' in Job." *Bibliotheca Sacra* 173 (2016): 401~424.

Mays, James Luther. *The Lord Reigns: A Theological Handbook to the Psalms.* Westminster John Knox, 1994.

_____. "The Place of the Torah-Psalms in the Psalter." *Journal of Biblical Literature* 106/1 (1987): 3~12.

McCann, J. Clinton. *A Theological Introduction to the Book of Psalms: The Psalms as Torah.* Nashville, TN: Abingdon, 1993.

Mitchell, David C. *The Message of the Psalter: An Eschatological Programme in the Book of Psalms.* JSOTSup 252. Sheffield: Sheffield Academic Press, 1997.

Nielsen, Kirsten. "Why Not Plough with an Ox and an Ass Together? Or: Why Not Read Ps 119 Together with Pss 120~134?" *Scandinavian Journal of the Old Testament* 14 (2010): 56~66.

Ortlund, Eric. "The Identity of Leviathan and the Meaning of the Book of Job." *Trinity Journal* 34/1 (2013): 17~30.

Patrick, Dale. "Translation of Job 42:6." VT 26/3 (1976): 369~371.

Robertson, Palmer. 『시편의 흐름』. *The Flow of the Psalms: Discovering Their Structure and Theology.* 김헌수·양태진 역. 서울: 성약, 2019.

VanGemeren, Willem A. "Psalms" In *EBC.* Vol. 5. Grand Rapids, MI: Zondervan, 1991: 1~880.

Wenham, Gordon J. *Psalms as Torah: Reading Biblical Song Ethically.* Grand Rapids, MI: Baker, 2012.

Westermann, Claus. *Praise and Lament in the Psalms.* Westminster John Knox, 1981.

Wharton, James A. *Job.* WeBC. Louisville: Westminster John Knox Press, 1999.

Whiting, Mark J. "Psalms 1 and 2 as a Hermeneutical Lens for Reading the Psalter." *The Evangelical Quarterly* 85/3 (2013): 246~262.

Wilson, Gerald H. *The Editing of the Hebrew Psalter.* SBL, 1985.

# 5장 선지서의 고난

김상기. "시편 1편의 구조적 이해: 의인의 복과 악인의 멸망." 『성경 원문 연구』 32 (2013): 50~70.

김성수. "시편 34~37편 문맥 속에서 시편 37편 읽기." 『장신논단』 50 (2018): 11~37.

이승진. "고난과 하나님의 섭리에 관한 설교." 『복음과 실천신학』 35 (2015): 252~288.

이희성. "이사야 40~66장에 나타난 종의 교회론적 해석." 『신학지남』 84 (2017): 9~36.

옥한흠. 『고통을 다루시는 하나님의 손길』. 서울: 두란노, 1987.

최민수. "하나님의 이중적 이미지: 무력한 하나님, 힘 있는 하나님, 인간의 고난에 관한 목회신학적 성찰." 『한국기독교상담학회지』 19 (2010): 305~327.

Clements, R. E. "The Messianic Hope in the Old Testament." *JSOT* 43 (1989): 3~19

Dahl, George. "The Messianic Expectation in the Psalter." *JBL* 57 (1938): 1~12.

Domeris, W. R. "דכך" *NIDOTTE*. Vol 1: 943~946.

Gowen, Donald E. 『구약 예언서 신학』. *Theology of the Prophetic Books*. 차준희 역. 서울: 대한기독교서회, 2017.

Heschel, Abraham Joshua. 『예언자들』. *The Prophets*. 이현주 역. 서울: 삼인, 2017.

Kaiser Jr., W. C. *The Messiah in the Old Testament*. Grand Rapids: Zondervan Academic, 1995.

Lamberty-Zielinski, "צוק" *TDOT*. Vol 12: 301~306.

Mosis, "כאב" *TDOT*. Vol 7: 7~12.

Mowinckel, Sigmund. *He that cometh: The Messiah Concept in the Old Testament & Later Judaism*. tr by G. W. Anderson. Grand Rapids: William B. Eerdmans Publishing Company, 2005.

Reindl, "לחץ" *TDOT*. Vol 7: 529~533.

Richard, Lucien. *What are They Saying about Suffering?* New York: Paulist Press, 1982.

Richmond, Kent. *Preaching to Sufferers: God and the Problem of Pain*. Nashville: Abingdom Press, 1988.

Rose, W. H. "Messiah." In *Dictionary of the Old Testament: Pentateuch*. Edited by T. D. Alexander and D. W. Baker. Downers Grove: IVP Academic, 2002.

Rydelnik, Michael. *The Messianic Hope: Is the Hebrew Bible Really Messianic?* Nashville: B&H Publishing House, 2010.

Sweeney, Marvin A. 『예언서』. *The Prophetic Literature*. 홍국평 역. 서울: 대한기독교서회, 2018.

VanGemeren, William A. 『예언서 연구』. *Interpreting the Prophetic Word*. 김의원·이명철 역. 서울: 도서출판 엠마오, 1996.

Vossen, Eric. & Van der Ven, Johannes. *Suffering: Why for God's Sake?: Pastoral Research in Theodicy*. Kampen: J. H. Kok Publishing House, 1995.

# 6장 공관복음서의 고난

강대훈, 『마태복음 주석: 하늘에서처럼 땅에서도』 (상). 서울: 부흥과개혁사, 2019.

권기현, 『방언이란 무엇인가: 방언에 대한 다섯 가지 질문과 구속사적·교회론적·예배론적 이해』. 경산, 경
북: R&F, 2016.

송영목, 『문법적·역사적·성경신학적 관점에서 본 신약 주석』. 서울: 쿰란, 2011.

Allison, D. C. *The New Moses: A Matthean Typology*. Minneapolis: Fortress, 1993.

Baker, E. "Going Only to the Lost Sheep of the House of Israel: Matthew's Gospel Tradition."
*Proceedings* 23 (2003): 79~89.

Bauer, D. R. *The Structure of Matthew's Gospel: A Study in Literary Design. JSNTSup 31*. Sheffield:
Almond, 1988.

Baxter, W. S. "Mosaic Imagery in the Gospel of Matthew." *TJ* 20 (1999): 69~83.

Beaton, R. *Isaiah's Christ in Matthew's Gospel. SNTSMS* 123. Cambridge: Cambridge University,
2002.

Blomberg, C. L. *Matthew*. NAC. Nashville, TN: Broadman, 1992.

_____. "Matthew." In *Commentary on the New Testament Use of the Old Testament*. Edited by G.
K. Beale and D. A. Carson. Grand Rapids, MI: Baker Academic, 2007: 1~109.

Davies, W. D. and Allison, D. C. *A Critical and Exegetical Commentary on the Gospel according to
Saint Matthew: Commentary on Matthew 1~7*. Vol. I, ICC. Edinburgh: T & T Clark, 1988.

_____. *A Critical and Exegetical Commentary on the Gospel according to Saint Matthew:
Commentary on Matthew 8~18*. Vol. II, ICC. Edinburgh: T&T Clark, 1991.

Derickson, G. W. "Matthew's Chiastic Structure and Its Dispensational Implications." *BS* 163 (2006):
423~437.

France, R. T. "The Formula-Quotations of Matthew 2 and the Problem of Communication." In *The
Right Doctrine from the Wrong Texts: Essays on the Use of the Old Testament in the New*.
Ediyed by G. K. Beale. Grand Rapids, MI: Baker Book House, 1994: 114~134.

_____. *The Gospel of Matthew. NICNT*. Grand Rapids, MI: Eerdmans, 2007.

Goppelt, L. *Typos: The Typological Interpretation of the Old Testament in the New*. Trans. by D. H.
Madvig. Grand Rapids, MI: Eerdmans, 1982.

Gundry, R. H. *Matthew: A Commentary on His Handbook for a Mixed Church under Persecution*.
2nd ed. Grand Rapids, MI: Eerdmans, [1982] 1994.

Johnson, D. H. "Shepherd, Sheep." *DJG*: 751~754.

Kidder, S. J. "Christ, the Son of the Living God: The Theme of the Chiastic Structure of the Gospel
of Matthew." *JATS* 26 (2015): 149~170.

Keegan, T. J. "Introductory Formulae for Matthean Discourses." *CBQ* 44 (1982): 415~430.

Kingsbury, J. D. *Matthew: Structure, Christology. Kingdom*. London: SPCK, 1976.

_____. "The Structure of Matthew's Gospel and his concept of Salvation History." *CBQ* 35 (1973): 451~474.

_____. *The Parables of Jesus in Matthew 13: A Study in Redaction-Criticism*. London: SPCK, 1977.

Lohfink, G. *Jesus and Community: Did Jesus Found a Church?. Wie Hat Jesus Gemeinde Gewollt: Zur Gesellschaftlichen Dimension des Christlichen Glaubens*. Trans. by J. P. Galvin. London: SPCK, 1985.

Moyise, S. *The Old Testament in the New: An Introduction*. London: T&T Clark, 2001.

Osborne, G. R. *Matthew*. ZECNT. Grand Rapids, MI: Zondervan, 2010.

Runesson, A. "Saving the Lost Sheep of the House of Israel: Purity, Forgiveness, and Synagogues in the Gospel of Matthew." *Meliah* 11 (2014): 8~24.

VanderWeele, T. J. "Some Observations concerning the Chiastic Structure of the Gospel of Matthew." *JTS* 59/2 (2008): 669~673.

Walker, P. W. L. *Jesus and the Holy City: New Testament Perspectives on Jerusalem*. Grand Rapids, MI: Eerdmans, 1996.

Watts, R. E. "Messianic Servant or the End of Israel's Exilic Curses?: Isaiah 53.4 in Matthew 8.17." *JSNT* 38 (2015): 81~95.

Willitts, J. *Matthew's Messianic Shepherd-King: In Search of 'The Lost Sheep of the House of Israel'*. Berlin: New York: de Gruyter, 2007.

Wright, N. T. *The New Testament and the People of God*. Christian Origins and the Question of God Vol. 1. London: SPCK, 1992.

_____. *Jesus and the Victory of God*. Christian Origins and the Question of God Vol. 2. Minneapolis: Fortress, 1996.

# 7장 사도행전 및 일반서신의 고난

박형대. "개인고난에 관한 신약본문 주해: 신약성경에 소개된 개인고난." 『헤르메네이아 투데이』 53 (2012): 95~111.

왕인성. "베드로전서의 고난 이해: 수신자의 정체성과 삶의 자리에 대한 사회문화적 재구성을 토대로." 『신약논단』 18 (2011): 853~888.

유지운. "야고보서 5:7~20에 대한 담화 분석: 고난을 견디어 내라! 하나님 그리고 이웃과의 관계성을 유지하면서." 『성경원문연구』 41 (2017): 179~205.

윤철원. "사도행전 읽기와 하나님 나라의 상관선." 『신약논단』 21 (2014): 91~125.

이영호. "여 제자 다비다에 대한 연구(행 9:36~39)." 『영산신학저널』 44 (2018), 163~197.

이한수. "사도행전에서 스데반 설교의 의의." 『신학지남』 78(2011): 35~59.

조병수. "공동체 고난에 관한 신약 본문 주해." 『헤르메네이아 투데이』 53 (2012): 113~126.

주기철. "사도행전의 윤리, 어떻게 설교할 것인가?" 『본문과 설교』 9 (2017): 177~214.

_____. "야고보서 1장에 나타난 '시험(πειρασμός)'과 '시련(δοκίμιον)'으로 번역된 단어 재고." 『고신신학』 20 (2018): 103~130.

_____. "야고보서 5:7~12가 3.1 운동에 참여한 기독교인들에게 주는 인내의 자세." 『고신신학』 21 (2019): 33~67.

차정식. "사도행전에 비추어 본 예수의 수난 전승." 『신약논단』 10 (2003): 935~963.

한규삼, "사도행전의 끝맺음에(행28:30~31) 나타난 누가의 의도." 『신학지남』 66 (1999), 225~238.

황욱연. "사도행전 6:1~8:4의 갈등 모티프 이해: 스데반 사건을 중심으로." 『신약논단』 25 (2018): 985~1012.

Bahr, G. J. "The Subscriptions in the Pauline Letters." *JBL* 87 (1968): 27~41.

Blomberg, C. L. and Kamell, M. J. *James*. Grand Rapids: Zondervan, 2008.

Bock, D. L. *Acts*. BECNT. Grand Rapids: Baker Academic, 2007.

Bruce, F. F. *The Book of the Acts*. Grand Rapids: Eerdmans, 1988.

Cunningham, S. *'Through Many Tribulations': The Theology of Persecution in Luke-Acts*. Sheffield: Sheffield Academic Press, 1997.

Dibelius, M. *James*. Philadelphia: Fortress, 1975.

Fitzmyer, J. A. *The Acts of the Apostles*. Doubleday: The Anchor Bible, 1988.

Francis, F. O. "The Form and Function of the Opening and Closing Paragraphs of James and 1 John." *ZNW* 61 (1970): 110~126.

Hall, R. "For to This You Have Been Called: The Cross and Suffering in 1 Peter." *ResQ* 19 (1976): 137~147.

Holloway, G. "James as New Testament Wisdom Literature." *Leaven* 8(2000): 1~7.

House, P. R. "Suffering and the Purpose of Acts." *JESTS* 33 (1990): 317~330.

Jobes, K. H. *1 Peter*. Grand Rapids: Baker Academic, 2005.

Kallas, J. 『공관복음서 기적의 의미』. *The Significance of the Synoptic Miracles*. 김득중·김영봉 역. 서울: 대한기독교출판사, 1985(1961).

Kee, H. C. "The Terminology of Mark's Exorcism Stories." *NTS* 14 (1968): 247~259.

MacArthur, J. *James*. Chicago: Moody Publishers, 1998.

Marshall, I. H. and Travis, S. and Paul, I. *Exploring the New Testament, vol. 2: A Guide to the Epistles and Revelation*. 2nd ed. London: SPCK, 2011.

Martin, R. P. *James*. WBC 48. Waco: Word Books, 1988.

McCartney, D. G. *James*. Grand Rapids: Baker Academy, 2009.

Michaels, J. M. *1 Peter*. WBC 49. Waco: Word Books, 1988.

Moo, D. J. *James*. Nottingham: Inter-Varsity Press, 2015.

Neil, W. *The Acts of the Apostles*. London: Oliphants, 1977(1973).

Ortlund, G. "Image of Adam, Son of God: Genesis 5:3 and Luke 3:38 in Intercanonical Dialogue." *JETS* 57 (2014): 673~688.

Peterson, D. G. *The Acts of the Apostles*. Grand Rapids: Nottingham: Apollos, 2009.

Richardson, K. *James: An Exegetical and Theological Exposition of Holy Scripture.* Nashville: Broadman & Holman,1997.

Saucy, M. R. "Miracles and Jesus' Proclamation of the Kingdom of God." *BS* 153 (1996): 281~307.

Schnabel, E. J. *Acts.* ZECNT. Grand Rapids: Zondervan, 2012.

Schreiner, T. R. *1, 2 Peter, Jude.* Nashville: Broadman & Holman Publishers, 2003.

Stulac, G. M. *James.* Leicester: Inter-Varsity Press, 1993.

Tabb, B. J. "Salvation, Spreading, and Suffering: God's Unfolding Plan in Luke-Acts." *JETS* 58 (2015): 43~61.

Talbert, C. H. *Perspectives on First Peter.* Macon: Mercer University Press, 1986.

Turner, M. "The Work of the Holy Spirit in Luke-Acts." *WW* 23 (2003): 146~153.

Vlachos, C. A. *Exegetical Guide to the Greek New Testament: James.* Nashville: B&H Academic, 2013.

Wall, R. W. "James as Apocalyptic Paraenesis." *RQ* 32 (1990): 11~22.

Weima, J. A. D. *Neglected endings: The Significance of the Pauline Letter Closings.* Sheffield: JSOT Press, 1994.

Williams, C. S. C. *The Acts of the Apostles.* London: Adam & Charles Black, 1957.


## 8장 바울서신의 고난

최영숙. "바울의 고난과 하나님의 능력." 『신약논단』 17/2 (2010): 395~425.

Bultmann, R. "νέκρωσις" In *Theological Dictionary of the New Testament* IV. Edited by G. Kittel. Grand Rapids: Eerdmans, 1967: 895.

Martin, R. P. 『현대성서주석: 에베소서, 골로새서, 빌레몬서』. *Interpretation: Ephesians, Colossians, Philemon.* 김춘기역, 서울: 장로교출판사, 2002.

Gärtner, B. "Suffer, πάσχω" In *Dictionary of New Testament Theology* Vol.3. Edited by L. Coenen, E. Beyreuther, and H. Bietenhard. Grand Rapid: Zondervan Publishing House, 1971: 719~726.

Hawthorne, G. F. *Philippians.* WBC 43. Waco, Tx: Word, 1982.

Hays, R. *The Moral Vision of the New Testament: Community, Cross, New Creation, Contemporary Introduction to New Testament Ethics.* New York: Harper Collins, 1996.

Moo, D. J. *The Letters to the Colossians and to Philemon.* PNTC. Grand Rapids: Eerdmans, 2008.

O'Brian, P. T. *Colossians, Philemon.* WBC 44. Waco, Tx: Word, 1982.

Piper, J. *Let the Nations be Glad!: The Supremacy of God in Missions.* Grand Rapids: Baker, 2003.

Plummer, R. L. "The Role of Suffering in the Mission of Paul and the Mission of the Church." *SBJT* 17/4 (2013): 6~19.

Proudfoot, M. "Imitation or Realistic Participation: A Study of Paul's Concept of Suffering with

Christ." *Int* 17 (1963): 140~160.

Schweizer, E. "Colossians 1:15~20." *RevExp* 87 (1990): 97~104.

Winter, B. W. "Dangers and Difficulties." In *The Gospel to the Nations: Perspectives on Paul's Mission*. Edited by Peter Bolt and Mark Thompson. Downers Grove: InterVarsity Press, 2000: 286~288.

# 9장 요한문헌의 고난

박영식. 『고난과 하나님의 전능: 신정론의 물음과 신학적 답변』. 서울: 동연, 2012.

송영목. "요한계시록의 부부와 부자관계에서 본 하나님의 가족." 『신약논단』 26/2 (2019): 505~543.

_____. "요한이서와 요한삼서의 구문과 구조 비교." 『개혁논총』 48 (2018): 35~70.

송진순. "요한공동체의 위기극복의 담론으로서 제일 고별담론(요14:1-31) 연구." 『신약논단』 22/4 (2015): 963~998.

조인효. "십자가의 요한이 본 영적성장에서의 고난의 의미: 목회상담학적 고찰." 『복음과 상담』 22/2 (2014): 340~370.

조재형. "요한복음서의 예수의 수난과 유리피데스의 『박카이』의 디오니소스의 수난에 대한 미메시스 비평." 『신약논단』 22/2 (2015): 467~502.

Beekes, R. *Etymological Dictionary of Greek*. Volume 2. Leiden: Brill, 2009.

Bennema, C. "Moral Transformation in the Johannine Writings." *In die Skriflig* 51/3 (2017): 1~7.

Bloomquist, L. G. "Subverted by Joy: Suffering and Joy in Paul's Letter to the Philippians." *Interpretation* 61/3 (2007): 270~282.

Brooks Jr., W. J. "The Divine Design of Christian Suffering: Mortification, Maturation, and Glorification." Ph.D. Thesis. The Southern Baptist Theological Seminary, 2016.

Coetzee, J. C. "The Letters of John." In *Guide to the New Testament VI*. Edited by A. B. du Toit. Halfway House: NGKB, 1993: 201~226.

Cotterell, F. P. "고난." In 『IVP 성경신학사전』. Edited by T. D. Alexander and B. S. Rosner. 권연경 외 역. 서울: IVP, 2004: 567~573.

Davids, P. H. 『야고보서』. *The Epistle of James*. NIGTC. 오광만 역, 서울: 새물결플러스, 2019.

Day, A. W. "Lifted up and Glorified: Isaiah's Servant Language in the Gospel of John." Ph.D. Thesis. The Southern Baptist Theological Seminary, 2016.

Fast, M. S. "A Trinitarian Theodicy of the Cross: Where is God in the Suffering of Disability?" Ph.D. Thesis. Regent University, 2016.

Gentry Jr., K. L. *The Divorce of Israel: A Redemptive-Historical Commentary on the Book of Revelation*. Volume 1. Dallas: Tolle Lege, 2017.

Geyser-Fouchè, A. B. and Munengwa, T. M. "The Concept of Vicarious Suffering in the Old Testament." *HTS* Teologiese Studies 75/4 (2019): 1~10.

Glancy, J. "Torture: Flesh, Truth, and the Fourth Gospel." *Biblical Interpretation* 13/2 (2005): 107~136.

Hamilton Jr., J. M. "Suffering in Revelation: The Fulfillment of the Messianic Woes." *SBJT* 17/4 (2013): 34~47.

Henning, B. "Jesus as the Rejected Prophet and Exalted Lord: The Rhetorical Effect of Type Shifting in John 12:38~41." *JETS* 62/2 (2019): 329~340.

Hurtado, L. W. "Jesus' Death as Paradigmatic in the New Testament." *Scottish Journal of Theology* 57/4 (2004): 413~433.

Kowalski, B. "Martyrdom and Resurrection in the Revelation to John." *Andrews University Seminary Studies* 41/1 (2003): 55~64.

Lian, W. "Johannine View of Persecution and Tribulation." *Lutheran Mission Matters* 25/2 (2017): 359~370.

London, D. D. "Where Lambs may wade and Wolves can swim: Jesus's Self-Giving Response to the Question of Suffering in John 9:1~10:21." Ph.D. Thesis. Graduate Theological Union, 2016.

Louw, J. P. and Nida, E. A. *Greek-English Lexicon on the New Testament based on Semantic Domains*. Volume 1. Cape Town: Bible Society of South Africa, 1993.

Morales, J. Christ, *Shepherd of the Nations: The Nations as Narrative Character and Audience in the Apocalypse*. London: Bloomsbury, 2018.

Morrison, C. E. "The 'Hour of Distress' in Targum Neofiti and the 'Hour' in the Gospel of John." *CBQ* 67/4 (2005): 590~603.

Pamment. M. "The Meaning of 'Doxa' in the Fourth Gospel?" *Zeitschrift für die Neutestamentliche Wissenschaft und die Kunde der Älteren Kirche* 74/1 (1983): 12~16.

Rensberger, D. "Conflict and Community in the Johannine Letters." *Interpretation* 60/3 (2006): 278~291.

Simundson, D. J. "Suffering." In *The Anchor Bible Dictionary*. Volume 6. Edited by D. N. Freedman. New York: Doubleday, 1992: 219~225.

Sullivan, R. "Jesus' Suffering, Death, and Resurrection in the Fourth Gospel." *The Theological Educator* 38 (1988): 145~153.

Tripp, P. D, 『고난: 하나님의 특별한 은혜의 도구』. *Suffering: Gospel Hope when Life doesn't make Sense*. 조계광 역. 서울: 생명의말씀사, 2019.

VandenBerg, M. "Redemptive Suffering: Christ's Alone." *Scottish Journal of Theology* 60/4 (2007): 394~411.

Van der Merwe, D. G. "A Matter of having Fellowship: Ethics in the Johannine Epistles." In *Identity, Ethics, and Ethos in the New Testament*. Edited by J. G. van der Watt. Berlin: Walter de Gruyter, 2006: 535~563.

_____. "Animosity in the Johannine Epistles: A Difference in the Interpretation of a Shared Tradition." In *Animosity, the Bible, and Us: Some European, North American, and South*

*African Perspectives*. Edited by J. T. Fitzgerald et als. Atlanta: SBL, 2009: 231~261.

Wallace, R. S. "고난." In 『새성경사전』. Edited by D. Douglas. 나용화 외 역. 서울: 기독교문서선교회, 1996: 115~117.

Wedman, M. D. "Preaching on Suffering." D. Min. Thesis. Biola University, 2016.

# 2부 선교(적 교회), 어떻게 설교할 것인가?

## 1장 선교적 교회

송민호. 『선교적 교회로 가는 길: 전통적인 교회에서 미셔널 처치로』. 서울: 도서출판 나눔사, 2020.

신현수. 『선교적 교회론』. 서울: 기독교문서선교회, 2011.

황영익. 『레슬리 뉴비긴과 칼빈의 선교적 대화』. 의정부: 도서출판 드림북, 2015.

Gelder, C. V. 『선교하는 교회 만들기: 지역교회를 향한 도전』. 최동규 역. 서울: 베다니출판사, 2003.

Grudem, W. 『조직신학(하)』. *Systematic Theology: An Introduction to Biblical Doctrine*. 노진준 역. 서울: 도서출판은성, 2004.

### 인터넷자료

이현모. "교회론의 변천을 통해 본 선교적 교회론 이해." In "제5회 설악포럼 자료집" http://missionpartners. kr/main/gmb_board_view.php?no=1143&page=2&          search=&page_no=51&category_ no=&admin_page=&site_Number=1&GM_mobile=&sm_no=&search_option=&cls=(2020. 11. 28. 접속).

지성근. "교회의 존재양식을 묻는다: 선교적 교회론." In "제5회 설악포럼 자료집" http://missionpartners. kr/main/gmb_board_view.php?no=1140&page=2&search=&page_no=51&category_ no=&admin_page=&site_Number=1&GM_mobile=&sm_no=&search_option=&cls=(2020. 11. 28. 접속).

http://m.dangdangnews.com/news/articleView.html?idxno=29290(2020. 11. 28. 접속).

http://www.igoodnews.net/news/articleView.html?idxno=42823(2020. 11. 28. 접속).

http://www.kidok.com/news/articleView.html?idxno=112706(2020. 12. 1. 접속).

http://www.newsnjoy.or.kr/news/articleView.html?idxno=199828(2020. 11. 28. 접속).

https://ko.wikipedia.org/wiki/패러다임(2020.11.28. 접속).

https://www.facebook.com/hwpbooks/posts/2758737220809019(2020. 12. 2. 접속).

https://www.lausanne.org/ko/content-ko/covenant-ko/lausanne-covenant-ko(2020. 12. 1. 접속).

# 2장 모세오경창세기 중심의 선교(적 교회)

강화구. "오경에 나타난 톨레도트 양식 연구." 『구약논단』 13 (2019): 48~81.

김은수. "구약의 선교적 해석과 실제: 오경과 역사서를 중심으로." 『선교신학』 42 (2016): 95~116.

김지찬. "선교적 교회 운동의 구약 신학적 토대." 『신학지남』 86/4 (2019): 7~48.

라이트, 크리스토퍼. 『하나님의 선교』. 서울: IVP, 2016.

매튜스, 케네스. 『창세기2』. 권대영 역. 서울: 부흥과개혁사, 2019.

민경구. 『다시 읽는 창세기』. 서울: 이레서원, 2019.

브루거만, 월터. 『창세기』. 강성열 역. 현대성서주석. 서울: 한국장로교출판사, 2008.

비일, 그레고리 K. 『성전 신학: 하나님의 임재와 교회의 선교적 사명』. 서울: 새물결플러스, 2014.

이훈구. "구약성서와 선교적 함의: 창세기를 중심으로." 『선교신학』 30 (2012): 117~138.

카이저, 월터. 『구약 성경과 선교』. 임윤택 역. 서울: CLC, 2013.

헤밀턴, 빅터. 『창세기1』. 임요한 역. 서울: 부흥과개혁사, 2016.

Alexander, T. Desmond. *From Eden to the New Jerusalem: An Introduction to Biblical Theology*. Grand Rapids: Kregel Academic & Professional, 2008.

Arnold, Bill T. and John H. Choi. *A Guide to Biblical Hebrew Syntax*. New York: Cambridge University Press, 2003.

Baden, Joel. "Morpho-Syntax of Genesis 12:1~3: Translation and Interpretation." *Catholic Biblical Quarterly* 72 (2010), 223~237

Biddle, Mark E. "The 'Endangered Ancestress' and Blessing for the Nations." *Journal of Biblical Literature* 109 (1990): 599~611

Brueggemann, Walter. *The Land: Place as Gift, Promise, and Challenge in Biblical Faith: Overtures to Biblical Theology*. 2nd ed. Minneapolis: Fortress Press, 2002.

Cassuto, U. *A Commentary on the Book of Genesis, Part II*. Jerusalem: The Magnes Press, 1964.

Fokkelman, J. P. *Narrative Art in Genesis: Specimens of Stylistic and Structural Analysis*. Amsterdam: Van Gorcum, 1975.

Goheen, Michael W. *Reading the Bible Missionally*. Grand Rapids: Eerdmans, 2016.

Kang, Hwagu. *Reading the Wife/Sister Narratives in Genesis*. Eugene: Pickwicks, 2018.

Kautzsch E. *Gesenius' Hebrew Grammar*. Translated by A. E. Cowley. 2nd ed. Oxford: Clarendon, 1910.

Köstenberger Andreas J. and Peter T. O'Brien. *Salvation to the Ends of the Earth: A Biblical Theology of Mission*. Edited by D. A. Carson. Downers Grove: InterVarsity Press, 2001.

Longacre, Robert E. "*WeQatal* forms in Biblical Hebrew Prose: A Discourse-modular Approach." In *Biblical Hebrew and Discourse Linguistics*. Edited by Robert D. Bergen. Winona Lake, IN: Eisenbrauns, 1994: 50~98.

McConville, J. G. *Deuteronomy*. Apollos Old Testament Commentary. Downers Grove: InterVarsity

Press, 2002.

McKeown, James. "The Theme of Land in Genesis 1~11 and Its Significance for the Abraham Narrative, Part 1." *Irish Biblical Studies* 19/2 (1997): 51~64.

_____. "The Theme of Land in Genesis 1~11 and Its Significance for the Abraham Narrative, Part 2." *Irish Biblical Studies* 19/3 (1997): 133~144.

Ott, Craig and Stephen J. Strauss. *Encountering Theology of Mission: Biblical Foundations, Historical Developments, and Contemporary Issues.* Grand Rapids: Baker Academic, 2010.

Ross, Allen P. "The Table of Nations in Genesis 10~ Its Context." *Bibliotheca Sacra* 138 (1980): 22~34.

_____. "The Table of Nations in Genesis 10~ Its Structure." *Bibliotheca Sacra* 137 (1980): 336~350.

Wenham, Gordon J. "Sanctuary Symbolism in the Garden of Eden Story." In *I Studied Inscriptions Form Before the Flood: Ancient Near Eastern, Literary, and Linguistic Approaches to Genesis 1~11.* Edited by Richard S. Hess and David Toshio Tsumura. Winona Lake: Eisenbrauns, 1994: 399~404.

# 3장 역사서의 선교(적 교회)

신득일. 『구속사와 구약신학』. 서울: CLC, 2017.

_____. 『구약 히브리어』. 서울: CLC, 2007.

카이저, 월터 C. 『구약성경과 선교』. 임윤택 옮김. 서울: CLC, 2013.

Black, Jaremy et. al (ed.). *A Concise Dictionary of Akkadian.* Wiesbaden: Harrassowitz Verlag, 2000.

Block, Daniel Isaac. *Judges, Ruth.* Vol. 6. The New American Commentary. Nashville: Broadman & Holman Publishers, 1999.

Bosch, D. J. *Transforming Mission: Paradigm Shifts in Theology of Mission.* Maryknoll, New York: Orbis Books, 1993.

Cnossen, S. S. *The Significance of the Book of Ruth.* London, Ontario: Inter-League Publication Board, 2000.

Conklin, B. *Oath Formulas in Biblical Hebrew.* Winona Lake, IN: Eisenbrauns, 2011.

Delcore, M. and E. Jenni. "šlḥ," *Theologisches Handwörterbuch zum Alten Testament II.* München: Chr. Kaiser Verlag, 1976: 909~916.

De Vaux, Roland. *Ancient Israel.* New York: McGraw-Hill Book Company, 1961.

Greenfield, J. C. "Hadad." In *Dictionary of Deities and Demons in the Bible.* Edited by Karel van der Toorn, Bob Becking, and Pieter W. van der Horst. Leiden; Boston; Köln; Grand Rapids, MI; Cambridge: Brill; Eerdmans, 1999: 377~382.

Harris, J. G., et al.. *Joshua, Judges, Ruth.* UBCS. Grand Rapids, MI: Baker Book, 2012.

Hesselgrave, D. J. "A Missionary Hermeneutic: Understanding Scripture in the Light of World Mission." *International Journal of Frontier Missions* 10/1 (1993): 17~20.

House, Paul R. *1, 2 Kings*. Vol. 8. The New American Commentary. Nashville: Broadman & Holman Publishers, 1995.

Josephus, Flavius and William Whiston. *The Works of Josephus*: Complete and Unabridged. Peabody: Hendrickson, 1987.

Kaiser, Walter C. "Kingdom Promises as Spiritual and National." In *Continuity and Discontinuity: Perspectives on the Relationship between the Old and New Testaments: Essays in Honor of S. Lewis Johnson, Jr*. Edited by John S. Feinberg. Westchester, IL: Crossway Books, 1988: 287~307.

Koehler, Ludwig et al. *The Hebrew and Aramaic Lexicon of the Old Testament*. Leiden: E. J. Brill, 1994~2000.

Mark, S. Smith. "'Your People Shall Be My People': Family and Covenant in Ruth 1:16~17." *CBQ* 69 (2007): 242~258.

Martin-Achard, R. "nkr," *Theologisches Handwörterbuch zum Alten Testament II*. München: Chr. Kaiser Verlag, 1976: 66~68.

Noordtzij, A. *II Kronieken*. Kampen: Kok, 1957.

Sasson, Jack M. *Judges 1~12: A New Translation with Introduction and Commentary*. Anchor Yale Bible. New Haven; London: Yale University Press, 2014.

Shin, Deuk-il, "The Translation of the Hebrew Term *Nīr*: 'David's Yoke'?" *Tyndale Bulletin* 67/1 (2016): 7~21.

Slayton, Joel C. "Shittim (Place)." In *The Anchor Yale Bible Dictionary*. Edited by David Noel Freedman. New York: Doubleday, 1992: 1222~1223

Tuell, S. *First and Second Chronicles*. Interpretation. Louisville, Ky.: John Knox Press, 2001.

Van Rongen, G. *Elisa, de Profeet*. Groningen: De Vurbaak, ND.

Van 't Veer, M. B. *De Beide Boeken der Koninge*. Kampen: J. H. Kok, 1947.

Webb, Barry G. *The Book of Judges*. The New International Commentary on the Old Testament. Grand Rapids, MI; Cambridge, UK: William B. Eerdmans Publishing Company, 2012.

## 4장 시가서의 선교(적 교회)

구자용. "메멘토 모리, 카르페 디엠! 전도서 이해의 열쇠로서의 죽음에 대한 고찰." 『구약논단』 18 (2012): 82~104.

_____. "Imago Dei, dominium terrae, Missio Dei: 창세기의 인간 창조 서술에 대한 선교신학적 고찰." 『선교신학』 43 (2016): 9~36.

기동연. 『창조로부터 바벨까지: 창세기 1~11장 주석』. 서울: 생명의 양식, 2009.

김성수. 『구약의 키』. 서울: 생명의 양식, 2017.

김성진. "욥기, 어떻게 읽을 것인가?" In 『가난하나 부요케: 조병수박사 은퇴기념논총』. 용인: 가르침, 2020:

181~214.

_____. "욥기 해석에 있어 엘리바스 비전(욥기 4:12~21)의 중요성." 『구약논집』 13 (2018): 40~67.

김성진. "'지혜'로 회복되는 신앙교육." In 『성경 속 교육』. 아세아연합신학대학교, 2018: 42~76.

_____. "Wisdom in the Book of Proverbs: The Literary and Hermeneutic Function of Wisdom." 『한국기독교신학논총』 75 (2011): 63~82.

김지찬. "아가서의 문예적 독특성과 신학적 메시지." 『신학지남』 292 (2007): 121~162.

김진규. "시편 최종형태의 맥락에서 본 시편 2편의 메시지." 『성경과 신학』 80 (2016): 1~35.

_____. "시편의 문맥적 이해의 복음주의적 성경해석에의 기여." 『성경과 신학』 62 (2012): 187~211.

_____. "제왕시로부터 종말론적 시편으로: 시편의 문맥 속에서 바뀌는 시편110편의 장르." 『개혁논총』 19 (2011): 9~43.

김진수. 『창조의 목적과 하나님의 나라』. 수원: 영음사, 2018.

김창대. "전도서에서 헤벨과 신중한 삶." 『장신논단』 50 (2018): 39~66.

_____. 『한 권으로 꿰뚫는 시편』. 서울: IVP, 2015.

김희석. "잠언 1~9장의 해석학적 기능과 신학적 함의." 『캐논&컬쳐』 5/1 (2011): 203~235.

_____. "잠언 1~9장의 해석학적 틀에 기초한 잠언 10~30장의 개별잠언 해석방법: 잠언 26:4~5의 예를 중심으로." 『성경과 신학』 63 (2012): 245~271.

_____. "잠언의 해석학적 결론으로서의 잠언 30~31장 연구: 아굴, 르무엘, 현숙한 여인 본문의 통전적 읽기." 『성경과 신학』 81 (2014): 141~170.

_____. "전도서의 해석학적 서언으로서의 1:2~11 연구." 『신학지남』 (2012), 85~112.

노세영. "지혜문학에 나타난 창조신학." 『신학사상』 85 (1994): 94~118.

류호준. "아가서의 신학적 주제와 구조." In 『How주석: 아가서』. 서울: 두란노, 2009: 21~34.

방정열. 『새로운 시편 연구』. 서울: 새물결플러스, 2018.

배정훈. 『하늘에서 오는 지혜: 잠언, 전도서, 욥기에 대한 정경적 이해』. 서울: 장로회신학대학교출판부, 2013.

성주진. "오경의 선교: 선교의 언약신학적 이해." 『선교와 신학』 1 (1998): 25~43.

안근조. "아가서의 정경성과 신학: 알레고리적 이해에서 지혜전승의 창조신학적 이해로." 『신학연구』 (2018): 109~136.

유윤종. "전도서 안의 창세기." 『구약논단』 7 (1999): 95~118.

윤 형. "잠언 8:22~31에 나타난 지혜와 창조의 역학적 관계." 『구약논단』 26 (2020): 93~119.

이교욱. "시편 110편의 선교적 의미." 『ACTS 神學과 宣敎』 6 (2002): 228~264.

이동수. "시편에 나타난 선교 신학." 『장신논단』 20 (2003): 63~84.

이용호. 『구약지혜 문학의 이해』. 용인: 킹덤북스, 2014.

현창학. 『구약 지혜서 연구』. 수원: 합신대학원출판부, 2009.

_____. "구약 지혜서의 성격." 『신학정론』 25 (2007): 11~48.

_____. "아가서 해석." 『신학정론』 26 (2008): 83~124.

_____. "욥기의 주제." 『신학정론』 21/1 (2003): 9~43.

_____. "잠언의 성격과 메시지." 『신학정론』 26/1 (2008): 224~238.

_____. "전도서의 메시지." 『신학정론』 23/2 (2005): 11~52

_____. "지혜서의 성격과 지혜 어휘." 『신학정론』 21 (2003): 373~409.

홍성혁. "전도서 속에 나타난 헤벨의 아이러니와 그 수사적 기능." 『구약논단』 17 (2011): 33~56.

Anderson, William. "The Curse of Work in Qoheleth: An Exposé of Genesis 3:17~19 in Ecclesiastes." *The Evangelical Quarterly* 70 (1998): 99~113.

Antic, Radiša. "Cain, Abel, Seth, and the Meaning of Human Life as Portrayed in the Books of Genesis and Ecclesiastes." *Andrews University Seminary Studies* 44/2 (2006): 203~211.

Beale, G. K. *The Temple and the Church's Mission: A Biblical Theology of the Dwelling Place of God*. Downers Grove: IVP Academic, 2004.

Bell, Robert D. *Theological Themes of Psalms: The Theology of the Book of Psalms*. Eugene: Wipf and Stock, 2018.

Blom, Cornelis. *Zonder Grond onder de Voeten: Een Theologische Analyse van het Boek Job en Genesis 1~4 vanuit het Perspectief van het Kwaad in de Schepping*. Zoetermeer: Boekencentrum Academic, 2009.

Boda, Mark J. "Declare His Glory among the Nations": The Psalter as Missional Collection." In *Christian Mission: Old Testament Foundations and New Testament Developments*. Edited by Stanley E. Porter and Cynthia Long Westfall. Eugene, OR: Pickwick Publications, 2011: 13~41.

Bosma, Carl J. "A Missional Reading of Psalms 67 and 96." In *Reading the Bible Missionally*. Edited by Michael W. Goheen and John R. Franke. Grand Rapids, MI: Eerdmans, 2016: 151~171.

Brown, William P. *Wisdom's Wonder: Character, Creation, and Crisis in the Bible's Wisdom Literature*. Grand Rapids: Eerdmans, 2014.

Cainion, Ivory J. "An Analogy of the Song of Songs and Genesis Chapters Two and Three." *SJOT* 14/2 (2000): 219~259.

Carr, G. Lloyd. *The Song of Solomon*. TOTC. Downers Grove, IL: IVP, 2009.

Clemens, David M. "The Law of Sin and Death: Ecclesiastes and Genesis 1~3." *Themelios* 19/3 (1994): 5~8.

Davy, Tim J. *The Book of Job and the Mission of God: A Missional Reading*. Eugene: Wipf and Stock, 2020.

Estes, Daniel J. *Hear, My Son: Teaching Learning in Proverbs 1~9*. Grand Rapids: Eerdmans, 1997.

_____. "Job 28 in Its Literary Context." *JESOT* 2/2 (2013): 161~164.

Fredericks, Daniel C. and Daniel J. Estes. *Ecclesiastes & the Song of Songs*. AOTC. Downers Grove: InterVarsity, 2010.

Futato, Mark D. *Interpreting the Psalms: An Exegetical Handbook*. Grand Rapids, MI: Kregel, 2007.

Garrett, Duane. "Job." In *The Problem of the Old Testament*. Downers Grove, IL: InterVarsity, forthcoming: 1~74.

_____. *Proverbs, Ecclesiastes, Song of Songs*. NAC. Nashville: B&H Publishing, 1993.

_____. "Wisdom in Context." In *The Problem of the Old Testament*. Grand Rapids: InterVarsity, forthcoming: 1~21.

Gottlieb, Fred. "The Creation Theme in Genesis 1, Psalm 104 and Job 38~42." *Jewish Bible Quarterly* 44/1 (2016): 29~36.

Ludwig, Alan. "Mission in the Psalms." *Logia* 23/3 (2014): 11~19.

Hermisson, Hans-Jürgen. "Obersvations on the Creation Theology in Wisdom." In *Israelite Wisdom: Theological and Literary Essays in Honor of Samuel Terrien*. Missoula, MT: Scholars, 1978.

Hesselgrave, Ronald P. "The Mission of God in the Book of Job." In *I Know That My Redeemer Lives: Suffering and Redemption in the Book of Job*. Eugene: Wipf and Stock, 2016: 19~30.

Kaiser, Walter C. Jr. 『구약성경과 선교: 이방의 빛 이스라엘』. *Mission in the Old Testament: Israel as a Light to the Nations*. 임윤택 역. 서울: CLC, 2013.

Kim, Sungjin. "The Identity of the Spirit in Eliphaz's Vision (Job 4:12~21) and Its Significance in Understanding the Book of Job." Ph.D. Thesis. Southern Baptist Theological Seminary, 2017.

Kenik, Helen A. "Toward a Biblical Basis for Creation Theology." In *Western Spirituality*. Santa Fe, New Mexico: Bear & Co., 1981: 27~75.

Kline, Meredith D. 『하나님 나라의 서막』. *The Kingdom Prologue*. 김구원 역. 서울: CLC, 2007.

Köstenberger, A. J. "Mission." In *New Dictionary of Biblical Theology*. Downers Grove, IL: InterVarsity, 2000: 663~668.

Kraus, Hans-Joachim. *A Continental Commentary: Theology of the Psalms*. Minneapolis, MN: Fortress, 1992.

Landes, George M. "Creation Tradition in Proverbs 8:22~31 and Genesis 1." In *A Light Unto My Path: Old Testament Studies in Honor of Jacob Myers*. Philadelphia: Temple University Press, 1974: 279~293.

Landon, Michael. "The Psalms as Mission." *Restoration Quarterly* 44/3 (2002): 165~175.

Longman III, Tremper. 『어떻게 시편을 읽을 것인가?』. *How to Read Psalms?*. 한화룡 역. 서울: IVP, 1989.

_____. "Fear of the Lord." In *Dictionary of the Old Testament: Wisdom, Poetry & Writings*. Downers Grove, Inter-Varsity, 2008: 201~206.

_____. *Proverbs*. Grand Rapids: Baker Academic, 2006.

_____. *Song of Songs*. NICOT. Grand Rapids: Eerdmans, 2001.

_____. *The Fear of the Lord Is Wisdom: A Theological Introduction to Wisdom in Israel*. Grand Rapids, Michigan: Baker Academic, 2017.

López, A. "The Meaning of 'Behemoth' and 'Leviathan' in Job." *BSac* 173 (2016): 401~424.

Lucas, E. C. "Wisdom Theology." In *Dictionary of the Old Testament: Wisdom, Poetry & Writings*. Downers Grove, IL: Inter-Varsity, 2008: 903~912.

Luter, A. Boyd. "Love in a Fallen World: Further Toward a Theology of the Song of Songs." *LBTS Faculty Publications and Presentations* 382 (2012): 1~13.

Mays, James Luther. *The Lord Reigns: A Theological Handbook to the Psalms*. Louisville: Westminster John Knox, 1994.

McAffee, Matthew. "Creation and the Role of Wisdom in Proverbs 8: What Can We    Learn?" *Southeastern Theological Review* 10/2 (2019): 31~57.

McCann, J. Clinton. *A Theological Introduction to the Book of Psalms: The Psalms as Torah*. Nashville: Abingdon, 2011.

Meier, Sam. "Job 1~2: A Reflection of Genesis 1~3." *Vetus Testamentum* 39/2 (1989): 183~193.

Newkirk, Matthew. *Fill the Earth: The Creation Mandate and the Church's Call to Missions*. Eugene, Oregon: Pickwick Publications, 2020.

Perdue, Leo G. *Wisdom & Creation: The Theology of Wisdom Literature*. Nashville: Abingdon, 1994.

Petersen, Michael J. *Job 28: The Theological Center of the Book of Job*. Greenville, SC: Bob Jones University, 1995.

Robertson, Palmer. 『시편의 흐름』. *The Flow of the Psalms: Discovering Their Structure and Theology*. 김헌수·양태진 역, 서울: 성약, 2019.

Rohrer, James R. "The Psalms in Nineteenth-Century Mission Theology." *Scottish Bulletin of Evangelical Theology* 34/2 (2016): 172~187.

Schifferdecker, K. "Creation Theology." In *Dictionary of the Old Testament: Wisdom, Poetry & Writings*. Downers Grove, IL: Inter-Varsity, 2008: 63~71.

Scott, R. B. Y. "Wisdom in Creation: The 'Amôn of Proverbs 8:30." *VT* 10/2 (1960): 213~223.

Selderhuis, Herman J. *Calvin's Theology of the Psalms*. Grand Rapids: Baker Books, 2007.

Seufert, Matthew. "The Presence of Genesis in Ecclesiastes." *The Westminster Theological Journal* 78.1 (2016): 75~92.

Van Engen, Charles. "ESSAY 1: 'Mission' Defined and Described." In *Mission Shift: Global Mission Issues in the Third Millennium*. Nashville: B&H, 2010: 7~29.

Von Rad, Gerhard. *Wisdom in Israel*. London: SCM, 1972.

Walton, John H. "Psalms : A Cantata About the Davidic Covenant." *JETS* 34/1 (1991): 21~31.

Wright, Christopher. 『하나님 백성의 선교』. *The Mission of God's People: A Biblical Theology of the Church's Mission*. 한화룡 역. 서울: IVP, 2012.

Yee, Gale A. "The Theology of Creation in Proverbs 8:22~31." In *Creation in the Biblical Traditions*. Washington, DC: Catholic Biblical Association of America, 1992: 85~96.

# 5장 선지서의 선교(적 교회)

김윤희. "21세기 상황 속에서의 선교 그리고 구약." 『성경과 신학』 42 (2007): 34~65.

김지찬. "선교적 교회 운동의 구약 신학적 토대." 『신학지남』 86 (2019): 7~48.

배희숙. "구약에 나타난 디아스포라 선교." 『선교와 신학』 16 (2005): 13~39.

이사야. "예언서에 나타나는 선교사상." 『대학과 선교』 30 (2015): 43~71.

Allen, Leslie C. *The Books of Joel, Obadiah, Jonah, and Micah*. Grand Rapids: Eerdmans, 1976.

Albertz, R. *Die Exilszeit., 6. Jahrhundert v. Chr.* Stuttgart: Kohlhammer, 2001.

Blenkinsopp, Joseph. *Isaiah 56~66: A New Translation with Introduction and Commentary*. The Anchor Yale Bible. Vol. 19. New Haven & London: Yale University Press, 2003.

Dumbrell, William J. "The Purpose of the Book of Isaiah." *Tyndale Bulletin* 36 (1985): 111~128.

Goldingay, John. *Isaiah 56~66*. A Critical and Exegetical Commentary. London: Bloomsbury, 2014.

Hedlund, Roger. 『성경적 선교신학』. *Mission to Man in the Bible*. 송용조 역. 서울: 서울성경신학대학 교출판부, 1990.

Kaiser Jr, Walter C. *Mission in the Old Testament: Israel as a Light to the Nations*. Grand Rapids: Baker Books, 2000.

Levenson, John D. *Sinai and Zion: An Entry into the Jewish Bible*. New York: Harper & Row, 1985.

Martin-Achard, Robert. *A Light to the Nations: A Study of the Old Testament Conception of Israel's Mission to the World*. London: Oliver & Boyd, 1962.

Okoye, James Chukwuma. *Israel and The Nations: A Mission Theology of the Old Testament*. Maryknoll: Orbis Books, 2006.

Oswalt, John. *The Book of Isaiah: Chapters 40~66*. NICOT. Grand Rapids: Eerdmans, 1998.

Sweeny, M. A. 『예언서』. *The Prophetic Literature*. 홍국평 역. 서울: 대한기독교서회, 2018.

Westermann, Claus. *Isaiah 40~66*. Philadelphia: The Westminster Press, 1969.

Whybray, R. N. *Isaiah 40~66*. NCBC. Grand Rapids: Eerdmans, 1990.

# 6장 공관복음서의 선교(적 교회)

강대훈. 『마태복음 주석(하)』. 서울: 부흥과개혁사, 2019.

김경진. 『누가복음 어떻게 읽을 것인가?: 누가신학에 대한 새로운 관점』. 서울: 대서, 2013.

김창훈. 『마태가 그린 하나님의 아들 예수: 마태복음의 기독론』. 경산: 그라티아, 2020.

루이스, C. S. 『나니아 나라 이야기 5: 새벽 출정호의 항해』. 서울: 시공주니어, 2001.

버릿지, 리처드 A. 『복음서와 만나다: 예수를 그린 네 편의 초상화』. 손승우 역. 서울: 비아, 2017.

벅, 대럴. 『누가신학』. 서울: 부흥과개혁사, 2016.

블롬버그, 크레이그 L. 『예수와 복음서』. 김경식 역. 서울: CLC, 2008.

스토트, 존. 『비교할 수 없는 그리스도』. 정옥배 역. 서울: IVP, 2002.

스트라우스, 마크 L. 『네 편의 초상. 한 분의 예수: 사복음서와 예수 그리스도 연구 입문』. 박규태 역. 서울: 성서유니온, 2017.

지강유철. 『장기려, 그 사람』. 서울: 홍성사, 2015.

트웰프트리, 그래함 H. 『귀신 축출자 예수』. 이성하 역. 대전: 대장간, 2013.

페스코, 존. 『삼위일체와 구속언약』. 전광규 역. 서울: 부흥과개혁사, 2019.

페스킷, 하워드 & 비노스 라마찬드라. 『선교: 온 세상에 충만한 그리스도의 영광』. 한화룡 역. 서울: IVP, 2006.

포웰, 마크. 『복음서 개론』. 허주 역. 서울: 크리스챤, 2003.

헤이킨, 마이클. 『깊은 영성』. 이홍길 역. 서울: CLC, 2018.

Abogunrin, Samuel O. "Jesus' Sevenfold Programmatic Declaration at Nazareth: An Exegesis of Luke 4.15~30 from an African Perspective." *BT* 1/2 (2003): 231~232.

Abraham, M. V. "Good News to the Poor in Luke's Gospel." *Bangalore Theological Forum* 19. (1987): 1~13.

Bacon, B. W. "The 'Five Books' of Matthew Against the Jews." *Expositor* 15 (1918): 56~66.

Beale, G. K. and D. A. Carson, eds. *Commentary on the New Testament Use of the Old Testament*. Grand Rapids: Baker, 2007.

Bird, Michael F. *Jesus is the Christ: The Messianic Testimony of the Gospels*. Downers Grove: InterVarsity Press, 2012.

Blomberg, Craig L. *Matthew*. NAC 22. Nashville: B&H, 1992.

Bock, Darrell L. and Benjamin I. Simpson. *Jesus the God-Man: The Unity and Diversity of the Gospel Portrayals*. Grand Rapids: Baker, 2016.

Bosch, David J. *Transforming Mission: Paradigm Shifts in Theology of Mission*. 20th Anniversary Edition. American Society of Missiology Series Book 16. Maryknoll, NY: Orbis, 2011.

Carson, D. A. "Matthew." In *Matthew & Mark*. EBC 9. Revised Edition. Edited by Tremper Longman III and David E. Garland. Grand Rapids, MI: Zondervan, 2010: 23~670.

Edwards, James R. *The Gospel according to Mark*. PNTC. Grand Rapids; Eerdmans, 2002.

Evans, Craig A. and Stanley Porter, eds. *Dictionary of New Testament Background*. Downers Grove, InterVarsity Press, 2000.

Evans, Craig A. *Luke*. UBCS. Grand Rapids: Baker, 1990.

Ferdinando, Keith. "Mission: A Problem of Definition." *Themelios* 33/1 (2008): 46~59.

France, R. T. *The Gospel of Mark: A Commentary on the Greek Text*. NIGTC. Grand Rapids: Eerdmans, 2002.

_____. *The Gospel of Matthew*. NICNT. Grand Rapids: Eerdmans, 2007.

Gaffin, Richard B. "Justification in Luke-Acts." In *Right with God: Justification in the Bible and the World*. Edited by D. A. Carson. Eugene, OR: Wipf&Stock, 2002: 106~125.

Garland, David E. *Luke*. ZECNT. Grand Rapids: Zondervan, 2011.

Green, Joel B., Jeannine K. Brown, and Nicholas Perrin, eds. *Dictionary of Jesus and the Gospels*. 2nd Edition. (Downers Grove: InterVarsity Press, 2013.

Guelich, Robert A. *Mark 1~8:26*. WBC 34A. Dallas: Word, 1989.

Harris, Geoffrey. "Mark and Mission." In *Mark: Gospel of Action: Personal and Community Responses*. Edited by John Vincent. London: SPCK, 2006.

Jeremias, Joachim. *The Parables of Jesus*. Revised Edition. New York: Scribner's, 1963.

Jewett, Paul K. *Man as Male and Female: A Study in Sexual Relationships from a Theological Point of View*. Grand Rapids: Eerdmans, 1975.

Keener, Craig S. For *All Peoples: A Biblical Theology of Missions in the Gospels and Acts*. APTS Press Occasional Papers Book 2. Asia Pacific Theological Seminary Press, Kindle Edition.

Lane, William L. *The Gospel of Mark*. NICNT. Grand Rapids: Eerdmans, 1974.

Marshall, I. Howard. *Luke: Historian & Theologian*. 3rd Edition. Downers Grove: InterVarsity Press, 1988.

_____. *The Gospel of Luke*. NIGTC. Grand Rapids: Eerdmans, 1978.

Nolland, John. *Luke 1:1~9:20*. WBC 35A. Dallas: Word, 1989.

_____. *Luke 9:21~18:34*. WBC 35B. Dallas: Word, 1993.

Osborne, Grant R. *Luke: Verse by Verse*. Bellingham, WA: Lexham, 2018.

_____. *Matthew*. ZECNT. Grand Rapids, MI: Zondervan, 2010.

Quarles, Charles L. *A Theology of Matthew: Jesus as Revealed as Deliverer, King, and Incarnate Creator*. Philipsburg, NJ: P&R, 2013.

Schnabel, Eckhard J. *Mark: An Introduction and Commentary*. TNTC. Downers Grove, IL: InterVarsity Press, 2017.

Stein, Robert H. and E. E. Ellis. *The Gospel of Luke*. Revised Edition. NCB. London: Oliphants, 1974.

Stein, Robert H. *Luke*. NAC. Nashville: B&H, 1992.

Thielman, Frank. *Theology of the New Testament*. Grand Rapids: Zondervan, 2005.

Wallace, Daniel B. *Greek Grammar Beyond the Basics: An Exegetical Syntax of the New Testament with Scripture, Subject, and Greek Word Indexes*. Grand Rapids: Zondervan, 1997.

Watts, Rikki E. *Isaiah's New Exodus*. Biblical Studies Library. Grand Rapids: Baker, 2001.

Witherington, Ben. *Women in the Ministry of Jesus: A Study of Jesus' Attitudes to Women and their Roles as Reflected in His Earthly Life*. SNTSMS 51. Cambridge: Cambridge University Press, 1987.

Wright, N. T. and Michael F. Bird. *The New Testament in Its World: An Introduction to the History, Literature, and Theology of the First Christians*. Grand Rapids: Zondervan, 2019.

# 7장 사도행전과 일반서신의 선교(적 교회)

김동찬. "사도행전의 '경계 넘는 선교' 연구: 헬라파 유대인 디아스포라를 중심으로." 『미션네트워크』 2(2012): 78~102.

김정우. "요엘 2:28~42(MT 3:1~5)에 나타난 성령 강림의 약속과 그 신약적 성취." 『신학지남』 60(1993): 9~27.

소기천. "신약성경의 유대인 선교와 이방인 선교의 상관관계." 『신약논단』 10(2003): 159~196.

왕인성. "베드로전서의 고난 이해: 수신자의 정체성과 삶의 자리에 대한 사회문화적 재구성을 토대로." 『신약논단』 18 (2011): 853~888.

윤철원. 『사도행전의 내러티브 해석』. 인천: 바울, 2004.

정복희. "'아나니아와 삽비라 사건'과 집단명예(행4:32~5:16)." 『신약논단』 26(2019): 1011~1044.

주기철. "야고보서 5:7~12이 3.1 운동에 참여한 기독교인들에게 주는 인내의 자세." 『고신신학』 21(2019): 33~67.

_____. "야고보서1장에 나타난 '시험'($\pi\varepsilon\iota\rho\alpha\sigma\mu\acute{o}\varsigma$)과 '시련($\delta o\kappa\acute{\iota}\mu\iota o\nu$)으로 번역된 단어 재고." 『고신신학』 20(2018): 103~130.

_____. "사도행전의 윤리, 어떻게 설교할 것인가?" 『본문과 설교』 9(2017): 177~214.

채은수. "사도행전의 선교지평." 『신학지남』 78(2011): 148~181.

홍경환. "사도행전에서 본 교회와 선교." 『미션인사이트』 5(2013): 107~126.

홍기영. "신약 안에 나타난 선교학적 주제들의 고찰-선교로 읽는 신약." 『복음과 선교』 24 (2014): 227~271.

황욱연. "사도행전 6:1~8:4의 갈등 모티프 이해: 스데반 사건을 중심으로." 『신약논단』 25(2018): 985~1012.

Allen, David L. *Hebrews*. NAC. Nashville, TN: B&H Publishing Group, 2010.

Barclay, W. *The Letter to the Hebrews*. Edinburgh: The Saint Andrew Press, 1976.

_____. *The Letters of James and Peter*. Rev. ed. Edinburgh: The Saint Andrew Press, 1976.

Barrett, C. K. *The Acts of the Apostles*. Vol 1. ICC. Edinburgh: T&T Clark, 1992.

Blomberg, C. L. and Kovalishyn, M. J. *James*. ZECNT. Grand Rapids: Zondervan, 2008.

Bock, Darrell L. *Luke 9:51~24:53*. BECNT. Grand Rapids: Baker Books, 1996.

_____. *Acts*. BECNT. Grand Rapids: Baker Academic, 2007.

Bruce, F. F. *The Book of the Acts*. NICNT. Revised ed. Grand Rapids: Eerdmans, 1988.

_____. *The Epistle to the Hebrews*. NICNT. Grand Rapids: Eerdmans, 1990.

Dupont, Jacques. *The Salvation of the Gentiles: Essays on the Acts of the Apostles*. New York: Paulist Press, 1967.

Ellingworth, P. *The Epistle to the Hebrews*. NIGTC. Grand Rapids: Eerdmans, 1993.

Fitzmyer, J. A. *The Acts of the Apostles*. Doubleday: The Anchor Bible, 1988.

Geldenhuys, Norval. *The Gospel of Luke*. NLC. London: Marshall, Morgan & Scott, 1977.

Green, Joel B. *The Gospel of Luke*. NICNT. Grand Rapids: Eerdmans, 1997.

Haenchen, E. *The Acts of the Apostles*. Oxford: Basil Blackwell, 1971.

Hall, R. "For to This You have been called: The Cross and Suffering in 1 Peter." *ResQ* 19(1976): 137~147.

Köstenberger, A. J. "공동서신에 나타난 선교." In 『성경의 선교신학』. *Mission in the New Testament*. 홍용표, 김성욱 옮김. 서울: 이레서원, 2001: 413~439.

Köstenberger, A. J., Kellum, L. S., and Quarles, C. L., *The Cradle, the Cross, and the Crown: An Introduction to the New Testament*. Nashville, TN: B&H Publishing Group, 2009.

Kruger, Michael J., et. al. *A Biblical-Theological Introduction to the New Testament: The Gospel Realized*. Wheaton, IL: Crossway, 2015.

Marshall, I. H., Travis, S., and Paul, I. *Exploring the New Testament II: The Letters and Revelation*. London: SPCK, 2002.

Marshall, I. Howard. *The Gospel of Luke*. NIGTC. Exeter: Paternoster Press, 1978.

Michaels, J. M. *1 Peter*. WBC 49. Waco: Word Books, 1988.

Niemandt, C. J. P. "Acts for Today's Missional Church." *HTS* 66 (2010): 1~8.

Nolland, J. *Luke 18:35~24:53*. WBC 35c. Dallas: Word Books, 1993.

Peterson, D. G. *The Acts of the Apostles*. Grand Rapids: Eerdmans, 2009.

Schnabel, Eckhard J. *Acts*. ZECNT. Grand Rapids: Zondervan, 2012.

Schreiner, T. R. *1, 2 Peter, Jude*. Nashville: Broadman & Holman Publishers, 2003.

Senior, D. and Stuhlmueller, C. *The Biblical Foundations for Mission*. Maryknoll, N.Y.: Orbis Books, 1983.

Stein, Robert H. *Luke*. NAC. Nashville: B&H Publishing Group, 1992.

_____. *Luke: An Exegetical and Theological Exposition of Holy Scripture*. NAC 28. Nashville: B&H Publishing Group, 1992.

Stenschke, C. "Conflict in Acts 1~5: 'Religious' and Other Factors." *Neotestamentica* 50(2016): 211~245.

Strong, D. K. "The Jerusalem Council: Some Implications for Contextualization (Acts 15:1~35)." In *Mission in Acts: Ancient Narratives in Contemporary Context*. Edited by R. L. Gallagher and P. Hertig. Maryknoll: Orbis Books, 2004: 196~208.

Wansborough, Henry. "Speaking in Tongues." *TW* (1974): 193~201.

Wilson, Stephen G. *The Gentiles and the Gentile Mission in Luke-Acts*. SNTSMS 23. Cambridge: Cambridge University Press, 1973.

Yuckman, Colin H. "Mission and the Book of Acts in a Pluralist Society." *MIR* 47 (2019): 104~120.

# 8장 바울서신의 선교(적 교회)

Barrett, C. K. *A Critical and Exegetical Commentary on the Acts of the Apostles*. International Critical Commentary. Edinburgh: T&T Clark, 2004.

Briones, David E. "Fellow Workers with God and One Another: Toward a Pauline Theology of Mission." *The Catholic Biblical Quarterly* 81/2 (2019): 277~301.

Dunn, James D. G. *The Epistles to the Colossians and to Philemon: A Commentary on the Greek Text*. New International Greek Testament Commentary. Grand Rapids: Eerdmans.

_____. *Romans 9-16*. Word Biblical Commentary 38B. Dallas: Word Books, 1988.

Ellis, E. E. "Coworkers, Paul and His." In *Dictionary of Paul and His Letters: A Compendium of Contemporary Biblical Scholarship*. Edited by Gerald F. Hawthorne, Ralph P. Martin, and Daniel G. Reid. Downers Grove, IL: InterVarsity Press, 1993: 183~189.

Garland, David E. *1 Corinthians*. Baker Exegetical Commentary on the New Testament .Grand Rapids: Baker Academic, 2003.

_____. *2 Corinthians*. Nashville: Broadman & Holman Publishers, 1999.

Holmberg, Bengt. *Paul and Power: The Structure of Authority in the Primitive Church as Reflected in the Pauline Epistles*. Philadelphia: Fortress.

Kuck, David W. *Judgment and Community Conflict: Paul's Use of Apocalyptic Judgment Language in 1 Corinthians 3:5~4:5*. Supplements to Novum Testamentum 66. Leiden: Brill.

Lincoln, Andrew T. *Ephesians*. Word Biblical Commentary 42. Dallas: Word, 1990.

Longenecker, Richard N. *Galatians*. Word Biblical Commentary 41. Dallas: Word, 1990.

Marshall, I. Howard., and Philip H. Towner. *A Critical and Exegetical Commentary on the Pastoral Epistles*. International Critical Commentary. London; New York: T&T Clark International, 2004.

Louis. Martyn, J. *Galatians*. New Haven; Yale University Press, 2008.

Moo, Douglas J. *The Epistle to the Romans*. New International Commentary on the New Testament. Grand Rapids: Eerdmans, 1996.

Ott. Craig. "Missions and Money: Revisiting Pauline Practice and Principles." *Evangelical Review of Theology* 42/1 (2018): 4~20.

Pahl, Michael W. "The 'Gospel' and the 'Word': Exploring Some Early Christian Patterns." *Journal for the Study of the New Testament* 29/2 (2006): 211~227.

Pao, David W. *Colossians and Philemon*. Zondervan Exegetical Commentary on the New Testament. Grand Rapids: Zondervan, 2012.

Porter, Stanley E. *The Letter to the Romans: A Linguistic and Literary Commentary*. Sheffield: Sheffield, 2015.

Schreiner, Thomas R. Paul, *Apostle of God's Glory in Christ: A Pauline Theology*. 2nd ed. Downers Grove, IL: InterVarsity Press, 2020.

_____. *Romans*. 2nd ed. Baker Evangelical Commentary on the New Testament. Grand Rapids: Baker Academic, 2018.

Stuhlmacher, Peter. *Paul's Letter to the Romans: A Commentary*. Translated by Scott J. Hafemann.

Louisville: Westminster John Knox Press, 1994.

Thiselton, Anthony C. *The First Epistle to the Corinthians: A Commentary on the Greek Text.* New International Greek Testament Commentary. Grand Rapids: Eerdmans, 2000.

Van Aarde, Timothy A. "The Use of οἰκονομία for Missions in Ephesians." *Verbum et Ecclesia* 37/1 (2016): 1~10.

# 9장 요한문헌의 선교(적 교회)

고신총회세계선교회. 『현지지도자 양성』. 서울: 고신총회출판국, 2018.

박보경. "복음주의 진영의 선교적 회중(Missional Congregation) 모색." 『선교신학』 32 (2013): 201~234.

봉원영. "제4차 산업혁명 시대에서의 선교적 교회의 역할과 전망." 『선교신학』 50 (2018): 190~224.

송영목. 『다차원적 신약읽기』. 서울: CLC, 2017.

한국기독교교회협의회. "[전광훈 목사의 망언에 대한 한국기독교교회협의회의 반대성명] 한기총 대표회장 전광훈 목사는 더 이상 예수 그리스도의 복음을 욕되게 하지 마십시오." 『기독교사상』 727 (2019): 41~45.

Blumhofer, C. "Book Review: Gorman, M. J. *Abide and Go: Missional Theosis in the Gospel of John.* Eugene: Cascade, 2016." Themelios 44/3 (2019): 577~579.

Buys, P. J. "The Roots of Missio Dei in the Reformation, and Its Implications for Theological Education." *In die Skriflig* 54/2 (2020): 1~9.

Cangelosi, C. "The Church is a Missionary Society, and the Spirit of Missions is the Spirit of the Gospel: The Missional Piety of the Southern Presbyterian Tradition." *Puritan Reformed Journal* 5/1 (2013): 189~213.

Du Preez, J. *Die Koms van die Koninkryk volgens die Boek Openbaring.* Stellenbosch: Universiteit van Stellenbosch, 1979.

Du Rand, J. A. *A-Z van Openbaring.* Vereeniging: CUM, 2005.

_____. *Die Einde: Die A-Z van die Bybelse Boodskap oor die Eindtyd.* Vereeniging: CUM, 2013.

Effa, A. "Pub Congregations, Coffee House Communities, Tall-Steeple Churches, and Sacred Space: The Missional Church Movement and Architecture." *Missiology* 43/4 (2015): 373~384.

Elton, T. M. "Encountering the Gospel Anew: Confirmation as Ecclesial, Personal, and Missional Practices." *Word & World* 38/1 (2018): 40~54.

Ferreira, I. W. "Die GKSA se 'Sendingstilstand' na 150 Jaar." In die Skriflig 54/2 (2020): 1~10.

Fitch, D. E. "Missional Misstep: Emphasizing the Big Gospel can make It hard to communicate Any Gospel." *Christianity Today* 52/9 (2008): 36~39.

Flemming, D. "A Sent and Sanctified Community: Missional Holiness in the Gospel." *Wesleyan Theological Journal* 51/1 (2016): 133~144.

_____. "Revelation and the Missio Dei: Toward a Missional Reading of the Apocalypse." *Journal of*

Theological Interpretation* 6/2 (2012): 161~177.

Gentry Jr., K. L, *The Divorce of Israel: A Redemptive-Historical Commentary on the Book of Revelation.* Volume 1. Dallas: Tolle Lege, 2017.

Goheen, M. W. "The Missional Church: Ecclesiological Discussion in the Gospel and Our Culture Network in North America." *Missiology* 30/4 (2002): 479~490.

Guder, D. L. 『증인으로의 부르심』. *Called to Witness.* 허성식 역. 서울: 새물결플러스, 2015.

Gulley, N. R. "The Public Square: Union of Church and State: What We can learn from History and Scripture." *Journal of the Adventist Theological Society* 18/1 (2007): 35~63.

Heath, E. A. "Unbinding Lazarus: Renewing Theological Education for a Missional Church." *International Review of Mission* 108/2 (2019): 225~240.

Jobes, K. H. *1, 2, & 3 John.* ZECNT. Grand Rapids: Zondervan, 2014.

Jones, P. R. "The Missional Role of ὁ πρεσβύτερος." In *Communities in Dispute: Current Scholarship on the Johannine Epistles.* Edited by R. A. Culpepper and P. N. Anderson. Atlanta: SBL Press, 2014: 141~154.

Kgatla, S. T. and Kamukwamba, D. G. "Mission as the Creation of a God-ward Culture: A Critical Missiological Analysis." *Verbum et Ecclesia* 40/1 (2019): 1~9.

Mueller, E. "Introduction to the Ecclesiology of the Book of Revelation." *Journal of the Adventist Theological Society* 12/2 (2001): 199~215.

Rogers, M. C. "A Missional Eschatology: Jonathan Edwards, Future Prophecy, and the Spread of the Gospel." *Fides et Historia* 41/1 (2009): 23~46.

Russell, B. "The Song of the Sea and the Subversion of Canaanite Myth: A Missional Reading." *The Asbury Journal* 72/2 (2017): 107~118.

Smit, G. H. "Μαρτυρία [witness] in John 1~4: Towards an Emerging, Missional Ecclesiology." *Verbum et Ecclesia* 32/1 (2011): 1~8.

Tucker, R. "Some Thoughts around Developing Missional South African Congregations based upon the Church Rediscovering Its Identity in the Grace of God." *Stellenbosch Theological Journal* 2/2 (2016): 467~494.

Ulrich, D. W. "The Missional Audience of the Gospel of Matthew." *CBQ* 69/1 (2007): 64~83.

Van der Watt, J. G. *Family of the King: Dynamics of Metaphor in the Gospel according to John.* Leiden: Brill, 2000.

Van Houwelingen, P. H. R. *Johannes: Het Evangelie van het Woord.* CNT. Kampen: Kok, 1997.

Van H. Hancke, F. J. "God's Missional People: Reflecting God's Love in the Midst of Suffering and Affliction." *Acta Theologica* 16 (2012): 89~105.

Van Wyk, G. "Missionale Kerk, Missio Dei en Kerkverband: 'N Diskussie." *In die Skriflig* 48/1 (2014): 1~9.

Whiteman, K. "Blessed is the Kingdom: The Divine Liturgy as Missional Act." *The Asbury Journal*

74/2 (2019): 323~346.

Wilson, S. G. "John Calvin and the Missional Church: Encouragement for Partnering in the Missio Dei." D.Min. Thesis. Dubuque Theological Seminary, 2010.

# 한국동남성경연구원 약사

## 1. 2000년대

2007년 10월 15일(월) 오후 1시 부산 모자이크교회당에서 한국동남성경연구원(Korea South East Bible Institute: KOSEBI) 창립총회를 가지다. 창립총회에는 회원 8명(구약: 김하연, 김호관, 신득일, 심형권, 신약: 송영목, 정연해, 황원하, 황창기)과 옵저버 2명이 참석하다. 임원으로 원장에 황창기교수를 박수로(만장일치) 추대하고, 총무에는 김하연목사, 서기에 황원하목사, 회계에 심형권목사를 선출하다.

2007년 12월 8일(토) 오전 10:30 고신대학교 4401세미나실에서 Emanueal Tov교수(예루살렘 히브리대학교)를 초청하여 "Dead Sea Scrolls and the Old Testament"라는 제목으로 개원 기념 세미나를 개최하다(고신대학교와 공동 개최).

2008년 2월 11일(월) 오후 2:00에 모자이크교회당 4층 세미나실에서 제1차 월례 발표회를 가지다. 구약은 신득일교수가 "다윗과 미갈의 다툼"(삼하 6:20~23)을, 신약은 황창기교수가 "그리스도 중심의 성경 이해 원론"을 발표하다.

2008년 3월 3일(월) 모자이크교회당 4층 세미나실에서 2008학년도 1학기 강의를 시작하다(수강인원: 사역자 A, B, 비전반을 합하여 77명).

2008년 3월 10일(월) 오후 5:30에 모자이크교회당 4층 세미나실에서 제2차 월례 발표회를 가지다. 구약은 김호관목사가 "여호와의 소리"(시 29)를, 신약은 정연해박사가 "십자가에 달리신 그리스도는 어떤 분인가?"(눅 23:32~43)를 발표하다.

2008년 4월 7일(월) 오후 5:30에 모자이크교회당 4층 세미나실에서 제3차 월례 발표회를 가지다. 구약은 심형권박사가 "교회의 수호자 예수 그리스도"(시 2:1~12)를, 신약은 황원하박사가 "귀신들린 사람을 고치신 예수님"(막 5:1~20)을 발표하다.

2008년 5월 19일(월) 오후 5:30에 모자이크교회당 4층 세미나실에서 제4차 월례 발표회를 가지다. 구약은 김하연박사가 "종의 노래"(시 53:1~12)를, 신약은 송영목박사가 "에베소교회의 종말론적 변혁자, 성령님"(행 19:1~7)을 발표하다.

2008년 6월 16일(월) 오후 5:30에 모자이크교회당 4층 세미나실에서 2008학년도 1학기를 종강하면서 제5차 월례 발표회를 가지다. 정근두목사(울산교회, Th.D.)가 "강해설교 준비법"에 대해서 강의하다.

2008년 8월 19일(화) 오후 2:00~6:00에 모자이크교회당 4층 세미나실에서 제6차 월례 발표회(방학중 세미나를 겸함)를 가지다. 구약은 신득일 교수가 "사사기의 신학"을, 신약은 송영목교수가 "세 선지자(에스겔, 다니엘, 요한)의 간본문적 대화: 계 1장을 중심으로"를, 정연해박사가 "오순절 성령 강림 사건에 대한 구속사적 해석,"을, 황창기교수가 "기독론적 예표론"을 발표하다(참석인원: 76명).

2008년 9월 1일(월) 모자이크교회당 4층 세미나실에서 2008학년도 2학기 강의를 시작하다(수강인원: 사역자 A, B, 비전반을 합하여 78명).

2008년 9월 22일(월) 오후 5:30에 모자이크교회당 4층 세미나실에서 제7차 월례 발표회를 가지다. 구약은 신득일교수가 "모세의 선지자적 권위"(민 12)를, 신약은 황창기교수가 "신약에 나오는 이적을 어떻게 설교할 것인가?: 마 20:29~34의 눈을 뜬 두 맹인을 중심으로"를 발표하다.

2008년 10월 20일(월) 오후 5:30에 모자이크교회당 4층 세미나실에서 제8차 월례 발표회를 가지다. Dr. Peter J. Leithart(New St. Andrews College, Trinity Reformed Church in Moscow)가 "Exegesis, Eisegesis, and the Music of the Text"라는 주제로 강의하다(통역: 황원하).

2008년 11월 10일(월) 오후 5:30에 모자이크교회당 4층 세미나실에서 제9차 월례 발표회를 가지다. 박정근목사(영안침례교회, 달라스 신학교 Ph.D. Cand.)가 "본문 연구에 있어서 문화적 연구의 중요성과 그 방법"이란 주제로 강의하다.

2008년 12월 1일(월) 연구원 저널 『본문과 설교』(TEXT AND SERMON) 창간호를 발행하다(개혁주의신행협회, 1000부).

2009년 3월 2일(월) 오후 5:30에 사직동교회당 2층 예찬홀에서 개강 특강(무료 공개특강)을 시작으로 2009년 1학기를 시작하다. 채경락박사(남침례신학교 Ph.D)가 "본문연구와 설교작성"이란 제목으로 강의하다(수강인원: A, B, 비전반을 합하여 49명).

2009년 4월 6일(월) 오후 5:30에 사직동교회당 2층 예찬홀에서 제 11차 월례 발표회를 가지다. 구약은 김호관목사가 "모세얼굴의 광채와 수건"(출 34:29~35)을, 신약은 정연해 박사가 "하나님의 의의 복음"(롬 3:21~31)을 발표하다(참석인원: 25명).

2009년 5월 11일(월) 오후 5:30에 사직동교회당 2층 예찬홀에서 제 12차 월례 발표회를 가지다. 구약은 김하연박사가 "강하고 담대하라"(수 1:1~9)를, 신약은 황원하박사가 "벧전 1:3~12 주해와 설교 대지 구상"을 발표하다(참석인원: 38명).

2009년 9월 21일(월) 오후 5:30~7:00에 9월 정기 발표회를 개최하다. 구약은 신득일교수가 "반석을 친 모세의 죄"(민 20:2~13)를, 신약은 송영목교수가 "여호와의 날에 죽으신 예수님의 부활"(마 27:50~56)을 발표하다(참석인원: 40명).

2009년 10월 26일(월) 오후 2:30~5:40에 사직동교회당 2층 예찬홀에서 제3회 세계 석학초청 특강을 개최하다. James B. Jordan(Biblical Horizons 원장)이 "The Same Story Again and Again?: Music and Hermeneutics"라는 주제로 강의하다(통역: 이기업; 참석인원: 100명)

2009년 10월 31일(토) 오후 1:00~6:00에 대구성동교회당에서 대구경북지방 SFC 주최로 열린 개혁주의특강에서 황창기, 신득일, 김하연, 송영목, 황원하박사가 "구약과 신약에 나타난 교회"를 주제로 강의하다.

2009년 11월 23일(월) 오후 5:30~7:00에 11월 정기 발표회를 개최하다. 구약은 이기업목사가 "하나님의 재창조"(출 3:1~5)를, 신약은 문장환박사가 "지상의 가시와 천상의 계시"(고후 12:1~10)를 발표하다(참석인원: 38명).

2009년 11월 25일에 『본문과 설교』(TEXT AND SERMON) 제2호를 발행하다(1000부).


# 2. 2010년대

2010년 3월 22일(월) 오후 2:30~5:00에 사직동교회당에서 제15차 정기 발표회를 개최하다. 구약은 김호관박사가 "언약의 마을로 가라"(렘 31:33; 겔 16:59~63; 렘 32:39~41)를, 신약은 신봉철박사가 "예수님보다 더 귀한 것은 없네"(히 1:1~4)를 발표하다(참석인원: 40여명, 마산분원에서도 참가함).

2010년 4월 26일(월) 오후 2:30~5:00에 사직동교회당에서 2010년 1학기 개강특강을 하다. 현광철목사(아펠도른신학대학원 Th.D. Cand. 부산동교회 담임)가 "바울의 기도 우리의 기도"(빌 1:9~11)라는 제목으로 강의하다(참석인원 약 30명).

2010년 5월 31일(월) 오후 2:30~5:30에 사직동교회당에서 제16차 정기 발표회를 개최하다. 신약은 구약은 김하연 박사가 '도피성'을, 신약은 황원하박사가 "모든 사람을 위하여 기도하라"(딤전 2:1~15)를 발표하다(참석인원 약 30여명). 마산분원은 당일 오후 7:00~8:50에 또감사 교회당에서 구약은 이기업목사가 "이동신앙"(출 25:1~9)을, 신약은 송영목교수가 "하나님 나라의 사회정의"(계 18:12~13)를 발표하다(참석인원 약 60명),

2010년 6월 7일(월) 2010년도 1학기를 종강하다. 부산본원의 교역자반은 구약 9명, 신약 11명이 수료하며, 비전반은 구약 13명, 신약 9명이 수료하다. 마산 분원은 교역자반 19명, 비전반 18명이 수료하다. 대구분원은 모두 12명이 수료하다.

2010년 9월 13일(월) 오후 4:20~5:30에 사직동교회당에서 2학기 개강특강을 하다. 김홍석목사(안양일심교회 담임)가 "당신의 사역을 날게 하라"(Let your ministry take flight)를 발표하다(참석인원: 22명).

2010년 11월 22일(월) 오후 2:00~5:00에 사직동교회당에서 제 17차 정기 발표회를 개최하다. 구약은 신득일교수가 "정탐꾼에 의한 백성의 반란"(민 14:1~24)을, 신약은 황창기박사가 "천국시민은 여기서 지금 큰 자"를 발표하다(참석인원 20여명) 마산분원은 당일 오후 7:00~8:50에 또감사교회당에서 동일한 내용으로 발표하다(참석인원 약 50여명).

2010년 12월 6일(월) 2010년 2학기를 종강하다.

2011년 3월 7일(월) 2011학년도 1학기를 사직동교회당에서 개강하다. 마산분원은 당일 또감사교회당에서 개강하다. 대구분원은 당일 동일교회당에서 개강하다.

2011년 5월 23일 오후 7시(사직동교회), 24일 오후 7시(또감사교회당)에서 제4회 세계석학초청 세미나를 개최하다. Jan A. du Rand(요하네스버그대학교 명예교수)박사가 "요한계시록의 초월적인 하나님의 관점"이라는 주제로 강의하다(통역: 송영목; 참석인원 약 100명)

2011년 6월6일(월) 2011년 1학기를 종강하다.

2011년 9월 5일(월) 2011학년도 2학기를 개강하고, 2011년 12월 5일(월)에 종강하다.

2012년 2월 13일(월) 오후 1시~2012년 2월 14일(화) 오후 3시에 부곡 로얄관광호텔에서 제1회 한국동남성경연구원 Winter Seminar를 "신·구약에 나타난 '구원', 어떻게 설교할 것인가?"라는 주제로 개최하다. 총회를 개최하여 다음과 같이 임원진을 구성하다. 원장-황창기교수, 부원장-신득일교수, 행정부원장-김영락목사, 회계-송영목교수, 편집위원장-황원하목사.

2012년 3월 5일(월) 2012학년도 1학기를 개강하고, 2012년 6월 4일(월)에 종강하다.

2012년 9월 3일(월) 2012학년도 2학기를 부산 동교회당에서 개강하고, 2012년 12월 3일(월)에 종강하다.

2013년 2월 18일(월) 오전 11시~2월 19일(화) 오후5시 부곡 레이크힐스 호텔에서 제2회 한국동남성경연구원 Winter Seminar를 "구·신약에 나타난 '종말', 어떻게 설교할 것인가?"라는 제목으로 개최하다.

2013년 3월 4일(월) 2013학년도 1학기를 부산 동교회당에서 개강하고, 2013년 6월 3일(월) 오후 7시에 종강하다. 종강은 제5회 세계석학초청세미나로 대체하다. James B. Jordan(Biblical Horizons 원장)이 "성경 상징주 어떻게 이해할 것인가?"라는 주제로 강의하다(통역: 송영목; 참석인원: 108명).

2013년 9월 2일(월) 2013학년도 2학기를 개강하고, 2013년 12월 2일(월)에 종강하다.

2014년 2월 10일(월) 오후 1시~2월 11일(화) 오후 5시에, 부곡 로얄관광호텔에서 제3회 Winter Seminar를 "구·신약에 나타난 '교회', 어떻게 설교할 것인가?"라는 주제로 개최하다.

2014년 12월 8일 오후 7시, 부산동교회당에서 열린 제6회 해외석학초청 세미나에 Glen Taylor(토론토대학교 위클리프칼리지 구약학)교수가 "시편의 기독론적 주석"이라는 주제로 강의하다(통역: 신득일; 참석인원: 100명)

2015년 1월 26일(월) 오후1시~1월 27일(화) 오후5시에 부곡 로얄관광호텔에서 제4회 Winter Seminar를 "구·신약에 나타난 '성령', 어떻게 설교할 것인가?"라는 주제로 개최하다.

2016년 1월 18~19일에 제5회 Winter Seminar를 "구·신약에 나타난 '하나님 나라', 어떻게 설교할 것인가?"라는 주제로 경주 코오롱호텔에서 개최하다. 총회를 개최하여 2월부터 섬길 새 임원진을 구성하다. 원장-김하연목사, 부원장-문장환목사, 총무 및 편집위원장-송재영교수, 회계 및 서기-송영목교수.

2016년 7월 8일에 제 7회 해외석학초청 세미나를 E. Tov교수를 초청하여 대구 삼승교회당에서 개최하다(통역: 김하연).

2017년 2월 6~8일에 제6회 Winter Seminar를 "구·신약에 나타난 '윤리', 어떻게 설교할 것인가?"라는 주제로 경주 코오롱호텔에서 개최하다(『본문과 설교』 제8호 출간).

2018년 2월. 총회를 개최하여 새 임원진을 구성하다. 원장-문장환목사, 부원장-김하연목사, 총무 및 편집위원장-송재영교수, 회계 및 서기-송영목교수.

2019년 1월 14~16일에 제7회 Winter Seminar를 "구·신약에 나타난 '칭의와 성화', 어떻게 설교할 것인가?"라는 주제로 경주 코오롱호텔에서 개최하다(『본문과 설교』 제10호 출간).

2019년 11월 7일(목), 고신대 대학교회당에서 석학초청 세미나를 P. Eveson(전 런던신학교 교장)교수를 초청하여 "마틴 로이드 존스 설교의 신학적 배경"이라는 주제로 개최하다(통역: 최윤갑; 고신대 기독교사상연구소와 공동 주최).

2020년 2월 17~19일에 제8회 Winter Seminar를 "구·신약에 나타난 '고난', 어떻게 설교할 것인가?"라는 주제로 경주 코오롱호텔에서 개최하다(『본문과 설교』 제11호 출간).

2020년 6월 2일에 제일영도교회당에서 실시간 유투브로 "성경의 전염병"이라는 주제로 세미나를 개최하다(발표자: 신득일, 강화구, 최만수, 송재영, 송영목).

2020년 11월 5일에 제1회 박사학위 논문발표회를 제일영도교회당에서 실시간 유투브로 개최하다. 이원재박사(에든버러대학교 Ph.D.)가 "에덴동산의 죽음 경고: 창세기 2:17의 초기 수용사"라는 주제로 발표하다(논평: 강화구박사).

# 필자 소개

### 문장환 목사(원장)

연세대에서 사회학을 전공한 후, 고신대 신대원(M.Div.), 스텔렌보쉬대학교에서 수학했다(M.Th. cum laude, D.Th.). 바울서신과 사회수사학적해석을 전공하며, 현재 진주삼일교회 담임목사로 사역하고 있다.

### 강화구 목사

트리니티복음주의신학교에서 창세기 전공으로 학위를 받았다. 현재는 부산의 제일영도교회에서 목회하며, 고신대학교에서 가르치고 있다. 저서로는 『성경 내러티브 읽기』와 Reading the Wife/Sister Narratives in Genesis(pickwicks)가 있다.

### 권기현 목사

개혁신앙으로 연합하던 교회들의 보냄을 받아 UWTSD(University of Wales Trinity Saint David)에서 박사과정을 수료했다. 개혁신앙의 실질이 있는 장로교회 건설의 꿈을 품고, 로뎀장로교회를 개척하여 목회 중이다. 저서로는 『장로들을 통해 찾아오시는 우리 하나님』 등이 있다.

### 김명일 목사

성균관대에서 중어중문학을 전공한 후 고신대 신대원(M.Div.)을 거쳐, 미국 칼빈신학교(Th.M.), 그리고 남침례신학교(Ph.D.)에서 신약학을 전공했다. 고신대 신대원 초빙교수와 학생신앙운동(SFC) 간사로 사역하고 있다. 2020년에 박사논문을 Wipf & Stock에서 출판했고, 역서로 『바울에 관한 새로운 탐구』(이레서원)가 있다.

### 김성진 목사

부산대와 서울대 대학원에서 경영학을 전공한 후, 고신대 신대원(M.Div.), 고든콘웰신학대학원(Th.M.), 남침례신학교에서 구약학을 전공했다(Ph.D.). 현재 고신대 신대원에서 구약학을 강의하며 울산시민교회 부목사로 섬기고 있다.

### 김창훈 목사

서울대 영어교육과에서 공부한 후, 고신대 신대원(M.Div.), 고든콘웰신학대학원(Th.M.), 트리니티복음주의신학교(Ph.D.)에서 공부했다. 현재 고신신학원에서 신약과목을 강의하며, 향상교회에서 부목사로 섬기고 있다. 저서로 『마태가 그린 하나님의 아들 예수』가 있다.

## 김하연 목사

건국대와 고신대 신대원(M.Div.)을 거쳐, 예루살렘 유니버스티 칼리지와 히브리대학교에서 오경 사본학(Ph.D.)을 전공했다. 2020년에 박사학위 논문을 Brill에서 출판했다. 대구 삼승교회 담임목사이며, 고신총회성경연구소 소장으로 섬기고 있다.

## 손승호 목사

태국 선교사로 오랜 기간 사역했으며, KPM 국내이주민지역부 파트너스 & OMF DRM 코워커스이다. 고신대 신대원(M.Div.)을 거쳐, 스텔렌보쉬대학교에서 태국 선교를 연구했다(D.Th.).

## 송영목 목사(서기)

고신대를 졸업한 후, 포쳅스트룸대학교와 요하네스버그대학교에서 누가복음과 요한계시록을 전공하여 학위를 받은 후, 대학교회에서 목회했다. 현재 고신대 신학과 신약학 교수이자 선교목회대학원장이며, 부산범천교회 협동목사이다.

## 송재영 목사(총무)

동아대(B.S; 전자공학), 고신대 신대원(M.Div), 남아공 프리스테이트대학교에서 수학했다(M.Th. cum laude; D.Th. 갈-롬 율법론 전공[교의학 부전공]). 경성대에서 교수했다.

## 신득일 목사

고신대학교 신학과 교수(구약학)이다. 고신대학교와 신학대학원을 졸업하고 네덜란드 캄펜신학대학원(Drs)과 남아공 노스웨스트대학교(Ph.D.)에서 구약주석을 전공했다.

## 주기철 목사

고신대 신대원(M.Div.)과 일반대학원 기독교교육학과(M.A.)에서 공부했으며, 영국 런던의 콘힐 강해설교학교를 거쳐, 영국 브리스톨대학교(트리니티 칼리지)에서 신약학을 전공(M.A., Ph.D.)했다. 현재 고신대학교 신학과에서 신약학 교수로 섬기고 있다.

## 최윤갑 목사

구약의 이사야서와 그 외 전반적인 분야(해석학, 석의, 성령론, 구약 성경신학, 교의학, 교회사)에 관심이 많다. 개혁주의 전통에 기반하여 구약성경의 통전적인 해석을 추구하면서 교회를 건강하게 섬기는데 힘쓰고 있다. 고든콘웰신학대학원(Th.M.)과 트리니티복음주의신학교(Ph.D.)에서 수학했으며, 고신대 신학과 구약학 교수이다.